euryn dyfed

ADFEILION BABEL

Agweddau ar Syniadaeth Ieithyddol y Ddeunawfed Ganrif

ADFEILION BABEL

Agweddau ar Syniadaeth Ieithyddol y Ddeunawfed Ganrif

CARYL DAVIES

GWASG PRIFYSGOL CYMRU
CAERDYDD
2000

Manylion Catalogio Cyhoeddi'r Llyfrgell Brydeinig

Mae cofnod catalogio'r gyfrol hon ar gael gan y Llyfrgell Brydeinig

ISBN 0-7083-1570-4

Diolchir i Fwrdd Gwybodau Celtaidd Prifysgol Cymru am gymorth ariannol tuag at gostau cyhoeddi'r gyfrol hon.

Llun y clawr: Trwy ganiatâd Llyfrgell Genedlaethol Cymru

Dyluniwyd y clawr gan Chris Neale
Cysodwyd ac agraffwyd gan Wasg Dinefwr, Llandybïe

Les livres ne sont peut-être pas une chose bien nécessaire;
quelques mythes d'abord suffisaient . . .

(Efallai nad pethau cwbl anhepgor mo llyfrau.
Yn y dechreuad gwnâi ychydig chwedlau y tro . . .)

André Gide: *Le Traité du Narcisse*

Cynnwys

Rhagair

Pennod 'goll' yn hanes ysgolheictod Cymru yw'r ddeunawfed ganrif, yn ôl Derec Llwyd Morgan mewn adolygiad yn *Taliesin* (Haf 1993). Mewn modd cyffredinol, dechreuodd Griffith John Williams ysgrifennu'r bennod honno yn y darlithiau a grynhowyd gan Aneirin Lewis yn 1969 o dan y teitl *Agweddau ar Hanes Dysg Gymraeg*. Un agwedd ar ysgolheictod y ganrif honno oedd syniadaeth ieithyddol, ac yn y maes hwn dylid cydnabod gwaith Aneirin Lewis ei hun, ac ar ei ôl astudiaethau Geraint H. Jenkins, Derec Llwyd Morgan, Prys Morgan, Brynley F. Roberts, ac eraill. Bu Glenda Carr a Richard Crowe yn myfyrio ar syniadau ieithyddol William Owen Pughe ac Iolo Morganwg. Yn ddiweddar ymddangosodd *Y Gymraeg yn ei Disgleirdeb: Yr Iaith Gymraeg cyn y Chwyldro Diwydiannol* a olygwyd gan Geraint H. Jenkins (Caerdydd, 1997), cyfrol loyw a fydd yn llusern ar lwybr pob ymchwilydd i hanes cymdeithasol yr iaith Gymraeg.

Nid dyna destun y llyfr presennol. Yn hytrach, ceisiais ymdrin â syniadaeth rhai o Gymry'r oes am ddechreuadau iaith a pherthynas ieithoedd â'i gilydd, gan ei thrafod yn erbyn cefndir Ewropeaidd. Gwaith caib a rhaw sydd yn yr ymdriniaeth hon: erys y gwaith o ddehongli a dadadeiladu (yn eu hystyron cyfoes) i'w wneud gan eraill.

Byddai'r trosiad 'dadadeiladu' ei hun yn un defnyddiol a chymwys i'r sawl a ymgymerai â thrafodaeth ôl-strwythurol o'r fath. Oherwydd hydreiddir meddyliau ieithyddion yr oes gan y chwedl yn llyfr Genesis am feibion dynion yn codi tŵr ar wastadedd Sinar, a chanlyniadau erchyll y weithred herfeiddiol honno. Ceisiaf ddangos sut y lliwiwyd (a llywiwyd) meddyliau'r awduron hyn gan y *mythos* Beiblaidd hyd at drothwy'r bedwaredd ganrif ar bymtheg. Y pryd hwnnw daeth agwedd newydd at ieitheg gymharol yn sgil awgrymiadau Syr William Jones am berthynas ieithoedd cysefin Ewrop ag iaith hynafol yr India.

Nid oedd y ffrwd syniadau a redai yn gryf trwy wledydd Ewrop yn ddieithr i feddylwyr Cymru. Difyr yw olrhain y llinyn a gydiai John

Davies, Mallwyd, wrth yr athronydd Gottfried Wilhelm Leibniz, ac a gysylltai hwnnw ag Edward Lhuyd, yr ysgolhaig pennaf yn y maes, ac â Paul-Yves Pezron, y dylanwad mwyaf, ond odid, ar syniadaeth ieithyddol yr Oes Oleuedig. Yn wir, y mae'r gadwyn yn ymestyn o ddechrau'r ddeunawfed ganrif at ei diwedd, ac yn cydio wrth ei gilydd ddau athrylith o dras Gymreig a saif megis cewri wrth ei dau ben: Edward Lhuyd a Syr William Jones. Yr hyn a symbylai weithgaredd y ddau oedd y ddelfryd – un gyffredin iawn ymhlith ieithyddion yr oes – o ddangos perthynas ieithoedd â'i gilydd, a thrwy hynny gyfannu unwaith yn rhagor ddrylliau chwilfriw Babel.

Yn fynych bydd haneswyr syniadaeth am iaith yn ystyried ymdrechion ysgolheigion y cyfnod hwn yn rhai 'cynwyddonol'. Yn sicr, daeth tro ar fyd ar ddiwedd y ganrif, a gosodwyd patrwm newydd ar astudio cydberthynas ieithoedd. Eto i gyd, yr oedd i'r cyfnos cyn y wawr ei werth, a hebddo ni fyddai oes lachar ieitheg gymharol y bedwaredd ganrif ar bymtheg wedi gwawrio. Hoffwn gymhwyso ato y geiriau hyn gan George Ewart Evans (*Spoken History*, 1987, t. 215):

> In myth the central core of meaning cannot be described in detail because myths are constructed out of necessity at a stage of society when factual scientific detail is lacking. Therefore instead of pinpointing the truth in exact referential terms, myth circumscribes an area where it is certain the truth lies.

Yn rhywle yn y niwl a led-oleuir gan y *mythos* am Fabel y lleolir y gwirionedd am gydberthynas amryfal ieithoedd ein byd. Ymbalfalu amdano yr oedd ysgolheigion yr Oes Oleuedig, ac yn y flwyddyn 2000 chwilio amdano yr ydym o hyd.

Hoffwn ddiolch am bob cymorth a chymwynas i Mary Burdett-Jones, Glenda Carr, Richard Crowe, Gareth Alban Davies, Dafydd Huw Evans, Rhisiart Hincks, Geraint H. Jenkins, Charlotte Johnston, Prys Morgan, Brynley F. Roberts, Christiane Schlaps, Ned Thomas, Gareth Williams ac aelodau staff Llyfrgell Genedlaethol Cymru.

Y mae fy nyled yn fawr i Bwyllgor Cyllid y Bwrdd Gwybodau Celtaidd am ddyfarnu cymhorthdal hael at gyhoeddi'r astudiaeth hon. Diolchaf hefyd i aelodau Gwasg Prifysgol Cymru am eu diddordeb a'u help ar hyd y ffordd, ac i'r ddau ddarllenydd am eu hawgrymiadau gwerthfawr.

Yn olaf, carwn fynegi fy ngwerthfawrogiad o ddiddordeb cyson ac anogaeth hael y diweddar Athro J. E. Caerwyn Williams.

CARYL DAVIES

1

Dechreuadau Iaith: Logos *a* Mythos

Dawn ymadrodd yw'r nodwedd fwyaf trawiadol sydd yn gwahaniaethu aelodau o'r hil ddynol oddi wrth bob rhywogaeth arall. Nid yw'n rhyfedd felly fod y gynneddf hon ers canrifoedd maith wedi bod yn destun chwilfrydedd ac ymholiad i'r sawl a'i meddiannai. Sut y mae esbonio'r gallu unigryw hwn i fynegi meddyliau a theimladau mewnol, i ennyn ymateb cyffelyb gan ein cyd-ddynion, i enwi ac i drafod pethau yn y byd allanol sydd yn gyffredin inni i gyd? Beth yn union yw natur a phwrpas y ddawn sydd gennym i gyfuno symudiadau corfforol yn y geg a'r gwddf a'r ysgyfaint â myfyrdodau, emosiynau, penderfyniadau cudd a ymddengys o fath cwbl wahanol? Ai er mwyn enwi pethau yn y byd allanol y daeth i fod, ynteu i gyfleu cyflyrau mewnol yn perthyn mewn modd unigryw i bersonau unigol – i fynegi neu rybuddio, yn hytrach nag i arddangos a disgrifio? I ble y mae olrhain dechreuadau cynnar y ddawn ymadrodd – a ydyw'n naturiol i fod dynol lefaru, ynteu peth gwneud, o ddyfais yr hil, ydyw? Ai anrheg y Duwdod i'r unig greadur a wnaed ar ei ddelw ydyw, ynteu datblygiad o ryw reddf o hunanamddiffyn sydd yn perthyn hefyd i rywogaethau eraill o greaduriaid?

Ar hyd y canrifoedd, o oes Platon a'r Soffistiaid ymlaen, bu meddylwyr mawr y byd wrthi'n synfyfyrio uwchben materion o'r fath, ynghylch yr amryfal broblemau a gyfyd o ystyried dawn gynhenid y ddynolryw i ymadroddi. Y mae traddoddiad hir yn Ewrop o holi cwestiynau ynglŷn ag iaith, traddodiad sydd wedi gorgyffwrdd erioed â llawer o ddisgyblaethau eraill, ag astudiaethau athronyddol a chrefyddol, â hanes, anthropoleg a seicoleg, hyd yn oed ag addysg a gwleidyddiaeth. Treiddiodd y cysyniad Groegaidd o *logos* mewn modd ffrwythlon arbennig i Gristnogaeth yn ei chyfnod cyntaf, gan drawsnewid crefydd a oedd â'i gwreiddiau'n ddwfn yn naear Iddewiaeth, traddodiad pur wahanol. I Roegwyr y bumed a'r bedwaredd ganrif cyn Crist, y gair hwn, *logos* – sydd yn clymu at ei gilydd eiriau llafar a'r gynneddf resymol y tu ôl iddynt – yw'r arwydd pennaf o arwahanrwydd yr hil ddynol, yr hyn sy'n ei nodweddu yn anad yr un rhywogaeth arall.

Y mae geiriau un o gyfoeswyr Platon, y rhethregwr Isocrates, yn dangos edmygedd yr Atheniaid o'r gynhysgaeth arbennig sy'n sail i bob gweithgaredd dynol ac a ddynodir gan y gair *logos*.[1] Noda Isocrates fod anifail a dyn yn debyg iawn i'w gilydd o ran eu gwneuthuriad, yn wir bod rhai anifeiliaid yn rhagori ar ddynion mewn nerth a chyflymdra corfforol. Eto, oherwydd y gallu a feddwn i gyfathrebu ac i ddwyn perswâd ar ein gilydd, yr ydym wedi dianc o gyflwr yr anifail, ac wedi medru dod at ein gilydd mewn dinasoedd i ffurfio deddfau a dyfeisio celfyddydau. Y ddawn ymadrodd (*logos*) yw'r hyn a'n galluogodd i gyflawni hyn oll. Hi sydd wrth wraidd pob cyfraith yn ymwneud â chyfiawnder ac anghyfiawnder, anrhydedd a sarhad, a hebddi byddai bywyd mewn cymdeithas yn amhosibl. Trwy gyfrwng ymadrodd y gwrthbrofir y drwg ac y canmolir y da, a thrwyddi yr addysgir yr anwybodus ac y goleuir y doeth.

Er mor ddrwgdybus oedd Platon o gyfrwyster y Soffistiaid gyda geiriau a'u gallu i'w hystumio i'w pwrpasau eu hunain, ni fyddai wedi anghytuno â gair o'r maniffesto uchod o blaid *logos*. Ar hyd y canrifoedd oddi ar eu dyddiau hwy, telid parch arbennig yng ngwledydd Ewrop i allu geiriau llafar i lunio bywyd y dyn gwareiddiedig mewn cymdeithas. Hoeliwyd sylw meddylwyr y gorllewin yn gynnar iawn ar y ffenomen sylfaenol hon o iaith lafar fel nodwedd arbennig *homo sapiens* fel y cyfryw.

Un ddialog yn unig a ysgrifennodd Platon yn benodol ar destun iaith. *Cratylus: ar gywirdeb geiriau* oedd y teitl.[2] Y testun hwn yw'r enghraifft gyntaf a ddaeth i lawr atom o ymdriniaeth athronyddol ar natur a tharddiadau ymadrodd. Fe'i hysgrifennwyd ar ffurf gaboledig ymddiddan rhwng ymholwyr yn datgan dadleuon rhesymegol. Y cwestiwn a drafodir yw 'cywirdeb' neu dryloywder iaith, hynny yw, ym mha ffordd y mae geiriau'n dal perthynas â'r byd o bethau a phersonau a enwir ganddynt – problem a barhaodd i boeni athronwyr ac ieithyddion tan ddiwedd y ddeunawfed ganrif.

Gelwir Socrates i mewn i dorri dadl rhwng y cyfeillion Cratylus a Hermogenes. Honna'r cyntaf fod gan bob peth enw cywir neu gymwys iddo'i hun a berthyn iddo wrth natur, ac felly bod rhyw fath ar gywirdeb cynhenid mewn geiriau sydd yr un i bob dyn, boed Roegwr neu farbariad. Safbwynt Hermogenes, ar y llaw arall, oedd mai'r hyn a gytuna pobl i alw unrhyw wrthrych yw enw, 'darn o'u llais eu hun a gymhwysir i beth', a hynny'n unig (7). Ymhlyg yn yr honiad hwn y mae'r syniad nad oes unrhyw gywirdeb cynhenid mewn enwau oddieithr yr un a sefydlwyd trwy gytundeb a chyd-ddeall pobl â'i gilydd. Nid yw enw yn perthyn i berson neu i beth yn naturiol, ni ddaw i ddynodi peth neu berson ond trwy arfer y rhai a sefydlodd yr ystyr a'i ddefnyddio wedi hynny. Dengys yr athronydd trwy ei ddull cynnil o holi a hawlio ateb mai canlyniad y safbwynt hwn yw honni bod cynifer o ieithoedd ag sydd o unigolion yn eu siarad, bod gan bawb yr hawl i enwi pethau fel y myn: yn ieithwedd athronyddol heddiw, mai iaith breifat yw pob iaith (9).

Agwedd arall ar ddadl Hermogenes yw nad oes wahaniaeth pa enw a roddir ar unrhyw beth. Safbwynt chwerthinllyd yw hwn i feddwl Socrates, ac atgoffa ei gydymgomwyr mai etifeddu iaith a wnawn. Sefydlwyd yr iaith a siaradwn ganrifoedd yn ôl gan ryw ddeddfwr, neu 'roddwr enwau' (*onomatwrgos*), un craff a gwybodus ei grefft, a wyddai sut i ymgorffori seiniau a sillafau'r enw a gymhwysir wrth natur i bob gwrthrych yn y byd (25). Ni fyddai iaith yn cyflawni'i phwrpas petai'n bosibl newid arwyddocâd enwau'n fympwyol o funud i funud. Pwrpas iaith yw darlunio neu bortreadu pethau real, ac y mae enw'n cyflawni'i bwrpas yn unig pan fydd yn adlewyrchu yn berffaith yr hyn a ddywedir ganddo.

Yn ystod y drafodaeth rhwng Socrates a'i ddau gyfaill crybwyllir agweddau eraill ar ddechreuadau iaith; er enghraifft, bod rhaid dadansoddi enwau er mwyn cyrraedd eu helfennau symlaf (141). Trwy'r broses hon yn unig y mae cael gafael ar egwyddor sylfaenol enwi. Ond y tu hwnt i'r elfennau symlaf a chynharaf mewn geiriau llafar, gellir dod o hyd i ffordd fwy cyntefig fyth o ddynodi pethau, nad yw'n dibynnu ar eiriau o gwbl, sef ystumiau – symudiadau'r corff a mynegiant yr wyneb. Pe baem yn dymuno sôn am geffyl carlamus, meddai Socrates, a heb eiriau gennym, ceisio dynwared ei symudiadau a wnaem (131–4). Ond wrth i iaith lafar ddatblygu, yr egwyddor synthetig a welir ar waith eto, trwy gyfosod llythrennau i ffurfio sillafau, a chydio'r rheini yn eu tro y naill wrth y llall i wneud geiriau. Y peth pwysig yng ngolwg yr athronydd yw bod hyn oll, geiriau, sillafau a llythrennau, yn gymwys i gyfleu neu ddynwared yr hyn a enwir: ar hynny y mae gwirionedd neu dryloywder yr enwau cynharaf yn dibynnu. Awgryma Socrates fod gan sain pob llythyren ystyr arbennig, felly mynegir symudiad gan y gytsain *rh*, a dynodir gorffwys a rhwymo yn fwy cymwys gan y llythrennau *d* a *t* oherwydd y modd y gwesgir tafod ar daflod, ac y mae *l* eto yn cyfleu'r syniad o lithro. Trwy ddynwared seinegol, felly, y mae seiniau elfennol yn mynegi natur y pethau a enwir, ac yna cysylltir y rhain i gyd wrth ei gilydd i ffurfio systemau cymhleth ieithoedd llafar (145–7).

Fe gynnwys dadansoddiad Socrates o safbwynt ieithegol Hermogenes enghreifftiau lawer o eirdarddiad: cais ddod o hyd i ystyr gyntefig enwau wrth eu holrhain yn ôl at ffurfiau hŷn (117). Dengys fel y mae enwau'r duwiau yn dangos eu natur neu'u tarddiad – enw Affrodite o'r gair am yr ewyn (*aphros)* y ganwyd hi ohono, neu Artemis o'i chymeriad iachus (*artemes*) a gwyryfol (81). Pwysleisia Socrates fyth a hefyd reidrwydd mynd yn ôl at y ffurfiau cynharaf, oherwydd 'yr enw hynafol yn unig, onid e, a ddatguddia fwriad y rhoddwr enwau'(119). Yn yr un modd, anoga Hermogenes i gofio fel y mae geiriau'n cael eu trawsnewid a'u 'gwisgo i fyny' wrth ychwanegu llythrennau neu eu tynnu i ffwrdd (107).

Anodd credu bod Socrates yn hollol o ddifrif bob amser wrth gynnig yr esboniadau geirdarddol hyn ar enwau duwiau a phobl a phethau. Enghraifft o'r twyll sydd yn y ddadl hon yw enw Hermogenes ei hun, a grybwyllir yn ddireidus ar ddechrau'r ymddiddan ac eto wrth drafod yr enw Hermes. Duw a roddai nawdd i fasnachwyr, bancwyr a'r cyffelyb oedd Hermes, ac awgrymir yn gellweirus nad oedd ei fab (*Hermogenes*) yn y cyswllt hwn yn un llwyddiannus wrth wneud arian (9). Efallai fod yma gyfeiriad hefyd at faes dylanwad arall Hermes, sef iaith a chyfathrebu, ac awgrym nad oedd Hermogenes yn gwbl deilwng o ddwyn enw'r duw yn yr achos hwnnw ychwaith.

Sut bynnag, wedi i Socrates ddinistrio dadl Hermogenes mai mater o ddyfais a chonfensiwn dynol yw rhoi enwau i bethau, daw tro Cratylus i gael ei groesholi ar ei ddadl yntau (149). Yn y diwedd cytuna'r ymgomwyr nad yw geiriau bob amser yn dynwared pethau real yn gywir, neu fod graddau o gywirdeb yn eu dynwarediad ohonynt. Mater o arfer a chonfensiwn, wedi'r cwbl, yw defnyddio sain i gyfleu ystyr. I gymryd enghraifft o ran gyntaf y drafodaeth: pa hawl sydd gan y *lambda* (y llythyren *l*), sain yn awgrymu ystwythder a meddalwch, i fod yn y gair *sclerotes*, gair yn dynodi caledwch (173)? Erbyn diwedd yr ymddiddan, y mae Socrates wedi troi pob dadl ar ei phen, gan ddangos gwendidau'r ddwy ochr, er bod y dadleuon efallai yn fwy grymus yn erbyn Hermogenes nag o'i blaid. Eithr nid yw'r drafodaeth yn gwbl negyddol yn ei chasgliadau, oherwydd llwyddodd yr athronydd i ddangos nad trwy gyfrwng geiriau o gwbl y darganfyddir y gwirionedd, ac nad mewn trin enwau y mae dod o hyd i natur hanfodol pethau, eithr wrth ymdrechu i adnabod y ffurfiau digyfnewid y mae gwybodaeth o bethau cyfnewidiol y byd yn ymgyrraedd atynt (189–90).

Dyna, wrth gwrs, yw hanfod yr athrawiaeth Blatonaidd a fu o ddylanwad anhraethol ar ganrifoedd o athronyddu yn y gorllewin. Eithr yr oedd testun y *Cratylus* ei hun a'r dadleuon ieithegol sydd ynddo hefyd o bwysigrwydd hanfodol yn natblygiad syniadau am hanfod a dechreuadau iaith. Y mae gweithiau ieithyddol cyfnod y Dadeni yn arbennig yn dryfrith o ddyfyniadau ohono ac o gyfeiriadau ato. Hyd at ddiwedd y ddeunawfed ganrif, parhaodd y tyndra rhwng y ddau safbwynt a gynrychiolwyd yn y ddialog hon – dadl Hermogenes mai mater o gonfensiwn a phenderfyniad damweiniol yw arwyddocâd geiriau, a maentumiad Cratylus bod perthynas gyfrin ond hanfodol rhwng y gair a'i ystyr. Wrth drafod syniadau ieithyddol y ddeunawfed ganrif cawn gyfarfod eto â llawer o'r materion a drafodir gan y tri dadleuwr yn y *Cratylus*: sut y daeth iaith i fod yn y lle cyntaf, sut y mae geiriau yn dynwared pethau, pwysigrwydd dadansoddi geiriau i gael gafael ar eu helfennau gwreiddiol, datblygiad graddol iaith o nifer o ystumiau ac ebychiadau greddfol i gyfundrefnau soffistigedig a'u pwrpas i gyfleu cysyniadau cymhleth a haniaethol.

* * *

Iaith fel y cyfryw, ac yn arbennig natur arwyddocâd geiriau, oedd testun diddordeb Platon yn y *Cratylus*. Ond ar wahân i iaith y mae ieithoedd, a'r un mor anodd ei esbonio yw'r amrywiaeth hynod o briod ieithoedd sydd ar wefusau pobl dros wyneb y ddaear – amrywiaeth nad yw ond cysgod brau o'r miloedd a fu ac a ddiflannodd o oes i oes. Os dawn Duw yw ymadrodd, yma y gwelir *le luxe de Dieu*, ei haelioni anfeidrol, yn ei anterth. Y mae ieithoedd yn ymddangos, yn datblygu ac yn peidio â bod. I Gymry diwedd yr ugeinfed ganrif y mae hyn yn ffaith ddirdynnol eu bywyd beunyddiol. Nid yw'r miloedd o ieithoedd a thafodieithoedd a siaredir ar hyn o bryd ledled y ddaear ond yn weddillion pitw o'r rhai a aeth i ebargofiant dros y canrifoedd, a phetai atlas cynhwysfawr o ieithoedd y byd yn beth posibl, byddai'n debyg i glytwaith amrywiol o gerrig mân amryliw, neu'n debycach fyth i galeidoscôp a'i ddarnau symudliw yn newid o funud i funud. Os yw iaith ei hun yn ddirgelwch inni, y mae'r amrywiaeth afradlon o ieithoedd yr un mor rhyfeddol, ac yn ffenomen sy'n galw'n groch am ystyriaeth ddamcaniaethol.[3]

Nid yw'r ail ffaith hon ynglŷn ag iaith wedi denu cymaint o drafodaeth athronyddol â'r gyntaf. Ychydig o ddiddordeb a oedd gan y Groegiaid gynt mewn astudio ieithoedd y gwareiddiadau eraill o'u cylch, gwareiddiadau pobl nad oeddynt ond yn farbariaid yn eu tyb hwy, er i Platon yn y *Cratylus* nodi bod rhai geiriau yn iaith Groeg yn tarddu o ieithoedd barbaraidd (98). Eto i gyd yr oedd y gwahaniaethau tafodieithol y tu mewn i'w gwlad eu hunain, a'r amrywiaeth iaith rhwng y cenhedloedd a ddarostyngwyd ganddynt, yn hollol amlwg iddynt.

Enw a oroesodd o'r cyfnod cyn Crist oedd eiddo Mithridates, brenin Pontus (*c*.120–65 CC). Meddai'r brenin hwnnw ar 22 o ieithoedd a daeth yn batrwm o amlieithrwydd i ysgolheigion y Dadeni Dysg. Yn 1555, ysgrifennodd Konrad Gesner, yr ieithydd o'r Swistir, lyfr yn dwyn ei enw, a chyfeirir ato hefyd gan Gruffydd Robert yn ei *Gramadeg Cymraeg* (1567), a chan John Davies, Mallwyd, yn y cyflwyniad a'r rhagymadrodd i'r *Dictionarium Duplex* yn 1632.[4] Y mae John Davies hefyd yn adrodd hanesyn sy'n dangos bod rhai yn yr hen fyd yn ymddiddori yn y ffordd y daeth iaith ac ieithoedd i fod. Yr hanesydd Herodotus yw ffynhonnell y stori am Psammetichus, brenin yr Aifft, a gododd ddau o blant ar eu pennau eu hunain, er mwyn darganfod beth oedd yr iaith fwyaf cyntefig (143). Ond prin iawn yn yr oes glasurol oedd y fath hon o arbrawf – perthynai yn hytrach i ysbryd empeiraidd y ddeunawfed ganrif, cyfnod pryd y byddai'r ysfa i chwilio am darddle iaith a pherthynas ieithoedd â'i gilydd yn cyrraedd penllanw.

Serch hynny, hyd yn oed os nad oes trafodaeth ddamcanieithol gynnar ar ffaith amlieithrwydd, ceir tystiolaeth yn chwedloniaeth mwy nag un genedl i hynny fod yn destun rhyfeddod a chwilfrydedd yn y cyfnodau cynnar iawn. Yn y traddodiad Iddewig-Cristnogol, corfforwyd esboniad mytholegol ar amrywiaeth ieithyddol y byd yn yr hanes am godi Tŵr Babel yn yr unfed bennod ar ddeg o lyfr Genesis. Fe gynnwys llyfr Genesis ddau fyth sy'n esbonio yn nhermau'r meddwl cyntefig sut y daeth iaith, ac wedi hynny amrywiol ieithoedd, i fodolaeth yn y lle cyntaf. Yn yr ail bennod, dywedir i Dduw, wedi iddo orffen y gwaith o ffurfio'r amlder rhywogaethau byw, eu dwyn at Adda er mwyn iddo eu henwi, 'i weld pa enw a roddai arnynt; a pha enw bynnag a roes y dyn ar unrhyw greadur, dyna fu ei enw'. Yn ôl yr hanes, dyna'r rhodd gyntaf a gafodd 'y dyn' oddi ar law ei greawdwr, ac fe'i cafodd cyn bod unrhyw anghenraid iddo gyfathrebu â neb arall, pan oedd yr enghraifft gyntaf hon o *homo sapiens* ar ei ben ei hun yn y byd, heb hyd yn oed yr 'ymgeledd gymwys' a wnaed iddo ar rith gwraig. Yn ôl y dehongliad chwedlonol hwn, felly, pwrpas cyntaf iaith oedd nid cyfathrebu ond *enwi*. Wrth roi'r gallu a'r rhyddid i ddyn i enwi'r creaduriaid eraill, rhoes Duw hefyd awdurdod iddo dros ei amgylchfyd, a gellir dadlau mai yn y weithred hon o enwi yr amlygir am y tro cyntaf y ddelw ddwyfol a osodwyd ar ddynion, yn ôl yr Ysgrythurau.

Chwedl arbennig o gyfoethog a geir yn ail bennod Genesis, eithr nid llai felly'r hanes mytholegol yn yr unfed bennod ar ddeg. Cosbwyd Adda ac Efa am eu huchelgais yn ewyllysio bod 'fel Duw yn gwybod da a drwg' (Gen. iii. 5), eto nid amddifadwyd hwynt o'r ddawn gyntefig honno, y gyntaf a'r bennaf o'u cyneddfau. Yn nhermau cosb hefyd y mynegir yr ail ffaith ieithyddol a nodwedda'u disgynyddion, sef eu bod yn siarad nid un iaith, ond lliaws o ieithoedd amrywiol. Cosbedigaeth oedd dymchwel Tŵr Babel am ddymuniad uchelgeisiol, trahaus dynion mewn cymdeithas i fod yn gyfuwch â Duw. Eironi mwyaf y stori hon, efallai, yw'r ffaith mai er mwyn ennill *enw* iddynt eu hunain y bwriadodd dynion godi'r Tŵr 'a'i ben yn y nefoedd', a hynny rhag eu 'gwasgaru dros holl wyneb y ddaear' (Gen. xi. 4). O ganlyniad i'w gweithred, troes yr un enw yn fyrddiwn, a thynged y rhai a'i siaradai fu cael iaith yn dramgwydd iddynt ac yn achos anghydfod ac anghyd-ddeall rhyngddynt am byth.

Ar lefel arwynebol, chwedl onomastig a geir yma, stori a ddyfeisiwyd i esbonio'r enw *Babel*, a hynny wrth ei darddu o'r ferf Hebraeg *Balal* sy'n golygu 'cymysgu' neu 'ddrysu', yn hytrach na *Bab-el* ('porth yr Arglwydd').[5] Ond mwy arwyddocaol na hynny yw'r ymgais i ymgodymu â ffaith hanesyddol ddiymwad, sef bod cenhedloedd gwahanol yn siarad ieithoedd gwahanol, a bod yr ieithoedd amryfal hyn yn rhwystr i gyd-ddealltwriaeth a chydweithredu rhwng y pobloedd. Mewn gwirionedd, y mae'r chwedl gyfoethog am Dŵr Babel a'i hamryw haenau o ystyr wedi aros yn un o'r mythau mwyaf arwyddocaol a phwerus a fu'n llywio'r meddwl gorllewinol ar hyd yr oesoedd. Ailymddengys mewn aml drafodaeth ar ddechreuadau iaith ac ieithoedd, ac ni chollodd ei grym na'i rhin hyd heddiw.

Yn Stuttgart rhwng 1956 a 1963 ymddangosodd chwe chyfrol *Der Turmbau von Babel* gan Arno Borst, beibl yr ymchwilydd i ddamcaniaethau ar ddechreuadau iaith o'r cyfnod cynnar ymlaen.[6] Llyfr arall â theitl awgrymog yw *After Babel*, cyfrol George Steiner ar iaith a chyfieithu a gyhoeddwyd ym 1975. Yn y gyfrol gyfoethog honno crybwylla Steiner dri llenor arall o'r ugeinfed ganrif y bu chwedl Tŵr Babel yn eu cyfareddu (63–73). Walter Benjamin yw'r cyntaf, y cyhoeddwyd ei draethawd ar gyfieithu, *Die Aufgabe des Übersetzers* [*Gorchwyl y Cyfieithydd*], yn 1923. Seiliau cabalistaidd sydd i drafodaeth Benjamin, traddodiad cyfriniol am ddehongli geiriau a llythrennau na ddiflannodd eto o'r tir, ac sydd yn amlwg, fel y cawn weld, yn nulliau meddwl rhai o ieithyddion Cymru yn y ddeunawfed ganrif, fel Rowland Jones ac Iolo Morganwg. I Benjamin, yr hyn sy'n cyfiawnhau cyfieithu yw *die reine Sprache*, yr 'iaith bur' neu *logos* fel y'i geilw hefyd, cynsail i bob iaith unigol – cysyniad arall a fu'n llywio syniadau am iaith yn y ddeunawfed ganrif. Ymgais i ddod o hyd i'r iaith gyntefig gyntaf, yr *Ursprache* sy'n cydio pob iaith at ei gilydd, yw llawer o'r damcaniaethu ieithegol yn y cyfnod hwnnw.

Franz Kafka yw'r ail lenor Ewropeaidd a enwir yn llyfr Steiner fel un a hudwyd gan chwedl Babel. Y mae cyfeiriadau dirgel at y gyflafan honno yn llyfrau nodiadau Kafka, a chrybwyllir y chwedl ym mron pob un o'i hanesion pwysicaf. Ar ddau achlysur cynlluniodd esboniad arni, esboniad sydd ei hun mor ddyrys a chymhleth â *ziggurat* labyrinthaidd o oes y Babiloniaid. Cysylltir yr enwau Babel a Babilon hefyd ym meddylfryd y trydydd awdur a enwir gan Steiner. Nid Ewropead mo'r llenor hwn, eithr gŵr o Ariannin, a gyfareddwyd, serch hynny, gan wahanol ieithoedd a thraddodiadau cenhedloedd Ewrop. Yn 'Llyfrgell Babel', stori fer a ysgrifennwyd gan Jorge Luis Borges yn 1941, ffurf *ziggurat* sydd i'r llyfrgell a ddisgrifir, tŵr a gyfansoddwyd o orielau chweonglog dirifedi wedi'u gosod mewn cylchoedd. Symbol grymus o'r bydysawd yw'r cwch-gwenyn anferth hwn: llyfrgell ydyw sy'n cynnwys pob llyfr y sydd neu a fu erioed, pob cyfuniad o lythrennau a geiriau, yn arddangos popeth y gellir ei fynegi ymhob iaith. Wrth graffu ar waith Borges yr hyn a ddaw'n amlwg yw ei ddiddordeb yntau hefyd yn natur guddiedig, gyfriniol iaith, y rhwydwaith dihysbydd hwnnw sy'n clymu dynion wrth ei gilydd, ond sydd eto yn fagl ac yn rhwystr iddynt rhag cyfathrebu. Yn ôl y traddodiad cabalistaidd yn Iddewiaeth, enw cysegredig Duw yw tarddle pob gair a gynhwysir yn ieithoedd fyrdd y ddaear. Mynegir y syniad hwn hefyd gan Borges yn ei gerdd 'Y Golem', a daw i'r golwg eto yn y ddeunawfed ganrif yng ngwaith Rowland Jones ac Iolo Morganwg.[7]

Rhai o hoff ymadroddion Steiner yn ei lyfr yw 'yr anfadwaith ym Mabel', 'yr adfail ym Mabel', 'anhrefn Babel' – geiriau yn awgrymu'r drychineb sydd ymhlyg yn y lluosogrwydd ieithoedd a nodwedda'r ddynolryw. Ynghlwm wrth y syniad hwn erys y gred bod cyflwr ieithyddol y byd yn y cyfnod cyn-Fabelaidd yn fwy perffaith, neu hyd yn oed yn hollol berffaith, oherwydd ei fod yn *un*, yn gyflawn. Cyn y digwyddiad tyngedfennol ym Mabel, yr oedd llestr iaith yn gyfan: yn y fan honno fe'i chwalwyd yn deilchion. Yn gysylltiedig â hyn y mae chwedl rymus arall sy'n hudo meddyliau dynion o oes i oes, y gred mewn 'Oes Aur', sydd naill ai wedi hen ddarfod neu sydd eto i ddod. Cipolwg yw ar Iwtopia i'w chwennych, lle bydd mân ddrylliau iaith eto yn glynu wrth ei gilydd, lle clywir y geiriau cysefin perffaith, tryloyw, a fu ar wefusau'r dyn cyntaf wrth ymddiddan â'i greawdwr yn yr ardd.

* * *

Beth oedd yr iaith honno? A oedd mymrynnau ohoni ar ôl wedi'r chwalu mawr ym Mabel? Dyna gwestiynau a fu'n poeni meddylwyr Ewrop ar hyd y canrifoedd, mewn gwirionedd tan ddiwedd y ddeunawfed ganrif. Cynigiwyd amryfal atebion i'r cwestiynau sylfaenol hyn, eithr o blith yr ieithoedd hynafol a fyddai'n gymwys i dderbyn yr anrhydedd, i ysgolheigion y cyfnod modern cynnar yr Hebraeg oedd yr un a feddai'r hawl mwyaf amlwg. Yr oedd iddi hi, ynghyd â'r ieithoedd clasurol, Lladin a Groeg, y lle mwyaf anrhydeddus yng ngolwg y meddylwyr hyn, a'r Hebraeg yn arbennig yn meddu ar arucheledd y tu hwnt i'r lleill oherwydd ei chysylltiad â'r Beibl a'r grefydd Gristnogol. Gan mai yn Hebraeg yr ysgrifennwyd yr Hen Destament, yr oedd yn rhesymol credu mai'r iaith honno a oedd ar wefusau'r patriarchiaid, ac mai hi oedd cyfrwng yr ymgomio rhwng Adda a Duw gydag awel y dydd. Dyma'r ymgeisydd perffaith felly am yr anrhydedd o fod yr iaith hynaf oll, a chynsail holl ieithoedd eraill y byd. Eto i gyd, er gwaethaf y parch arbennig a dalwyd i'r Hebraeg, erbyn yr ail ganrif ar bymtheg yr oedd ieithoedd cysefin Ewrop yn cael eu cynnig yn ei lle, neu o leiaf fe'u cysylltid hwy â hi yn yr ymgais i fynd yn ôl at iaith gyntaf y ddynolryw.

Gwelir enghraifft ddifyr a doniol o hyn mewn gwaith a gyhoeddwyd yn ddienw yn Hamburg yn 1668. Anders Pederson Kempe (1622–89), swyddog yn y fyddin Swedaidd oedd yr awdur.[8] Gŵr o dueddfryd pietistaidd oedd Kempe, a alltudiwyd i'r Almaen gan glerigwyr Lwtheraidd uniongred ei wlad. Dial ar ei erlidwyr yr oedd yn ei lyfr *Die Sprachen des Paradises* [*sic*; *Ieithoedd Paradwys*] a ysgrifennwyd ar ffurf ymddiddan hwylus rhwng nifer o weinidogion Swedaidd wrth gydgyfeddach mewn cwmni. Testun y drafodaeth oedd pa iaith neu ieithoedd a siaredid ym Mharadwys. Er bod y cwmni'n honni mai'r Hebraeg oedd yr ateb mwyaf tebygol, fe'u hatgoffwyd gan Simon Simplex, y cymeriad sy'n cynrychioli'r awdur, nad yw llyfr Genesis yn un man yn enwi'r iaith a siaredid cyn y cymysgu ieithyddol a ddigwyddodd ym Mabel. Cyfeiria Simon ei gyd-lymeitwyr at y traddodiad Swedaidd bod disgynyddion Magog, mab Jaffeth, wedi gwladychu gwlad Sweden, a dadleua (a'i dafod yn ei foch) mai iaith y wlad honno a glywyd yng ngardd Eden. Datblygir y thema hon mewn modd dychanol wrth i Simon Simplex faentumio bod ieithoedd eraill i'w clywed yno hefyd – bod Duw yn siarad Swedeg ond mai Daneg oedd iaith Adda a Ffrangeg a lithrai dros enau'r sarff. Pwrpas dychanol sydd gan yr awdur, wrth gwrs, i awgrymu bod yr iaith sathredig honno, y Ddaneg, yn llai parchus na'r Swedeg hynafol, ac i fynegi ymagwedd ddirmygus eu cyfoeswyr Protestannaidd at y Ffrancwyr a'u harferion anfoesol.

Yn y cyd-destun direidus hwn, anodd yw gwybod i ba raddau y mae'r awdur o ddifrif, ond enwa ddau o ysgolheigion enwocaf ei wlad, Georg Stiernhielm ac Olof Rudbeck, i gadarnhau ei ddamcaniaeth am hynafiaeth eu hiaith. Ysgrifennodd Rudbeck waith anferth o'r enw *Atland eller Manheim (Atlantica sive Manheim vera Japheti posterorum sedes et patria)* [*Atlantica neu Manheim, gwir gartref a mamwlad disgynyddion Jaffeth*], a gyhoeddwyd yn Uppsala rhwng 1675 a 1702, i fynegi'i farn mai Sweden oedd cartref cyntaf yr hil ddynol, ac mai ffurf ddirywiedig ar yr Hebraeg oedd iaith y Lapiaid. Ystyriai Stiernhielm, wrth olygu Beibl Gotheg yn 1671, fod Swedeg yn disgyn o iaith gyn-Fabelaidd, a'i bod yn gytras felly â'r Hebraeg.[9] Ganrif ynghynt, yn 1569, yr oedd Isalmaenwr o Brabant, Jan van Gorp, awdur mwy adnabyddus i haneswyr ieitheg dan yr enw Goropius Becanus, wedi honni yn ei *Origines Antwerpianae* [*Dechreuadau Antwerp*] mai yn iaith gogledd Ewrop, a'i briod iaith ei hun yn enghraifft ohoni, y gwelir gwreiddiau idiom cysefin y ddynoliaeth.

Bu Goropius a'i syniadau ieithyddol yn destun beirniadaeth ar ôl iddo farw gan Justus Lipsius, Joseph Justus Scaliger a William Camden.[10] Awgrymodd yr athronydd G. W. Leibniz yn ei *Nouveaux Essais sur l'entendement humain*, yr ymdriniaeth feirniadol â syniadau John Locke a ysgrifennwyd yn gynnar yn y ddeunawfed ganrif, fod enw Goropius a'i ddull rhyfedd a chwerthinllyd o darddu geiriau wedi rhoi berf newydd i'r iaith Ffrangeg, sef *goropiser* ('goropian'). Ceir cyfeiriad dirmygus at ei syniadau hefyd yn rhagymadrodd John Davies, Mallwyd, i'r *Dictionarium Duplex*. Yn ôl Davies, honnai Goropius yn frwd, eithr 'yn ynfyd iawn', nad Hebraeg oedd yr iaith hynaf. Ei iaith gysefin ei hun, yr Iseldireg, yn hytrach, a haeddai'r anrhydedd hwnnw.[11] Yng ngwaith Goropius cysylltwyd llwyth y Cimbri (a ymsefydlodd yn yr hen oesoedd yn Jutland ac a ddaeth yn gyndeidiau i bobl yr Iseldiroedd) â'r Cimmerii, llwyth damcaniaethol o bobl grwydrol a deithiodd ar draws Ewrop o gyffiniau'r Môr Du. Ac er gwaethaf ei ddirmyg, cytunai Leibniz nad oedd Goropius mor bell o'i le wrth honni bod yr iaith Almaeneg, neu *la Cimbrique* ('y Gimbreg'), yr un mor hynafol â'r Hebraeg, neu hyd yn oed yn hŷn.

Er mor rhyfedd eu damcaniaethau, dechreuodd Goropius a rhai o'i gydwladwyr draddodiad lleyg o drafod iaith, heb berthynas â na diwinyddiaeth na'r Beibl, traddodiad hefyd a adlewyrchai dueddiadau gwladgarol y rhai a'i coleddai, ac nid oedd y Cymry ymhell ar eu hôl yn ffurfio corff o syniadaeth ynghylch yr iaith Gymraeg. Gwelir yng ngweithiau'r awduron hyn dwf y ddamcaniaeth ffrwythlon mai gyda Gomer, un o feibion Jaffeth, y daeth yr iaith hynafol o gyffiniau'r Môr

Du i orllewin Ewrop. Ac nid y Llychlynwyr a thrigolion yr Iseldiroedd yn unig a hawliai'r flaenoriaeth i'w priod ieithoedd yn sgil y ddamcaniaeth hon – erbyn cyrraedd y ddeunawfed ganrif yr ieithoedd Celtaidd oedd ar flaen y gad. Enghraifft gynnar yw gwaith Goropius o'r cenedlaetholdeb ieithyddol a ddaeth i nodweddu'r cyfnod hwn, pan oedd Llychlynwyr, Almaenwyr, Llydawyr a Chymry yn cystadlu am y gorau i hawlio'r flaenoriaeth i'w hiaith eu hunain.

Un ffordd o gefnogi hynafiaeth iaith frodorol oedd ei chysylltu mewn rhyw ffordd ag un yr oedd ei thras yn ddiamheuol hen a pharchus – Groeg neu Ladin, Hebraeg, iaith Phoenicia, neu un arall o ieithoedd yr hen fyd. Pleidio'r Phoeniciaid a wnaeth y Ffrancwr Samuel Bochart yn ei *Geographia Sacra* (1646), a bu'n ceisio olrhain tynged yr heniaith honno yn ieithoedd Lladinaidd y cyfandir, yn enwedig mewn enwau lleoedd.[12] Nid Bochart oedd yr unig un i gefnogi achos yr ieithoedd Semitaidd. Cymharu helaethrwydd yr iaith Gymraeg â'r Arabeg yn ogystal â Lladin a Groeg a wnaeth Siôn Dafydd Rhys wrth gyflwyno'i Ramadeg i Syr Edward Stradling.[13] Ar y llaw arall, yn ei ragymadrodd i'r gwaith hwnnw, dadleua Humphrey Prichard annibyniaeth hanfodol y Gymraeg ar bob iaith arall fel arwydd o'i hynafiaeth.[14] Mor gysefin yw'r Gymraeg, yng ngolwg Prichard, fel nad yw hi, yn wahanol i ieithoedd eraill Ewrop, 'yn dibynnu ar unrhyw iaith ddechreuol arall, fel petai honno yn sail ac yn famiaith iddi'. Serch hynny, wrth amddiffyn y penderfyniad i gyhoeddi'r gwaith yn Lladin, honna nad yw'r iaith honno'n cyfateb yn nes i unrhyw iaith arall nag i'r Gymraeg (88).

Yn 1595, pan gyhoeddwyd *Egluryn Ffraethineb*, gwaith Henri Perri ar rethreg, cyplyswyd y Gymraeg â dwy o ieithoedd yr hen fyd mewn cerdd foliant gan John Dee, sy'n honni bod 'Cambrica lingua' yn gyfwerth â'r Lladin a'r Hebraeg.[15] Aeth awdur y *Dictionarium Duplex* gam ymhellach: i John Davies, Mallwyd, yr oedd y Gymraeg nid yn unig yn gyfwerth, ond yn well na Lladin, ac yn fwy hynafol na hi. Anodd iddo oedd cydsynio â'r awduron hynny a gredai fod y Frytaneg yn deillio o'r Lladin, oherwydd iaith ddiweddar oedd honno, 'wedi cael ei chyfansoddi o gasgliad o ieithoedd eraill' (Ceri Davies, *Rhagymadroddion*, 139). Man cychwyn rhagymadrodd John Davies i'w eiriadur yw 'hynafiaeth gwbl ddiamheuol yr iaith Frytaneg'(126), ac yn y 'Llythyr Annerch at Edmwnd Prys' a ragflaena'r gramadeg (*Antiquae Linguae Britannicae . . . Rudimenta*, 1621), y mae mater hynafiaeth eto yn hollbwysig. 'Pobl wreiddiol', meddai Davies, yw ystyr enw'r Cymry a 'llafar gwreiddiol neu gysefin' yw arwyddocâd enw'u hiaith (107–8). Nid oeddynt yn credu bod eu cenedl a'u hiaith wedi tyfu o'r ddaear 'fel caws llyffaint', ond bod eu dechreuadau'n hŷn na dim o fewn cof (108). Nid oes neb, felly, a feiddia awgrymu nad yw'r Gymraeg yn perthyn i ddosbarth mamieithoedd cynhwynol Ewrop. Yn y geiriadur, gwrthyd y syniad fod y Gymraeg yn deillio o iaith Gâl, ond y mae'n barod i ystyried damcaniaeth Paulus Merula yn ei *Cosmographiae Generalis Libri Tres . . .* (1605) mai iaith hen iawn oedd iaith Llydaw a Chymru, a'i bod yn gynhwynol i'r rhai a drigai yno fyth oddi ar gymysgu'r ieithoedd ym Mabel (139). 'Fe'm bodlonir', meddai, 'gan syniad y rheini sy'n credu iddi gael ei geni ym Mabel'(137).

Pwrpas Davies yn y rhagymadrodd i'w eiriadur oedd nid yn unig olrhain dechreuad a datblygiad yr iaith Gymraeg, ond hefyd 'dwf a chyfnewidiad ieithoedd eraill'(126). Er mwyn esbonio'r newidiadau ieithyddol a wnaeth y gwaith o ffurfio geiriaduron yn angenrheidiol, naturiol oedd i'r awdur droi'i olygon yn ôl at Fabel, a'r gosb am 'waith balch' y cenhedloedd (148) a bery, yn ôl ei syniadau ef, i gymysgu'u hieithoedd dros wyneb y ddaear ac i osod gormes arnynt (129). Gwêl yr iaith Gymraeg mor annhebyg i ieithoedd Ewrop (ac eithrio'r ieithoedd Celtaidd eraill) fel na ellir hyd yn oed freuddwydio y gallai darddu o un ohonynt (109). Ni fyddai'n honni (fel y gwnaeth Georg Stiernhielm) mai iaith yn dyddio o'r cyfnod cyn-Fabelaidd oedd ei briod iaith ef (144). Eithr y mae'n mentro'i farn mai un o famieithoedd y dwyrain yw hi, neu o leiaf ei bod yn disgyn oddi wrthynt, ac fe'i cysyllta, er braidd yn betrus, o ran ei geirfa, ei hymadroddion, ei chystrawen a'i hynganiad â'r ieithoedd dwyreiniol a oedd yn hysbys iddo (133, 137, 144).

Cyn diwedd ei ragymadroddd sonia'r awdur am yr Hebraeg fel 'mam yr holl ieithoedd', y gyntaf ohonynt i gyd, a'r un y bu Duw ei hun yn ei defnyddio wrth ymgomio ag Adda yn yr ardd (147). Apelia at y ffaith fod Hebraeg yn cael ei darllen o'r dde i'r chwith i gyfiawnhau'i gred mai ffurf gymysglyd ar yr iaith honno yw'r Gymraeg, ac i weld tebygrwydd arbennig rhwng y gair Hebraeg *dharac* a *cerdded*, rhwng *terep* a *praidd*, ac yn y blaen, trwy drawsosod llythrennau (153). Er mor hynod yw'r syniad hwn i'n meddwl ni, nid oedd Davies ar ei ben ei hun yn ei gyfnod wrth gredu hyn. Mewn llyfr a gyhoeddwyd ym Mharis yn 1618, *L'Harmonie étymologique des langues* [*Cytgord Geirdarddol Ieithoedd*], defnyddia Étienne Guichard yr un ddadl i gyfiawnhau'r arfer o ychwanegu a thrawsosod llythrennau wrth chwilio am darddiad geiriau. Y mae hyn yn ddealladwy, meddai, os cofiwn fod yr Hebreaid yn ysgrifennu o'r dde i'r chwith, a'r Groegiaid ac eraill o'r chwith i'r dde.[16]

Credai John Davies fod yr ieithoedd dwyreiniol eraill yn perthyn lawer yn nes at yr Hebraeg nag yr oedd ieithoedd y gorllewin. Eto, ystyriai Davies fod gan y Gymraeg berthynas arbennig o agos ag ieithoedd y dwyrain ac â'r Hebraeg yn arbennig. 'Mewn gair,' meddai eto yn y rhagymadrodd i'w ramadeg, 'y mae'n eglurach na haul canol dydd fod cryn berthynas rhwng yr iaith Frytaneg a'r ieithoedd dwyreiniol, y mae pob iaith yn tarddu ohonynt' (109). I Davies, yr oedd 'ieithoedd y dwyrain' i gyd yn debyg i'w gilydd; ni wyddai ef fod rhai o blith y rhai a restrir ganddo (152), sef ieithoedd y Mediaid, y Persiaid a'r Armeniaid, yn nes at idiomau gorllewin Ewrop nag at yr Hebraeg. Mewn rhestr arall, y mae'n enwi iaith yr India, a chyfyd y cwestiwn ai at y Sansgrit y cyfeiria yma (130).

Yn ystod y cyfnod hwn, prin oedd gwybodaeth yng ngwledydd Ewrop am Sansgrit, iaith hynafol a chysegredig yr India, er bod adroddiadau gan genhadon a marchnatwyr wedi dechrau treiddio i'r Eidal, yr Almaen, Ffrainc a Lloegr oddi ar y flwyddyn 1583. Ar yr un pryd, lledaenid damcaniaeth am lwyth annelwig arall o bobl, y Sgythiaid, yr oedd eu hiaith, yn ôl y gred gyffredinol, yn cynnwys elfennau o Roeg, Lladin, Perseg ac Almaeneg, sef ieithoedd a berthyn mewn gwirionedd nid i'r dosbarth Semitaidd, ond yr hyn a alwyd yn y bedwaredd ganrif ar bymtheg yn deulu Indo-Ewropeaidd. Ar ddechrau'r ganrif honno yn unig y daeth i'r amlwg beth oedd perthynas ieithoedd Ewrop â Sansgrit, a hynny fel canlyniad i astudiaethau manwl a medrus ysgolhaig arall o dras Gymreig, Syr William Jones.[17]

Yn y cyfamser, parhaodd yr Hebraeg i ddylanwadu'n drwm ar genedlaethau o ymchwilwyr i ddechreuadau iaith, er mai cynyddu o dipyn i beth a wnaeth y gwrthwynebwyr i uniongrededd y ddamcaniaeth honno. I ieithyddion y Dadeni, yr oedd profi hynafiaeth eu priod ieithoedd yn hanfodol bwysig, a pharhaodd yr ymagwedd hon hyd at y ddeunawfed ganrif. Felly maentumiai Henry Salesbury yn y rhagymadrodd i'w *Grammatica Britannica* yn 1593 fod y Frytaneg 'wedi dod i fod fel mam pob iaith yn y parthau hyn ar ymyl eithaf y byd' (Ceri Davies, *Rhagymadroddion*, 99). Yr un ddelwedd o gyff teuluol a fabwysiadwyd gan Humphrey Prichard yn y flwyddyn flaenorol, wrth ysgrifennu am 'ein hiaith ni', nad oes unrhyw iaith arall fel petai 'yn sail ac yn famiaith iddi' (84). Ac y mae'r gymhariaeth â theulu yn aml ac amlwg yn nhestunau John Davies, y rhagymadroddion i'r gramadeg a'r geiriadur (107, 108, 114). Am 'holl ieithoedd eraill Ewrop' medd ef, cytuna 'y rhan fwyaf o bobl' iddynt gael

> eu cenhedlu gan Ladin a chan y Slafoneg, merch yr Arabeg ac wyres y Galdaeg. Am y rhai sy'n cyfrif bod mwy o famieithoedd cynhwynol yn

> Ewrop, ieithoedd y mae eu rhieni yn gwbl anhysbys, nid ydynt hyd yn oed wedi beiddio awgrymu nad yw'r Frytaneg yn deilwng o'r anrhydedd sy'n perthyn i famiaith (107, cf. 148, 150).

Iddo ef, 'plentyn gordderch y Lladin' yw'r iaith Eidaleg (112), a chyfeirio at eiriau Humphrey Prichard y mae wrth sôn am 'chwiorydd' yr iaith Frytaneg (116, 81). Dengys ieithwedd yr awduron hyn ba mor hen yw'r trosiad o 'deulu' mewn trafodaethau ar gydberthynas ieithoedd â'i gilydd.

I John Davies, haeddai'r Gymraeg ei pharchu, nid yn unig am ei hynafiaeth gynhenid ei hun, ond oherwydd ei thebygrwydd ar lawer ystyriaeth i'r Hebraeg, 'unig iaith yr hil ddynol am 1,700 o flynyddoedd, fwy neu lai, a mam, ffynhonnell a chynddelw yr holl ieithoedd' (108). Y mae'n arwyddocaol hefyd fod Edmwnd Prys, wrth ganmol ar fydr *Rudimenta* gramadegol ei gyfaill, yn tynnu sylw at orchest Davies yn datguddio gwraidd yr hen iaith [Frytaneg], 'fel y byddwn yn gyflymach yn medru dysgu'r iaith Hebraeg':

> . . . lingua veteris radice reperta,
> Hebraeam ut citius valeamus discere linguam . . .[18]

Gwelir, felly, fod llawer o ragdybion ei oes ynglŷn â tharddiadau iaith i'w canfod yn ngwaith John Davies. Ceir hefyd yn y rhagymadrodd i'r *Dictionarium Duplex* ambell drafodaeth ar agweddau mwy athronyddol ar faterion ieithyddol. Peth anarferol yw hyn mewn cyfnod pan oedd gan ysgolheigion fwy o ddiddordeb yn nechreuadau'u priod ieithoedd eu hunain, er mwyn sefydlu eu rhagoriaeth hynafol. Wedi sôn am y boen a'r llafur o ffurfio geiriadur, y mae'r awdur yn troi at ymdriniaeth gyffredinol o bwrpasau astudiaeth ieithyddol. 'Oblegid', meddai, 'dim ond trwy adnabod geiriau yr ymegyr y llwybr tuag at wybodaeth iawn o bethau' (Ceri Davies, *Rhagymadroddion*, 128). Un rheswm am hyn yw bod enwau pethau yn eu cynnig eu hunain i'r meddwl o flaen y pethau'u hunain. Ond yr achos pwysicaf yw bod eu 'rhesymoldeb' yn cael ei adlewyrchu yn y modd y gosodwyd enwau ar bethau yn y lle cyntaf. Cyfryngau tryloyw yw geiriau i Davies, sy'n datgelu yn hytrach nag yn cuddio natur y pethau a ddynodir ganddynt. Un o ddadleuon y *Cratylus*, y mae'n amlwg, yw hon, ac yn wir, enw Platon a ddaw yn gyntaf oll i feddwl Davies wrth iddo enwi awduron yr hen fyd a gytunai ar bwysigrwydd astudio geiriau. Cyfeirio at y *Cratylus* yn benodol a wna wrth ddyfynnu geiriau Platon: 'mai'r grisiau cyntaf mewn ennill gwybodaeth yw "enw a gair" ac mewn man arall fod enw yn "offeryn dysgu"'. Yn yr adran hon o'r rhagymadrodd, dengys awdur y *Dictionarium Duplex* ei fod yn gyfarwydd â thrafodaethau athronyddol cynnar ar natur a dechreuadau iaith. Derbyniai hefyd, wrth reswm, y fframwaith Beiblaidd a welir yn llyfr Genesis, a diddorol yw sylwi ar y modd y cydosodir y ddwy ffrwd ieithyddol hyn – *logos* a *mythos* – yn ei waith.

Adlewyrchiad o safbwynt Hermogenes yw'r awgrym bod gan ddynion yn ogystal â'r Creawdwr ran yn nechreuadau iaith wrth ffurfio geiriau 'a'u bodlonai hwy'. Enwir Hermogenes mewn trafodaeth fer arall yn y rhagymadrodd ar sut y daeth iaith gyntaf i fod, 'ai trwy siawns, neu o natur, neu o ddewis a chytundeb rhwng dynion' (142). Efe oedd cefnogwr y syniad mai trwy siawns, heb fod unrhyw reswm arbennig am bob un, y daeth geiriau i fodolaeth. Cratylus a bleidiai'r gwrthwyneb, 'eu bod wedi dod i fod *o natur*'. Eithr y mae Davies hefyd yn ystyried damcaniaeth arall, o eiddo Diodorus Siculus, fod iaith wedi datblygu'n naturiol wedi i ddynion ddechrau byw mewn cymdeithas. Cyn hynny, anhrefnus ac annealladwy oedd eu lleferydd, ond wedi ffurfio cymdeithas, a 'thrwy ddefnyddio arwyddion i ddynodi pob un peth, parasant o'r diwedd fod y gair cyffredin am rywbeth yn dod yn hysbys iddynt' (142).

Perthyn i draddodiad Hermogenes y mae'r ddamcaniaeth honno eto, ond y mae geiriau nesaf Diodorus a ddyfynnir yma gan John Davies yn cynnig esboniad 'naturiaethol' pellach, nid yn gymaint ar ddechreuadau iaith, ond ar sut y daeth ieithoedd unigol i fod. Mater o siawns oedd pa eiriau a ddewiswyd gan yr amrywiol gymdeithasau bore hyn, ac felly y daeth 'gwahanol ffurfiau ar ieithoedd i fod yn y gwahanol gymdeithasau o ddynion' (142). Wrth drafod syniadau yn y ddeunawfed ganrif am ddatblygiad iaith ymhlith dynion mewn cymdeithas, down ar draws athrawiaethau tebyg iawn i'r rhai a drafodir gan John Davies yma.[19]

Barn Davies ei hun oedd nad yw llefaru yn beth hollol naturiol i ddyn, yn yr ystyr na fedrai siarad o gwbl petai'n amddifad o glyw a'r gallu i ddeall geiriau. Ar yr un llaw, cydnabyddai'r athrawiaeth Feiblaidd mai derbyn dawn ymadrodd gan Dduw, a hwythau eisoes mewn oed, a wnaeth 'ein rhieni cyntaf'. Eto i gyd gwelai fod gan brosesau natur eu swyddogaeth wrth i iaith ddatblygu. Trwy efelychu a dynwared y dysgodd disgynyddion y dynion cyntaf sut i lefaru (143). Heb eu synhwyrau naturiol, yn arbennig y gallu i glywed, ni fyddai neb yn dysgu siarad. Y rhai sy'n clywed iaith wedi'i llefaru, a'r rheini yn unig, medd Davies, a fedr lefaru. Cynhysgaeth naturiol dyn i'r graddau y bo'n meddu ar synnwyr clyw, felly, yw'r ddawn ymadrodd, a dyma'r lle y cyflwynir yr hanes am y brenin Psammetichus yn cadw'r plant o'r neilltu yn y goedwig. Ar ôl tair blynedd, yr unig sŵn a allent ei gynhyrchu oedd brefiadau'r geifr a gadwyd er mwyn rhoi llaeth iddynt.

Fel y dywed Rhiannon Francis Roberts am ragymadrodd y *Dictionarium Duplex*: 'Yng ngoleuni gwybodaeth ddiweddarach am darddiad a pherthynas ieithoedd, collodd rhan helaeth o'r Rhagymadrodd ei werth, ond y mae rhai pethau ynddo yn haeddu sylw o hyd.'[20] Y mae'n wir mai derbyn llawer o'i wybodaeth a'i syniadau am natur a dechreuadau iaith ar law awduron eraill a wnaeth John Davies. Mewn nodyn i'r 'Llythyr Annerch' o flaen ei lyfr gramadeg, cyfeiria at Edward Brerewood, a gyhoeddodd ei *Enquiries Touching the Diversity of Languages and Religions through the Cheife Parts of the World* yn 1614. Dengys Ceri Davies fod y llyfr hwn yn sail bendant i rannau helaeth o raglith y gramadeg, ac y mae un o nodiadau John Davies yn awgrymu mai cyfieithiad Brerewood o J. J. Scaliger, os nad Scaliger ei hun, oedd ei ffynhonnell am yr athrawiaeth bwysig am 'famieithoedd cynhwynol yn Ewrop', a welir yn y ddau ragymadrodd (14, 107 a 170, n. 6).

Gellir olrhain y ddamcaniaeth hon yn ôl at y *Diatriba de Europaeorum Linguis* [*Trafodaeth ar Ieithoedd yr Ewropeaid*], a ysgrifennodd Scaliger yn 1599 ond nas cyhoeddwyd tan 1610, pan ymddangosodd ym Mharis ymhlith ei *Opuscula varia; antehac non edita*.[21] Rhannodd Scaliger ieithoedd llafar Ewrop yn bedwar teulu mawr, a saith dosbarth llai, y cyfan yn cynnwys 11 o ieithoedd *matrices*. Yr egwyddor a ddefnyddiodd wrth ffurfio'r dosbarthiadau hyn oedd pa air am 'dduw' a fabwysiedir gan wahanol genhedloedd Ewrop. *Deus*, *theos*, *godt* a *bog* oedd y geiriau arwyddocaol, yn cyfateb i'r grwpiau ieithyddol Lladin, Groeg, Almaeneg a Slafoneg. Mynnai Scaliger nad oedd unrhyw ffynhonnell gyffredin i'r dosbarthiadau. Wedi 1614, lledaenwyd ei syniadau, yn arbennig yn Lloegr, gan lyfr Brerewood a restrodd 14 o famieithoedd cynhwynol, ac a gynhwysodd hefyd aralleiriad Saesneg o *Diatriba* Scaliger.[22]

Dadleua Brerewood na lwyddodd y Rhufeiniaid i ddileu ieithoedd cysefin trigolion eu hymerodraeth, a bod llawer o'r 'Ancient vulgar Languages' yn parhau bron heb eu newid ar draws Ewrop (25). Yr oedd Scaliger a Brerewood fel ei gilydd yn enwi'r Gymraeg (gyda'r Llydaweg) yn un o'r mamieithoedd 'llai eu hurddas'. Yn fersiwn Brerewood o destun Scaliger ymddengys hyn fel: 'the sixth is the *Welch*, or the ancient *British*, of which *Brittany* in *France* hath some touch'(250). Ac yn rhestr Brerewood ei hun, dosberthir yr ieithoedd hyn gyda'i gilydd yn yr ail le: '*British* in Wales, Cornwalle, and Britain of France'(25).

Damcaniaeth neilltuol o ffrwythlon a gynhwysir yn y ffigur hwn o berthynas 'deuluol' rhwng y gwahanol ieithoedd, y gellir ei holrhain ar hyd dwy ganrif o ysgolheictod ieithyddol, nes ei thrawsnewid ar ddechrau'r bedwaredd ganrif ar bymtheg o ganlyniad i ddatganiad tyngedfennol gan Syr William Jones.

Dylanwad arall ar syniadaeth John Davies oedd llyfr Franciscus Junius, *Grammatica Hebreae Linguae* (1580), a chymhwysodd yr wybodaeth am yr Hebraeg a gafodd gan Junius i rai o nodweddion y Gymraeg.[23] Y mae'n wir hefyd mai dilyn yn llinach gramadegwyr a ieithegwyr y traddodiad cysefin Cymraeg a ddaeth i fod gyda'r Dadeni Dysg a wnâi. Eto i gyd, peth anarferol ac amheuthun yw darganfod awdur o Gymro yn y cyfnod hwn yn trafod ieithyddiaeth mewn ffordd mor gyffredinol a damcaniaethol, mor athronyddol yn wir, ag y gwna John Davies yn y rhagymadrodd i'w eiriadur. Hyd yn oed ganrif yn ddiweddarach, ymdrin â dechreuadau hanesyddol yr iaith Gymraeg y byddai awduron ar y cyfan, yn hytrach na mynd yn ôl at wreiddiau ffenomen iaith fel y cyfryw.

Bid sicr, yr oedd gan Davies hefyd ddiddordeb arbennig yn nharddiadau ei iaith ei hun, ac y mae'n ailadrodd yr hanes yn Sieffre o Fynwy am Brutus yn cyrraedd yr ynys hon o Gaer Droia (144–6). Yr oedd chwedl arall yn gyfarwydd iddo yn ogystal, sef y stori am ddisgynyddion Jaffeth yn teithio ar draws Ewrop mewn cyfnod cynharach hyd yn oed na Brutus (139, 147), hanes a adroddir gan Camden yn ei *Britannia* (1586).[24] Yn yr adran hon nodir gan Camden mai Josephus, yr hanesydd o'r ganrif gyntaf wedi Crist, a briodolai enw trigolion Gâl i ddisgynyddion Gomer, fab Jaffeth. Dyfala Camden mai enw'r *Gomeri* neu *Gomeritae*, a ddaeth yn *Cimmerii*, neu *Cimbri* a arddelai Cymry'i ddydd o hyd yn enw arnynt.

Yn y gramadeg, enwa Davies y gwroniaid Camber a Gomer gyda'i gilydd mewn ymdrech i esbonio enw'r Cymry (Ceri Davies, *Rhagymadroddion*, 108 a 170, n. 11). Yr oedd yn well ganddo ef y ddamcaniaeth mai Camber a roes ei enw i'r Cymry, eithr enw'r olaf o'r ddau arwr eponymaidd yw'r un a gysylltir fynychaf yn ystod y ddeunawfed ganrif â dechreuadau'r iaith Gymraeg. Â theulu Gomer, mab Jaffeth, yn ôl y traddodiad hwn a oedd yn hysbys oddi ar yr Oesoedd Canol, y cychwynnodd yr iaith honno ar ei thaith ar draws Ewrop.[25] Fel y cawn weld, erbyn diwedd y ddeunawfed ganrif daeth 'Gomer' a 'Gomeraeg' yn enwau cyfarwydd yn llenyddiaeth ieithyddol y Cymry.

Cymro arall a gredai fod perthynas rhwng y Gymraeg ac iaith yr Hen Destament oedd Charles Edwards, a ychwanegodd bennod helaeth ar 'Hanes y ffydd ymmhlith y Cymry' i ail argraffiad *Y Ffydd*

Ddi-ffuant (1667) yn 1671.[26] Fel John Davies o'i flaen, gweld 'cymaint carenydd' rhwng ein hiaith ni a'r ieithoedd dwyreiniol a wnaeth Charles Edwards, nes ei fod yn tybio bod y genedl wedi dyfod 'ar y cyntaf oddiwrth wledydd y dwyrein'(150). O blith yr ieithoedd hynny, y mae'n cymharu'r Gymraeg â'r Hebraeg, a hynny yn arbennig am ei hynganiad: 'Mae ei llefariad yn aml fel yr Hebraeg yn dyfod oddiwrth gyffiniau y galon, o wraidd y geneu, ac nid fel y Saesonaeg oddiar flaen y tafod.'

Mewn pamffledyn a gyhoeddwyd yn 1675–6, *Hebraismorum Cambro-Britannicorum Specimen*, manylodd Charles Edwards ar y cysylltiad rhwng y ddwy iaith, gan nodi ar y diwedd o'i brofiad ei hun pa mor debyg oedd canu'r emynau yn y synagog i oslef y Cymry: 'Audivi Judaeos in Synagogâ hymnos canentes modulationibus apud nostros Cambrenses consuetissimis.' Ffurfiodd hefyd restr o eiriau ac ymadroddion Hebraeg er mwyn dangos eu tebygrwydd honedig i'r Gymraeg, er bod y ffurfiau yn dangos mwy o ddychymyg ar waith nag o ysgolheictod ieithyddol. Ar ddiwedd trydydd argraffiad *Y Ffydd Ddi-ffuant* (1677) ceir 'llechres' debyg, a'r awdur yn llawenychu ac yn rhyfeddu wrth weld 'geiriau fy 'ngwlad mewn ieithoedd dieithr ydoedd mor oedranus ac anrhydeddus' (394). Yn y *Specimen* dywed yr awdur ei fod fel petai'n clywed y Patriarchiaid a'r Proffwydi yn siarad ei famiaith ef ei hun, ac yn ei lythyr 'Diwygiwr y Print-wasc at y darlleydd' (1675) cyfeiria yn yr un ffordd fywiog at y berthynas honedig rhwng y ddwy iaith. Byddem yn fwy awyddus i ffurfio geiriadur Cymraeg i'r werin bobl, meddai, 'pe gwyddem faint sydd ynddi o'r fam-iaith Baradwysaidd.'[27]

* * *

Traddodiadau hollol wahanol o ddamcaniaethu am natur a phwrpas iaith a gynrychiolir gan Gymro llai adnabyddus o lawer, a gyhoeddodd draethawd ar ieitheg, neu yn fwy manwl ar ramadeg, ychydig dros ugain mlynedd ar ôl geiriadur Davies. Bassett Jones (*fl.*1634–59) oedd yr awdur hwnnw, meddyg o Lanfihangel-ar-Elái ym Morgannwg, a fu'n astudio'r gwyddorau naturiol yn Rhydychen ac yn yr Iseldiroedd.[28] Teitl ei draethawd, a gyhoeddwyd yn Llundain yn 1659, yw *Herm'aelogium; or, an Essay at the Rationality of the Art of Speaking, As a Supplement to Lillie's Grammer Philosophically, Mythologically and Emblematically Offered by B. J.*[29] Dengys y teitl amlgymalog hwn rychwant diddordebau'r oes yn astudiaethau ieithyddol: y mae'n cwmpasu nid yn unig ramadeg, ond hefyd athroniaeth, chwedloniaeth, a'r dull emblemataidd o gyflwyno syniadau. Atodiad oedd y llyfr bach hwn i ramadeg Lladin William Lily (1639), llyfr ysgol poblogaidd iawn yn ei gyfnod. Method penagored o ymhelaethu ar bynciau'i awdur sydd gan Bassett Jones, sef gadael i'w feddwl gwibiog grwydro'n ddi-ffrwyn i lwybrau'i fyfyrdodau, a hyd yn oed ei atgofion ei hun. Serch hynny, y mae'n adlewyrchu cynifer o ddylanwadau ym maes syniadau am iaith, a chynifer o haenau yn namcaniaeth ieithegol yr oes, fel yr haedda astudiaeth fanwl o'i gynnwys, er mor gymhleth a dyrys ei fynegiant.

Cymro oedd Bassett Jones, yn perthyn ar ochr ei fam i hen deulu Bassetiaid Bro Morgannwg, ac er gwaethaf ei addysg ryngwladol y mae'n amlwg ei fod yn ymwybodol iawn o'i dras Gymreig. Yr oedd ei deithiau mewn gwledydd eraill wedi dod ag ef i gysylltiad ag amryw feddylwyr diddorol o genedl arall, er enghraifft, Thomas Campanella ('that otherwise thrice-learned *Dominican*, sometimes of my acquaintance in PARIS', 7) a Syr Kenelm Digby ('my most worthily honoured friend', 71). Eithr nid oedd traddodiad dysg ei famwlad yn angof ganddo. Yng nghartref ei deulu ym Mro Morgannwg yr ysgrifennodd yr *Herm'aelogium* ('scribling this at my paternal hermitage in Glamorganshire', 47), ac fe arwyddodd ei waith ar y diwedd ar ddydd Gŵyl Ddewi 1658. Yr oedd yn gyfarwydd â gramadeg Siôn Dafydd Rhys, a chyfeiria ato o bryd i'w gilydd mewn nodiadau ar ymyl y ddalen ('So Dr. D.' a 'So Dr. Davis', 39, 59). Wrth drafod yr arddodiad, geilw am gefnogaeth 'my fore-quoted Countrey-man *Joannes Davidus Rhesus* (known in *England* by name of Doctor *Davies*; and in Italy by a Tract he there writ in the *Florentine* Idiome *de Structura Latini Sermonis*) . . . in his *Institutiones Cymraecae*, or Latine Welsh Grammer' (67).

Wrth drafod y pynciau gramadegol yn llyfr Lily, enghreifftiau Cymraeg sy'n dod i'w feddwl yn fynych. Er enghraifft, maentumia mai rhangymeriad, ac nid ansoddair, yw'r gair Saesneg 'loving', ac ychwanega ar ymyl y ddalen: 'the same is *caredig* and *caradwy* in the British' (52). Eto, wrth sôn am safle'r ansoddair mewn perthynas â'r enw (sef ar ei ôl), iaith y Cymry a glodforir ganddo am drefn synhwyrol y geiriau: 'it being nonsense to them to prefer accidents to their substances' (55). Yr enghraifft a rydd o rangymeriad yn dilyn yr enw fel ansoddair yw 'Gŵr da yn caru rhinwedh' am 'Vir bonus in amando virtutem', ac ychwanega: '*En aimant* saith the *Frenchman*' (55). O'r ymdriniaeth ramadegol hon o safle'r ansoddair, gwibia meddwl crwydrol Bassett Jones at yr hanes gan Beda am 'Gyflafan y Saint' ym Mangor Is-coed (*c*. OC 615), a dyfynna'r hen rigwm a geir yn Llyfr Du Caerfyrddin, fel hyn:

Ah! Sceler oedh y Scholan,
O'r Twr daflu'r Llyfrau'r tân. (55)

Wrth ddychwelyd at ei destun, dengys ei wybodaeth bersonol o Iwerddon a'i hiaith, yn ogystal â disgrifiad Camden ohonynt. Amlwg hefyd yw bod ganddo ryw ymwybyddiaeth o'r ieithoedd Celtaidd eraill a'u perthynas â'i gilydd er, mae'n bur debyg, mai o *Britannia* Camden y cafodd yr wybodaeth honno. Am safle'r ansoddair mewn perthynas â'r enw, ysgrifenna:

> the like position have the languages deriving from the *British*: as, *Jaith Gerni* and *Jaith Ludaw*; i.e. The *Cornish* and the *Armoric*, commonly called *Little Brittaine*; which, as Mr. *Cambden* affirms, was the ancient name of *Ireland*. 'Where (saith he) the *Brittsh* [*sic*] language was spoken until they were over-run by the *Spaniard*.' A verity, which, at my being in that Isle, I could discern more by the names of some places there, then [*sic*] any thing in the language; excepting only this position. (55–6)

Dengys Bassett Jones ei fod yn ymwybodol, nid yn unig o'r berthynas rhwng ieithoedd Prydain ac Iwerddon, ond hefyd o'r honiadau ar y cyfandir fod rhai o ieithoedd Ewrop yn perthyn yn agos i'w gilydd. Meddai am yr ansoddair eto:

> The same position have all the languages coming from the *Schlavonic* and *High-dutch* which I have heard sundry Gentlemen of those Countries maintain to be originally but one. Those that were otherwise minded ever disputing the antiquity of tother language. (55)

Er mor gyfeiliornus a gwallus oedd syniadau Bassett Jones am natur cydberthynas ieithoedd Ewrop â'i gilydd, yr oedd yn lled-synhwyro llif syniadau a oedd i gyrraedd ei anterth ganrif gyfan ar ôl iddo farw.

Nid oedd gan yr Hebraeg lawer o le yn namcaniaethau Jones am ddechreuadau iaith. Yn wir, ystyria'r iaith hynafol honno, yn rhinwedd ei chyntefigrwydd, yn yr un dosbarth ag idiomau llwythau cysefin 'Indiaid' America. Y mae creaduriaid, meddai, 'so far verbigerant as is requisite both to the preservation and promulgation of their kind'. A pho fwyaf cyntefig yr iaith, lleiaf i gyd y nifer o eiriau ffurfiedig sydd ynddi.[30] Yna, wrth ymchwilio i'r cwestiwn sut, paham a pha bryd y 'graddiodd' dynion i lefel uwch o ragoriaeth mewn iaith, y mae awdur y *Herm'aelogium*, yn ei ddull dyrys ei hun, yn datgan ei amheuaeth ynglŷn â natur perthynas yr Hebraeg ag idiomau eraill y byd:

> since that the Hebrew should be either to all speeches confounded, or that language whence the rest should be derived; saving the implicit belief I respectfully owe to the Assertors, I find not so much as the reason either of discord or symphonie.

Y mae'n amheus hefyd o duedd ei oes i sylwi ar debygrwydd geiriau o wahanol ieithoedd a'u cysylltu â'i gilydd:

> as for instance: Admit it granted that the Latine Canis were derived from the Kuon of the Greeks; what were this to the Dog of *England*, or *Houndt* of Almayne; or either to KELEB of the Hebrew's?

Sylwa Bassett Jones ar y gwahaniaethau sydd yn ynganiad a ffurfiau ieithoedd o wlad i wlad. Iddo ef nid eu perthynas â'r Hebraeg nac unrhyw iaith hynafol arall sydd yn eu cysylltu â'i gilydd, ond y ffaith eu bod i gyd yn ymdrechu i fynegi *rheswm.* Gwahaniaethau mewn hinsawdd, tymheredd ac amgylchiadau daearyddol sydd yn effeithio ar ynganiad ('vocality'), ond gan fod rheswm yr un ym mhob man, gellir sylwi, medd Jones, mai'r un yw'r mynegiant ohono, i'r graddau ei fod yn rheswm ('*qua Reason*'), ym mhob gwlad (A5v). Natur a rheswm sydd yn pennu iaith, natur yn cynhyrchu geiriau, a rheswm yn penderfynu ffurf y frawddeg. Y mae'n caniatáu lle hefyd i hap a damwain yn y broses o ffurfio geiriau, er eu bod i gyd yn y pen draw yn ffrwyth yr un *natura naturans* ('the same NATURING NATURE'). Eithr 'the Philosophie of Grammer' sydd y tu ôl i ffurf y frawddeg ym mhob iaith, a'r gramadeg sylfaenol, cyffredinol hwn, yn hytrach na gramadegau yn datgan rheolau, a ddylai fod yn wrthrych i fyfyrdodau yr ysgolhaig ieithyddol (92).

Cyfeirir y darllenydd yma, ac ar aml dudalen arall o'r *Herm'aelogium*, at weithiau Aristoteles, ac mewn mannau eraill Platon yw'r awdurdod a ddyfynnir. Y mae dylanwad y neo-Blatonwyr a'r athrawiaethau cyfriniol, dirgelaidd a gysylltir ag enw Hermes Trismegistus hefyd yn amlwg ar y cymysgedd o syniadau ieithegol a welir yng ngwaith Bassett Jones. Ond yr awdur y cyfeiria ato amlaf yw Francis Bacon. Wrth drafod gyda'i gyfeillion 'the Grammatical part of THE ADVANCEMENT OF LEARNING, penn'd by the renowned *Viscount* of *St. Albans*' y daeth iddo'r awydd i hyrwyddo'r cyflwr hwnnw o feddwl 'wherein the mind may practice her own power upon the nature of things' (A4). Y mae rhagymadrodd Jones i'w lyfr yn cynnwys dyfyniadau helaeth o 'Verulam'. Fe'i dilyna yn arbennig wrth wahaniaethu'n sylfaenol rhwng dau fath o ramadeg, y naill yn 'boblogaidd' ac ymarferol, yn ganllaw i ddysgu neu berffeithio iaith, a'r llall yn 'athronyddol', a'i bwrpas i chwilio am y gyfatebiaeth nid rhwng geiriau a'i gilydd, ond rhwng geiriau a phethau – 'not the Analogie of words one with another; but the analogie between words and things, or reason' (A6).

Beirniadaeth Bassett Jones ar lyfr Lily yw ei fod yn aros ar lefel arwynebol y gramadeg 'poblogaidd'. Ei bwrpas ef ei hun yw treiddio y tu hwnt i ffurfiau allanol yr iaith Ladin i ddarganfod y rheswm sydd yn gorwedd y tu ôl i'r ffurfiau hyn. Atgoffa'i ddarllenydd mai ymgais i arddangos rhesymoldeb ymadrodd yw amcan ei draethawd, fel y dengys y teitl (19). Enw Francis Bacon ar yr ail fath ar ramadeg a nodir ganddo yn yr *Advancement of Learning*, ac yna yn yr *Instauratio,* oedd 'philosophical grammar'. Gwelir yr un syniadau yng ngwaith Johann Heinrich Alsted (g. 1588), cydoeswr i Bacon yn yr Almaen, a dyfynnir hwnnw hefyd gan Jones yn yr *Herm'aelogium* (A5v, 91). Y gair a ddefnyddir gan Alsted yn ei *Encyclopaedia* (1630, t. 265) yw 'grammatica universalis' (gramadeg cyffredinol), mewn gwrthgyferbyniad â 'grammatica specialis' (gramadeg neilltuol). Dywed mai gramadeg cyffredinol yw patrwm (*norma*) pob gramadeg neilltuol (278), ac y mae'n amlwg fod dylanwad Bacon ar ei awydd i weld y gramadeg cyffredinol hwn yn destun astudiaeth gan ieithegwyr praff.[31]

Nid Alsted oedd y cyntaf i wrthgyferbynnu'r ddau fath ar ramadeg: yn ail argraffiad ei *Encyclopaedia* yn 1649 fe gynnwys restr hir o ffynonellau o'r Oesoedd Canol a'r Dadeni. Yn yr un olyniaeth yr oedd ei ddisgybl yn Ffrainc, Charles Sorel, a gyhoeddodd ei waith enseiclopedaidd yntau, *La Science universelle*, yn 1668. Disgrifia ef waith Alsted yn y bedwaredd gyfrol (489–93), a maentumia yn yr un gyfrol (35, 56) fod gramadeg cyffredinol, sy'n cynnwys y gramadegau neilltuol i gyd, yn destun astudiaeth angenrheidiol, gan fod ieithoedd unigol yn newid mor gyflym.[32] Dichon fod Bassett Jones wedi darllen gwaith Alsted yn ystod ei arhosiad yn yr Iseldiroedd: cyfeiria ato ar ddiwedd ei lyfr yn ei anerchiad Lladin i bennaeth ac athrawon y brifysgol yn Fruncker yn Ffrisia lle buasai'n astudio. Yn sicr, dylid cyfrif y meddyg hwn o Fro Morgannwg, er mor idiosyncrataidd ei feddyliau a thywyll ei ddull o'u mynegi, yn gynrychiolydd o'r diddordeb cynyddol mewn astudio iaith o safbwynt ei strwythurau haniaethol, cudd.

Cyhoeddwyd yr *Herm'aelogium* flwyddyn cyn y gramadeg enwog a gysylltir â Port-Royal, y *Grammaire générale et raisonnée* [*Gramadeg Cyffredinol a Rhesymedig*], gan Antoine Arnauld a Claude Lancelot (Paris, 1660). Dyma un o destunau pwysicaf hanes damcaniaeth ieithyddol, testun a oedd yn sylfaen i bob ymgais yn ystod y ddeunawfed ganrif i ddangos rhagdybion rhesymegol y 'gramadeg cyffredinol'.[33] Daeth *Grammaire* Port-Royal i'r amlwg eto yn y 1960au pan gyhoeddodd Noam Chomsky ei lyfr dadleuol *Cartesian Linguistics* (New York, 1966). Pwrpas Chomsky oedd dangos bod cynsail hanesyddol i'w syniadau'i hun am y strwythurau dwfn, hollol resymegol a chyffredinol sydd yn gyffredin i bob iaith. Beth bynnag am gywirdeb dehongliad Chomsky o 'ramadeg cyffredinol' Port-Royal – a bu cyfnod o ddadlau brwd ar y pwnc yn y 1960au – cynigiodd ei lyfr gyfle i drafod o'r newydd ddatblygiad syniadau am ieitheg yng ngorllewin Ewrop ar ddiwedd yr ail ganrif ar bymtheg.[34]

Fel ei gilydd, yr oedd Bassett Jones a gramadegwyr Port-Royal yn ymwybodol fod amrywiaeth o ieithoedd, ond credent mai'r un yw fframwaith sylfaenol pob iaith, yn rhinwedd y ffaith bod gan ddynion, beth bynnag fo'u llafar, sail resymegol i'w meddyliau. Eu pwrpas, felly, oedd esbonio'r nodweddion gramadegol sy'n gyffredin i bob iaith. Wrth chwilio y tu hwnt i'r gwahaniaethau arwynebol a achosir gan yr hin ac amgylchiadau daearegol achlysurol, ceisient ddod o hyd i'r adeiladwaith cudd a seiliwyd ar reswm yn unig. Felly esbonia awduron y *Grammaire générale* yr anghysondeb rhwng amlder y gramadegau unigol a'r un gramadeg cyffredinol trwy wahaniaethu rhwng arferion iaith unigol a'r egwyddorion rhesymol a rhesymegol sy'n ei chynnal hi a phob iaith arall.

Nid cyfiawnhau nac esbonio'r mân amrywiaethau mewn ieithoedd yw eu pwrpas, eithr dangos y patrymau gramadegol cyffredin i bob iaith: y maent yn gyffredinol oherwydd eu bod yn rhesymegol. Daw gramadeg a rhesymeg yn agos iawn at ei gilydd yng ngwaith addysgwyr Port-Royal; yn wir seiliwyd y *Grammaire* ar syniadau athronyddol a wnaethpwyd yn gyhoeddus ganddynt ddwy flynedd yn ddiweddarach, yn *L'Art de penser* [*Celfyddyd Meddwl*] (Paris, 1662). Yn y gwaith hwnnw, er enghraifft, yn hytrach nag yn y *Grammaire*, y mae gweld y drafodaeth fwyaf cynhwysfawr ar y modd y mae geiriau yn cyfleu ystyr, ac yno y manylir eto ar y berthynas rhwng y broses o feddwl a'r rhwydwaith o arwyddion llafar a wna'r broses honno yn hysbys i eraill.

Yn yr ymgais hon i ddod o hyd i gynseiliau rhesymegol iaith, gwelir enghraifft o'r ymchwil barhaus i gyfannu'r chwalfa ym Mabel, i ymglywed unwaith eto â'r llais sydd yn gyffredin i bob aelod o'r ddynolryw, ar draws a thu hwnt i amrywiol leisiau priod ieithoedd unigol. Gwelir cynnig arall i gyrraedd y ddelfryd honno yn y diddordeb mewn ffurfio systemau o arwyddion a fyddai'n ddealladwy i ysgolheigion (os nad i leygwyr) ar draws ffiniau cenedlaethol. Mor gynnar â 1629 yn ei ohebiaeth â Mersenne, crybwylla Descartes fuddioldeb y fath hon o *ars combinatoria*, traethiad a'i elfennau yn hollol glir a digamsyniol eu hystyr, ac ymddiddorai Isaac Newton a Leibniz mewn syniadau o'r fath. Yn y cyfnod hwn yr oedd Lladin yn colli'i grym fel iaith gyffredinol a oedd yn ddealladwy i ysgolheigion ledled Ewrop, ac ymateb i'r angen am gyfundrefn ieithyddol i lenwi'r bwlch oedd y gwahanol ymdrechion i ffurfio iaith gyffredinol neu athronyddol.

Yr enghraifft fwyaf enwog yn Lloegr, efallai, oedd gwaith gan John Wilkins, un o sylfaenwyr y Gymdeithas Frenhinol, ac esgob Caer pan fu farw yn 1672. Ar anogaeth y Gymdeithas honno aeth Wilkins ati i baratoi *An Essay towards a Real Character, and a Philosophical Language*, a gyhoeddwyd yn 1668, er iddo, y mae'n debyg, gychwyn ar y gwaith yn y 1650au, cyn sefydlu'r Gymdeithas yn 1662.[35] Nid yw Wilkins yn cyfeirio at *Grammaire* Port-Royal a gyhoeddwyd wyth mlynedd ynghynt, ond y mae'i waith ef fel hwnnw yn tynnu ar yr un traddodiad gramadegol, a'i wreiddiau yn naear 'grammatica speculativa' yr Oesoedd Canol. Fel Bassett Jones, y mae Wilkins yn drwm dan ddylanwad Francis Bacon, 'the learned Verulam', a 'that incomparable man', fel y'i gelwir ganddo.

Delfryd Wilkins oedd dyfeisio iaith 'athronyddol' lle byddai pob sillaf yn cynrychioli un cysyniad yn y meddwl, a hwnnw yn cyfateb yn gryno i un elfen yn y cyfanfyd. Mynegir yr elfennau hyn bob un gan arwydd (*character*) ysgrifenedig, a fyddai'n symbol eiconig o'i hystyr. Yn yr *Essay* crybwylla Wilkins y posibilrwydd bod gan sain geiriau mewn ieithoedd naturiol ryw gyfatebiaeth i'r ystyr sydd ymhlyg ynddynt ('some Analogy of their natures'), ond ni all goleddu'r syniad hwn yn hir. Dyna un rheswm am yr angen i ddyfeisio arwyddwaith gyffredinol ('universal characteristic') artiffisial at wasanaeth meddylwyr o bob gwlad, aelodau y 'weriniaeth ddysg' a ymestynnai i bob cwr o Ewrop.

Un o gydweithwyr Wilkins ar yr *Essay* oedd William Lloyd (1627–1717), deon Bangor, ac yn ddiweddarach esgob Llanelwy, Caerlwytgoed a Chaerwrangon.[36] Yr oedd yn enwog yn ei ddydd fel awdurdod ar 'gronoleg', sef astudiaeth o gyfnodau hanes, yn arbennig yng nghyfnod cynnar y byd. Bu'n aelod o'r pwyllgor a apwyntiwyd i adolygu gwaith Wilkins ar yr *Essay*, a derbyniodd ddiolch yr awdur yn ei ragymadrodd, am ei gymorth wrth ffurfio'r tablau a'r mynegai geiriadurol. Cafodd gydnabyddiaeth hefyd gan Gilbert Burnet, esgob Salisbury, a ysgrifennodd: 'The Bishop of Worcester, Dr. Lloyd, had studied the nature of language in general and of ours in particular very exactly when he drew the Tables for Wilkins' Philosophical language and Reall

Character.' Yn ôl Burnet yr oedd Wilkins yn llawn canmoliaeth i fanylder a threfnusrwydd dulliau gwaith William Lloyd, heb sôn am ei ddysg: '*Wilkins* used to say, he had the most learning in ready cash of any he ever knew.' Talodd Lloyd yn ei dro deyrnged arbennig i lafur diflino Wilkins ar ran y Gymdeithas Frenhinol yn y bregeth a draddododd yn ei angladd yn 1675.[37]

At yr iaith Saesneg y cyfeiriodd Burnet yn y dyfyniad uchod, y mae'n ddiau, ond yr oedd William Lloyd yn Gymro digon brwd i fynnu cael Cymry i wasanaethu plwyfi Cymraeg.[38] Ef hefyd a anogodd glerigwyr esgobaeth Llanelwy i gasglu geiriau ar gyfer geiriadur newydd. Denodd barch ei gydeglwyswr selog, Theophilus Evans, er mai dilornus oedd sylwadau Lewis Morris ac Evan Evans amdano.[39] Y mae'n anodd dilyn gweithgarwch Lloyd a'i wybodaeth arbennig o'r Gymraeg yn nhestun Wilkins, oddieithr, efallai, yn y sylwadau ar seiniau sy'n perthyn yn arbennig i rai ieithoedd, er enghraifft y seiniau Cymraeg *Rh* ac *Y*. Dywed ymhellach: 'HM. HN. HNG are not; for ought I know owned by any, excepting only the *Welch* and *Irish*, and the last perhaps by the *Jews*.' Yn yr un modd y mae *Ch* i'w glywed yn unig yn y Gymraeg ac iaith Groeg, a *Lh* neu *Hl* 'is almost proper to the *Welsh*, and scarce used by others'.[40]

* * *

Yng ngeiriadur Antoine Furetière, a gyhoeddwyd ym Mharis yn 1690, disgrifiwyd gramadeg fel 'allwedd y gwyddorau' ('la clef des sciences'), ac mewn gwirionedd erbyn diwedd yr ail ganrif ar bymtheg yr oedd ysgolheictod ieithyddol o wahanol fathau wedi ennill pwysigrwydd anghyffredin. Nid y lleiaf ymhlith gweithgareddau ieithyddol y cyfnod oedd casglu geiriau a chynhyrchu geiriaduron. Gwelir esiampl o hyn yng Nghymru yng ngweithiau Thomas Jones yr Almanaciwr (1648–1713). Gweld y Gymraeg yn colli parch a bri a wnâi Thomas Jones. Gresynai o sylwi ar ei gydwladwyr yn 'dewis pres newydd o flaen hen aur', a gofidiai wrth weld yr 'hen Iaith heuddbarch' yn ddiymgeledd ac yn mynd yn anrhaith i Saeson.[41] Iddo ef, yr oedd y Gymraeg 'yn hynach ag yn ddyfnach, a chyflawnach, ag yn amgen jaith ymhôb ffordd nar saesneg.' Gwelai debygrwydd agos rhwng ei briod iaith a'r Hebraeg, gan ddyfynnu rhai o enghreifftiau Charles Edwards (e.e. *bagad*, *Cader Idris*, *brenin*). 'Yr hain', meddai, 'a myrdd o eiriau eraill yn yr Hebrewaeg, ag yn yr hên Gymraeg, sydd debyg iawn iw gilydd.' Honnodd yn blwmp ac yn blaen nad yw'r Gymraeg yn ddim amgen 'na dim gwaeth na chaingc neu gangen or Hebrewaeg', yr iaith 'a siaradodd

Duw ei hun wrth *Adda* yngardd *Eden* ar ddechreuad y Bŷd' a'r unig iaith a siaredid yn y byd 'hyd adailadiad tŵr Babelon'. Yn etifedd i ramadegwyr y Dadeni, Siôn Dafydd Rhys a Gruffydd Robert, ei ddeisyfiad oedd gweld yr iaith Gymraeg 'yn ail ddesgleirio yn enwog', ac i'r pwrpas hwnnw y cyhoeddodd eiriadur yn Llundain yn 1688, a gosod arno'r teitl hunanhyderus *Y Gymraeg yn ei Disgleirdeb*.[42]

Nid Thomas Jones oedd yr unig un i weld bod angen geiriadur ar Gymry ei ddydd: yn wir yr oedd Piwritaniaid diwedd y ganrif yr un mor eiddgar i weld gwella ar wybodaeth y Cymry o'u hiaith. Awgrymodd y diwygiwr Stephen Hughes yn *Trysor i'r Cymry* (1677) y dylid ailargraffu geiriadur John Davies 'ar gôst y wlad'(6r), a dywedodd Charles Edwards yn 'Diwygiwr y print-wasc' (1675) mai da o beth fyddai cael '*Dicsionari* Cymraeg bychan, sef Gair lyfr cryno i'r Gwerin, yn dangos arwyddocâd yr holl eiriau cymreig'. Amcanion crefyddol oedd gan yr addysgwyr hyn, ond symbylwyd eu brwdfrydedd i raddau helaeth gan ddyhead am adfer ac arddel gogoniant yr iaith er ei mwyn ei hun.[43]

Ymhyfrydai Thomas Jones yn ei eirlyfr: er cymaint ei edmygedd o'i gynlafurwr yn y maes, John Davies, Mallwyd, 'gwr o ddŷfnddŷsg, a gwir garwr ei wlâd' (*Y Gymraeg yn ei Disgleirdeb*, A3v), ymfalchïai yn y ffaith fod ei eiriadur ei hun yn cynnwys llawer mwy o eiriau nag eiddo Davies. Yn rhy ddiweddar daeth rhestr o 3,000 o eiriau ychwanegol i'w law, a gasglwyd gan offeiriaid esgobaeth Llanelwy ar gais yr esgob William Lloyd (X8v). Yng ngogledd-ddwyrain Cymru yr oedd y chwiw casglu geiriau wedi cydio o ddifrif erbyn diwedd y ganrif. Gwyddai cyfaill Edward Lhuyd, John Lloyd, prifathro ysgol Rhuthun, am y drysorfa a ddaeth i law Thomas Jones, ac aeth ati yn 1696 i holi amdani ar ran ei gyfaill yn Rhydychen: 'J have written to Thomas Jones ye Alminack-maker for his Collection of Welsh words & us'd ye best interest J could with him.'[44] Yr oedd ffynonellau eraill gan Lloyd mewn golwg, ac ychwanega: 'Another old acquaintance of mine (Mr Wms lately of Llanfihangel but now a Preacher in a little Chappel near Oswestry) has a larg Collection of welsh words of his father's, & J will try my interest with him.' Ym Mhlas-is-clawdd, Wrecsam, yr oedd llyfrgell helaeth Thomas Lloyd, casglwr diwyd a threfnus arall a gofnododd gannoedd o eiriau ychwanegol ar ryngddalennau yn ei gopi o'r *Dictionarium Duplex*. Er nas cyhoeddwyd, y mae casgliad Thomas Lloyd, ynghyd â'i nodiadau a'i fynegeion, yn dal i fod yn gymorth i eiriadurwyr heddiw.[45]

Ymfalchïai'r casglwyr hyn yn nhras hynafol yr iaith Gymraeg, ond yr oeddynt hefyd yn ymwybodol o'i pherthynas ag ieithoedd eraill

Ewrop. Yn ei ohebiaeth rhwng 1697 a 1703 gwelir un o ohebwyr Edward Lhuyd, Humphrey Foulkes, yn sylwi ar y tebygrwydd rhwng y Gymraeg a'r iaith Roeg.[46] Nodai hefyd lawer o eiriau cyffelyb mewn Ffrangeg, Llydaweg a Chymraeg.[47] Credai Foulkes mai o'r Ffrangeg (iaith Geltaidd, yn ôl ei syniadau ef) y tarddodd geiriau fel *awyr, tir, môr, ystwyll, siambr*, yn hytrach nag o'r Lladin.[48] Bu yntau hefyd yn holi am waith yr Almanaciwr ar ran Edward Lhuyd, ac yn casglu geiriau ei hun ar ei gyfer.[49] Dengys yr ohebiaeth werthfawr hon ddiddordeb dwfn Humphrey Foulkes yn namcaniaethau Lhuyd am berthynas yr ieithoedd Celtaidd â'i gilydd.[50]

Adlewyrchir yn y casgliadau amrwd hyn weithgaredd a fyddai'n mynd o nerth i nerth yn ystod y ganrif nesaf. Mewn gwirionedd, yr oedd y ffrwd eisoes wedi mynd yn llifeiriant yng ngwledydd Ewrop, i'r fath raddau fel yr aethai'r gwneuthurwyr rhestrau yn destun gwawd. Yn 1691, yn y chweched argraffiad o'i *Caractères* ymosododd y sylwedydd Jean de La Bruyère ar y casglwyr diflino hynny yr oedd ganddynt yr allwedd i'r gwyddorau heb feddu ar y gallu ymenyddol i fynd i mewn i'w tiriogaeth. Treuliant eu hoes, meddai, yn datrys ieithoedd y dwyrain ac ieithoedd y gogledd, ieithoedd y ddwy India ac ieithoedd y ddau begwn, hyd yn oed yr iaith a siaredir yn y lleuad. Crymant dan faich eu gwybodaeth, llwythir eu cof gan eiriau a ffeithiau, ond erys eu deall yn wag.[51]

Er gwaethaf yr ymosodiad didrugaredd hwn, yr oedd swyddogaeth hanesyddol bwysig i holl weithgaredd y casglwyr geiriau, er mor anhrefnus a difethod yn fynych yr oedd eu hymdrechion. Wrth ganolbwyntio ar ffeithiau iaith fel y cyfryw, ac ar y cyffelybiaethau gwirioneddol neu dybiedig rhwng y naill iaith a'r llall, yr oeddynt wrthi yn gosod sylfeini ieitheg fodern. Ar sylfaen gadarn y rhestrau di-ben-draw o eiriau a gynhyrchwyd yn ystod yr ail ganrif ar bymtheg a'r ddeunawfed y codwyd adeiladwaith ieitheg gymharol wedi 1800.

NODIADAU

1. Isocrates, *Antidosis*, yn Loeb Classical Library (London, 1929), Isocrates, ii. 327–9. Gw. hefyd Roy Harris a Talbot J. Taylor, *Landmarks in Linguistic Thought: The Western Tradition from Socrates to Saussure* (London and New York, 1989), xi.
2. Loeb Classical Library (London and New York, 1926), Plato, vi. 1–91. Cyfeiriadau yn y testun. Gw. hefyd *Landmarks*, 1–19: 'Socrates on Names'.
3. Ceir trafodaeth ar hyn yn George Steiner, *After Babel: Aspects of Language and Translation* (London, 1975), 49–109: 'Language and Gnosis'. Cyfeiriadau at *After Babel* yn y testun.
4. *Mithridates, de Differentiis Linguarum . . .* (Zurich, 1555); Ceri Davies, *Rhagymadroddion a Chyflwyniadau Lladin 1551–1632* (Caerdydd, 1980), 125, 130, 177, n. 4. Cyfeiriadau yn y testun at y cyfieithiadau hyn.
5. Am drafodaeth ddiddorol ar yr enw a'r chwedl, gw. Jacques Derrida, 'Des Tours de Babel' (cyf. J. F. Graham) yn Rainer Schulte a John Biguenet, *Theories of Translation: An Anthology of Essays from Dryden to Derrida* (Chicago, London, 1992), 218–27.
6. *Der Turmbau von Babel: Geschichte der Meinungen über Ursprung und Vielfalt der Sprachen und Völker*, 6 chyfrol (Stuttgart, 1957–63). Am y cyfnod dan sylw yma, gw. cyfrol 5 (Band III, Teil 2), 1395–520: 'Aufklärung und Apologetik'.
7. Gwelir ysgrifau gan Walter Benjamin ar y pynciau hyn yn *Selected Writings: Volume 1, 1913–1926*, gol. Marcus Bullock a Michael W. Jennings (Cambridge, Mass., London, 1996), 62–74: 'On Language as Such and on the Language of Man'; a 253–63: 'The Task of the Translator'. Gw. 'La Biblioteca de Babel' ac 'El Golem' yn Jorge Luis Borges, *Obras Completas* (Buenos Aires, 1974), 465–71, 885–7. Ceir cyfieithiad Saesneg o 'El Golem' yn *Jorge Luis Borges: Selected Poems 1923–1967* (London, 1972), 123–7, a nodyn, 322–3. Gw. hefyd Jaime Alazraki, 'Borges and the Kabbalah', *TriQuarterly*, 25 (1972), 240–67.
8. Gw. Claes Christian Elert, 'Andreas Kempe (1622–1689) and the Languages spoken in Paradise', *Historiographia Linguistica*, 5 (1978), 221–6.
9. Ar Stiernhielm a Rudbeck, gw. D. Droixhe, *La Linguistique et l'appel de l'histoire (1600–1800)* (Genève, 1978), 120–2.
10. Ibid., 54–5.
11. G. W. Leibniz, *Nouveaux Essais sur l'entendement humain*, gol. André Robinet, Heinrich Schepers (Akademie-Verlag, Berlin, 1962), VI, vi, t. 285 (III.ii.1); Davies, *Rhagymadroddion*, 144 a 166, n. 17, 147 a 180, n. 74.
12. Droixhe, *La Linguistique*, 38–9, 46–7, 128. Yn *Opera Omnia* Bochart (Leyden, 1692) ceir darluniau o Adda'n enwi'r anifeiliaid, ac o Dŵr Babel, a mapiau o wasgaru'r cenhedloedd wedi dymchwel y Tŵr.
13. *Cambrobrytannicae Cymraecaeve Linguae Institutiones* (Londini, 1592); Davies, *Rhagymadroddion*, 77.
14. Davies, *Rhagymadroddion*, 84–6, 88. Am gefnogwyr Arabeg fel mamiaith, gw. Droixhe, *La Linguistique*, 37–9, 42.
15. Henri Perri, *Egluryn Ffraethineb sef Dosbarth ar Retoreg*, Argraffiad cyfatebol (Caerdydd, 1930).
16. Gw. Hans Aarsleff, 'The Study and Use of Etymology in Leibniz', yn *From Locke to Saussure* (London, 1982), 84–100 (98, a n. 29 ar d. 98); Droixhe, *La Linguistique*, 46; Étienne Guichard, *L'Harmonie étymologique des langues*

hébraïque, chaldaïque, syriaque . . . où se démontre que toutes les langues sont descendues de l'hébraïque (Paris, 1606, 1618), 'Préface'.

17. Am wybodaeth o'r Sansgrit yn Ewrop, gw. Jean-Claude Muller, 'Early stages of language comparison from Sassetti to William Jones (1786)', *Kratylos*, 31 (1986), 1–31.
18. *Antiquae Linguae Britannicae . . . Rudimenta* (Londini, 1621), yn English Linguistics 1500–1800, No. 70 (Scolar Press, Menston, 1968), a4.
19. Gw. Pennod 9.
20. 'Bywyd a gwaith Dr John Davies, Mallwyd' (traethawd MA Prifysgol Cymru, Bangor, 1950), 138.
21. Droixhe, *La Linguistique*, 60–4.
22. Edward Brerewood, *Enquiries Touching the Diversity of Language and Religions through the Cheife Parts of the World* (1614), 247–52: 'Of the Languages of the People of Europe Collected out of Jo. Scaliger'.
23. Davies, *Rhagymadroddion*, 14–15.
24. William Camden, *Britannia, sive Florentissimorum Regnorum Angliae, Scotiae, Hiberniae . . . Descriptio* (London, 1586), 8–9. Yn *Camden's Britannia 1695: A Facsimile of the 1695 Edition published by Edmund Gibson* (David and Charles Reprints, Newton Abbot, 1971), x–xi.
25. Ceri Davies, 'Dyneiddwyr Cymru ac Ewrop', yn *Cof Cenedl* (Ysgrifau ar Hanes Cymru), gol. Geraint H. Jenkins, 7 (1992), 31–61 (44, 45).
26. Charles Edwards, *Y Ffydd Ddi-ffuant* (argraffiad 1677), gol. G. J. Williams (Caerdydd, 1936), 150–62. Cyfeiriadau yn y testun.
27. Gw. hefyd Derec Llwyd Morgan, *Charles Edwards* (Caernarfon, 1994), 27–31.
28. Gw. *Y Bywgraffiadur Cymreig* a *Dictionary of National Biography.* Hefyd David Jones, 'On a Seventeenth-Century Welsh Inscription at Michaelston-super-Ely, Glamorganshire', *Archaeologia Cambrensis*, 6 (1889), 198–213 (erthygl ar yr arysgrif ar fedd Richard, tad Bassett Jones, ynghyd â dehongliad John Rhŷs ohono). Ar deulu'r Bassetiaid, G. J. Williams, *Traddodiad Llenyddol Morgannwg* (Caerdydd, 1948), 81–4.
29. Yn y gyfres English Linguistics 1500–1800, No. 238 (Scolar Press, Menston, 1970). Cyfeiriadau at yr *Herm'aelogium* yn y testun.
30. 'Preface to the Reader', A4v.
31. Ar Alsted a Bassett Jones, gw. Vivian Salmon, *The Study of Language in Seventeenth-Century England,* Amsterdam Studies in the Theory and History of Linguistic Studies, 3, Studies in the History of Linguistics, Vol. 17 (Amsterdam, 1979), 63–85: 'Pre-Cartesian Linguistics'.
32. Ibid., 69–70.
33. Ar Port-Royal a thraddodiad 'gramadeg cyffredinol', gw. Droixhe, *La Linguistique*, 13–20; J. M. Blanchard, 'Grammaire(s) d'ancien régime', *Studies on Voltaire and the Eighteenth Century*, 106 (1973), 7–20; Hans Aarsleff, *The Study of Language in England, 1780–1860* (Princeton, 1967), 14–16, 17, n. 9.
34. Gw. e.e. André Joly, 'La Linguistique cartésienne: une erreur mémorable', yn A. Joly a Jean Stéfanini, *La Grammaire générale des modistes aux idéologues* (Villeneuve d'Ascq, 1977), 165–99; H. Aarsleff, 'The History of Linguistics and Professor Chomsky', yn *From Locke to Saussure* (London, 1982), 101–19.
35. Ar Wilkins ac 'iaith athronyddol', gw. y nodyn o flaen argraffiad yr *Essay* yn y gyfres English Linguistics 1500–1800, No. 119 (Scolar Press, Menston, 1968); Tony Davies, 'The Ark in Flames: Science, Language and Education in Seventeenth-Century England', yn *The Figural and the Literal: Problems of*

Language in the History of Science and Philosophy, 1630–1800, gol. A. E. Benjamin, G. N. Cantor a J. R. R. Christie (Manchester, 1987), 83–102; 'Philosophical Grammar in John Wilkins's *Essay*', yn Salmon, *The Study of Language in Seventeenth-Century England*, 97–126; a 'John Wilkins', yn H. Aarsleff, *From Locke to Saussure*, 239–77. Ar y pwnc hwn yn gyffredinol, James Kuehner, *Universal Language Schemes in England and France 1600–1800* (Toronto, Buffalo, 1975), ac erthyglau eraill yn Salmon, *The Study of Language in Seventeenth-Century England*, 157–75, 176–90.

36. Ar berthynas Lloyd a Wilkins, gw. 'John Wilkins's *Essay* (1668): Critics and Continuators', yn Salmon, *The Study of Language in Seventeenth-Century England*, 191–204; A. Tindal Hart, *William Lloyd, Bishop, Politician, Author and Prophet, 1627–1717* (London, 1952), 228, 240.
37. Ibid., 240; *Bishop Burnet's History of his own Time*, 2 gyfrol (London, 1724, 1734), i, 190; William Lloyd, *A Sermon Preached at the Funeral of the Right Reverend Father in God, John Late Lord Bishop of Chester . . .* (London, 1675).
38. Hart, *William Lloyd*, 84–5, ac *Y Bywgraffiadur Cymreig*.
39. A. O. H. Jarman, 'Lewis Morris a Brut Tysilio', *Llên Cymru*, 2 (1952–3), 161–83 (161).
40. Wilkins, *Essay*, English Linguistics 1500–1800 (No. 119), 368, 382.
41. Thomas Jones, *Newyddion oddiwrth y Seêr; neu Almanac am y flwyddyn 1684 . . . Ag ynddo a Tystiolaethwyd, mae'r Gymraeg iw'r Jaith hynaf, ar Jaith oedd gyntaf yn y Byd* (Llundain, 1684).
42. Geraint H. Jenkins, *Thomas Jones yr Almanaciwr 1648–1713* (Caerdydd, 1980), 110 a 126, n. 20.
43. Gwerfyl Pierce Jones, 'Lle'r Gymraeg yng Ngweithiau Llenyddol 1660–1710', yn *Ysgrifau Beirniadol*, gol. J. E. Caerwyn Williams, 9 (1976), 163–90; Jenkins, *Thomas Jones yr Almanaciwr*, 112.
44. Bryn Roberts, 'Llythyrau John Lloyd at Edward Lhuyd', *Cylchgrawn Llyfrgell Genedlaethol Cymru*, 17 (1971–2), 88–114, 183–206 (191).
45. Gw. E. D. Jones, 'Thomas Lloyd y Geiriadurwr', *Cylchgrawn Llyfrgell Genedlaethol Cymru*, 9 (1955–6), 180–7.
46. Diolchaf i Mary Burdett-Jones am y cyfeiriadau hyn at ohebiaeth Humphrey Foulkes yng nghasgliad Ashmole yn Llyfrgell Bodley: Ashm. 1815, ff. 43r, 44, 55r.
47. Ashm. 1815, ff. 36, 37, 39v, 41r, 46, 56, 59r.
48. Ashm. 1815, fo. 39.
49. Ashm. 1815, ff. 58v, 52r.
50. Ashm. 1815, ff. 43, 47r.
51. Jean de La Bruyère, *Caractères*, nouvelle édition, 2 gyfrol (Paris, 1790), ii, 'De la mode', 133–4.

2

Sgythiaid a Cheltiaid

Ar 2 Chwefror 1640, ysgrifennodd John Davies lythyr o Fallwyd at ei gyfaill Simonds d'Ewes yn Llundain.[1] Wrth ei gyfarch yn null ffurfiol a chwrtais ei oes, dyfalai Davies paham y dylai ef, 'hen ŵr dair ar ddeg a thrigain mlwydd oed' (168, 178), dderbyn cyfarchion a ddaeth o le mor bell i ffwrdd 'at y clogwyni Getaidd hyn' ('ad Geticos hos usque scopulos'). Ymhellach, ym mis Ebrill 1642, esbonia yn ei lythyr hir at yr un gohebydd ei fod wedi mynd i'r arfer o ysgrifennu yn Saesneg neu yn Gymraeg yn hytrach na Lladin am ei fod yn byw 'yn y Sgythia wirioneddol hon, mor bell o fyd llên' ('in Scythia hac et a literis remota', 171, 182).

Llwyth o farbariaid oedd y Getae, yn ôl syniadau awduron Groeg a Rhufain yr oes glasurol, yn byw i'r gogledd iddynt, ar lannau afon Donaw, nid nepell o'r Môr Du. Mewn oes ddiweddarach, uniaethwyd hwy â'r Gothiaid, pobl Almaenig y daeth eu henw yn symbol o farbareiddiwch a diffyg diwylliant. Cysylltwyd hwy hefyd â thrigolion Sgythia, gwlad i'r gogledd o'r Môr Du a ddisgrifir gan Aeschylus a Herodotus. Yno, yn yr ardal anghysbell honno, ar ymylon pell y byd, y cadwynwyd Prometheus yn nrama Aeschylus, ac yno hefyd yr alltudiwyd yn niwedd ei oes y bardd Rhufeinig Ofydd. I Herodotus, nid eu diffyg diwylliant a nodweddai'r Sgythiaid yn gymaint â'u hamlieithrwydd, ac o'r dyb honno y tarddodd y ddamcaniaeth ffrwythlon mai o'r ardal honno, ar yr echel ieithyddol rhwng gorllewin a dwyrain, y cychwynnodd llwythau Ewrop ar eu taith, gan ddwyn eu hiaith gyda hwy.[2]

Yr hyn y ceisiai John Davies ddwyn sylw ato yn arbennig wrth gyfeirio at y Getae a Sgythia, oedd ei unigrwydd fel ysgolhaig, wedi'i ynysu yno ym Mallwyd ymhell oddi wrth y cylchoedd gwarineb ac addysg lle symudai ei gyfaill yn Llundain. Eto, y mae darllen ei ohebiaeth â'r cyfaill hwn ynddo ei hun yn gyfraniad nodedig at ddeall datblygiad syniadau am ddechreuadau iaith ar gyfandir Ewrop ar drothwy'r ddeunawfed ganrif. Awgrymodd Prys Morgan mewn erthygl werthfawr, 'Boxhorn, Leibniz and the Welsh', mai trwy gyfrwng Syr Simonds d'Ewes y daeth y *Dictionarium Duplex* â'r iaith Gymraeg yn gyffredinol i sylw un o feddylwyr mwyaf blynyddoedd cynnar yr Oes Oleuedig, yr athronydd Gottfried Wilhelm Leibniz.[3]

Dengys yr erthygl hon mai trwy gyfeillgarwch Simonds d'Ewes â chylch ysgolheigaidd yn yr Hague y daeth gwybodaeth am eiriadur Davies i gyfandir Ewrop. Aelodau eraill o'r cylch hwn oedd Jan de Laet (1582–1649), daearyddwr ac ieithegydd o Antwerp, a William Boswell, llysgennad Lloegr yn yr Iseldiroedd. Yr oedd gan Boswell ddiddordebau Cymreig: dywedir mai efe a brynodd lyfrgell John Dee, ac un arall o'i gyfeillion oedd James Ussher, archesgob Armagh, a fu'n ddolen-gyswllt rhwng hynafiaethwyr y cyfnod yng Nghymru a Lloegr. Daeth tueddfryd gofalus, trylwyr de Laet mewn materion ieithyddol i'r amlwg yn ei ymosodiad ar ddamcaniaeth Hugo de Groot (Grotius) mai o wledydd Llychlyn y tarddodd llwythau America a'u priod ieithoedd. Atebodd de Laet y gwaith hwn, *De Origine Gentium Americanarum Dissertatio* [*Traethawd ar Darddiad Llwythau America*] (1642), yn ei *Notae ad Dissertationem Hugonis Grotii* [*Sylwadau ar Draethawd Hugo Grotius*] yn y flwyddyn ganlynol, trwy bwysleisio nad oedd ychydig o eiriau tebyg yn ddigon o sail i adeiladu cymhariaeth rhwng un ieithwedd a'r llall, yn arbennig pryd y gwneir hynny trwy drawsnewid llythrennau a sillafau. Rhaid ystyried, meddai, briod anian yr iaith neu'r dafodiaith, yr ynganiad a'r ffurfwaith gramadegol, ynghyd â'r geiriau priodol i bob iaith.[4]

Mewn cyfnod a nodweddir gan absenoldeb methodoleg a diffyg gwybodaeth am reolau mewn newidiadau seinegol, ymddengys syniadau de Laet megis llusern rhesymoldeb a synnwyr cyffredin. Gwelir ynddynt wreiddiau'r athrawiaeth ffrwythlon a ddatblygodd yn ystod y ddeunawfed ganrif am anianawd neu athrylith neilltuol pob iaith. Iseldirwr arall a rannai ysbryd gofalus de Laet yn y materion hyn oedd Marcus Zuerius Boxhornius, a berthynai yntau i'r un cylch o ysgolheigion a diplomyddion a chanddynt ddiddordeb arbennig mewn iaith ac ieithoedd. Trwy gyfrwng cyfeillgarwch Boxhornius (neu Boxhorn) â'r cylch yn yr Hague y daeth copi o'r *Dictionarium Duplex* i'w law, ac yn Amsterdam yn 1654 cyhoeddwyd y gyfran Gymraeg–Lladin o'r geiriadur hwnnw fel rhan o waith anorffenedig gan Boxhorn ar hen drigolion gwlad Gâl a'u hiaith, *Originum Gallicarum Liber* [*Llyfr Tarddiadau'r Galiaid*].[5]

Cyn troi at y cysylltiadau rhwng John Davies a Boxhornius, byddai o fudd ystyried am ychydig y syniadau am iaith a adlewyrchir yn yr ohebiaeth â Syr Simonds d'Ewes. Y peth cyntaf i sylwi arno yw cymaint a oedd yn gyffredin gan yr ysgolhaig o Gymro yn unigeddau 'Getaidd' Meirionnydd â grwpiau mwy breintiedig yn Llundain a'r Iseldiroedd. Yr oedd y cylch o gydnabod a'u hunai o bwysigrwydd arbennig iddynt. Ceir cyfeiriadau yn y llythyrau at gyfaill cyffredin o'r enw Pugh ('communis noster amicus Pughus') a fu'n trosglwyddo llythyrau o'r naill ohebydd i'r llall (Jones, 'The Correspondence of Dr. John Davies . . .', 165, 175), a bu cymydog John Davies, Syr Richard Price, yn cyflawni swyddogaeth cyfryngwr o'r un fath (171, 182). Ym mis Awst 1640, cyfarfu d'Ewes ar ddamwain â David Llwyd ('Lhuidus'), aelod o Gray's Inn, mewn siop lyfrau yn Llundain (166, 175). Yno bu'n esbonio i Llwyd, ar sgwrs ddifyfyr, darddiad y Brythoniaid a'u gorchestion ('Britannicam originem gesta Britannica extemporaneo illi exposuimus alloquio'). Wrth ateb ei lythyr, 'llythyr yn dylifo o fêl' ('literas ad me tuas melle onustas'), esbonia Davies nad yw eto yn adnabod y 'nobilis ille Brito, Mr Da. Lloyd, Graiensis' hwnnw (168, 178).

Nid oedd yn siŵr, ychwaith, a oedd yn gyfarwydd â'r 'marchnadwr tra deallus' o'r enw Williams, a fu'n ceisio perswadio d'Ewes fod y Gymraeg yn cytuno â'r iaith Datareg bron bob gair ('in omnibus pene vocabulis', 166, 176). Dywedodd y gallai ddangos yn rhwydd trwy ba ardaloedd y daeth y Brytaniaid, wrth ystyried enwau'r lleoedd yr aethant drwyddynt ar eu taith. Tybia Davies mai eurych o'r un enw yn byw yn Cheapside, efallai, a fu'n cyd-drafod y materion ieithegol hyn â d'Ewes. Er iddo adnabod y Williams hwnnw oddi ar ei ieuenctid, a'i fod wedi clywed ganddo syniadau am Gymry a'r Gymraeg ('de lingua et gente nostra', 170, 181) tebyg i'r rhai a glywodd ei gyfaill, deallwn mai siomiant fu cyfathrach Davies ag yntau.[6] Ni chafodd erioed y llyfrau a addawodd iddo, a fyddai'n profi ei osodiadau yn fwy eglur na phelydrau'r haul ('qui quae affirmabat, radiis clarius solaribus demonstrarent'). 'Clywais ddigon o eiriau ganddo, a hynny o ddydd i ddydd,' meddai Davies, 'ond ni welais hyd yn oed yr un llyfr.'

Arwydd yw'r achwyniad hwn o'r pwys a rydd John Davies, nid yn unig ar gyfathrebu â chylch o gydnabod a chyfeillion, ond hefyd ar gael profion i ategu damcaniaethau ieithyddol. Adleisir yn llythyrau ei gyfaill yn ogystal yr un dymuniad i fynd yn ôl at ddogfennau hynafol. Yn ei adroddiad ar ei ymddiddan â David Llwyd yn y siop lyfrau, dywed Simonds d'Ewes ei fod wedi gweithio ers 18 mlynedd yn y maes hwnnw (166, 175–6) ac ar hanes yr Eingl-Sacsoniaid a'r Eingl-Normaniaid, gan wireddu'i waith yn yr archifau. Yn awr y mae'n barod i ddangos, gan gyfeirio at greiriau hynafol y Cimbri, nad Brutus, fel yr haerai Camden, ond Bruto, mab Hesicio, a gododd o hil Gomer i fod yn sylfaenydd eponymaidd cenedl y Brythoniaid a'u hiaith. Bydd yn profi hyn, meddai, nid o'i ben a'i bastwn ei hun, ond wrth gyfeirio at yr henebion mwyaf hynafol ('ex vetustissimis . . . monumentis vindicabimus').

Wrth grybwyll y llythyr hwn yn ei ateb, awgryma John Davies na wyddai, ac nad oedd ganddo ddiddordeb mewn gwybod pwy oedd y Bruto hwnnw, y disgynnydd i Gomer y bu ei gyfaill yn sôn amdano. Yn ôl y llawysgrif a welwyd gan Davies, nid Brutus na Bruto, eithr Brito neu Britto oedd enw y gwron hwnnw – petai pwysigrwydd o gwbl, meddai, yn y gwahaniaeth rhwng yr enwau hynny (169, 179). Ac yn y llawysgrif honno, a briodolid i Gildas, disgynnydd ydoedd i Javan ac nid i Gomer a Jaffeth. Y mae'n protestio eto ei anwybodaeth o faterion hanesyddol, ond yn cyfeirio at yr adran honno o'r rhagymadrodd i'w eiriadur lle y mae trafodaeth ar hanes cynnar ynys Prydain, a lle yr enwir hil Jaffeth fel trigolion cysefin yr ynys hon. Yn y gramadeg hefyd, fel y gwelsom, y mae sôn am Gomer fel un o sefydlwyr cenedl y Cymry. Er bod Davies yn honni anwybodaeth a diffyg diddordeb mewn materion cyn-hanesyddol o'r fath, anodd oedd iddo ddianc rhagddynt, a daw teithiau y gwroniaid hyn fwyfwy i'r amlwg fel cynsail i honiadau ieithyddol y ddeunawfed ganrif.

Yr oedd John Davies a'i gyfaill Simonds d'Ewes yn debyg i'w cyfoeswyr ac i'r ieithyddion a ddaeth ar eu hôl wrth gysylltu chwilfrydedd ynglŷn ag iaith â diddordeb mewn hanes, yn arbennig hanes cynnar eu cenedl. I'r athronydd Leibniz, astudiaeth o'r iaith Almaeneg oedd yr allwedd a fyddai'n datgloi hanes ei wlad yn yr hen oesoedd, ac yr oedd Voltaire yn ystyried bod rhaid astudio iaith cenhedloedd cyntefig law-yn-llaw â'u moesau.[7] Dengys yr ohebiaeth hon rhwng John Davies a'i gyfaill eu diddordeb dwfn mewn geiriadura a chyfieithu hen destunau, mewn casglu diarhebion, a chwilota am ddogfennau ynglŷn â chrefydd a defodau hen drigolion yr ynys hon. Ond efallai mai'r adran fwyaf diddorol i ddarllenydd cyfoes yw'r darn hwnnw o lythyr a ysgrifennwyd gan Simonds d'Ewes o Westminster ar 16 Chwefror 1641. Wrth drosglwyddo newyddion am gyhoeddiad buan ei eiriadur Tiwtoneg–Lladin–Saesneg, dywed ei fod wedi cael gafael ar nifer o lawysgrifau yn yr iaith Berseg, a hynny oherwydd y gred gynyddol mai o'r Sacae, llwyth o wlad Persia, y tarddodd yr Almaenwyr yn y lle cyntaf (Jones, 'The Correspondence of Dr. John Davies . . .', 167–8, 177). Ymhlith y llyfrau hyn yr oedd geiriadur lle'r esbonnid geiriau Perseg, gan ddyfynnu awdurdodau o haneswyr a beirdd Moslemaidd. 'Ac y mae llawer o bethau yno wedi'u sgrifennu yn union yr un ffordd â hen iaith y Saeson, a chyda'r un arwyddocâd,' meddai d'Ewes.

Yng ngorllewin Ewrop, yr oedd traddodiad am y berthynas rhwng yr ieithoedd Tiwtonaidd ac iaith Iran wedi ymsefydlu oddi ar ddiwedd yr unfed ganrif ar bymtheg. Daeth yr awgrym yn y lle cyntaf, y mae'n debyg, oddi wrth François Ravlenghien (Raphelengius), arbenigwr yn yr ieithoedd dwyreiniol, a chyfarwyddwr gwasg Plantin yn Antwerp, mewn cyfrol o'r enw *De Literis et Lingua Getarum sive Gothorum* [*Am Lenyddiaeth ac Iaith y Getae neu'r Gothiaid*] yn 1597. Cyhoeddwr y gwaith hwn oedd Bonaventura de Smet (Vulcanius), ac ar wahân i destunau mewn Gotheg, hen Uchel-Almaeneg, Eingl-Sacsoneg, Perseg, Basgeg, Ffrisieg ac iaith y sipsiwn, cynhwysai'r gwaith hwn 22 o eiriau cyfatebol mewn Almaeneg a Pherseg. Craffodd Justus Lipsius hefyd ar y gyffelybiaeth rhwng y ddwy iaith, a thynnodd sylw mewn llythyr yn 1599 at fwy na 30 o eiriau cyfatebol eu ffurf a'u hystyr. Nododd hefyd debygrwydd morffolegol mewn rhai o ffurfiau'r ferf.

Cynrychiolydd arall o'r ysgol Is-Almaenaidd o ieithegwyr oedd Abraham van der Myl (Mylius), a gyhoeddodd yn Leyden yn 1612 ei *Lingua Belgica, sive de Linguae Illius Communitate tum cum Plerisque Aliis, tum Presertim cum Latina, Graeca, Persica* . . . [*Iaith y Belgiaid, neu am Berthynas yr Iaith honno ag Amryw Ieithoedd Eraill, ac yn Neilltuol â'r Lladin, y Roeg a'r Berseg*]. Er bod ei henw yn ymddangos yn y teitl, ychydig o le sydd i'r iaith Berseg yn llyfr Mylius. Ond ynddo gwelir eto yr ymlyniad wrth chwedl Babel, a'r gwasgaru a fu ar ieithoedd o du'r dwyrain i gyfeiriad y gorllewin. Ac wele'r gwroniaid sy'n gyfarwydd inni erbyn hyn – Jaffeth a'i fab Gomer – yn ymrithio eto fel cyndeidiau llwythau gorllewin Ewrop. Y mae yma hefyd duedd barhaol awduron i weld eu mamieithoedd eu hunain (yr Iseldireg yn yr achos hwn) yn perthyn i'r *matrices* mwyaf hynafol, yn hŷn hyd yn oed na Groeg na Lladin.[8]

Awdur diddorol arall yn y cyfnod hwn (a oedd efallai'n Gymro) oedd Richard (Rowland) Verstegan, awdur *A Restitution of Decayed Intelligence* (Antwerp, 1605).[9] Un o bwrpasau Verstegan oedd gwahaniaethu rhwng gwreiddiau'r Saesneg a'r Gymraeg. 'The language now of vs called Welsh', meddai, 'is properly the ancient British-toung, and English not so, nor never was' (+4v). Adfer pwysigrwydd yr hen iaith Anglo-Sacsonaidd oedd bwriad yr awdur, eithr nid ar draul y Gymraeg. Yr oedd ei rychwant mewn gwirionedd lawer yn ehangach na hyn, fel yr awgryma'r darlun o Dŵr Babel a ragflaena'r llyfr, ynghyd â'r disgrifiad o godi'r tŵr, a'r dinistr a ddaeth arno fel arwydd o gosbedigaeth Duw. Amddifadwyd y bobloedd o'r tafodleferydd naturiol a oedd ganddynt yn gyffredin, a'r canlyniad, yng ngeiriau Verstegan, oedd 'a most woonderful and confused kynd of chattering, and consequently an anger and vexation about the not understanding the one the other' (5). Clywir sôn yn y *Restitution* am lawer o'r damcaniaethau a nodweddai'r cyfnod hwn, ac a welir hefyd ar dudalennau rhagymadroddion John Davies – am Gomer a'i ddisgynyddion a'u teithiau blinderus ar draws Ewrop (9), y Sgythiaid (23) a'r Sacae (hynafiaid y Saeson), a'r syniad mai yn Asia 'mankynd had his first beginnings' (26). Gwyddai am Goropius Becanus a'i argyhoeddiad mai ei briod iaith ef a siaredid ym Mharadwys, ac er ei fod yn methu rhoi coel ar hyn, croesawai'r fath ddamcaniaethau er mwyn mesur a phwyso'r dystiolaeth drostynt (90, 190). Yr oedd Verstegan yn gyfarwydd â'r gred am berthynas ieithoedd yr Almaenwyr a'r Persiaid, a nodai rai o'r geiriau tebyg yn y ddwy iaith, er nad oedd ychydig o eiriau cyffredin yn ddigon iddo'u derbyn yn sail i berthynas agos (27). Er na wyddai'r ieithyddion hyn fod Perseg yn perthyn yn agosach at briod ieithoedd gorllewin Ewrop nag at rai Semitaidd y dwyrain, eto yr oeddynt yn ddigon craff i synhwyro rhyw gymaint o gysylltiad rhyngddynt.

Peth arall a unai John Davies a'i gyfaill Simonds d'Ewes oedd eu diddordeb mewn diarhebion, a cheir amryw gyfeiriad yn y llythyrau at yr *adagia* Cymraeg ar ddiwedd y *Dictionarium Duplex*, a'u cyfieithiad i'r Lladin gan eu hawdur, 'er budd y cyhoedd', fel y dywed Syr Simonds (Jones, 'The Correspondence of Dr. John Davies . . .', 167, 176), ac nid yn unig er mwyn ei bleser yntau. Adlewyrchir eu diddordeb cyffredin yn y testun hwn yn y croeso brwd a ddisgwyliai Davies i'w *adagia* gan ei ffrind. 'Byddwch yn eu derbyn, farchog hyglod', meddai, 'â llawenydd ar eich gwedd' (169, 179). Barnai, serch hynny, y byddent yn dioddef yn y broses o'u trosglwyddo i iaith arall, gan ymddangos yn ddi-fflach a diffygiol mewn ceinder ymadrodd ('frigidiuscula et parum elegantia videbuntur'). Y rheswm am hyn, meddai, yw bod diarhebion yn arbennig yn colli llawer o'u prydferthwch a'u swyn cynhenid wrth eu cyfieithu. Digwydd hyn i raddau oherwydd eu bod yn dibynnu yn aml iawn ar amwysedd geiriau. I ategu hyn, dyfynna ef Erasmus yn cymharu rhai diarhebion i winoedd na ellir eu hallforio ac na phrofir eu blas yn iawn y tu allan i'r mannau lle'u cynhyrchir. Daw cyffelybiaeth arall i'w feddwl, hefyd, un gan Scaliger: coleddir ym mhob iaith, meddai hwnnw, rhai dywediadau sydd yn dibynnu ar gael eu cynnal gan eu hiaith eu hunain. Byddai trosglwyddo'r rhain i ieithwedd arall megis gosod ffrwyn ar ych ('Has qui transfert, quasi froenum imponit bovi').

* * *

Ymddengys yr ohebiaeth hon yn fwynglawdd cyfoethog o wybodaeth am ddiddordebau ieithyddol ysgolhaig o Gymro ar ganol yr ail ganrif ar bymtheg, a'i ymwybyddiaeth o ragdybiaethau a datblygiadau yn y maes. Yn hanesyddol, yr agwedd fwyaf arwyddocaol arni yw perthynas John Davies, er o hirbell, â'r damcaniaethau am iaith a nodweddai'r ysgol o ieithyddion a ffynnai ar y pryd yn yr Iseldiroedd. A hyn oherwydd mai trwy gyfrwng 'Y Diarhebion Cymraeg', yn y diwyg newydd Lladin a gawsant ar gais Syr Simonds d'Ewes, y daeth geiriadur John Davies a'r iaith Gymraeg i sylw Marcus Zuerius Boxhornius, awdur *Originum Gallicarum Liber* yn 1654, a thrwyddo ef i gylch ehangach ar gyfandir Ewrop.

Yn ei lyfr, y mae Boxhornius yn cydnabod derbyn y 'Lexicon Britannicum' o lyfrgell y llysgennad Boswell, trwy gymwynasgarwch Johannes de Laet (Boxhorn, *Originum Gallicarum Liber*, 90). Yr oedd Boxhornius yn ieithydd o ddylanwad arbennig yn ei gyfnod, a phwysigrwydd dyblyg ei lyfr olaf, ar destun tarddiadau trigolion gwlad Gâl, oedd ei ymosodiad ar y traddodiad Hebraeg ar yr un llaw ac, ar y llaw arall, yr arwyddocâd a rydd i'r ieithoedd Celtaidd. Nid y llyfr hwn oedd unig waith Boxhornius ar iaith: daethai llyfrau ganddo o'r wasg yn Leyden yn 1647 a 1650, y ddau ar destunau ieitheg gymharol. Cyhoeddwyd cyfrol o'i farddoniaeth a'i lythyrau yn 1662, a dengys ei ohebiaeth helaeth ag ysgolheigion eraill ei fod yn gefnogwr brwd i ddamcaniaeth y Sgythiaid.

Un o'i ohebwyr oedd Claude Saumaise (Salmasius), ieithydd o Ffrancwr a ddatblygodd y ddamcaniaeth honno yn ei *De Hellenistica Commentarius* [*Eglurhad ar yr Iaith Roeg*] (1643) i gyfeiriad y gwledydd dwyreiniol, gan wahaniaethu rhwng y Sgythiaid a deithiodd i'r gorllewin, a charfan arall ohonynt a droes eu hwynebau tua'r dwyrain.[10] Aeth rhai o'r rhain, yn ôl Saumaise, cyn belled â'r India – yr 'Indo-Sgythiaid' – a daeth rhai eraill yn gyndeidiau i'r Parthiaid a'r Persiaid. Mewn llythyr at Saumaise yn 1637, ceisiai Boxhorn olrhain, mewn ffordd ddigon naïf yn ôl ein safonau ni, rai geiriau Lladin, Groeg a 'Cheltaidd' yn ôl i wreiddyn yn yr hen iaith Sgytheg, gwreiddyn y gellir ei alw yn awr, fe ddichon, yn 'broto-Indo-Ewropeaidd'. Yn *An Essay towards a Real Character and a Philosophical Language* yn 1668, nododd John Wilkins enwau Boxhornius a Salmasius gyda Joseph Scaliger a Philip Cluverius fel rhai a gredai mai iaith y Sgythiaid oedd y 'famiaith' y tyfodd Groeg, Lladin, Almaeneg a Pherseg ohonynt (4–5).

Yn ystod y 1630au a'r 1640au, datblygodd argyhoeddiad Boxhorn mai damcaniaeth y Sgythiaid oedd yr un gywir, ac mewn llythyr yn 1644 disgrifia darddle'r llwyth honno fel 'croth y cenhedloedd a labordy'r bobloedd'. Yn 1647 yr oedd ei argyhoeddiad yn gyflawn a bu'n amddiffyn yn y wasg hynafiaeth y Sgythiaid, a hawl eu hiaith i gael ei hystyried yn ffynhonnell i'r ieithoedd Groeg, Lladin ac Almaeneg. Megis gohebiaeth John Davies a Simonds d'Ewes, enghraifft yw llythyrau Boxhornius o'r gyfathrach ysgolheigaidd rhwng awduron a meddylwyr a ffynnai yn yr iaith Ladin ac a'u hunai ar draws ffiniau cenedlaethol ymhell i mewn i'r ddeunawfed ganrif. Erbyn 1647, ac yntau eisoes yn wael ei iechyd, yr oedd Boxhorn wedi gorffen traethawd o'r enw *De Scythicis Originibus,* ond ni ddaeth hwnnw i law y cyhoedd oddieithr fel paratoad at y gwaith ar darddiadau'r Galiaid a gyhoeddwyd wedi ei farw yn 1654.

Teitl llawn a chynhwysfawr y llyfr hwn, fel yr argraffwyd ef ar yr wyneb-ddalen yw *Originum Gallicarum Liber, in quo Veteris et Nobilissimae Gallorum Gentis Origines, Antiquitates, Mores, Lingua et Alia Eruuntur et Illustrantur. Cui Accedit Antiquae Linguae Britannicae Lexicon Britannico-Latinum, Cum Adjectis et Insertis Ejusdem Authoris Adagiis Britannicis Sapientiae Veterum Druidum Reliquiis, et Aliis Antiquitatis Britannicae Gallicaeque Nonnullis Monumentis* [*Llyfr am Ddechreuadau'r Galiaid, lle y Datgenir ac yr Arddangosir Dechreuadau Cenedl Hynafol a Thra-aruchel y Galiaid, ynghyd â'u Hynafiaethau, eu Harferion, eu Hiaith a Phethau Eraill. Ychwanegir ato Eiriadur Cymraeg-Lladin Iaith Hynafol Prydain, a Chyflwynir Diarhebion Cymraeg yr unrhyw Awdur* [sef John Davies], *Gweddillion Doethineb yr hen Dderwyddon, ac Amryw Gofebion eraill o Hen Oesoedd Prydain a Gâl*] (Amsterdam, 1654). Nid yw teitl Boxhorn yn enwi awdur y 'Lexicon Britannico-Latinum' a'r 'adagia', eithr ar dudalennau'r naw pennod fer sy'n gwneud corff y traethawd gwelir ei enw yn fynych, ynghyd ag enwau awduron eraill ar faterion Cymreig. Disgrifiad o Gymru a geir ym mhennod 4 (52–79), yn seiliedig ar *Descriptio ac Itinerarium Cambriae* Gerallt Gymro (1191, 1193), testun a argraffwyd – er yn wallus – am y tro cyntaf yn 1585 gan yr hanesydd David Powel, awdur arall a enwir gan Boxhornius. Rhyfedd yw darllen enwau fel 'Môn mam Cymry' a 'montes Eryri' ar dudalennau'r awdur hwn o'r Iseldiroedd (59), neu'r disgrifiad o darddle afon Teifi 'a montibus etiam Elennith' yng ngeiriau Gerallt ei hun (58). Yn y chweched bennod cyfeirir eto at dybiadau Powel ('Povelli sententia') (83), ac ar y tudalen nesaf at nodiadau Powel i'r *Descriptio* o Gymru. Mater ieithyddol a drafodir yma, sef nifer y geiriau Brythoneg a derddir o'r Roeg a'r Lladin, ynghyd â'r rhestr a ystyrid yn angenrheidiol ymhob trafodaeth o'r fath yn y cyfnod hwn.

Y mae'n amlwg fod Boxhorn yn gwybod am waith Camden hefyd

(80), ond at 'Daviesius' y mae'r cyfeiriadau mynychaf. Yr oedd yn gyfarwydd nid yn unig â'r *Dictionarium Duplex*, ei ragymadrodd ac atodiadau, ond â gramadeg Davies, y *Rudimenta*, a dyfynna'r geiriau o'r rhagymadrodd i'r gwaith hwnnw, sy'n honni bod y Gymraeg wedi aros heb ei llygru yn hwy nag unrhyw iaith gysefin arall. Yn yr un fath o gyd-destun, cyfeiria hefyd at Gerallt Gymro, a 'Gul. [David] Powel' (52), wrth iddo gysylltu hen iaith y Galiaid (prif destun ei ddiddordeb) â'r iaith hynafol a barai'n fyw yng Nghymru – yn union, meddai, fel yr oedd y Basgiaid yn dal i siarad iaith hynafol Sbaen, iaith a oedd wedi goroesi amryw lanw ieithyddol yn y rhanbarth honno, gan y Rhufeiniaid, y Gothiaid a'r Mwriaid i gyd yn eu tro (52–3). Yr oedd y Basgiaid a'u hiaith hynod eisoes yn destun penbleth i ieithegwyr Ewrop,[11] ac yn y bennod nesaf cawn weld Edward Lhuyd ac eraill yn damcaniaethu yn eu cylch.

Yn y bumed bennod, wedi dyfyniad arall o 'Daviesius', daw Boxhorn yn ôl at ei gymhariaeth rhwng Sbaen a Chymru, a'r ddamcaniaeth bod amgylchiadau daearyddol tebyg, sef mynyddoedd a mannau anghysbell, wedi diogelu yr hen ieithoedd, nid yn unig yr iaith 'Gantabraidd' (Basgeg) a oedd o hyd i'w chlywed yn y gogledd, ond yn y de, yn ardal Granada, lle y clywid o hyd olion hen iaith 'Araviga' (Arabeg) (81). Un o'r testunau a drafodir yn y chweched bennod yw perthynas yr iaith Almaeneg â'r Berseg, a dengys Boxhornius ei fod yn ieithydd o grebwyll a gofal wrth iddo wadu bod yr Almaeneg yn tarddu o'r Berseg, fel yr honnai rhai o'i gydoeswyr. Yn hytrach, meddai, y mae'r geiriau sydd gan y ddwy iaith yn gyffredin yn arwydd eu bod yn gytras, a'i ddamcaniaeth ef oedd bod y ddwy fel ei gilydd yn hanfod o gyn-iaith gyffredin, sef y Sgytheg: 'Nec tamen Germani a Persis orti, sed a Scythis, ut ipsi Persae' (84, 87).

Fel y gwelsom eisoes, iaith ddwyreiniol arall a gynigid yn yr oes hon fel rhagflaenydd i ieithoedd gorllewin Ewrop, oedd y Phoeniceg. Gwrthod y ddamcaniaeth hon hefyd a wna Boxhorn, ac y mae ei wythfed bennod ar ei hyd yn ymosodiad ar syniadau Samuel Bochart, a honnai yn ei *Geographia Sacra* (1646) fod llawer o debygrwydd rhwng yr iaith honno a iaith hynafol Gâl.[12] Yn yr un modd, ymosodiad yw'r seithfed bennod ar y rhai a welai hynafiad eu priod ieithoedd eu hunain yn yr Hebraeg, a John Davies yn enghraifft nodedig ohonynt (89). Yn wir, testun gwawd yw'r ddamcaniaeth hon o eiddo Davies i Boxhornius (94, 96–7, 100). Nid yw olion Hebraeg mewn ieithoedd cysefin yn profi dim, meddai, ac am ddarllen o'r dde i'r chwith (megis yn ymdrechion Davies i weld *praidd* yn y gair Hebraeg *terep*, a *cerdded* yn *dharac*), dim ond dirmyg sydd gan Boxhorn i'r syniad hwnnw: 'Aio ego neminem, cui mens sana est, non videre illud ridiculum esse' ('Dywedaf innau nad oes neb yn ei iawn bwyll na fyddai'n gweld mai ynfydrwydd yw hynny') (100).

Nid oedd Boxhornius o bell ffordd, felly, yn cytuno â holl ddaliadau ieithyddol John Davies. Eto i gyd, y mae'n rhaid fod gwaith y geiriadurwr o Gymro wedi gwneud argraff ddofn arno, fel y dengys y rhannau agoriadol i'r llyfr *Originum Gallicarum Liber*. Ar ôl llythyr rhagymadroddol at y darllenydd gan Georg Horn, ieithydd a chyd-wladwr i Boxhorn, yn sôn am y Celtae, y Celtae-Scythae a'r Getae, daw rhestr helaeth o ran gyntaf geiriadur Davies, yna'r 'Botanologium' yn ei grynswth. Yn nesaf daw llythyr byr yr awdur at y darllenydd, lle y mae'n troi at y diarhebion, ac yn eu cysylltu â gweddillion doethineb yr hen dderwyddon. Diddorol yw cymharu llythyr John Davies 'At yr hawddgar Gymro' a'i ddisgrifiad o'i gasgliad o ddiarhebion, â geiriau Boxhorn yn ei lythyr yntau. 'Dymma i ti, yr Cymro anwyl, weddillion doethineb yr hên Gymru gynt, sef yw hynny Diharebion dy wlâd,' meddai Davies. Nid oes sôn am y derwyddon yn y llythyr nac yn y rhagymadrodd Lladin i'r 'Adagia Britannica'. Gyda Boxhorn yr ymddengys y gwŷr doeth hynny. Nid yw'r Iseldirwr ychwaith yn atgynhyrchu'r rhestr o ddiarhebion Cymraeg a fuasai o gymaint diddordeb i Simonds d'Ewes. Fe'i llygad-dynnwyd gan un ohonynt yn unig, sef 'Gweini ffawd hyd frawd ys dir', a welir yn y casgliad diarhebion dan 'gweini', ac yng nghorff y *Dictionarium Duplex* fel eglureb dan y pennawd 'ffawd'.

Nid yw'n amlwg paham y cydiodd yr ymadrodd hwn yn arbennig yn nychymyg yr Iseldirwr, ond y mae tudalennau 77 hyd 120 o'i lyfr yn cynnwys cerdd hir ar fydr iambig ar destun y 'proverbium' hwn o eiddo'r derwyddon, gwŷr doeth ac enwog ymhlith y Brytaniaid a'r Galiaid gynt, yn ôl disgrifiad Boxhorn ohonynt yn ei deitl. Is-deitl y gerdd yw 'Character Fortunae', a'i phwrpas cyffredinol yw dwyn y syniad paganaidd o ffawd i gysondeb â'r athrawiaeth Gristnogol o ragluniaeth a gofal Duw. Efallai mai'r ffaith ei fod yn heneiddio ac yn wael ei iechyd a hoeliodd sylw'r gŵr ar y ddihareb arbennig hon. Nid ymddengys fod dim yn y gerdd o ddiddordeb i hanesydd ieitheg, a'i phwysigrwydd pennaf yn y cyswllt hwn yw'r pwyslais a roddir i'r derwyddon mewn cyfrol o'r fath.

Er nad yw'n crybwyll eu henw mewn cysylltiad â'r diarhebion, rhaid cofio bod John Davies ei hun wedi dwyn y derwyddon i mewn i'w drafodaeth ar darddiadau'r iaith Gymraeg. Gwrthododd ef y dyb mai un iaith oedd gan drigolion Gâl a Phrydain, gan ddadlau o eiriau Cesar mai derwyddon y ddwy wlad yn unig a feddai ar iaith gyffredin i ddysgu'u doethineb cyfrinachol, sef yr iaith Roeg. Ychwanega'i gred mai gan dderwyddon ynys Prydain y dysgodd derwyddon Gâl yr iaith honno ynghyd â'u disgyblaeth gyfrin.[13] Nid oedd sôn am y derwyddon mewn cyd-destun ieithyddol, felly, yn beth newydd o bell ffordd, a chyda dyfodiad y ddeunawfed ganrif cawn weld eu pwysigrwydd yn cynyddu, ar y cyfandir ac yng Nghymru.[14]

Wrth droi at fersiwn Boxhorn o ran gyntaf geiriadur John Davies, Mallwyd, sylwir mai *Antiquae Linguae Britannicae Lexicon Britannico-Latinum* yw'r teitl a rydd efe arno, ac y mae'n adlewyrchu teitl Davies a natur y gwaith yn ddigon cywir. Dengys y cymal a ychwanegwyd gan Boxhorn: *quo Gallicae Origines plurimum illustrantur* beth oedd diddordeb arbennig yr awdur hwnnw ynddo. Ei bwrpas ef oedd chwilio am wybodaeth am hanes cynnar y Galiaid a'u hiaith, a chan fod y Gymraeg a Galeg yn perthyn yn agos i'w gilydd, credai iddo ddod o hyd i fwynglawdd ieithyddol gwerthfawr yng ngeiriadur Davies. Nid yw'n atgynhyrchu'r cyfan sydd yn y rhan gyntaf o'r *Dictionarium Duplex*. Ar y llaw arall, bydd weithiau yn ailadrodd yr wybodaeth ychwanegol a rydd Davies ar ôl y diffiniad syml. Enghraifft o hyn yw ystyr y gair *aber* yn iaith Gwynedd: *Venedotis torrentem significat quod in fluvium effundatur*, a gododd Boxhornius yn gyfan o eirfa Davies. Serch hynny, hepgor llawer o'r ychwanegiadau yw ei arfer fynychaf, yn ddiarhebion a dyfyniadau o farddoniaeth Gymraeg a chymariaethau ag ieithoedd eraill fel ei gilydd. Er enghraifft, o dan y pennawd *adaf* (gair hynafol yn golygu *llaw*), y mae Davies yn llunio cymhariaeth â geiriau Hebraeg, Caldeeg ac Arabeg, ond y gair Lladin *manus* yn syml sydd gan Boxhornius. Cymhara Davies *amser* â geiriau Llydaweg a Caldeeg: yn Boxhorn y cyfieithiad *tempus* a geir yn syml. Fel arfer, fodd bynnag, y mae'n arddel y cymariaethau Llydaweg (gan gysylltu'r iaith honno yn ei feddwl, efallai, â hen iaith y Galiaid), ond yn osgoi yr enghreifftiau o'r ieithoedd dwyreiniol sydd yn britho tudalennau Davies – Hebraeg, Arabeg, Caldeeg, Syrieg. O dan y pennawd *athraw* neu *athro*, er enghraifft, y mae gan Davies eiriau Llydaweg, Syrieg a Hebraeg (y gair *Thorah* (= *lex*), sydd yn debyg i *athro* o ran ei sain): dim ond y gair cyfystyr Llydaweg sydd gan Boxhorn.

Weithiau, bydd Boxhornius yn dilyn John Davies yn ei eirdarddiad chwithig: ceir enghraifft yn y gair *bastardd*. Ofer yw ceisio olrhain y gair hwn, medd Davies, i'r Almaeneg, Belgeg, Ffrangeg, Sbaeneg, Eidaleg neu unrhyw iaith arall, gan mai gair Cymraeg ydyw, o waed coch cyfan, wedi'i gyfansoddi o *bas* a *tardd*. Esiampl arall o'r cenedlgarwch geirdarddol hyn yw *llacc*. '*Laxus, remissus*', medd Davies, ac ychwanega '*unde Angl. Slacke*' ('o ba le y daeth y Saesneg *slack*').

Nid yw Boxhornius mor ymhongar yma yn achos yr iaith Gymraeg, ac fe rydd ef 'Angl. *Slacke*' (heb yr *unde*). Yr un rhesymeg wallus sy'n peri i Davies holi ai o'r gair Cymraeg *nawn* y daw'r Saesneg *none* [*noon*], ac y mae Boxhorn yn ei ddilyn yn hyn, ac wrth gymharu'r gair Cymraeg â'r Llydaweg. Yn achos y gair 'derwyddon', cododd Boxhornius yr esboniad cyfan o eiriadur Davies, gan gynnwys y tarddiad o'r gair Groeg (*drus*) am dderwen, a'r gyffelybiaeth â'r Hebraeg (*darash*) gyda'r ystyr *esbonio, dehongli*. Yn groes i'w arfer, y mae'n cynnwys hyd yn oed yr enghreifftiau o waith y beirdd, Cynddelw Brydydd Mawr a Phrydydd y Moch yn yr achos hwn.

Un agwedd yn unig ar bwysigrwydd Boxhornius yn hanes datblygiad syniadau am iaith yw ei ddiddordeb yn y derwyddon. Yn ôl ei ddisgybl Georg Horn, a ysgrifennodd y llythyr rhagarweiniol i lyfr olaf ei athro, yr oedd hwnnw wedi sylwi bod lliaws o eiriau cyffelyb yn yr ieithoedd Almaeneg, Groeg a Lladin, ac ym mhriod ieithoedd cenhedloedd eraill ar draws Ewrop. Tybiodd Boxhorn, felly, fod y tebygrwydd hwn yn hanu o ffynhonnell gyffredin, hynny yw, bod gwreiddyn cyffredin i'r bobloedd hyn i gyd. Dyna hefyd oedd sylfaen ei ddamcaniaeth am iaith gyffredin, a fu'n famiaith i'r ieithoedd Groeg, Lladin, Almaeneg a Pherseg, ac a alwyd ganddo yn 'Sgytheg'. Wrth ddatblygu'r ddamcaniaeth honno, yn ogystal ag yn ei ymosodiad ffyrnig ar y dyb mai'r Hebraeg oedd yr iaith gysefin, y cyfrannodd Boxhornius yn helaeth at dranc y syniadaeth honno, ac ychwanegu at fframwaith ieitheg newydd, heb seiliau diwinyddol. Ei gyfraniad arall, o ddiddordeb arbennig i ddarllenydd o Gymro, yw ei ymgais i wahaniaethu rhwng yr ieithoedd Celtaidd a'r rhai Almaenaidd, ei ymdrech i osod y grŵp Celtaidd ar wahân.

Trwy gydol yr ail ganrif ar bymtheg, tueddai ysgolheigion Ewropeaidd, gan gynnwys Paul Merula (y mae John Davies yn dyfynnu o'i *Cosmographia*) i ddosbarthu'r Celtiaid a'r bobloedd Almaenaidd gyda'i gilydd. Yn hyn o beth, dilyn haneswyr a daearyddwyr yr hen fyd a'r cyfnod Cristnogol cynnar a wnaent – Pliny, Ptolemy, Diodorus Siculus ac yn arbennig Strabo, a fathodd y term 'celto-sgythaidd' i ddynodi clymbleth anferth o ddiwylliannau Celtaidd ac Almaenaidd yr oedd eu gwreiddiau yn naear dwyrain Ewrop.[15]

Torri tir cymharol newydd felly yr oedd Boxhornius wrth ymdrechu i ddosbarthu'r ieithoedd Celtaidd gyda'i gilydd, ac ar wahân i'r rhai Almaenaidd. Rhaid cofio bod Samuel Bochart, er ei ddamcaniaethu ofer am y Phoeniciaid, wedi sylwi yn 1646 ar elfennau ieithegol tebyg ym mhriod ieithoedd Cymru a Llydaw a hen iaith Gâl. A hyd yn oed cyn hynny, ceir awgrymiadau o'r undod rhwng y tair iaith yn astudiaethau

J. J. Scaliger, J. I. Pontanus ac Abraham van der Myl.[16] Tafodleferydd Prydain a Gâl oedd diddordeb Boxhornius yntau. Nid oedd ef, fwy na John Davies, wedi ystyried bod yr iaith Wyddeleg yn perthyn i'r un dosbarth, er i'r hanesydd Albanaidd George Buchanan awgrymu hynny yn 1582, a bod Camden ac eraill wedi sylwi ar y cysylltiad.[17] Erbyn dechrau'r ddeunawfed ganrif daeth y berthynas honno i'r amlwg yn astudiaethau ysgolheigaidd Edward Lhuyd.

Canlyniad arall i waith Boxhornius oedd lledaenu gwybodaeth am Gymru, ei hiaith a'i diwylliant, ar draws cyfandir Ewrop. Ym mis Mai 1655, prin flwyddyn ar ôl cyhoeddi'r llyfr ar ddechreuadau'r Galiaid, ysgrifennodd Meredydd Lloyd, hynafiaethydd o'r Trallwng, at Robert Vaughan yn Hengwrt, yn mynegi'i fodlonrwydd, wedi darllen y llyfr, fod pethau Cymreig yn cael sylw dros y môr.[18] Erbyn 1691 yr oedd copi wedi cyrraedd dwylo gŵr o athrylith enseiclopedaidd neilltuol yn y cyfnod athrylithgar a goleuedig hwnnw, Gottfried Wilhelm Leibniz, hanesydd, mathemategydd, athronydd, ieithydd ac ieithegydd brwd.

* * *

Ychydig o syniadau Leibniz ar iaith ac ieitheg a gyhoeddwyd yn ystod ei fywyd, ond rhydd yr ohebiaeth doreithiog rhyngddo ac ysgolheigion eraill olwg amheuthun ar ysgolheictod a diddordebau eang y meddyliwr nodedig hwn. Casgliad cyfoethog a hynod o werthfawr yw'r ohebiaeth helaeth rhwng Leibniz a'i gyfaill Hiob Ludolf, a barhaodd o 1687 tan ychydig fisoedd cyn marwolaeth Ludolf yn 1704. Er iddo ohebu ag ysgolheigion ac ieithegwyr eraill, yn y llythyrau at Ludolf yn anad neb arall y canfyddir yr allwedd i athrawiaeth Leibniz ar natur a gwreiddiau iaith.[19]

Pan ddechreuodd ysgrifennu at Ludolf, yr oedd Leibniz wedi ymgymryd â'r dasg o lunio hanes tŷ a llinach dugiaid Brunswick yn Isel-Sacsonia, teulu a fu'n ei noddi a'i gyflogi oddi ar 1673 fel ceidwad eu llyfrgell yn Hanover. Er mwyn hyrwyddo'r gwaith hwn, bu'n teithio llawer ar hyd a lled Ewrop – i'r Eidal, Awstria a de'r Almaen – rhwng 1687 a 1690. Yn ystod y daith hon cyfarfu â Ludolf, ond odid awdurdod mwyaf ei oes ar yr ieithoedd Semitaidd. Yr oedd Leibniz wedi treulio'r blynyddoedd 1675–9 ym Mharis, ac yn 1673 a 1676 ymwelodd â Llundain, a dod yn aelod o'r Gymdeithas Frenhinol yno yn 1674. Wrth iddo ymgyfathrachu ag ysgolheigion yn y gwledydd estron hyn, a dod wyneb yn wyneb â dogfennau hanesyddol hynafol fel rhan o'i waith ar gyfer ei noddwyr, tyfodd ei ymrwymiad i astudiaethau ieithyddol, ac yn arbennig ei ddiddordeb ym mherthynas ieithoedd â'i gilydd, tros wyneb y ddaear ac ar hyd y canrifoedd. Rhan yn unig o'i symbyliad oedd hyn, fodd bynnag, gan ei fod hefyd yn y 1670au wedi dod yn ymwybodol o ddamcaniaethau am ffynhonnell a tharddle'r llwythau Almaenaidd – syniadau'r Swedwyr, Stiernhielm a Rudbeckius, er enghraifft, a ddaeth i'n sylw eisoes yn y bennod gyntaf.[20]

Y tu ôl i'w ddiddordeb cynyddol mewn ieithoedd llafar, byw a marw, a'u cydberthynas â'i gilydd, gorweddai argyhoeddiadau eciwmenaidd ac eirenaidd Leibniz mewn materion crefyddol, gwleidyddol ac ysgolheigaidd. Gofidiai am yr ymraniadau yng nghyfangorff Cred, pleidiai gydweithrediad rhwng y gwledydd, a gweithiai er mwyn hyrwyddo dealltwriaeth gydwladol rhwng ysgolheigion a'i gilydd. Pan oedd yn ugain oed, yn 1666, ysgrifennodd ei *Dissertatio de Arte Combinatoria*, a datgan ei obaith am y posibilrwydd o ddyfeisio iaith athronyddol a fyddai'n uno meddylwyr Ewrop yn eu hymchwil gyffredin am y gwirionedd. Yn ystod blynyddoedd olaf yr ail ganrif ar bymtheg, pan oedd yr iaith Ladin yn colli tir hyd yn oed mewn cyd-destun ysgolheigaidd, deuai'r angen am *lingua franca* newydd fwyfwy i'r amlwg. Ymgais i gyflawni'r pwrpas hwnnw, ar un olwg, oedd yr amryfal 'ieithoedd athronyddol' a luniwyd yn ystod y cyfnod hwn. Mewn byr amser daeth Leibniz yn gyfarwydd â'r fwyaf enwog ohonynt, sef *Essay* John Wilkins, a gyhoeddwyd yn 1668. Mewn llythyr at Henry Oldenburg, ysgrifennydd cyntaf y Gymdeithas Frenhinol, ym mis Gorffennaf 1670, cyfeiria at 'yr hyn y mae eich Wilkins hyglod yn myfyrio am greu iaith berffaith at ddefnydd athronyddol', a dengys llythyr arall at yr un gohebydd (Ebrill–Mai 1671) fod Leibniz wedi darllen traethawd Wilkins yn ddiweddar.[21]

Er i'w ddiddordeb bara tan ddiwedd ei oes, ffenomen gynnar yng ngyrfa ieithyddol yr athronydd oedd ei ymroddiad i'r posibilrwydd o greu iaith berffaith, haniaethol, o'r fath a awgrymai Wilkins. Ieithoedd llafar yn eu cydgysylltiad â'i gilydd oedd y maes a ddaeth i'w ddenu wrth iddo ddatblygu ei astudiaethau hanesyddol. Eto i gyd, chwiliai hefyd am egwyddor haniaethol y tu ôl i bob lleferydd unigol, yr *harmonia linguarum* a gydiai bob iaith ynghyd. Yn ei lythyr cyntaf at Ludolf, a ysgrifennwyd yn 1687 neu 1688, sonia am y ddelfryd y methodd ieithyddion fel y Swedwyr Skytte a Stiernhielm ei chyrraedd, sef 'cytgord fel petai o lawer o ieithoedd mewn llawer o ieithoedd' (20). Mewn llythyr at ohebydd arall yn 1691 cyfeiria at y gytseinedd hon fel modd i benderfynu beth yw tarddiadau'r cenhedloedd, a hwyrach yr unig gyfrwng pan fyddai adroddiadau hanesyddol yn pallu. 'Fe ymddengys mewn gwirionedd', meddai ymhellach, 'mai un ffynhonnell sydd i bob iaith, o afon Indus draw at fôr Llychlyn.'[22] Cyfrwng, felly, oedd ieitheg i Leibniz yn y lle cyntaf, offeryn yn ei ymchwil i hanes cynnar y llwythau Almaenig, ond fe dyfodd yn fuan iawn yn astudiaeth er ei mwyn ei hun, a llawer o agweddau athronyddol iddi.

O blith yr holl ohebiaeth ddiddorol hon, hwyrach mai'r llythyr a ysgrifennodd Leibniz at Ludolf o Brunswick ar 5 Medi 1691 yw'r un sy'n denu bryd darllenydd o Gymro (21–2). Wedi cyfarch ei gyfaill, y mae'n datgan ei fodlonrwydd fod Ludolf wedi gorffen ei waith mawr, y *Commentarius ad Historiam Aethiopicam*, a gyhoeddwyd yn y flwyddyn honno. Amhareg, sef iaith yr Ethiopiaid, oedd prif faes astudiaeth Ludolf, er iddo ddysgu llawer o ieithoedd eraill, o orllewin a dwyrain Ewrop, Affrica a'r Dwyrain Canol. Rhwng 1678 a'i farwolaeth yn 1704 cyhoeddodd weithiau eraill ar hanes, iaith a gramadeg yr Amhareg, a hwyrach mai trwyddo ef y daeth Leibniz i gysylltiad ag ieithoedd y dwyrain. Yr oedd Ludolf yn medru Hebraeg, Arabeg, Samarieg, Syrieg, Caldeeg, Armeneg a Pherseg.

Wrth drafod y diddordeb yn nharddiadau'r llwythau Almaenaidd, diddordeb a oedd yn gyffredin iddo ef a Ludolf, crybwylla Leibniz ei fod yn ddiweddar wedi edrych trwy eiriadur o'r iaith Gymraeg a gyfansoddwyd gan Boxhornius. Yr hyn a'i trawodd wrth gribo rhestr Boxhorn o'r geiriau Cymraeg yn rhan gyntaf y *Dictionarium Duplex* oedd y tebygrwydd rhwng yr iaith honno a'r tafodieithoedd Germanaidd.[23] Er bod gwahaniaethau amlwg, meddai, eto i gyd nid oeddynt yn fwy na'r gwahaniaeth rhwng llawer o eiriau yn yr hen eirfaon Ffranconaidd a Sacsonaidd a'r geiriau hollol wahanol a ddefnyddid yn ei ddyddiau ef. Y mae hyn yn ei arwain, er yn betrusgar, at ddatganiad arall o'i argyhoeddiad cynyddol mai o un gwreiddyn y tyfodd llawer o ieithoedd y byd. Ychwanega fod Tsieineeg, iaith brodorion America a thafod-leferydd Affrica (er nad yw'n deall yr ieithoedd hyn), yn hollol wahanol o ran geirfa i iaith yr Almaen. Eto nid ydynt o angenrheidrwydd yn gwahaniaethu o ran strwythur – i'r gwrthwyneb i Swedeg a Gotheg, sy'n rhannu rhai geiriau, er bod strwythur yr ieithoedd hyn (medd Leibniz) yn wahanol. Er pob annealltwriaeth ynghylch perthynas ieithoedd â'i gilydd, amheuthun yn y cyfnod hwn yw'r pwyslais a rydd Leibniz a Ludolf ar adeiladwaith iaith yn hytrach na'i geirfa. Ceir enghraifft arall o hyn mewn llythyr o eiddo Leibniz yn 1695, wrth iddo drafod y berthynas rhwng yr Almaeneg a'r Berseg. Nid yw'r cysylltiad yn un agos, meddai, ac nid yn hawdd y'i canfyddir ef, os na ellir dod o hyd iddo yn adeiladwaith mewnol yr iaith (33).

Agwedd anghyffredin ar fethodoleg Leibniz a'i ohebydd wrth drafod y berthynas rhwng un iaith a'r llall yw gwahaniaethu fel hyn rhwng geirfa a fframwaith. Dengys yr ohebiaeth mor fedrus a thrylwyr oedd y ddau ysgolhaig yn eu priod feysydd, ac mor debyg oedd pwrpasau a methodau'r naill a'r llall. Er iddynt gydnabod pwysigrwydd strwythur ieithoedd yn eu cydberthynas â'i gilydd, eto geirfa oedd prif wrthrych a defnydd eu cymharu, ac mae llawer o'u llythyrau yn trafod y modd y gallent ddod o hyd i ychwaneg o enghreifftiau mewn mwy o ieithoedd a thafodieithoedd gwahanol.

Un ffordd o wneud hyn oedd cyfathrebu â'r estroniaid y cyfarfyddent â hwy yn eu gwlad, a cheir enghraifft ddiddorol o hyn mewn llythyr a ysgrifennodd Ludolf ar 16 Ebrill 1698, enghraifft hefyd o'r anhawster a gaent, oherwydd ansawdd ieithoedd gwahanol, i gael eu fersiynau i gyfateb yn fanwl (44). Yno, crybwylla fod ei nai Henricus Wilhelmus Ludolfus, gydag anogaeth Leibniz, wedi bwriadu recordio Gweddi'r Arglwydd mewn Mwgaleg a Thangwteg, priod ieithoedd gweision-tŷ llysgennad Rwsia. (Brodorion o'r tiroedd rhwng Rwsia a Tsieina oedd y bobloedd a siaradai'r ieithoedd hyn, ac fe'u gelwid yn gyffredinol yn Datariaid gan ysgolheigion Ewropeaidd yr oes.) Yn anffodus, methodd nai Ludolf â mynd ymhellach na'r cymal 'Sancteiddier dy enw', gan na fedrai'r bobl hynny fynegi'r syniad sydd yn *sanctificetur*. I ategu hyn, dyfynna hanesyn am weinidog yn ne Affrica a ddanfonodd ato gyfieithiad o Weddi'r Arglwydd yn yr iaith Hotentot. Cafodd yntau yr un drafferth gyda *sanctificetur*, a bu rhaid iddo fodloni ar ei gyfieithu â'r geiriau brodorol am 'bydded lawen a hyfryd'.

Yr oedd casglu gwahanol fersiynau ar y Pader yn chwarae rhan amlwg iawn ym methodoleg Ludolf a Leibniz a'u cydysgolheigion yn y maes hwn (35, 40). Mynych yw'r cyfeiriadau yn eu llythyrau at gasgliadau ieithyddion eraill o'r weddi hon, weithiau yn ganmoliaethus, ac weithiau yn gondemniol. Yn wir, nid oedd Leibniz na'i ohebydd yn ddiffygiol mewn hunan-dyb academaidd: wrth sôn am gydweithiwr yn y maes Semitaidd, Heinrich Sike (Sikius), y mae Ludolf yn edmygu ei athrylith, ond yn credu, os oedd ganddo'r bwriad o gyfieithu'r Corân, mai ei gyngor ef, Ludolf, y dylai fod yn ei geisio (40). Yn yr un cywair, maentumiodd Leibniz ar 16 Tachwedd 1695 mai iddo yntau yr oedd eu cydweithiwr Gerhardt Meier yn ddyledus am y rhan fwyaf o'r hyn a ddywed am bethau Almaenaidd, 'rhag ofn eich bod yn bwriadu rhoi'r clod i'r un sy'n ei haeddu, rywbryd yn y dyfodol' (36).

Eto, er gwaethaf yr ymagwedd hunandybus hon, yr oedd Leibniz a'i ohebydd yn ymwybodol iawn eu bod yn perthyn i gymdeithas o ysgolheigion a ymledai dros y byd yn grwn, a'u bod yn cyd-ddibynnu ar ei gilydd am wybodaeth. Estynnai eu cysylltiadau o Tsieina yn y dwyrain, dros diroedd y Tatariaid a'r Persiaid yn Asia, ar draws cyfandir

Ewrop, i dde a gogledd yr Affrig, a hyd yn oed i bellteroedd gorllewinol y byd yn America. Llysgenhadon a'u swyddogion, a chenhadon crefyddol, yn Brotestaniaid ac yn aelodau o Eglwys Rufain, oedd eu ffynonellau mwyaf ffrwythlon wrth gasglu rhestrau o eiriau ac ymadroddion er mwyn eu cymharu â'i gilydd. Nid oeddynt yn esgeulus ychwaith o dafodieithoedd ac ieithoedd hynafol a oroesodd oherwydd eu hynysu gan amgylchiadau daearyddol. Ceir enghraifft o hyn yn y llythyr cyntaf o law Leibniz yn yr ohebiaeth hon, lle mae'n cofio clywed am drigolion ardal yn ymyl Toledo, a'u lleferydd yn wahanol i ieithoedd eraill Sbaen (20–1). Cydnabyddent y pwysigrwydd o astudio hen ddogfennau a thestunau, megis cyfreithiau a chyfamodau, ac o godi oddi wrthynt gymalau cyfain yn hytrach na geiriau unigol. Canfyddent yr anghenraid o adysgrifennu cywir, o gydnabod ffynonellau ac o drefnu'r rhestrau yn unol â rhyw egwyddor benodol.

Ysgolheigion gofalus a thrylwyr, felly, oedd Ludolf a Leibniz yn eu hymchwil i berthynas ieithoedd â'i gilydd a'u hymdrechion i dreiddio yn ôl i ddechreuadau iaith fel y cyfryw. Mwy na hynny, nid oedd eu ffydd yn y fethodoleg gymharol yn gyflawn o bell ffordd. Wrth drafod geirdarddiad, gofal piau hi bob amser, medd Ludolf ym mis Medi 1698, oherwydd bod tebygrwydd rhwng llythrennau neu ystyr yn gallu twyllo dyn i feddwl bod geiriau yn perthyn i eraill sydd o gyfansoddiad hollol wahanol (49). Ac wrth sôn am waith Meier o Bremen unwaith eto ym mis Ebrill 1698, dywed Ludolf iddo annog hwnnw i ffurfio canllawiau i'w dilyn wrth darddu geiriau, canllawiau a ddibynnai eu hunain ar enghreifftiau tebyg. Oherwydd, meddai, ofer a di-fudd fyddai dyfeisio tarddiadau heb enghreifftiau, dim ond er mwyn yr hwyl (45).

Yr un oedd safbwynt gwyliadwrus Leibniz. Pwysleisia mai dyfalu yn unig yw sail geirdarddiad (49), ac mai ansicr a dweud y lleiaf yw ei hawl i'w gyfrif yn fethod dilys o gyrraedd y gwirionedd mewn astudiaethau ieithyddol. Dyfalu yn hytrach na dangos yw ei briod faes, meddai, a hynny oherwydd bod ieithoedd yn newid, a bod yr elfen o hap a damwain yn chwarae rhan anhepgor yn natblygiad geiriau ar draws y canrifoedd.[24] Eto y method cymharol hwn oedd yr unig gyfrwng a feddai Leibniz a'i gydoeswyr i gyrraedd yn ôl at ddechreuadau iaith, at yr *Ursprache* a orweddai, yn ôl eu damcaniaethau hwy, y tu hwnt i bob tafodleferydd. Credai'r athronydd, serch hynny, yn y posibilrwydd o wneud geirdarddiad yn wyddor, ond ni fyddai hynny'n digwydd oddi eithr ei seilio ar gasgliad anferth o ddefnydd geirfaol, i'w ddadansoddi a'i gymharu mewn modd trefnus a gwyddonol. Chwiliai o hyd am yr allwedd i iaith sylfaenol, athronyddol, a fyddai'n uno dynion o bob llwyth, a chan ei fod yn credu bod iaith yn 'ddrych disglair' y meddwl dynol, tueddai i dderbyn y ddamcaniaeth bod sail resymol iddi, a bod Adda wedi enwi'r anifeiliaid yn ôl rhyw debygrwydd cynhenid rhyngddynt hwy a'u henwau.[25]

Yn debyg i Cratylus yn nialog Platon, maentumiai Leibniz fod gan bob peth ei briod enw ei hun, er bod yr enwau hynny, oherwydd ein hanwybodaeth, yn fynych yn guddiedig rhagom. Dadleua fod rhywbeth naturiol yn nechreuadau geiriau sydd yn arwyddo perthynas rhwng pethau yn y byd a seiniau a symudiadau organau lleferydd. Fel athronydd, yr oedd ganddo ddiddordeb yn nharddiadau ymadrodd fel y cyfryw, eithr nid yn unig yn yr iaith hynafol gyntaf oll, ond yn yr ieithoedd 'a ddatblygodd yn hwyrach, yn rhannol allan o'r iaith gyntefig, ac yn rhannol o arfer ieithyddol newydd dynion, a chwalwyd dros y byd i gyd'.[26] Un o'r ieithoedd cymharol newydd hynny oedd y Gymraeg – er y byddai rhai awduron yn y ganrif nesaf yn dadlau mai hi oedd y fwyaf hynafol oll.

* * *

Yn erbyn y cefndir ieithyddol helaeth hwn y dylid ystyried ymateb cyffrous Leibniz i'w ddarganfyddiad o'r iaith Gymraeg yn llyfr Boxhornius ym mis Medi 1691. Dogfen hanfodol arall sydd yn taflu golau ychwanegol ar ei ddiddordebau Cymraeg a Cheltaidd yw'r llyfr a gyhoeddwyd yn Hanover yn 1717, ar ôl marw Leibniz, gan ei gyfaill a'i ddisgybl Johann Georg von Eckhardt. Casgliad yw'r *Collectanea Etymologica* o ddarnau ieithyddol yn Lladin a Ffrangeg, ac er bod enw Leibniz yn y teitl, nid ydynt i gyd o'i law ef. Dengys y teitl ei hun rychwant y llyfr: *Illustris Viri Godofr. Guilelmi Leibnitii Collectanea Etymologica, Illustrationi Linguarum, Veteris Celticae, Germanicae, Gallicae, Aliarumque Inservienta. Cum Praefatione Jo. Georgii Eccardi* [*Casgliad Geirdarddol y Gŵr Hyglod G. W. Leibniz, wedi'i Gysegru i Egluro Ieithoedd yr hen Geltiaid, Ellmyniaid, Galiaid ac eraill. Gyda Rhagymadrodd gan J. G. Eckhardt*]. Yr oedd gan Eckhardt ei hun ddiddordeb arbennig mewn henebion Celtaidd, a golygodd gasgliad o losau Gwyddeleg cynnar a ddarganfuwyd ar y cyfandir.[27]

Yn ei ragymadrodd i'r *Collectanea*, rhydd Eckhardt grynodeb o'r gwahanol ddarnau yn y casgliad, a rennir yn ddwy gyfrol. Ymhlith pethau eraill, ceir yn yr ail ran fersiynau o 'Weddi'r Arglwydd' mewn amryw iaith ecsotig, gan gynnwys yr 'Hottentotica', a darn byr gan Leibniz yn trafod yr arwyddion y gellir eu defnyddio heb iaith i fynegi ystyr. Ond y gyfrol gyntaf sydd o fwyaf arwyddocâd i hanesydd astudiaethau Celtaidd, ac i Gymry y mae pwysigrwydd arbennig yn yr adran a elwir *Glossarii Celtici Specimen*, fersiwn newydd ar ran gyntaf y *Dictionarium Duplex*, a gyhoeddwyd yn llyfr Boxhorn yn 1654.

Nid yw rhagymadrodd Eckhardt ei hun heb ddiddordeb, gan ei fod yn trafod rhai o'r materion a godir gan Leibniz yng nghorff y llyfr, ac yn rhoi crynodeb ohonynt. Un o'r rhai mwyaf diddorol yw'r sylwadau ar yr arysgrifau ar bedwar cerflun o oes y Galiaid a ddaethai i'r golwg wrth gloddio o dan eglwys gadeiriol Paris yn 1711, ac sydd heddiw yn y Musée Cluny.[28] Tueddai Leibniz i gredu mai beirdd oedd rhai o'r ffigurau a ddarlunnid mewn gorymdaith ar un o'r meini, yn arbennig gan fod un ohonynt yn gwisgo coron a allai fod o ddail y dderwen (75–6). Wrth drafod tarianau'r Galiaid, a elwid gan y Groegiaid, yn ôl Leibniz, yn *thureos*, awgryma mai gair 'Celto-Sgytheg' oedd hwn, a ddaethai i lawr o'r Sgythiaid i'r Groegiaid, ac oddi yno i'r Galiaid (77). '*Tarian* yw gair y Cymry am *Clypeus,*' meddai wrth orffen (77), gan dynnu sylw at y tebygrwydd sain rhwng y gair Cymraeg a'r Groeg.

Pan ddaw at y geiriau *Eurises* a *Senaniwieilom* yn yr arysgrif, y mae'n cyfaddef eu bod yn drech nag ef, er iddo ddyfalu y gallai'r ail fod yn enw ar bobl a drigai yn ymyl afon Seine (78). Enw arall yn yr arysgrif a drafodir gan Leibniz yw *Tarvos Trigaranus*, ac fe'i cysyllta â'r tarw a'r tri garan a welir yn y cerflun. 'Il est sur', meddai, 'que *Garan*, geranium, étoit une Grue chez les Celtes & ailleurs' ('Y mae'n sicr mai ystyr *garan* (*geranium*) oedd *crychydd* i'r Celtiaid ac eraill') (79). Yn ei *specimen*, fel yma, cysyllta Leibniz y gair *garan* â'r blodyn, mynawyd y bugail, yn ogystal â'r crychydd. Wedi trafod *Cernunnos* heb gyfeiriadau Cymraeg, y mae'r awdur yn tynnu at y terfyn wrth ddweud: 'Dyna'r cyfan sydd gennyf i'w ddweud yma ar y gofeb sylweddol a phrin hon o'r hen oes Geltaidd' (81).

Y mae Eckhardt yn ei 'Praefatio' yn fwy trwyadl ei ymdriniaeth a mwy pendant ei farn ynglŷn â'r henebion hyn nag yw Leibniz. Pedair carreg sydd yno, yn gysylltiedig ag allor a godwyd gan forwyr o Baris, gydag arysgrif i Tiberius Cesar Augustus (14). Ar rai, medd Eckhardt, darlunnir derwyddon, ac y mae'r cerfluniau yn gyffredinol yn cadarnhau'r gred bod y Celtiaid yn gwisgo mwstas ('mystaces aluisse') (16). Cytuna â Leibniz mai o *Sequana*, enw afon Seine, y daw *Senaniwieilom*, a dyfala mai geiriau Celtaidd sydd yng ngweddill yr arysgrif. Cysyllta'r enw â'r ymadrodd *hwylio llong* ymhlith y 'Cambro-britanni', a ddisgrifir ganddo fel gweddillion llwyth y Celtiaid. Ystyr *hvvyl*, meddai, yw *iter*, *progressus* (symud ymlaen), a defnyddir y gair hefyd i olygu *velum, linteum, carbasa* (hwyl neu liain), ac yn fwy penodol, yr hyn sy'n arwain ac yn cyfeirio llong (17).

Gwelir y ddwy ystyr hyn i *hwyl* yn Davies/Boxhorn, ond nid yw *hwylio* yno, ac nid yw na *hwyl* na *llong* yn y rhestr o eiriau Cymraeg sydd gan Leibniz yng nghorff y llyfr. Yr oedd Eckhardt yn meddu ar adnoddau amgenach na rhai Leibniz, y mae'n amlwg, wrth drafod yr iaith Gymraeg. Dichon mai geiriadur Thomas Jones a roes yr ymadrodd *hwylio llong* iddo, gan fod yr ystyr *to direct* am *hwylio* gan yr Almanaciwr, a bod Eckhardt yn cyfeirio ato wrth ei enw ('Jonesius') pan ddaw i drafod y gair *eurych*. Gwyddai fod y terfyniad *-on* (neu *-om*, fel y credai ef) yn dynodi lluosog yn Gymraeg, a chyfeiria at y gair *derwyddon*, a ymddengys fel pennawd yn y *Dictionarium Duplex*: 'Terminatio *om* vel *on* pluralis numeri nota est, Sic in Daviesio *dervvyddon* Druides exponitur' (18). Felly, ei esboniad ar *Senaniwieilom* yw *hwylwyr llongau'r Seine*, a'i farn oedd mai eu hallor hwy oedd y maen arbennig hwn.

Ar y drydedd garreg, dyluniwyd tair ffurf ddynol yn gwisgo arfau, ynghyd â'r arysgrif *Eurises*, a dywed Eckhardt fod Baudelotius, un o'r ddau hynafiaethwr a ddehonglodd y meini yn 1711, wedi olrhain hyn yn ôl i'r gair *eurid*. Gair 'Cambro-Britannaidd' oedd hwn, meddid, am *auro-inductum* (yn gwisgo aur), gan gyfeirio at y cylch o aur a wisgir, efallai, gan un o'r ffigurau (18–19). Y mae'n well gan Eckhardt gredu mai'r gair hwn oedd lluosog y gair *eurych*, a gyfieithwyd gan Davies, meddai, fel *gof aur*, a chan Jones â'r gair Saesneg *goldsmith* ('quod apud Daviesium *aurifex, artifex, fabricator, faber*; apud Jonesium vero Anglice *a Goldsmit, also a Brasier, a Tinker*, hoc est *aurifex, faber aerarius, circuitor aerarius* [Kessel-flicker] redditur'). Yr ystyr yma, felly, yn ôl Eckhardt, yw eurych neu of pres, ac awgryma fod y *fabri aerarii* yn y cerflun yn hebrwng y llongau i'r ddefod sanctaidd (19). Dengys yr esboniad hwn wybodaeth am fwy nag un geiriadur Cymraeg. Nid yw *eurych* yn rhestr Boxhorn, felly y mae lle i gasglu bod Eckhardt wedi mynd yn uniongyrchol at y *Dictionarium Duplex*. At eiriadur Thomas Jones, *Y Gymraeg yn ei Disgleirdeb*, y mae'r cyfeiriad arall, lle ceir yr union ddiffiniad ag yn rhagymadrodd Eckhardt: 'a goldsmith, also a brasier, a tinker' – *Kessel-flicker* yn Almaeneg.

Er bod gan Eckhardt wybodaeth am fwy nag un geiriadur Cymraeg, nid oedd ganddo fawr o syniad sut i ynganu'r iaith. Credai mai yn debyg i'r Ffrangeg yr yngenir y sain a gynrychiolir gan *ch*, a bod hyn yn ddadl dros gredu mai o'r Gelteg y datblygodd yr ynganiad hwnnw, yn Ffrangeg ac Almaeneg (19). Felly, gall ddatgan mai yn debyg i *jaesch* yr yngenir *iach* (23), er bod ganddo well syniad am ystyr y gair hwnnw, a hefyd am *iechyd* ac *iacháu*, sydd i'w gweld yn Davies a Jones, ond heb fod yn rhestr Boxhorn. Dengys ddiddordeb arbennig yn y Derwyddon (20–2), gan gynnwys dyfyniad hir o Pliny. Tebyg yw ei ddehongliad o *Tarvos Trigaranus* i eiddo Leibniz, ond fe â gam ymhellach wrth ganfod perthynas rhwng y geiriau Cymraeg *tarw* a *taro* (23), yn yr un modd ag y gwelodd gysylltiad rhwng *derw* a *dewr* (22). Nid Leibniz yn unig, felly, sy'n dangos gwybodaeth arbennig (er mor wallus) o'r Gymraeg yn y gyfrol hon. Y mae rhagymadrodd Eckhardt yn gyflwyniad teilwng i'r darnau amrywiol ar iaith ac ieitheg a geir ynddi.

Cynnwys cyfrol gyntaf y *Collectanea Etymologica* dri *specimen* o eirfa Ewropeaidd, gydag ychwanegiadau yn seiliedig ar gymariaethau Leibniz o eiriau mewn gwahanol ieithoedd. Y cyntaf (1–32) yw *Annotationes ad Franco-Galliam Joh. Henrici Ottii*, rhestr o eiriau Ffrangeg a gyhoeddwyd, yn ôl rhagymadrodd y golygydd, yn Basel yn 1670 ('Praefatio', 6). Dywed Eckhardt fod awdur yr eirfa hon wedi dangos yn ddigon llwyddiannus darddiad y rhan fwyaf o eiriau'r iaith Ffrangeg yn nhafodiaith Almaeneg y Ffranciaid a aeth i wlad Gâl. Geirfa Almaeneg sydd yn yr ail restr (33–56) ynghyd â nodiadau Leibniz, o dan y teitl *Ad Glossarii Chaucici Specimen Notae*. Esbonia Eckhardt (11) mai tafodiaith trigolion ardal Bremen (y *Chauci*) oedd hon, ac enghraifft yw o'r bri a osodai Leibniz ar dafodieithoedd yn ogystal ag ieithoedd yn y broses hollbwysig o gymharu.

Enw trydedd ran y gyfrol gyntaf yw *Celtica* (56–154, a 'Praefatio', 12–30), a'r darn cyntaf yn hon yw llythyr a ysgrifennodd Leibniz at Ludolf ar 3 Ebrill 1699 (56–81). Yn hwn, fe amgaeir darn o lythyr arall, o law 'Doctus in Gallia, vir', sef Dom Pezron, abad Charmoye, a ddanfonwyd at ei gyfaill Nicaise er mwyn dangos cwmpas ei lyfr arfaethedig ar ddechreuadau'r cenhedloedd (56). Bydd rhaid dychwelyd at farn Leibniz ar y crynodeb hwn o syniadau Paul-Yves Pezron – enw yn llawn swyngyfaredd i awduron Cymru yn y ddeunawfed ganrif – wrth drafod yn y bennod nesaf lyfr dylanwadol yr awdur hwnnw, *Antiquité de la nation et de la langue des Celtes, autrement appellez Gaulois* [*Hynafiaeth Cenedl ac Iaith y Celtiaid, a elwir hefyd yn Aliaid*] (Paris, 1703).

Yn dilyn y llythyr Lladin at Ludolf a'r llythyr Ffrangeg amgaeedig daw'r drydedd eirfa, sydd o'r diddordeb pennaf i'r darllenydd o Gymro, y *Glossarii Celtici Specimen*, a ddisgrifir gan Leibniz fel 'geiriadur bach yr iaith Frytaneg a atodwyd gan Boxhornius i'w lyfr ar ddechreuadau'r Galiaid, allan o lecsicon Cymraeg Davies' (81). Prif ddiddordeb Boxhorn yng ngeiriadur Davies oedd esbonio tarddiadau'r Galiaid a'u hiaith. Gwelodd Leibniz yntau gyfle tebyg, wrth gymharu'r 'Gelteg' â geiriau yn yr ieithoedd Tiwtoneg, i fynd yn ôl at fan cychwyn yr ieithoedd hynny. Y rheswm am hyn, meddai'r awdur, yw bod olion yr hen leferydd Celtaidd wedi'u colli neu'u cuddio bron yn llwyr ymhlith y bobloedd Almaenig, ond yn para'n eglur o heini yng Nghymru, Cernyw a Llydaw, cartref gweddillion hen drigolion Gâl.

Gan nad oes dyddiad i'r un o'r darnau ieithyddol hyn yng nghyfrol gyntaf y *Collectanea Etymologica* ar wahân i'r llythyr at Ludolf yn 1699, anodd yw dyddio'r nodiadau a ychwanegodd Leibniz at y rhestrau Ffrangeg, Almaeneg a Chymraeg. Gwyddom, fodd bynnag, fod ei ddiddordeb yn y Gymraeg yn mynd yn ôl i 1691, pan gafodd afael ar lyfr Boxhornius. Ychydig o ôl astudiaethau Cymraeg sydd i'w ganfod yn y *Glossarii Chaucici Specimen.* Eto i gyd, dan y pennawd *Asch* (lludw), a gyfieithir gan y Lladin *cinis*, ac a gysylltir yma â gair Hebraeg tebyg, gyda'r ystyr fflam neu dân, ychwanega Leibniz y byddai'n fuddiol ymholi a oedd rhywbeth i gyfateb yn ieithoedd y Cymry, y Sarmatiaid a chenhedloedd eraill. Wrth drafod y gair *af* yn nhafodiaith y Chauci, gair yn gyfystyr â'r Almaeneg *von*, y mae Leibniz yn ei gysylltu â'r gwreiddyn *ab*, a welir, meddai, yn y gair Cymraeg *aber* a gymhwysir yn arbennig i gwymp neu ddisgyniad afon ('Cumricum *aber* pro occasu imprimis fluvii'). Gwêl yr un gwreiddyn yn y geiriau Almaeneg *abend* ac *ebbe* ac *aber*.

Yr un enghreifftiau a ddefnyddir gan Leibniz wrth drafod *havre*, y gair Ffrangeg am borth neu hafan, yn ei nodiadau i eirfa Ffrangeg Ottius, ac wrth droi at restr Boxhornius yn y trydydd *specimen.* Byddai'r Celtiaid, meddai, yn defnyddio *aber* am unrhyw beth sy'n gogwyddo, yn disgyn neu'n mynd i ffwrdd, 'megis yn ein geiriau ni, *abend*, yr hwyr, ac *ebbe*, y trai'. Ymddengys, felly, fod y bannyn *ab* yn wreiddyn, a'i ystyr i'r Lladinwyr a'r Almaenwyr yr hyn yw *apo* i'r Groegiaid (81). Yr un yw perwyl ei sylwadau wrth drafod geiriau eraill yn cychwyn ag *ab*: *abwy*, *abwyd*, *aberth*, hyd yn oed *ab* ac *eppa* – cysyllta hwynt oll â'r syniad o ddigwydd, yn yr ystyr o fynd i ffwrdd neu i lawr.

Yn yr un modd neilltua'r sillaf *ad*, a maentumio bod y bannyn hwnnw'n cyfateb yng ngolwg y Cymry yn fynych i'r rhagddodiad Lladin *re*, i olygu dosbarthu neu rannu. Y gair *adran* yw ei enghraifft gymwys yma, ond cysyllta ag ef hefyd *adlais*, gan ddatgan yn hollol gywir: 'Sic *adlais* resonantia, cum *llais* sit sonus'(85). Efallai nad yw mor sicr yn ei ddehongliad o'r *ad* yn *adladd* ac *adwaith*, oherwydd yno honna mai bachigyn ydyw, a bod y Cymry yn aml iawn yn ei ddefnyddio felly. Cafodd ystyron y ddau air hyn (*foenum* ac *opus imperfectum*) yng ngeiriadur Davies/Boxhorn.

O dan y pennawd *eau* yn y rhestr Ffrangeg, gwelir gwreiddyn tybiedig arall, a adnabyddir gan Leibniz fel un Celtaidd. 'Ab antiquo Celtico aa, au,' meddai, 'cui etiam consonat *aqua*' ('O'r hen Gelteg *aa*, *au*, i'r hyn y mae *aqua* yn cyfateb hefyd'). Yn y *Nouveaux Essais* (III.ii.1), gwêl yr un gwreiddyn yn y gair *oeil*, a gysylltir yno â geiriau Tiwtonaidd a Hebraeg yn ogystal â Lladin. 'Rhyw fath ar wreiddyn yw', meddai Leibniz, 'sydd yn arwyddocáu dŵr'. Nid yw hyn yn cyfateb i unrhyw beth yng ngeiriadur Davies, ond ceir syniadau tebyg mewn gwaith yn yr iaith Iseldireg a gyhoeddodd Boxhorn yn Leyden yn 1647, lle yr olrheinir enw'r dduwies Nehalennia yn ôl at wreiddyn 'Sgythaidd', a welir yn y geiriau Lladin *aqua* ac Iseldireg *oceaan*.[29]

Yng ngolwg Leibniz, yr oedd sylwi ar fanynnau a gwreiddeiriau syml fel *aa* ac *ab* ac *ad* yn hollol angenrheidiol i un a fynnai dreiddio yn ôl i ddechreuadau iaith. Dengys y llythyrau cyntaf yn yr ohebiaeth â Ludolf fod y ddau yn cydnabod pwysigrwydd gwahaniaethu rhwng gwreiddiau a tharddeiriau (e.e. *Leibniz and Ludolf*, gol. Waterman, 20, 22). Yn 1692, cyhoeddodd y *Journal des Sçavans* erthygl fer gan Leibniz o dan y teitl 'Conjecture de Monsr. Leibniz sur l'origine du mot BLASON' ('Dyfaliad gan M. Leibniz am darddiad y gair *Blason*').[30] Ynddi awgrymodd fod bron pob iaith yn gymysgedd o'r un gwreiddeiriau, ond ei bod yn anodd eu datrys a'u hadnabod heb gymharu llawer o ieithoedd a thafodieithoedd â'i gilydd. Anogodd ef ysgolheigion pob ardal i gasglu'r geiriau a nodweddai'r ardal honno. Ymhellach, yn y datganiad mwyaf cynhwysfawr o'i athrawiaeth ar ieitheg, yr *Epistolaris de Historia Etymologica Dissertatio* [*Traethiad trwy Lythyr ar Hanes Geirdarddiad*], daw'r un syniadau i'r amlwg.[31] Y mae'n gredadwy, medd ef yno, fod y dynion cyntaf, a ffarweliodd â'r un iaith gyntefig gyntaf i ffurfio'u hieithoedd eu hunain, wedi cyf-addasu seiniau i gyfateb i'w haffeithiau gan ddefnyddio ar y cychwyn ebychiadau a banynnau byr, a bod ieithoedd wedi tyfu'n raddol o'r hadau hyn. Felly, gwreiddiau iaith yw arddodiaid a banynnau eraill tebyg.

Gwelodd Leibniz y byddai astudiaeth o eiriadur Davies yn cynnig allwedd i ddechreuadau iaith a fyddai hebddi yn aros yn anhysbys, oherwydd bod y gwreiddiau, neu o leiaf olion y gwreiddiau, o hyd ar gadw ac i'w canfod yn eglurach yn y geiriau Celtaidd.[32] Cyn diwedd ei oes dychwelodd at y syniad bod ieithoedd o hyd yn cadw rhyw olion o'u gwreiddiau cysefin, ac yn wir yn datblygu rhai newydd, drwy ddamwain, ond am resymau corfforol. Yn y *Nouveaux Essais* (III.ii.1) awgryma fod llawer o wreiddiau tebyg yn digwydd ar sail onomatopeia, geiriau yn dynwared seiniau mewn natur – er enghraifft *coaxare* a *quaken* yn Lladin ac Almaeneg i fynegi sŵn brogaod.

Yn wir, fe gafwyd enghraifft o hyn eisoes yng nghorff ei *specimen* o eiriau Cymraeg yn y *Collectanea*, o dan y pennawd *cwsg*. Awgryma fod y gair wedi datblygu o'r sŵn a wneir wrth suo plant bach i gysgu, sydd yn debyg i furmur dŵr yn llifo'n llonydd ('forte a sono, quo nutrices utuntur, ut infantibus somnum concilient; ut murmur aquae lene fluentis facit'). Y mae geiriau onomatopëig fel hyn yn haeddu'u casglu, meddai, pan fydd y sŵn yn amlwg yn cyfateb i'r peth, oherwydd gwreiddiau yw'r fath eiriau yn aml iawn (112). Gwelwyd y pwyslais hwn ar wreiddeiriau iaith a'u cyfatebiaeth naturiol i bethau yn y byd am y tro cyntaf, efallai, yn nhrafodaeth Platon yn y *Cratylus*. Aeth o nerth i nerth yn ystod y ddeunawfed ganrif, a chawn ei olrhain yng ngweithiau amryw ieithydddion cyn cyrraedd diwedd y cyfnod hwnnw.

Nid rhyw ddarlleniad arwynebol, ffwrdd-â-hi a gafodd geiriadur Davies/Boxhornius, felly, gan yr athronydd Leibniz. Dengys ei arfer o gysylltu geiriau o wahanol fannau yn y rhestr (ac yn wir o restrau eraill) er mwyn eu cyd-drafod, iddo fyfyrio'n ddeallus uwch eu pennau. Ceir enghraifft drawiadol yn ei drafodaeth o'r geiriau *tref* a *didryf.* O dan y pennawd *tref*, ceir hefyd ddiffiniad o *pentref* fel *caput urbis,* trwy gydosod y geiriau am *pen* a *tref* yng ngeiriadur Davies. Arall yw'r diffiniad o *pentref* yn y *Dictionarium Duplex* ac yn Boxhorn, sef *villa*, *propolis*, *suburbia*. Fel y gellir disgwyl, y mae Leibniz yn cymharu *tref* â'r Almaeneg *dorf.* Dan yr un prifair (*tref*) diffinnir *didryf*, gair yn golygu diffeithwch.[33] Y mae'r gair hwn o'r un gwreiddyn â *tref*, ond fe'i diffinnir yn ngeiriadur Davies dan bennawd ar wahân, ac ni fyddai'r tarddiad yn amlwg i un na feddai ar gryn wybodaeth o'r Gymraeg.

Y mae lle i gredu nad oedd Leibniz, fwy nag Eckhardt, yn gyfarwydd ag ynganiad yr iaith Gymraeg. Iaith llyfr ysgolheigaidd yn unig ydoedd iddo, a'i diddordeb yn gorwedd yn llwyr yn ei geirfa a chydberthynas y geiriau â geiriau eraill yn yr iaith ac mewn ieithoedd eraill. Amlwg hefyd yw bod yr wyddor Gymraeg yn anghyfarwydd iddo. Derbyniodd Boxhorn y drefn sydd ar y geiriau yng ngeiriadur Davies, ond y mae fersiwn Leibniz ychydig yn wahanol, gan ei fod yn cydosod *d* ac *dd*, *c* ac *ch*, *l* ac *ll*, nes bod *addail* ac *addewid* yn dod cyn *adefyn*, a *chwa*, *chwant* a *chwegr* ar ganol *c*. Y mae'n hoffi goleuo un iaith trwy gyfrwng iaith arall: yn y rhestr Ffrangeg o dan y gair *toque*, er enghraifft, dyfynnir barn y gramadegydd Gilles Ménage, mai o'r Dwrceg y daeth y gair. Ond ei gysylltu â gair Cymraeg am gapan a wna Leibniz: 'sed in Cambro-Britannico, id est, Celtico antiquo reperio *tocc* pileus'. (Gwelodd yr ystyr hon yn Davies.) Yn yr un ffordd, datganodd berthynas rhwng *écrevisse* (berdysen) yn Ffrangeg, *krebs* (cranc) yn Almaeneg, a'r gair Cymraeg *crib*, oherwydd bod ganddynt i gyd lawer o goesau: 'consentit *crib* pecten Cambro-Britannis quia et ipsum multi-fidum' (11).

Y mae Leibniz yn hepgor llawer o'r geiriau yn Davies/Boxhorn, ond yn dod ag eraill i mewn, a dengys ei nodiadau i'r rhain helaethrwydd ei ddarllen o gylch y testun. Brithir y tudalennau gan enwau awdurdodau o'r hen fyd: Strabo, Pliny, Diodorus, Hesychius, Juvenal, Lactantius, Polybius ac yn y blaen. Eu gwybodaeth am wlad Gâl a ddyfynnir fwyaf. Eithr nid oedd yn anwybodus ynglŷn ag awduron mwy diweddar, a'r goleuni a deflir ganddynt ar yr ieithoedd Celtaidd. Dichon mai trwy ddarllen Boxhornius (73–4) y cafodd yr wybodaeth am lyfrau Camden a Gerallt, a fu'n gymorth iddo esbonio'r geiriau *nant* a *rhyd*.

Dyfynna hefyd o waith Bochart, a oedd yntau wedi darllen Camden, ac yn cyfeirio ato nid yn unig yn ei *Geographia Sacra* (I, col. 660–82), ond hefyd yn ei *Observationes ad Historiam Gallorum Ant. Gosselini*, gwaith hanesyddol a gyfansoddwyd yn 1638.[34] Yn ei nodiadau ar y llyfr hwn, y mae Bochart yn ymdrin â Josephus, a'i gred mai Gomer a'i ddisgynyddion y 'Gomaritari' a ddaeth â'u hiaith i wlad Gâl (I, col. 1269). Cyfeiria eto at Camden (I, col. 1284, 1288), ac yng ngholofnau 1293–304 y mae ganddo restr o gant o eiriau wedi'u codi o'r *Britannia*. Honna Camden, meddai Bochart yma, fod bron pob gair Ffrangeg o darddiad anhysbys i'w ganfod yn yr iaith Frytaneg. Ar y diwedd y mae Bochart yn ailadrodd ei ddamcaniaeth sylfaenol mai'r Phoeniciaid a ddaeth â'r geiriau hyn i gyd i wlad Gâl trwy Sbaen, ac ychwanega restrau o eiriau Galeg a Chymraeg ochr yn ochr â rhai Hebraeg a Chaldeeg i brofi hynny.

Dichon mai drwy Eckhardt a Bochart, Boxhorn a Camden y cafodd Leibniz lawer o'i wybodaeth ychwanegol am faterion Celtaidd. Eithr i eiriadur Davies yr oedd ei ddyled bennaf. Peth digon rhwydd yw i ni gael hwyl am ben rhai o'r cysylltiadau a wnâi rhwng geiriau Cymraeg a rhai Ffrangeg ac Almaeneg, eto nid oedd ei darddiadau fymryn fwy mympwyol nag eiddo'r rhelyw o'i gyfoeswyr. Weithiau, daw'n nes na Davies at y tarddiad cywir, megis yn ei nodyn i'r gair *bwa*. Yn ôl Davies, meddai Leibniz, daw hwn o'r sain *bw* yn dynodi arswyd, eithr mewn gwirionedd deillia o'r un ffynhonnell â'r gair Saesneg *bow*. Eto, wrth drafod y gair *llafurwr*, a gyfieithir yn unig gan *agricola* yn Davies a Boxhorn, gwêl Leibniz yn glir mai un o'r geiriau Lladin a ddaeth i'r Gymraeg mewn canlyniad i goncwest y Rhufeiniaid oedd hwn, megis llawer o eiriau eraill, ffaith yr oedd John Davies yn gyndyn iawn i'w chydnabod. 'Manifeste ex Latino sumtum,' meddai Leibniz, 'talia multa sunt in Cambrico profecta a Romanis Britanniae dominantibus . . .'

Agwedd arall ar ddarlleniad Leibniz o'r rhan gyntaf o'r *Dictionarium*

Duplex yw'r cyfle a gafodd i ddatblygu'r ddamcaniaeth Sgythaidd, a etifeddodd oddi wrth Boxhornius ac ysgolheigion eraill blynyddoedd cynharach y ganrif. Gwelai Leibniz yr ieithoedd Celtaidd a Germanaidd gyda'i gilydd yn tarddu o ffynhonnell y Sgytheg. Dengys ei lythyrau ei fod yn dychmygu tarddle 'Graeco-Celto-Sgythaidd' yn fan cychwyn iddynt i gyd, a chredai fod y Lladinwyr yn tarddu o 'briodas' rhwng y Groegiaid a'r Celtiaid.[35]

Y ddamcaniaeth am y Sgythiaid hefyd oedd yn gyfrifol am ddiddordeb Leibniz yn ieithoedd dwyrain Ewrop, Rwsia a'r Cawcasws, sydd mor amlwg yn ei ohebiaeth â Ludolf. Daw eto i'r golwg yn ei nodiadau i eirfa'r *Dictionarium Duplex.* Enghraifft drawiadol yw'r gair *tad.* Gair Sgytheg yn hytrach nag Almaeneg yw hwn, yn ôl Leibniz, a noda arfer y Ffrisiaid o ddweud *aita*, a gwerin Brunswick o ddefnyddio *taite*, am dad. Ychwanega 'Varii populi habent "Atta" vel simile' (142). Yn yr un ffordd, wrth gysylltu'r gair Cymraeg 'moccio' â'r Ffrangeg *moquer* yn rhestr Ottius, dywed yr ymddengys fod hwnnw yn tarddu o'r 'Celto-Sgytheg hynafol', oherwydd i'r 'Celto-Britanni' (sef y Cymry) ystyr 'moccio' yw *illudere* (gwatwar) (24). Cafodd yr ystyr honno yng ngeiriadur Davies/Boxhorn, ac yn ei nodiadau o dan y pennawd *moccio* awgryma Leibniz fod y gair yn Almaeneg yn dynwared sŵn geifr yn brefu: 'Solent et nostri irridentes caprarum sonum imitari, quem vox earum (*mekkern*) refert' (139).

Esboniad yw hwn sy'n dangos eto ddiddordeb yr awdur mewn gwreiddiau onomatopëig rhai geiriau, a dengys ei ymdriniaeth o'r geiriau hyn mai eu cysylltu ag iaith hŷn oedd greddf ieithegol Leibniz. Gwelir yr un duedd wrth iddo drafod y gair Ffrangeg *feu* (14–15). Yn ôl Ménage, daw hwn o *focus*, fel y daw *jeu* o *jocus*: eithaf da ('non male') meddai Leibniz. Ond rhaid iddo fynd ymhellach yn ôl na hyn, a dywed ei bod yn gredadwy i'r gair darddu o hen wreiddyn Celtaidd, neu hyd yn oed Sgythaidd, a gollwyd. Apelia hefyd at eiriau Platon yn y *Cratylus* am wreiddiau barbaraidd rhai geiriau Groeg: 'sed credendum est antiquam hujusmodi radicem Celticam etiam *focum* peperisse; imo quia et Graeca vox consentit, et ni fallor etiam Phrygia apud Platonem in Cratylo, omnia tandem esse ex Scythico fonte'.

Yn llythyr Pezron at Nicaise, a amgaeir gan Leibniz yn ei lythyr at Ludolf yn y *Collectanea* (68), ceir cyfeiriad arall at syniad Platon bod elfennau yn iaith y Groegiaid yn deillio o leferydd y Phrygiaid, a drigai i'r de-ddwyrain o'r Môr Du, yn yr un ardal ag y tybid yr oedd gwlad y Sgythiaid. Yn ei sylwadau ei hun, ychwanega Leibniz mai Celt oedd y Sgythiad Prometheus a gadwynwyd ym mynyddoedd y Cawcasws (57), ac mewn dau arall o'i weithiau argraffedig ceir enghreifftiau o'i ymrwymiad i'r syniad mai o Sgythia y daethai llwythau'r Germani a'r Celtiaid.

Gwelir un o'r enghreifftiau hyn yn yr adran ar arwyddocâd geiriau yn y *Nouveaux Essais*. Dywed Leibniz yno mai'r iaith gyfoes agosaf at leferydd y Galiaid ('la vraye Gauloise') oedd eiddo Cymru, Cernyw a Llydaw ('celle du pays de Gales, de Cornvaille, & le bas-Breton'). Yr oedd yr ieithoedd hyn i gyd yn wahanol i'r Otheg, a mentra Leibniz nodi bod Gwyddeleg yn fwy gwahanol fyth a'i bod yn dangos olion yr ieithoedd Brytaneg, Galeg ac Almaeneg. Fodd bynnag, meddai, daw'r ieithoedd hyn o'r un ffynhonnell, ac y mae'n bosibl eu hystyried yn amrywiadau ar yr un iaith, y gellir ei galw yn 'Geltaidd'. Gellir eu holrhain yn ôl yn bellach eto, at ddechreuadau'r iaith Geltaidd honno, ynghyd â Lladin a Groeg y mae llawer o'u gwreiddiau hwythau yn gyffredin i'r Almaeneg a'r Gelteg. Achos hynny, fe ddichon, yw bod gan y cenhedloedd hynny yr un tarddle cyffredin, a'u bod i gyd yn hanfod o genedl y Sgythiaid (III.ii.1).

Cyhoeddwyd gwaith arall gan Leibniz ar faterion ieithegol, y *Brevis Designatio Meditationum de Originibus Gentium, Ductis Potissimum ex Indicio Linguarum* [*Amlinelliad byr o Fyfyrdodau ar Darddiadau Cenhedloedd, wedi'u codi yn bennaf o Dystiolaeth Ieithyddol*], yng nghyfrol gyntaf y *Miscellanea Berolinensis*, trafodaethau'r Academi Frenhinol yn Berlin, yn 1710.[36] Y mae brawddegau agoriadol y traethawd hwn yn datgan yn glir egwyddorion ieithyddol Leibniz a seiliau ei athrawiaeth ar iaith. Gan fod dechreuadau pellennig iaith yn mynd yn ôl y tu hwnt i hanes, meddai, wrth ymchwilio iddynt y mae ieithoedd yn cymryd lle hen ddogfennau. Erys olion mwyaf hynafol ieithoedd yn enwau afonydd a fforestydd, sydd yn aml yn goroesi newidiadau mewn poblogaeth. Gwelir y syniadau hyn eto yn y *Nouveaux Essais*. Yno, dywed Leibniz 'wrth fynd heibio' (III.ii.1) mai enwau afonydd, gan eu bod fel arfer yn hynafol iawn, sy'n arddangos iaith y trigolion cynharaf yn fwyaf effeithiol. Dyna paham yr haeddant ymchwil arbennig. A chan mai ieithoedd yw cofadeiliau hynaf cenhedloedd, a chan eu bod yn hŷn nag ysgrifen na'r celfyddydau, y rheini sy'n dynodi orau oll ddechreuadau perthynas a symudiadau pobloedd. Nid annhebyg yw'r athrawiaeth hon i syniadau'r Williams hwnnw a fu'n ceisio dangos i gyfaill John Davies, Syr Simonds d'Ewes, tua 1640, y tebygrwydd rhwng y Datareg a'r Gymraeg, a'i ddarbwyllo bod enwau lleoedd yn dangos llwybr a chyfeiriad y llwythau a ddaeth â'u hiaith ar draws Ewrop o Asia Leiaf.

Yn y *Brevis Designatio* ceir datganiad pellach o argyhoeddiad Leibniz fod pobloedd Ewrop wedi teithio o'r dwyrain, 'fel pe baent yn dilyn hynt yr haul', a bod grwpiau o ddynion wedi gadael Sgythia gan groesi afonydd Don a Donaw, i gyrraedd yr Almaen a Gâl, yr Eidal, Sbaen a gwlad Groeg. Dyna oedd ei gyfiawnhad dros chwilio am wreiddiau hynafol mewn geiriau cyfarwydd ieithoedd Ewropeaidd ei ddydd, ac am ei argyhoeddiad o wir werth ymchwil drwyadl i darddiad geiriau. Y peth pwysig, meddai yn y *Nouveaux Essais* (III.ii.1), oedd cymharu amryw ieithoedd, ac osgoi neidio o un iaith i un arall ymhell i ffwrdd. Yn gyffredinol, rhaid osgoi efelychu Goropius wrth ddangos gormod o genedlgarwch, a pheidio ag ymddiried mewn geirdarddiad, oddieithr pan fo gennym ddigon o ddarnau tystiolaeth i gadarnhau'i gilydd.

Un o hoff destunau trafod Leibniz a Ludolf yn eu gohebiaeth oedd y llwybrau a ddilynodd y llwythau cyntefig hyn wrth adael Sgythia am eu cartrefi newydd yn Ewrop. A dyna'r thema yn llyfr Paul-Yves Pezron a gydiodd yn nychymyg cynifer o awduron Cymru yn y ddeunawfed ganrif wrth iddynt holi hynt a helynt eu hiaith.

NODIADAU

1. G. Hartwell Jones, 'The Correspondence of Dr. John Davies of Mallwyd with Sir Simonds D'Ewes', *Y Cymmrodor*, 17 (1903), 164–85. Cyfeiriadau yn y testun. Gw. hefyd ddau lythyr yn *Cambrian Register*, 3 (1818), 307–9; *The Autobiography and Correspondence of Sir Simonds d'Ewes, Bart., during the Reigns of James I and Charles I*, gol. J. O. Halliwell, 2 gyfrol (London, 1845).
2. Ar y Sgythiaid, gw. D. Droixhe, *La Linguistique et l'appel de l'histoire (1600– 1800)* (Genève, 1978), 60, 86–99 a nodyn 111, 126–42.
3. Prys Morgan, 'Boxhorn, Leibniz, and the Welsh', *Studia Celtica*, 8–9 (1973–4), 220–8.
4. Droixhe, *La Linguistique*, 72–3.
5. Ibid., 47–8, 92–8, 128.
6. Ai 'John Williams (*fl.*1603–27), gof aur' y mae cofnod iddo yn *Y Bywgraffiadur Cymreig* yw hwn?
7. Droixhe, *La Linguistique*, 348.
8. Ibid., 55–60, 76–85, 89–94.
9. Cyfeiriadau yn y testun. Gareth Alban Davies, 'The English *Lazarillo de Tormes* (1586) and its Translator: David Rowland of Anglesey or Richard Rowland Verstegan?', *Trafodion Anrhydeddus Gymdeithas y Cymmrodorion* (1991), 99–128; (1992), 45–78. Ar Verstegan gw. hefyd T. D. Kendrick, *British Antiquity* (London, 1950), 116–19.
10. Ar Boxhorn a Saumaise, gw. Droixhe, *La Linguistique*, 90–9.
11. Ibid., 56, 61–4.
12. Ibid., 38, 128; *Geographia Sacra*, Lib. 1, cap. 42: 'Gallicum sermonem priscum Phoenicio in multis fuisse similem' (*Opera Omnia*, Editio 3, 3 cyfrol, Leyden, 1692, col. 660–82).

13. Ceri Davies, *Rhagymadroddion a Chyflwyniadau Lladin 1551–1632* (Caerdydd, 1980), 138 a nodiadau 48, 49, 50. Gw. ymhellach T. D. Kendrick, *The Druids: A Study in Keltic Prehistory* (London, 1927), 212–21: Appendix: 'Passages relating to the Druids in the Works of Greek and Latin Authors' (cyfieithiadau ar dd. 75–106).
14. Gw. Pennod 5 yma.
15. Droixhe, *La Linguistique*, 127.
16. Ibid., 128. Yn *Descriptio Kambriae* (1194), pennod 6, noda Gerallt Gymro debygrwydd ieithoedd Cernyw, Llydaw a Chymru.
17. *Agweddau ar Hanes Dysg Gymraeg: Detholiad o Ddarlithiau G. J. Williams*, gol. Aneirin Lewis (Caerdydd, 1985), 41, 92–3; a G. J. Williams, 'The History of Welsh Scholarship', *Studia Celtica*, 8–9 (1973–4), 195–219 (207–8, 211). Ar berthynas yr Wyddeleg â'r ieithoedd Celtaidd, gw. Pennod 3 yma.
18. Prys Morgan, 'Boxhorn, Leibniz . . .', 224 a n. 1. Y mae'r wybodaeth yn LlGC Llsgr. Peniarth 275, fo. 7.
19. Cyfeiriadau yn y testun at *Leibniz and Ludolf on Things Linguistic: Excerpts from their Correspondence (1688–1703)*, cyf. a gol. John T. Waterman, University of California Publications in Linguistics, 88 (Berkeley, London, 1977). Gw. y rhagymadrodd a'r nodiadau am lawer o fanylion am gefndir a hanes yr ohebiaeth.
20. Gw. Hans Aarsleff, 'Leibniz on Locke on Language' a 'The Study and Use of Etymology in Leibniz' yn *From Locke to Saussure: Essays in the Study of Language and Intellectual History* (London, 1982), 42–83 a 84–100 (85 a n. 4).
21. Aarsleff, 'Leibniz on Locke . . .', 46, n. 11.
22. Aarsleff, 'Etymology in Leibniz', 85.
23. Ar wybodaeth o'r Gymraeg ar y cyfandir yn y cyfnod hwn, gw. Prys Morgan, 'Konrad Gesner a'r Gymraeg', *Bwletin y Bwrdd Gwybodau Celtaidd*, 22 (1966–8), 124–7; G. Bonfante, 'Some Renaissance Texts on the Celtic Languages and their Kinship', *Études celtiques*, 7 (1956), 414–27, ac 'A Contribution to the History of Celtology', *Celtica*, 3 (1956), 17–34.
24. Aarsleff, 'Etymology in Leibniz', 91 a n. 30.
25. Aarsleff, 'Leibniz on Locke . . .', 69.
26. Aarsleff, 'Etymology in Leibniz', 88 a n.17.
27. Francis Shaw, 'The Background to *Grammatica Celtica*', *Celtica*, 3 (1956), 1–16 (7). Cyfeiriadau at *Collectanea Etymologica* yn y testun.
28. Ar y cerfluniau hyn, gw. Miranda Green, *Symbol and Image in Celtic Religious Art* (London, New York, 1989), yr wynebddarlun a tt. 132, 183.
29. Droixhe, *La Linguistique*, 92–3.
30. Aarsleff, 'Etymology in Leibniz', 88 a n. 18.
31. Ibid., 87 a n. 11, 88 a n. 19.
32. *Collectanea Etymologica*, I, 80–1.
33. Gw. diffiniad 'didryf' yn *Geiriadur Prifysgol Cymru*.
34. *Observationes* yn Bochart, *Opera Omnia*, I, col. 1265–308. Cyfeiriadau yn y testun.
35. *Leibniz and Ludolf*, gol. Waterman, 37–8, 56.
36. Droixhe, *La Linguistique*, 86; Aarsleff, 'Etymology in Leibniz', 86 a n. 10.

3

Dwy Olwg ar y Celtiaid a'u Hiaith: Paul-Yves Pezron ac Edward Lhuyd

Crynodeb o lyfr Dom Paul-Yves Pezron, abad La Charmoye yn ymyl Rheims, a amgaeodd Leibniz yn ei lythyr at ei gyfaill Ludolf ym mis Ebrill 1699, ac a gyhoeddwyd yn 1717 yn y *Collectanea Etymologica* (56–75). Testun y llyfr a arfaethwyd gan Pezron, fel yr oedd yn hysbys i Leibniz, oedd 'dechreuadau'r cenhedloedd' ('l'origine des nations'), ond rhan yn unig o'r cynllun hwnnw a ymddangosodd yn y gyfrol a gyhoeddwyd ym Mharis yn 1703 o dan y teitl *Antiquité de la nation et de la langue des Celtes, autrement appellez Gaulois*. Cyfrol oedd hon a gafodd gryn ddylanwad ar syniadau ieithyddol yn ystod y ganrif newydd – yng Nghymru nid llai nag yng ngwledydd eraill Ewrop. Cyhoeddwyd cyfieithiad Saesneg yn 1706, gyda theitl anghywir, ond un a adlewyrchai rychwant ehangach diddordebau Pezron: *The Antiquities of Nations, more particularly of the Celtae or Gauls, taken to be originally the Same People as our Ancient Britains* . . . Yn Llundain yr ymddangosodd y trosiad hwn o waith Pezron, ond Cymro oedd y cyfieithydd. 'Englished by Mr. Jones' a ddywed yr wynebddalen, ac ymddengys mai David Jones o Lwyn Rhys, Llanbadarn Odwyn yng Ngheredigion a'i hysgrifennodd, capten yn y 'Life-Guards' ac awdur sawl llyfr ar hanes Lloegr. Cynnwys y llyfr hefyd hysbyseb am waith pwysig arall a oedd ar fin ei gyhoeddi yn Rhydychen gan Gymro, *Archaeologia Britannica* Edward Lhuyd.

Gwahanol iawn i'w gilydd oedd pwrpasau a methodau Paul-Yves Pezron ac Edward Lhuyd, er mai tebyg oedd mater trafodaeth eu llyfrau, a ymddangosodd mor fuan ar ôl ei gilydd ar gychwyn y ddeunawfed ganrif. Ac er bod llawer yn ystod y cyfnod hwnnw wedi talu gwrogaeth i ddawn ac ysgolheictod Lhuyd, yr un mwyaf ei ddylanwad uniongyrchol yng Nghymru oedd y Llydäwr yn hytrach na'r Cymro. Bu Edward Lhuyd ei hun yn ceisio trafod ei syniadau gyda Pezron, ac yr oedd gan ei gyfaill a'i gydweithiwr, Moses Williams, gopi o'r llyfr Ffrangeg gwreiddiol, copi a aeth yn 1714 i lyfrgell helaeth Owen Brigstocke yn nyffryn

Teifi. Aeth copïau o lyfr Pezron o law i law. Ar 11 Hydref 1758, cafodd Rhys Jones o'r Blaenau anrheg o gyfieithiad David Jones gan Evan Evans (Ieuan Brydydd Hir), ac fe'i darllenwyd yn drwyadl gan o leiaf un o'i berchenogion a barnu wrth y llu nodiadau ymyl-y-ddalen. Dengys nodiadau helaeth Gwallter Mechain ar ei ddarlleniad yntau o'r cyfieithiad effaith myfyrio dwys ar ei gynnwys, er mai barn Gwallter oedd mai awdur 'of more fancy than judgment' oedd Pezron.[1]

Er mai yn Saesneg y darllenwyd llyfr Pezron gan y rhan fwyaf o awduron y ganrif ym Mhrydain, yr oedd copi o'r Ffrangeg gwreiddiol ym meddiant Lewis Morris. Mwy na hynny, yr oedd ganddo hefyd wybodaeth o'r llythyr at Nicaise a gyhoeddwyd ymhlith papurau ieithyddol Leibniz, a gwnaeth gyfieithiad ohono. Fel y cawn weld, nid oedd athrawiaethau Pezron yn anghyfarwydd ychwaith i gyfeillion a gohebwyr Lewis Morris a'i frodyr. Mewn llythyr at William Morris yn 1753, dyfynna Goronwy Owen 'Monsieur Pezron's Rule': y geiriau mwyaf syml sy'n debygol o fod y rhai mwyaf cyntefig. Copi benthyg o'r cyfieithiad a ddarllenodd Goronwy: fe'i cafodd gan Richard Morris ac fe'i dychwelodd iddo yn Llundain bedair blynedd yn ddiweddarach. Y mae lle i gredu bod gan Iolo Morganwg yntau gopi o'r cyfieithiad Saesneg, copi a ddaeth yn eiddo wedi hynny i Theophilus Jones, hanesydd Brycheiniog, cyn cyrraedd Llyfrgell Genedlaethol Cymru.[2]

Fel y mae'n hysbys, syniadau Pezron am ddechreuadau'r ieithoedd Celtaidd sydd yn gynsail i ran gyntaf *Drych y Prif Oesoedd*, llyfr hanes poblogaidd Theophilus Evans (1716 a 1740). Llai cyfarwydd yw *The History of Great Britain . . . til the Death of Cadwaladr* gan John Lewis, Llynwene, a ysgrifennwyd tua 1611, ond nas cyhoeddwyd tan 1729. Gwelir llawer o'r rhagdybion a fabwysiedir gan Pezron eisoes yn llawysgrif Lewis.[3] Enwa Gomer fel tad y 'Cymbri' a'r Galiaid, a honni iddo ddyfod i'r Eidal 'in the 41 year after the Confusion of Languages at the building of the Towr of *Babilon*' ac oddi yno i wlad Gâl (1). Ymwrthododd John Lewis â'r gred mai Brutus oedd cyndad trigolion Prydain, a dyfynnu geiriau'r hanesydd cynnar Josephus am y Galatae i ategu ei ddamcaniaeth am ddisgynyddion Gomer. 'Those who are now called *Galatae*, in times past were called *Cymbri* of *Gomer*,' meddai Lewis (7). Dilyn Camden y mae yn y ddamcaniaeth hon, ac fe ddichon mai testun Camden sydd y tu ôl i fyfyrdodau Pezron yntau, er nad yw'n ei enwi. Erbyn i lyfr Lewis ymddangos yn 1729, sut bynnag, cysylltwyd ei syniadau â rhai Pezron gan ei olygydd, yr achyddwr o Frycheiniog, Hugh Thomas, a fu farw yntau cyn i'r llyfr ymddangos. Brithir y testun gan nodiadau'r golygydd, nodiadau a ddengys yn ddigamsyniol effaith darllen yr *Antiquité* neu'i gyfieithiad Saesneg.

Ganwyd Paul-Yves Pezron yn Hennebon yn Llydaw yn 1639, a bu farw yn 1706, wedi ymddeol o abadaeth La Charmoye dair blynedd ynghynt, a chysegru blynyddoedd olaf ei fywyd i astudio 'yn ei fyfyrgell'. Erbyn ymddeol, sut bynnag, yr oedd eisoes wedi cyhoeddi astudiaethau hanesyddol ar y Beibl a adlewyrchai'i ddiddordeb mewn *cronoleg*, sef ymdrechion i benderfynu oedran y byd – diddordeb cyffredin yn y cyfnod hwnnw, ac un a rannai Pezron â'r Esgob William Lloyd, cyd-weithiwr John Wilkins. Yr oedd 'Santasaphensis', fel y gelwir yr esgob gan Leibniz, yn enwog yn y cyfnod hwn am astudiaethau cronolegol. Ar wahân i'w fyfyrdodau Beiblaidd a'i weithiau ar gronoleg oesoedd cynharaf y byd, yr oedd hen hanes ei genedl a'i iaith ei hun yn destun diddordeb o'r mwyaf i'r Llydäwr Pezron. Yn ei waith ar gronoleg y Beibl, *L'Antiquité des tems rétablie, et défendue contre les juifs et les nouveaux chronologistes* [*Hynafiaeth yr Amseroedd, a Adferwyd a'i Hamddiffyn yn erbyn yr Iddewon a'r Cronolegwyr Newydd*] (1687), yr oedd eisoes wedi mynegi diddordeb yn nharddiad y gair *Babel*, a dengys eto yn yr amddiffyniad o'i lyfr yn 1691 ei edmygedd o Josephus a'i ddamcaniaeth am feibion Jaffeth a llwyth y Gomeriaid. Datblygwyd y thema yn llyfr nesaf Pezron, y gyfrol ddylanwadol a gyhoeddwyd yn 1703, *Antiquité de la nation et de la langue des Celtes*.[4]

Gydag ymddangosiad y llyfr hwn, syrthiodd mantell yr hen ddamcaniaeth Sgythaidd yn blwmp ar ysgwyddau'r Celtiaid, ac ynddo hefyd gwelir yn eglur wreiddiau'r 'Celtomania' a ddaeth i nodweddu'r ddeunawfed ganrif ar ei hyd, ym Mhrydain ac ar y cyfandir. Yn ôl yr awdur yn ei ragymadrodd, cynnwys y llyfr 'lawer o bethau a ymddengys yn ddigon hynod a digon newydd', er bod fframwaith ei drafodaeth, sef teithiau'r hen genhedloedd ar draws Ewrop o ryw le braidd yn anhysbys yn y dwyrain, yn ddigon cyfarwydd i'r neb a fyddai wedi darllen gweith-iau ieithyddol yr unfed a'r ail ganrif ar bymtheg. Crybwylla Pezron ei hun 'M. Bochard' fel rhagflaenydd yn y maes, er mai *Gaulois* yn hytrach na *Celtes* oedd enw hwnnw ar boblogaeth gynnar Ffrainc. Amcan Pezron oedd olrhain 'ffynhonnell y genedl, neu os mynnwch, fynd yn ôl at ei chyff cychwynnol' neu ei 'chrud'. Yn y bennod gyntaf ychwanega at y trosiadau hyn wrth gymharu cenhedloedd ag afonydd mawrion: er mwyn eu hadnabod, meddai, y mae'n rhaid mynd yn ôl at 'eu ffynhonnell a'u cychwyn cyntaf'. Credai Pezron ei fod wedi ymgadw rhag ffug-hanesion, rhag amherthnasedd a'r gormodedd afresymol a nodweddai waith awduron eraill ar hynafiaeth pobloedd. Er ei fod yn cymryd y ddegfed bennod o lyfr Genesis yn fan cychwyn, lle'r enwir meibion Noah a'u hiliogaeth, geilw hefyd yn y ffordd draddodiadol ar dystiolaeth awduron Groeg a Lladin yr hen fyd (aijv–iijr).

Y traddodiad Gomeraidd a goleddir gan Pezron i olrhain achau'r cenhedloedd Celtaidd a'u hiaith. Gomer, meddai yn yr *Antiquité*, oedd tad gwirioneddol y bobloedd 'Gaulois' y rhoes y Groegiaid yr enw 'Galates' arnynt (aiiijr). Yn llinach ei ddisgynyddion yr oedd y Titan-iaid neu 'blant y ddaear'(aiiijv, tt. 10–11), y cewri hynny y mae'u henw yn profi mai'r un ag eiddo'r Celtiaid oedd eu hiaith, iaith a gedwid tan y dydd hwnnw 'dans la *Petite Bretagne*' a hefyd 'au païs de *Galles*, dans un canton de la Grande Bretagne'(eiijr–v). Yn ôl ei gyd-Lydäwr Louis Le Pelletier, awdur geiriadur Llydaweg pwysig a gyhoeddwyd yn 1752, camddarllen y gair *tir* yn fersiwn Boxhornius o eirfa John Davies a wnaeth Pezron wrth esbonio enw'r Titaniaid. Cyhuddwyd ef hefyd o anwybodaeth o'i iaith ei hun, ac y mae'n debyg nad Pezron oedd y cyntaf i awgrymu cysylltiad rhwng y Titaniaid a'r Celtiaid.[5] Eithr yn ystod y ddeunawfed ganrif ar ei hyd, awdur yr *Antiquité* oedd yr awdurdod ar faterion o'r fath, a'i enw ef a ddyfynnir ym mhob trafodaeth arnynt.

Y Llydawyr a'r Cymry oedd y ddwy genedl a feddai'r anrhydedd o gadw'n fyw hen iaith y Titaniaid, disgynyddion Gomer. Y mae'n amlwg fod Pezron yn ymwybodol ei bod yn bosibl ei gyhuddo o fod yn euog o ormodiaith wrth hawlio'r hynafiaeth eithaf i'r ieithoedd Celtaidd. Gwadu'r cyhuddiad a wna, gan honni'i fod yn anrhydeddu'i famwlad gymaint ag y dylai, ond ei fod ymhell o fedru ychwanegu dim at ei gogoniant. Cariad at y gwirionedd a'r ymchwil amdano yn unig a'i symbylai i ysgrifennu, a'i wybodaeth o 'la Langue *Celtique*' oedd ei gymhwyster pennaf (eiiij).

Dilyn hynt a helynt disgynyddion Gomer fab Jaffeth yn eu teithiau ar draws Ewrop yw gorchwyl Pezron ym mhenodau cyntaf ei lyfr. Ymwrthyd â'r syniad mai trigolion cysefin gwledydd gorllewinol Ewrop oedd y Celtiaid, awgrym a wneir gan Tacitus. Chwerthin am ben y ddamcaniaeth hon a wna Pezron. Meddai yn eironig: 'Peut-être avoient-ils cru là, comme des champignons; ou bien ils y étoient nez comme les grenouilles et les sauterelles?' ('Dichon eu bod wedi tyfu yno megis caws llyffant, neu tybed a gawsant eu geni yno, fel brogaod ynteu geiliogod rhedyn?') (6). Diddorol yw sylwi ar y gymhariaeth â madarch, cymhariaeth a welsom hefyd yn rhagymadrodd John Davies i'w ramadeg. Y mae'n debyg mai o waith Richard White o Basingstoke y cafodd John Davies y gyffelybiaeth, ond fe'i gwelir hefyd yn Camden mewn cyd-destun tebyg. Fe ddichon, felly, mai'r *Britannia* oedd ffyn-honnell y gymhariaeth hon i Davies a Pezron fel ei gilydd.[6]

Yr enw mwyaf hynafol a chyntefig ar ddisgynyddion Gomer, medd Pezron, oedd *Comariens* neu *Gomariens* ynteu *Gomarites*, ond fe'u hadnabyddir yn ddiweddarach dan lawer o enwau gwahanol – Sacae, Galatae, Cimbri, Cimmerii, Celtae. O Asia y daethant, yn ôl ei ddamcaniaeth ef (11), ac yn hynny o beth nid oedd fawr wahaniaeth rhyngddo ef a rhai a fu'n ymbalfalu o'i flaen yn y meysydd dyrys hyn. Yng ngolwg Pezron, Asia oedd 'crud' cenhedloedd gorllewin Ewrop, a dyfynna awdurdodau o'r hen fyd i ategu hyn – Josephus yn eu lleoli yn ardaloedd Phrygia, a Ptolemy yn eu gosod yn rhywle rhwng Media, Bactria a Môr Caspia (14, 16, 17). Strabo yw ei awdurdod dros ddilyn eu hynt i Sgythia a gogledd Persia, ac efe biau'r enwau *Scythes* a *Celto-Scythes*. Bu'r Sgythiaid yn preswylio hefyd yn Parthia, a thrwy'r Parthiaid y daeth ambell air 'Celtaidd' i iaith y Persiaid (30). Priodolai'r tebygrwydd rhwng rhai geiriau yn ieithoedd y gorllewin a rhai yn y Dwyrain Canol i bresenoldeb y llwythau symudol hyn ar eu taith oesol ar draws wyneb y cyfandir, hyd nes iddynt gyrraedd gwlad Gâl, a hyd yn oed 'le païs de Galles au couchant d'Angleterre'.

Wedi dirwyn hanes y Gomero-Celtiaid cynnar dros y canrifoedd meithion, dyna Pezron ar dudalen 181 yn troi yn fwy penodol at bwnc yr iaith, o dan y pennawd 'Origine de la langue celtique, autrement appellée gauloise'. Esbonia ymadrodd dynol yn nhermau'r hanes Beiblaidd traddodiadol: dywed yr Ysgrythur Sanctaidd i Dduw gynysgaeddu dyn, wrth ei greu, ag amryw ddoniau, ac yn eu plith y ddawn ymadrodd 'i ddehongli'i feddyliau a theimladau'i galon'. Pwrpas pellach y gallu i lefaru oedd i ddynion fedru canu mawl i'w rhoddwr, ac i fyw gyda rhai tebyg iddynt mewn cymdeithas. Hyd at y digwyddiad anffodus ym Mabel, un iaith oedd: wedi hynny daeth gwahanol lwythau i fod, pob un yn siarad ei iaith ei hun, ac er nad yw Pezron yn enwi'r Hebraeg fel yr iaith gyntaf oll, esbonia mai *dryswch* yw ystyr *Babel* yn yr iaith honno. Beth bynnag oedd natur ymadrodd yng ngardd Eden, prawf oedd y geiriau Hebraeg a ganfu Pezron yn yr ieithoedd Celtaidd mai'r rheini oedd ar fin Gomer a'i ddisgynyddion. Ieithoedd oeddynt a anwyd o'r dryswch a ddigwyddodd ym Mabel (182).

Gwelai llygad Pezron olion y Celtiaid a'u hiaith dros Ewrop gyfan, o Rwsia bell hyd Galicia yn Sbaen, a cheisia esbonio'r tebygrwydd arbennig rhwng rhai geiriau 'Celtaidd' a rhai cyfatebol yn yr iaith Roeg (*mis*, *dwn*, *gwin*, *dwyn*, *porc*, *pydew*, *bron*, etc.). Dadleua yn erbyn y gwrthwynebiad mai o'r Roeg y daeth y geiriau hyn i mewn i'r Gymraeg neu'r Llydaweg, yn gyntaf trwy apelio at 'y rheol gyffredinol, fwy neu lai, ym mhob iaith, fod y geiriau hwy a mwy estynedig yn tarddu o'r rhai byrrach a mwy syml' (234–8, 239). Dyma'r 'rheol' a ddyfynnwyd gan Goronwy Owen ac a ddaeth yn sail i ddamcaniaeth ieithyddol a nodweddai'r ddeunawfed ganrif ar ei hyd ym Mhrydain ac ar y cyfandir, ac a gysylltwyd yng Nghymru yn arbennig efallai ag enw William Owen Pughe. Ni fanylodd Pezron ar y syniad hwn sydd mor hen, fel y gwelsom, â'r *Cratylus*, ac a goleddwyd gan Leibniz, ond fe ddaeth yn sail i ddamcaniaeth bellgyrhaeddol fel y datblygodd y ganrif.

Ail ddadl Pezron yn erbyn y rhai a welodd ddylanwad Groeg ar yr ieithoedd Celtaidd oedd bod y Groegiaid (yn ôl ei ddamcaniaeth ef) wedi byw am fwy na thri chant o flynyddoedd o dan arglwyddiaeth y Titaniaid (Celtaidd eu tras), a chwbl annichon felly oedd bod rhai geiriau o iaith eu llywodraethwyr heb dreiddio i'w geirfa (239–40). Seiliwyd y drydedd ddadl ar dystiolaeth Platon i'r Groegiaid dderbyn rhai o'u geiriau oddi wrth y 'barbariaid' (241–4). Yn y *Cratylus* y gwelir y geiriau hyn – 'dialog', medd Pezron, 'y mae'n trafod ynddi yn benodol darddiad llawer o eiriau Groeg'. Y mae'n enwi'r geiriau am dân a dŵr yn arbennig, ac yn apelio ymhellach at awdurdod Aristoteles.

Datblygodd iaith gysefin yr Eidal, yn ôl Pezron, o'r Gelteg trwy gyfrwng iaith Groeg. Un o'r moddion ar gyfer y broses hon oedd cerddi'r 'Curetes', dosbarth o feirdd ac addysgwyr ymhlith y Titaniaid, a ofalai am addysg Jupiter ar ynys Creta. Cymhara Pezron swyddogaeth y Curetes ag eiddo Magi y Persiaid a'r derwyddon yng ngwlad Gâl (265–9). Aberthu, athronyddu a dewiniaeth oedd eu prif weithgareddau, ond yr oedd hefyd yn eu plith feirdd a fyddai'n adrodd eu caneuon ar goedd yn y cynulleidfaoedd cyhoeddus. Yr oedd y cerddi arwrol hyn ganddynt ar eu cof, a chysyllta Pezron yr enw Curetes â'r gair Cymraeg *curo*, gan eu bod (megis y derwyddon eto) yn hebrwng y byddinoedd i ryfel, ac yn eu hannog ymlaen â'u cân i ergydio (266)! Ceir ganddo restr i ddangos sut y mae geiriau Lladin yn tarddu, yn ôl ei ddamcaniaeth ef, o'r Gelteg (*terfyn*, *coch*, *bresych*, ac yn y blaen, ynghyd â dyddiau'r wythnos). Gwelir enghraifft bellach o'i fethodau anwyddonol wrth iddo grybwyll gêm a chwaraeid gan y Llydawyr o'r enw *la soule*, gair a gysylltir gan Pezron â *sol*, y gair Lladin am yr haul (273–89, 285).

Ar ddiwedd y llyfr, gwelir tair rhestr o eiriau – Groeg, Lladin ac Almaeneg – sydd â'u tarddiad, yn ôl Pezron, yn yr hen Gelteg, iaith a oedd o hyd ar lafar yn Llydaw, un o daleithiau Ffrainc, ac yng Nghymru 'qui est dans l'Angleterre' (332–440, 339). Wrth derfynu, y mae'n lliniaru dipyn ar ei honiadau o blaid yr ieithoedd Celtaidd, gan ddatgan nad yw'r ieithoedd hynafol yn tarddu yn gyfan gwbl ohonynt, eithr eu bod wedi eu cymysgu â hwynt gyda threigl amser. Un o'r mamieithoedd oedd yr iaith Roeg ('une langue *Matrice*', 330–1) ac felly'n hawlio'r hynafiaeth eithaf. Eto honnai Pezron unwaith yn rhagor mai oddi wrth y Celtiaid yr etifeddodd y Groegiaid lawer o'u geiriau a'u harferion.

* * *

Dyna yn fras olwg ar lyfr Pezron, y dylanwad mwyaf, ond odid, ar syniadaeth y ddeunawfed ganrif am ddechreuadau iaith ac ieithoedd. Nid oedd pob darllenydd yn hollol wrth ei fodd â phob un o ddamcaniaethau'r *Antiquité*, ond yr oedd fframwaith cyffredinol meddylfryd yr awdur yn gyfarwydd i bawb a ymddiddorai mewn ieitheg fel yr oedd wedi'i hamlygu'i hun yn y cyfnod o'r blaen, ac yr oedd y ffaith honno yn dipyn o gymorth iddynt i groesawu ei syniadau. Yn hynny o beth yr oedd Leibniz yn ddarllenydd nodweddiadol o'i oes. Gwelsom eisoes sut yr aethai'r ddamcaniaeth am y Sgythiaid â'i fryd, a diddorol yw sylwi ar rai manylion yn ei feirniadaeth ar lyfr Pezron, hyd yn oed cyn i'r gwaith hwnnw ymddangos yn y wasg yn 1703.

Fel y dywed Leibniz wrth gyflwyno llythyr Pezron at Nicaise i'w gyfaill Ludolf, dim ond rhan o gynllun yr awdur hwnnw ar gyfer ei waith oedd ei lyfr ar ddechreuadau'r ieithoedd Celtaidd. Yn debyg i'w gyfoeswr yn Rhydychen, Edward Lhuyd, a ymddiddorai yn yr un materion, bu farw cyn iddo fedru ehangu ar ei rychwant. Yn Ffrangeg yr ysgrifennodd Pezron ei lythyr yn 1699, a rhydd grynodeb hylaw iawn o'r llyfr ei hun.[7] Yn sylwadau Leibniz ar gynnwys y llythyr wrth ei gyflwyno i Ludolf, a hefyd yn y 'Considerationes' ar ei ddiwedd, dengys ryw gymaint o anesmwythyd ynglŷn â methodau Pezron, er iddo ddatgan ei fodlonrwyddd ar ei syniadau cyffredinol (*Collectanea*, 69). Wedi apelio at ei gyfaill am ei farn yntau (56), y mae Leibniz yn canmol yr ymdrech i godi 'gwirionedd hanesyddol' ar gynseiliau mytholegol, er bod cyflawni hyn yn dasg anodd iawn, oherwydd penrhyddid y beirdd a groniclodd hanesion am y cyn-oesoedd (56, 69). Yn y cyd-destun hwn y ceir y cyfeiriad at waith yr Esgob William Lloyd ar gronoleg yr hen oesoedd a ddengys adnabyddiaeth Leibniz o astudiaethau'r Cymro hwnnw (69–70).

Dehonglir adroddiad Pezron ar wrthryfel y Titaniaid yn erbyn y duwiau yn nhermau syniadaeth Leibniz ei hun, fel dameg o ymgyrchoedd y Sgythiaid i mewn i Asia Leiaf a gwlad Groeg. Wedi datgan ei gred mai Celt oedd Prometheus, y Sgythiad a garcharwyd ym mynyddoedd y Cawcasws, dywed fod awduron yr hen fyd wedi cynnwys yr Almaenwyr a'r Galiaid dan yr enw Celtiaid. Daw nodyn o hiwmor i mewn i'r drafodaeth wrth i Leibniz fynegi'i ofn fod Pezron yn ffugio hanes er mwyn anrhydedd ei genedl ei hun megis y gwnaeth Rudbeckius yn Sweden, a Goropius yn yr Iseldiroedd o'i flaen: 'Et vereor, ne Pezronius nonnihil Rudbeckizet, aut Gorpizet' (57, cf. 70).

Er gwaethaf ei bryderon ynglŷn â'r perygl o hawlio hynafiaeth ieithyddol fel canlyniad i ormodedd o genedlgarwch, pledio achos ei genedl ei hun a wna Leibniz yntau wrth honni mai o diroedd yr Almaen y gwthiodd y Celtiaid eu ffordd i mewn i wledydd Llychlyn, yr Eidal, Gâl a Phrydain, gan roddi i'r ynys honno nid yn unig yr Angliaid, ond hefyd ei thrigolion cynharach. Honnai Pezron yn ei lythyr fod yr iaith Geltaidd wedi'i thaenu trwy'r rhan fwyaf o ieithoedd Ewrop, ond yn arbennig yn yr Almaeneg. Cywira Leibniz hyn mewn nodyn, a honni mai'r Tiwtoniaid neu'r Almaenwyr oedd y mwyaf hynafol o'r Celtiaid: 'Il devoît plus tost dire, que les Teutons oụ Germains sont les plus anciens Celtes' (67). Sut bynnag, ofer yn ei farn ef yw ceisio cysylltu poblogaethau pellennig â hanesion llyfr Genesis, a thaw piau hi yw'r cyngor doethaf mewn materion mor ddyrys â hyn.

Yn y sylwadau hyn, ymddengys Leibniz yr un mor ofalus ag yn ei weithiau ieithyddol eraill: eto nid yw dyfaliadau yn hollol wrthun iddo. Eu cadarnhau neu'u gwrthod yng ngolau ymchwiliadau pellach yw ei gyngor ef (57–8, cf. 71). Ofna na ellir datgan gyda sicrwydd mai'r un bobloedd oedd y Gomeritae, y Cimmerii a'r Cimbri, fel y gwna Pezron. Eto, wrth sylwi ar eu henwau yn unig, credai mai'r un llwythau oedd y Cimmerii a'r Cimbri, y Getae a'r Gothiaid, y Sacae a'r Sacsoniaid, y Dahae a'r Daci, neu o leiaf eu bod yn perthyn o ran tras (73). Cytuna hefyd â Pezron mai'r un bobl oedd y Galates a thrigolion Gâl. Yn fwy beiddgar fyth, yn ôl ein syniadau ni, gallai gredu yn rhwydd mai Sgythiaid a Cheltiaid oedd y Titaniaid, er nad yw'n fodlon mentro'i farn am berthynas yr enw *Jupiter* (*Jovis Pater*) ag enwau Jehofa neu Jaffeth (74). Datguddia'i awydd i gydio'i gyndeidiau'i hun, yr hen Almaenwyr, wrth y Galiaid er mwyn cyfranogi o hynafiaeth iaith Cymru a Llydaw. Y tebygrwydd rhwng geiriau Groeg, Lladin, Almaeneg a Galeg sy'n arwain Leibniz i'w holrhain i gyd yn ôl at ffynhonnell gyffredin yn Sgythia (74). Dengys ei sylwadau ar lythyr Pezron ei fod yn derbyn ei ragdybion a chynseiliau ei ddadleuon, er ei fod yn ddrwgdybus o'i sêl dros ei iaith ei hun. Eto, brwdfrydedd cenedlaethol tebyg a symbylai'r Almaenwr yntau wrth bwysleiso'r berthynas rhwng ei briod iaith â'r ieithoedd Celtaidd.

Erys un ddogfen arall ymhlith y papurau a gyhoeddwyd yn y *Collectanea Etymologica* yn 1717 sydd yn adlewyrchu barn Leibniz ar Pezron, ac yn arddangos ymhellach ei wybodaeth o'r iaith Gymraeg ac o ddatblygiadau ieithyddol ym Mhrydain. Ceir hyn i gyd yn ei nodiadau i eiriadur Boxhorn/John Davies, y bwriwyd golwg dros ei gynnwys yn y bennod ddiwethaf. Diddorol yw sylwi bod disgrifiad Leibniz o'r rhestr yn cydosod enwau Davies, Boxhorn a Pezron, ac ar yr un pryd yn cyfeirio at yr athrylith newydd o Gymro a gyhoeddodd ei waith yn ddiweddar. Nodiadau yw'r rhain, medd Leibniz, i'r 'geiriadur bach Cymraeg, sef detholiad gan Boxhornius o eirlyfr John Davies, a ychwanegwyd at ei lyfr ar ddechreuadau'r Galiaid'. Yn ddiamau, meddai ymhellach, gellir perffeithio a helaethu gwaith y ddau ysgolhaig hyn wrth eu cysylltu â'r rhestrau o eiriau'r Celtiaid yn Pezron, ac yn wir 'â'r gwaith newydd sbon a gyhoeddwyd yn ddiweddar yn Lloegr ar iaith hynafol Prydain' (147). Y llyfr 'newydd sbon' y cyfeiria Leibniz ato oedd gwaith ieithegol Edward Lhuyd, cyfrol gyntaf yr arfaethedig *Archaeologia Britannica* a gyhoeddwyd dan y teitl *Glossography* yn Rhydychen yn 1707.

Felly, gellir dyddio sylwadau Leibniz ar ddiwedd ei restr o eiriau Cymraeg i'r cyfnod rhwng 1707 a'i farwolaeth yn 1716. Manteisiodd hefyd ar y cyfle i fynegi beirniadaeth bellach ar fethod a syniadaeth Pezron fel y'u mynegwyd yn ei lyfr, a gyhoeddwyd yn 1703. Newidiodd ei farn ryw gymaint oddi ar ei drafodaeth o'r llythyr at Nicaise yn 1699. Beirniadol yw ei adwaith i'r rhestr o eiriau 'Celtaidd': honna nad yw'r awdur yn nodi'i ffynonellau, nac yn mynegi pa un ai Cymraeg neu Lydaweg ydynt, wedi'u codi o eiriaduron, ynteu ar lafar y werin bobl (147). Eto rhydd ganmoliaeth i Pezron, yn arbennig am ei lafur wrth adfer hanes yr hen oesoedd (149). Ond aflwyddiannus ar y cyfan ym marn Leibniz erbyn hyn oedd ymdrech yr awdur i seilio'i hanes ar chwedloniaeth yr hen fyd (149). Ni chafodd ei argyhoeddi ychwaith mai'r un oedd y 'Comaritae, y Cimmerii a'r Cimbri' ond tybiai na ellir ymwrthod yn llwyr â dysgeidiaeth Josephus mai o Gomer y disgynnodd llwyth y Celtiaid (150).

Yng nghyd-destun llyfr Pezron, rhybuddia Leibniz ei ddarllenydd eto o beryglon chwarae ag enwau, a'r posibilrwydd o darddu unrhyw air o unrhyw un arall, heb hunanddisgyblaeth lem (151). Fel enghraifft o hyn, cymer yr enw *Sadwrn* sydd, yn ôl y rhestr, yn tarddu o'r gair Cymraeg *sawd* (gyda'r ystyr *proelium*, brwydr). Anghywir yw hyn meddai Leibniz, a welodd darddiad y gair Cymraeg *sawdiwr* (milwr) nid yn y gair am frwydr, ond mewn gair a olyga gyflog: *sold* neu *solda*. Y mae'n amlwg fod Leibniz wedi deall y cysylltiad rhwng *sawdiwr* a'r gair *solidarius* yn Lladin yr Oesoedd Canol.[8] Ymhellach, wrth drafod ymdriniaeth Pezron ag enw'r dduwies Rhea, dywed mai *dominus* yw ystyr *rhi* 'in Lexico Cambrico'. (Y mae'r gair yn Davies a Boxhorn, ac yn rhestr Leibniz ei hun.) Ond y mae'n ymwybodol, o hyd, o beryglon addasu iaith, wrth esbonio enwau duwiau yn arbennig, 'fel y gwna Rudbeckius yn Sweden ac Otroskius yn Hwngari' (151).

Ar ddiwedd y myfyrdodau ar eiriadur Boxhorn/Davies, sy'n cynnwys yr ymdriniaeth bellach hon ar syniadau Pezron, daw cyfeiriad arall at lyfr Edward Lhuyd, mewn geiriau a awgryma'n bendant fod Leibniz wedi'i weld a'i ddarllen. Y mae'n argymell astudio'r iaith Wyddeleg fel cyfrwng i berffeithio a helaethu 'llenyddiaeth Geltaidd' (153), ac ychwanega: 'fel yr ymgymerodd Lloydius yn rhagorol â gwneud'. Megis yr oedd y Saeson yn drefedigaeth y Sacsoniaid, a'r Brytaniaid wedi'u gyrru draw o'r cyfandir gan yr hen Geltiaid, Galiaid a Chimbri, yn yr un modd, yn nhyb Leibniz, y mae'r Gwyddelod yn ddisgynyddion i drigolion blaenorol Prydain, a drigai yno cyn cyrraedd y Celtiaid a'r Cimbri. Felly, meddai ef, y mae'r Gwyddelod yn ddisgynyddion i do o drigolion mwy hynafol fyth na'r Cimbri a'r Celtiaid.

Nid oes rhagor o ddyfaliadau yn y *Collectanea* am yr iaith Wyddeleg a'i pherthynas â'r ieithoedd Celtaidd eraill. Dichon mai Eckhardt, y cyfaill a olygodd lyfr Leibniz, a dynnodd sylw ei gydweithiwr at y dystiolaeth Wyddeleg yng ngwledydd Ewrop ac at ddamcaniaethau Lhuyd am darddiadau'r Gwyddelod. Heb amheuaeth, yr oedd Leibniz ar ddiwedd ei oes yn lledymwybodol o berthynas iaith Iwerddon â'r ieithoedd Celtaidd, fel y tystia eto ei eiriau yn y *Nouveaux Essais sur l'entendement humain* (III.ii.2). Yno y mae'n gwrthgyferbynnu hen iaith Gâl, a gynrychiolir gan yr un gyfoes debycaf iddi, sef 'celle du pays de Gales, de Cornvaille, et le bas-Breton', â'r hen Otheg, a datgan ei farn fod yr Wyddeleg hyd yn oed yn fwy annhebyg, ac yn arddangos arwyddion ei bod hi'n gymysgedd o Frytaneg, Galeg ac Almaeneg ('nous fait voir les traces d'un langage Britannique, Gaulois, et Germanique'). Er na welodd Leibniz yn glir y berthynas agos rhwng yr Wyddeleg a'r ieithoedd Celtaidd eraill, yr oedd fel pe'n synhwyro'r cysylltiad. A chan iddo sôn yn y *Collectanea* am lyfr newydd ar y materion hyn, ac yna'n canmol 'Lloydius' am ei ymdriniaeth ag iaith Iwerddon, gellir tybio mai un o'r ffynonellau am ei ddamcaniaethau ynglŷn â'r iaith honno oedd ymchwiliadau'r Cymro Edward Lhuyd, a gyhoeddwyd yn y gyfrol *Glossography* yn 1707.

* * *

Megis yn achos llyfr Pezron, bwriadwyd y gyfrol a ddaeth, wedi hir oedi, o'r wasg yn Rhydychen yn 1707, fel blaenffrwyth gwaith hanesyddol a hynafiaethol ehangach o lawer, na welodd olau dydd erioed. Byd natur oedd diddordeb cyntaf Edward Lhuyd, ac enillodd iddo'i hunan fri fel llysieuwr a daearegwr cyn iddo droi at yr astudiaethau ieithegol a grynhowyd yn y *Glossography*, a ymddangosodd ddwy flynedd cyn ei farw. Amcan cyntaf yr awdur, yn ôl y braslun a gylchredwyd ar ddiwedd 1695, oedd dyfeisio geiriadur 'hanesyddol a daearyddol' yn dehongli enwau lleoedd ym Mhrydain. Yn ei farn ef, byddai'r gorchwyl yn debyg o lwyddo, oherwydd bod 'modern *British*'(sef y Gymraeg) a hithau'n un o'r tafodieithoedd a oroesodd fel gweddillion iaith gysefin yr ynys, heb ddioddef cymaint o newidiadau ag ieithoedd eraill (13, 130, 263).[9] Yn ychwanegol at y geiriadur, arfaethai gyhoeddi traethawd ar hynafiaethau ynghyd â 'Natural History' o Gymru.

I'w hyrwyddo yn y gwaith hwn, paratôdd Lhuyd restr o ymholiadau ynglŷn â daearyddiaeth, hynafiaethau a byd natur, i'w dosbarthu yng Nghymru a Chernyw. Argraffwyd pedair mil o'r 'Parochial Queries' ym mis Rhagfyr 1696, a hefyd dosbarthwyd hwy yn yr Alban ac Iwerddon, pan benderfynodd Lhuyd yn ddiweddarach fwrw golwg dros y gwledydd hynny (17, 263, 317–18, 339, 349, 350). Cwestiwn ynglŷn ag ynganiad a tharddiad enwau'r plwyfi oedd y cyntaf ar y rhestr. Ystyriai Lhuyd ynganiad cyfoes a'r ffurfiau yn y dogfennau hynaf oll yr un mor bwysig (349). Enghraifft yw'r ymholiad hwn o fethod ymarferol, empeiraidd Lhuyd wrth fynd ati i drefnu pob agwedd o'i waith, ac fe'n hatgoffir o fethodoleg ieithyddol Leibniz yn y pwyslais deublyg hwn.

Yn ystod yr amser y bu wrthi'n paratoi'i waith, newidiodd diddordeb Lhuyd i gyfeiriad astudio'r hen ieithoedd Celtaidd mewn cymhariaeth â'i gilydd. Mewn 'Proposals' pellach ar gyfer y gwaith mawr, a dynnodd allan yn 1703 (41, 488), dywedodd y byddai'r rhan gyntaf o'i draethawd yn cynnwys 'a comparison of the modern Welsh with other European Languages: more especially with the Greek, Latin, Irish, Cornish, & Armorican'. Ac ar wynebddalen y gyfrol a ddaeth o'r wasg yn 1707, ceir addewid am 'some Account . . . of the Languages, Histories and Customs of the original Inhabitants of Great Britain: From Collections and Observations in Travels through Wales, Cornwal, Bas Bretagne, Ireland and Scotland . . .' (452, 512).

Gellir olrhain diddordeb Edward Lhuyd mewn ieitheg gymharol yn ôl at y rhestr o eiriau a baratowyd ganddo i'w hychwanegu at ailargraffiad *A Collection of English Words not Generally Used* (1674), gan y naturiaethwr John Ray. Yn 1691 y cyhoeddwyd yr argraffiad newydd, ac yn y llythyr a ysgrifennodd Lhuyd at Ray ym mis Tachwedd 1690, gwelir ei fethodau gofalus, gwyddonol ar waith mor gynnar â hynny. Yno, gwnaeth y sylw fod rhai o'r geiriau o ogledd Lloegr a nodwyd gan Ray yn debyg i rai Cymraeg o ran synnwyr a sain, ac efallai fod hyn yn arwydd eu bod yn cynrychioli olion hen eiriau Brytaneg a gadwyd ym mynydd-dir gogleddol Lloegr. Eto, er gwaethaf eu tebygrwydd mewn synnwyr a sain, nid yw Lhuyd yn barod i ddatgan yn sicr eu bod wedi'u benthyca o'r hen iaith, oherwydd gallai'r tebygrwydd arwyddocáu yn syml gydnawsedd (*affinity*) iaith Prydain ag ieithoedd yr Almaen a Denmarc, tarddleoedd yr iaith Saesneg. Dadleua nad oedd y Gymraeg wedi eu benthyca o'r Saesneg, gan nad oedd y geiriau hyn i'w cael ar ororau Cymru a Lloegr, ac na fyddai'n bosibl i Saeson o ogledd Lloegr rannu'u geirfa â'r Cymry, gan na fuont erioed yn byw yng Nghymru. Ar y llaw arall, gallasai'r Brytanwyr adael eu geiriau yn y gogledd, gan iddynt fyw yno yn yr hen amser (110, 114).

Ystyriaethau rhesymegol fel y rhain a lywiai ymagwedd Lhuyd at gymharu geiriau. Ar yr un pryd, dibynnai ar ei gyfeillion a'i ohebwyr am gyflenwad o faterion crai, a derbyniai gan lawer doreth o eiriau o eiriaduron a hen ddogfennau, heb sôn am ymadroddion tafodieithol. Ym mis Mehefin 1696, fel y gwelsom, derbyniodd lythyr oddi wrth un o'i gydweithwyr cynharaf a ffyddlonaf, John Lloyd, prifathro ysgol Rhuthun, yn ei annog i gael gafael ar restr o eiriau Cymraeg a grynhowyd gan esgob Caerlwytcoed (y 'Santasaphensis' y bu Leibniz yn disgwyl am weld ei waith ar gronoleg). Aeth John Lloyd ati ar frys i gynorthwyo'i gyfaill yn Rhydychen i sicrhau y rhai miloedd hyn o eiriau a rhagor, gan gymell Lhuyd i'w defnyddio ar gyfer argraffiad newydd o eiriadur John Davies. 'You shall not want ye utmost assistance J can procure towrds a new edition of Dr Davies his Dictionary Provided you will but undertake it.'[10] Nid at eiriadura fel y cyfryw y troes Lhuyd ei feddwl, sut bynnag, eithr tystia'r gramadegau a'r rhestrau o eiriau dirifedi yn y *Glossography* i ddiwydrwydd llu o gydweithwyr tebyg i John Lloyd – cywaith yn wir ydyw, a thysteb deilwng i ddelfrydau a methodau y *République des Lettres*.

Nid oedd geiriau a'u cysylltiadau byth ymhell o feddwl Lhuyd wrth iddo drafod ei ddiddordebau naturiaethol. Yn wir, y mae parch at eiriau a'u horgraff gywir yn ymddangos yn ei ohebiaeth yn gynnar iawn. Mewn llythyr at ei gyfaill Martin Lister yn 1689, ceir achwyniad am y ffurfiau anghywir ar enwau Cymraeg mewn rhestr o blanhigion a adawyd yn Llanberis 'for the use of such as came thither a-simpling'. Fe'u llurguniwyd gymaint, ym marn Lhuyd, nes ei bod bron yn amhosibl adnabod yr iaith: 'One word being sometimes divided into 2 or 3, & elsewhere two or three words united; & so in ye 1st printed sheet I met wth a Greek word for Welsh' (Gunther, 89–90). Yn 1696, ysgrifennodd o Abertawe lythyr a gyhoeddwyd ar ôl ei farw yn nhrafodion yr Oxford

Philosophical Society. Disgrifiad o daith drwy Gymru i chwilio am blanhigion prin, ffosiliaid (*figured stones* oedd enw'r cyfnod arnynt) a rhyfeddodau eraill natur sydd yn y llythyr, ond ar ei ganol ceir sôn am lyfrgell Hengwrt a'r drafferth o fenthyca llawysgrifau oddi yno, a hefyd y posibilrwydd o gael gweld llawysgrifau a geiriadur Cernyweg. Wrth orffen, y mae Lhuyd yn sylwi ar y tebygrwydd rhwng y gair Cymraeg *pydew* a'r Lladin *puteus* o ran sain a synnwyr. Megis yn ei drafodaeth o eiriau tafodieithol John Ray yn 1690, y cydweddiad deublyg hwn oedd maen prawf Lhuyd wrth gymharu geiriau, ond yma eto dengys mor ofalus oedd ei fryd ysgolheigaidd, wrth ymatal rhag damcaniaethu'n anwybodus ar berthynas y geiriau yn y ddwy iaith (308–10).

Sylwi ar fater crai iaith ac ieithoedd oedd prif offeryn Edward Lhuyd fel ieithegydd, boed hwnnw'n dafodleferydd, dogfen, arysgrif neu eiriadur. Erbyn diwedd y 1690au, yr oedd wedi craffu ar ddigon o hen greiriau ac arysgrifau i fentro nodi'r gyfatebiaeth rhwng *G* ar ddechrau geiriau Cymraeg a *V* yn Lladin (429). Dyma arwydd o'i ddealltwriaeth gynyddol o brosesau seinegol a'u pwysigrwydd mewn datblygiad iaith. Wrth drafod yn y *Glossography* sut y mae tafodieithoedd yn datblygu i fod yn ieithoedd annibynnol, rhydd bwysigrwydd arbennig i newidiadau yn sain geiriau, a nodi'r cysondeb yn y ffordd y mae cytseiniaid ar ddechrau geiriau yn newid yn yr ieithoedd Celtaidd. 'In the *British* 'tis allways regular: and constantly betwixt Letters of the same Organ of Pronunciation', yw ei ddisgrifiad o batrwm y treigladau (*Archaeologia Britannica*, 19).[11] Sylwodd hefyd fod y gyfatebiaeth rhwng sain yr *C* yn Lladin a'r ieithoedd Celtaidd ac *H* yn y rhai Tiwtonaidd, yn debyg i'r newid o *C* (neu yn hytrach *Ch*) yng ngogledd Cymru i *H* yn y de, mewn geiriau fel *chwaer* (Gunther, 481–2).

Darganfyddiad pellgyrhaeddol arall a wnaeth Edward Lhuyd oedd y berthynas rhwng y *P* Cymraeg ac *C* yn yr Wyddeleg. Mewn llythyr yn 1703, cyffesa iddo gael ei boeni gan ddamcaniaeth am 'P Britons and C Britons', wedi iddo sylwi bod geiriau Cymraeg yn dechrau â *P* yn cyfateb i rai a'u llythyren gyntaf yn *C* yn yr Wyddeleg: 'and therefore for pen a head, they said cian or kean; for pren a tree, cran; for plant children cland, and now of late clan . . .' (Gunther, 491). Nid oedd eto wedi darganfod y rheswm am hyn, ond y mae'n addo ei gyhoeddi yn y gyfrol gyntaf o'i waith a oedd eisoes yn y wasg. Yn yr un llythyr ceir amlinelliad o ddamcaniaeth arall o'i eiddo ynglŷn ag Iwerddon a'r iaith Wyddeleg, a ddaeth yn sail i'w syniadaeth am berthynas y ddwy genedl a'u hieithoedd (Gunther, 517–21). Sylwadaeth oedd sail ei ddamcaniaeth yma eto: yr ymwybyddiaeth bod llawer o enwau afonydd yn yr ynys hon yn cynnwys elfen gyfatebol i'r gair Gwyddeleg am ddŵr, *uisge*, er na ddefnyddid y gair hwnnw o gwbl gan y Cymry, y Cernywiaid na'r Llydawyr. Hynny a sylwadau eraill o'r fath (e.e. *Lhychae* a *Bannae* am lynnoedd a mynyddoedd uchel: Gunther, 442) a barodd i Lhuyd amau mai Gwyddelod oedd gwladychwyr cyntaf ynys Prydain, ac mai ail garfan o drefedigaethwyr a ddaeth drosodd o wlad Gâl oedd y Brytaniaid – i yrru'r Gwyddelod i ymsefydlu yn yr Alban, a thros y môr i'r Ynys Werdd (Gunther, 491).

Yr oedd haenen arall i ddamcaniaeth Lhuyd am darddiadau cenedl y Gwyddelod, a thystiolaeth ieithyddol a oedd ganddo i hon hefyd. Mewn llythyr yn 1703 at ei gydwladwr Henry Rowlands ym Môn, mynega'i gred fod yr Wyddeleg yn cynnwys dwy iaith: yr hen Frytaneg, ac iaith arall a ddaeth o Sbaen. Oherwydd, medd Lhuyd, y mae cymhariaeth o leferydd y Gwyddelod â'r Sbaeneg gyfoes, ac yn arbennig â'r iaith a siaredir yn ardal Cantabria (sef gwlad y Basgiaid), yn dangos nad chwedl yn unig yw'r hanes bod gwladychwyr o Sbaen wedi dyfod i Iwerddon. Noda hefyd elfen gryfach o iaith Diwtonaidd yn yr Wyddeleg nag yn y Gymraeg (Gunther, 482–3). Erbyn cyhoeddi'r *Archaeologia* yr oedd wedi cysylltu'r elfen Diwtonaidd honno â'r Belgae, llwyth arall o wlad Gâl a aeth i Iwerddon, yn ôl y traddodiad yno, 'in hir amser kyn y *Skuidied*' (*Archaeologia Britannica*, e2). Yn yr un lle, ceir ymdriniaeth â geiriau o dras Almaeneg nad ydynt yn fenthyciadau o'r Saesneg, ynghyd â rhai ystyriaethau ar 'iaith Gwasgwyn', lle y mae Lhuyd yn canfod elfennau Cymraeg a Gwyddeleg, gyda'r 'hen *Romaunt* (ne *Reveinieth*) ligredig ynghydgimysg a'r hen *Ispaeneg* a'r *Galeg*'.

Yn y llythyr 'At y Cymry' sy'n ffurfio un o'r rhagymadroddion i'w waith mawr, ymhelaetha Edward Lhuyd fwyaf ar ei ddamcaniaeth am natur ddeublyg, os nad driphlyg, yr iaith Wyddeleg. Y mae'n werth dyfynnu'i eiriau ei hun er mwyn cael golwg bellach ar ei ragdybion a'i fethodau, heb sôn am ei Gymraeg rhywiog a naturiol:

> Am wyr Cernyw a Llydaw er eu bod ynghymysg â Saeson a Ffrancod mae'u hiaith yn dangos fel y gwelwch yn eglur yn y llyfr yma mai hen Frytaniaid ydynt; ond chwi a ryfeddwch yn ddiamau fod cynnifer o eiriau dieithr heblaw'r iaith Frythoneg yng Ngwyddeleg yr *Alban* a'r *Werddon*. Mae dau achos am hynny megis y mae'n debygol gen i; canys nid oes awdurdod Istoriae na modd arall ond cymharu'r Ieithoedd i wybod y gwirionedd. Yn gynta' Dwy genedl gittrevedig (ne gyd-fucheddol) oedd hen Frodorion yr Iwerddon: *Gwyddelod* a *Skuydied*. Am y Gwyddelod hen Drigolion yr Ynys yma oeddynt, a'r Skuidied a ddaethant o'r *Yspaen*. Felly lle maent yn cytuno â nyni neu'r Brython eraill, Gwyddeleg yw'r geiriau; ac

> am y lleill, naill ai Gwyddeleg hefyd a gollasom ydynt, ai hen Skuidiaith. (d2v–e)

Felly, tybiai Lhuyd fod y Gwyddelod wedi cyrraedd Iwerddon wedi cyfnod o breswylio yn yr ynys hon, a'r 'Skuidied' wedi teithio yno yn syth o Sbaen. Yr oedd yn honni newydd-deb, hyd yn oed haerllugrwydd ei ddamcaniaethau yn y cyswllt hwn, a dyna un rheswm paham y dewisodd y rhagymadrodd Cymraeg i fanylu arnynt:

> Gan i mi fod mor hy, meddai [*sic*], a sgrifennu'r fath Newyddion, a chyfaddef nad oes mo'r awdurdod sgrifenedig am danynt, y mae'n ddyledus arna i, ddangos fy rhesymau, a hynny, gan nad oes yn y llythyr yma ond lle cyfyng, ar fyr eiriau. (e)

Trwy 'gymharu'r Ieithoedd', fel y dywed, y daeth Edward Lhuyd i ffurfio'i ddamcaniaeth am y ddwy haen yn yr iaith Wyddeleg, y naill ran yn cyfateb i'r Gymraeg, a'r rhan arall yn debyg i 'hen Ispaeneg', sef 'Iaith y *Kintavried*'. Mewn nodyn yma, esbonia Lhuyd mai *Cantabri* oedd enw'r Rhufeiniaid ar y 'Guysgied' (trigolion Gwasgwyn) a drigai ym 'mynyddau'r Pyrenaied yn yr Yspaen'. Esbonia enw'r garfan o Sbaen ymhlith y Gwyddelod trwy ddweud mai '*Kin Scuit* y maent eu hunain yn wastadol, yn galw'r Kiudouduyr a ddaethant o'r Ispaen' (e). Gellir dyfalu mai cymathu'r enw brodorol ar wlad y Basgiaid, sef *Euskadi*, a'r enw *Scoti* ar y Gwyddelod, a barodd iddo ddyfeisio damcaniaeth y Sgwydiaid.[12] Yn yr *Historia Brittonum*, a briodolir gan rai i Nennius, gwelir y 'chwedl' am garfan o Sbaenwyr yn gwladychu Iwerddon, ac y mae'n eglur fod Edward Lhuyd yn ddigon bodlon credu'i fod ef ei hun wedi profi'r peth: 'mai gwir diamau a sgrifennodd *Ninnio* ac eraill er llawer oes, ddwad cenedl y *Skuidied* i'r *Werddon* allan o'r *Ispaen*' (ev).

Ymhell o flaen Lhuyd bu ieithyddion Ewrop yn dyfalu am natur iaith y Basgiaid. Yn ei lyfr *De Rebus Hispaniae* yn 1243 nododd yr Archesgob Rodrigo Jiménez de Rada ei phresenoldeb ymhlith ieithoedd eraill Sbaen, ac yn 1597 yng ngwaith Vulcanius, *De Literis et Lingua Getarum sive Gothorum,* ymddangosodd testunau yn yr iaith honno ac yn y Gymraeg, ymhlith enghreifftiau eraill o hynod-ieithoedd Ewrop.[13] Yr oedd Vulcanius yn amheus a oedd perthynas rhwng 'iaith hynafol y Basgiaid' a'r ieithoedd Tiwtonaidd a astudiai ef. Eto lleddybiai y byddai gwybodaeth well ohoni yn ei holl hynodrwydd yn taflu goleuni ar leferydd pobl eraill. I Scaliger a Brerewood, un o'r ieithoedd *matrices* oedd iaith y Basgiaid, sef y seithfed yn rhestr Scaliger o famieithoedd 'llai aruchel'. Fersiwn Brerewood ar destun Scaliger yma yw 'Biscay, which is the reliques of old *Spanish*'. Siaredir yr iaith hon, yn ôl Brerewood, yn y 'Pyrene Hills' mewn dwy wlad, Ffrainc a Sbaen (25). Fe'i cadwyd, meddai ymhellach, yn y rhannau mynyddig o ogledd Sbaen (59) yn yr un modd, fe ddichon, ag y cedwid iaith Epirus yng ngwlad Groeg, a'r Gymraeg hithau gan 'the *Britains* or *Welsh-men* in the hilly part of our own Countrey' (61).

Ieithoedd hollol annibynnol ar ei gilydd oedd y mamieithoedd hyn yn syniadaeth Scaliger a Brerewood, ac nid oeddynt yn gytras ag unrhyw un o'r ieithoedd eraill yn eu rhestrau, er iddynt feddwl mai ffurf hynafol ar Sbaeneg oedd iaith Cantabria. Nid oes awgrym ganddynt, beth bynnag, fod honno'n perthyn mewn unrhyw fodd i ddosbarth arall o famieithoedd a nodir gan y ddau, sef 'the *Irish*, which the wilde *Scots* also speak' (Scaliger, yng nghyfieithiad Brerewood, 248). Noda Brerewood ei hun y siaredir Gwyddeleg yn Iwerddon a hefyd yn 'a good part of *Scotland*' (25, 248).

Cyhoeddwyd *Diatriba* Joseph Scaliger yn 1610, ac erbyn y flwyddyn honno yr oedd y berthynas rhwng yr Wyddeleg a'r ieithoedd Celtaidd eraill eisoes wedi'i hawgrymu gan George Buchanan, hanesydd o'r Alban, yn ei *Historia Scotorum* (1582).[14] Cyn dyfod y Sacsoniaid i'r ynys hon, meddai, nid oedd angen lladmerydd i aelodau'r cenhedloedd Brytanaidd ymgyfathrachu â'i gilydd (55, 59). Yr oedd y cytundeb rhwng eu hieithoedd yn arwydd iddo eu bod yn cadw 'the ancient Affinity of words' (59). Yn ôl Buchanan, o drigolion Gâl y tarddodd yr hen Frytaniaid a'u hiaith (81), eithr trefedigaeth o Sbaen oedd Iwerddon. Cythryblus fu hanes y rhan honno o Ewrop yn y cyfnod pell hwnnw, meddai, ac yn ieithwedd swynol cyfieithiad Saesneg yr *Historia* (1690): '[it was] no marvail, if they willingly withdrew themselves from homebred torments, into the bosome of Peace beyond Sea' (54, cf. 59, 94). Tarddodd y Gwyddelod hefyd o'r 'Celtae' a drigai yn Sbaen (59), ac felly, medd Buchanan, 'tis probable they spoke the Celtick Tongue'.

Bu eraill wrthi cyn dyddiau Edward Lhuyd hefyd yn sylwi ar y berthynas rhwng ieithoedd Cymru ac Iwerddon. Cyfeiria Bassett Jones yn 1659 at eiriau Camden: mai 'Little Brittaine' oedd yr enw ar yr Ynys Werdd yn yr hen oes, ac mai iaith Frytaneg a siaredid gan y Gwyddelod cyn iddynt gael eu goddiweddyd gan y Sbaenwyr. Yr oedd profiad Jones ei hunan yn Iwerddon, ynghyd â rhyw gymaint o wybodaeth o'r Wyddeleg, yn awgrymu iddo fod cysylltiad rhwng iaith yr ynys honno a'r Gymraeg, ei briod iaith ef ei hun. Dywed William Camden mai o benrhyn gorllewinol eithaf Sbaen y daeth 'our Irish' i'w gwlad (col. 964).[15] Eithr credai hefyd mai o Brydain y cyrhaeddodd trigolion cyntaf Iwerddon. Oherwydd, heblaw y geiriau yn yr iaith Wyddeleg a'r enwau hynafol sydd yn dangos eu tras Brytanaidd, y mae anian a moesau'r bobl yn debyg i rai'r Prydeinwyr. Ychwanega Camden mai 'the British Island' oedd enw pob un o awduron yr hen fyd ar Iwerddon. Un arall o awdurdodau Camden ar y pwnc oedd 'Nennius', a cheir cyfeiriad ymhellach at ddamcaniaeth hwnnw (ynghyd â Henry o Huntingdon) am y Sgythiaid yn cyrraedd Iwerddon, ac yna 'last of all the Scots came from Spain into Ireland' (col. 968).

Testun difyr arall yw *Instructions and Directions for Forren Travell*, o waith y teithiwr diflino hwnnw, James Howell.[16] Ymhlith ei gyfarwyddiadau, ceir myfyrdodau diddorol ar iaith ac ieithoedd, a symbylwyd eto, fe ddichon, gan Camden. Am leferydd y Sbaenwyr, dywed Howell: 'But the most ancient speech of *Spaine* seems to have been the *Bascuence* or the *Cantabrian* tongue' (70). Dadleua'r tebygolrwydd mai hon oedd iaith gysefin Sbaen oherwydd fe'i siaredir gan bobl yn trigo 'amongst the mountains and places of fastnesse', yn debyg i'r 'Epirotiques' yng ngwlad Groeg, yr 'Heylanders' yn yr Alban a 'the Brittaines' yng Nghymru (71). Gwelai Howell lawer o nodweddion yn gyffredin i'r Basgiaid a'r Cymry, er nad yw'n enwi'u hiaith fel un ohonynt. Yr oedd y teithiwr hwn yn gyfarwydd ag enw Goropius Becanus a'i gred mai Almaeneg oedd iaith Paradwys, ac â'r cysylltiad rhwng yr Almaeneg a Pherseg a wnaed gan Ortelius (83). Gwyddai am berthynas ieithoedd Llydaw a Chymru. Credai fod y gair 'Armorica' ei hun yn 'meere welsh word' a bod y '*Radicall* words' yn iaith Llydaw yr un â rhai a leferir yng Nghymru'i ddydd. 'Now', meddai, 'some of the approvedst *Antiquaries* positively hold the Originall Language of the *Celtae* to be Welsh' (68). Cymeradwyai ryw gymaint o wybodaeth o'r Lladin i'r teithiwr yn Ewrop, gan mai canghennau o'r un goeden yw ieithoedd Ffrainc, yr Eidal a Sbaen. Neu, mewn ffigur arall, tafodieithoedd ydynt, yn ferched i'r un fam: 'and having gain'd the good will of the *Mother*, he will quickly prevaile with the *Daughters*' (12).

Er mor gyfarwydd oedd James Howell â Sbaen, nid oedd fel petai'n cysylltu'r un o'i hieithoedd â'r Wyddeleg, fel y gwnaeth Syr James Ware, a gyhoeddodd ei *De Hibernia et Antiquitatibus Eius, Disquisitiones* yn Llundain yn 1654.[17] Testun ail bennod y llyfr hwn yw tarddiad yr hen Wyddelod a'u hiaith, ac ai'r un oedd honno ag iaith Prydain. Credai'r awdur fod y Sgythiaid wedi gwladychu Iwerddon, ond tuedda at y farn mai o Brydain gyfagos y daeth ei thrigolion cyntaf i'r Ynys Werdd, gan fod iaith ac arferion y ddwy ynys mor debyg i'w gilydd. Syniadau Camden sydd ganddo, y mae'n amlwg, ac fel Camden apelia at 'Nennius' a'r awduron clasurol yn dystion bod Iwerddon yn cael ei chyfrif yn un o ynysoedd Prydain (8). Yr oedd y ffaith bod derwyddon a beirdd gan y ddwy genedl hefyd yn arwyddocaol i James Ware (9). Serch hynny, credai yn neilltuol mai o Sbaen y daeth rhai llwythau, ac mai o'r wlad honno yr etifeddodd ei henw (Hiberia/ Hibernia) (10). Eto i gyd iaith Prydain oedd yr ymadrodd cysefin, er ei bod wedi newid llawer gyda threigl amser ac o ganlyniad i bresenoldeb trefedigaethau eraill (10–11).

Yr oedd Edward Lhuyd yn gyfarwydd â gwaith James Ware yn ogystal â Camden (Gunther, 495), ac felly nid oedd ei ddamcaniaeth am natur ddeublyg cenedl y Gwyddelod a'u hiaith mor newydd a haerllug ag yr honnai yn rhagymadrodd Cymraeg y *Glossography*. Ond i Lhuyd y perthyn y clod am edrych yn fanwl ar semanteg a morffoleg yr Wyddeleg yn eu perthynas â'r ieithoedd Celtaidd eraill. Yn gynnar yn y 1690au daeth yn ymwybodol o bwysigrwydd yr iaith honno i astudiaethau ieithyddol yn y maes Celtaidd, fel y dengys ei lythyrau. 'The Irish comes in with us,' meddai wrth ysgrifennu at Lister yn 1698 (Gunther, 400). Yn 1692, yr oedd eisoes wedi sylwi ar lythrennau ysgrifenedig mewn Gwyddeleg, a'u cymharu â'r rhai Eingl-Sacsonaidd, gan ychwanegu: 'wch probably they (I mean the Irish) might receive from ye Britains' (Gunther, 162). Yn 1693, wrth fyfyrio ar darddiad enw'r Wyddfa, tybia mai 'gwyllt' neu 'anial' yw ystyr yr elfen gyntaf, 'so foxes have been sometimes call'd Gwyddgwn i.e. wild dogs, as ye Irish still call them' (Gunther, 195). Yn 1694, daeth i gysylltiad â John Toland (1670–1722), Gwyddel a oedd newydd gyrraedd Rhydychen. Yn gynnar yn y flwyddyn, noda Lhuyd bresenoldeb y newydd-ddyfodiad hwn, a rannai'i ddiddordeb mewn ieitheg a materion Gwyddelig: 'One Mr. Tholonne is lately come hither . . . with a design to write an Irish dictionary & a dissertation to prove ye Irish a colony of ye Gauls' (217).

Y cyfaill cyffredin a ddaeth â Lhuyd a Toland ynghyd oedd John Mill, ysgolhaig yn y Testament Newydd a ymddiddorai yn yr iaith Lydaweg.[18] Cynhwysodd Toland yn ei lyfr *A Critical History of the Celtic Religion and Learning* (1726) ddwy eirfa Lydaweg–Wyddeleg–Ladin, a chydnabu chwech o dafodieithoedd Celtaidd, sef Cymraeg, Cernyweg, Llydaweg, Gwyddeleg, Manaweg a Gaeleg ucheldiroedd ac ynysoedd yr Alban. Byr bu'i arhosiad yn Rhydychen: ymadawodd yn 1695 (Gunther, 278). Ym mis Mawrth 1694, ceir cyfeiriad arall ato yn llythyrau Lhuyd, ac erbyn diwedd y flwyddyn yr oedd yntau wedi bwrw ati i ddysgu Gwyddeleg, 'yt I may be ye better critic in ye British, in case I should ever be concerned in ye *History of Wales*' (Gunther,

249). Ar ôl hyn, cychwynnodd ar ei gyfres o deithiau i Iwerddon a'r Alban, ac erbyn 1700 yr oedd yn ceisio dehongli hen lawysgrifau'r Gwyddelod, yn ofer, fel yr achwynai, gan nad oedd ganddo eiriadur: 'which it seems none of their nation ever took the trouble to compose' (Gunther, 431, 479). Petai geiriadur wrth law, teimlai Lhuyd yn sicr y byddai'n medru deall yr hen lawysgrifau. Y rhai o blith y rheini a barchai fwyaf oedd y cyfreithiau a'r cerddi hynafol: 'but all are of use to any that would compose a Dictionary of their language; which was anciently . . . doubtless very copious' (Gunther, 431). Erbyn 1702, yr oedd yn bwriadu cynnwys yn ei lyfr eiriadur helaeth o'r Wyddeleg, ynghyd ag un byrrach o'r Gernyweg, a hynny er mwyn hyrwyddo dealltwriaeth o'r Gymraeg (Gunther, 475). Dengys ei lythyrau o'r cyfnod hwn ei fod o hyd yn ymddiddori yn nharddiad llythrennau'r Wyddeleg (Gunther, 480, 495), a'i fod wedi nodi'r gyfatebiaeth rhwng seiniau arbennig yn yr iaith honno a rhai yn y Gymraeg ac ieithoedd eraill (Gunther, 478–9, 481).

Yn y cyfnod hwn, yn ystod blynyddoedd cyntaf y ganrif newydd, datblygodd Lhuyd ei syniadau am y ddwy haen yn iaith Iwerddon a tharddiad un ohonynt yng Nghantabria yn Sbaen (Gunther, 482, 491). Er bod ei lyfr eisoes yn y wasg, daliai i gasglu defnydd ieithyddol o bob math, ac i holi'i gyfeillion am ychwaneg o faterion crai at y gwaith. Erbyn hyn yr oedd ganddo ohebwyr a chydweithwyr yn yr Alban yn ogystal ag yn Iwerddon, a phan ymddangosodd y *Glossography* yn 1707 wedi hir oedi yn y wasg, cyfeiriodd â balchder at y gymeradwyaeth a gawsai gan rai ohonynt (Gunther, 529). Eto sylwa Lhuyd yn fynych ar yr anwybodaeth gyffredinol o henebion a llenyddiaeth hynafol Iwerddon, a'r drafferth o gael neb i'w dehongli iddo. Wrth ysgrifennu rhagymadrodd mewn Gwyddeleg i'r geiriadur yn yr iaith honno yn ei lyfr (y geiriadur Gwyddeleg–Saesneg cyntaf erioed), cafodd anhawster i gael neb i'w gywiro drosto. Wedi methu yn Lloegr, danfonodd ran ohono i Ddulyn at athro yn yr iaith, dim ond i'w chael, o'i derbyn yn ôl, hyd yn oed yn fwy dyrys nag o'r blaen.

Yn y rhagymadrodd Gwyddeleg hwn (*Archaeologia Britannica*, 310–434), ymddiheura Lhuyd am ei 'ychydig wybodaeth' o'r iaith Wyddeleg, a ddysgodd fwyaf o lyfrau (Malcome, 1).[19] Ei gymhelliad am ddysgu'r iaith oedd credu y byddai rhyw gymaint o fedr yn 'yr hen eiriau Gwyddeleg' o gymorth iddo wrth esbonio'r rhai 'Brytanaidd' (2). Pwysleisiodd mewn modd arbennig fuddioldeb ei fethod o gymharu'r pedair iaith Geltaidd. Bydd beirniaid ac ysgolheigion, meddai, yn derbyn goleuni ar lawer o'u geiriau'u hunain wrth sylwi ar y tebygrwydd rhyngddynt a geiriau cenedl gyfagos (17). Y rhain, medd Lhuyd, yw priod ieithoedd mwyaf hynafol a chyntefig ynysoedd Prydain (19), a'r rhai a gedwir berffeithiaf o blith holl ieithoedd Ewrop. Er mwyn esbonio enwau personau a lleoedd, felly, y mae'n ofynnol siarad yn fynych â Chymry a Gwyddelod (fel y sylweddolodd Camden, Bochart a Boxhornius), gan mai'r rhain oedd ieithoedd cysefin yr ynysoedd hyn (19).

Cyfeiria at ieithegwyr eraill ar gyfandir Ewrop hefyd, er enghraifft Ménage yn Ffrainc, ac Aldrete yn Sbaen (20).[20] Awgrymu y mae y buasai'r awduron hynny wedi rhoi gwell adroddiad ar eu priod ieithoedd petaent yn meddu ar fwy o wybodaeth o'r Wyddeleg a'r Gymraeg, gan fod yr ieithoedd hynny yn cynrychioli'r rhan fwyaf helaeth o dafodleferydd y Ffrancwyr a'r Sbaenwyr, cyn i'r Rhufeiniaid a'r Arabiaid gyrraedd i anrheithio eu tiroedd a llygru'u hymadrodd. Y mae hyd yn oed Groeg a Lladin, y datblygodd Ffrangeg ac Eidaleg ohonynt, yn cynnwys llawer o eiriau o ieithoedd eraill, yn nhyb Lhuyd, oherwydd ni chynhwysir eu gwreiddiau ynddynt eu hunain. Tybia hefyd fod y gwreiddiau hyn wedi'u cadw yn well yn yr Wyddeleg a'r Gymraeg na mewn unrhyw iaith Ewropeaidd arall (20).

Rhydd Edward Lhuyd bwyslais neilltuol i'r ddwy iaith Geltaidd wrth geisio esbonio enwau afonydd, llynnoedd, mynyddoedd, dinasoedd ac yn y blaen, yn yr Eidal, Ffrainc a rhan helaeth o Sbaen. Honna hefyd ei bod yn gydnabyddedig fod gwybodaeth o ymadrodd y Grisons yn yr Alpau ac iaith 'yr hen Gantabria' o gymorth ar gyfer y fath restr o dermau daearyddol ag yr awgryma yma. Byddai Cymro neu Wyddel a deithiai yn y parthau hynny, meddai, yn medru ysgrifennu *etymologicon* o'r ieithoedd yno'n well na neb (22–3). Datguddia'i falchder o gyfoeth hen lenyddiaeth Cymru ac Iwerddon wrth awgrymu mai rheswm arall dros astudio'u hieithoedd cysefin oedd er mwyn i ysgolheigion ddarllen yn haws ac yn fwy pleserus 'ein cerddi, ein hanesion a'n cyfreithiau', gan honni bod y farddoniaeth hynafol a'r rhamantau yn y ddwy iaith mor ffraeth a hawddgar ag unrhyw beth a ysgrifennwyd yn yr un cyfnod (23).

* * *

Erbyn cyhoeddi'r *Glossography* a'i ragymadroddion cyfoethog mewn Saesneg, Cymraeg, Cernyweg a Gwyddeleg, daethai Edward Lhuyd yn argyhoeddedig o berthynas agos yr Wyddeleg â'r ieithoedd Celtaidd cydnabyddedig, Cymraeg, Cernyweg a Llydaweg. Ym mis Gorffennaf 1707, ysgrifennodd at un o'i ohebwyr: 'In the comparative etymology you'l find the constant agreement (as to Origin & Propriety) which the Irish has with the Welsh' (Gunther, 529, cf. 511). Ac yn wir, ceir yn adran agoriadol y *Glossography*, sef y 'Comparative Etymology, or Remarks on the Alteration of Languages' (1–40), restrau hir o eiriau, wedi'u dosbarthu mewn cyfres o 'Observations' er mwyn arddangos yr achosion am y gwahaniaethau a'r tebygrwydd rhwng yr ieithoedd hyn. Pwrpas y cyfan, yng ngeiriau Lhuyd, oedd

> to shew that Languages receive their Origin from an Accidental Difference, either in the Acceptation and Use, or else in the Orthography or Pronunciation of Words, and an Addition or Omission of Syllables. (*Archaeologia Britannica*, 2)

Y mae'r chwe egwyddor a nodir gan Lhuyd er mwyn esbonio datblygiad tafodieithoedd o'r un iaith gysefin yn cynnig crynodeb hwylus o'i syniadau am y prosesau sy'n sail i newidiadau ieithyddol dros gyfnod o amser. Newid yn arwyddocâd geiriau yw'r egwyddor gyntaf, wrth i bobl eu defnyddio i arwyddo syniadau gwahanol. Trawsosod llythrennau neu sillafoedd ar ddamwain yw'r ail achos. Ychwanegu at y rhain neu eu lleihau, yn ddifeddwl ynteu'n fwriadus, yw'r trydydd. Y bedwaredd egwyddor yw defnyddio gwahanol rag-ddodiaid neu wahanol derfyniadau mewn geiriau cyfansawdd; a'r bumed yw newid llythrennau oherwydd camynganu. Yn chweched, ac yn olaf, enwa Lhuyd y defnydd o eiriau wedi'u benthyg o ieithoedd estron, trwy fasnach neu oresgyniad (3). Wrth iddo fanylu ar hyn, dengys 24 dosbarth o ffyrdd y byddai tafodieithoedd o'r un iaith yn tyfu i fod yn ieithoedd ar wahân. Yna, ceir crynodeb o'r dadansoddiad manwl ieithegol hwn ('A Summary of Etymology'), a threfnir y 24 dosbarth yn 10 adran yn cynnwys newid semantaidd, benthyciadau a newidiadau seinegol (34–7), gan roddi pwyslais neilltuol ar ddatblyg-iad mewn sain geiriau. Yn dilyn hyn i gyd, daw atodiad ar gyfatebiaeth y cytseiniaid mewn Cymraeg a Gwyddeleg, sy'n cynnwys cyfeiriadau at ieithoedd eraill, yn eu plith y Sbaeneg ac iaith y Basgiaid (37–40). Dengys y cyfan ddiwydrwydd hynod mewn casglu geiriau a sylwad-aeth ieithegol anghyffredin o agos a manwl, ynghyd â'r gallu i drefnu a dosbarthu yn ôl dull gwyddonol newydd y cyfnod.

Cynnwys y *Glossography* restrau di-ben-draw o eiriau, yn y 'Comparative Vocabulary of the Original Languages of Britain and Ireland' (41–179), y 'British Etymologicon' (266–98), a'r 'Irish–English Dictionary' (310–434), heblaw yr astudiaeth ieithegol drefnus yn rhannau agor-iadol y llyfr. Ceir ymdriniaeth ramadegol o Lydaweg yn y drydedd adran, a geirfa yn yr iaith honno (Llydaweg–Saesneg) yn ei dilyn (180–212). Gramadeg Cernyweg yw adran chwech (222–53), ond y mae'n cynnwys hefyd restr o eiriau Cymraeg 'llai adnabyddus neu a beidiodd â bod'. Yr Wyddeleg sy'n cael sylw ar ddiwedd y gyfrol. Yn yr Wyddeleg yr ysgrifennwyd y rhagymadrodd i'r geiriadur Gwyddeleg–Saesneg, a Gwyddeleg yw'r dangoseiriau yn y rhestr ei hun (310–434). Yn y diwedd cafodd Edward Lhuyd afael ar eiriaduron Gwyddeleg a thipyn o gymorth ymarferol gan garedigion yr iaith honno oherwydd, ar ôl y geiriadur, rhydd atodiad o eiriau ychwanegol, gan wahaniaethu rhwng defnydd yr un geiriau yn yr Alban ac yn Iwerddon. Daliai i gasglu tan yr eiliad olaf posibl, a derbyniodd eiriau gan ohebwyr yn y ddwy wlad pan oedd y llyfr eisoes yn y wasg, a rhai rhannau eisoes wedi'u hargraffu.

Yr awdur a ysgrifennodd y rhagymadrodd Saesneg i'r llyfr, a'i lofnod ef sydd i'r rhagair byr i'r gramadeg Cernyweg (mewn Cernyweg, gan ddefnyddio orgraff arbennig ryng-Geltaidd Lhuyd). Efe hefyd a ysgrifennodd y rhagymadrodd i'r geiriadur Gwyddeleg (mewn llythrennau Gwyddeleg), ac er mai'i ddirprwy yn yr Amgueddfa, David Parry, a baratôdd y *British Etymologicon or the Welsh collated with the Greek and Latin and some other European Languages*, Lhuyd ei hun biau'r rhagymadrodd pwysig i hwnnw, ar ffurf llythyr at Humphrey, esgob Henffordd (266–9). Cafodd gymorth ei gydweithiwr arall o Gymro, Moses Williams, 'Sub-librarian at the Ashmolean Museum', i gyfieithu'r gramadeg a'r geiriadur Llydaweg o'r Ffrangeg (180). Yn y rhagymadrodd cyffredinol i'r gwaith, y mae Lhuyd yn cydnabod ei ddyled i eraill o'i gydwladwyr am eiriau Cymraeg i'w hychwanegu at eiriadur Davies (b2v, 213–21). Tynnwyd y rhain o eiriadur mewn llawysgrif gan Henry Salesbury o eirfa yn llyfrgell Robert Vaughan yn Hengwrt, ynghyd ag ychwanegiadau ymyl-y-ddalen gan John Davies ei hun.[21] Fe'u cafwyd o law Humphrey Foulkes, 'Mr Jones of Llan Gower' a William Baxter.

Bwriad sylfaenol Lhuyd wrth gyhoeddi cyfrol gyntaf ei *Archaeologia* oedd rhoi adroddiad ar 'the Ancientest Languages of *Britain* and *Ireland*, with regard to their Changes or Alteration into various Dialects; and the Analogy they bear to those of our Neighbouring Nations' (1). Fe gofir mai un o'r symbyliadau cynnar i'w ddiddordeb mewn materion ieithegol oedd ei gyfraniad i gasgliad John Ray o eiriau tafodieithol yng ngogledd Lloegr. Mor gynnar â 1690, felly, fe'i llygad-dynnwyd gan y tebygrwydd a'r gwahaniaeth rhwng idiomau yn ffinio ar ei gilydd. Wrth i'w wybodaeth o ieithoedd Ewrop a'i ddealltwriaeth ohonynt gynyddu, daeth i gredu mai'r rheswm am hyn oedd eu bod i gyd yn hanfod o'r un cyff. Y mae golwg ar esboniad Lhuyd ar y talfyriadau yn y 'British Etymologicon' ('Abbreviatorum Explicatio',

298) yn dangos iddo ddefnyddio enghreifftiau o 46 o wahanol ieithoedd neu dafodieithoedd. Er enghraifft, yn yr atodiad o eiriau Lladin a'u cyfystyron (290–8) dan y gair am gwrw, *cervisia*, nodir 22 o eiriau cyfatebol mewn ieithoedd eraill, a dan *stella* 29, esiamplau wedi'u cywain o ieithoedd Ewrop benbaladr. Effaith yr ymwybyddiaeth hon o gyfoeth ieithyddol ei ddydd oedd peri iddo geisio am y ddolen gyswllt rhwng un dull o ymadrodd a'r llall ac, yn ei lythyr at Henry Rowlands yn 1703, ysgrifennodd: 'From these and other such like observations, it appears to me, that all our neighbouring tongues, might be demonstrated to be of one origin . . .' (Gunther, 482). Yng nghyd-destun trafodaeth ar gyfatebiaeth mewn seiniau yr ysgrifennodd Lhuyd y geiriau hyn, ac y mae'n cyfyngu'i sylw at 'ieithoedd cyfagos', gan ymatal rhag traethu barn ar rai pellach i ffwrdd: 'as for the Sclavonian and others more remote, I have no knowledge of them, and so can say nothing'.

Yn hyn o beth yr oedd Lhuyd yn llawer mwy gofalus na'i gyfoeswr yn y maes, yr hynafiaethydd Saesneg Edward Bernard, a welai gysylltiad rhwng ieithoedd Slafonaidd dwyrain Ewrop a'r Gymraeg. Cyhoeddwyd ei *Etymologicon Britannicum* yn 1689, gyda llythyr o gyflwyniad i George Hickes, awdur *Thesaurus Linguarum Septentrionalium.* Yr oedd y llyfr hwn yn y wasg yn Rhydychen ar yr un pryd â'r *Glossography* (Gunther, 494) ac, yn ôl Lhuyd, y gwaith cysodi ar y *Thesaurus* oedd un rheswm am yr oedi cyn cyhoeddi ei gyfrol yntau (Gunther, 501, 504–5). Ymddangosodd llyfr Hickes yn 1705, tra bu rhaid i Lhuyd aros tan 1707 i dderbyn y *Glossography* o'r wasg. Eithr, yr oedd Lhuyd yn ymwybodol fod Hickes ac yntau yn llafurio yn yr un maes, oherwydd wrth gyflwyno'i lyfr i Syr Thomas Mansell, cyfeiria at 'the Late Exquisite Performance of Dr. *Hicks*', ac at farn rhai o'i gyfeillion y byddai'r ddau gyda'i gilydd yn sbarduno hynafiaethwyr ym Mhrydain ac Iwerddon 'to a Narrower Inspection into our oldest Languages, Inscriptions and Manuscripts, than we have commonly thought useful'.

Testun astudiaeth George Hickes oedd yr ieithoedd Tiwtonaidd, a chyhoeddwyd llyfr arall ganddo, *Institutiones Grammaticae Anglo-Saxonicae, et Moeso-Gothicae* . . ., yn yr un flwyddyn ag *Etymologicon Britannicum* . . . Edward Bernard (1689).[22] Cyfeiria Hickes yn ei ragymadrodd i'r *Institutiones* at ymgais llawer ysgolhaig yng ngogledd Ewrop i gydio ieithoedd wrth ei gilydd a gweld tebygrwydd rhyngddynt. Un o'r rheini oedd Bernard, a ddywed yn y llythyr rhagymadroddol i'w lyfr yntau fod 'iaith yr hen Frytaniaid yn cyfeirio mewn llawer modd at yr Hwngareg a'r Armeneg'. Yng nghorff y geiriadur, dan y pennawd 'Vocabulorum Anglicorum et Britannicorum Origines Russicae,

Slavonicae, Persicae et Armenicae', cysyllta Bernard lawer o ddangoseiriau Cymraeg â rhai o'r ieithoedd Slafoneg (e.e. *brysiaw*, *cwrr*, *gwresog*, *marw*, *od*, *sych*, *yr*). Ymhyfryda ei fod wedi arddangos tarddiad a dechreuadau ieithoedd y gorllewin a'i fod wedi estyn y ffiniau cyn belled hyd yn oed â Môr Caspia. Yr oedd enw Bernard ymhlith y rhai a gymeradwyodd y 'Parochial Queries' yn 1696, ac y mae ambell gyfeiriad ato yn llythyrau Edward Lhuyd (Gunther, 19 a 350, 173, 226, 509). Cyfeirir at ei waith ar yr ieithoedd Slafoneg yn llythyrau Ludolf a Leibniz hefyd, ac yr oedd Ludolf o leiaf yn gohebu ag ef.[23]

Yr oedd yr athronydd a'r ieithydd o Hanover, Leibniz, fel y gwelwyd eisoes, yn gyfarwydd yn ogystal â gwaith Edward Lhuyd, ac ymddengys nad oedd ei ddiddordeb ef mewn materion Celtaidd yn ddieithr i Lhuyd yntau. Y mae'n bosibl mai at Leibniz ymhlith eraill y mae'r cyfeiriad yn y rhagymadrodd Gwyddeleg at 'a great many in the Queen's Dominions, and likewise amongst the learned Foreigners thro'out *Europe*, who have had a great Desire to compare the *Irish* and other Languages together'.[24] Mewn llythyr at ohebydd anhysbys a ddyddiwyd gan Gunther ym mis Tachwedd 1704, y mae Lhuyd yn enwi Leibniz: 'If you happen to meet with Mr Leibnitz's Letter; I should be glad of a Transcript of what he says in relation to the British or Irish' (Gunther, 502). Nid yw'n hawdd, fodd bynnag, penderfynu at ba lythyr o law Leibniz y cyfeirir ato yma. Ni chyhoeddwyd y *Collectanea Etymologica*, sy'n cynnwys y cyfeiriadau at yr Wyddeleg ac at Lhuyd ei hun, tan 1717, pan oedd Leibniz a Lhuyd wedi marw. Eithr, ym mis Gorffennaf 1705, ysgrifennodd yr athronydd lythyr at William Wotton (1666– 1727), clerigwr yr oedd ganddo ddiddordeb arbennig mewn pethau Cymreig, a chyhoeddwyd y llythyr hwn yn 1708 mewn crynodeb gan Wotton o *Thesaurus* Hickes.[25]

Yn y llythyr hwn at Wotton ceir ychwaneg o dystiolaeth am wybodaeth Leibniz o waith Edward Lhuyd. Mynega'i lawenydd wrth glywed gan ei ohebydd am astudiaethau Celtaidd awdur yr *Archaeologia*, er nad oedd yn gyfarwydd â'i waith daearegol: 'Magna voluptate legi, quae de *Lhuydii* laboribus Celto-Britannis narras, *Lithologiam* ejus videre non memini' (59). Dywed hefyd ei fod yn disgwyl yn eiddgar am weld llyfr Hickes (sef y *Thesaurus*). Cyd-destun y geiriau hyn yw datganiad pellach o'i syniadau am berthynas 'eich Cummeri neu Gambri' â Cheltiaid y cyfandir – syniadau a welir hefyd yn y *Collectanea* a'r *Nouveaux Essais.* Diffinia'r Celtiaid fel y bobl hynny yr oedd eu hiaith yn ffynhonnell i'r hyn a oedd yn gyffredin i Almaeneg a Galeg yr hen oesoedd, ac enwa 'Wallia vestra', ynghyd â Chernyw a 'Britannia Aremorica' fel y mannau lle y goroesodd yr heniaith honno (38). Ei farn ef yw bod llawer yn yr ieithoedd hyn yn cytuno â'r Almaeneg, er y byddai'n haws dod i benderfyniad ar y pwnc petai mwy o olion hynafol yr iaith honno yn bod. Credai fod y Gwyddelod yn dystion i hynafiaeth fwy eto, fel ei bod yn bosibl dysgu oddi wrth y Brytaniaid pa ymadrodd oedd eiddo'r Cimbri (yn Jutland) cyn y Sacsoniaid ac, oddi wrth y Gwyddelod, pwy a drigai ym Mhrydain cyn dyfod y Brytaniaid ac, yn wir, pwy oedd trigolion arfordir gogledd Ewrop cyn y Cimbri (59).

Yn yr un llythyr y mae Leibniz yn trafod ychydig ar athrawiaeth Bernard ar y gwreiddiau Slafoneg, a chysylltu'r rhcini â'i syniadau'i hun am iaith 'Celto-Scythica' yn cynnwys yr hyn sy'n gyffredin i'r Cymry, yr Almaenwyr a'r Slafiaid (60). Cyffyrdda hefyd ag ieithoedd mwy ecsotig fyth, y rhai a berthyn i wledydd dwyrain Llychlyn, ac iaith y Basgiaid, sy'n peri poendod iddo gan ei bod mor annhebyg i ieithoedd eraill Ewrop. Hola tybed ai o Affrica y daeth i Sbaen: 'Vascorum lingua me maxime perplexum habet, usque adeo caeteris omnibus dissidet Europaeis. An ab Africa olim in Hispaniam venit?'

Sais oedd yr ysgolhaig William Wotton a gyhoeddodd yn 1708 y llythyr a gawsai oddi wrth Leibniz, ond un a ddysgodd Gymraeg yn ystod arhosiad o rai blynyddoedd yng Nghymru wedi 1714. Ar ddydd Gŵyl Ddewi 1722, traddododd bregeth Gymraeg 'o flaen y Gymdeithas o Hen Frytanjeid', yn eglwys Mary-le-Bow yn Llundain.[26] Wrth gyflwyno'r bregeth, a gyhoeddwyd yn 1723 a'i gwerthu am chwe cheiniog, llongyfarchodd Wotton y Cymry am fod ganddynt y Beibl a chymaint o'u hen gyfreithiau ar glawr a chadw yn eu mamiaith. 'The French', meddai, 'must apply themselves to You, if they would know what Tongue the old *Gauls* conversed in.' Nid oedd gan y Sbaenwyr ychwaith, yn ei dyb ef, lawer o'u hen iaith ar ôl i ymhyfrydu ynddi: 'the poor remains of the old *Cantabric* Language are by no means comparable to Your ancient Stores'. Testun hyfrydwch arall i'r Cymry oedd eu bod wedi'u llywodraethu gan dywysogion o'u gwaed eu hunain ers dau gant a hanner o flynyddoedd: 'We rejoice to see a People under the same Allegiance as Ourselves praising God in their own Language in our Capital City . . .'

Gorchest arall Wotton oedd ei waith ar hen gyfreithiau'r Cymry. Cyhoeddwyd testun *Cyfreithjeu Hywel Dda ac Eraill* yn 1730 wedi i Wotton farw, gan ei fab-yng-nghyfraith, William Clarke, gyda chymorth cydweithiwr Edward Lhuyd yn yr Amgueddfa, Moses Williams. Cyfeiria Clarke yn ei ragymadrodd at 'scientissimus Eduardus Lhuidus', a chydnebydd gymorth Moses Williams, gŵr hyddysg yn iaith ei wlad.[27]

Yr oedd William Wotton, felly, yn ddolen arall yn y gadwyn a gydiai haneswyr ac ieithyddion y cyfandir â chylch ysgolheigaidd Edward Lhuyd. Yr oedd gan Wotton ei hun ddiddordeb mewn iaith ac yn ei dechreuadau. Ysgrifennodd *An Inquiry into the Primitive Language. A Discourse concerning the Confusion of Languages at Babel* . . . a gyhoeddwyd wedi iddo farw gan gyhoeddwr y *Cyfreithjeu*, William Bowyer.[28]

* * *

Ni bu Lhuyd yn gohebu'n uniongyrchol â Leibniz, ac ofer fu ei ymdrechion i ddod i gysylltiad ag awdur dylanwadol arall yr oedd ei syniadaeth yn cydweddu, ar un olwg, â'i athrawiaeth ei hun. Yr Abad Pezron oedd hwnnw, yr awdur a ddenodd gymeradwyaeth glaear Leibniz yn y *Collectanea Etymologica* am ei astudiaeth ar darddiadau'r Celtiaid a'u hiaith. Trwy'i gyfaill Edmund Wyld y daeth Lhuyd i wybod am ddiddordeb Pezron yn hen hanes trigolion Gâl, a hynny ymhell cyn cyhoeddi'r llyfr *Antiquité de la nation des . . . Gaulois* yn 1703. Ar awgrym Wyld y darllenodd Lhuyd lyfr Boxhornius hefyd, a chael ei berswadio gan ddadleuon yr awdur hwnnw, 'tho ye author seems sui plenus', fel y dywed mewn llythyr at John Aubrey yn 1691 (Gunther, 134). Ymhola yn yr un llythyr am yr awdur o Ffrainc y cafodd wybod gan Wyld am ei waith ar 'the origin of the Galles'. Yn 1693 chwiliai o hyd am y llyfr, '*Antiquitas Gaulois* &c', eithr yn ofer, a hyderai am gael ei fenthyg gan ei gyfaill (176–7, 184). Nid oes rhagor o sôn am Pezron yn yr ohebiaeth am rai blynyddoedd, ond ym mis Tachwedd 1693 yr oedd Lhuyd yn gobeithio cael anrheg o eiriadur Llydaweg gan Wyld. 'He was ye first', meddai am ei gyfaill, 'yt gave me any encouragement to study British antiquities; wherein haveing now got some small relish I think (how vain soever my endeavours may prove) I shall never quite forsake ym' (206). Mawr oedd dyled Edward Lhuyd a phawb, felly, sy'n ymhyfrydu yn ein hynafiaethau a hanes yr iaith Gymraeg, i'r gŵr anhysbys hwnnw, Edmund Wyld.

Mewn llythyr a ysgrifennwyd o Aberteifi yn 1698 y daw y cyfeiriad nesaf at Pezron yng ngohebiaeth Lhuyd. Yn hwnnw dywed iddo ddanfon llythyr ato trwy law 'Dr Powel' (377), ac yn y nesaf yn y casgliad (o Lanbedr Pont Steffan, at Richard Mostyn), darllenwn fod 'Dr Lister' wedi trefnu iddo ohebu â 'one Monsr Pezron an Armorican Antiquary'. Gwyddai am astudiaeth Pezron ar gronoleg yr hen oesau, ac ychwanega:

> He has also compos'd (but that I presume is in Manuscript) a Celtic Dictionary: and is now about a Treatise *De Origine gentium*. This gentleman, as the

> Dr informs me, labours to prove all Europe and the Greek language originally Celtic; for he acquainted Dr Lister he had 800 Greek words that were manifestly Celtic. (378–9)

Meddyg a naturiaethwr enwog oedd Martin Lister, ac un o ohebwyr mwyaf cyson Edward Lhuyd o'i ddyddiau cynnar yn yr Amgueddfa hyd at ei farwolaeth. Yn 1698 cyhoeddodd adroddiad ar daith a wnaethai i Baris (*A Journey to Paris in the Year 1698*), llyfr mor boblogaidd fel y cyrhaeddodd ei drydydd argraffiad o fewn y flwyddyn.[29] Yn y ddinas honno, prynodd lyfrau gan Pezron ar gronoleg a'r Beibl, a bu'n ddigon ffodus i gael ymgom â'r awdur ei hun:

> He is now upon giving us the *Origins of Nations*, where he will shew, that *Greek* and *Latin* too came from the *Celtique* or Bas-*breton*; of which Country he is. He told me he had 800 Greek words perfect *Celtique*. I settled a Correspondence betwixt him and Mr *Ed. Floid*; which he most readily granted, and which he said he had long coveted.

Ysywaeth, ni lwyddodd Lister i gael y ddau i gydlythyra ac ofer fu ymdrechion Lhuyd i ddod i gysylltiad â Pezron (Gunther, 441). Ym mis Awst 1698, fodd bynnag, yr oedd o hyd yn obeithiol, yn arbennig gan ei fod wedi gweld tebygrwydd rhwng athrawiaeth Pezron a'i syniadau ieithyddol ei hun. 'You have done me, I doubt not,' meddai wrth Lister eto,

> an unexpressible kindness by procuring a correspondence with Mr. Pezron; I am yet so much a stranger to his Works, that I never heard of his name. His notion of the Greek, Roman and Celtic Languages being of one common origin, agrees exactly with my observations. (400)

Ni chafodd Lhuyd eto gyfle i ddarllen gwaith Pezron, na dod i wybod ei enw hyd yn oed, a hynny er gwaethaf ei ymdrechion oddi ar 1691. Er mor debyg oedd rhai o'u syniadau, yr oedd y Cymro yn fwy gofalus ac amheus o lawer na'r Llydäwr wrth drin damcaniaethau ieithyddol: 'But I have not advanced so far as to discover the Celtic to be the Mother-tongue, tho' perhaps he may not want good grounds, at least plausible arguments, for such an assertion.' Eto, yr oedd Lhuyd ei hun yn medru ffurfio ambell i ddamcaniaeth ddi-sail, ochr yn ochr â rhai cadarn, fel y gwna yn y frawddeg nesaf: 'The Irish comes in with us, and is a dialect of the Old Latin, as the British is of the Greek, but the Gothick or Teutonick, tho' it has also much affinity with us, must needs make a Band apart.'

Gorffennodd Lhuyd y llythyr hwn gydag addewid i ysgrifennu eto at Pezron, a hynny ar frys, i'w holi am henebion yn Llydaw. Ar daith yng Nghymru ym mis Hydref 1698, amgaeodd lythyr arall ato wrth ysgrifennu at Martin Lister o'r Drenewydd (402). Yn y flwyddyn newydd, mewn llythyr o Ddolgellau, achwynai nad oedd gair wedi dod oddi wrth Pezron: 'I can hear nothing as yet from Mr Pezron, whose correspondence . . . I should value beyond all other antiquaries; as being engag'd in the studies most agreeable with my present undertaking . . .' (412). Anogodd Lister i ofyn i'w ohebydd ym Mharis gysylltu â Pezron ar ei ran, a gorffennodd ei lythyr nesaf â'r geiriau: 'I shall long to hear what Mr Budot says in reference to Mr Pezron' (414).

Er na wireddwyd ei ddeisyfiad i gyd-drafod materion ieithyddol gyda Pezron, erbyn 1703 a'i gyfrol ei hun newydd fynd i'r wasg, yr oedd Edward Lhuyd wedi darllen yr *Antiquité*, a gyhoeddwyd y flwyddyn honno. Y mae hefyd ymhlith ei bapurau gopi o lythyr Pezron at Nicaise (Gunther, 441, nodyn). Mewn ôl-nodyn i lythyr at John Lloyd yn Rhuthun (Medi 1703), ceir braslun o lyfr Pezron fel hyn:

> One Abbot PEZRON, an Armorique Britan, has lately published his *Antiquité de la Nation et de la langue Gauloise*; wherein he has infinitely outdone all our Countreymen as to national zeal. He proves that they and we are the onely nations in the world that have the honour to have preserv'd the language of Jupiter and Sadurn, whom he shews to have been Princes of the Titans, the progenitors of the Gauls, and to have had an Empire from the Euphrates to Cape Finister in ye time of Abraham. He makes the Curetes, who had the care of Jupiter in Crete &c. to have been Druids & to have 1st introduced the Olympique Games among the Lacedemonians; where he observes the British nations are stil the most noted for ye exercises of running wrestling &c. The Romans, he says, borrow'd their week days from the old Umbri of Italy, a Gaulish nation. The true name of Jupiter, he tels us was *Iou*, to which the Romans added *piter* i.e. *Pater*, as they sayd *Marspiter*, *Dispiter* &c. (Gunther, 489–90)

Y mae'r llythyr yn gorffen gyda chyfeiriad at y tair rhestr o eiriau sydd yn cloi llyfr Pezron – yn gyntaf y geiriau a fenthycodd y Groegiaid gan ein cyndeidiau, y Titaniaid; yn ail y rhai a fenthycwyd gan y Rhufeiniaid o'r Umbri ac, yn drydydd, benthyciadau yr Almaenwyr o'r trefedigaethau Galeg a blannwyd yn eu tir (489–90).

Nid yw Edward Lhuyd yn y fan hon yn ychwanegu unrhyw sylwadau o'i eiddo'i hun ar syniadaeth na methodoleg Pezron, er mor wahanol oedd y rheini i'r rhai a ddatguddiwyd ymhen pedair blynedd yn y

Glossography. Ond cyn hir gosododd ei fendith ar gyfrol Pezron mewn llythyr at Richard Mostyn (8 Tachwedd 1703) yn y geiriau hyn:

> I forgot to tell you that Pezron's book is out: but so scarce that I can hear but of one copy in England which I borrow'd some time since from Dean Hicks. If that book were put into Welsh it would certainly sel very well and contribute much to the preservation of the language among the Gentry; unless somebody (as is not unlikely) should translate it into English . . . (492)

Diddorol yw sylwi bod Lhuyd yn cydnabod cenedlgarwch Pezron (489) ac yn nodi ei gymhelliad ei hun tros ddymuno cyfieithiad Cymraeg o'r llyfr, sef er mwyn cyfrannu at gadwraeth y Gymraeg ymhlith bonheddwyr Cymru. Ni chafwyd erioed gyfieithiad Cymraeg, ond fel y rhagwelodd Lhuyd troswyd yr *Antiquité* yn fuan i'r Saesneg – gan y Cymro David Jones yn 1706, trosiad a fu'n gyfrwng arbennig i hyrwyddo cylchrediad syniadau Pezron yn Lloegr a Chymru yn ystod y ddeunawfed ganrif.

Erbyn cyhoeddi ei lyfr yntau yn 1707, yr oedd barn Edward Lhuyd ar ddamcaniaethau Pezron wedi cael amser i aeddfedu ryw gymaint. Yn y rhagymadrodd i 'British Etymologicon' David Parry (Adran viii), dywed yn ofalus am ei gydweithiwr:

> He pretends not with the Learned *Pezron*, to distinguish always what Words those Nations we are descended from, communicated to others; nor yet the contrary. For that seems indifferent, the End of such Disquisitions being onely an Essay towards the tracing out by Language the Origin of Nations, where History is Comparatively, but Late and Invalid. (266)

Yna, gan apelio at rai o'i egwyddorion ei hun yn y 'Comparative Etymology', dadleua ei bod yn amhosibl penderfynu pa un o ddwy iaith sydd yn benthyca oddi wrth y llall:

> And indeed, seeing the Origin of Languages out of Dialects, are [*sic*] owing not onely to the Addition and Change of Letters; but also to an Omission of them and an Alteration of the Notions of Words; I cannot see what Rules there can be for distinguishing those Words we have receiv'd from other Nations, from those they might have receiv'd from Ours.

Yn nesaf, trafodir 'rheol' enwog Pezron, mai'r geiriau unsill mewn unrhyw iaith yw'r rhai mwyaf hynafol. 'I grant Dr. *Pezron*', meddai Lhuyd,

> that in the main, there is much greater probability for the Antiquity of the Monosyllables; but it's by no means, as he insists, a general Rule. For that the words of the fewer letters are very frequently deriv'd from such as have more, is known to all from the daily Abbreviations we find Languages subject to . . . (267)

Serch hynny, y mae'i gydymdeimlad â safbwynt cyffredinol Pezron yn amlwg, a chywira'r bobl hynny 'Gentlemen (and amongst them Persons of Learning and Candour)' sy'n credu mai cellwair yw olrhain rhai geiriau Groeg a Lladin yn ôl i'r Gymraeg. Dylent ystyried, meddai, fod ysgolheigion yn cytuno bod y ddwy iaith honno yn tarddu o'r un ffynhonnell, ond eu bod wedi derbyn geiriau o ieithoedd eraill:

> The Criticks are agreed on the *Greek* and *Latin*'s being, as to the main, but of one common Origin; that the Roman Authors themselves deriv'd divers of their *Latin* words from the old *Gaulish* or *Celtic*; and that several of the greatest Philologists of *England* and *France*, have maintain'd that to be the chief Remains (if not the whole) of the *Celtique*, which is spoken in *Wales*, *Cornwal*, and *Bass Bretagne*.

Byddai gwybodaeth o'r ieithoedd Celtaidd, yn ôl Edward Lhuyd, wedi arbed ambell ieithegydd yn y gorffennol rhag mynd ar gyfeiliorn wrth darddu geiriau. Er enghraifft, yr oedd Vossius yn anghywir wrth olrhain *duco* o'r Groeg. Fe'i huniaetha'i hun â Pezron a Stiernhielm ac eraill yn ei ddedfryd ar Vossius: 'that being solely intent upon the *Greek*, he is often at a loss for what he might have found in the *Celtique*' (267). Rhaid cyfaddef bod tarddiadau Lhuyd yn ei enghreifftiau yma yn dangos bod ei duedd o blaid yr ieithoedd Celtaidd mor gryf ag eiddo Pezron. Eto i gyd, fel arfer y mae'n osgoi mynd â geiriau yn ôl at ffynhonnell anhysbys, er ei fod mor fedrus â neb wrth weld cysylltiadau, mewn geirfa a gramadeg, rhwng un iaith a'r llall.

Fel enghraifft o'r olaf, gellir nodi'r gymhariaeth a wna rhwng ffurfiad y ferf mewn Lladin a Chymraeg (268). Dengys hyn, medd Lhuyd, mewn dadl hynod 'Pezronaidd', 'that there are some manifest Tracks of the *British* in the *Roman* Language'. Ar y cyfan, fodd bynnag, tystiolaeth eirfaol sydd ganddo i'w chynnig er mwyn dangos perthynas un iaith â'r llall. Wrth geisio penderfynu pa ffurf ar air yw'r hynaf mewn mwy nag un iaith, derbyn y tarddiad mwyaf eglur yw ei gyngor ef. Canllaw arall a gynigir ganddo yw pa un a recordiwyd gyntaf. Dim ond pan fethir defnyddio'r rheolau hyn y gellir syrthio'n ôl ar yr egwyddor mai'r unsill yw'r gwreiddyn:

> As to the Propriety of such words as are common to several Languages; if the word can be so deriv'd as to have its Origin explain'd in the one and not in the other; I think that wherein it's Intelligible has the better claim: if it be Intelligible in both; then that which has the oldest Records. But when the *Radix* is understood in neither; little can be said, but that (as above), the Monosyllable is, if there be no appearance from some circumstances to the contrary, the likelier to have been the Primitive. (267)

Gellir dangos, medd Lhuyd, yn ôl yr egwyddorion hyn y tebygolrwydd mai geiriau Brytaneg sydd wrth wraidd rhai geiriau mewn ieithoedd eraill ac, felly, 'it will be no Absurdity to make use of *Welsh* Derivatives in those Forreign Languages'.

Y mae'n eglur mai'r un syniadaeth gyffredinol am gydberthynas ieithoedd oedd yn gynsail i egwyddorion Pezron ac Edward Lhuyd fel ei gilydd. Rhydd yr egwyddor a ddatgenir yma yn y rhagymadrodd i'r 'British Etymologicon' yr allwedd i un o ddamcaniaethau mwyaf ffrwythlon y ddeunawfed ganrif – er gwell neu er gwaeth.

NODIADAU

1. Yn Llyfrgell Genedlaethol Cymru y ceir y copïau a nodir o lyfr Pezron: copi Moses Williams ac Owen Brigstocke (XD70 P54), copi Evan Evans a Rhys Jones (llsgr. LlGC 18956B). (Hefyd copi Brigstocke o Boxhornius, a brynwyd yn 1734 (DC63 B78), ac o *Y Gymraeg yn ei Disgleirdeb* (w.s. 50).) Nodiadau Gwallter Mechain yn llsgr. LlGC 1641B, ii. 383–433. Ceir hefyd gopi arall o'r Ffrangeg gwreiddiol a'r enw 'Wm. Morris' ar yr wynebddalen, a 'The gift of Wm. Jones Esqr F.R.S.' y tu mewn i'r clawr (XD70 P54). Gwelodd Simon James (*The Atlantic Celts: Ancient People or Modern Invention?*, London, 1999, t. 45) gopi personol Edward Lhuyd yn Llyfrgell Bodley. Ni chefais innau gyfle eto i weld y llyfr hwnnw.
2. Enwir y ddau fersiwn o lyfr Pezron ('Antiqui. Gaulois 1703', a 'Pezron's Celtae englished by Mr. Jones with sevl marginal Remarks by Mr. L. M. 1706') yn rhestr lyfrau Lewis Morris tua 1764–5 (*Additional Letters of the Morrises of Anglesey*, gol. Hugh Owen, *Y Cymmrodor*, xlix, 2 gyfrol (London, 1949), ii. 794–807), gyda llawer o lyfrau eraill diddorol o safbwynt ieithyddol. Gw. Pennod 7 yma. Ceir cyfeiriad at lythyr Pezron at Nicaise yn *The Letters of Lewis, Richard, William and John Morris, of Anglesey (Morrisiaid Môn) 1728–1765*, gol. J. H. Davies, 2 gyfrol (Aberystwyth, 1907, 1909), i. 439. Gw. hefyd Rhisiart Hincks, *I Gadw Mamiaith mor Hen (Cyflwyniad i Ddechreuadau Ysgolheictod Llydaweg)* (Llandysul, 1995), 117. *The Letters of Goronwy Owen (1723–1769)*, gol. J. H. Davies (Cardiff, 1924), 53, 188. Copi tybiedig Iolo Morganwg yn Llyfrgell Genedlaethol Cymru (XD70 P54).
3. John Lewis, *The History of Great Britain . . . Now first published from his Original Manuscript* . . . (London, 1729). Cyfeiriadau yn y testun. Gw. hefyd G. Millwyn Griffiths, 'John Lewis of Llynwene's Defence of Geoffrey of Mon-

mouth's *Historia', Cylchgrawn Llyfrgell Genedlaethol Cymru*, 7 (1951–2), 228–33.

4. Ceir nodyn bywgraffyddol ar Pezron yn *Nouvelle Biographie générale* (Paris, 1852–66), xxxix (1862). Gw. hefyd Prys Morgan, 'The Abbé Pezron and the Celts', *Trafodion Anrhydeddus Gymdeithas y Cymmrodorion* (1965), 286–95. Hincks, *I Gadw Mamiaith*, 114–26 a nodiadau. D. Droixhe, *La Linguistique et l'appel de l'histoire (1600–1800)* (Genève, 1978), 131, 144. Cyfeiriadau at yr *Antiquité* yn y testun.
5. Gw. Hincks, *I Gadw Mamiaith*, 114, 118–19, 125.
6. Ceri Davies, *Rhagymadroddion a Chyflwyniadau Lladin 1551–1632* (Caerdydd, 1980), 108 a n. 12. Richard White, *Historiarum Britanniae Insulae . . . Libri Novem Priores* . . . (Douai, 1597), argraffiad 1602, 11: 'non quod in principio homines more fungorum a terra germinarent . . .' Gw. hefyd t. 14 am hil Jaffeth a Gomer yn teithio i Brydain o Armenia. Gwelir cyffelybiaeth y madarch mewn cyd-destun tebyg yn *Britannia* William Camden (1607), yr argraffiad a ddefnyddiai John Davies (t. 7), a hefyd yn y cyfieithiad Saesneg a olygwyd gan Edmund Gibson yn 1695: 'imagining that mankind at first sprung out of the earth like mushromes', *Camden's Britannia 1695: A Facsimile of the 1695 Edition published by Edmund Gibson* (Newton Abbot, David and Charles Reprints, 1971), x–xi. Y mae G. J. Williams yn 'Leland a Bale a'r Traddodiad Derwyddol', *Llên Cymru*, 4 (1956–7), 15–25, yn olrhain y ddamcaniaeth Jaffethaidd.
7. Leibniz, *Collectanea Etymologica*, 56–68.
8. Ceir nodyn ar *sawdiwr* gan Boxhornius yn ei *Originum Gallicarum Liber* . . . (Amstelodami, 1654), 51; y mae'n cysylltu'r gair â *sawd* (= *proelium*), fel y gwna Davies.
9. Cyfeiriadau yn y testun at R. T. Gunther, *Life and Letters of Edward Lhwyd*, Early Science in Oxford, xiv (Oxford, 1945). Ar Lhuyd, gw. *Cambrian Register*, 3 (1818), 174–6; John Morris-Jones, 'Edward Llwyd', *Y Traethodydd* (1893), 465–75; Richard Ellis, 'Some Incidents in the Life of Edward Lhuyd', yn Gunther, 1–51; J. E. Caerwyn Williams, 'Edward Lhuyd fel Ieithegydd', *Llên Cymru*, 3 (1954–5), 122; G. J. Williams, 'Edward Lhuyd', *Llên Cymru*, 6 (1961), 122–37 (ac yn *Agweddau ar Hanes Dysg Cymru*, gol. Aneirin Lewis (Caerdydd, 1969), 207–31); Brynley F. Roberts, *Edward Lhuyd: The Making of a Scientist* (Caerdydd, 1980), 19–21, 'Edward Lhuyd y Cymro', *Cylchgrawn Llyfrgell Genedlaethol Cymru*, 24 (1985), 63–83, 'Edward Lhuyd and Celtic Linguistics', yn *Proceedings of the Seventh International Congress of Celtic Studies*, goln. D. Ellis Evans, John G. Griffith, E. M. Jope (Oxford, 1986); Droixhe, *La Linguistique*, 112, 140; Hincks, *I Gadw Mamiaith*, 128– 38.
10. B. F. Roberts, 'Llythyrau John Lloyd at Edward Lhuyd', *Cylchgrawn Llyfrgell Genedlaethol Cymru* (1971–2), 191.
11. Cyfeiriadau at Edward Lhuyd, *Archaeologia Britannica* . . . (Oxford, 1707) yn y testun (newidiais orgraff Lhuyd ychydig). Ceir adargraffiad ffacsimili yn y gyfres English Linguistics 1500–1800, No. 136 (Scolar Press, Menston, 1969), a chan Irish University Press (Dublin etc., 1971) gyda rhagymadrodd gan Anne a William O'Sullivan: v–xiii.
12. Hwyrach fod enw'r *Sgythiaid* hefyd yn ei feddwl. Ar yr enw *Sgwydiaid*, gw. Glyn Daniel, 'Who are the Welsh', *Proceedings of the British Academy*, 40 (1954), 145–67 (66–7, nodyn); Brynley F. Roberts, 'Edward Lhuyd a darganfod Hen Gymraeg', *Hispano-Gallo-Brittonica: Essays in Honour of Professor D. Ellis Evans* . . ., goln. J. F. Eska, R. G. Gruffydd, N. Jacobs (Cardiff, 1995), 151–65.

13. Droixhe, *La Linguistique*, 63. Vulcanius, *De Literis et Lingua Getarum, sive Gothorum* . . . (Leyden, 1597), 89–96. Gw. hefyd G. Bonfante, 'Some Renaissance Texts on the Celtic Languages and their Kinship', *Études celtiques*, 7 (1956), 414–27. Cyfeiriadau yn y testun at Edward Brerewood, *Enquiries Touching the Diversity of Languages and Religions Through the Cheife Parts of the World* (London, 1614).
14. Dyfynnir cyfieithiad Saesneg yr *Historia*, *The History of Scotland* (London, 1690).
15. Dyfynnir argraffiad 1695 y cyfieithiad Saesneg o *Britannia*.
16. James Howell, *Instructions and Directions for Forren Travell* (London, 1650). Cyfeiriadau yn y testun.
17. Cyfeiriadau yn y testun.
18. Y mae llythyr at Mill yn Gunther, *Life and Letters* . . ., 306–7. Gw. hefyd Hincks, *I Gadw Mamiaith*, 140–1 a n. 34. Ar Toland, gw. ymhellach Pennod 5 yma.
19. Cyfeiriadau yn y testun at gyfieithiad David Malcolme o'r Rhagymadrodd Gwyddeleg, yn *An Essay on the Antiquities of Great Britain and Ireland* (Edinburgh, 1738, Facsimile edition, Sherwin and Freutel, Los Angeles, 1970).
20. Gilles Ménage, *Dictionnaire étymologique ou origines de la langue françoise* (Paris, 1694); Bernardo Aldrete, *Del Origen y principio de la lengua castellana o romance* . . . (Roma, 1606).
21. Ar y llawysgrif hon, gw. Mary Burdett-Jones, 'Dau eiriadur Henry Salesbury', *Cylchgrawn Llyfrgell Genedlaethol Cymru*, 26 (1990), 241–50.
22. E. Bernard, *Etymologicon Britannicum, Vocabulorum Anglicorum et Britannicorum Origines Russicae, Slavonicae, Persicae et Armenicae* (Oxoniae, 1689); G. Hickes, *Institutiones Grammaticae Anglo-Saxonicae, et Moeso-Gothicae* . . . (Oxoniae, 1689). Ar Hickes a Lhuyd, gw. hefyd Brynley F. Roberts, 'Edward Lhuyd a darganfod Hen Gymraeg', 158–9.
23. *Leibniz and Ludolf on Things Linguistic*, gol. John T. Waterman (Berkeley, London, 1977), 24, 25, 28, 30, 33, 34.
24. Malcolme, *An Essay on the Antiquities* . . ., 8.
25. *Linguarum Vett. Septentrionalium Thesauri Grammatico-Critici, et Archaeologici, Auctore Georgio Hickesio, Conspectus Brevis per Gul. Wottonum, S. T. B.* (Londini, 1708), 56–62: 'Viro Celeberrimo Wilhelmo Wottono Godefridus Gullielmus Leibnitius S. P. D.'. Cyfieithiad ar dd. 121–34. Cyfeiriadau yn y testun. Gw. hefyd E. Ravier, *Bibliographie des Oeuvres de Leibniz* (Hildesheim, 1966), 140. Y mae cyfeiriadau at syniadau Leibniz am yr Wyddeleg hefyd mewn llythyrau yn llyfr Malcolme, 19–23, 44.
26. William Wotton, *A Sermon Preached in Welsh . . . Pregeth a Bregethwyd yn Eglwys Mary-le-Bow yn Llundain* . . . (London, 1723).
27. Ar Wotton a Moses Williams, gw. ymhellach Pennod 4.
28. *An Inquiry into the Primitive Language. A Discourse concerning the Confusion of Languages at Babel . . . with an Enquiry into the Primitive Language before that Wonderful Event by the Late Learned William Wotton* (London, 1730). Cyhoeddwyd fersiwn Lladin, *Dissertatio de Confusione Linguarum . . . a Deo Inflicta*, yn atodiad i John Chamberlayne, *Oratio Dominica in Diversas Omnium fere Gentium Linguas Versa* (Amsterdam, 1715).
29. M. Lister, *A Journey to Paris in the Year 1698* (3rd edition, London, 1699), gol. Phineas Stearns (University of Illinois Press, Urbana, Chicago, London, 1967). Y mae'r dyfyniad ar dd. 98–9. Gw. hefyd y nodiadau ar dd. 271–2.

4
Cydweithwyr Edward Lhuyd a Chysgod Pezron

Ymhlith gohebwyr a chydweithwyr agos Edward Lhuyd yr oedd amryw Gymry. Un o'i gymdeithion ar ei deithiau o gylch Prydain a Llydaw i gasglu defnyddiau ar gyfer yr *Archaeologia Britannica* oedd David Parry, a lanwai swydd is-geidwad yn Amgueddfa Ashmole.[1] Daeth Parry, awdur y 'British Etymologicon' yn y gwaith hwnnw (*Archaeologia*, 266–98), i sylw Lhuyd trwy gyfrwng William Gambold, y gramadegydd a'r geiriadurwr a oedd, fel Parry, yn enedigol o dref Aberteifi. Dengys y rhestrau geiriau yng nghyfran Parry o'r gwaith gryn wybodaeth o ieithoedd modern Ewrop, heb sôn am y Gymraeg a'r ieithoedd clasurol. Yn ôl tystiolaeth Lhuyd ei hun yn ei ragymadrodd, yr oedd Parry hefyd yn hyddysg yn nhafodieithoedd ei briod iaith (*Archaeologia*, b2v). Ei eiddo ef oedd y rhestr honno o eiriau cyffredin yn ieithoedd Ewrop, 'as may be presumed to be of the most ancient use', sy'n ffurfio atodiad i'w 'Etymologicon': y mater mwyaf cymwys, ym marn Lhuyd ei hun, i'w astudio yng ngwyddor tarddu geiriau (*Archaeologia*, cr).

Yn ei grynodeb o gynnwys y *Glossography* yn y rhagymadrodd Saesneg, awgryma Lhuyd ddefnyddioldeb rhestrau o'r fath a gynhyrchodd David Parry. Cynigir gan y rhestrau enghreifftiau o eiriau cyfansawdd Groeg a Chymraeg i ddangos mai yn y geirynnau syml a gynhwysant y mae edrych am y berthynas rhyngddynt: 'In Etymology', meddai,

> such Readers as are not acquainted with each Language, are apt to suspect the Derivations from Compound Words; but it often happens that there is an Analogy betwixt each word out of which they are compounded. (*Archaeologia*, cr)

Fel y gwelsom yn y bennod ddiwethaf, ymhelaethodd Lhuyd ar yr egwyddor hon yn ei lythyr o ragymadrodd i'r 'British Etymologicon'.

Egwyddor nid annhebyg i 'reol M. Pezron' ydyw, a magl y syrthiodd William Owen Pughe ac eraill iddi cyn diwedd y ganrif.

I fagl y ddiod y syrthiodd Parry ei hun (Gunther, 503–4), ac er i'r disgybl addawol oroesi'i feistr am bum mlynedd a'i ddilyn fel ceidwad yr amgueddfa, yr oedd atyniadau'r dafarn yn ormod iddo ymdrafferthu i ddwyn y gwaith ar yr *Archaeologia* i ben (553). Cyn hynny, fodd bynnag, y mae sôn amdano'n copïo llawysgrifau Cernyweg i Lhuyd yn 1702–3, ynghyd â chydweithiwr o'r enw Griffith (485, 486). Copïwr llawysgrifau arall (459, 463) oedd William Jones, brodor o Feirionnydd; a gŵr ifanc arall o ddyffryn Teifi, a ddaeth yn ysgrifennydd i Edward Lhuyd (539) ac yn llyfrgellydd yr amgueddfa, oedd Alban Thomas (1686–1771). Meddyginiaeth oedd maes Thomas, a fu am gyfnod yn is-ysgrifennydd y Gymdeithas Frenhinol yn Llundain. Ymddiddorai hefyd yn astudiaethau hynafiaethol Moses Williams, brodor fel yntau o lannau isaf afon Teifi, gŵr o anian tebyg i Edward Lhuyd a'i gydweithiwr brwd.

Bu Moses Williams (1685–1742) hefyd am gyfnod yn ysgrifennydd dros dro i'r Gymdeithas Frenhinol, a chyn hynny yn is-lyfrgellydd Amgueddfa Ashmole yn nyddiau Lhuyd.[2] Ganwyd ef yng Nghellan yn Sir Aberteifi, a derbyniodd ei addysg yn ysgol ramadeg Caerfyrddin ac yng Ngholeg y Brifysgol yn Rhydychen, lle graddiodd yn 1708. Ar wahân i gyhoeddi llyfrau o naws crefyddol, ymddiddorai yn hanes a hynafiaethau Cymru, gan deithio hyd a lled y wlad er mwyn chwilio am lawysgrifau a'u copïo, llafur yr ymhyfrydai'i dad, Samuel Williams, ynddo hefyd. Trwy ymdrechion Moses Willliams y cyflawnwyd gwaith Wotton ar gyfreithiau Hywel Dda a'i gyhoeddi yn 1730. Erys llawer o'i waith mewn llawysgrif, gan mai prin oedd yr anogaeth a'r gefnogaeth a gafodd i'w gyhoeddi. Eto, yr oedd yn uchel iawn ei barch gan Edward Lhuyd, ac y mae disgrifiad y meistr ohono mewn llythyr ar ddiwedd 1707 fel 'an irrefragable Mazorite' yn dangos i'r dim ei syniad am natur dawn ysgolheigaidd Moses Williams (Gunther, 537–8). *Masora* yw'r enw ar y corff o ddysgeidiaeth draddodiadol am destun y Beibl Hebraeg, a ffurfiwyd gan ysgolheigion Iddewig yn y ddegfed ganrif a'r canrifoedd blaenorol. Cyfeiria *Masora* hefyd at y casgliad o nodiadau beirniadol sy'n ymgorffori'r wybodaeth am y testun ac am lythyren y testun. Wrth ddefnyddio'r gair 'Mazorite' i ddisgrifio Moses Williams, felly, yr oedd Lhuyd am osod pwys arbennig ar ei waith manwl a thrwyadl wrth ymdrin â'r testunau a astudiwyd ganddo.

Yn yr un llythyr – at Richard Mostyn, un o'i noddwyr – cyfaddefa Lhuyd fod Williams yn llawer mwy cyfarwydd nag yntau â'r Gymraeg mewn ffurf argraffedig, ond awgryma hefyd fod ei dafodiaith frodorol yn rhwystr iddo wrth gywiro testun arbennig. Y mae'n rhaid, serch hynny, fod Williams wedi amddiffyn ei ddarlleniad o'r testun dan sylw, a mynegodd ei fod yn fodlon galw ar awdur y *Bardd Cwsg* i fod yn ganolwr, efallai am fod tafodiaith Ellis Wynne yn wahanol. Disgrifir Moses Williams yma fel 'the translator of the Armoric Grammar &c in my Book'. Yn y *Glossography* ei hun, y pennawd i gyfrannau iii a iv (*Archaeologia*, 180–212) yw 'An Armoric Grammar and Vocabulary, by Julian Manoir *Jesuit*. English'd out of *French* by M. Williams, *Sub-librarian* at the Ashmolean Museum'. Er mwyn cyflawni'r gwaith hwn, rhaid bod gan Williams ryw gymaint o wybodaeth o'r iaith Lydaweg yn ogystal ag o'r Ffrangeg. Sylwasom eisoes ei fod yn berchen ar gopi o lyfr Pezron yn y Ffrangeg wreiddiol.

Pan oedd Lhuyd a Parry yn Llydaw yn 1700, cafodd Lhuyd gopi o eiriadur Julien Maunoir yn gyfnewid am gopi o'r *Dictionarium Duplex*. Cyhoeddwyd y llyfr yn y lle cyntaf yn Quimper yn 1659, gyda'r teitl: *Le Sacré Collège de Iesus devisé en cinq classes . . .* [*Coleg Sanctaidd Iesu, wedi'i rannu i bum dosbarth . . .*], a cheir ynddo, ar wahân i eiriaduron Ffrangeg–Llydaweg a Llydaweg–Ffrangeg, ymdriniaeth ramadegol a chystrawennol. Erbyn hyn y mae copi Lhuyd yn y Llyfrgell Brydeinig, a gwelir o ddarllen nodyn ganddo (yn Gymraeg) ar yr wynebddalen, ei fod yn ystyried iddo gael bargen sâl yn y cyfnewid. Sut bynnag am hynny, dyna'r gwaith a ddaeth yn sail i lafur Moses Williams wrth baratoi'r adran Lydaweg yn llyfr mawr Lhuyd.[3]

Cawn gipolwg ar fethodau Masoritaidd Williams wrth astudio'i lawysgrifau yng nghasgliad Llansteffan yn Llyfrgell Genedlaethol Cymru. Cynnwys Llawysgrif 85B, er enghraifft, ddwy eirfa a gopïwyd yn llyfrgell Cotton yn Llundain. Geirfa Gernyweg yw'r gyntaf, a 'Wiliam Llŷn's Glossary' yw'r ail. Yn y ddau achos, aeth Williams ati i osod y geiriau yn nhrefn yr wyddor, ac yn achos y rhai Cernyweg, i'w cysylltu â'r geiriau cyfatebol yn Lladin, Cymraeg ac, weithiau, Llydaweg. Er enghraifft: 'Ancou: Mors, Angau, Angou; Goyf: Hyemps, Gayaf; Peis: Tunica, Pais'. Cychwynna rhestr Wiliam Llŷn ('put alphabetically') ag *aball* a gorffen ag *ystle*, ac ar ddechrau'r wyddor rhydd Williams rai ystyron, e.e. 'adduned: dymuniad; anaw: kerddor; asgre: mynwes' (llsgr. 85B, 12, 28, 39).

Yr oedd ym mryd Moses Williams ailgyhoeddi gramadeg John Davies, ac i'r pwrpas hwnnw y casglodd ac y copïodd ef a'i dad ramadegau gan awduron eraill.[4] Bwriadai hefyd adolygu geiriadur Davies a'i gyhoeddi gyda llawer o ychwanegiadau, bwriad a rannai ag amryw o'i gyfoedion (Gunther, 460). Wedi marw Lhuyd yn 1709, felly, yr oedd yn llefaru eto trwy weithgarwch ieithyddol ei ddisgybl medrus,

Moses Williams, ac nid rhyfedd fod Theophilus Evans yn disgwyl yn eiddgar yn 1716 am ffrwyth llafur hwnnw:

> Ac yr awr-hon y mae'r Parchedig Mr. *Moses Wiliams*, B.A., trwy lafurus boen a diwydrwydd wedi chwilio allan berffeithrwydd y cwbl, ar y sydd bossibl i gael y ffordd honno: Canys mi allaf ddywedyd yn hŷ, na fydd wiw i neb ddisgwyl am ychwaneg o berffeithrwydd mywn Geir-lyfr a Gramadeg, nag y sydd yn y gwaith y mae efe yn ei osod allan.[5]

Wrth gasglu defnydd at ei eiriadur, tebyg oedd methodau Williams i'r rhai a goleddwyd gan Leibniz o'i flaen: darllen hen ddogfennau – barddoniaeth, cyfreithiau, statudau ac yn y blaen. Ar un olwg, ffrwyth ei awydd i sicrhau parhad hen lawysgrifau ei wlad wrth eu casglu a'u copïo oedd ei weithgarwch geiriadurol. Yr oedd y casglu wedi sicrhau bod cyflenwad o ddefnydd crai ganddo wrth law, pan fyddai'n troi at y gorchwyl o lunio ei eiriadur. Ymdebygai i Leibniz hefyd mewn agwedd arall ar ei waith, sef wrth gydnabod pwysigrwydd yr iaith lafar a thafodieithoedd, ac wrth dderbyn gwybodaeth am eiriau ac ymadroddion byw gan bobl eraill.

Cynnwys y llawysgrifau yng nghasgliad Llansteffan lu o restrau geiriau a gasglwyd gan Williams neu'i ohebwyr.[6] Cyfystyron yn unig sydd mewn rhai, ond y mae eraill yn cynnig gwybodaeth enseicloped-aidd, e.e. 139D, sy'n dechrau ag 'Aaroniaid: Plant, neu Dylwyth Aaron', ac yn gorffen â 'Zif: yr ail mis o'r flwyddyn, neu tra bo y'r Haul yn arwydd yr Hwrdd' (155). Mynegir rhagfarnau pendant yr awdur yn rhai o'r diffiniadau, e.e. 'Epicuriaid: Pobl yn Dal mae Gwala o Ddyfyrrwch a thrythyllwch yw'r Daioni pennaf', neu 'Phariseaid: Rhai ymysg yr Iddewon yn neillduo eu hunain gan gymeryd arnynt fôd yn fwy Duwiol nac eraill, fel ac y mae y Quacors yn ymplith ninnau' (73). Dengys rhai o'r rhestrau eu bod wedi'u casglu pan oedd Moses Williams yn gweithio ar y cyfreithiau, oherwydd y mae'n nodi amryw o'r geiriau â 'K.H.' (am 'Kyfraith Hywel'). Yn y cyswllt hwn, gellir nodi Llawysgrif 141D. Yma, y mae mwy nag un eirfa anghyflawn, y dangoseiriau yn Gymraeg, a'r cyfystyron yn Lladin, Saesneg neu Gymraeg.

Llawysgrif bwysig arall yw Llansteffan 96B, sy'n cynnwys tair rhestr o eiriau a dderbyniodd Moses Williams gan ohebwyr: William Baxter (1–38), Siôn Rhydderch (39–55) a David Wynne, rheithor Machynlleth (55 ymlaen). Nodweddir yr olaf gan doreth o ymadroddion tafodieithol Maldwyn, er enghraifft: 'Blod; afal blod, tir blod; afal ffaeth, tir ffaeth, apud Powisos' (59); 'creth, Mae'n dda ei greth medd gwyr

Powys pan el un allan ar dywydd mawr' (60).[7] Yr ystyr a rydd am y gair hwn yw 'diarswyd'. Ceir enghraifft sy'n cynrychioli mwy nag un dafodiaith yn 'Y Fid, Sietting medd gwyr Caerfyrddin. Y feudur yw wttra a sietting o'i deutu yn Nyfed' (59). Heblaw yr ystyron tafodieithol, brithir y rhestr hon gan gyfeiriadau at y beirdd, *Brut y Tywysogyon* a 'K.H.', a chysylltir rhai geiriau ag ieithoedd estron, megis Hebraeg, Arabeg ac Eidaleg. Dengys nodyn Williams i eirfa Siôn Rhydderch ei fethodau trwyadl wrth adolygu rhestrau'i ohebwyr: 'All that are scor'd under are authentick. & enter'd in the Dictionary' (39).

Un o'r rhestrau yn y llawysgrif hon yw'r casgliad o eiriau a dderbyniodd Moses Williams gan William Baxter (1650–1723) yn 1714. Brodor o Lanllugan yn Sir Drefaldwyn oedd Baxter, a nai i Richard Baxter y diwinydd.[8] Dywedir mai Cymro uniaith ydoedd pan aeth i ysgol Harrow yn ddeunaw oed. Tyfodd yn ieithydd a hynafiaethydd hyddysg, a denu edmygedd Edward Lhuyd ei hun yn y meysydd hynny. Baxter a ysgrifennodd y llythyr o gyflwyniad a ymddangosodd yn 'Prospectus' yr *Archaeologia* yn 1707 ac, wedi i lyfr Lhuyd ymddangos, efe a ddanfonodd grynodeb ohono at ysgrifennydd y Gymdeithas Frenhinol. Bu am rai blynyddoedd yn cadw ysgol yn Tottenham, ac oddi yno ysgrifennodd lu o lythyrau at Lhuyd ar faterion a oedd o ddiddordeb cyffredin iddynt. Cynnwys y rhestr eiriau a ddanfonodd Baxter at Moses Williams yn 1714 nifer o eiriau hynafol y dywedir eu bod 'out of Maredydd Llwyd's Glossary', ac mewn llythyr arall (LlGC 309E, 47–50) dywed iddo dderbyn oddi wrth 'my worthy kinsman Mredydh Lhwyd . . . an antient Glossary of difficult British words . . . which I copyed'. Y mae'n amlwg fod Moses Williams wedi adnabod llawer o'r geiriau hynafol hyn fel rhai yn perthyn i'r hen gyfreithiau, oherwydd gwelir mewn sawl man ar y llawysgrif y llythrennau 'K.H.', e.e. 'gwadu mab o genedl: to drown a bastard child'; 'croesfaen: terminus'; 'cynnal tir: terram tenere vel asserere'.

Anaml y bydd Moses Williams yn damcaniaethu am ddechreuadau'r iaith neu'r genedl Gymraeg, ond y mae ambell air yn y rhestrau hyn yn dangos ei safbwynt gwrthwynebus i'r traddodiad am Brutus. Anodd gwybod ai ei ddamcaniaethau ef, ynteu rhai Baxter, a adlewyrchir yn y rhestr yn Llansteffan 96B (7–8) o dan y pennawd 'Brynaich'. Datgenir yno mai wrth yr enw hwnnw 'y gelwir y Cymru hefyd yn y iaith wyddeleg, am eu bod yn byw ar y brynniau'. Tuedda'r awdur i feddwl mai wrth eu cysylltu â'r geiriau *brud* neu *brut* yr enwyd y *Britanni* gan y Galiaid gynt, oherwydd presenoldeb y derwyddon yn eu plith, ac nid o enw'r Brutus chwedlonol: 'non a fabuloso Bruto'. Enghraifft arall o'r damcaniaethu hwn yw'r esboniad ar enw Lloegr (Llansteffan 141D, 17), sydd yn ei gysylltu â'r gair *llygru* – am iddi gael ei difetha gan y 'Sacsoniaid paganaidd', meddai Williams, neu, yn fwy tebygol, o'r hen air *llwch*. Y mae'n ymwrthod, mewn modd dirmygus braidd, â'r ddamcaniaeth mai o *Locrinus*, enw mab i Brutus, y tarddodd yr enw: 'Lloegr, anglia, non a locrino bruti nescio cujus filio, sed a *llygru*, perdere deformare, qd. terra a saxonibus paganis devastata; vel potius ab antiquo llug, llog, vel *llwch*, liquor, aqua maris hinc *llychlyn* . . .'

Cynnwys y llawysgrif hon (Llansteffan 141D) ddiarhebion a rhestr o enwau planhigion (24), ynghyd â geirfa anghyflawn (A hyd H) o ddiddordeb ieithegol mwy na'r gweddill, yn nodi cysylltiadau'r geiriau Cymraeg ag ieithoedd eraill: Lladin, Groeg, Hebraeg, Gwyddeleg, Saesneg, Almaeneg. Noda hefyd rai enghreifftiau o eiriau ar lafar gwlad (*demotice*), e.e. 'het: hêd', ffurf a nodwyd hefyd gan William Gambold yn ei eiriadur yntau (1722).[9]

Daw bwriad Williams i gyflawni gwaith John Davies yn y *Dictionarium Duplex* yn amlwg yn y gyfres o lawysgrifau Llansteffan 139–43D, sy'n cynnwys geirfa Gymraeg–Lladin anghyflawn, geirfa arall gydag ystyron Lladin a Saesneg yn gymysg, rhestr o eiriau 'o hen Gymraeg, ai Dehongliad', a 'Botanologium Duplex'. Brithir y mannau gwag yn yr olaf gan nodiadau o natur ieithyddol: diarhebion, ymadroddion, nodiadau ar gymeriadau chwedlonol, a geiriau ychwanegol 'out of a MS of W. Philipps of Brecon Esqr'. Dengys yr ychwanegiadau ymyl-y-ddalen hyn fod meddwl Moses Williams yn dychwelyd yn barhaus at y materion ynglŷn ag iaith a oedd o gymaint o ddiddordeb iddo.

Un arall o gymwynaswyr Moses Williams yn ei waith geiriadurol oedd John Morgan, ficer Matchin yn Essex, ac aelod o Gymdeithas Hen Frutaniaid Llundain. Ym mis Mai 1714, pan oedd Williams yn bwriadu mynd ar daith i Gymru, danfonodd Morgan restr o ddiarhebion Cymraeg ato, gan nodi hefyd ymhle y'u casglwyd: Meirionnydd, Môn, Trefaldwyn, Morgannwg, 'Brecheinog'. Mewn llythyr a ysgrifennwyd ar 13 Mai, dywed iddo fod wrthi'n eu hel at ei gilydd dros gyfnod o dair blynedd, ac awgryma mai priod-ddulliau yn hytrach na diarhebion oedd llawer ohonynt. Gwelai'r ffin rhwng y ddau yn un fain iawn, a sylwi bod 'the Dr.' hefyd wedi cynnwys llawer o briod-ddulliau ymhlith ei ddiarhebion.[10]

Bu John Morgan yntau yn bwriadu cyhoeddi'i gasgliad o idiomau a diarhebion, ond wrth glywed am fwriad Moses Williams i adargraffu geiriadur John Davies, fe'i danfonodd ato. Cynigiodd hefyd ei gyngor sut i fynd ati i grynhoi ychwaneg yn ystod y daith gasglu tanysgrifiadau y bwriadai Williams ei gwneud yng Nghymru. Amser a sylwi yw'r angenrheidiau pennaf ar gyfer y fath weithgaredd, yn ôl Morgan, ac amheuai a fyddai Williams, yn ystod y cyfnod byr y bwriadai'i dreulio yn y wlad, yn dod o hyd i lawer o ddiarhebion:

> There may be much more proverbs undoubtedly gathered but I question whether you will receive such a collection as this from any one person in Wales. Your short stay there will be of little use in collecting such things as these; for they require time and observation. (Llansteffan 20, 12)

Ei gyngor pellach yw i Williams ofyn i bobl gymwys ledled Cymru ei gynorthwyo yn y gwaith casglu. Ni fyddai byth yn cyrraedd perffeithrwydd yn ei orchwyl heb gydweithrediad cydnabod, ac wedi cyhoeddi'r gwaith, byddai llawer yn barod i'w feirniadu: 'to pick holes in it, who are not ready to stop them now', yn ymadrodd bachog Morgan. Ysywaeth, ni welodd rhestrau helaeth yr un o'r ddau olau dydd, oddieithr mewn llawysgrif ac fel dyfyniadau yng ngwaith pobl eraill.

Iaith y werin oedd maen prawf John Morgan, ac er ei fod yn y llythyr hwn yn achwyn ar arfer y bobl gyffredin yn ychwanegu at ddiarhebion a'u gwneud yn llai cryno, eto yr oedd yn argyhoeddedig mai ymhlith y werin-bobl yr oedd chwilio am briod-ddulliau: rhai ohonynt 'peculiar to parishes, for ought I know, and can no where else be found, but you may find them among the vulgar somewhere or other'. Eto, nid oedd yn diystyru hen ddogfennau fel ffynonellau ymadroddion cysefin. Mewn llythyr arall a ysgrifennwyd yr un adeg, y mae'n achwyn ar aelodau Coleg Iesu yn Rhydychen am eu diffyg cefnogaeth i Gymru a'i hiaith, heb gyfrannu dim at gyhoeddi llyfrau newydd yn y Gymraeg.[11] Yna, ceir ymosodiad ar ddysgu plant cefn gwlad Cymru trwy gyfrwng y Saesneg. 'This method is as ridiculous and preposterous', meddai, 'as if English Charity Boys should be instructed in Latin and Greek to know their Duty; and the Consequence at last will be Barbarism.' Siarad yn ddi-flewyn-ar-dafod a wnâi John Morgan yn ei lythyrau, a'i gyngor pellach i Moses Williams wrth ffurfio'i eiriadur yw iddo gael gafael ar hen lyfrau Cymraeg, megis y chwedlau Arthuraidd a Bucheddau'r Saint. 'It won't be amiss to get some Welsh printed books in order to collect idioms,' meddai, llyfrau tebyg i *Lyfr y Resolution*, *Gweledigaethau'r Bardd Cwsg* a *Rheol Buchedd Sanctaidd*. Ar yr un pryd, y mae'n argymell pwyll a gofal wrth astudio'r rhain i bwrpas ieithyddol, gan nad ydynt bob amser yn adlewyrchu'r iaith yn gywir.

Dod yn ôl o hyd at hawl sylfaenol yr iaith lafar i gywiro pob dogfen ysgrifenedig a wna John Morgan. Yr hyn a glywodd ar wefusau pobl gyffredin ei wlad a roes iddo'r hawl i arddangos camgymeriadau 'Dr Davies' ei hun, er enghraifft wrth i'r geiriadurwr hawlio bod y ffurfiau benywaidd *sech* a *gwleb* wedi diflannu o'r iaith – ffurfiau, medd Morgan, 'which I found current in Anglesey among the vulgar'. Rhaid arddel yr hen ffurfiau hyn, er nad ydynt i'w clywed ym mhob ardal, er mwyn arbed cyfoeth yr iaith gysefin: 'But if we count all words useless and antiquated which are not common in all Places, we must cast off half our language, and all other modern Languages.'[12] Mewn gwirionedd, i John Morgan yr oedd hawl gyfartal gan bob ffurf lafar i fodoli, fel y mynega wrth bwyntio at wahanol fersiynau ar yr un ddihareb yn rhestr Davies: 'each dialectal form has as much right as the other'.

Gwelai John Morgan y cysylltiad rhwng pwrpas Moses Williams yn copïo a chyhoeddi hen lawysgrifau Cymraeg, a'i waith wrth baratoi geiriadur. Yn ei farn ef, yn wir, y gorchwyl cyntaf oedd y gwerthfawrocaf er mwyn cadw'r iaith yn fyw. Y mae'n hael iawn ei gyngor i Williams ynglŷn â chyhoeddi geiriadur, er mai ategu a phorthi greddf Fasoritaidd hwnnw a wnâi, y mae'n sicr, wrth ei annog i gadw a chymharu mwy nag un copi 'because of the ignorance of transcribers, whose blunders may otherwise pass as old words'. Er bod tinc nawddogol, efallai, i'w glywed yn ei gynghorion i Moses Williams ar brydiau, brwd oedd edmygedd John Morgan ohono a'i waith yn amddiffyn yr heniaith, fel y mynega ambell gwpled o'r cywydd a ddanfonodd ato ym mis Mai 1714:

Gofyn yr wyf hen gyfoeth,
Aur y Jaith gynt araith goeth;
Yn hytrach na sothach sal,
Araith siomiaith oes wammal . . .
Iaith nerthog iorthiog Arthur,
Iaith ddi lediaith berffaith bur; . . .
Di fedri di loywi'n lân
Ei dull a'i gosod allan
A thanu'r hên Frythoneg
Hyd Gymru mewn print du têg . . .[13]

Yn yr un cywair ysgrifennodd John Morgan ei englynion coffa i Edward Lhuyd pan fu farw'r ysgolhaig hwnnw ym Mehefin 1709. Lletach oedd ffiniau dysg Lhuyd nag eiddo ei ddisgybl Moses Williams:

Meini nâdd a Mynyddoedd, a Gwalieu
Ac olion Dinasoedd,

A Dail dy Fyfyrdod oedd,
A Hanesion Hên Oesoedd.

Eithr, i John Morgan, yr oedd ei gamp ym myd ieithoedd yr un mor hynod:

A thra bo Athro bywiawl, na cherrig,
Na Chaerau Dieithrawl,
Nag un Llyseuyn llesawl,
Na hen Iaith, bydd faith dy Fawl.[14]

Heblaw ei gylch agos o gydweithwyr Cymraeg yn yr amgueddfa, derbyniodd Lhuyd edmygedd a chymorth parod a pharhaus gan lu o ohebwyr ysgolheigaidd a hyddysg mewn materion ieithyddol. Un o'r rheini oedd William Nicolson, esgob Caerliwelydd. Astudiacthau naturiaethol (hel ffosiliaid yn neilltuol) a ddaeth â Nicolson a Lhuyd at ei gilydd yn y lle cyntaf (Gunther, 8, 11, 38, 125), ond yn 1693 sonia Lhuyd am gydweithio â Nicolson ar ddehongli enwau lleoedd. Diddordeb Lhuyd, fel y mynega ar y pryd, oedd dod o hyd i *fethodau* 'ein cyndadau' wrth enwi afonydd, llynnoedd ac yn y blaen (192), a dywed wrth John Lloyd iddo fod o gymorth i'r esgob wrth ddehongli enwau afonydd yng ngogledd Lloegr wrth eu cymharu â rhai yng Nghymru. 'He promises himself some light', ychwanega, 'from ye names of our towns and castles and mountains and lakes.' Trafod yr un fath ar destun a wna'r ddau ym mis Hydref 1703, a dengys llythyr Nicolson bryd hynny ymagwedd ofalus, ddrwgdybus ei awdur at ddamcaniaethau Pezron: 'About three weeks agoe I had [the] Abstract of P. Pezron's book; and yesterday came your most agre[e]able Remarks of some of our proper Names of Towns, etc. here in Cumberland.' Yna, ychwanega mewn brawddeg eironig: 'I should mightily like the Monsr's Derivation of *Terminus* from *Tir maen*, did I know how to dispose of [the] Greek [terma] to the like Advantage.'[15]

* * *

Tebyg i hyn oedd barn William Baxter am ddamcaniaethau Pezron, pan ysgrifennodd at Hans Sloane, ysgrifennydd y Gymdeithas Frenhinol yn Llundain yn 1707. Crynodeb a gwerthfawrogiad o lyfr newydd Edward Lhuyd oedd llythyr Baxter, ac fe'i cyhoeddwyd yn rhifyn mis Medi o *Philosophical Transactions* y Gymdeithas.[16] Yn y gyfran ar 'British Etymologicon' David Parry y daw y cyfeiriad at Pezron. Camp Parry yn yr 'Etymologicon', meddai Baxter, oedd cydosod gwreiddeiriau Cymraeg a rhai tebyg mewn ieithoedd eraill, heb geisio hawlio hynafiaeth i'r un o'r ffurfiau:

> he has Modestly parallel'd the greatest part of the British Radicals with those words that seem'd agreeable therewith in any Other Language, without pretending to determine the point of Precedency as to Antiquity, which has been too much the boldness of the late learned *Monsieur Pezron*, and indeed of most other Etymologists. (2442)

Fel y gwelsom, yr oedd Edward Lhuyd ei hun, wrth gyflwyno adran Parry yn yr *Archaeologia*, wedi tynnu sylw at bwysigrwydd y rhan yma o'i weithgaredd, er bod rhai o sylwadau Lhuyd yn awgrymu ei fod ef ei hun yn cydymdeimlo â safbwynt Pezron.

Ar ddechrau'r *Archaeologia* (b2v), ceir gair o gydnabyddiaeth i William Baxter a rhai Cymry eraill am eiriau ychwanegol a gasglwyd ganddynt. Nid oedd Edward Lhuyd yn adnabod Baxter yn bersonol, ond crybwylla'i weithgarwch mewn amryw o'i lythyrau (Gunther, 511, 544, 546). Nid pawb o'i gyfoedion yn Lloegr oedd yn barod i ganmol gweithgareddau Baxter, ond parchai Lhuyd ei wybodaeth a'i ddysg, yn arbennig yn y Gymraeg. Mor gynnar â 1694, mewn ôl-nodyn i lythyr at John Aubrey, dywed: 'I find some British notes of Mr Baxters in yr discourse of ye river Thames, which surpasses my skil in yt language' (235). Ceisiodd ei farn ar sut i ddehongli'r englynion ar y llawysgrif gan Juvencus a ddarganfu yng Nghaergrawnt yn 1702 (472–3, 476). 'I take him for a person of learning and integrity', medd Lhuyd amdano y pryd hwn, er ei fod yn ddrwgdybus o ymdrechion Baxter i ddehongli'r englynion: 'thô, I fear me, too apt to indulge fancy' (476). Gwyddai fod Baxter hefyd yn hyddysg mewn ieithoedd eraill (477). Wedi 1702, buont yn cyd-drafod hen lenyddiaeth Gymraeg ar lythyr, a daw diddordebau ieithyddol hefyd i'r brig o bryd i'w gilydd, yn arbennig tuag adeg cyhoeddi'r *Archaeologia*.[17]

Mewn llythyr a ysgrifennodd o 'Totnham' at Edward Lhuyd ym mis Mawrth 1707, cawn Baxter yn cydymdeimlo ag ef ynglŷn ag arferion drwg argraffwyr a llyfrwerthwyr, gan roddi gair o gysur iddo hefyd yn y geiriau: 'the merit of the book will force its way'.[18] Yna, cyn troi yn ôl at eu trafodaeth ar farddoniaeth Cynddelw, cynigia ddamcaniaeth ar gysylltiad y gair Armenaidd am afon â'r Lladin '*Rivus* and our *Riu*'. (*Rhiw* yw enw'r afon yn Llanllugan lle treuliodd Baxter ei febyd, ac felly y mae'r gair 'our' yn cyfeirio nid yn unig at yr iaith, ond hefyd at ardal a oedd yn gyfarwydd iddo ef a Lhuyd.) Yn ôl Strabo, medd ef, 'a branch of the Phrygian' oedd Armeneg, ac awgryma'i eiriau nesaf ei fod yn credu bod y Phrygiaid wedi cyrraedd parthau gorllewinol Ewrop. Yng nghyd-destun trafodaeth ar iaith y Basgiaid y daw yr awgrym hwn, a chwestiwn Baxter i Edward Lhuyd yw a oedd yr iaith honno yn cydweddu â ('symbolize with') 'the barbarous part of the Irish'. Os felly, y tebygrwydd, yn ei farn ef, oedd bod rhyw bobl eraill wedi gwladychu'r rhan orllewinol hon o'r byd cyn y Brigantes, y Brythoniaid neu'r Phrygiaid. Cyn dychwelyd at Gynddelw, geiriau olaf Baxter yw: 'I take that in ye Roman times there was in Spain besides ye Punick both Celtick and Cantabrian, or old Spanish.'

Daliai Lhuyd a Baxter i drafod y Gwyddelod a'u hiaith ym mis Medi 1708.[19] Yr oedd trafodaeth o'r fath yn bwysig i Lhuyd, ac y mae'n amlwg nid yn unig ei fod yn ystyried Baxter yn ohebydd teilwng, ond ei fod yn parchu'i syniadau ac yn falch o'i ganmoliaeth. Bu'n ceisio'i farn ar faterion ieithyddol eraill, fel y dengys llythyr at Humphrey Foulkes yn 1705 (Gunther, 506). Y 'Comparative Etymology' helaeth a manwl ar ddechrau'r *Glossography* yw'r testun y cyfeiria ato yno:

> I have with some difficulty gon through, and printed, a comparative Etymologicon, which will be the first tract of this volume. Mr Wm Baxter being looked upon as the greatest Critique in England that way, I have (haveing a long time corresponded with him) submitted it to his perusall: and received his approbation: but we must in such cases make large allowances for complement.

Eto, ym Mehefin 1707, wrth ddanfon copi o gyfrol gyntaf yr *Archaeologia* i'w noddwr Richard Mostyn ym Mhenbedw, y mae Lhuyd yn cydnabod cymeradwyaeth 'Dr. Hicks, Dr. Gibson & Mr. Baxter' mewn llythyrau personol at yr awdur. Ychwanega 'but such letters (thô I have very little acquaintance with the first and last of them) are, generally speaking, but too civil and complementary [*sic*]' (Gunther, 526–7).

Er nad oedd Edward Lhuyd yn adnabod Baxter yn bersonol, yr oedd yn meddwl cymaint o'i lythyrau nes iddo eu cylchredeg ymhlith ei ohebwyr eraill (544, 546), gan ofyn am eu danfon ymhellach, er mwyn darbwyllo'i danysgrifwyr o werth y *Glossography*. Bu Baxter ei hun yn chwilio am gefnogwyr i'r gwaith,[20] a phan ddanfonodd ei adroddiad ar y gyfrol at ysgrifennydd y Gymdeithas Frenhinol (Gunther 530–1, 532, 534, 538–9) nid ofnai Lhuyd mwyach mai gwenieithu ydoedd, ond derbyn ei gymeradwyaeth a'i ganmoliaeth fel geiriau dilys gweithiwr cydradd yn yr un maes:

> Mr. William Baxter, who is reputed one of our best Linguists and English Antiquaries, has sent Dr. Sloane a very favourable account of my book, which will be published in the next Transaction. (534)

Dechreuodd Baxter ei adroddiad trwy ganmol newydd-deb gwaith Edward Lhuyd yn ei gyfrol. Yna, y mae'n dangos ei bwysigrwydd, nid i wybodaeth ieithyddol fel y cyfryw, ond fel cyfrwng i hyrwyddo adnabyddiaeth o hen hanes ynys Prydain, gan ganmol ei ddefnyddioldeb, ynghyd â medr yr awdur wrth olrhain y trigolion cysefin a'r trefedigaethwyr Brigantaidd a Belgaidd. Apelia at Herodotus i ategu mai chwilio am debygrwydd rhwng ieithoedd, defodau a chredoau crefyddol yw'r method cydnabyddedig wrth ymchwilio i faterion o'r fath (*Philosophical Transactions*, 2439). Cyfeiria'r darllenydd at y rhagymadrodd Saesneg i waith Lhuyd am grynodeb yr awdur ei hun o'i lyfr, a hefyd at ei 'curious letter' at esgob Henffordd yn y gwaith hwnnw, am wybodaeth ychwanegol. Y rhagymadrodd Cymraeg yw'r mater nesaf dan sylw:

> In his *British* Epistle to his own Country-men, he delivers his very weighty Reasons for altering the *Vulgar* Alphabet of the *Welsh*; and justifies it from the Authority of Antient MSS and Inscriptions upon Stones in several parts of our Country.

Yn nes ymlaen, y mae'n canmol rhesymoldeb trafod y pedair iaith Geltaidd gyda'i gilydd mewn un llyfr: 'none of these very Antient Dialects can be adjusted but by being compared with others' (2439–40). Yna, uniaetha'i hun â syniadau Lhuyd ynglŷn ag Iwerddon:

> The *Scottish* Language (which by a large List of words in the *Basque* and *Irish* is here sufficiently demonstrated to be a branch of the old *Spanish*) he shews to be intermixt with the Ancient *Gwydheleg* or *British-Irish*.

Noda syniad Lhuyd mai'r 'Gwydhelians' oedd y gwladychwyr cynharaf a ddaeth draw i'r ynys hon o wlad Gâl. Cyffesa'i argyhoeddiad ei hun mai cangen o'r hen iaith Felgaidd, 'spoken by the Galli Senones', oedd y Frythoneg, a chysyllta'r rheini â'r '*Celto-Scythae* or present Germans'. Nid oedd yr hen ddamcaniaeth am y Sgythiaid wedi chwythu'i phlwc o bell ffordd eto, a thebyg mai atynt hwy y cyfeiriai Baxter wrth sôn am y Phrygiaid yn y llythyr y dyfynnwyd ohono uchod.

Canmoliaeth sy'n dilyn am drefnusrwydd y 'Comparative Etymologicon': 'so Methodically, Artfully, and Judiciously digested', ac yn ffyddlon i ganonau gorau beirniadaeth a gramadeg (2440–1). Pwysleisia'r adroddiad ddefnyddioldeb cydosod geiriau Cymraeg, Gwyddeleg a Lladin yn yr 'Harmonicon' – 'a Noble *Promptuarium*', fel y dywed Baxter, 'of all the British Dialects', ac yn arbennig o hylaw ar gyfer ysgolheigion tramor. Y mae'n annog cyfieithu'r cyfan i'r Lladin: 'Scolars abroad having generally a greater Curiosity this way than as yet we seem to have in England'. Yn wir, gallwn ddyfalu mai absenoldeb fersiwn Lladin oedd y rheswm am y diffyg dylanwad a gafodd gwaith arloesol Lhuyd ar y cyfandir.

Disgrifir y gramadeg Llydaweg (a gyfieithwyd gan Moses Williams) fel 'a valuable Curiosity' a pheth newydd eto ym Mhrydain (2441), a champ 'our Judicious Author' yn y gramadeg Cernyweg oedd sicrhau parhad yr iaith honno pan oedd ar fin diflannu: 'He has infinitely obliged the Antient *Britans* of *Cornwal* by preserving their Language to Posterity, when just expiring.' Dywed am yr ieithoedd Celtaidd yn gyffredinol eu bod wedi eu coethi yn yr hen oesoedd, a derbynia wirionedd geiriau Lhuyd yn ei lythyr at esgob Henffordd: 'that they were the very Ground-work of *Greek* and *Latin* Grammars'. Yma y mae Baxter yn ystumio honiadau Lhuyd ryw gymaint, gan nad oedd awdur yr *Archaeologia* wedi honni mwy na bod 'some manifest tracks of the British' yn ffurfiau'r ferf Ladin, ac wedi ymgadw yn ddoeth rhag olrhain y naill iaith yn ôl i'r llall.

Wedi gosod gwaith Parry ar y 'British Radicals' mewn gwrthgyferbyniad â dyfaliadau Pezron ac eraill (2442), daw rhannau olaf y *Glossography* o dan sylw Baxter, yn arbennig y *focloir* neu eiriadur Gwyddeleg, a'r nifer helaeth o eiriau o'r Alban ac Iwerddon ynddo, a fyddai, yn ei farn ef, o'r budd mwyaf i ysgolheigion Celtaidd. Cyfeiria at y 'Gwydhelian part' o'r iaith honno fel y rhan fwyaf hynafol, ac felly yn cynnwys 'the Etymologies of vast Numbers of British Derivations and Compounds not otherwise to be accounted for' (2442). Wrth dynnu at y terfyn, rhydd ganmoliaeth eto i Lhuyd am ei ddiwydrwydd yn teithio rhannau mwyaf anghysbell Prydain ac Iwerddon, ac i ddefnyddioldeb ei lyfr am osod ar glawr a chadw ieithoedd gwreiddiol Prydain ac Iwerddon. Wrth olrhain trigolion cysefin y rhannau hyn o orllewin Ewrop, y mae'r awdur, medd Baxter, wedi dehongli enwau personau a lleoedd, wedi gwella geiriaduron geirdarddol Vossius a Ménage, ac wedi esbonio darnau gan awduron Groeg a Lladin yn ymwneud â phoblogaethau Gâl a Phrydain. I'r rhai sydd yn ystyried y materion hyn yn ddibwys a diddefnydd, ateb dirmygus Baxter yw: ''tis plain they speak so unlike Scholars, as not to require any further Reply' (2444).

Gwnaeth William Baxter gymwynas â Lhuyd wrth ddanfon ei adroddiad i'w gyhoeddi yn nhrafodion y Gymdeithas Frenhinol yn Llundain, ac yr oedd Lhuyd ei hun yn gwerthfawrogi hynny. Tynnodd sylw at yr *Archaeologia* mewn modd cyffredinol, ac yn fwy manwl at rannau arbennig ohono. Pwysleisiodd newydd-deb ei gynnwys a phwysigrwydd cydastudio'r pedair iaith Geltaidd ac, wrth gloi, amddiffynnodd yr awdur rhag ymosodiadau 'by men of Passion or Intrigue' a'i cyhuddai o wasanaethu diddordebau pleidiol. Mynnai Baxter nad oedd yr awdur yn cefnogi unrhyw blaid, nac yn ymwneud ag unrhyw 'National Distinction' (2444).

Wedi rhoi cyhoeddusrwydd i waith Lhuyd yn y ffordd hon, aeth Baxter ymlaen i gyhoeddi yn 1719 gyfrol ar ffurf geirgrawn o hynafiaethau ynysoedd Prydain ac Iwerddon yn y cyfnod Rhufeinig, y *Glossarium Antiquitatum Britannicarum, sive Syllabus Etymologicus Antiquitatum Veteris Britanniae atque Hiberniae Temporibus Romanorum.* Ym mis Tachwedd 1718, ymddangosodd y 'Proposals for Printing Mr Baxter's Glossary', a derbyniwyd enwau'r tanysgrifwyr gan Alban Thomas 'at the Royal Society's house in Crane-Court, Fleetstreet'.[21] Ymhlith enwau'r tanysgrifwyr nodir Moses Williams, Syr Isaac Newton a 'William Jones, Gent., FRS'. Mathemategydd o Fôn oedd William Jones: golygodd rai o weithiau Newton, a daeth ei fab o'r un enw yn enwog dros y byd cyn diwedd y ganrif fel ieithydd ac ieithegydd o fri. Yr oedd llyfr arall gan Baxter ym meddiant Syr William Jones pan fu farw. William Jones y mathemategydd hefyd a brynodd lyfrau a llawysgrifau Moses Williams. Gwelir y llawysgrifau heddiw yng nghasgliad Llansteffan yn Llyfrgell Genedlaethol Cymru. Ar wahân i'r rhai a gasglwyd gan Jones, y maent yn cynnwys y rhan fwyaf o ymdrechion geirfaol Moses Williams.[22]

Er bod Edward Lhuyd wedi marw yn 1709, arhosodd ei ddylanwad yn drwm ar weithgaredd ei gydweithwyr Moses Williams a William Baxter. Pan gyhoeddwyd 'Proposals' Williams ar gyfer ei argraffiad newydd o ramadeg a geiriadur John Davies, hysbyswyd y byddai'r llyfr yn cynnwys sylwadau geirdarddol a wneid gan Lhuyd ac eraill, yn ogystal â 'Phrases and Idiotisms as well Local as Universal'.[23] Daliai Williams i geisio cymorth ei gyd-Gymry, wrth annog ei 'Countreymen' i ddanfon ato ddiarhebion, ymadroddion, geiriau a beidiodd â bod, a 'words omitted in Dr. *Davies*'s Dictionary, as well Compounds as Simples'. Dyna waith ieithyddol arall na lwyddodd i gyrraedd golwg y cyhoedd, ac un rheswm am y methiant hwnnw, efallai, oedd prysurdeb Williams yn cynorthwyo'i gydwladwr, Baxter, i gyhoeddi'i ddwy gyfrol o hynafiaethau, y *Glossarium Antiquitatum Britannicarum* yn 1719, a'r *Glossarium Antiquitatum Romanarum* yn 1726, yr ail wedi marwolaeth ei hawdur. Yn y llyfr cyntaf, ar ôl y rhagymadrodd 'ad Britannos', cynhwysir darnau o lythyrau gan Edward Lhuyd a ysgrifennwyd at yr awdur yn 1705, ac ar y diwedd (259–77) ceir casgliad arall eto o enwau afonydd, mynyddoedd, dinasoedd ac yn y blaen, yr 'Adversaria Posthuma', a briodolir i Edward Lhuyd. Adlewyrchir syniadau Lhuyd yn glir yn y diffiniadau hyn, e.e. '*Lhuch* . . . A lake. This word is Güydhelian British; ours being *Llyn* for any *Lake* or *Pond*, as also for a *Pool* in a River.'

Cyhoeddwyd yr ail *Glossarium* o dan olygyddiaeth Moses Williams yn 1726, mewn cyfrol o'r enw *Reliquiae Baxterianae sive Willielmi Baxterii Opera Posthuma.*[24] Gwaith anghyflawn oedd y rhestr hon o hynafiaethau Rhufeinig: ni chyrhaeddai ymhellach na diwedd y llythyren *A* (*Azymus*). Y gyfran fwyaf diddorol o'r llyfr, efallai, yw'r atodiad o lythyrau gan Baxter, sy'n cynnwys un mewn Lladin blodeuog at Edward Lhuyd, yn ei glodfori yn null eithafol y cyfnod ar gyhoeddi ei *Archaeologia* (410–11). Ond mwy diddorol fyth yw llythyr arall at Lhuyd (heb ddyddiad) sy'n mynegi'r gymysgedd ryfedd o synnwyr a ffansi a nodwedda gymaint o ddamcaniaethu'r ddeunawfed ganrif am iaith, ac yn arbennig am ddechreuadau iaith (401–10).

Man cychwyn y llythyr hwn yw athrawiaeth Lhuyd am y berthynas rhwng *P* ac *C* yn yr ieithoedd Celtaidd. Y mae hyn yn atgoffa Baxter am hanes a ddarllenodd am lwyth yng ngogledd America a fyddai'n ynganu pob gwefusolyn (*labial consonant*) yn *C* (*Consieur* am *Monsieur* ac yn y blaen): 'So that they not only speak all without moving their Lips, but laugh extremely at the Europeans for distorting their Lips'. Noda Baxter y ffaith ddigrif hon i ddehongli'r ffenomen y cyfeiriwyd ati gan Lhuyd. Yna, y mae'n cynnig esboniad ar iaith fel y cyfryw a sut y daeth i fod, gan ofyn am farn ei ohebydd ar ei ddamcaniaeth. Cynsail ddigon rhesymol sydd iddi, sef athrawiaeth Aristoteles (a goleddwyd hefyd gan Locke, a chan Hermogenes yn nialog Platon) nad cynhysgaeth naturiol i ddyn yw iaith, ond mater o gonfensiwn, o ddyfais a chytundeb dynol. Cymer Baxter yn ganiataol fod datganiad Aristoteles yn gywir: 'No language is natural, but *ex instituto humano*' (402). Rhagdyb arall ei ymresymiad yw'r hyn a awgrymwyd gan chwedloniaeth y Groegiaid a'r Rhufeiniaid, sef bod dynion ac anifeiliaid yn yr Oes Aur wedi rhannu'r un iaith, a honno wedi'i ffurfio o 'Monosyllables and Interjections'. Enghreifftiau o hyn yw Homer yn sôn am Achiles yn cynnal sgwrs â'i geffylau, ac Ofydd yn disgrifio Cadmus yn ymgomio â sarff.

Syniad Baxter, felly, yw mai wrth i ddynion ddynwared y seiniau naturiol a glywsant o'u cylch y datblygodd iaith yn y cychwyn cyntaf. Dyma ddamcaniaeth a enillodd ei phlwyf yn ystod y ddeunawfed ganrif, yn arbennig yng ngwaith Johann Gottfried Herder a'i ddisgyblion, fel y cawn weld ym Mhennod 9. Y cam nesaf, yn ôl Baxter, oedd dyfeisio gwyddor o arwyddion i arwyddocáu'r gwrthrychau a achosai'r seiniau hynny:

> as the Sounds or *Potestates* of the Letters were first owing to the Imitation of Sounds natural, so the first Figures were contrived to signify, for the most part, the Things from which those Sounds were first learned.

Er enghraifft, mae *A* yn dynwared llais tarw, ac enw Baxter ar y llythyren hon, felly, yw *'Litera taurina* or *boans*'. Dysgasom yr ail lythyren, *'Litera balans* or *ovina*' gan y ddafad, a chan fod sŵn y llythyren *D* yn debyg i 'the Dabb which the closing to of a Leaf or a Door occasions', ei henw yw *'Litera janualis* or *occludens*'. Datblyga'r wyddor onomatopëig hon yn fwyfwy ffansïol, trwy *F* sy'n dynwared llais y gath (*'Litera felina*, first learned of the Cat, and of a grum sound') ac *I*: 'The Sound of the Letter seems to be that of the hizzing of a Stone or Bullet out of a Sling. And I take *Judaei* to be so named . . . they being excellent *Slingers*.' Enw Baxter ar hon yw *'Litera canens*'. Gwahaniaetha rhwng sŵn 'hizzing' yr *I*, a 'hissing' y gytsain *S* a fabwysiadwyd gan ddynion oddi wrth sain a siâp y sarff (*'Litera sibilans* or *anguinea*').

Nid yw Baxter yn dilyn yr egwyddor onomatopëig yn ddiwyro. Cymhara *Z* i sain ac iddi ffurf cyllell neu fachyn llyfnu, ac y mae'r llythyren *T* yn arwyddocáu siâp yn hytrach na sŵn morthwyl (*'Litera mallearis* or *feriens*'). Yn wir, awgryma'i wyddor weithiau mai ffurf y llythyren ysgrifenedig a ddaeth gyntaf, megis yn achos *M* (*'Litera aquosa* or *mugiens*'): 'the Character of it in Greek resembles the Undulation of Water'. Awgryma'i sylwadau ar *S* a *Z* fod rhyw berthynas gyfrin rhwng ffurf y llythyren ar bapur a'r sain y mae'n ddarlun ohono. Dengys cyfeiriadaeth helaeth Baxter yn y llythyr hwn ei ddiddordeb mewn damcaniaethau cyfriniol am natur iaith: er enghraifft traethawd Plutarch ar Isis ac Osiris, a gwaith Artemidorus ar ddehongli breuddwydion, yr *Oneirocritica*. Cyfeiria hefyd at wyddorau o wledydd y dwyrain – yr Aifft, Babylon, Samaria, Ethiopia, ac y mae'i ddyfyniad o waith Eustathius, dan y llythyren ddyfrllyd *M*, yn rhagfynegi athrawiaeth neo-Blatonaidd, Gabalistaidd Rowland Jones: 'Water', meddai Baxter, 'being the Mother of all Productions.' Cynrychiola Baxter a Jones draddodiad hir o syniadaeth gyfriniol am ddechreuadau a datblygiad iaith, y cawn sylwi arno eto.[25]

Mewn gwirionedd, y mae'n demtasiwn canfod yn y llythyr hwn rai o'r syniadau hanner-cyfriniol a ddaeth i'r amlwg yn ail hanner y ganrif, yng ngwaith Rowland Jones, Iolo Morganwg a William Owen Pughe. Gwelir ynddo hefyd awgrym o egwyddor ieithyddol arall a ddaeth i fri arbennig yn ystod y ganrif. Wrth i Baxter grynhoi'r wyddor gyfan ar ddiwedd ei lythyr (409–10) rhagdybia'r gred fod iaith yn datblygu wrth gyfuno seiniau, gan sôn am 'secondary alphabet' a ffurfir wrth ychwanegu *H*, *X*, neu *Ng* at seiniau eraill, 'as *Ha*, *He*, *Hi*, etc. *Bha*, *Cha*, *Dha*, *Lha*, etc.'. Nid annhebyg yw'r 'secondary Alphabet' hon, sy'n cyfuno seiniau yn eu tro, i 'egwyddor y ba, be, bw' y cafodd John Morris-Jones gymaint o hwyl am ei phen ar draul William Owen Pughe.[26]

Cynnwys llythyr Baxter, felly, awgrym o'r egwyddor synthetig a fyddai'n nodweddu ieitheg yn ail hanner y ganrif, yng Nghymru fel yn Lloegr a Ffrainc – y syniad mai adeiladwaith yw iaith, y gellir ei dadansoddi i'w helfennau mwyaf syml a chyntefig. Ochr yn ochr â hyn, ceir ganddo hefyd yr athrawiaeth naturiaethol sy'n gynsail i'w esboniad ar yr wyddor, sef bod seiniau llafar dynion wedi'u hetifeddu oddi wrth y creaduriaid eraill, ac yn efelychiad neu ddatblygiad o seiniau natur. Yn yr un modd, y mae'r hanesion am ddynion ac anifeiliaid yn cydymgomio yn cynrychioli ymdrech gyntefig, chwedlonol i esbonio datblygiad y geiriau cyntaf, wrth i ddynion ddynwared seiniau aflafar byd natur (409).

Ymhen degawd wedi'i farw, yr oedd cydweithwyr Edward Lhuyd yn parhau i drafod materion ieithyddol wrth ohebu â'i gilydd. Mewn llythyr at Moses Williams ym mis Awst (1719?), gwelir John Morgan yn croesawu bwriad Williams i gyhoeddi hen lawysgrifau Cymraeg.[27] Cyhoeddwyd y 'Proposals' ar gyfer hyn ar ddiwedd Gorffennaf, ac yr oedd Morgan wedi gweld hysbyseb amdanynt hefyd yn *Glossarium* cyntaf Baxter a oedd newydd ei gyhoeddi:

> Such Mss. seem to be absolutely necessary for all that design to write in that Language; and the spurious Idioms and Words which occur so frequently in Welsh Authors are to be imputed to their ignorance of the old Mss.

Ni newidiodd Morgan ei dôn, ac y mae'i eiriau'n ategu'r pwysigrwydd a rydd i astudio hen lawysgrifau er mwyn cael gwybodaeth gywir o'r iaith. Ofnai y byddai llyfr Baxter yn rhy ddrud iddo'i brynu. 'As for Mr. Baxter's Glossary,' meddai, 'it will prove a dear Book to me if I buy it . . . but I'll consider of it.' Yr oedd eisoes wedi sylwi ar bethau amheus yn rhestrau Baxter, ac nid oedd *Adversaria* Lhuyd y tu hwnt i'w feirniadaeth.

* * *

Un arall o ohebwyr Edward Lhuyd ar faterion ieithyddol oedd Henry Rowlands (1655–1723), ficer Llanidan ym Môn. Cartref Rowlands oedd un o'r rhai a grybwyllir gan John Morgan yn ei lythyr at Moses Williams yn 1714 fel man cymwys i holi am hen chwedlau a hanesion. Awgryma nodyn yn Llansteffan 96B fod Williams wedi cael budd o fath wahanol wrth ymweld â Rowlands yn Llanidan.[28] Ei nodyn i'r rhestr o eiriau a gasglodd yno yw: 'Out of Dr. Davies's Dict. inserted by himself. Mi ysgrifennais hyn yn nhy Mr Rowlands o Lan Nidan ym Mon.' Anogir ef gan Morgan i beidio â diystyru syniadau Henry Rowlands ar darddiadau Hebraeg rhai geiriau Cymraeg: 'which whatever you may at present think of, is thought to bear a great analogy with the Welsh; and Dr. Davies derives some words from thence very well'. Ond er bod rhestrau Moses Williams yn cydnabod y tebygrwydd i rai elfennau Hebraeg, nid oes tystiolaeth iddo dderbyn cyngor Morgan a dilyn John Davies a Rowlands wrth olrhain y Gymraeg yn ôl i'r iaith hynafol honno. Yr oedd damcaniaethu o'r fath ymhell o fryd Masoritaidd Moses Williams.

Bu Lhuyd yn cynnal gohebiaeth â Rowlands ar faterion o natur ieithyddol. Dengys eu llythyrau hefyd fod y ddau yn rhannu diddordeb yng ngwyddorau natur a henebion. Ym mis Chwefror 1702, ysgrifennodd Lhuyd at Rowlands mewn ateb i lythyr o drafodaeth ar enwau 'Brytanaidd'. Cytuno y mae â tharddiadau Rowlands ar y cyfan, ac fe'i hanoga i gasglu ychwaneg o enghreifftiau wrth ddarllen hen achau (Gunther, 480–3). Trafodir ymhellach y gyfatebiaeth rhwng llythrennau mewn gwahanol ieithoedd Ewropeaidd: Cymraeg, Gwyddeleg, Groeg, Lladin, Sbaeneg, Eidaleg, a'r ieithoedd Tewtonaidd. Croesewir syniad Rowlands am eirfa i ddangos y geiriau cyfatebol yn yr ieithoedd Celtaidd ('the several British dialects'), ac awgryma Lhuyd y byddai'r rhestrau geiriau a'r sylwadau gramadegol cymharol y bwriadai eu cynnwys yn ei *Archaeologia* yn cyflawni'r pwrpas hwnnw. Testun arall a oedd o ddiddordeb cyffredin i Lhuyd a Rowlands oedd dechreuadau'r iaith Wyddeleg, ac yn y llythyr hwn ceir datganiad pellach o ddamcaniaeth Lhuyd am natur ddeublyg yr iaith honno: 'the old British and the Scottish which they brought with them from Spain'. Noda hefyd bresenoldeb yr elfen Almaenaidd mewn Gwyddeleg: 'as Sneacht, Snow; Dorchadus, Darkness; Folamh . . . Hollow; Bir and Burn, Brook and Water, &c &c.'

Yn 1707, derbyniodd Lhuyd lythyr gan Rowlands yn Gymraeg, ac yn yr orgraff newydd ryng-Geltaidd a osododd allan yn Rhagymadrodd Cymraeg y *Glossography* (Gunther, 530). Y mae'n amlwg nad oedd y ddau yn hollol gytûn ynglŷn â hen hanes y Gwyddelod, Rowlands yn honni 'that we and the Irish came to Britain at once', a Lhuyd bod mwy nag un don o ymfudwyr. Cyhoeddwyd pump o'u llythyrau fel atodiad i waith mawr Henry Rowlands, a ymddangosodd yn Nulyn yn 1723 dan yr enw *Mona Antiqua Restaurata*.[29]

Dengys is-deitl y gyfrol honno – sef 'An Archaeological Discourse on the Antiquities, Natural and Historical, of the Isle of Anglesey, the Antient Seat of the British Druids' – y tebygrwydd a'r gwahaniaeth rhwng rhagdybion a bwriadau Rowlands ac eiddo awdur y *Glossography*. *Archaeologia Britannica* oedd teitl Lhuyd, a'i fwriad cyntaf oedd ymdrin â 'natural history' yn ogystal â hanes a hynafiaethau yn ei waith (Gunther, 130). Yn y diwedd, cynnwys yr unig gyfrol a ddaeth o'r wasg oedd ymdriniaeth ag ieithoedd, hanes ac arferion trigolion cysefin Prydain, ffrwyth pererindodau'r awdur yng Nghymru, Cernyw, Llydaw, yr Alban ac Iwerddon.

Yr oedd testun Rowlands yn fwy cul, ac ar yr un pryd yn lletach, nag eiddo Lhuyd. Astudiaeth o ieithoedd y gwledydd Celtaidd o'u cydosod â'i gilydd ac ag ieithoedd eraill oedd cyfrol Lhuyd, a honno'n astudiaeth ledwyddonol. Er bod ei rychwant daearyddol yn lletach, yn cynnwys pump o genhedloedd, yr oedd ei bwyslais ar eu hiaith (neu'u tafodieithoedd yn ôl ei syniadaeth ef) yn gulach. Ar y llaw arall, Ynys Môn oedd unig wrthrych diddordeb Henry Rowlands: Monwysyn ydoedd i'r carn, a hyderai y byddai'i waith yn profi hynafiaeth yr ynys a'i thrigolion, yn ogystal â'u hiaith. Man cychwyn Rowlands i'r pwrpas hwn oedd y gofod afluniaidd a gwag a fodolai cyn y cread. Felly, er mai cyfyngedig oedd ei ddiddordeb yn nhermau daearyddiaeth, yr oedd ei ymchwil yn ei arwain yn ôl trwy oesoedd hanes a chynhanes at gychwyn ontolegol y bydysawd. Er mwyn esbonio dechreuadau'r ynys hon, meddai, rhaid ymchwilio i gyflwr cyntefig y cyfan, a gosod i lawr yr achos am fodolaeth pob ynys: 'the *Physical* immediate Causes of all Islands in general' (*Mona Antiqua Restaurata*, 1).

Mewn cymysgedd ryfedd o chwedloniaeth llyfr Genesis a gwyddoniaeth fecanistaidd Newton, disgrifia Rowlands sut y daeth ei ynys enedigol i fod, trwy air Duw a goleuni natur, allan o'r anhrefn gyntefig o ddŵr a daear yn gymysg. Yr Ysbryd Hollalluog a osododd drefn ar y cyfan, meddai, eithr trwy egwyddor disgyrchiant y gwnaeth efe hynny:

> the Almighty Spirit put the distinct Parts thereof to exist and actuate their peculiar Tendencies and Gravitation, which Parts so moved and agitated by the Creator's Hand and then pursuing the Mechanical Tracks of Motion at length formed and brought forth those Separations, which the Holy Scriptures call the gathering together of the Waters, and the appearing of the dry Land. (1–2)

Y mae'n amlwg fod Rowlands yn gyfarwydd â'r wyddoniaeth newydd – crybwylla enwau Huygens, Isaac Newton (un o'i danysgrifwyr) ac eraill, a defnyddia ieithwedd fodern ei ddydd, ymadroddion fel 'gravitate', 'Center of Gravity' a 'Mechanical Law of Motion'. Ond golwg hollol ansoffistigedig sydd ganddo ar y cwbl. Dychmyga sut y bu deddfau natur yn gweithio wrth wthio'r gronynnau (*particles*) trymaf i'r gwaelod, a gwasgu allan y rhai dyfrllyd yn y broses o greu tir a môr. Dengys y rhagymadrodd i *Mona Antiqua Restaurata* gymysgedd hynod o ddylanwad methodolegol yr wyddoniaeth newydd ar y naill law, ac ar y llall barodrwydd naïf i fentro i gysgodion cynhanesyddol yr 'Ynys Dywell'.

Ar ddechrau'r rhagymadrodd gosodir allan y ddwy ffordd y gellir mynd ati i ymholi i hanes cynnar y ddynolryw:

> *Archaeology*, or an Account of the Origin of Nations after the Universal DELUGE, admits of two ways of Enquiry, either beginning at BABEL, the Place of Mankind's Dispersion, and tracing them downwards to our own Times by the Light of Records, which is HISTORY, and of Natural Reason, which is INFERENCE and CONJECTURE; or else beginning from our own Time, and winding them upwards, by the same Helps, to the first Place and Origin of their Progression. (1r)

I Rowlands y mae'r naill a'r llall o'r ddwy system ddiacronig hyn yr un mor ddilys, ond dewisodd ef y gyntaf, sef cychwyn yn y cychwyn, a dirwyn hanes ymlaen at amser dyfodiad y Rhufeiniaid. Y mae'n ymwybodol o'r peryglon sydd yn ei ffordd wrth fentro, fel y bwriada ei wneud,

> through some of the darkest Tracks of Time, to calculate the ARCHAEOLOGY, and to fetch out and put together some rude Stroaks and Lineamants of the ANTIQUITIES of the Isle of ANGLESEY from the first Planting to the Time of the Roman Conquest, mostly in an Hypothetical Way, or a rational Scheme of Enquiry. (1r)

Ymhyfryda Rowlands yn rhesymoldeb ei fethodoleg, eithr rhesymoldeb yn seiliedig ar anwythiad ydyw: disgybl i Newton yw awdur *Mona Antiqua Restaurata*, nid i Descartes. Y mae'n ymwybodol mai tebygolrwydd yn unig fydd cynnyrch ei ffordd ef o ymresymu, trwy hypothesis a chydweddiad. 'We may undertake', meddai yn ei ragymadrodd, 'to represent the Accounts and Transactions of the remotest Times, though not certain, yet what is next it, that is, highly probable, coherent and intelligible.' I Rowlands, y mae dilyn y method hwn yn ofalus mor gymwys i ymchwil hanesyddol ag i broblemau gwyddonol: 'as applicable to the HISTORY of Places and Actions as 'tis allow'd to be to that of Nature'.

Wrth fynd yn ôl i'r cyn-oesoedd, gwyddai mai ychydig o dystiolaeth a ddeuai i'w ran oherwydd absenoldeb croniclau a dogfennau. Eithr nid yw hyn yn rhwystr iddo:

> what shall we do? Shall we lie down and wallow with our Fore-fathers in the general Slumber . . . or like the Men of *Egypt*, shall we only confine our View to the praeterfluent Stream of Nile, and resolve to look no higher, because ('tis said) its Fountain-Head lies hid beyond the Mountains of the Moon? (1v)

Ei ateb i'r cwestiynau rhethregol hyn yw bod gennym rcswm a gwybodaeth yn rhoddion oddi wrth Dduw trwy gyfrwng Natur, a'n dyletswydd yw cu dcfnyddio a'u hehangu.

Cymhara Rowlands gofysgrifau hanesyddol â phelydrau'r haul, a rydd oleuni sicr a pherffaith. Eithr yn absenoldeb goleuni'r haul trosiadol hwn, y mae gennym yr hyn y mae'n ei alw yn 'little strinkling Lights, to be cautiously and warily made use of'. Enghreifftiau o'r canllawiau eilradd hyn yw arian bath, medalau, cofgolofnau ac, yn arbennig, 'the Analogy of Antient Names and Words'. Ymdrech dros dro i daflu goleuni ar hen hanes Ynys Môn yw ei lyfr ef, a hydera y daw rhyw ysgolhaig arall ar ei ôl i ategu'i ymchwiliadau trwy ddefnyddio'r un canllawiau ag yntau: 'from the NATURE OF THINGS, from RECORDS, TRADITIONS, remaining MONUMENTS etc' (2r). Rheswm a Natur yw'r cyfryngau y dylid eu defnyddio wrth osod cynseiliau i adeilad hanesyddol o'r fath.

Wedi tudalennau lawer ar destun ymffurfiad daearyddol yr ynys, daw Rowlands at ei thrigolion, a buan y daw i'r golwg mai coleddu'r hen draddodiad am feibion Jaffeth a wna, wrth ddilyn eu hynt a'u helynt ar eu taith tua'r gorllewin. Fe'u dychmyga'n ymlwybro trwy anawsterau lu hyd at 'the middle Point or Center of Mankind's Progression, viz. *Armenia* or *Caucasus*', ac oddi yno ymhen y rhawg, 'having once wafted and passed over the *Gallick* and *Belgick* Straights' yn cyrraedd glannau Ynys Môn (22). Yma crybwylla enw Pezron am y tro cyntaf, ond dengys ei eiriau nad yw'n ei ddilyn yn ddigwestiwn, oherwydd ei bwrpas ef yw darganfod hanes y trigolion cyntaf oll, tra oedd Pezron yn trafod teithiau'r Titaniaid a ddisodlodd y bobl gynhwynol yng ngwledydd Ewrop: 'What Dr *Pezron* relates from History concerns the *Titan* Conquests of those Countries, and not the first Planting of them' (19, nodyn). Wrth drafod perthynas yr iaith Gymraeg â'r Hebraeg ar ddiwedd ei waith, daw Rowlands yn ôl at Pezron a'i ddaliadau, gan fentro anghytuno eto â 'the late ever celebrated Person, Monsieur *Pezron'* ynglŷn â manylion y trefedigaethau Jaffethaidd. Nid oedd Pezron yn gwahaniaethu'n ddigon manwl, yn ôl Rowlands, rhwng 'the first *Planting Age*' a'r 'bustling *Warlike Age*' a ddaeth ar ei hôl (312). Yr oedd cronoleg y cyn-oesoedd yn bwysig i Henry Rowlands yn ogystal ag i Pezron ei hun a William Lloyd, 'Santasaphensis'.

Gwelwyd eisoes fod Rowlands yn beiddio anghytuno ag Edward Lhuyd hefyd. Eto, yr oedd ganddo barch arbennig i'w gydwladwr yn Rhydychen, a derbynia syniadau Lhuyd am y 'Celtiberiaid' yn Sbaen, a'i ddamcaniaeth mai cymysgedd o ieithoedd Prydain, yr Almaen a Chantabria oedd iaith Iwerddon. Ychwanega: 'its first Tongue we presume was British' (316). Ar ddiwedd y gwaith, telir gwrogaeth arbennig i Lhuyd: 'the late exquisitely learned and judicious Mr. Edward Lhwyd', am ei lafur 'in collecting and digesting the scatter'd Remnants of this antient celebrated Language' (316). Y 'Comparative Etymology' yw gwrthrych ei ganmoliaeth bennaf, am ei fod yn achub

> *Etymology*, or that Part of Learning which is so necessary to the tracing of the Origin of *Nations* and *Languages*, from the too common Contempt that was thrown upon it, as being but trifling and frivolous. (316)

Yn nhyb Rowlands, felly, offeryn oedd geirdarddiad a fyddai'n hyrwyddo ymchwil i ddechreuadau cenhedloedd a'u hieithoedd. Yn ei achos ei hun, hen hanes ei ynys enedigol oedd testun ei astudiaeth, ac yr oedd mor barod ag unrhyw un o'i gyfoeswyr i gynnig esboniad (mympwyol, gan amlaf) ar enwau lleoedd. Yr un enwocaf, fe ddichon, yw ei ddehongliad o 'Porthaethwy' fel *Porth-aeth-hwy*: 'the Passage which some before had pass'd over' (23). Ond yr un mor ffansïol yw ei eiriau ar darddiad enw'r ynys:

> We may well presume that they might properly call it *Y Von Ynys*, that is, the hindermost or furthermost Island . . . *Bôn* being in the *British* Structure the Radical of Môn, and signifying in the ancient *British*, as also in the *Irish* as much as *Caudex* or *Pars inferior*. (20)

Y mae ganddo lawer o darddiadau o'r fath, rhai ohonynt yn apelio fel hwn at forffoleg yr iaith. Eto i gyd, canfyddir ambell sylw treiddgar ynghanol y goedwig ieithyddol hon, er enghraifft, ei ddatganiad mai gosod ffurf Ladin ar yr hen enwau Galeg a Brythoneg yn unig a wnaeth Cesar, 'and leaves us to seek their Etymons, not in the *Roman*, but in our own Language' (22–4).

Pan ymwelodd Moses Williams â chartref ficer Llanidan, derbyniodd gyngor gan John Morgan, fel y gwelsom, i beidio â diystyru syniadau Henry Rowlands am y cysylltiad rhwng yr Hebraeg a'r iaith Gymraeg. Nid oedd na Morgan na Williams yn credu bod perthynas rhwng y ddwy iaith, ond yr oedd Rowlands yn dal i arddel yr hen ddamcaniaeth honno. Dywed yn ei ragymadrodd mai'i dueddfryd oedd 'to derive many Antient Names of THINGS appertaining to RELIGION and other Antient USAGES, from the Primitive Hebrew Tongue' (2v), ac y mae'n annog ei ddarllenydd i ymatal rhag ffurfio barn nes iddo ddarllen y rhestr gymharol o eiriau Hebraeg a Chymraeg ar ddiwedd ei gyfrol. Y mae'r rhestr honno, y nodyn rhagymadroddol iddi, a'r sylwadau ieithyddol sy'n dilyn, yn atodiad pwysig i waith Rowlands, ac yn dangos ei ddyled, nid yn unig i Charles Edwards, ond hefyd i Pezron ac Edward Lhuyd.

Ond cyn cyrraedd yr atodiad, rhaid ceisio olrhain athrawiaeth ieithyddol Rowlands yng nghorff ei destun. Gwelir hynny yn fwyaf cryno (os dyna'r gair am draethu geiriog mewn Saesneg idiosyncrataidd iawn) yn y chweched adran yn rhan gyntaf y gwaith, 'Of the First Language spoke in this ISLE of *Mona* and whether it be the same with the present *Welsh*'. Wrth gychwyn, y mae Rowlands yn ailadrodd ei fwriad i ddefnyddio rheswm wrth arwain ei ddarllenydd trwy dywyllwch dechreuadau cenhedloedd ac ieithoedd. Bydd ei fethodoleg wedi'i seilio ar 'a rational Coherence and Congruity of Things, and plain and natural Inferences and Deductions grounded thereon' (32). Cyfeiria at awdurdodau hefyd – Bochart a Camden, er enghraifft – i ddangos y gellir olrhain enwau daearyddol yn Ffrainc a Phrydain i wreiddiau Cymraeg cyfoes: 'our present *Welsh* and *British Etymons*'. Adlewyrchiad o athrawiaeth John Locke am y berthynas rhwng syniadau a geiriau sydd yn ei osodiad nesaf, sef bod yr enwau hyn yn dynodi natur y lleoedd a gynrychiolir ganddynt, 'as the first imposed Names, that were compounded of two or more Sounds expressing different Ideas, generally did'.[30]

Wrth ddadlau mai un o ieithoedd mwyaf hynafol y byd yw hen iaith Prydain, 'call it *Celtish* or *British*, or what you will' (33), gwelir Rowlands yn ymgodymu â'r ddadl oesol pa un ai naturiol ynteu wedi datblygu'n fympwyol y mae ymadrodd dynol. Yn ei farn ef (ac yn hyn eto y mae'n debyg i Locke), y mae'r ddau faentumiad yn wir. Yn y dechreuad, cynysgaeddwyd dynion gan Dduw â'r gallu i ymadroddi er mwyn iddynt gyfathrebu â'i gilydd wrth hysbysu'u meddyliau a'u teimladau. Y cyfryngau oedd ganddynt i wneud hyn oedd 'certain audible Notes and Marks of Things', sef seiniau llafar a gynhyrchir gan organau'r llais. Ond er mai dawn naturiol yw hon, golyga ei defnyddio wneud dewis: y mae'n 'altogether Arbitrarious and Elective, that is in short, although it be natural to speak, yet to speak this or that Tongue or Language, is plainly Artificial and Voluntary' (33).

Wedi'r cymysgu ym Mabel, amddifadwyd dynolryw o bopeth ond y ddawn gynhenid hon i lefaru. Hynny yn unig oedd gan ddynion i'w cynorthwyo i ffurfio ieithoedd newydd er mwyn cyfathrebu â'i gilydd unwaith eto mewn cymdeithas. Er iddo gynnig ei esboniad yn nhermau chwedlonol llyfr Genesis, y mae'n werth crybwyll yma fod Rowlands yn ei ddisgrifio mewn nodyn fel 'an easy and natural Account of that Procedure, without receding to Miracles' (34). Esboniad naturiaethol sydd ganddo, felly, o'r modd y llwyddodd ein cyndeidiau yn y Dwyrain Canol i adfer iaith a ffurfio amrywiaeth o ieithoedd am y tro cyntaf. Gwnaethant hyn, meddai, trwy gydio at ei gilydd y darnau bratiog o'r heniaith a arhosodd yn eu cof. Y 'Relicks and Ruins' hyn a ddaeth yn gynseiliau i adeiladedd ieithyddol newydd.

Gan mai Hebraeg oedd yr iaith gyffredin gyntaf oll, olion yr iaith honno oedd sail yr amryfal ieithoedd a ddaeth i fodolaeth wedi Babel. Y mae'n naturiol, felly, yn ôl ymresymiad Rowlands, fod gan ieithoedd hynafol y byd fwy neu lai o eiriau Hebraeg ynddynt i'r graddau y bu iddynt ddirywio o'u ffurfiau cysefin. O dipyn i beth datblygodd yr ieithoedd newydd o'r 'rude gross unshapen Forms of Speech' a fodolai wedi dymchwel y Tŵr. Pwysleisia'r awdur mai tlawd a llwm oedd ieithwedd y bobl yn union ar ôl y drychineb, a hynny am y rheswm mai 'flat and vulgar' oedd cysyniadau pobl a oedd â'u bryd yn unig ar drafferthion sylfaenol bywyd: 'obvious Rusticities, and the more urgent Concerns of Life' (34). Gan mai mewn geiriau yr adlewyrchir syniadau, dychmyga Rowlands mai anghelfydd a phrin oedd ymadroddion y bobl hyn, ac awgryma mai pentwr amrwd o eiriau unsill oedd ganddynt yn unig, ynghyd ag ychydig eiriau cyffredinol ac enwau cyfansawdd – dosbarthiad sydd eto'n atgoffa'r darllenydd fod yr awdur hwn wedi darllen Locke.

Gyda threigl amser ac wrth i ragor o hamdden ddod i'w rhan, cafodd y bobl gyntefig a drafodir gan Rowlands yma gyfle i ddyfnhau'u syniadau ac ehangu'u mynegiant. Felly, daeth cyfnod o 'osod sglain ar yr iaith' wrth iddynt ddyfeisio geiriau newydd neu gydosod yr hen rai i ffurfio stôr o gyfansoddeiriau ychwanegol (35). Yn y modd hwn y datblygodd ieithoedd a thafodieithoedd amrywiol mewn gwahanol rannau o'r byd, yn ôl anianawd y bobl a'r amgylchiadau daearyddol o'u cylch: 'And hence the mighty differences at this day in the Dialects of the *Sclavon*, *Teutonick*, and in our own antient *British* Tongue do proceed'. Wrth iddynt ddatblygu ar wahân, ymddangosent yn ieithoedd gwahanol, 'as the *Welsh* and *Cornish*, *Highland-Scotch*, *Bretoon* and *Irish* now do'. Dilyn Edward Lhuyd y mae Rowlands wrth bwysleisio mai cangen o'r un iaith wreiddiol yw'r rhain, yn union fel y mae Lladin yn famiaith i Eidaleg, Ffrangeg a Sbaeneg (35).

Elfen hanfodol mewn datblygiad iaith, yn ôl Rowlands, yw benthyca geiriau estron. Yn achos Mona, yr oedd y boblogaeth wedi ymsefydlu yn rhy bell oddi wrth ieithoedd eraill i hyn ddigwydd, a bu rhaid i'w hiaith ei hadnewyddu'i hun o'r tu mewn yn llwyr, gyda'r canlyniad mai hi yw'r hynaf a'r buraf o dafodieithoedd Prydain (35–6).

Eithr yr achos pennaf dros ragoriaeth tafodiaith yr ynys oedd presenoldeb y derwyddon (36). Gan eu bod yn berchen ar y meddyliau dwysaf a mwyaf treiddgar, yr oedd cyfrwng eu mynegiant hefyd yn fwy coeth a chywrain nag oedd yn gyffredin yn eu dydd:

> The vulgar Tongue . . . under the Influence and Correction of so great Magisters of it, as these *Druids* may be presum'd to have been, must needs participate very much of the Copiousness and Clearness of these Fountains; and by doing so, expatiate and unfold it self in numerous variety of well chosen fitted Words . . . (36)

Trwy gyfrwng y derwyddon, felly, y daeth yr iaith i fynegi pob math ar gysyniadau haniaethol ym myd moeseg, metaffiseg, crefydd, dewiniaeth a'r gyfraith, a hynny mewn modd cryno a manwl.

Dychwelodd Henry Rowlands at y derwyddon yn yr wythfed a'r nawfed adran o'i waith a datgan eto y rhan hanfodol a chwaraeasant yn ffurfiant yr iaith ym Môn. Trwy ddatblygu cyfangorff cysyniadol, symudodd o'i dechreuadau cyfyng ac amrwd i gyflwr llawer mwy helaeth a chaboledig: 'more Trim and Copious' (54). Noda'r ffaith fod datblygiad iaith yn arwain at ddarganfod gwybodaeth newydd, heblaw ychwanegu at lawnder a chynildeb mynegiant. Y pryd hwn, medd Rowlands, y datblygodd ymadrodd a gydweddai'n hollol â'r hyn a fynegai. Cafodd poblogaeth yr ynys gyfle i wneud

> ample Discoveries into the Nature, Habitudes and Concatenation of Things, to which their excogitated sounds, and new form'd Words, were in a regular Structure of Speech, to have an agreeable Reference and Proportion. (54)

Amcan gweithgaredd ieithyddol y derwyddon, yn namcaniaeth Rowlands, oedd cadw i'r oesoedd a ddêl yr hen wybodaeth o'r amser cyn y Dilyw, a ddaeth i lawr atynt wrth iddynt etifeddu gweddillion yr Hebraeg wedi dyddiau Babel. Defnyddia yma y gair *cabala* i ddynodi'r wybodaeth gyfrin honno (54, 55, 61, 62). Wrth ddatblygu'u hymadrodd i gwmpasu'r astudiaethau hyn, yr oedd yn angenrheidiol iddynt ddyfeisio geiriau a fyddai'n adlewyrchu natur ac ansoddion pethau'u hunain: 'Names agreeable with the Natures and Properties of Things and Actions' (55).

Fe'n hatgoffir eto gan yr agwedd hon ar fyfyrdodau Rowlands o'r dadleuon ieithegol yn y *Cratylus*, ac am benbleth athronwyr iaith yn yr ail ganrif ar bymtheg, wrth i hen gred yr Oesoedd Canol fod geiriau'n arwyddo pethau'n unionsyth a digyfrwng gilio o flaen yr athrawiaeth newydd mai syniadau yw gwrthrychau uniongyrchol gwybodaeth. Os yw hyn yn wir, nid yw geiriau yn ddim ond cysgodion pellennig o'r hyn sy'n bod, heb y grym i adlewyrchu'r byd fel y mae. Yr oedd yr ymchwil am iaith a fyddai'n adlewyrchu'n berffaith y pethau a fynegir drwyddi yn un o ddiddordebau pennaf y ddeunawfed ganrif hefyd, pryd y cysylltwyd, fel y cawn weld, ddyhead y ganrif flaenorol am iaith gyffredinol, 'athronyddol' â'r ymgais i fynd yn ôl at y dechreuadau, er mwyn dod o hyd i wir natur iaith a pherthynas ieithoedd â'i gilydd.

Pwysleisia Rowlands mai dysgeidiaeth lafar oedd gan y sect dderwyddol, o leiaf ar y cychwyn. Yn ddiweddarach, dyfeisiodd derwyddon Iwerddon system o lythrennau (Ogam). Awgryma'r awdur mai dirywiad oedd y rhain o'r llythrennau Groeg a ddefnyddiwyd weithiau gan y derwyddon, yn ôl Iŵl Cesar (108–9). Anfantais i dderwyddon Prydain, ym marn Rowlands, oedd eu dirmyg at y gair ysgrifenedig. Yn annhebyg i'w brodyr yn Iwerddon, yr oeddynt yn 'humorously bigotted in their way, by their haughty disdain of letters and contempt of Writing'. O ganlyniad, bu rhaid iddynt gadw eu cyfrinachau iddynt eu hunain: 'treasured all in their own Noddles' yn ymadrodd anfarwol Rowlands (25).

Iaith gysefin yr ynys a leferir o hyd ym Môn, meddai Rowlands eto, wedi'i choethi a'i hehangu gan y derwyddon, a'i melysu gan eu disgynyddion, y beirdd (36). Er bod cenhedloedd eraill wedi goresgyn yr ynys, ni lwyddasant i wthio eu hymadrodd ar y trigolion. Eto, yr oedd yn rhaid i'r iaith newid 'according to the variety of Times, and Humours of Peoples, and so like a long continued River take in many Branches, and probably lose a few, in its constant Flux and Current' (37–8). Ennill a cholli geiriau, felly, oedd ei hanes dros y canrifoedd, a dychmyga'r awdur fod llawer o eiriau wedi diflannu 'which were before perhaps the Flowers and Ornaments of our Language' (38). Dyfala Rowlands mai ymadroddion yn perthyn i'r hen grefydd a chyfreithiau darfodedig oedd y rhain.

Yr elfennau arhosol mewn iaith, medd yr awdur hwn, yw'r rhai hynaf oll, sef enwau pethau cyffredin. Dangosir hyn gan y gwreidd-eiriau hynafol mewn enwau cyfansawdd: 'those most antient Sounds and Monosyllables out of which they have been compounded' (38). Y geiriau unsill hyn oedd defnydd crai iaith yn y dechreuad, ac yr oeddynt yn rhagori ar y rhai cymhleth gan eu bod wrth eu natur yn cyfleu pethau fel y maent. Hanfod y geiriau unsill cysefin hyn, medd yr awdur mewn adran bwysig o'i waith, oedd eu bod yn mynegi natur ac ansawdd unigol y pethau o'n cylch.

Daw hyn â Rowlands yn ôl at y tebygrwydd rhwng y Gymraeg a'r iaith gyntaf dybiedig honno, yr Hebraeg, nid yn unig yn eu hynganiad a'u geirfa, ond hefyd yng nghystrawen y ddwy iaith (39). O'r ffynnon gysegredig hon y tarddodd ein hiaith, o leiaf 'in the more radical Strokes of it'. Ymhelaethu ar y datganiad hwn a wna'r atodiad ar ddiwedd y llyfr (273–317), sef rhestr o eiriau Cymraeg, Lladin a Hebraeg i ddangos y tebygrwydd rhwng yr ieithoedd hyn, ynghyd â nodyn ar y dechrau, a sylwadau pellach yn dilyn yr eirfa. Rhestrau Charles Edwards yn *Y Ffydd Ddi-ffuant* yw ffynhonnell y rhain, fel y mae Rowlands yn cydnabod yn gryno, a daw ei deyrngarwch i'r ddamcaniaeth honno yn hollol glir mewn geiriau ar ddechrau'r sylwadau ar y rhestr:[31]

> The great Analogy and the unaffected Resemblance between the Primitive and Derivative Words in this Catalogue (abating the different ways of pronunciation in different Languages) is a plain and ample Evidence that the several Words of the Languages therein mention'd, owe their *Origin* to, and Derivation from, the first and most antient Language of Mankind, generally call'd the *Hebrew* Tongue: And our *British*, even in the State it is at present (for I meddle not with any, or very few of its old, *obsolete* Words) having more Sounds in it, agreeing with that Primitive Tongue, than all the rest (altogether) is also an Argument that this *British* Tongue was in its first Structure and Origin, one of the primary Issues of it; and that if we give way to *Criticism* and Etymology, it must be from the Original Language, we ought to derive and account for many Words and Names in our *British* Tongue, which otherwise would be unaccountable (289).

Er mai dychwelyd at hen ddamcaniaeth a oedd wedi lled-golli'i grym erbyn ei amser ef a wnaeth Rowlands yn yr atodiad hwn, gwelir ynddo yr un pryd ymgais i ddehongli datblygiad ieithoedd mewn modd naturiaethol, a hyd yn oed fecanyddol. Yn wir, y mae'r rhagymadrodd o flaen y rhestrau yn helaethu ar yr awgrym yn y chweched adran o'r llyfr mai gwahaniaeth mewn ffactorau naturiol, megis organau'r llais, sy'n achosi'r amrywiaeth mewn ieithoedd ar hyd wyneb y ddaear. Eglura'r awdur mewn nodyn fod y gwahaniaethau ffisiolegol hyn yn eu tro yn dibynnu ar achosion daearyddol, a hyd yn oed amrywiaeth bwyd a hinsawdd: 'The peculiar Moisture of one Country, the Drought of another (other Causes from Food, etc, concurring) do extend or contract, swell or attenuate the Organs of the Voice . . .' (277, nodyn). Effaith hyn i gyd yw'r anhawster i ynganu ieithoedd estron, hyd yn oed ieithoedd a darddodd o'r un ffynhonnell, a dyma'r rheswm am yr amrywiol ffurfiau yn y rhestrau Cymraeg, Lladin a Hebraeg: yn y dechreuad yr un oedd y seiniau – tyfu ar wahân a wnaethant dros ganrifoedd o amser, ac mewn gwahanol fannau yn y byd.

Wrth droi at sut y tyfodd yr iaith Gymraeg o'i gwreiddiau yn y dwyrain, ystyria Rowlands y posibilrwydd ei bod wedi cyrraedd ynys Prydain o Phoenicia, 'by the Tin-Traders' (289). Ond gwrthod y ddamcaniaeth hon a wna, a dechrau ystyried datblygiad cynnar iaith yn nhermau'r hanes yn llyfr Genesis, o ardd Eden hyd at y drychineb ieithyddol ym Mabel. Un iaith oedd ar wyneb y ddaear tan yr amser hwnnw, ond wedi'r alanas nid oedd gan ddynion ond brith atgofion o'u heniaith, a bu rhaid iddynt adeiladu stoc o eiriau i ffurfio ieithoedd newydd. Nid oeddynt yn hollol ddiymadferth, serch hynny, gan eu bod wedi'u cynysgaeddu o'r cychwyn â'r ddawn i ymadroddi. Dawn ddwyfol oedd hon, a gweithred gyntaf Adda, wedi'i greu ar lun a delw Duw, oedd llefaru (291).

Er iddo ddehongli pennod gyntaf Genesis mewn ffordd lythrennol, y mae Rowlands yn portreadu'r Duwdod yma fel athronydd o ysgol John Locke (*ante verbum* fel petai):

> In that which we may call the *Language* of God, as to the Quality and Use of it, we may observe him to make use of *General Terms* to express *Abstract Ideas*, together with what they call *Mixed Modes* and *nominal Essences*, even before Adam was created, which yet *Some* would fain make to be the meer Creatures of Human Understanding, which strictly taken cannot be true, since God used them before Man was created . . . (292)

Dilyn yr 'holy Penman' (298) a wna Rowlands eto wrth groniclo sut y cymysgwyd ieithoedd y byd ym Mabel. Canlyniad hyn, meddai, oedd mai cylchoedd bach o bobl yn unig oedd yn deall ei gilydd, gan fod Duw wedi dyfeisio amryw famieithoedd ('several Mother-Tongues') yn lle'r hen iaith gyffredin (303). Petai'r amryfusedd wedi bod cynddrwg fel bod pob person unigol yn berchen ar ei iaith ei hun, amhosibl fyddai cyfathrebu mewn cymdeithas, a byddai ganddynt 'a goodly Stock of Tongues, far better for *Soliloquies*, than for Conversation and Society'. Fodd bynnag, adlais arall o syniadau Locke ar gyd-berthynas geiriau, syniadau a phethau (*Essay*, III.i–ii) sydd yn nisgrifiad lliwgar Rowlands o sut y daeth yr ieithoedd newydd i fod:

> their inward Thoughts, wanting their accustom'd former Vents, began to glow and burn within them, pushing them to form new Sounds, and to tack and fasten them to such Ideas, as every minute called for, and wanted their Assistance; which tacking of sounds to Ideas, and Ideas to Things, is properly the *ground-work* of all *Languages*. (305)

Efallai fod adlais o ymresymiadau John Davies, Mallwyd, i'w glywed yn esboniad Rowlands ar sut y daeth yr Hebraeg i fod yn sail i amryfal ieithoedd goroeswyr Babel. Ar wahân i ryw atgof drylliedig o'r hen iaith, yr oedd ganddynt (yn rhagluniaethol) gymdogion a ddihangodd o'r drychineb, sef llwyth yr Heberiaid, a'u hiaith hwy, sef yr Hebraeg, a fu'n gymorth iddynt ffurfio ieithoedd newydd allan o adfeilion yr hen un. Dyna'r rheswm, meddai Rowlands, fod cymaint o eiriau Hebraeg mewn ieithoedd eraill, 'particularly our own' (308). Felly, trwy hil Jaffeth a'i feibion Gomer a Javan y daeth yr hen iaith Geltaidd i Ewrop. Hon oedd mamiaith y cyfandir ('the Mother of most of the antient Tongues of *Europe*'), ac fe'i cyfansoddwyd i raddau helaeth iawn, yn ôl Rowlands, trwy fenthyciad o'r Hebraeg (308). Nid trwy ddamwain y mae ieithoedd Ewrop i gyd yn tarddu o'r un ffynhonnell: 'the antient *Hebrew* tongue' (309).

Wrth ddilyn meibion Jaffeth ar draws y cyfandir, dibynna Rowlands ar ddatganiadau Pezron, 'this learned Breton', fel y'i gelwir ganddo (311–14). Fel Cymro, y mae'n datgan yn arbennig ei ddiolch iddo am olrhain ein hiaith ar hyd y canrifoedd:

> We, the Remains of the *British* Nation, who have sole Interest in the honour of this antient *Celtic* Tongue, are for ever obliged to that great Light of our *British* Antiquities, the learned *Pezron*, for his extraordinary Pains and Industry . . . (316)

Wrth ddatgan dyled ei genedl i'r Llydäwr Pezron, nid yw awdur *Mona Antiqua Restaurata* yn anghofio talu teyrnged i'w gydwladwr

Edward Lhuyd (316). Y 'Comparative Etymology' yw testun ei ganmoliaeth yn arbennig, nid yn unig am fod yr awdur wedi adfer enw da geirdarddiad, ond hefyd am iddo ffurfio peirianwaith o reolau yn seiliedig ar fyrddiynau o enghreifftiau, i ddangos sut yn union y mae ieithoedd yn datblygu. Camp arbennig Edward Lhuyd, yng ngolwg ei gyfaill Rowlands, oedd y cyfangorff hwn o 'Rules of Etymology' (316), rheolau a oedd yn ategu ei syniadau yntau am y modd y tyfodd ieithoedd Ewrop ar wahân, wrth fenthyca a chydgymysgu, wrth gydio sillaf wrth sillaf i greu geiriau mwy cymhleth, neu wrth golli sillafau.

Yr oedd yn amlwg i Rowlands mai gwahanol iawn oedd methodau Pezron a Lhuyd, ond tybiai mai'r un oedd eu bwriad, sef olrhain ieithoedd Ewrop yn ôl at un 'famiaith' gyffredin (317). Argyhoeddiad Pezron oedd mai'r iaith Geltaidd oedd hon, eithr ni fentrodd Lhuyd ei henwi: 'which Language indeed Mr *Lhwyd* leaves modestly undecided, by Monsieur *Pezron* is *determin'd* to be the *Celtick*'. Ymfalchïa Rowlands yn ei dyb ei fod yntau wedi cario'r ddadl gam ymhellach yn ei ymgais i brofi bod y Gymraeg yn tarddu'n syth o'r Hebraeg, ac felly mai hi yw'r iaith fwyaf hynafol ac anllygredig yn y gorllewin.

Pwysleisiodd mwy nag un ysgolhaig odrwydd *Mona Antiqua Restaurata*, ond y mae'n werth ymdrechu i'w ddarllen, er gwaethaf yr ailadrodd mynych, a'r ieithwedd ddihafal.[32] Iaith estron oedd y Saesneg i Rowlands, ac y mae i lawer o'i ymadroddion eu swyn esoterig eu hunain. Ar ben hynny, y mae'n ddiamau fod y gyfrol yn gyfraniad sylweddol i syniadaeth ieithyddol yng Nghymru. Yr oedd cryn ddarllen arni yn ystod y ddeunawfed ganrif, ac wedi 1740 ailgylchwyd ei syniadaeth yn nhudalennau llyfr hanes poblogaidd arall, *Drych y Prif-oesoedd* Theophilus Evans.[33]

Edrych yn ôl ac ymlaen ar yr un pryd a wna'r awdur o Fôn. I'r graddau iddo fabwysiadu fframwaith chwedlonol llyfr Genesis a'r dyb mai Hebraeg sydd wrth wraidd y Gymraeg, clymodd ei syniadau wrth y gorffennol. Ond, y tu mewn i'r fframwaith hwnnw, eglura ddatblygiad iaith yn nhermau peirianwaith y corff ac amrywiadau naturiol yr amgylchfyd, fel y gweddai i un o feddylwyr yr Oes Oleuedig. Yn y gwaith hwn, ymddangosodd y derwyddon eto ar lwyfan astudiaethau ieithyddol, a chyn diwedd y ganrif daethant i ennill lle pwysig yno. Eithr arwyddocâd ieithyddol y derwyddon yn *Mona Antiqua Restaurata* oedd eu bod yn ddosbarth o ddeallusion a meddylwyr a dywysodd yr iaith o symledd diriaethol y bywyd cyntefig i fedru cyfleu syniadau cymhleth a haniaethol. Cynrychiolant duedd neu broses yn natblygiad iaith, yn hytrach na chyfnod penodol mewn hanes.

Dengys yr awdur ei fod yn gyfarwydd â'r datblygiadau mewn gwyddoniaeth ac athroniaeth a nodweddai'i gyfnod, a hynny heb anghofio syniadau'r oes o'r blaen am y berthynas agos rhwng enwau a phethau. Adlewyrcha gyfyng-gyngor athronwyr y ddeunawfed ganrif wrth iddynt wynebu'r broblem o bontio'r agendor rhwng gwrthrychau a geiriau. Dyfynna awduron yr hen fyd a ysgrifennodd ar faterion ieithyddol, a gwyddai hefyd am syniadau ieithegwyr diweddarach, Scaliger a Bochart, er enghraifft, a'i gyfoeswyr ef ei hun, Pezron ac Edward Lhuyd. Deallai nad ffenomen hollol statig yw iaith, fod ieithoedd yn newid yn barhaus wrth fenthyca geiriau a'u cymathu yn ôl rheolau cyson. Dewisodd gymhariaeth ffrydiau yn rhedeg i afon i gyfleu hyn, ond defnyddiai hefyd y model o deuluoedd ieithyddol wrth drafod sut y mae ieithoedd yn perthyn i'w gilydd.

Dychmygodd Henry Rowlands iaith yn datblygu wrth i bobl ehangu a dyfnhau'u meddyliau, a chydio un sillaf wrth y llall i gyfleu syniadau mwy cymhleth a haniaethol. Yn hyn, hefyd, ymdebygai i ieithegwyr eraill y ganrif a oedd yn ymagor. Gwelsom fod Lhuyd yn gwahaniaethu rhwng 'primitive and derivative words', ac yr oedd Pezron yn enwog am ddysgu bod iaith yn datblygu o'r syml i'r cymhleth. Ymhen rhai degawdau newidiodd ffocws ieithyddol Ewrop i'r cyfeiriad hwnnw, ac nid oedd ieithyddion Cymru yn wahanol i'w cymheiriaid yn Lloegr ac ar y cyfandir wrth goleddu'r pwyslais newydd. Eithr arhosodd yr awydd oesol i ailgyplysu adfeilion Babel, ac yn hynny o beth yr oedd awdur *Mona Antiqua Restaurata* yn tramwyo ar draffordd syniadaeth ieithyddol a ymestynnai ar draws Ewrop gyfan.

NODIADAU

1. Ar David Parry, gw. R. F. Ovenell, *The Ashmolean Museum 1683–1894* (Oxford, 1986), 108–12. Cyfeiriadau yn y testun at Edward Lhuyd, *Archaeologia Britannica . . .* (Oxford, 1707), ac yna at *Life and Letters of Edward Lhwyd*, gol. R. T. Gunther (Oxford, 1945).
2. Gw. John Davies, *Bywyd a Gwaith Moses Williams 1685–1742* (Caerdydd, 1937), 8.
3. Ar Maunoir, gw. Rhisiart Hincks, *I Gadw Mamiaith mor Hen* (*Cyflwyniad i Ddechreuadau Ysgolheictod Llydaweg*) (Llandysul, 1995), 77, 78, 104–12, 131, 134, 135. Am gopi a nodyn Lhuyd, 132 a n. 16.
4. John Davies, *Moses Williams*, 109–10.
5. Theophilus Evans, *Drych y Prif Oesoedd*, gol. Garfield H. Hughes (Caerdydd, 1961), 117.
6. E.e. Llsgrau Llansteffan 55B, 139–43D, 102D, 86B, 96B.
7. Gw. hefyd *Geiriadur Prifysgol Cymru*, dan *blod* a *creth*.

8. Ar Baxter, gw. Arthur Percival, 'William Baxter', *Trafodion Anrhydeddus Gymdeithas y Cymmrodorion* (1957), 58–86.
9. Gw. *Geiriadur Prifysgol Cymru* dan *het*. Gwelir *Lexicon Cambro-Britannicum* William Gambold yn Llsgrau Llansteffan 189B, 190B. Gw. hefyd Pennod 6 yma.
10. Llansteffan 20, 12–13. Ar Morgan, gw. Saunders Lewis, 'John Morgan', *Y Llenor*, 1 (1922), 11–17; John Davies, *Moses Williams*, 12, 13, 55–6, 69–75, 87. Ceir cyfeiriadau ato yn *The Letters of Lewis, Richard, William and John Morris, of Anglesey (Morrisiaid Môn) 1728–1765*, gol. J. H. Davies, 2 gyfrol (Aberystwyth, 1907, 1909), i. 3, 97, 106, 180, ac *Additional Letters of the Morrises of Anglesey*, gol. Hugh Owen, *Y Cymmrodor*, xlix, 2 gyfrol (London, 1949), ii. 661–2.
11. LlGC Llsgrau Ych. 17B, 11–17. Copi Lewis Morris yw hwn, a gyhoeddwyd yn *Cambrian Register*, 2 (1799), 536–9. Gw. hefyd John Davies, *Moses Williams*, 72–4.
12. LlGC Llsgrau Ych. 17B, 15; *Cambrian Register*, 2, t. 538.
13. John Davies, *Moses Williams*, 71–2; LlGC Llsgrau Ych. 17B, 21–2.
14. John Morgan, *Myfyrdodau Bucheddol ar y Pedwar Peth Diweddaf* . . . (Llundain, 1745), 21–2; John Davies, *Moses Williams*, 87.
15. LlGC 309E, 167. Gw. P.-Y. Pezron, *Antiquité de la nation et de la langue des Celtes* . . . (Paris, 1703), 275, a'r cyfieithiad, *The Antiquities of Nations . . . Englished by Mr. Jones* (London, 1706), 194.
16. *Philosophical Transactions*, 25 (July–September, 1707), No. 311, 2438–44 (cyfeiriadau yn y testun). Gw. hefyd John Kenyon, 'William Baxter and Edward Lhuyd's *Archaeologia Britannica* (1707), *Bwletin y Bwrdd Gwybodau Celtaidd*, 34 (1987), 118–20; Nesta Lloyd, 'The Correspondence of Edward Lhuyd and Richard Mostyn', *Flintshire Historical Society Publications*, 25 (1971–2), 31–61 (34).
17. LlGC 309E.
18. LlGC 309E, 83. Bu Lhuyd ei hun yn achwyn am arferion argraffwyr a llyfrwerthwyr yn ei ragymadrodd Cymraeg i *Archaeologia Britannica* (e2v).
19. Llansteffan 33D; Gunther, *Life and Letters* . . ., 545.
20. Percival, 'William Baxter', 75.
21. Fe'i rhwymwyd gyda 'Proposals' Moses Williams i gyhoeddi *A Collection of Writings in the Welsh Tongue* . . . (13 July 1719) a phapurau eraill.
22. Ymhlith papurau Moses Williams yn nwylo William Jones oedd llythyr John Morgan y cyfeirir ato yn n. 11 uchod (LlGC Llsgrau Ych. 17B) ac a gyhoeddwyd yn y *Cambrian Register* yn 1799 gyda nodyn gan Lewis Morris. Dywed Morris yn filain am Moses Williams a'i lawysgrifau: 'Some he bought, some he begged, and stole a great many, and some from Hengwrt; and they are all now in the hands of William Jones, London' (540). Gwelir enw 'Mr. William Jones, Teacher of Mathematicks, FRS' hefyd ymhlith y tanysgrifwyr i lyfr Williams, *Cofrestr o'r Holl Lyfrau Printjedig* . . . (Llundain, 1717). Ar William Jones FRS a'i fab, Syr William Jones, yr ieithydd enwog, gw. ymhellach Penodau 1, 5, 10 ac 11 yma.
23. Moses Williams, *Proposals for Printing by Subscription, A New Edition of Dr. Davies's Grammar and Dictionary with Additions* (London, 1713 neu 1714).
24. Adargraffwyd *y Glossarium Antiquitatum Britannicarum* yn 1733, a'r *Reliquiae* yn 1731, heb ychwanegiadau. Rhestrir y *Reliquiae* yng nghatalog llyfrau Syr William Jones a werthwyd ar ôl ei farw. Gw. R. H. Evans, *Catalogue of the Library of the late Sir William Jones* . . . (London, 1831).

25. Trafodir syniadau Rowland Jones ym mhennod 8 yma. Ar ddiddordeb Baxter mewn breuddwydion, gw. Percival, 'William Baxter', 82.
26. John Morris-Jones, 'Edward Lhuyd', *Y Traethodydd* (1893), 474; Glenda Carr, *William Owen Pughe* (Caerdydd, 1983), 94 a nn. 97, 98.
27. LlGC Llsgrau Ych. 17B, 25, 26–7.
28. Llansteffan 96B, 68; *Cambrian Register*, 2 (1799), 538; LlGC Llsgrau Ych. 17B, 13.
29. *Mona Antiqua Restaurata*, 322–41; Gunther, *Life and Letters . . .*, 427–31, 439–42, 472–3, 473–4, 480–3, ac efallai 459–61.
30. Am athrawiaeth Locke ar iaith gw. *An Essay Concerning Human Understanding* (1690), gol. Peter N. Hidditch (Oxford, 1975), Book III: 'On Words'. Yn arbennig III. ii. 1–2, III. vi. 28–30.
31. Ceir yr un syniadau yn *Vindiciae Britannicae* James Owen (1654–1706), gw. *Dictionary of National Biography,* a Charles Owen, *Some Account of the Life and Writings of the Late Pious and Learned Mr. James Owen . . .* (London, 1719), 109–10.
32. G. J. Williams, 'Leland a Bale a'r Traddodiad Derwyddol', *Llên Cymru*, 4 (1956–7), 15–25 (22); Prys Morgan, 'The Abbé Pezron and the Celts', *Trafodion Anrhydeddus Gymdeithas y Cymmrodorion* (1965), 293, n. 30. Y mae llawer o fanylion am waith Henry Rowlands yn W. Garel Jones, 'The Life and Works of Henry Rowlands' (Traethawd MA Prifysgol Cymru, Bangor, 1936).
33. Gw. Pennod 5 yma. Cedwir copi Lewis Morris o *Mona Antiqua Restaurata* yn Llyfrgell Genedlaethol Cymru (Llsgr. Bodewryd 106), ynghyd â'i nodiadau helaeth arno. Golygwyd ail argraffiad yn 1766 gan Henry Owen ac, yn y *Cambrian Register*, 1 (1795), 381–4, ceir erthygl feirniadol o'r enw 'Strictures on the History of Anglesey, or Mona Antiqua Restaurata, by Rowlands'. Nid oes enw awdur, ond awgryma'r rhagdybion a'r rhagfarnau mai Iolo Morganwg oedd.

5

Yr Iaith 'A Sieredir yn Gyffredin ym mysc y Gwerinos'

Nid oedd Theophilus Evans (1693–1767), awdur *Drych y Prif Oesoedd*, yn aelod o'r cylch ysgolheigaidd a fu'n gefn i Edward Lhuyd yn Rhydychen, nac yn un o'i ohebwyr ychwaith. Magwyd ef mewn ardal a oedd yn bell oddi wrth ysgolheictod ffurfiol y prifysgolion Seisnig, ond yn gyforiog o gymeriadau brwd dros lenyddiaeth, hynafiaethau, llawysgrifau a hanes eu gwlad. Cylch oedd hwn, yn ôl Saunders Lewis, 'o ddyneiddwyr brwdfrydig a drigai yng ngwlad Emlyn neu gerllaw glannau Teifi ym mlynyddoedd olaf yr ail ganrif ar bymtheg a dechrau'r ddeunawfed, un o gylchoedd eithaf ac olaf y Dadeni Dysg yng ngogledd Ewrop'. Yn ddyn ifanc, cafodd Theophilus Evans gwmni llenorion ac achyddion medrus ei fro, a chyfle yno i gael golwg ar drysorau o leiaf dwy lyfrgell gyfoethog – casgliad Samuel Williams, tad Moses Williams, yn Abertrosol, a llyfrgell William Lewes yn Llwynderw. Brodor o Geredigion oedd David Jones, cyfieithydd Pezron, ac yr oedd gweithiau ysgolheigaidd ieithyddol, gan gynnwys llyfr gwreiddiol Pezron, gan Owen Brigstocke yn ei lyfrgell ym Mlaen-pant.[1]

Wedi 1717, pan urddwyd ef yn ddiacon, daeth Evans dan ddylanwad anuniongyrchol Lhuyd, gan iddo wasanaethu fel curad i Moses Williams yn Nefynnog tan y flwyddyn 1722, pan aeth yn ôl dros dro i ddyffryn Teifi. Cyn iddo fynd i Ddefynnog, yr oedd Evans eisoes yn gyfarwydd â gweithgaredd ieithyddol Moses Williams a'i ymdrechion i gwblhau astudiaethau Lhuyd. Yn argraffiad cyntaf *Drych y Prif Oesoedd* (1716), ceir canmoliaeth frwd i baratoadau Williams ar gyfer geiriadur a gramadeg newydd, na welodd ysywaeth erioed olau dydd.[2] Y mae'n debygol hefyd nad oedd enw a gwaith Lhuyd ei hun yn anhysbys i Evans yn ei ieuenctid, gan fod William Lewes, a ysgrifennodd ragair i argraffiad cyntaf y *Drych*, yn honni perthynas teuluol ag ef. Ac ysgrifennodd Iaco ab Dewi, un arall o hynafiaethwyr hyddysg y fro, ddau englyn i Lhuyd: 'Edwart oreuddart wiw ddewriaith, gelfydd/. . . Frawd hynod i frytaniaeth . . .'[3]

Yr oedd gan yr ysgolheigion gwledig hyn gryn ddiddordeb yn eu hiaith eu hunain, os nad mewn iaith fel y cyfryw.[4] Gresynai Samuel Williams fod y Gymraeg wedi 'mynd yn ddigyfrif tan draed a'i braint yn niffodd ym mysg pobl goeg-feilchion y Genhedlaeth serch-newyddiawg hon'.[5] Hanes eu cenedl oedd un o ddiddordebau pennaf y cylch yn nyffryn Teifi, ac yn ei ragymadrodd i lyfr Theophilus Evans yn 1716, sylwodd William Lewes ar awydd trigolion pob gwlad i wybod 'o ba gyff y daethant allan'. Y mae'n gweld bai ar y Cymry am beidio ag ysgrifennu'u hanes eu hunain. Eithriad i'r duedd hon oedd gwaith Charles Edwards, ac yr oedd Lewes yn croesawu dyfodiad llyfr Theophilus Evans i lenwi'r bwlch wrth osod allan hanes cyflawn gweithredoedd 'yr hên *Frutaniaid*', a hynny yn eu hiaith eu hunain.[6]

Llyfr hanes, felly, yw *Drych y Prif Oesoedd*, o leiaf y rhan gyntaf ohono, ac i'w awdur y perthyn yr anrhydedd o fod y Cymro cyntaf i ysgrifennu hanes ei wlad yn ei phriod iaith. Eto, megis Leibniz ac Edward Lhuyd a'i gydweithwyr o'i flaen, sylweddolai mor werthfawr oedd ieithoedd brodorol, ac yn neilltuol enwau, fel dogfennau at wasanaeth hanesydd yr hen oesoedd. Man cychwyn y gwaith, felly, o ysgrifennu hanes y Cymry yn y 'prif oesoedd' oedd croniclo'u helbulon a'u gorthrymderau 'ym mhob Oes a gwlâd er pan gymmyscwyd y Jaith yn Nhŵr *Babel*' (17). Crybwylla 'amryw opiniynau' am y modd y daethant i'r ynys hon: er mwyn sicrhau'r gwirionedd, meddai, 'anghenrheidiol ydyw myned at Dŵr *Babel* i ymofyn am y gwreiddyn' (18).

Ymddangosodd ail argraffiad y *Drych* yn 1740, gyda llawer o ychwanegiadau o natur ieithyddol. Yn y fersiwn newydd, ceir cymhariaeth wahanol:

> Y mae e'n wir yn orchwyl dyrus ddigon i chwilio allan ddechreuad ein cenedl ni yn gywir ac yn ddiwyrgam, a'i holrhain o'i haberoedd i lygad y ffynnon. Ond mi a amcanaf i symmud ymaith y niwl oddiar y ffordd, fel y bo ein taith at y gwirionedd yn eglur. (2)

Dilyn Camden y mae Evans i raddau helaeth yn 1716 wrth ddirwyn taith 'eppil Noah' o Fabel i Gymru, ond yn 1740 cyfeiria yn benodol hefyd at lyfr Pezron (4). Yn yr ail argraffiad ceir llawer o fanylion difyr am helynt meibion Noah wrth godi'r Tŵr, ac enwir yr Hebraeg fel yr un 'dafodleferydd' a fodolai o'r blaen trwy'r byd. Hi oedd 'y famiaith' a chwalwyd ym Mabel yn 'ddauddeg Jaith a thri-ugain' (1716, 19; 1740, 3). Yn y cyfamser, yr oedd Evans wedi darllen *Mona Antiqua Restaurata* Henry Rowlands, ac efallai fod llyfr James Owen, *Vindiciae Britannicae* (1706), wedi dod i'w ddwylo.[7] Dadl Owen oedd bod dinasoedd ym Mhrydain cyn dyfod y Rhufeiniaid, ond dilynai Bochart wrth ddysgu bod y Brytaniaid yn ddisgynyddion i'r Phoeniciaid a'r Groegiaid. Credai fod llawer o eiriau Hebraeg yn eu hiaith, yn wir ei bod yn nes at yr iaith honno yn system ei berfau, nag unrhyw iaith orllewinol arall.

Pwysicach na'r Hebraeg yng ngolwg awdur y *Drych* oedd ymddangosiad y Gymraeg yn sgil y cymysgu ar ieithoedd a ddigwyddodd wedi syrthio Tŵr Babel:

> Ac yn y terfysc mawr hwnnw llawen jawn a fyddai gan un gyfarfod a'r sawl a ddeallai beth a ddywedai; A hwy a dramwyent yma ac accw nes cael un arall, felly bob yn un ac un i ddyfod ynghyd oll. A phwy oedd yn siarad *Cymraeg* y dybiwch chwi y pryd hwnnw ond *Gomer*, mab hynaf *Japhet*, ap *Noah*, ap *Lamech* . . . ap *Adda*, ap *Duw*. (1716, 19)

Yn argraffiad 1740, y mae llawer mwy o fanylion am yr ach aruchel hon, a chyfeiriadau at Camden a Pezron ac eraill:

> Dyma i chwi waedolaeth ac ach yr hên Gymru, cuwch ar a all un bonedd daearol fyth bossibl i gyrrhaedd atto, pe bai ni eu heppil yn well o hynny. Ac y mae'n ddilys ddiammeu gennyf nad yw hyn ond y gwir pur loyw. (Vid. Pezron *Antiq. of Nations* Lib. I, Cap. 3) (4)

Cysyllta'r enwau *Gomer* â *Cymro* yn un o'i drosiadau cymhariaethol swynol a gafaelgar:

> Y mae'r enw y gelwir ni yn gyffredin arno, sef yw hynny, Cymro, megis lifrai yn dangos i bwy y perthyn gwas, yn yspysu yn eglur o ba le y daethom allan: canys nid oes ond y dim lleiaf rhwng Cymro a Gomero, fel y gall un dyn, ie a hanner llygad ganfod ar yr olwg gyntaf. (1740, 4; cf. 1716, 19)

Awgryma Evans ei falchder ym mhurdeb yr iaith Gymraeg o'i chyferbynnu â chlytwaith o iaith fel y Saesneg yn llawn geiriau benthyg:

> Wrth ba Destun y gallwn ddeall . . . Fod cynnifer o Jeithoedd yn Nhŵr *Babel* a chenhedlaeth [*sic*] rhyd wyneb yr holl Ddaear (oddigerth i ryw genhedlaeth Serch newyddiawg fenthyccio geiriau yma ac accw, a'i clyttio hwy ynghyd i gyfansoddi Jaith newydd, megis y *Saeson* &c.). (1716, 19–20)

Yn 1740, 'mam-ieithoedd' a geir yn y testun yn y fan hon:

> O fam-ieithoedd, meddaf, y rhai sy hên a rhywiog a bonheddig: Nid oes oddieithr dauddeg gwlad o holl ardaloedd Europ yn siarad mam-iaith ddilwgr. Nid yw y lleill eu gyd ond cymmysc; megis y Saes'neg, Ffrangeg, Hispaneg &c. (4, cf. 1716, 20)

Dosbarthiad Scaliger sydd ganddo mewn golwg yma, er mai at rywun arall (Samuel Purchas) y mae'r cyfeiriad yn y testun. Yma, y mae'n olrhain teithiau'r Gomeriaid i Sgythia ac Ewrop ar eu ffordd i Brydain ac Iwerddon (1716, 20). Y dystiolaeth am bresenoldeb y Cymry yn y parthau hynny oedd yr enwau a adawsant ar eu hôl: 'Mae amryw eiriau *Cymraeg* a'r [*sic*] Leoedd, Anifeiliaid ac Adar a fenthycciodd y Trigolion presennol gan y *Cymru* pan orch'fygwyd hwy ganddynt, yn eglur dystio hyn o beth' (1716, 20–1).

Yn ei drafodaeth o berthynas y Gymraeg â'r iaith Ladin, amlwg yw bod Evans yn credu mai'r Rhufeiniaid a fu'n benthyca oddi wrth y Cymry. Yn ei ragymadrodd i argraffiad 1740 sonia am wŷr Rhufain yn benthyg geiriau Cymraeg 'oddiar y Gwylliaid'. *Terra*, *aer*, *mare*, *amnis*, *mel*, *mutus* yw'r enghreifftiau sydd ganddo yma, yn cyfateb i *tir*, *awyr*, *môr*, *afon*, *mêl*, *mud* 'yn ein hiaith ni'. Yr oedd y geiriau hyn, meddai, yn yr iaith Gymraeg 'cyn gosod sylfeini dinas Rufain erioed' (xxxvii). Prawf o hyn i Evans oedd eu bod hefyd yn iaith Iwerddon, 'lle ni chyrhaeddodd oll arfau y Rhufeiniaid', a chyfeiria at Camden a Lhuyd i ategu hyn. Nid yw'n gwadu bod yr hen Frytaniaid wedi benthyca ambell air Lladin 'tra fu y Rhufeiniaid yn rheoli yma', ond y mae'n dilyn Pezron wrth honni bod geiriau Cymraeg wedi mynd i mewn i'r Lladin 'o herwydd fod y Lladinwyr gymmaint o amser o dan iau y Cymru' (1740, 5). Enghraifft o weision yn dynwared iaith eu meistri a geir yma, meddai, 'fel y mae Pezron ddyscedig wedi profi y tu hwnt i ammeu neb a fynn ymostwng i reswm'.

O Asia, teithiodd 'Gomer a'i gyd-dafodogion' ar draws Ewrop nes iddynt gyrraedd Ffrainc. 'Yn ddilys ddiammeu', hwy oedd trigolion cyntaf y wlad honno (5–6), ac oddi yno y daethant i'r ynys hon. Yr oedd y tebygrwydd rhwng arferion a defodau y ddwy genedl yn yr hen ddyddiau yn ddigon o dystiolaeth o hyn i Evans: '*Cymru* oeddynt yn siarad yr un Jaith oddieithr ychydigyn o wahaniaeth a ninnau' (1716, 21), ac yr oedd presenoldeb y derwyddon yn y ddwy wlad, yn ôl Cesar a Strabo a Tacitus, yn brawf pellach o hyn (1740, 6). Ôl darllen Edward Lhuyd sydd ar ei adroddiad o'r berthynas rhwng y Cymry a'r Gwyddelod. Hanoedd y ddwy genedl 'o'r un dorllwyth', a phoblogwyd Iwerddon o'r ynys hon (7). Ar wahân i'r lliaws geiriau cyffredin, yr oedd cystrawen y ddwy iaith yn dangos eu bod yn perthyn, a cheir tystiolaeth bellach o bresenoldeb y Gwyddelod ym Mhrydain yn enwau afonydd a mynydd-oedd yr ynys. Gan ddilyn Lhuyd, rhydd yr awdur amryw enghreifftiau o hyn, gan gynnwys 'bagad o afonydd Lloegr'(8), a phenderfynu na all 'neb ddeall y Gymraeg yn iawn heb Wyddelaeg'. Eto i gyd, cydnebydd ei bod yn anodd i Wyddelod a Chymry ddeall ei gilydd yn siarad, ac y mae hyn oherwydd bod ieithoedd yn datblygu ar wahân: 'Y mae amser o fesur cam a cham yn gosod wyneb newydd ar bob peth, ond yn enwedig ar ieithoedd' (1740, 11).

Achos arall dros y gwahaniaeth rhwng y ddwy iaith ('ie achos mawr ac hynod') oedd presenoldeb Sbaenwyr yn Iwerddon. Difyr iawn yw adroddiad anacronistaidd Theophilus Evans am eu taith i'r wlad honno, a ddyddir ganddo 'yn amser Gwrgant Farf-drwch brenin Brydain Fawr'. Gadawsant eu gwlad o achos newyn ac eisiau, a 'hwylio ar hyd y weilgi os ar antur y caffent ryw le i breswylio ynddo i dorri chwant bwyd' (1740, 12). Gofynnent am loches 'a bod yn ddeiliaid cywir i goron Lloegr', a rhoes y brenin le iddynt yn Iwerddon 'oblegid fod y wlad yn ehang ddigon, ac yn lled deneu o drigolion y pryd hwnnw'. Yn ei nodyn apelia'r awdur yn syth at Lhuyd i ategu'r hanes: 'mae'r stori hon yn wir ddigon ebe Mr. Edward Llwyd'. Cymysgu a wnaeth y ddwy ffrwd hyn ymhen hir a hwyr, ac er mai damcaniaeth Lhuyd sydd y tu ôl i'r disgrifiad o'r broses hon yn *Drych y Prif Oesoedd*, dychymyg creadigol, barddonol yr awdur a ganfyddir yn y dweud: 'y Gwyddelod a'r Skuidiaid . . . a aethont megis un bobl, fel y gwelwch chwi ddwy haid o wenyn yn taro ynghyd yn yr un cwch' (13).

Digwyddodd yr un broses o gymysgu, meddai Theophilus Evans, yn hanes y llwyth o Gymry a adawyd ym Mhrydain ar ôl ymadawiad y Gwyddelod. Y tro hwn, 'gŵr o Gaer-droea a elwid Brutus' (1740, 13) a gyrhaeddodd y glannau hyn, gan ddwyn llythrennedd a dysg gydag ef. Yn ei ragymadrodd yn 1740, honnai Evans fod y Brytaniaid yn medru darllen ac ysgrifennu 'yn hir cyn amser Crêd, os nad er amser Brutus y Groegwr o Gaer Droia' (xxxvi). Effaith dyfodiad y Groegwyr, serch hynny, oedd llygru'r hen iaith gysefin. Trwy hyn, 'y mae'n jaith ni wedi dirywio ennyd oddiwrth y cyssefin burdeb' (1716, 23). Daeth y geiriau newydd a 'blannwyd' gan Brutus i gymryd lle rhai hen eiriau a barhaodd yn nhafodleferydd y Gwyddyl. Apelia eto at eiriau Cesar bod y derwyddon yn defnyddio llythrennau Groeg, ac y mae'n datgan eu bod o hyd i'w gweld 'ar fagad o gerrig mewn amryw fannau Ynghymru' (1740, 16).

Cysyllta Evans y derwyddon â'r duwiau a'r duwiesau a etifeddodd y Rhufeiniaid gan yr hen Gymry ac, wrth gyfeirio at destunau yn yr Hen Destament, awgryma hefyd fod gwreiddiau'r sect offeiriadol honno'n mynd yn ôl i'r cynfyd. 'Eu hoffeiriaid a elwir gynt yn yr hen iaith, y Druidion, neu y Derwyddon', meddai, ar sail y ffaith eu bod 'yn aberthu i'r eulynnod mewn llwyni o goed, yn enwedig dan gysgod deri caeadfrig'. Apelia at 'Mr. Edwart Llwyd (ac ni wn i, pwy a wyddai well)' i ategu'r farn mai'r englyn milwr oedd mesur eu penillion, a dyfynna'r englynion sydd yn yr *Archaeologia Britannica* (1740, 116–17; 1716, 109).

Unwaith eto, wrth sôn 'bellach ryw ychydigyn am y Jaith' yn y bumed bennod (1716), y mae Evans yn honni mai'r Gymraeg 'yr hon a sieredir yn gyffredin ym mysc y Gwerinos' yw'r iaith a gadwodd ei 'phurdeb cyssefin' yn well nag unrhyw un o'i chymdogion (116). Yn wir, nid oedd yr ieithoedd eraill hyn yn ddim ond Lladin wedi'i chymysgu 'ag ambell air o'i hên jaith eu hun'. Ac er bod llawer o newid ar bob iaith, gan gynnwys y Lladin, eithriad yw'r Gymraeg ddiledryw, hynafol. Loes i galon Theophilus Evans, felly, oedd gweld yr 'Jaith odidog hon' yn destun dirmyg hyd yn oed gan 'ŵyr [*sic*] call dyscedig' yn ei wlad ei hun. Eithriadau i hyn oedd 'y Brittwn uchel-ddysg hwnnw, *Siôn Dafydd Rŷs* M.D. . . . y byth tra enwog *Siôn Dafies* D.D.' a'r 'Parchedig Mr. *Moses Williams*' (117). Sylwai fod llawer o eiriau Lladin yn y Gymraeg hefyd, ac er iddo gredu mai effaith benthyciad o un ochr neu'r llall oedd hyn, dengys ei fod yn ymwybodol o ddamcaniaethau am berthynas ieithoedd Ewrop â'i gilydd: 'ac yn wir ddiau y mae rhai yn tybied, mae o'r un cyff [*torllwyth* yn 1740, 125] y daethom allan o'r cyntaf'.

I awdur y *Drych*, enghraifft arall o ddyled y Rhufeiniaid i'r Cymry, a fu'n llywodraethu arnynt am ganrifoedd lawer ar y cyfandir, oedd enwau'r duwiau. Fe'u dehonglai yn 1740 mewn dull ewhemerol fel arwyr a gwroniaid y genedl:

> Nid oedd y duwiau hyn ddim amgen na dynion marwol, o'r un anwydau a dynion eraill; ond am eu bod yn wyr enwog yn eu cenhedlaeth, eu hwyrion a'i [*sic*] trâs ar ôl eu dyddiau a bersuadient y bobl gyffredin mai duwiau oeddent. (114–15)

Cymro, felly, oedd Sadwrn, a Chymry hefyd 'oedd y lleill'. Prysura'r awdur i ychwanegu nad yng Nghymru y mabwysiadwyd eu henwau: 'nid wyf fi ddim yn dywedyd mai Cymru oeddent o'r wlad hon; nac wyf, mi wn well pethau. Ond gwyr oeddent o hiliogaeth Gomer, o'r un ach a'n Cymru ninnau, ac yn siarad yr un iaith'. Esbonia sut yr oedd enwau'r duwiau Rhufeinig wedi tarddu o'r Gymraeg – Sadwrn o 'sawd-dwrn', Rhea o 'rhiain', Jove yn 'Iou neu Iefan, oblegid efe oedd yr ieuangaf o feibion ei dâd'. 'Joan neu Suan' oedd Juno, a 'Mawr-rwysc' yw ystyr Mars. 'March-wr' oedd gwreiddyn Mercurius, a ofalai am deithwyr. Gwen oedd enw cyntaf Fenws, a 'Dianaf' yr esboniad ar Diana. Ond efallai'r dehongliad mwyaf syfrdanol yw'r un ar *Apollo*, sef 'Ap y Pwyll, neu fel y dywedai'r hen bobl, y Poell'. Cyfeiria'r awdur yma at dudalen arbennig ym *Mona Antiqua Restaurata* (sef 43), ond Pezron yw'r awdurdod sylfaenol, fel y cydnebydd Evans:

> Y neb a dybio mai chwedlau gwneuthur yw y rhai hyn, darllened, attolwg, waith y Doctor dyscedig Pezron (gwr o Lydaw o deyrnas Ffrainc) ac os gall efe atteb ei resymmau a'i awdurdod ef, (yr hyn ni's gallodd neb etto) o'r goreu, os amgen na farner arnafi. (116)

Yn yr un modd ag yr ystyriai mai benthyciadau o'r Gymraeg i'r Lladin oedd y rhan fwyaf o'r geiriau cyffredin i'r ddwy iaith, tebyg hefyd oedd syniad Evans am berthynas y Gymraeg a'r Saesneg. Y mae'n bendant ei farn nad o'r iaith fain y daeth y geiriau cyfystyr yn y Gymraeg: 'nage, hwynt-hwy yn wir ddiau a'i benthycciasant oddi wrthym ni' (1716, 119). Prawf o hyn i Theophilus Evans oedd cywyddau Dafydd ap Gwilym. Ni ddichon fod dim ond 'Cymraeg lân loyw' yn y cerddi hyn, 'can's ê fuasai *Saes'neg*, yn edrych cyn haccred yn yr amser hwnnw mywn cerdd, a barf ddu fawr a'r [*sic*] langces fonheddig ieuangc'. Nid oedd Evans yn gryf mewn rhesymeg, a bregus, braidd, oedd ei syniad hanesyddol, ond swynol i'r eithaf yw ei fynegiant o'i ddamcaniaethau. Credai mai cymysgedd lwyr oedd iaith y Saeson: nid oedd y geiriau a dderbyniasai o'r Gymraeg yn ddim i gymharu â'r 'lliaws a fenthycciodd y *Saeson* o amser bwygilydd oddi wrth genhedloedd eraill, i gyfoethogi eu hiaith'. Canlyniad hyn oedd mai bratiaith oedd y Saesneg, a geiriau Lladin a Ffrangeg yn ffurfio'r rhan fwyaf ohoni (122).

Crynhoir athrawiaeth Theophilus Evans ar berthynas y Gymraeg â rhai ieithoedd eraill tua diwedd y bumed bennod yn argraffiad 1740 (125–6). Wedi pwysleisio eto fod y Gymraeg wedi para 'hyd yn ddiweddar agos yn ddilwgr heb nemmawr o gymmysc', y mae'n gosod allan ei chysylltiadau â phump o ieithoedd eraill, sef Hebraeg, Lladin, Groeg, Gwyddeleg a Saesneg. Yn achos yr Hebraeg, maentumia fod llawer o eiriau 'wedi tramwy yn gyfan attom ni, er maint oedd o gymmysc yn Nhwr Babel', a rhydd enghreifftiau o'r rhain. Y mae'r lliaws geiriau Lladin 'o'r un swn ac ystyr' yn awgrymu mai 'o'r un dorllwyth y daeth y ddwy genedl allan'. Nid yw Evans yn manylu ar y ddamcaniaeth ffrwythlon hon, ac amlwg yw ei fod yn fwy chwannog i gredu mai effaith benthyca o'r Gymraeg i'r Lladin oedd y tebygrwydd rhyngddynt, a bod hynny wedi digwydd 'y tu hwnt i'r môr', pan oedd 'y Lladinwyr etto ond gwyr bychain yn y byd, a'r hen Gymru . . . yn meistroli arnynt'. Dyfodiad y Groegwr Brutus oedd yr achos am y cysylltiad rhwng iaith a llythrennau'r Groegiaid a'r Gymraeg. Ac am y Gwyddelod, barn Evans yw mai o'r un 'dorllwyth' â'r Cymry oeddynt o'r dechreuad, a'i bod yn amhosibl deall enwau afonydd a mynydd-oedd ein gwlad heb wybod iaith y Gwyddyl. Ceir hefyd yn y Gymraeg eiriau o'r un ystyr â'r Saesneg, a gresyna'r awdur wrth weld 'chwaneg beunydd yn llifeirio iddi' oddi wrth yr iaith fain. Ond camsyniad, meddai eto, fuasai meddwl mai o'r Saesneg y daeth yr holl eiriau o'r un sain ac ystyr i'r Gymraeg. Derbyn geiriau o iaith eu meistriaid a wnaeth y Saeson hwythau, oherwydd buont 'amryw flynyddoedd yngwasanaeth yr hen Frutaniaid cyn iddynt yn felltigedig droi yn fradwyr yn eu herbyn' (126).

Nid ieithegydd mo awdur *Drych y Prif Oesoedd*, a syniad rhamantus hollol oedd ganddo am hanes Cymru, fel y dengys y frawddeg olaf. Serch hynny, digon hawdd yw cydymdeimlo ag ef yn wyneb geir-iau dirmygus Goronwy Owen am 'that babbler, Theophilus Evans'. Ychydig yn fwy tosturiol oedd barn Evan Evans (Ieuan Fardd) mewn llythyr yn 1761:

> I have got *Drych y Prif Oesoedd* by me, but I don't admire it, though I regard the Author for his good will: nobody else having done so much as he. *Brenin yw yr unllygeidiog yngwlad y deilliaid.*[8]

Mythos, ar un ystyr i'r gair, ac nid *logos* oedd yr egwyddor a lyw-odraethai ysgrifennu'r *Drych*, ac y mae lle arbennig i'r hen chwedleuon yn y gwaith – am Arthur a Brutus, Gomer a Gwrtheyrn. I'r graddau fod i'r *Drych* bwrpas ieithyddol, codi'r hen iaith ar ei thraed oedd hwnnw.

Ychydig o syniadaeth newydd sydd yn y gwaith: dibynnu ar ei ffynonellau amrywiol (Camden, Pezron, Lhuyd, Ussher, Stillingfleet, Rowlands ac yn y blaen) a wna'r awdur i raddau helaeth iawn. Er ei fod yn ymwybodol o'r ddamcaniaeth fod Cymraeg a Lladin ar yr un llaw, a Chymraeg a Gwyddeleg ar y llaw arall, yn perthyn i'r un 'teulu' (neu 'dorllwyth' yn ei drosiad gwerinol ef), y syniad o fenthyciad geiriau sydd yn esbonio orau iddo y tebygrwydd amlwg rhwng rhai ieithoedd a'i gilydd. Y mae'r gyffelybiaeth a awgrymir yn y gair 'tor-llwyth' yn atgoffa'r darllenydd am yr ieithoedd 'matrices' a grybwyllir gan Scaliger a John Davies, a gwelir y trosiad hefyd yn syniadaeth Leibniz. Eithr, er mwyn profi hynafiaeth y Gymraeg ymhlith holl ieithoedd Ewrop, dychwelyd at yr Hebraeg a wnaeth Evans, a gweld ei briod iaith yn perthyn yn nes at y tafodleferydd cysegredig hwnnw nag at unrhyw iaith arall.

Eto, llyfr dylanwadol iawn oedd *Drych y Prif Oesoedd* yng Nghymru ei gyfnod, ac yn wir trwy gydol y ddeunawfed ganrif. Y rheswm pennaf am hyn yw ei fod wedi'i ysgrifennu mewn iaith y gallai'r werin bobl ei deall – yn Gymraeg i ddechrau, a hwnnw'n Gymraeg naturiol, agos-at-y-pridd. Gwelwyd eisoes amryw enghreifftiau o ddull diymhongar, syml Theophilus Evans o fynegi'i feddyliau. Yr oedd yn ŵr ei ardal, ac ymadroddion tafodieithol ei fro yn agos at ei ysgrifbin. Sonia am Fuddug 'a'i gwallt melyn yn tannu dros ei hysgwyddau hyd ei sodlau' (1740, 121), ac wrth drafod chwedl yr afanc a'r ychen bannog, dywed fod y 'befer' yn 'greadur ffel dros ben' (124). Gwelir ei ddawn ddarluniadol fywiog ymhellach yn ei ddisgrifiad o'r afanc:

> afangc y llynn yw'r aligator, neu fath o grocodil, yr hwn sydd fwystfil enbyd ac aruthrol ei faintioli . . . ac nid oes dim blwyddyn etto er pan lyngcodd un o'r diawliaid hyn dri dyn mewn llai na chwarter awr . . . (124)

Nid yw'n destun syndod, felly, mai'r iaith honno 'a sieredir yn gyffredin ym mysc y Gwerinos' yw'r un a ystyrir gan yr awdur hwn fel y nesaf at y 'purdeb cyssefin'.

* * *

Ffolineb fyddai meddwl am Theophilus Evans fel meddyliwr arloesol ym maes ieithyddol y ddeunawfed ganrif ac eto, erbyn diwedd y ganrif honno, daeth y fath o gysyniad a fynegir ganddo yma, sef gwerth arbennig lleferydd y werin, yn rhan o ffrwd ganolog yn syniadaeth Ewrop am iaith. Yr oedd y duedd hon eisoes yn bresennol yng ngwaith yr Eidalwr Giambattista Vico, a gyhoeddodd ei *Principi di una scienza nuova* yn 1725. Coleddai'r syniad mai 'archifau'r gorffennol' yw ieithoedd cysefin. Eiddo'r bobl gyffredin ydynt, meddai Vico, ac nid oes hawl gan y dosbarthiadau llywodraethol arnynt, fel y dengys yr hanes am fethiant yr Ymherodr Claudius i wthio ar ei bobl dair llythyren ychwanegol a ddyfeisiodd efe.[9]

Erbyn canol y ganrif aethai'r diddordeb mewn priod ieithoedd a thafodieithoedd ar gynnydd. Dyma'r amser y daeth yr iaith lafar i fri arbennig fel testun myfyrdod ieithyddion Ewrop, a dyna gychwyn ar yr astudiaeth newydd a elwir erbyn hyn yn *ieitheg gymdeithasol.* Mewn modd cyffredinol, talwyd mwy a mwy o sylw i ddiwylliannau lleol, mewn chwedlau, arferion, caneuon, ac yn arbennig briod-ddulliau iaith. Gwelir enghraifft o'r olaf yng ngwaith Johann David Michaelis yn yr Almaen.[10] Yn 1757, enillodd traethawd gan Michaelis wobr mewn cystadleuaeth a drefnwyd gan Academi Frenhinol Berlin. Testun y gystadleuaeth oedd dibyniaeth iaith a meddwl ar ei gilydd, a theitl y traethawd a enillodd oedd *Beanwortung der Frage von dem Einfluss der Meinungen eines Volcks in seine Sprache, und der Sprache in die Meinungen . . .* Cyhoeddwyd fersiwn Ffrangeg yn 1762, a chyfieithiad Saesneg yn 1769 dan y teitl: *A Dissertation on the Influence of Opinions on Language, and of Language on Opinions . . . together with an Inquiry into the Advantages and Practicability of an Universal Learned Language.*

Dangosodd Michaelis ei fod yn ymwybodol iawn o'r trysorau sydd ynghudd yn lleferydd y werin bobl a'r perygl o'u colli wrth eu dibrisio. Un o'r ddwy thema fawr a ddatblygir yn y traethawd yw 'democrat-iaeth iaith' ('trysor geirdarddiad' yw'r llall). Yng ngolwg Michaelis, defnydd y bobl gyffredin o'u hiaith yw'r peth mwyaf cysegredig, ac nid oes hawl gan y dysgedigion i gael gwared ar ymadroddion a ddefnyddir o ddydd i ddydd. Cyffelybodd iaith i 'weriniaeth' o bobl gyfartal. Ni fedd yr un ysgolhaig awdurdod i ddileu ymadroddion cyfarwydd heb iddo berswadio'r genedl gyfan eu bod yn annilys. Gwrthod delfryd iaith gyffredinol ac artiffisial a wna'r awdur hwn, a hynny am resymau gwrthelitaidd, yn enw rhagoriaeth tafodleferydd naturiol y dyn cyffredin fel cyfrwng mynegiant. Cyfoeth ymadrodd gwerinwyr syml cefn gwlad, trigolion y mân bentrefi a'r meysydd, oedd yr hyn y dylid ei warchod, yn ôl Michaelis, ac yr oedd hynny'n fater o frys, cyn iddo fynd ar goll yn llwyr – safbwynt a fyddai wrth fodd calon John Morgan, Matchin, a Theophilus Evans, y mae'n sicr.

Un arall a gefnogai iaith lafar y werin yn erbyn iaith artiffisial a fyddai'n abl i gydio deallusion Ewrop at ei gilydd ar draws ffiniau cenedlaethol, oedd y chwyldroadwr Condorcet. Tuag adeg y Chwyldro Ffrengig, deuai grym aruthrol iaith i'r amlwg fel arf gwleidyddol. Yn 1794 cyhoeddodd Condorcet waith byr dan y teitl *Esquisse d'un tableau historique des progrès de l'esprit humain* [*Braslun o Ddarlun Hanesyddol o Ddatblygiad Ysbryd Dyn*], ac yn hwn mynegir yn glir ei gred mai iaith neilltuol, gysegredig oedd cyfrwng y sectau offeiriadol yn yr oesoedd cynnar i ddarostwng a thwyllo pobl cyntefig. Syrthiodd eu mantell wedi hynny ar yr Eglwys, ac ar wyddonwyr ac athronwyr a ddefnyddiai'r iaith Ladin gyfrin i guddio eu gwybodaeth rhag y werin. Ar hyd y canrifoedd, defnyddiwyd y ddeuoliaeth ieithyddol hon i gadw arweinwyr y cenhedloedd ar wahân i'r bobl anllythrennog, a datblygodd i fod yn offeryn er mwyn tra-arglwyddiaethu arnynt. Fel Michaelis, gwelodd Condorcet berthnasedd iaith i gydraddoldeb dynion. Dengys teitl y gwaith ei fod yn credu mewn cynnydd, ac yr oedd gwir gynnydd yn ei farn ef yn golygu pontio'r agendor rhwng ymadrodd y werin annysgedig ac iaith y deallusion. Ni ddylid rhannu deiliaid yr un gymdeithas gan y ffordd y defnyddiant eu hiaith. Y tafodleferydd demotig yn hytrach, y famiaith gysefin a ddeellir gan bawb, a ddylai eu cydio wrth ei gilydd mewn cymdeithas a fyddai'n ddemocrataidd yng ngwir ystyr y gair.[11]

Mewn modd eironig, canlyniad y dull hwn o ymresymu oedd dwysáu'r duedd at genedligrwydd ieithyddol a nodweddai'r cyfnod hwn. Ni welai Condorcet unrhyw wrthwynebiad i'r iaith Ffrangeg ddatblygu i fod yn idiom gyffredin fyd-eang. Neu o ran hynny i unrhyw iaith arall a haeddai hynny yn rhinwedd ei mynegiant o ddeisyfiadau a dyheadau trwch y boblogaeth. I'r awdur hwn, sicrhau democratiaeth fyddai effaith datblygiad y fath iaith gyffredinol, a dyfai yn naturiol o'i gwreiddiau dwfn ym mhriod ymadrodd y bobl.[12]

Trafod posibilrwydd iaith gyffredinol mewn dyfodol llachar i'r werin bobl a wnaeth Michaelis a Condorcet. Edrych yn ôl dros y canrifoedd yn y dull traddodiadol i chwilio am wreiddyn eu priod ieithoedd oedd gorchwyl meddylwyr eraill. Wedi ymddangosiad llyfr Pezron daeth cynnydd yn y diddordeb mewn Llydaweg, a chafwyd cynhaeaf ffrwythlon o eiriaduron a gramadegau yn ymwneud â'r iaith honno. Cyhoeddwyd amryw yn ninasoedd Llydaw – Quimper, Vannes, Rennes – yn y 1720au, ac yn 1752 cyrhaeddodd y dwymyn Geltaidd brifddinas Paris ei hun, gyda chyhoeddi geiriadur Llydaweg Louis Le Pelletier.[13] Awgryma teitl llawn y gyfrol beth oedd pwrpas a method yr awdur: *Dictionnaire de la langue bretonne, où l'on voit son antiquité, son affinité avec les anciennes langues . . . avec l'étymologie de plusieurs mots des autres langues* [*Geiriadur yr Iaith Lydaweg, lle gwelir ei Henaint, ei Chydweddoldeb â'r Ieithoedd Hynafol . . . gyda Tharddiad rhai Geiriau mewn Ieithoedd eraill*]. Seiliodd Le Pelletier ei waith ar eiriadur Maunoir a gyfieithwyd gan Moses Williams yn *Glossography* Edward Lhuyd. Cafwyd sawl fersiwn llawysgrif o 1707 ymlaen, cyn i'r llyfr ymddangos ym Mharis yn 1752, ymhell wedi marw'r awdur. Pwrpas cadwriaethol a chenhadol oedd gan y Llydäwr hwn, megis ei gyfoeswyr yng Nghymru, a chyfranogai o'u diddordeb hwy mewn geirdarddiad a chwilio cytrasedd elfennau iaith.

Yn 1745, yr oedd Johann Peter Süssmilch wedi cyhoeddi yng nghofnodion Academi Frenhinol Berlin ei *Réflexions sur la convenance de la langue celtique . . . avec celles de l'Orient . . .* [*Myfyrdodau ar*

Gytgord yr Iaith Gelteg . . . ag Ieithoedd y Dwyrain . . .] ac adleisiwyd ei syniadau am berthynas agos yr ieithoedd Celtaidd â rhai y dwyrain (yn arbennig Hebraeg) gan Dom Charles-Louis Taillandier yn ei ragymadrodd i eiriadur Le Pelletier. Ymhyfrydai ym mhurdeb yr iaith Lydaweg, yr hynaf, fe ddichon, o ieithoedd llafar y bydysawd oll. Dilyn y ddamcaniaeth am Gomer a wna Taillandier, ac enwa ymhlith ei awdurdodau Josephus, Isidôr o Sevilla, Bochart, Baxter, Süssmilch a Pezron. Ceir cyfeiriadau mynych yng nghorff y geiriadur at 'Davies', ac at y Gymraeg fel 'le Breton d'Angleterre'.[14]

Rhwng 1754 a 1760, cyhoeddodd Jean-Baptiste Bullet dair cyfrol fawr ei *Mémoires sur la langue celtique*, ac yn y rhain cymharodd yr awdur lawer o eiriau Celtaidd ag elfennau geiriol mewn amryw o ieithoedd Ewropeaidd a dwyreiniol. Yr oedd Bullet yn gyfarwydd â gramadegau Siôn Dafydd Rhys a John Davies, geiriaduron Davies a Thomas Wiliems, llyfrau Camden, Pezron a Toland, a llawysgrifau a gweithiau argraffedig ar wyddor iaith mewn llawer o ieithoedd eraill.[15] Derbyniasai hefyd restrau o eiriau yn yr ieithoedd Celtaidd gan Charles de Brosses (1709–77), llywydd senedd Dijon, ac awdur llyfr mawr-ei-ddylanwad ar ieithyddiaeth o ganol y ddeunawfed ganrif ymlaen: *Traité de la formation méchanique des langues et des principes physiques de l'étymologie* [*Traethawd ar Ffurfiant Mecanyddol Ieithoedd ac Egwyddorion Corfforol Geirdarddiad*] (1765).[16]

Yn y flwyddyn honno, cafodd diddordebau a syniadau'r awduron hyn le yng nghanon yr Oes Oleuedig wrth iddynt ymddangos yn erthygl Nicolas Beauzée ar iaith ('Langue') yn *Encyclopédie* Diderot a d'Alembert.[17] Tynnwyd sylw yno at 'waith mawr ac ysgolheigaidd' Bullet, a thrwy'r cyhoeddusrwydd a gafodd hwnnw wrth ei ddyfynnu ar dudalennau'r *Encyclopédie*, arhosodd dysgeidiaeth Pezron ar hynafiaeth yr ieithoedd Celtaidd yn ffrwd rymus yn ieitheg y ddeunawfed ganrif ar gyfandir Ewrop. Enillodd barchusrwydd arbennig wrth i awdur yr erthygl 'Langue' ddatgan yn gryno nad oedd yr iaith Ffrangeg yn ddim ond 'Galeg yr hen Dderwyddon'. Adleisiwyd yn yr erthygl nid yn unig lyfr Bullet, ond y *Discours historique sur l'origine de la langue françoise* [*Traethiad Hanesyddol ar Darddiad yr Iaith Ffrangeg*] o waith y Conseiller de Grandval, a ymddangosodd heb enw'r awdur yn nhudalennau'r *Mercure de France* ym Mehefin a Gorffennaf 1757. Yn hwnnw hefyd cafodd y derwyddon eu lle, a chanfyddir eto yn erthygl Beauzée yn yr *Encyclopédie* y gred mai'r 'celtique' oedd yr iaith fwyaf eang ei lledaeniad yn Ewrop gyfan yn yr oesoedd cynnar.

Ni ddylid meddwl, fodd bynnag, fod pawb yn unfarn yn credu mai iaith Geltaidd yn unig a oedd wrth wraidd tafodleferydd y Ffrancwyr.

Yr oedd rhai a feiddiai sefyll yn erbyn y llanw Celtaidd, a phwysleisio elfennau eraill yn yr iaith honno – ei gwreiddiau Lladin ac Ellmynaidd. Un o'r rhai mwyaf cymedrol o'r rhain oedd Llydäwr arall: Charles Pinot Duclos. Moesegwr a nofelydd oedd Duclos a chanddo ddiddordeb arbennig mewn gwyddor iaith, fel y dengys ei gyfrol o sylwadau ar *Grammaire générale et raisonnée* Port-Royal, a ymddangosodd yn 1754. Y mae'r gwaith hwn yn awgrymu ei fod yntau hefyd yn ymwybodol o hawliau'r bobl gyffredin ar eu hiaith lafar, ac o'r berthynas rhwng iaith a grym y tu mewn i gymdeithas. Yn ystod y blynyddoedd 1738–43, gwnaeth Duclos ddau gyfraniad i drafodion yr *Académie des Inscriptions et Belles-Lettres* ym Mharis ar destun perthynas yr iaith Ffrangeg â'r ieithoedd eraill a'i rhagflaenai yng ngwlad Gâl: *Mémoires sur l'origine et les révolutions des langues celtique et françoise* [*Traethiadau ar Ddechreuad a Throeon Hanes yr Ieithoedd Celteg a Ffrangeg*]. Dangosodd fod tair iaith yn cyd-fodoli yn y wlad honno yng nghyfnod y Rhufeiniaid: yr iaith Geltaidd wreiddiol, Lladin y goresgynwyr, a phlentyn siawns yr ieithoedd hyn, y Romawns newydd-anedig. Daeth goresgyniad Ellmynig i gymhlethu'r gymysgedd ieithyddol hon, ac i wthio'r hen elfen Aleg i'r cyffiniau gorllewinol yn Llydaw (nid oedd Duclos wedi cyfrif y mewnlifiad Celtaidd o gyfeiriad gwahanol a ddigwyddodd yn y bumed ganrif).[18]

Ieithegydd arall a ddaeth i lawr ar ochr y Rhufeiniaid yn y ddadl hon oedd Étienne Barbazan, awdur *Dissertation sur la langue des Celtes* (1760), ynghyd â geiriadur Ffrangeg Cynnar a geirfaon tafodieithoedd Gwasgwyn a Llydaw. Er mor hyddysg ydoedd yn y tafodieithoedd hyn, gwelodd Barbazan mai Lladin oedd wrth wraidd yr iaith Ffrangeg, ac mai rhan gymharol fechan a chwaraeai'r elfennau Celtaidd ac Ellmynaidd yn natblygiad yr iaith. Ysgrifennodd yn gryno yn ei *Ordene de chevalerie, avec une dissertation sur l'origine de la langue françoise . . .* [*Urdd Marchogwriaeth, ynghyd â Thraethawd ar Darddiad yr Iaith Ffrangeg*] (1759):

> J'ay fait une étude particuliere de notre Langue Françoise, et j'ose dire que je la possede assez, pour assurer qu'elle n'a pas d'autre origine que la Langue Latine, que je possede aussi; je n'ai jamais changé de sentiment à cet égard.[19]

> [Gwneuthum astudiaeth arbennig o'n hiaith Ffrangeg, a beiddiaf ddweud i mi'i meistroli i'r fath raddau fel y gallwyf ddatgan nad oes ganddi unrhyw ffynhonnell arall ond yr iaith Ladin, a feistrolais yn yr un modd; ni newidiais erioed fy marn ar hyn.]

Nid pawb, felly, a wthiai hawl eu priod dafodieithoedd fel y rhai hynaf a phuraf yn y byd, fel y gwnaeth Henry Rowlands ym Môn. Yr oedd rhai meddylwyr o fri yn ddirmygus hollol o'r duedd i osod anrhydedd ar dafodiaith a *patois*. Sarhau 'iaith sathredig y taleithiau' a wnaeth Denis Diderot yn ei erthygl ar y testun ('Patois') yn yr *Encyclopédie*. 'On ne parle la langue que dans la capitale' ('Yn y brifddinas yn unig y siaredir yr iaith'), meddai yno.[20] Hyd yn oed mwy deifiol oedd geiriau Voltaire yn 1770 wrth gondemnio, mewn un ergyd eironig, ddwy ddamcaniaeth am wreiddiau iaith, y naill mor ffôl â'r llall – yr un mai'r Hebraeg, a'r llall mai'r Llydaweg oedd ffynhonnell pob ymadrodd:

> Plusieurs rabbins prétendent que la langue-mère était le samaritain, quelques autres ont assuré que c'était le bas-breton: dans cette incertitude, on peut fort bien, sans offenser les habitants de Quimper et de Samarie, n'admettre aucune langue-mère.[21]

> [Honna rhai o'r Rabiniaid mai'r Samarieg oedd yr iaith gysefin, tra hawlia eraill mai'r Llydaweg ydoedd: yn y fath gyfyng-gyngor y mae'n berffaith rydd i ddyn (heb dramgwyddo trigolion Quimper na Samaria) ymwrthod ag unrhyw iaith gysefin.]

Fodd bynnag, nid oedd Voltaire heb ddiddordeb yn y Celtiaid a'u hiaith. Enynnodd ysgolheictod Bochart ei barch, er na chydsyniai â'i ddamcaniaethau, ac yr oedd ganddo yn ei lyfrgell lyfr hanes Simon Pelloutier, *Histoire des Celtes, et particulièrement des Gaulois et des Germains* [*Hanes y Celtiaid, ac yn arbennig y Galiaid a'r Ellmynwyr*] (La Haye, 1750). Ond dirmygus oedd ei ymagwedd bob amser at darddiadau ieithyddol ffansïol, ac at ddamcaniaethau am hynafiaid cenedl y Celtiaid. Dengys hyn, er enghraifft, yn y rhagymadrodd i'w *Essai sur les moeurs* ac yn yr erthyglau 'Abraham' a 'Babel' yn y *Dictionnaire philosophique*. Yn yr erthygl ar Tsieina ('De la Chine') yn y llyfr hwnnw, cyfeiria at ei genedl ei hun fel 'disgynyddion y Celtiaid' ('nous descendants des Celtes'), eithr, fe ddichon, â'i dafod yn ei foch, yn ôl ei arfer. Ar y llaw arall, yn yr erthygl a ysgrifennodd i'r *Encyclopédie* dan y pennawd 'François, ou Français' cysyllta ei hynafiaid, y Galiaid, â'r Cymry ('les *Welchs* d'Angleterre'), gan honni mai trefedigaeth o wlad Gâl oedd Cymru. Wrth drafod datblygiad yr iaith Ffrangeg, dywed iddi gael ei geni 'o adfeilion yr ieithoedd Lladin a Cheltaidd, gydag ambell air Almaeneg'. Y geiriau am rannau'r corff, meddai Voltaire, sydd yn perthyn i'r 'ancien gaulois ou celte'.[22]

Efallai mai Pezron oedd ym meddwl Voltaire wrth iddo grybwyll cefnogwyr y 'bas-breton' fel mamiaith. Eithr yn y cyfamser yr oedd Llydäwr arall wedi etifeddu syniadau Pezron a'u datblygu i gyfeiriad mwy eithafol fyth. Jacques Le Brigant (1720–1804) oedd hwnnw, awdur *Elémens de la langue des Celtes Gomérites ou Bretons. Introduction à cette langue et par elle à celles de tous les peuples connus* [*Elfennau Iaith y Celtiaid Gomeraidd. Cyflwyniad i'r Iaith honno a thrwyddi i Ieithoedd pob Cenedl Adnabyddus*] (Strasbourg, 1779). Ni chyhoeddwyd y llyfr bach hwn ar ffurf gramadeg tan 1779, naw mlynedd ar ôl ymosodiad Voltaire. Eithr yn 1767 ymddangosodd *Observations fondamentales sur les langues anciennes et modernes; ou prospectus de l'ouvrage intitulé La langue primitive retrouvée* [*Sylwadau Sylfaenol ar Ieithoedd Hynafol a Chyfoes; neu Brospectws y Gwaith a elwir Yr Iaith Gysefin Ailddarganfodedig*]. Yn y llyfrau hyn, y mae Le Brigant yn cynnig ei dafodiaith ei hun, nid yn unig fel tafodleferydd cyntaf dynolryw, ond hefyd fel yr iaith gyffredinol, fyd-eang y byddai'n fuddiol i bawb ei dysgu er mwyn ei siarad a'i hysgrifennu.[23]

Pwysleisia Le Brigant burdeb cysefin ei dafodiaith, gan gyfyngu'r *celto-gomérite* wirioneddol i'w filltir sgwâr yntau yn Pontrieux. Yno, yn anad unrhyw blwyf arall yn esgobaeth Tréguier, y mae hen iaith y Celtiaid yn parhau 'plus pure que par-tout ailleurs'. Heb amheuaeth, yr oedd amryw agwedd ar waith yr awdur hwn yn teilyngu'r ansoddeiriau 'fanatique' a 'burlesque', a dderbyniodd gan feirniaid diweddarach. Eto, enillodd bwysigrwydd arbennig yn natblygiad syniadau ieithyddol ar ganol y ganrif, wrth iddo gyd-gysylltu'r diddordeb newydd mewn ieithoedd lleol (*patois* a thafodieithoedd) â'r ymchwil am iaith gyffredin a fyddai'n ddealladwy dros y byd i gyd. Gwnaeth hynny trwy ymholi i ddechreuadau ieithoedd naturiol y ddynoliaeth. Bwriadai gyhoeddi gwaith gramadegol helaethach a fyddai'n cymharu'r Llydaweg ag ieithoedd eraill. Byddai hynny'n gosod sylfeini sicr i 'ramadeg cyffredinol', ac yn denu croeso ysgolheigion y byd. Er gwaethaf ei naïfrwydd a'i hunan-dwyll, y mae Le Brigant yn haeddu parch am ei bwyslais ar iaith fyw ar dafodau pobl gyffredin a phlant. Yr oedd hefyd yn arloeswr wrth iddo geisio cymharu (er mor anwybodus) un o ieithoedd Celtaidd Ewrop â'r 'Hanscrit [*sic*]', iaith hynafol yr India.[24]

* * *

Gwelwyd eisoes, yng ngwaith Boxhornius a John Davies, y modd y cysylltwyd y derwyddon ag iaith y Celtiaid ar ddechrau'r cyfnod modern.

Wedi cyhoeddi llyfr Pezron yn 1703, deffrowyd eto yn negawdau cynnar y ddeunawfed ganrif ddiddordeb newydd yng ngweithgareddau'r sect offeiriadol honno. Neilltuodd y Llydäwr Duclos *Mémoire* arbennig iddynt, heblaw cyfeirio at eu hiaith yn ei sylwadau ar ddatblygiad iaith y Celtiaid. Gwelsom ddiddordeb Henry Rowlands ynddynt. Addurnwyd ei *Mona Antiqua Restaurata* ag engrafiad o dderwydd a wnaethpwyd yn y flwyddyn 1676, ac a seiliwyd ar ddisgrifiad o chwe cherfluniad Celtaidd a ddarganfuwyd yn yr Almaen. Mewn gwirionedd, parhad oedd y diddordeb yn yr hynafgwyr hannerchwedlonol hyn o draddodiad yn mynd yn ôl at destun hollol ffug o law Annius o Viterbo yn 1498. Er mai dychmygol oedd yr hanes hwn am ailboblogi'r byd wedi'r Dilyw, fe'i sylfeinwyd i raddau ar gyfeiriadau yn y cyfnod clasurol at y derwyddon.[25]

Yn Ffrainc, yn yr unfed ganrif ar bymtheg, porthwyd yr ymwybyddiaeth genedlaethol gan atgofion am orffennol y wlad cyn dyfodiad y Rhufeiniaid. Ystyriwyd y derwyddon yn feddylwyr ac athronwyr eu cyfnod gan Jean Le Febvre yn *Les Fleurs et antiquitez des Gaules, où il est traité des anciens philosophes gaulois appellez druides* [*Blodau a Hynafiaethau y Galiaid, lle y Trafodir Athronwyr Hynafol Gwlad Gâl a Elwir Derwyddon*] (1532). Ystyriai Noel Taillepied yn ei *Histoire de l'estat et republique des druides* [*Hanes Gwladwriaeth a Gweriniaeth y Derwyddon*] (Paris, 1585) mai cyfreithwyr oeddynt. Yn y llyfr hwnnw, gosodir allan gyfundrefn cyfreithiau'r derwyddon yn fawreddog, gan ei chysylltu â phatrwm deddfwriaeth Rhufain ei hun yn y teitl: 'Ordonnances des Druides Iurisconsultes S. P. Q. G.' ['Cyfreithiau'r Derwyddon, Deddfegwyr Senedd a Phobl Gwlad Gâl']. Yn yr Almaen hefyd cafwyd ymdrech i'w mabwysiadu, gan Elias Schedius er enghraifft, yn ei lyfr *De Dis Germanis* [*Am Dduwiau'r Ellmynwyr*] yn 1648, ac eto yn 1650 yn *Dissertatio de Druidibus* [*Traethawd ar y Derwyddon*] gan Esias Pufendorf.[26]

Pan gyhoeddwyd *Historiae Britannicae Defensio* [*Amddiffyniad Hanes Prydain*] Syr John Price yn 1573, cynhwysodd lythyr gan Humphrey Lhuyd at ei gyfaill Abraham Ortelius. Enw'r traethawd bach hwn oedd 'De Mona Druidum Insula . . .', eithr nid oes ynddo fwy na chyfeiriad at y derwyddon mewn dyfyniad o *Annales* Tacitus.[27] Hybwyd y diddordeb yn y derwyddon ym Mhrydain ar ddiwedd yr ail ganrif ar bymtheg gan y dadlau brwd a fu rhwng hynafiaethwyr am bwrpas a dechreuadau Côr y Cewri. Un o'r cyntaf i awgrymu cysylltiad rhwng y cylchoedd meini yn Wiltshire a'r derwyddon oedd y Cymro John Aubrey, gohebydd a chyfaill i Edward Lhuyd. Mewn disgrifiad o'r ardal honno a'i thrigolion yng nghyfnod y Brythoniaid, dywed Aubrey:

'the celebrated antiquity of Stonehenge, as also that stupendious but unheeded antiquity at Aubury &c. I affirme to have been temples, and built by Britons. See my *Templa Druidum*'. Cytunai Lhuyd â dehongliad ei gyfaill o natur y cylchoedd cyntefig hyn, fel lleoliad defodau crefyddol yn y cyfnod paganaidd, 'seeing', meddai, 'the Druids were our antient heathen Priests'. Cydiwyd yn awgrym Aubrey gan William Stukeley, a chadarnhawyd eu damcaniaeth gan lafur gofalus y ddau yn y maes – enghreifftiau cynnar oedd eu gweithgareddau o'r wyddor newydd ymarferol, archaeoleg. Eithr yr oedd gan ddamcaniaethau eraill eu cefnogwyr hefyd, a gwnaethpwyd honiadau ar ran y Rhufeiniaid, y Phoeniciaid, y Sacsoniaid a'r Daniaid cyn i Stukeley gyhoeddi ei lyfrau ar Stonehenge ac Avebury yn 1740 (*Stonehenge, a Temple restor'd to the British Druids*) a 1743 (*Avebury, a Temple of the British Druids*). Bu Stukeley wrthi'n hir yn paratoi cynnyrch ei waith yn y maes ar gyfer y wasg, a'i fwriad oedd i'r ddwy gyfrol hyn fod yn rhan o waith mawr ar Gristnogaeth batriarchaidd. Dychmygai'r derwyddon fel cynrychiolwyr rhyw Gristnogaeth bur, gyntefig, a datganodd yn glir mai un o'i amcanion oedd 'to combat the deists from an unexpected quarter'.[28]

Un o'r deistiaid hynny oedd John Toland, aelod o gylch cydnabod Edward Lhuyd yn Rhydychen am gyfnod byr, a chyfaill hefyd i Leibniz, Aubrey, a Henry Rowlands ym Môn. Gwnaeth gyfraniad arbennig at y llenyddiaeth ar y derwyddon, ac at ddatblygiad syniadau am iaith, yn ei *Specimen of the Critical History of the Celtic Religion and Learning: Containing an Account of the Druids . . .* Cyhoeddwyd y *Specimen* yn 1726, wedi marw'r awdur, gan Pierre Desmaizeaux, gyda llythyrau a phapurau eraill Toland, a daeth i olwg y cyhoedd eto yn 1747 ymhlith *The Miscellaneous Works of Mr. John Toland.* Gelyn ffyrnig i bob agwedd ar grefydd gyfundrefnol oedd Toland, ac er iddo rannu gweledigaeth Stukeley o'r derwyddon fel hynafiaid offeiriadon Eglwys Loegr ei gyfnod, gwahanol iawn oedd ei ymagwedd at yr offeiriadaeth honno, a phob offeiriadaeth arall. Gwelai'r derwyddon fel enghreifftiau perffaith o'r fath gyfundrefn. 'No Heathen Priesthood ever came up to the perfection of the Druidical,' meddai ar ddechrau'i waith, 'which was far more exquisite than any other such system; as having been much better calculated to beget Ignorance and an Implicit disposition in the people, no less than to procure power and profit to the Priests' (i.8). Tybiai mai twyll a gwanc oedd nodweddion pob offeiriadaeth, ac mai derwyddaeth oedd yr enghraifft fwyaf eithafol o 'Priestcraft', sef 'the design'd abuse and reverse of Religion' (i.9). Un ffordd a oedd gan y derwyddon o ddallu'r bobl oedd cadw eu gwybodaeth gyfrinachol iddynt eu hunain trwy ddysgu ar lafar yn unig. Dywed yn ddirmygus fod y derwyddon yn gymaint o feistri ar hoced geiriol ag yr oeddynt ar siwglo, a bod hyn, sef 'the art of managing the mob, which is vulgarly call'd *leading the people by the nose*', yn galw am gryn fedr ac ymarfer (i.11–12).[29]

Cyn troi at y syniadaeth am iaith yn y *Critical History of the Celtic Religion and Learning*, rhaid tynnu sylw at bedwar llythyr yn ail gyfrol y *Miscellaneous Works,* sy'n cynrychioli gohebiaeth rhwng Toland a Leibniz ar faterion ieithegol rhwng 1704 a 1710 (ii.383–402). Yn wir, y mae'r llythyrau'n dangos bod cryn adnabyddiaeth rhwng y ddau. Sonia Toland mewn un llythyr iddo ddanfon llythyr a dau lyfr at lyfrwerthwr Leibniz, Troyel, ar ei gyfer (ii.395). Mewn atodiad i'r gwaith, hefyd, argraffwyd nodiadau gan Leibniz ar *Christianity not Mysterious* (1694), llyfr mwyaf enwog Toland.

Un o'r materion a drafodwyd ganddynt oedd cysylltiad rhai o ieithoedd y dwyrain â'i gilydd, yn arbennig y cwestiwn a oedd yr iaith Gopteg yn perthyn i'r Armeneg. Dengys Toland ei fod yn gwybod cymaint am rai agweddau ar berthynas yr ieithoedd ag unrhyw un o'i gyfoeswyr. Yr oedd yn barod i ddangos bod y geiriau Eiffteg yn y Beibl a rhai hen ysgrythyrau eraill o'r un gwreiddyn a gwneuthuriad â Hebraeg a Chaldeeg, 'and as Swedish or Islandish are with the present German, or any other Dialect of that with the old Gothick' (ii.394). Mewn llythyrau eraill, y mae'r ddau yn trafod problem ynglŷn â'r iaith Tsieineeg, a Toland yn gofyn am farn yr athronydd 'as an Oracle in History' (ii.396).

Ymhlith y llythyrau a gyhoeddwyd yn yr ail gyfrol, gwelir hefyd un oddi wrth Toland ym mis Medi 1715 at Ralph Thoresby, yr hynafiaethydd yn Leeds, ac ateb i hwnnw. Ceisio am wybodaeth am y derwyddon y mae Toland yn ei lythyr: 'to lend or procure me an account of such Traditions, concerning the *Druids*, as may possibly obtain in your northern parts', pa henebion a ddangosai eu presenoldeb, a pha leoedd a enwyd ar eu hôl (ii.438). Negyddol oedd ateb Thoresby, eithr dengys hwnnw ei ddiddordeb yntau yn y traddodiadau ynglŷn â'r derwyddon a'r beirdd:

> we not having any traditions, &c. relating to them in these parts. They seem to me to have retired with the Britains to Wales . . . Only I have often thought that *Bardsay* near Wetherby in these parts receiv'd its name from the Bards their contemporaries; 'tis even yet a private retired place near the forest, proper for contemplation. (ii.439–40)

Yn Ionawr 1694, y flwyddyn y daeth ef i adnabod Lhuyd, ceir

disgrifiad gan Toland ohono'n cyrraedd Rhydychen er gwaethaf y lladron pen-ffordd (ii.293). Yno, cyfarfu â rhai o hynafiaethwyr ac ieithyddion y lle, 'who saluted me with peals of barbarous sounds and obsolete words, and I in return spent upon them all my Anglo-Saxon and old British Etymologies; which I hope gave them abundant satisfaction' (ii.293). Y mae'n amlwg nad oedd Toland yn ei gyfrif ei hun yn llai o ysgolhaig yn y maes hwn nag oedd academyddion Rhydychen. 'Hebrew and Irish', ychwanega, '. . . will bear me out for some weeks', nes iddo fedru mynd i'r llyfrgell. Yn y flwyddyn honno, yn ddiau, ac yn y gwmnïaeth a'r awyrgylch arbennig hynny, y dechreuodd ddatblygu'i ddiddordeb mewn ieitheg gymharol, yng nghyd-destun yr ieithoedd Celtaidd.

Cyfraniad arbennig Toland i astudiaethau Celtaidd yn Rhydychen oedd gosod Edward Lhuyd ar ben ei ffordd wrth dynnu'i sylw at y berthynas agos rhwng ieithoedd Cymru ac Iwerddon. Yn ei waith ar y derwyddon pwysleisia Toland arwyddocâd arbennig yr Wyddeleg i bob astudiaeth Geltaidd, a noda yn benodol ddyled awdur *Archaeologia Britannica* iddo ef:

> Mr. EDWARD LHUYD, late keeper of the *Museum* at Oxford, perceiv'd this affinity between the same words [h.y. geiriau Cymraeg cyfoes a'r geiriau Galeg yn yr awduron clasurol] and the Irish, even before he study'd that language, by the demonstration I gave him of the same. (i.32)

Cyfarchwyd Edward Lhuyd yn yr englynion a ysgrifennodd John Morgan iddo fel un yn gyfarwydd â dysg y derwyddon: 'Chwiliaist, ti gefaist yn gyfan Addysc/Y Derwyddon allan . . .' ac mae tystiolaeth yn llythyrau Lhuyd o'i ddiddordeb yn yr henebion ar hyd a lled y wlad a gysylltid yn boblogaidd â'r sect honno. Eithr, ar wahân i un cyfeiriad atynt yn y llythyr 'at y Cymry' a ragflaenai'r *Glossography*, prin y mae lle i'r derwyddon yn ei athrawiaeth ieithyddol, a nodweddid gan dueddiadau gwyddonol, yn hytrach nag ofergoeledd. Mewn gwrthgyferbyniad i hyn, mewn cyd-destun cwbl dderwyddol y cynigia Toland ei sylwadau yntau ar berthynas yr ieithoedd Celtaidd â'i gilydd – er nad oedd ei hygrededd yn fwy nag eiddo Lhuyd.

Ysgrifennodd Toland y *Specimen of the Critical History of the Celtic Religion* ar ffurf tri llythyr at ei noddwr, yr Arglwydd Molesworth, yn ystod y blynyddoedd 1718 a 1719. Pwrpas y llythyrau oedd rhoi amlinelliad yn unig o'i syniadau, a bwriadai ymhelaethu ar y *Specimen* pan fyddai'n cyhoeddi'i hanes, ynghyd â thraethawd 'concerning the Celtic Language and Colonies' (i.8, n. 1). Y mae lle i gredu y byddai'r atodiad hwn wedi dangos dylanwad disgrifiadau Pezron o deithiau'r Celtiaid ar y cyfandir, ond ychydig o ddylanwad 'Father Pezron in his *Celtic originals*' a welir yn y *Specimen* (i.59). Yn y diwedd, ni chyhoeddwyd dim ond y llythyrau hyn, sy'n cynnig, fodd bynnag, arolwg werthfawr ar athrawiaethau ieithyddol y dydd, ac ambell gip ar syniadau'r dyfodol – a hynny i gyd yn enw'r derwyddon.

Pwrpas Toland, fel y mae'n ei ddisgrifio ar ddechrau'i lythyr cyntaf, oedd ysgrifennu '*the history of the* DRUIDS, containing an account of the antient *Celtic Religion and Literature*'. Testun ydyw, 'entertaining to the curious in every place; yet it does more particularly concern the inhabitants of ancient Gaule . . . and of all the British Islands' (i.4). Credai fod ganddo ef ei hun, fel Gwyddel, fantais wrth astudio yn y maes hwn, ac ystyriai'i fod yn berchen ar gymwysterau ehangach, er enghraifft ei wybodaeth o Ffrangeg ac ieithoedd eraill, fel y byddai'n medru darllen hen arysgrifau, pe bai rhai ar gael ymhlith y 'Celtic colonies'(i.5–6). Ym marn yr awdur hwn, ni ellir dehongli'r darnau o wybodaeth am y derwyddon yn yr awduron Groeg a Lladin ond gan rai hyddysg yn y 'tafodieithoedd Celtaidd', a chyfrifa chwech o'r rheini:

> namely *Welsh* or the insular Brittish, *Cornish* almost extinct, *Armorican* or French Brittish, *Irish* the least corrupted, *Manks* or the language of the Ile of Man, & *Earse* or Highland Irish, spoken also in all the Western Ilands of Scotland. (i.7)

Barn Toland oedd bod yr ieithoedd hyn yn perthyn i'w gilydd yn yr un ffordd ag oedd y 'tafodieithoedd' Ellmyneg ynghyd ag ieithoedd Llychlyn yn cydberthyn, yn rhinwedd y ffaith eu bod yn ddisgynyddion i un fam gyffredin: 'which are all descendants of their common mother, the Gothic' (i.7).

Mewn paragraff hynod o ddiddorol, esbonia mewn ffigur arall beth oedd natur wirioneddol y berthynas honno fel y tybiai ef:

> not that ever such a thing as a pure Gothic or Celtic language either did or cou'd exist in any considerable region without dialects, no more than pure elements: but by such an original language is meant the common root and trunk, the primitive words, and especially the peculiar construction that runs through all the branches; whereby they are intelligible to each other, or may easily become so, but different from all kinds of speech besides.

Nid geirfa yn unig, ond cystrawennau hefyd sydd ganddynt yn gyffredin, a'r rhain a gydia aelodau o un dosbarth ieithyddol at ei gilydd, ac at eu rhagflaenwyr. Diddorol yw sylwi ar yr ieithoedd Celteg a Gotheg yn cael eu hystyried ynghyd mewn brawddegau y mae eu cynnwys mor debyg i ddatganiad enwog Syr William Jones yn negawd olaf y ganrif.[30] Y mae barn Toland yn glir hefyd ar gwestiwn a fu'n poeni ieithyddion y ddwy ganrif flaenorol: nid yw Celteg a Gotheg yn aelodau o'r un dosbarth, er i'r naill gael ei chymryd am y llall yn y gorffennol. Yn wir, y maent mor wahanol â Lladin ac Arabeg (i.7).

Wrth drafod y berthynas rhwng yr Wyddeleg a'r Gymraeg, cyfeiria at Camden ac eraill, yn ogystal ag at ei ddylanwad personol ar Edward Lhuyd. Pleidio hynafiaeth yr Wyddeleg a wna Toland:

> the Irish (a few Scandinavian and Danish words excepted) being not only a Dialect of the ancient Celtic or Gallic, but being also liker the mother than her other daughter the British; and the Irish manuscripts being more numerous and much antienter than the Welsh, shows beyond all contradiction the necessity of this language for retrieving the knowledge of the Celtic Religion and Learning. (i.32)

Y mae Toland yma yn uniaethu'r iaith Gelteg dybiedig â heniaith Gâl, ac yn dyfynnu geiriau Lhuyd yn ei ragymadrodd, yn cysylltu'r Gymraeg â Galeg (gan ddilyn Camden a Boxhornius), ac yn tybio bod Gwyddeleg yn perthyn hyd yn oed yn agosach. 'That it does so', meddai yn bendant, 'is absolute fact' (i.32).

Yn y trydydd llythyr, dengys nad oedd yn cytuno â Lhuyd ar bob manylyn o'i athrawiaeth ar darddle'r Gwyddelod. Y ddamcaniaeth am eu gwreiddiau yn Sbaen yw'r un a wrthyd Toland:

> the ancient Irish . . . were all from Gaule and Great Britain, whose language, religion, customs, laws and government, proper names of men and places, they constantly did and do still use: whereas . . . not one single word of the Irish tongue agrees with the Cantabrian or Biscaian, which is the true old Spanish; the present idiom being a mixture of Latin, Gothic, and Arabic. (i.133)

Testun yr ail lythyr yw henebion yn gysylltiedig â'r derwyddon, ac yn eu plith Gôr y Cewri. Y mae Toland yn trafod y gwahanol ddamcaniaethau am bwrpas y meini hyn a phwy a'u hadeiladodd, gan gynnwys honiadau Inigo Jones mai'r Rhufeiniaid a'u cododd (i.88). Yma, hefyd, daw enw Edward Lhuyd i'r amlwg, a noda Toland amharodrwydd Lhuyd i fod yn bendant ynglŷn â'r mater hwn, er ei fod yntau yn ddigon parod i gredu mai allorau'r derwyddon oeddynt (i.94). John Aubrey, meddai, oedd yr unig un o'i gydnabod a feddai syniadau cywir am demlau'r derwyddon (i.112). Gŵr hynod o ofergoelus, ond gonest a manwl – dyna oedd barn Toland am Aubrey, ac wrth sôn am ei drafodaethau ag ef yn Rhydychen, meddai: 'but the facts he knew, not the reflections he made, were what I wanted . . .' Credai Toland mai yn y gwledydd Celtaidd yn unig y bodolai'r derwyddon, a chyfeiria at ddatganiad Cesar nad oedd sôn amdanynt ymysg llwythau'r Almaen (i.98). Gwelai'i waith ei hun yn rhagori ar bopeth a ysgrifennwyd o'r blaen ar y testun hwn, yn arbennig am ei fod ef yn cymryd i ystyriaeth y sefyllfa yn Ffrainc (i.111).

Daeth Toland i adnabod Aubrey yn y cyfnod byr a dreuliodd y ddau gyda'i gilydd yn Rhydychen, ac yn ystod yr amser hwnnw bu'r Gwyddel yn ysgrifennu *Christianity not Mysterious*. Yr oedd hamdden ganddo, serch hynny, i ymddiddori hefyd nid yn unig mewn henebion, ond hefyd mewn materion iaith. Un o'i weithgareddau oedd 'collecting during my idler hours a Vocabulary of Armorican and Irish words, which, in sound and signification, agree better together than with the Welsh' (i.112). Yn y gorchwyl hwn, yn ddiau, cafodd lawer o gymorth gan John Mill, ysgolhaig a fu o gymorth arbennig i Edward Lhuyd hefyd (i.293–4). Yr oedd y rhestr o eiriau ac ymadroddion Llydaweg a gafodd Toland gan Mill, ac a gyhoeddwyd ar ddiwedd y *Celtic Religion* (i.204–28), o werth arbennig iddo wrth edrych am debygrwydd rhwng y Llydaweg a'r Wyddeleg. Byddai hynny'n cryfhau'i ddadl fod iaith Iwerddon yn perthyn yn agos iawn i Gelteg y cyfandir. Cyfeiliornus, mewn gwirionedd, oedd meddwl bod Llydaweg yn dal perthynas agosach na'i chwaer-ieithoedd â hen iaith Gâl, ond credai Toland mai chwedl yn unig oedd yr hanes fod trefedigaeth o drigolion Cymru ar y cyfandir (i.132).[31]

Wrth ddadansoddi geiriau fel *carn*, *carnedd*, *cistfaen*, *cromlech* yn y llythyr hwn, dengys Toland ei fod yn hollol gyfarwydd ag elfennau'r iaith Gymraeg, a noda'r berthynas rhwng *s* ac *h* yn yr ieithoedd Celtaidd (i.77, nodyn). Ond er i'w ddamcaniaethau ddibynnu llawer ar gymharu geiriau, nid oedd yn tueddu at eirdarddiadau gwyllt, fel rhai o'i gyfoeswyr. Gwelodd fod meini prawf eraill yn bosibl yn ychwanegol at debygrwydd mewn sain ac ystyr, ac wrth nodi'r gwahaniaeth a'r gyfatebiaeth rhwng Cymraeg a Gwyddeleg, dywed fod angen ystyried 'the origin as well as . . . the analogy of any word' (i.25, nodyn).

Erys un agwedd arall ar athrawiaeth ieithyddol Toland sy'n werth ei nodi, sef ei sylwadau yn y llythyr cyntaf ar sut y cychwynnodd ac y datblygodd iaith ysgrifenedig. Yr oedd diddordeb arbennig yn y pwnc hwn yn y ddeunawfed ganrif, ac mewn alffabetau o wahanol fathau yn gyffredinol. Gwelsom eisoes esiampl o wyddor ryfedd, seiliedig ar ffenomenau byd natur, yng ngwaith William Baxter. Cyn diwedd y ganrif, byddai Iolo Morganwg wedi llunio'i wyddor chwedlonol yng Nghoelbren y Beirdd, ac wedi troad y ganrif dyna Edward Davies yn manylu ar darddiadau'r wyddor mewn llwyni a phlanhigion.[32] Ceir rhagflas o hyn i gyd mewn paragraff yng ngwaith Toland, yn disgrifio sut y daeth llythrennau ysgrifenedig i fod yn yr hen oesoedd yn Iwerddon. Fe'u torrwyd, meddai, 'on the bark of trees, prepar'd for that purpose; or on smooth tables of birchwood, which were call'd *Poets tables*' (i.47–8). Gelwir yr arwyddion hyn yn 'twigs' a 'branches' yn ôl eu siâp, ac enwyd pob llythyren ar ôl rhyw goeden neu lysieuyn, 'which, in the infancy of writing on bark and boards, was very natural'.

* * *

Gorgyffyrddai astudiaeth ieithyddol yn y cyfnod hwn â llawer o ddisgyblaethau eraill. Dengys yr erthygl 'Philologie' yn *Encyclopédie* Diderot a d'Alembert (xii, 1765) ystyr eang y gair yn y cyfnod hwnnw. Cynhwysai mewn modd arwynebol, yn ôl yr awdur, ramadeg, barddas, hynafiaethau, hanes, athroniaeth ac, o bosibl, fathemateg, meddyginiaeth a chyfreitheg. Sylwyd eisoes yma ar sut y daeth goblygiadau gwleidyddol a chymdeithasegol tafodleferydd y werin bobl i'r amlwg fel y cerddai'r ganrif ymlaen. Yng Nghymru yr oedd iaith ynghlwm hefyd wrth grefydd, ac yn neilltuol wrth addysg i'r werin bobl fel llawforwyn crefydd.

Gwelsom sut yr anwylwyd eu hiaith gan ddiwygwyr anghydffurfiol diwedd yr ail ganrif ar bymtheg, a'r pryder a fynegwyd am ei hadfer. Cawn enghraifft o'r un ffenomen yng ngwaith Griffith Jones, Llanddowror, tua chanol y ganrif ganlynol. Yn 1740, dechreuodd gyhoeddi *Welch Piety*, cyfres o lythyrau yn cynnwys adroddiad ar ei ymdrech i drefnu ysgolion yn eu hiaith eu hunain i drigolion anllythrennog cefn gwlad Cymru.[33] Cynnwys y trydydd llythyr yn y gyfrol gyntaf, dyddiedig 'Landowror, Oct. 11, 1739', amddiffyniad manwl o'i bolisi mai Cymraeg fyddai iaith y gwersi yn yr ysgolion cylchredol. Yn hwnnw y mae'n gwadu bod ganddo ddiddordeb yn nhynged yr iaith fel y cyfryw: 'I am not at present concerned what becomes of the *Language*, abstractedly considered.' Ei brif amcan, meddai ef, oedd 'the Glory of GOD, the Interest of Religion, and Salvation of the poor *Welsh people*' (30–1). Cyfrwng yn unig oedd yr iaith, eithr cyfrwng gwerthfawr, ac un y talai'i arddel i'r pwrpas hwn. Fel y dywed yr awdur mewn ymadrodd bachog: 'Good coin should not be rejected as reprobate Silver.'

Dengys teitl llawn y gyfrol gyntaf wir ymagwedd Griffith Jones at ei iaith: *Welch Piety: or, the Needful Charity of Promoting the Salvation of the Poor, Being an Account of the Rise, Method and Progress of the Circulating Welsh Charity Schools: With the Nature and Antiquity of the British Language, and Objections against Continuing the Use of it Considered.* Y tu mewn i fframwaith yr adroddiad Beiblaidd y gosododd Jones ei drafodaeth ar natur a hynafiaeth y Gymraeg. Cosb oedd y drychineb o gymysgu ieithoedd ym Mabel, ac ohoni hi y deilliodd y ffaith bod cenhedloedd daear a hyd yn oed drigolion taleithiau y tu mewn iddynt 'as Barbarians to one another' (33). Eto i gyd, daeth rhai manteision yn sgil yr alanas, a gwêl Griffith Jones law Duw ym mharhad yr iaith Gymraeg. Rhyfyg, felly, yn ei farn ef, fyddai rhwystro arfaeth yr Hollalluog wrth geisio difetha iaith a oroesodd mor hir:

> may we not therefore justly fear, when we attempt to abolish a Language, which perhaps I shall evince, before I conclude, to be as ancient as any now in the World, except that Mother one of all in use before *Babel*, that we fight against the decrees of Heaven? (37)

Y famiaith honno, wrth reswm, oedd yr Hebraeg, ac apelia Jones at y tebygrwydd seinyddol rhwng y ddwy iaith, yn ogystal â'u harwyddion ysgrifenedig, i ategu'i gred bod y Gymraeg yn 'perthyn yn agos' iddi (40). Yn achos yr iaith ysgrifenedig, sylwa fod un arwydd yn ddigon mewn Hebraeg i fynegi sain gyffredin i'r ddwy iaith, tra bo rhaid defnyddio mwy nag un o'r 'arwyddion benthyg' sydd gennym i ysgrifennu Cymraeg. Dyfala fod iaith Prydain wedi tarddu 'out of *Hebrew* at the Tower of Babel' (40) a'i bod hi ei hun yn famiaith a fagodd yr ieithoedd cyfagos i'w cyflwr presennol, gan aros ei hun heb ei chymysgu na'i llurgunio (49). Nid oedd angen iddi hi fenthyca geiriau gan eraill: ieithoedd eraill yn hytrach a fu'n benthyg ei geiriau hi. 'The *Welsh Language*', meddai, 'is more full, copious, primitive, independent, and free from exotick Words, than any modern Tongue at this day in *Europe*' (40). Apelia at 'the harmonious Consent of the Learned' i gefnogi hynafiaeth y Gymraeg: 'no one disputes, but that it is the same with the Old *Celtick* or *Gaulish Language*' (38). Camden, Pezron, a'r 'great Antiquarian' ei hun, Edward Lhuyd, yw'r ysgolheigion sy'n gytûn y tu ôl i argyhoeddiad Griffith Jones o hirhoedledd yr iaith Gymraeg (38, 49).

Fel y dywed, nid oedd gan Jones ddiddordeb arbennig mewn iaith 'abstractedly considered' wrth hyrwyddo'i waith ymarferol o achub eneidiau gwerin Cymru. Ond yr oedd wedi darllen testunau ffasiynol ei oes, a gallai edrych ymlaen, gyda llawer o feddylwyr ei gyfnod, at y dydd pan fyddai iaith y werin honno yn uno â holl ddarnau chwilfriw eraill Babel i ffurfio o'r newydd un iaith gyffredinol, fyd-eang:

> She has not lost her *Charms*, nor *Chasteness*, remains unalterably the same . . . Let her stay the appointed Time, to expire a peaceful and natural Death, which we trust will not be till the Consummation of all Things, when all the *Languages* of the World will be reduced into one again. (51)

NODIADAU

1. Saunders Lewis, *'Drych y Prif Oesoedd'*, *Efrydiau Catholig*, 6 (1939), 37–47 (37). Ar y cylch hwn gw. hefyd John Davies, *Bywyd a Gwaith Moses Williams 1685–1742* (Caerdydd, 1937), 30–49; Geraint H. Jenkins, *Theophilus Evans (1693–1767) Y Dyn, ei Deulu, a'i Oes* (Llandysul, 1993), 12, 34; Garfield H. Hughes, *Iaco ab Dewi (1648–1722)* (Caerdydd, 1953), 35–6; *Dysg a Dawn: Cyfrol Goffa Aneirin Lewis*, gol. W. Alun Mathias ac E. Wyn James (Caerdydd, 1992), 84, 91–3, 97; G. J. Williams, 'Daniel Ddu o Geredigion a'i Gyfnod', *Y Llenor*, 5 (1926), 48–59 (48–9). Yn gyffredinol, gw. rhagymadrodd Garfield Hughes i *Drych y Prif Oesoedd: yn ôl yr Argraffiad Cyntaf, 1716* (Caerdydd, 1961); David Thomas, 'Cysylltiadau Hanesyddol a Llenyddol Theophilus Evans', *Y Llenor*, 18 (1939), 46–56, a'i ragymadrodd i *Drych y Prif Oesoedd: Y Rhan Gyntaf* (Caerdydd, 1955); D. Ellis Evans, 'Theophilus Evans ar Hanes Cynnar Prydain', *Y Traethodydd*, 128 (1976), 92–113; Medwin Hughes, 'Mythau hanes: *Drych y Prif Oesoedd*', *Y Traethodydd*, 147 (Ebrill, 1992), 89–95.
2. Gw. Pennod 4 yma.
3. Hughes, *Iaco ab Dewi*, 32, 36, 33.
4. Ibid., 105, 111, 132.
5. Ibid., 105.
6. 'BARN Mr. William Lewes o Lwynderw o fywn Sir Gaerfyrddin ynghylch y llyfr hwn' (*Drych*, 1716); Hughes, *Iaco ab Dewi*, 36.
7. Davies, *Moses Williams*, 33; Charles Owen, *Some Account of the Life and Writings of the Late Pious and Learned Mr. James Owen . . .* (London, 1719), 109–10.
8. *The Letters of Goronwy Owen (1723–1769), Newly Transcribed and Edited by J. H. Davies* (Cardiff, 1924), 85; *The Correspondence of Thomas Percy and Evan Evans*, gol. Aneirin Lewis (Baton Rouge, 1957), 166.
9. Daniel Droixhe, *La Linguistique et l'appel de l'histoire (1600–1800)* (Genève-Paris, 1978), 347, 350. Ar Vico yn gyffredinol, gw. Mark Lilla, *G. B. Vico: The Making of an Anti-Modern* (Cambridge, Mass., London, 1993); Mario Papini, *Arbor Humanae Linguae: l'etimologico di G. B. Vico como chiave ermeneutica della storia del mondo* (Bologna, 1944).
10. Ar Michaelis gw. Droixhe, *La Linguistique*, 374–80, a Phennod 9 yma.
11. Droixhe, *La Linguistique*, 362–6; Marie-Jean-Antoine-Nicolas de Caritat, Marquis de Condorcet, *Esquisse d'un tableau historique des progrès de l'esprit humain* (Paris, 1794, An 3 de la République), 68–9, 221–4, 377.

12. Droixhe, *La Linguistique*, 364.
13. Ibid., 144–7; Rhisiart Hincks, *I Gadw Mamiaith mor Hen (Cyflwyniad i Ddechreuadau Ysgolheictod Llydaweg)* (Llandysul, 1995), 144–54.
14. Droixhe, *La Linguistique*, 146; Taillandier, 'Préface' i *Dictionnaire de la langue bretonne* . . . Le Pelletier (Paris, 1752), i–ii.
15. Jean-Baptiste Bullet, *Mémoires sur la langue celtique*, 3 cyfrol (Besançon, 1754–60), ii (1759), 'Préface'. Enwa Bullet *Adversaria* Edward Lhuyd ymhlith y llyfrau a ddarllenodd, ond nid *Archaeologia Britannica.* Droixhe, *La Linguistique*, 147; Hincks, *I Gadw Mamiaith*, 193–4.
16. Ar ddylanwad de Brosses, gw. Pennod 9.
17. Droixhe, *La Linguistique*, 146–7; Denis Diderot a Jean le Rond d'Alembert, *Encyclopédie, ou dictionnaire raisonné des sciences, des arts et des métiers* . . ., ix (1765), 259.
18. Le Conseiller de Grandval, 'Discours historique sur l'origine de la langue françoise', *Mercure de France*, 1757, Slatkine Reprints (Genève, 1970), lxxii. 483–90; lxxiii. 45–50. Droixhe, *La Linguistique*, 144–5, 348; *Remarques sur la Grammaire générale et raisonnée de MM. de Port-Royal*, yn *Oeuvres complètes de Duclos*, 10 cyfrol (Paris, 1806): ix. 1–211, *Mémoires sur l'origine et les révolutions des langues celtique et françoise*; ix. 215–71.
19. Droixhe, *La Linguistique*, 151–2. Gw. hefyd Hincks, *I Gadw Mamiaith*, 161, n. 32.
20. Droixhe, *La Linguistique*, 367; Diderot a d'Alembert, *Encyclopédie*, xii (1765), 174.
21. Droixhe, *La Linguistique*, 154; Hincks, *I Gadw Mamiaith*, 97, 200; Voltaire, *Questions sur l'Encyclopédie par des amateurs*, yn *Oeuvres complètes de Voltaire* (De l'Imprimerie de la Société Littéraire Typographique [Kehl], 1785–9), xlvii–lv: 'Abc ou alphabet', xlvii. 19–29.
22. Voltaire, *Dictionnaire philosophique*, yn *Les Oeuvres complètes de Voltaire* (Voltaire Foundation, Oxford), xxxv (1994): 'Abraham', 296; 'Babel', 393–6; 'De la Chine', 538, a nodiadau. Gwelir yr erthygl 'François, ou Français' (1757) yn *Oeuvres complètes*, xxxiii (1987), 94–104 (95, 100–1), ac yn Kehl, li. 459–84.
23. Droixhe, *La Linguistique*, 367–8; Hincks, *I Gadw Mamiaith*, 93, 198–207.
24. Gw. ail argraffiad *Élémens* Le Brigant: *Élémens succints de la langue des Celtes-Gomérites ou Bretons* (Brest, An 7), 39, 40–1.
25. Duclos, *Oeuvres complètes*, i. 277–95, ix. 217, 228; Henry Rowlands, *Mona Antiqua Restaurata* (Dublin, 1723), 64–5; Peter Lord, *Gwenllian: Essays on Visual Culture* (Llandysul, 1994), 102, 105–7; Stuart Piggott, *The Druids* (Harmondsworth, 1974), 113–14; G. J. Williams, 'Leland a Bale a'r Traddodiad Derwyddol', 15–25; D. P. Walker, 'The *Prisca Theologia* in France', *Journal of the Warburg and Courtauld Institutes*, 17 (1956), 204–59.
26. T. D. Kendrick, *The Druids: A Study in Keltic Prehistory* (London, 1927), 18, 19, 21, 25–6; Piggott, *The Druids*, 114–16.
27. Yn 1731, ailgyhoeddwyd *De Mona Insula* gyda *Commentariolus* Humphrey Lhuyd gan William Bowyer, dan olygyddiaeth Moses Williams. Ar ôl y rhagymadrodd ceir map o Loegr a Chymru a rhan o'r Alban (a seiliwyd ar fap Lhuyd) gan William Jones ('Viro Amicissimo, Gulielmo Jones, Armig.'), tad Syr William Jones a chyfaill Moses Williams. Gwelir ei enw ymhlith y tanysgrifwyr hefyd. Y mae copi Lewis Morris yn Llyfrgell Genedlaethol Cymru (W.d. 269).

28. *Aubrey's Natural History of Wiltshire: A Reprint . . .* (David and Charles Reprints, Newton Abbot, 1969), 96; Piggott, *The Druids*, 118, 124, 131–3.
29. Piggott, *The Druids*, 120; Anthony Powell, *John Aubrey and his Friends* (London, 1948), 239–40; A. L. Owen, *The Famous Druids: A Survey of Three Centuries of English Literature on the Druids* (Oxford, 1962), 112–17. Cyfeiriadau yn y testun at *The Miscellaneous Works of Mr. John Toland* (1747).
30. Gw. Penodau 10 ac 11 yma am ddatganiad Syr William Jones am natur dybiedig y berthynas rhwng yr ieithoedd hyn.
31. Ar Toland a Mill gw. hefyd Prys Morgan, 'The Abbé Pezron and the Celts', *Trafodion Anrhydeddus Gymdeithas y Cymmrodorion* (1964–5), 293; Hincks, *I Gadw Mamiaith*, 140–1.
32. Am wyddor Baxter, gw. Pennod 4. Ar wyddorau cyntefig yn gysylltiedig â choed: Robert Graves, *The Greek Myths*, 2 gyfrol (Harmondsworth, 1960), i. 183–4, ac yn arbennig *The White Goddess* (London, 1961), Penodau 10 ac 11 ar 'The Tree Alphabet'; ceir cyfeiriadau at Edward Davies, *Celtic Researches* (1809), ar dd. 38 a 141. Am wyddorau Iolo Morganwg, gw. Pennod 10 yma.
33. Griffith Jones, *Welch Piety: or, a Collection of the Several Accounts of the Circulating Welsh Charity Schools . . . in Several Letters to a Friend*, 2 gyfrol (London, 1742–60). Cyfeiriadau at *Welch Piety* yn y testun. Ar *Welch Piety*, gw. hefyd adolygiad gan G. J. Williams ar R. T. Jenkins, *Hanes Cymru yn y Ddeunawfed Ganrif* (Caerdydd, 1928) yn *Y Llenor*, 8 (1928), 56–60, ac *Y Gymraeg yn ei Disgleirdeb: yr Iaith Gymraeg cyn y Chwyldro Diwydiannol*, gol. Geraint H. Jenkins (Caerdydd, 1997), 89.

6

Geiriadurwyr Canol y Ganrif

Un o hanfodion adfywiad mewn iaith, fel y sylweddolodd ieithyddion cyfnod y Dadeni, yw cynhyrchu geiriaduron. Gwelodd degawdau canol y ddeunawfed ganrif gynhaeaf arall o eirlyfrau yn dyfod o'r wasg, a rhydd y rhagymadroddion i'r rhain olwg amheuthun ar syniadaeth ieithyddol y cyfnod yng Nghymru. Etifeddiaeth gweithgaredd diwyd, anghyhoeddedig casglwyr blynyddoedd olaf yr ail ganrif ar bymtheg a rhai cynnar y ddeunawfed oedd y geiriaduron hyn. Gellir enwi ymhlith y casglwyr diflino hyn John Morgan, William Baxter a chynorthwywyr eraill Edward Lhuyd. Rhaid peidio â diystyru gweithwyr llai hysbys fyth – gwŷr megis Thomas Lloyd, Plas Power, a lanwodd dudalennau lawer â'i nodiadau a'i ychwanegiadau i'w gopi o'r *Dictionarium Duplex*, a'u dosbarthu wedyn yn ôl trefn yr wyddor. Gwnaeth restr hefyd o'r llyfrau a ddefnyddiai wrth gyflawni'i waith – gan gynnwys gramadegau'r dyneiddwyr Gruffydd Robert, Siôn Dafydd Rhys a John Davies, geiriaduron William Salesbury a Thomas Jones, *Archaeologia Britannica* Edward Lhuyd, *Cyfreithiau* William Wotton, *Mona Antiqua Restaurata* Henry Rowlands, a *Drych y Prif Oesoedd* Theophilus Evans. Erys gwaith trwyadl a threfnus Thomas Lloyd yn ganllaw i eiriadurwyr newydd ar ddiwedd yr ugeinfed ganrif.[1]

Datganodd Thomas Jones yn ei ragymadrodd i'r *Gymraeg yn ei Disgleirdeb* yn 1688 mai 'colofnau bychain' a blannwyd gan ei 'ffyddlon garedigion' ar hyd yr oesoedd i gynnal yr iaith oedd gramadegau a geiriaduron.[2] Ceir adlais o hyn yn *Grammadeg Cymraeg* John Roderick (Siôn Rhydderch), a gyhoeddwyd gan yr awdur ei hun o'i argraffwasg yn Amwythig yn 1728. Yn ei lythyr rhagymadroddol at ei 'Annwyl Gydwladwyr', cyfeiria at y rhai a fu'n gosod allan ar gyfer cenhedloedd 'eraill tramor Odidowgrwydd a Theilyngdod yr Hauddbarch Hên Frutaneg yn eu Hardderchowgrwydd yn Jaith y Dysgedigion, sef; y Ladingjaith'. Gan nad oedd neb bellach yn defnyddio'r iaith hynafol honno 'yn eu Cyffredinol Dafodjaith naturiol' gwelodd yr awdur yr angen am lyfr gramadeg newydd yn iaith gysefin y Cymry.

Enwir ymhlith y gramadegwyr a ragflaenai Rhydderch, William Gambold (1677–1728), a gyhoeddasai'i lyfr, *A Welsh Grammar, or a Short and Easie Introduction to the Welsh Tongue . . .* yng Nghaerfyrddin y flwyddyn cynt (1727). Yn ôl Siôn Rhydderch, bwriadwyd Gramadeg Gambold ar gyfer Saeson a 'Dysgedigion a Pheriglorion Jeuaingc sy anghyffordd a thrwsgl yn Jaith eu Mammau'. Saesneg yw iaith llythyr Gambold at y 'Kind Reader', ac yn hwnnw enwa dri hanfod y Gymraeg, hanfodion a bwysleisir drosodd a thro yn rhagymadroddion geiriadurwyr canol y ganrif, sef ei hynafiaeth, ei llawnder a'i hannibyniaeth ar ieithoedd eraill.

Yr oedd y ddau ramadegydd hyn hefyd yn eiriadurwyr. Ymddangosodd *The English and Welch Dictionary: or, the English before the Welch . . .* yn Amwythig yn 1725, wedi'i argraffu a'i werthu, meddai'r wynebddalen, 'gan yr Awdur, John Rhydderch'. Fel y gwnaeth yn ei ramadeg, cydnabod ei ragflaenwyr y mae Rhydderch yn ei ragymadrodd: Erasmus Lewes, periglor Llanbedr Pont Steffan, am 'eiriau Deheubarth' anhysbys yn y gogledd, ac Edward Lhuyd, 'diweddar geidwad Tryssor-gell y Teganau a'r peth mwya' dieithr a rhyfeddol yn Rhyd-Ychen'. Honna mai dyma'r geiriadur cyntaf i ymddangos 'yn Saesneg o flaen y Gymraeg', ac y mae'n ei gyflwyno 'megis lledfegyn' i Gymry uniaith ei wlad – er mor anodd yw dirnad sut y byddai Cymry uniaith yn ymdopi â'r dangoseiriau yn Saesneg. Fodd bynnag, cafodd y geiriadur hwn ddigon o lwyddiant i'w awdur ei ailgyhoeddi ym mhen rhyw ddeng mlynedd (1737), gan ychwanegu rhagor o eiriau a gafodd gan gymwynaswr arall, 'y Parch. John Williams, Person Plwyf Willey yn Sir Amwythig'.

Sylwyd ynghynt ar y prysurdeb gwyllt a nodweddai gasglwyr geiriau a gwneuthurwyr rhestrau geirfaol, a'r ffordd y trosglwyddwyd yr adnoddau hyn o'r naill ysgolhaig i'r llall. Yn y modd hwn y daeth gwybodaeth am y Gymraeg i feddiant ieithyddion Ewrop, wrth i Boxhornius yn yr Iseldiroedd ddod yn gyfarwydd â Geiriadur John Davies, a Leibniz ac Eckhardt â gweithiau Edward Lhuyd a Thomas Jones. Yn yr un traddodiad, cafodd Lhuyd yntau gymorth parod gan Moses Williams, John Morgan, William Baxter ac eraill, ac y mae gan eiriadurwyr y ddeunawfed ganrif yn gyffredinol ddyled arbennig i gasglwyr anhysbys fel yr offeiriaid plwyf Erasmus Lewes a John Williams a fu'n porthi Siôn Rhydderch.

Ymhlith y cerddi cyfarch yn llyfr gramadeg William Gambold ceir un yn Saesneg gan gyfaill a chymydog iddo, 'D. Meredith', yn ei annog ymlaen i gyhoeddi'i eiriadur: 'But haste your Lexicon to publish too.' Marw heb ei gyhoeddi fu tynged Gambold, wedi treulio blynyddoedd meithion yn ei baratoi. Gorffennwyd y gwaith, yn ôl nodyn ar y llawysgrif, yn 1722. Ac wedi marwolaeth yr awdur, a ddaeth hefyd i adnabod Lhuyd yn Rhydychen, ceisiodd ei fab, yr esgob Morafaidd John Gambold, ei werthu. Tua 1762 ymdrechodd John Richards, rheithor y Coety ym Morgannwg, yn ofer i brynu'r llawysgrif, er mwyn hyrwyddo gwaith ei gymydog Thomas Richards, Llangrallo, wrth ffurfio geiriadur Saesneg–Cymraeg. Ychydig yn ddiweddarach, aeth llawysgrif Gambold i ddwylo geiriadurwr arall o Forgannwg, John Walters o Landochau, ac fe'i defnyddiwyd gan hwnnw yn ei waith o gyhoeddi geiriadur Saesneg–Cymraeg, a ymddangosodd mewn rhifynnau rhwng 1770 a 1794. Bu'r gwaith pwysig hwnnw yn ei dro o gymorth i Daniel Silvan Evans wrth lunio'i eiriadur yntau, a ymddangosodd o'r wasg rhwng 1852 a 1858.[3]

Erys geiriaduron Gambold (Saesneg–Cymraeg a Chymraeg–Saesneg) mewn llawysgrif hyd heddiw. Soniai Morrisiaid Môn yn eu llythyrau lawer am werth geiriadur Gambold, ond efallai y peth a rydd y syniad gorau am bwrpas a natur y gwaith, yng nghyd-destun athrawiaethau ieithyddol yr oes, yw'r 'Englynion o Fawl' i'r awdur gan 'G.R., ficer Abergwaun', sy'n ei ragflaenu:

Troi gwreiddyn dillyn (dealler) a sail
    A sylwedd Iaith *Lloeger*,
  A'i Bonedd maith, Biwyn a mer,
  Wnaeth *Gambol* yn iaith *Gamber*.

. . .

Hawdd ddirnad cydiad cedawl yr Ieithoedd
    Wnae'r Iaithydd rhagorawl:
  Anhawdd fyth anhuddo'i Fawl;
  Didwyll fu'i boen a didawl.

Awgryma'r geiriau canmoliaethus hyn fod Gambold wedi trosglwyddo bri yr iaith Saesneg i'r Gymraeg wrth eu cydosod yn ei eiriadur, a hefyd ei fod yn ddigon o ieithydd i ganfod cysylltiad ('cydiad cedawl') ieithoedd â'i gilydd.[4]

Cyhoeddodd Thomas Richards, Llangrallo (1710–1790), ei eiriadur ym Mryste yn 1753, ynghyd â llyfr gramadeg o'r enw *A Welsh Grammar or a Brief Introduction to the Ancient British Language*. Seiliwyd hwn eto ar ramadeg John Davies dros ganrif ynghynt. Cafwyd ailargraffiad o'r geiriadur ymhen chwe blynedd, yn 1759. Teitl Lladin sydd i hwnnw: *Antiquae Linguae Britannicae Thesaurus*, ac er mai'r *Dictionarium Duplex* oedd ei gynsail, geirfa Cymraeg–Saesneg ydoedd, fel llawysgrif Gambold o'i flaen.[5] Dengys yr wynebddalen ddyled yr awdur i'w ragflaenwyr yn y maes – Davies, Lhuyd a Wotton. Ar yr un pryd, ymhyfryda yn y gred ei fod wedi rhagori arnynt oll, wrth loffa ymhellach yn yr hen lawysgrifau, ac yn iaith lafar ei ddydd a'i fro. Wrth gyflwyno'i waith i dywysog Cymru, y mae'n honni ar ran yr 'ancient British tongue' ei bod hi cystal ag unrhyw iaith Ewropeaidd arall 'in Point of Antiquity, Copiousness and Independency'. Yn ei ragymadrodd, ymhelaetha ar y thema gyfarwydd hon, gan ddatgan bod yr iaith a leferid erbyn hynny yng Nghymru a Llydaw yn unig ymhlith y rhai mwyaf hynafol a phur yn y gorllewin, a'i bod yn y gorffennol wedi ymestyn dros Ewrop gyfan (*Thesaurus*, iv). Enwa'r dysgedigion Camden, Merula a Pezron yn awdurdodau i'w athrawiaeth mai'r un bobl oedd y *Celtae*, neu hen drigolion Gâl, â phoblogaeth Prydain, ac mai'r un oedd eu hiaith. Cynigia fel prawf o hyn y tebygrwydd yn eu seremonïau crefyddol a'u hofergoelion, a phresenoldeb derwyddon a beirdd yn y ddwy wlad. Gan mai ar lafar y dysgodd y derwyddon eu cyfrinachau, dadleua Richards ei bod yn ddiamheuol mai'r un iaith a oedd yn gyffredin i drigolion y ddwy wlad (viii).

I Gymru y perthyn yr anrhydedd o gadw yn gryno hen iaith y Galiaid a'r Brytaniaid. 'The learned Abbot *Pezron*', medd Richards, 'mentions this with Admiration, and counts it a Matter of great Honour to us' (ix). Fe'i hargyhoeddwyd hefyd o debygrwydd y Gymraeg i'r Hebraeg, a bod llawer o eiriau Cymraeg 'that either exactly agree with, or may very naturally be derived from, that *Mother-language* of Mankind' (xi). Rhagymadrodd John Davies i'w eiriadur yw awdurdod Richards yma am gysylltu iaith y Brytaniaid ag ieithoedd y dwyrain. Yr oedd Richards yn ymwybodol o berthynas y Gymraeg a'r Wyddeleg: 'the *Irish* Tongue is known to have a great affinity with the *British*, and is thought by some to have been originally the same Language' (xiii). Ail-law felly, fel y gwelir, oedd syniadau Richards am iaith a pherthynas ieithoedd â'i gilydd, a chyn diwedd y rhagymadrodd, cydnebydd eto ei ddyled i John Davies a Lhuyd, ynghyd â 'the learned Dr. Wotton's *Glossary*' ar ddiwedd y 'Welsh Laws' (xiv).

Yn Saesneg yr ysgrifennwyd y rhagymadrodd hwn, ond fe'i dilynir gan lythyr 'At y Cymry' yn eu hiaith eu hunain, yn nhraddodiad geiriadurwyr y Dadeni. Yn hwn gosodir allan bwrpas y gwaith, sef ychwanegu at 'fri a chymmeriad' yr iaith, ei '[h]ymgeleddu a [*sic*] choledd, a'i chadw rhag cael ei llygru a myned ar goll' (xix). Ymhyfryda Richards yn y ffaith bod 'bagad o Wŷr dysgedig o amser bwygilydd yn ein Gwlâd' wedi croesawu'r cyfle i 'fawrhau a choledd eu Hiaith'. Ar y llaw arall, ymosod y mae ar y Cymry tra gwahanol hynny a oedd yn cwyno 'yn grâs ddigon, mai Iaith arw, glegyrnog, drosgl, afrwydd, ddyrys, ddiflas yw'r *Gymraeg*', ac a oedd 'yn anfoddlon dros ben bod yr hên *Frytaniaith* yn cael ei chadw a'i chynnal yn ein mysg' (xxii). Mewn modd mwy ymarferol, a chan gydnabod gwerth y ddwy iaith, cynigia ei eiriadur fel cymorth i'w gydwladwyr 'ddyall yn llwyrach eich Jaith gynhenid eich hunain; a thu ag at wneuthur yn haws ac yn rhwyddach hefyd i chwi ddysgu *Saesneg*'.

Tystia'r ffaith fod y geiriadur wedi ei adargraffu yn 1759 i lwyddiant y gwaith hwnnw, er mai dirmygus oedd adwaith gwŷr y gogledd, y Morrisiaid a'u cylch, a hefyd William Jones Llangadfan, i 'poor plodding Richards', chwedl Goronwy Owen. Bwriadai Richards gyhoeddi geiriadur Saesneg–Cymraeg wedi 1759, a chafodd gymorth ei gymydog, John Richards y Coety, i gasglu geiriau at hwnnw. 'A poor Welshman, but eat up with zeal for ye language', oedd disgrifiad Richard Morris o John Richards yn 1761. 'Nid yw'r Doctor hanner Cymreigydd,' meddai amdano yn 1762, ond yr oedd wedi clywed ei fod yn casglu defnyddiau 'ar ei gost ei hun i'w rhoi yn llaw Tomos Ritsiards i'w dodi ynghyd'. Nid oedd yr hen frwdfrydedd am hel geiriau ac ymadroddion wedi pallu eto yng Nghymru.[6] Cymydog arall i Thomas Richards oedd Iolo Morganwg, a bu'r geiriadurwr, 'my greatly respected and highly honour'd friend and instructor', fel y'i gelwir gan Iolo, yn gyfrwng i'w gyflwyno i gyfoeth geirfa dafodieithol a llenyddol yr iaith, ac i ysgogi ynddo ddiddordeb yn ei hanes a'i llên.[7]

Ni chyhoeddwyd ail gyfrol Richards, ond wedi i eiriadur Saesneg–Cymraeg William Evans, Llanedi, ddyfod o'r wasg yng Nghaerfyrddin yn 1771, bu Richards wrthi yn adolygu hwnnw ar gyfer adargraffiad.[8] *A New English–Welsh Dictionary* oedd enw llyfr Evans, a dengys yr isdeitl bwrpas ymarferol y gwaith, sef er mwyn hyrwyddo darllen testunau Saesneg, ac i ynganu'r iaith honno yn gywir: 'the Whole carefully Compiled from the most approved Authors in both Languages'. Yn y rhagair, nodir enwau John Davies, Edward Lhuyd a 'Mr. Richards' ymhlith eraill (vii), a datgenir mai at 'young divines' yr anelwyd y gwaith, i'w galluogi i ddarllen llyfrau Saesneg. Yr oedd pwrpas masnachol iddo hefyd: gan mai yn Saesneg yr oedd pob cyfathrach ym myd busnes, byddai hefyd o fudd i 'tradesmen' ei ddarllen (vi). A diddorol yw sylwi ar enwau cynifer o fân fasnachwyr o wahanol fathau yn rhestrau tanysgrifwyr geiriaduron y cyfnod hwn.

Yr oedd blynyddoedd y saithdegau yn gyfnod pwysig yn hanes geiriadura yng Nghymru. Yn 1770, dechreuodd geiriadur Saesneg–Cymraeg John Walters, Llandochau, ymddangos o'r wasg. Gŵr o blwyf

Llanedi yn Sir Gaerfyrddin oedd Walters hefyd, ond ymsefydlodd ym Mro Morgannwg yn 1759, ac yno y cyfansoddodd ei waith mawr, gwaith a 'ddyry iddo le mor amlwg yn hanes astudiaethau Cymraeg yn ail hanner y ddeunawfed ganrif'.[9] Fel y gwelsom, cafodd Walters gyfle i weld geiriadur anghyhoeddedig Gambold, ond cynsail yn unig i'w waith oedd hwnnw, a chynhwysodd lu o eiriau eraill, gan ychwanegu llawer o'i gyfansoddiad ei hun, a ymgartrefodd yn llwyr yn yr iaith. Bu yntau hefyd yn ddylanwad pwysig ar Iolo Morganwg yn ei ieuenctid ac, yn ei hunangofiant a'i lythyrau, cydnebydd Iolo ei ddyled amhrisiadwy iddo. Yn 1771, cyhoeddodd yn y Bont-faen lyfryn a fyddai'n ffurfio math ar gydymaith i'w eiriadur, sef *A Dissertation on the Welsh Language, Pointing out it's Antiquity, Copiousness, Grammatical Perfection, with remarks on it's Poetry; and Other Articles not Foreign to the Subject*. Er ei fod yn honni cymaint, nid yw teitl Walters yn hawlio mwy ar ran yr iaith Gymraeg nag y gwnaeth Thomas Richards, William Gambold neu Theophilus Evans o'i flaen, ond yn y *Dissertation* daw syniadau ieithyddol gwahanol i'r amlwg, agweddau ar natur a datblygiad iaith a bwysleisir yn arbennig gan feddylwyr ail hanner y ganrif.[10]

Fel Thomas Richards yn ei ragymadrodd, y mae Walters yn ymosod ar angharedigion y Gymraeg, a chyfeiria at yr un awdurdodau i gefnogi'i argyhoeddiad am hynafiaeth yr iaith: Davies a Camden, ac yna Lhuyd a Pezron, 'those Prodigies of *Celtic* knowledge, and Boast of *British* Antiquaries' (19–20). 'Great luminaries . . . not then risen' oedd Lhuyd a Pezron pan hawliodd John Davies ('that Oracle of the British language') le i'r iaith Gymraeg yn nosbarth mamieithoedd cyfandir Ewrop. Noda Walters fod Lhuyd yn ei 'Comparative Etymology' wedi gosod allan reolau i olrhain holl ieithoedd Ewrop yn ôl i 'one general source and common origin', a bod 'the learned Armorican' wedi profi, yn ei dro:

> that this *common origin* of the European tongues, was no other than the *ancient Celtic*; and *that* again derived from the *Gomarian* and *Iaonian* or Ionic, the language of *Gomer* and *Javan*, the sons of *Japhet* after the confusion at *Babel* . . . (20)

Nid yw amryfal ieithoedd y cyfandir yn ddim ond tafodieithoedd yr heniaith gysefin hon: digonol oedd tystiolaeth y tebygrwydd rhwng enwau afonydd, dinasoedd a mynyddoedd yn Ffrainc a Chymru i argyhoeddi John Walters o wirionedd honiadau Pezron.

Yn hyn o beth, nid oedd fawr o wahaniaeth rhwng Walters a Henry

Rowlands a Theophilus Evans, ac y mae'n amlwg ei fod wedi darllen eu llyfrau hwythau. Ond y mae rhychwant darllen Walters lawer yn ehangach. Cyfeiria, ymhlith eraill, at Bochart a Boxhornius, Rapin a Verstegan yn yr oesoedd cynt, ac yr oedd yn gyfarwydd â llyfrau Simon Pelloutier a Bullet yn Ffrainc yn ei gyfnod ei hun. Yn ei ffurf Ffrangeg wreiddiol y dyfynna deitl llyfr Pezron: *L'Antiquité de la langue et de la nation des Celtes*. Am Jean-Baptiste Bullet, awdur y *Mémoires sur la langue celtique* (1754–60), dywed ei fod wedi mynd ymhell y tu hwnt i'w gydwladwr Pezron, wrth wneud '*Celtic* a dialect of the original language communicated by the Creator to the first Parents of mankind' (22).

Arweinia'r sylwadau hyn yn naturiol at yr iaith Hebraeg, ac er nad yw Walters yn datgan yn bendant mai'r Hebraeg oedd yr iaith gysefin honno, cyfeiria at farn 'a very learned person of our own Nation', a faentumiodd mai 'chwaer-dafodiaith' yr Hebraeg oedd yr iaith Gelteg (22). Francis Wise, llyfrgellydd Radcliffe yn Rhydychen, oedd yr awdur ysgolheigaidd hwnnw. Yn ddienw y cyhoeddwyd ei waith *Some Enquiries concerning the First Inhabitants, Language, Religion, Learning and Letters of Europe* yn Rhydychen yn 1758. Yr oedd Wise wedi darllen *Mona Antiqua Restaurata*, ac yn debyg i Henry Rowlands ar gychwyn ei lyfr yntau, cydnabu mai tiriogaeth dywyll a dyrys oedd maes ei ymchwil: 'an unknown country, a scene wild and dark to a proverb'. Wrth geisio esbonio datblygiad amryfal ieithoedd y byd o'r un iaith wreiddiol, defnyddia'r union gyffelybiaeth â Rowlands. 'Streams flowing from the same fountain' ydynt, ac y mae'n rhaid eu holrhain yn ôl at eu ffynhonnell (1). Dilyn Pezron y mae i raddau helaeth, ond yr oedd athrawiaeth 'that great genius Mr. Edward Lhuyd' am berthynas yr Wyddeleg ag iaith Cantabria yn gyfarwydd iddo hefyd (30–1). Yn hyn o beth cytunai â Lhuyd yn hytrach na Toland, a John Davies a Rowlands yw ei awdurdodau dros gredu mai 'chwaer' i'r Hebraeg oedd gwreiddyn hynafol yr ieithoedd Celtaidd. 'These', meddai, 'may deserve a much higher title, namely that of the Universal Language of the post-diluvian world' (31).

Ym meddwl Walters, ategu a wnaeth Wise farn John Davies mai 'un o famieithoedd y Dwyrain' oedd y Gymraeg, neu o leiaf ei bod wedi tarddu yn unionsyth ohonynt. Aeth ymlaen i apelio at restr 'the ingenious Rowlands' o eiriau Hebraeg a Chymraeg, a gadael y darllenydd yng nghwmni cyfoeswr arall iddo,

> the learned *Holloway*, who will not fail to entertain him with abundance of *British* words naturally derived from Hebrew *Originals*; nor doth he ever seem to be so well pleased, as when he is thus employ'd. (26)

Ysgrifennodd Benjamin Holloway (1691?–1759), offeiriad plwyf ac aelod o'r Gymdeithas Frenhinol, ddau lyfr a fyddai'n berthnasol i astudiaeth o darddiadau ieithyddol cenhedloedd Ewrop. Y cyntaf oedd *Originals Physical and Theological, Sacred and Profane, or an Essay towards a Discovery of the First Descriptive Ideas in Things by Discovery of the Simple or Primary Roots in Words* . . . a gyhoeddwyd yn Rhydychen yn 1751. Enw'r llall oedd *The Primaevity and Pre-eminence of the Sacred Hebrew above all other Languages* . . . (Oxford, 1754). Y mae'n amlwg fod Holloway wedi meddwi'n lân ar debygrwydd y ddwy iaith, oherwydd noda Walters ei 'strains of admiration' wrth iddo ebychu: 'With what pleasure and advantage might persons learned in *this* language (i.e. the *Ancient* British) read the *Hebrew*!' (27).[11]

Er nad yw Walters yn awgrymu'n bendant ei fod ef ei hun yn derbyn y safbwynt hwn, y mae'r hyn a ddywed am fethod Holloway yn arwyddocaol iawn:

> His general method is, *first*, to derive a *British* root or primitive from a *Hebrew* one; *then*, to trace it in it's derivatives; and *lastly*, to consider it's metaphorical acceptations. (26)

Wrth iddo droi at yr ail gymal yn ei deitl, sef cyfoeth amrywiol yr iaith Gymraeg a awgrymir yn y gair *copiousness*, daw i'r amlwg fod Walters yntau i raddau helaeth yn dilyn yr un method, gan ei gymhwyso i'r Gymraeg yn unig, heb unrhyw gyfeiriad at ei thras ddwyreiniol dybiedig. Nid peth newydd yn ei ddydd mo'r syniad y gellir rhannu geirfa iaith i nifer bychan o wreiddeiriau cysefin, ynghyd â'r cyfanwaith o eiriau cyfansawdd a darddodd ohonynt. Ond y mae Walters yn y *Dissertation* yn talu sylw arbennig iddo, ac y mae'r agwedd hon ar ei waith yn cynrychioli pwyslais newydd yn ieitheg y cyfnod, a gyrhaeddodd ei uchafbwynt yn syniadau Rowland Jones a William Owen Pughe yng Nghymru, John Horne Tooke yn Lloegr, a Charles de Brosses ac Antoine Court de Gébelin yn Ffrainc.[12]

Yng ngolwg Walters, ystorfa gyfoethog o wreiddiau syml, ynghyd â'r gynneddf ychwanegol i'w cydosod i ffurfio llu o eiriau cyfansawdd, yw rhagoriaeth yr iaith Gymraeg. Fel Theophilus Evans, fe'i gwrthgyferbynna â'r Saesneg yn y mater hwn, gan nodi mai tlawd a llwm oedd yr iaith honno yn y lle cyntaf, a'i bod wedi ymgyfoethogi yn bennaf wrth fenthyca oddi wrth ieithoedd eraill:

> the ancient *English*, or more properly the *Anglo-Saxon* language, seems to have been originally very scanty; and this we may infer from the necessity

> it was under of borrowing from others, where-withal to supply it's own deficiencies.

Mewn gwirionedd, medd Walters, ymgyfoethogodd 'proud Master English' wrth ysbeilio ieithoedd eraill (27–8).

Trwy fenthyg, o'r iaith Roeg yn arbennig, y daeth ieithoedd Ewrop yn gyffredinol o hyd i helaethrwydd ei geirfaon. Eithriad nodedig yw'r Gymraeg:

> but the *Cambro-British* or *Welsh* language is possessed of native ornaments, and unborrowed treasures. It rivals the celebrated *Greek* itself in it's aptitude to form the most beautiful *derivatives*; as well as in the elegance, facility and expressiveness of an infinite variety of compounds. (29)

Y mae'r gynneddf hon yn dibynnu ar rywbeth mwy sylfaenol hyd yn oed, sef nifer yr elfennau cynhenid sydd yng ngeirfa'r iaith: 'but if we compare these languages in regard to *primitives*, especially those that are synonymous, the *Greek* with all it's boasted copiousness must here give way'. Ei awdurdodau am y syniadau hyn yw Humphrey Prichard yn ei ragair i ramadeg Siôn Dafydd Rhys, a John Davies yn ei ragymadrodd yntau i'w eiriadur, ond prysura Walters i gynnig ei enghreifftiau ei hun i ddangos y gwahaniaeth rhwng y Gymraeg a'r Saesneg yn hyn o beth. Benthyciadau o'r Groeg yw *horizon* a *grammar*, eithr ffurfiodd y Gymraeg ei geiriau cyfatebol o'i hadnoddau ei hun, yn y termau *terfyn-gylch* a *llythyreg*, ac enghreifftiau eraill i'w gweld yng nghorff y geiriadur ei hun (31–3). Rhagoriaeth arall y Gymraeg, yn ôl Walters, yw nifer y *synonymous primitives*, neu amrywiaeth yr enwau ar yr un gwrthrych. Nid oes un iaith, ac eithrio'r Arabeg, yn rhagori arni yma, ac y mae gan honno fil o eiriau i ddynodi cleddyf, a thri chant i arwyddocáu llew!

Rhagdybiaeth Walters yn yr adran hon yw bod iaith yn ei dechreuadau yn hollol syml, ac wedi'i chyfansoddi o eiriau unsill yn unig. Cynneddf arbennig yr iaith Gymraeg yw dwyn at ei gilydd yr elfennau syml hyn mewn modd naturiol, a heb amharu ar eu sain na'u hystyr, i ffurfio llu o eiriau cyfansawdd newydd:

> for here we may observe *two*, *three*, *four*, *five*, and sometimes *six* words coalesce so naturally, through the change of initials, as to produce harmoniousness of sound, as well as expressiveness of sense. (33)

Rhydd enghreifftiau o bosibiliadau'r adeiladweithiau geiriol hyn (rhai ohonynt wedi'u cywain o ragymadrodd Humphrey Prichard), gan gyrraedd pinacl *cym-mhleth-eur-grwydr-gein-dorch*, cyfansawdd mor gymhleth a thrwsgl â rhai o fathiadau William Owen Pughe ei hun. Nid yw Walters, fodd bynnag, yn honni bod geiriau o'r fath yn gyffredin yn yr iaith, dim ond eu bod yn bosibl:

> tho' these last decompounds – these *sesquipedalia verba* – have nothing rugged in their sound or structure, yet by these I would represent, not what usually *is*, but only what occasionally *may be*, done in this copious language. (34)

Nodwedd arall yn *Dissertation* Walters, ac yn nes ymlaen yn y rhagymadrodd i'w eiriadur yn 1794, yw ei ddefnydd o'r ymadrodd 'the genius of the language'. Cysyniad yw hwn a gysylltir fel arfer â syniadaeth J. G. Herder yn yr Almaen, er – fel y cawn weld – yr oedd awduron yn y wlad honno, yn ogystal â Lloegr, Ffrainc a Chymru, wedi defnyddio'r ymadrodd yn ystod pumdegau a chwedegau'r ganrif.[13] Wrth drafod tarddiad y gair *Cymry* (neu yn hytrach *Cymmry)* o *cyn* + *bro*, dywed Walters mai 'according to the genius of this language' y digwydd y newid yn y llythrennau wrth iddynt ddod at ei gilydd ar ganol y gair (6–7). Ac ymhellach, yn ei gyfieithiad o gymal yn y rhagymadrodd i'r *Dictionarium Duplex* ('Mihi . . . ab omnibus Europaeis et Occidentalibus linguis . . . alienor esse videtur . . .'), defnyddia'r gair 'genius' lle nad oes sôn am y cysyniad yn y gwreiddiol: 'This language (i.e. the British) seems to me . . . to be of a genius so different from all the European and Western languages' (23).

Defnyddir yr un ymadrodd yng ngwaith awdur arall a grybwyllir gan Walters yn ei ymdriniaeth â pherthynas y Gymraeg â'r iaith Roeg. 'The learned and ingenious Dr. Llewelyn' oedd hwnnw (43). Yn Llundain yn 1769 y cyhoeddwyd llyfr Thomas Llewelyn (1720?–83), *Historical and Critical Remarks on the British Tongue and its Connection with Other Languages*. Brodor o Gelli-gaer ym Morgannwg oedd Llewelyn, gweinidog gyda'r Bedyddwyr a aeth i Loegr yn gynnar yn ei yrfa, eithr heb golli'i ddiddordeb ym mudd ysbrydol ei gyd-Gymry na'i frwdfrydedd dros luosogi'r nifer o feiblau i'w hargraffu yn eu hiaith. Yn 1768, cyhoeddodd *An Historical Account of the British or Welsh Versions and Editions of the Bible* . . . A ffrwyth ei fyfyrdodau ar gyfer y llyfr hwn, yn ddiau, oedd y *Remarks* ieithyddol eu natur a ymddangosodd y flwyddyn ganlynol – *Historical and Critical Remarks on the British Tongue and its Connection with Other Languages* (London, 1769). Nid iaith lafar ei ddydd nac ychwaith iaith llenyddiaeth neu ysgolheictod, ond yn hollol benodol y Gymraeg fel y'i darllenir hi yn y Beibl oedd testun trafodaeth y llyfr hwnnw.

Yr oedd ei ddewis faes yn gyfyng, ac enw Thomas Llewelyn felly yn llai cyfarwydd i haneswyr ieitheg y ddeunawfed ganrif nag awduron y geiriaduron a ymddangosodd yn ystod ei degawdau canol. Ond y mae rhychwant y llyfr yn eang, a'r syniadau a adlewyrchir yn y teitl yn werth eu hastudio. Yr argraff a adewir ar y darllenydd yw fod yr awdur hwn yn ddyn pwyllog a chymedrol ei farn, heb ei lygad-dynnu o gwbl gan y damcaniaethau oesol am berthynas agos y Gymraeg â'r Hebraeg. Amlwg hefyd fod ganddo ddiddordeb mewn iaith ac ieithyddiaeth yn gyffredinol, a thu mewn i'r fframwaith cyfarwydd amlygir syniadau newydd am ddatblygiad y ddawn ymadrodd, a pherthynas ieithoedd Ewrop â'i gilydd.

O dan y pennawd cyntaf, '[The] Ancient state and extent of the British tongue', dywed Llewelyn mai'r iaith honno yn unig a ddefnyddiwyd yn yr ynysoedd hyn ryw ddwy fil o flynyddoedd yn ôl. Y tebygrwydd, meddai, yw mai hi oedd iaith gyffredin y rhan fwyaf o'r cyfandir hefyd. Dyma oedd iaith yr 'ancient Celtae' ar y cyfandir, yn ogystal â'r 'ancient Britons', ac fe'i gwasgarwyd hi dros lawer o wledydd Ewrop, lle trigai llwythau'r Belgae, Galli, Celtae, Celtiberi, Cimbri, Cimmerii ac yn y blaen. Cyfeiria at lyfr Simon Pelloutier, *Histoire des Celtes* (1740), fel ei awdurdod am y gosodiad hwn. Yr oedd traddodiad hir erbyn hyn y tu ôl i ddysgeidiaeth o'r fath, ond – ac eithrio Henry Rowlands – ychydig o awduron yng Nghymru o flaen Thomas Llewelyn oedd wedi awgrymu, fel y gwna yntau yma, fod iaith yn amrywio o le i le dan effaith daearyddiaeth a hinsawdd y wlad, 'in such different climes, and in such different countries' (11).[14] Amlyga ei dueddfryd gofalus hefyd wrth drafod pa elfennau a ddaeth i mewn i'r iaith yn yr hen oesoedd trwy fenthyciad, er enghraifft oddi wrth y Phoeniciaid a'r Carthaginiaid. Yr oedd yr amseroedd hynny yn rhy bell yn ôl, meddai, i draethu barn bendant ar y mater (12).

Wrth iddo droi i ystyried iaith y Beibl Cymraeg fel y cyfryw, daw'r synnwyr cyffredin sy'n nodweddu ymdriniaeth Thomas Llewelyn i'r golwg eto. Gan mai cyfieithiad yw'r Beibl, meddai, y mae'n rhesymol casglu bod ieithoedd gwreiddiol y ddau Destament wedi cael effaith ar eu hieithwedd a'u geirfa, fel yn achos yr ieithoedd eraill y'u cyfieithwyd iddynt: 'the British version seems in certain cases to have acquired something of a Hebrew phraseology and turn of expression' (15). Ond nid yw hyn oherwydd unrhyw debygrwydd cynhenid rhwng y ddwy iaith. Ychydig o eiriau 'of clear Hebrew complection and affinity' sydd yn y Gymraeg (ar wahân i rai fel *aber*, *caer*, *sach*, ac yn y blaen!) (16).

Nid yw Llewelyn, yn ôl pob golwg, yn barod hyd yn oed i dderbyn yn ddiamau mai'r Hebraeg oedd y famiaith gyntaf i gyd. 'Supposing', meddai, 'the Hebrew to have been the original language of mankind, and the common parent of all other tongues, as is generally supposed' – a bwrw bod hyn yn wir, byddai niferoedd o eiriau cyffredin yn perthyn yn amlwg i'r Hebraeg yn ymddangos yn y cyfieithiad o'r Hen Destament (17). Ond nid felly y mae: ni fyddai cymharu'r ddau fersiwn yn dangos dim ond ychydig o eiriau felly. Maentumia Llewelyn mai ystyr y gred gyffredin fod y Gymraeg a'r Hebraeg yn debyg i'w gilydd yw bod iddynt debygrwydd seinegol ac mewn rhai llythrennau yn yr wyddor, ynghyd ag ambell gystrawen. Dylem ddeall, meddai, 'not that they seem to be derived the one from the other, or that there are a great many radical words the same in each', ond yn unig bod ganddynt rai seiniau a newidiadau morffolegol yn gyffredin (17–18).

Os yw'r awdur hwn yn ymddangos yn gyndyn i dderbyn bod y Gymraeg yn perthyn yn agos i iaith yr Hen Destament, y mae'i drafodaeth o effaith y Roeg arni hyd yn oed yn fwy gofalus. Eto, y mae'n cydnabod bod dylanwad yr iaith honno yn drwm ar ieithoedd y byd gwareiddiedig yn gyffredinol: 'whatever tongue may have been the primitive and original language of the human race; Greek seems to have been the most general and diffusive of any, and to have had the most universal effect upon other languages'. Hi oedd mamiaith ('parent language') y gwyddorau a'r celfyddydau, a thrwyddi hi fe'u gwasgarwyd dros y byd (20). Y geiriau hyn, ynghyd ag amryw nodwedd ieithyddol arall a barodd i bobl weld cydnawsedd (*affinity*) rhyngddi ac ieithoedd eraill Ewrop. Yn y fan hon, dyfynna'r awdur restr Pezron yn nhrydydd llyfr ei gyfrol *Antiquities of Nations*. (Awgryma'r teitl Saesneg mai yn yr iaith honno y'i darllenwyd ganddo.)

'These and other Greek and British words are so much alike that they coincide in sound and signification,' meddai Llewelyn am y geiriau cyffelyb mewn Groeg a Chymraeg yn y rhestr hon (*awyr*, *bron*, *gên*, *dŵr*, ac yn y blaen), 'and are evident proofs of a very ancient affinity between the two tongues' (22–3). Eithr, yn ei ffordd ofalus arferol, nid yw'n fodlon dyddio'r berthynas rhyngddynt, nac ychwaith esbonio'r tebygrwydd yn nhermau benthyciad. Iddo ef, yr oedd natur ddiriaethol y geiriau hyn yn awgrymu annhebygrwydd y ddamcaniaeth honno, ac ychwanega, yn ysmala ddigon: 'persons the fondest for borrowing never borrow their legs or arms; nor is it probable that they should ever borrow the words by which these things are signified'. Mor sylfaenol ydynt fel y maent yn angenrheidiol i bob iaith o'i dechreuad, a rhesymol yw dadlau, felly, nad yw yr un o'r ddwy iaith hyn yn deillio oddi wrth y llall, ond bod y ddwy yn 'kindred languages, and proceed from one common origin' (23–4).

Daw Llewelyn yn ôl at yr esboniad hwn wrth iddo drafod perthynas yr iaith Ladin â'r Gymraeg yn ei bennod nesaf (25–30). Nid oes sôn yn ei waith am y damcaniaethau Pezronaidd poblogaidd hynny am eiriau Lladin yn treiddio i ieithoedd y Celtiaid wrth iddynt oresgyn y Rhufeiniaid yn eu gwlad eu hunain. Yr oedd yn hollol eglur i'r awdur hwn mai trwy oresgyniad y Rhufeinwyr ar ynys Brydain, yn hytrach, y daeth geiriau Lladin i'n hieithoedd ni. Dengys fel y treiddiodd yr iaith honno ymhell i bob agwedd ar fywyd – yr eglwys, addysg, llywodraeth, llysoedd barn. Am ganrifoedd, meddai, Lladin oedd cyfrwng ysgolheictod ac, er nad oedd y bobl ddiaddysg yn ei deall, gadawodd ei heffaith arnynt hwythau hefyd. Hi oedd prif gynnwys Eidaleg, Ffrangeg ac yn y blaen, ac fe'i cymysgwyd hi yn ogystal ag ieithoedd yr ynys hon.

Er iddo ddangos ei fod yn gyfarwydd ag amryw agweddau ar ieitheg, diddordeb cyntaf Llewelyn oedd iaith y Beibl, a chrybwylla yma enghreifftiau o eiriau Lladin yn y Beibl Cymraeg: *appelio*, *condemnio*, *ffurfafen*, *tabernacl*, *teml* (27). Megis yn achos y geiriau Groeg o ansawdd ysgolheigaidd, y mae'n amlwg, meddai, fod y rhain wedi deillio'n syth o'r Lladin. Eithr y mae rhai eraill, megis *corph*, *braich*, *dant*, geiriau mwy cyffredinol a hanfodol a ystyrir yn aml hefyd yn darddiadau, na ellir mewn gwirionedd eu cyfrif felly. Yn hytrach, tarddu a wnaethant, yn ôl pob tebyg, o'r un ffynhonnell: 'must have proceeded from the same spring' (28).

Yr oedd Thomas Llewelyn, felly, yn arddel y ddamcaniaeth mai rhyw ffynhonnell ieithyddol anhysbys oedd man cychwyn rhai o ieithoedd Ewrop, er nad oedd yn ddigon beiddgar i ddyfalu ynglŷn â'i natur. Wrth droi i ystyried y berthynas rhwng y Gymraeg a'r Saesneg, fodd bynnag, fe'i dengys ei hun yn barod i feddwl yn nhermau benthyciadau (31–9). Gan fod y ddwy iaith hyn wedi cyd-fodoli ochr yn ochr yn yr ynys am ganrifoedd lawer – llawer yn hwy nag arhosiad y Rhufeiniaid yma – naturiol ydyw, ym marn yr awdur hwn, eu bod wedi effeithio ar ei gilydd. A digwyddodd hyn i'r fath raddau fel yr oedd yn anodd penderfynu weithiau i ba iaith y perthynai yn wreiddiol unrhyw ymadrodd cyffredin i'r ddwy. Nid yw manyldeb i'w ddisgwyl mewn materion o'r fath, meddai Llewelyn: 'general and probable conjectures may be as much as can be expected' (34).

Wrth gychwyn ar y llyfr hwn, datganodd yr awdur ei bryder ei fod bron wedi aberthu pob hawl i ysgrifennu ar y thema a ddewisodd, gan iddo golli'r arfer o ddefnyddio'r Gymraeg (5). Yn y bennod hon, fodd bynnag, datgelir ei fod yn ymwybodol, nid yn unig o iaith y Beibl, ond o'r Gymraeg a glywid yn gyffredin ar wefusau'i gyd-Gymry o ddydd i ddydd. Ar y gororau, meddai, brithir yr iaith lafar gan ymadroddion Saesneg 'under a Welsh form' (34). Yn yr un modd, nodweddir ieithwedd y Beibl gan lawer o ffurfiau Cymraeg ar eiriau Saesneg – *cwmfforddus*, *concwerwr*, *happus* – pryd y byddai'n bosibl defnyddio geiriau 'of more genuine British complection' (35). Iaith Morgannwg oedd priod iaith Thomas Llewelyn, ac at honno y cyfeiria wrth drafod effaith dyfodiad goresgynwyr eraill i'r ynys – Llychlynwyr a Normaniaid. Noda effaith bellgyrhaeddol y Normaniaid ar yr iaith Eingl-Sacsoneg, heb allu canfod unrhyw ddylanwad ar y Gymraeg. Yr oedd y 'Gallic air and complection' a fagodd y Saesneg wedi 1066 yn eisiau yn y Gymraeg, o leiaf ym Morgannwg: 'I know of no traces of their tongue in any part of that country' (38).

Oddi wrth y Gymraeg ar dafodleferydd, try Thomas Llewelyn at y modd yr ysgrifennir yr iaith, a dengys y diddordeb mewn gwyddor ac orgraff a oedd yn gyffredin iawn yn ei ddydd. Y mae'n crybwyll y derwyddon, a'r traddodiad eu bod yn defnyddio arwyddion yr wyddor Roeg wrth ysgrifennu, a chyfeiria at wyddor hen Lydaweg yn 'Rostrenen's French and Celtic Dictionary'. Yr oedd hefyd yn gyfarwydd ag ymdrechion i ddiwygio orgraff y Gymraeg, er enghraifft gan Siôn Dafydd Rhys ac Edward Lhuyd (40–9). Am un o newidiadau Lhuyd fe ddywed: 'this learned and laborious writer banishes the c and calls back the k', a'i farn ar wyddor Lhuyd yn gyffredinol yw ei bod 'a medley contradictory alphabet' (47). Ond er iddo gytuno ar anghymhwyster yr wyddor Ladin i gyfleu yn eglur a chryno holl seiniau unigol y Gymraeg, yr oedd yr awdur hwn yn rhy ymarferol ei fryd i gymell diwygiadau pellach. 'So powerful, so prevalent is custom, though ever so wrong,' meddai, fel y byddai'n well i'r argraffwasg Gymraeg barhau i ddefnyddio 'the types and characters of the times' (49).

Yn ystod ei drafodaeth ar gymhwyster yr wyddor Ladin neu Saesneg i'r iaith Gymraeg, defnyddiodd Llewelyn yr ymadrodd 'the temper and genius of the British tongue', a dyna yn union yw testun yr ail ran o'i lyfr: '[The] Peculiar Genius and regulations of the British Tongue' (51). Y mae'n cychwyn â chymhariaeth drawiadol iawn:

> Languages as spoken are very fleeting and transitory things. They are mere aerial beings, created by the breath of man's mouth, and no sooner created than they cease to exist and perish for ever.

Verbum volat yw thema Llewelyn yma, a phwrpas ysgrifen yn ei farn ef yw dal yr elfennau gwibiog, ansylweddol hyn, a rhoi iddynt gorfforaeth a pharhad. Wedi i'r Gymraeg dderbyn corff o gnawd, fel petai, wrth iddi gael ei hysgrifennu i lawr, datblygodd yr angen am lyfrau gramadeg fel rhai 'Dr. Davis, Mr. Gambol, Mr. Richards' ac eraill, er mwyn egluro natur a strwythur yr iaith (52). Yn wir, y mae'n amlwg mai adeiladwaith y Gymraeg, yn hytrach na'i geirfa, a swynai Llewelyn, ac y mae'n sôn am 'the art and mystery of this very peculiar tongue, the most curious perhaps, and the most delicate for its structure of any language in the world' (58).[15]

Wrth orffen ei lyfr, anoga'r awdur ei gyd-Gymry i astudio'u hiaith – iaith a siaredid unwaith ar hyd ac ar led Ewrop gyfan, ac a arhosodd yn ddilychwin er gwaethaf ei chymysgu ag ieithoedd eraill: 'it retains more of its ancient character, more of its original independence and purity than perhaps any other tongue' (117). Y rheswm am hyn, yn ôl Llewelyn, oedd gallu'r Gymraeg i'w hadnewyddu ei hun o'r tu mewn, heb angen benthyca o ieithoedd eraill. Y mae ganddi'r gynneddf 'to vary and to multiply; and from a few simple primitives to branch out and to form derivatives of good mein [*sic*], of easy and strong signification, and in great plenty'. Yn wir, barn yr awdur hwn oedd ei bod yn bosibl casglu llawer am gyflwr diwylliannol yr hen Gymry wrth ystyried 'the genius and character of the language' ar unrhyw adeg yn ei datblygiad (118). Yn y cyd-destun hwn, dengys ar ddiwedd ei lyfr graffter ei weledigaeth o ddatblygiad iaith, a hynny mewn geiriau ysbrydoledig:

> The original, the plain and the simple language of primitives may have been the immediate gift and donation of Heaven: the bold and figurative language of tropes and metaphors may be the effect of the genius and fire of Indians or Savages; but the regular, the labored language of derivatives looks like the effect of the skill and industry of those who use them. (118–19)

Ymddangosodd *Historical and Critical Remarks* Thomas Llewelyn yn 1769, a hwyrach y gellir olrhain ei ddylanwad ar syniadau John Walters yn y *Dissertation on the Welsh Language* a gyhoeddwyd ddwy flynedd yn ddiweddarach. Gwelir hyn yn arbennig yn edmygedd Walters o gynneddf y Gymraeg i ffurfio geiriau cymhleth allan o wreiddeiriau syml, unsill – y *sesquipedalia verba* y cynigia enghreifftiau rhyfeddol ohonynt (25). Yn y duedd hon hefyd y gwelodd William Owen Pughe arbenigrwydd neilltuol yr iaith. Yn 1794, cyhoeddodd Walters ei eiriadur Saesneg–Cymraeg yn ei gyfanrwydd: *An English–Welsh Dictionary, wherein, not only the Words, but also, the Idioms and Phraseology of the English Language, are Carefully Translated into Welsh* . . . Yn y rhagymadrodd i eirlyfr Walters gwelir llawer o'r un syniadau am iaith ag a ddarllenwyd eisoes yn ei *Dissertation* yn 1771, gan gynnwys rhai tebyg i eiddo Llewelyn. Yr agwedd fwyaf hynod ar hyn yw iddo gydio yn yr ymadrodd a ddefnyddir yn llyfr Llewelyn droeon am gynneddf arbennig neu 'athrylith' yr iaith (a defnyddio gair Iolo Morganwg): 'the genius of the language'.[16] Dywed ar gychwyn ei ragymadrodd newydd: 'A Dictionary of words *only* can answer no important end; for one may be acquainted with all the words in a Language, and yet be an entire stranger to it's genius.'

Dilyn Thomas Llewelyn y mae Walters hefyd wrth olrhain datblygiad ieithyddol dros y canrifoedd, ac y mae'n nodi, fel y gwnaeth Llewelyn o'i flaen mewn modd trawiadol iawn, pwysigrwydd trosiadau yn ymffurfiad iaith. Mewn paragraff sy'n haeddu'i ddyfynnu bron ar ei hyd, trawsnewidir y cysyniad o anianawd neilltuol yr iaith Gymraeg, trwy ei bersonoli fel 'the Genius of Language' yn gyffredinol:

> Language in primitive times, as we learn from History, and as might be inferred even from the natural deductions of reason, was simple and monosyllabic. But when the human race was multiplied – societies were formed – arts invented – and refinements introduced, both manual and mental; the Genius of Language began to bestir it-self, and to keep pace with the Spirit of other improvements. Hence derivatives and compounds took their origin, for while simple words were suitable to express simple ideas; when these became complex, it became necesary to form words of the same cast or complexion to express them. And to prevent the necessity of endlessly coining words, the cultivators of Language thought it expedient in many cases, to give the same word a variety of acceptations. But there are few advantages without some disdvantages attending them: which is the case here; for these various significations or meanings, like the several shades in the colours of the prismatic Glass, slide often so imperceptibly into one another, that the point of contact is not to be discerned without the most accurate observation. Sometimes the radical or original meaning of a word is seemingly forgotten; and another, more recently assumed or impressed, retained. Sometimes a word in it's primary and natural sense is fallen into disuse, and is preserved only in the metaphorical . . . (iv)

Dyma berspectif hollol newydd ar darddiad a datblygiad iaith, ac un a fyddai'n cynnig golwg wahanol ar y testun, fel y cawn weld mewn pennod arall.

NODIADAU

1. E. D. Jones, 'Thomas Lloyd y Geiriadurwr', *Cylchgrawn Llyfrgell Genedlaethol Cymru*, 9 (1955–6), 180–7.
2. T. J. Morgan, 'Geiriadurwyr y Ddeunawfed Ganrif', *Llên Cymru*, 9 (1966), 3–18 (4); Thomas Jones, *Y Gymraeg yn ei Disgleirdeb, neu Helaeth Eir-lyfr Cymraeg a Saesneg* . . . (Llundain, 1688), Rhagymadrodd, A3v.
3. William Gambold, *Lexicon Cambro-Britannicum in Two Parts*: Llsgr. Llansteffan 189B, 190B; G. J. Williams, *Traddodiad Llenyddol Morgannwg* (Caerdydd, 1948), 306–8, ac *Iolo Morganwg* (Caerdydd, 1956), 141, 144. Gw. hefyd nodyn ar ei dad gan John Gambold yn John Walters, *An English–Welsh Dictionary* (London, 1794), Preface, v–vi; D. Silvan Evans, *An English and Welsh Dictionary*, 2 gyfrol (Denbigh, 1852–8), ii. Preface.
4. E.e. *The Letters of Lewis, Richard, William and John Morris, of Anglesey (Morrisiaid Môn) 1728–1765*, gol. J. H. Davies, 2 gyfrol (Aberystwyth, 1907, 1909), ii. 141, 221, 233, 439. Am 'cydiad cedawl' gw. dan *cydiad* yn *Geiriadur Prifysgol* Cymru.
5. Cyfeiriadau at argraffiad 1753. Gw. hefyd G. J. Williams, *Traddodiad Llenyddol Morgannwg*, 300–8, ac *Iolo Morganwg*, 133–5, 137, 243; T. J. Morgan, 'Geiriadurwyr', 8; Ceri W. Lewis, *Iolo Morganwg* (Caernarfon, 1995), 75–6.
6. Williams, *Traddodiad Llenyddol Mor*gannwg, 304, 306; *The Letters of Goronwy Owen (1723–1769)*, gol. J. H. Davies (Cardiff, 1924), 68; *The Letters of . . . (Morrisiaid Môn)*, ii. 420, 439.
7. Williams, *Iolo Morganwg*, 133–4; Lewis, *Iolo Morganwg*, 75.
8. Williams, *Traddodiad Llenyddol Morgannwg*, 307.
9. Williams, *Iolo Morganwg*, 137.
10. Ibid., 137–41, 144–7; Lewis, *Iolo Morganwg*, 150–2.
11. Ar un adeg bu Holloway yn diwtor gyda theulu'r Arglwydd Spencer, swydd a gyflawnodd Syr William Jones mewn cenhedlaeth arall.
12. Gw. ymhellach Penodau 8–11.
13. Ceir trafodaeth bellach o'r cysyniad hwn ym Mhennod 9.
14. Cyfeiriadau yn y testun at *Historical and Critical Remarks on the British Tongue* . . . Gw. hefyd Penodau 4, 8 a 9 am syniadau tebyg.
15. Gellir nodi'r tebygrwydd rhwng ieithwedd Llewelyn yma wrth ddisgrifio'r Gymraeg a disgrifiad enwog Syr William Jones o'r iaith Sansgrit: 'The *Sanscrit* language . . . is of a wonderful structure, more perfect than the *Greek*, more copious than the *Latin*, and more exquisitely refined than either . . .' (*The Works of Sir William Jones*, 13 cyfrol (London, 1807), iii. 34).
16. Gw. *Geiriadur Prifysgol Cymru*, dan *athrylith*; Edward Williams (Iolo Morganwg), *Cyfrinach Beirdd Ynys Prydain* (Abertawy, 1829), 14: 'yn ei thrylen athrylith, y mae hi'n rhagori, ag yn blaenori ar bob Iaith arall dann Haul ag wybren . . .' Diolchaf i Richard Crowe am y cyfeiriad hwn. Gw. ymhellach Pennod 9.

7
Morrisiaid Môn a'u Gohebwyr

Yn ei ragymadrodd i'r *Historical and Critical Remarks* (1–2) mynegodd Thomas Llewelyn ei ddiolch i 'my communicative friend Richard Morris Esq., the very worthy President of the Cymrhodorion Society', am gael gweld catalog Moses Williams o lyfrau Cymraeg. Bu Llewelyn ei hun yn aelod o'r Anrhydeddus Gymdeithas: gwelir ei enw yn y rhestr o aelodau yn 1778, rhestr sy'n cynnwys hefyd enw un 'William Jones Esq., Temple', y nodir amdano fod ganddo 'Welsh Father'. Un arall o Gymry Llundain oedd y cyfreithiwr ifanc hwn, yr oedd ganddo fel Llewelyn ddiddordeb mewn materion ieithyddol, ac a fyddai'n ennill parch ysgolheigion dros y byd cyn diwedd y ganrif am ei gyfraniad gwerthfawr i'n dealltwriaeth o gydberthynas ieithoedd.[1]

Yr oedd trafodaethau ynglŷn ag iaith wrth fodd calon rhai o'r Cymmrodorion cynnar, fel y dangoswyd yn eglur gan y 'Gosodedigaethau', sef erthyglau eu cyfansoddiad, pan gyhoeddwyd hwy yn 1755. O ddiddordeb arbennig yw'r rhestr 'General Heads of Subjects to be occasionally considered and treated of (among others) in the Correspondence of the Society of Cymmrodorion'. Yn eu plith, gwelir 'Of Monsieur *Pezron*'s Book (the Antiquities of Nations) its Excellencies and Defects', 'Poetry and the Welsh Language', 'Of the *Druids* and Bards in *Gaul* and *Britain*', 'Of a Comparison between Dr. *Davies* and Mr. *Edward Llwyd*, as Dictionary and *Grammar*-writers, and how each of them excell'd in his Way; with their Characters'. Ôl darllen Lhuyd sydd ar y pennawd: 'The great Affinity between the *Welsh* and *Irish* Languages, and between the Customs of the two Nations; and that there is some strange Language mixt with the *Irish*, and what it is'. Bwriadwyd trafod 'the ancient Method of Pedigrees, like the *Eastern* nations', a'r tebygrwydd rhwng yr iaith Gymraeg ac ieithoedd y dwyrain. Cynhwysir hefyd yn y rhestr faterion ynglŷn ag orgraff a gwyddorau alffabetaidd. Mewn gair, adlewyrchir yn y penawdau hyn lawer o ddiddordebau ieithyddol canol y ddeunawfed ganrif.[2]

Meddwl Lewis Morris yn arbennig a welir y tu ôl i'r 'Gosodedigaethau', eithr dengys eu gohebiaeth fod ei frodyr Richard a William hefyd yn rhannu ei frwdfrydedd tros y fath hon o astudiaeth.[3] 'Gwych a fyddai weled eich gosodedigaethau,' meddai William mewn llythyr at Richard, llywydd y Cymmrodorion, yn Awst 1753, gan ychwanegu, 'dyna air hir erchyll, oes yr un sydd fyrrach a geidw ei le?' (ML.i.244). Erbyn haf 1755, yr oedd y llyfryn (o dan yr un teitl, er gwaethaf protest William) wedi cyrraedd ei law, 'er tramawr ddiddanwch a chysur i'r periglor yma a minnau' (ML.i.350).

Teg yw i ni gasglu, felly, fod person Caergybi yn ogystal â William Morris yn ymddiddori yn y materion hyn, ac yn wir brithir llythyrau'r tri brawd, nid yn unig at ei gilydd, ond at ohebwyr eraill, â thrafodaethau ieithyddol, weithiau'n fyr, weithiau'n faith. Arwyddocaol yn y cyswllt hwn yw dau lythyr o law eu nai, John Owen, at Evan Evans (Ieuan Brydydd Hir), a ysgrifennwyd pan oedd Owen ar fin ymadael â'r wlad ar ei fordaith olaf, i fôr y Caribî ar fwrdd y llong-ryfel *Aurora*, yn 1758. Yn y cyntaf, dywed ei fod wedi taro ar ramadeg Siôn Dafydd Rhys mewn arwerthiant, a'i brynu am chwe swllt (AL.i.355). Yn yr ail, gresynai na chafodd ddigon o amser i brynu geiriadur Richards, ac nad oedd ganddo ar fwrdd y llong unrhyw lyfr Cymraeg ar wahân i 'Llwyd's Arch: Brit:' (AL.i.379).

Ymhlith gohebwyr cynnar Lewis Morris ei hun yr oedd Siôn Rhydderch, y geiriadurwr a'r gramadegydd. Mewn llythyr a ysgrifennwyd ym mis Mehefin 1729, diolchodd Rhydderch am fenthyg 'Grammadeg Cymraeg gynt o eiddo'r hên Fardd parchedig Wiliam Phylip', a chynnig danfon copi o ramadeg Gambold at ei ohebydd (AL.i.2). Yn yr un cyfnod, dengys llythyrau gan Lewis Morris at Richard Evans ei ddiddordeb mewn ieithoedd a'u gramadeg. Tua 1730 gwelir ef yn traethu ar yr ebychair mewn Groeg, Hebraeg, Ffrangeg, Lladin, Portiwgaleg, Sbaeneg, ac iaith 'the Antient Celtae or British' (AL.i.11–12). A dengys llythyr at yr un gohebydd yn 1733 linyn cyswllt rhwng gweithgarwch geiriadurol cylch Edward Lhuyd ar ddechrau'r ganrif, ac ymdrechion diweddarach i ffurfio geiriadur a fyddai'n deilwng o fod yn olynydd i waith mawr John Davies dros ganrif ynghynt. 'Mr Moses Williams', meddai Morris, 'desird my Collections whom I refused, knowing him uncapable of carrying on ye work' (AL.i.29). Fe'u cynigiodd wedyn i 'Mr Samuel', er bod ganddo le i amau galluoedd y gŵr hwnnw hefyd am resymau eraill. 'As for Mr Samuel . . . if he is dead or very ill, he cant write Dictionaries,' meddai Lewis yn swta.

Yn 1736, bu Lewis Morris yn gohebu ag Edward Samuel ei hun ynglŷn â'r geiriadur arfaethedig (AL.i.40, 46), a thua 1737–8 dengys y llythyrau rhyngddo ef a William Wynne ddiddordeb y ddau yn nharddiad enwau lleoedd. Cysyllta Wynne 'Rhosneigr' â'r gair Lladin *Niger* fel enw personol, a 'Maen Mwloc' â'r Hebraeg *Moloch*, gan ddyfalu bod yno allor ar gyfer ebyrth byw yn amser y derwyddon. Eithr y mae'n derbyn mai dyfaliadau yn unig yw'r rhain, 'which may be extravag[t] and without Foundation' (AL.i.52–3, 56). Mewn llythyr arall, cyfeiria William Wynne at syniadau awduron o genhedloedd eraill am yr iaith Gymraeg: 'that very antient Language Full of Beauty and Elegancy as Dr Wallis calls it', meddai, gan gyfeirio at ragymadrodd John Wallis i'w *Grammatica Linguae Anglicanae* yn 1653 (AL.i.69).[4] Pezron yw awdurdod Wynne am honni mai hon oedd iaith 'the men that over run all Asia & Europe, under ye name of Titans, Celta[e], Cimbri & Gauls'. Cerddoriaeth y derwyddon, 'the philosophers of Britain', yw testun llythyr gan Lewis Morris at Owen Meyrick yn yr un cyfnod (AL.i.75). Cyfeiria yno at yr hyn a ddywed Iŵl Cesar a Henry Rowlands am lythrennau'r derwyddon, a daw yn ôl at yr un thema wrth ysgrifennu at Ambrose Philipps yn 1742:

> For doth not Caesar expressly say that the Druids (who took their first Instruction from Britain) had characters to write their private Affairs in 'Graecis literis utuntur' . . . (AL.i.107, cf. 184)

Ar ddechrau'r pedwardegau, ceir arwyddion o ddatblygiad pellach yn niddordeb Lewis Morris yng nghyd-gysylltiad ieithoedd â'i gilydd. Mewn llythyr at ohebydd anhysbys yn 1743, y mae'n trafod perthynas y Gymraeg â'r Ffrangeg, gan esbonio'r tebygrwydd rhwng llawer o'r geiriau trwy gyfeirio at y ffaith mai

> (Gaulish) was ye Language spoken by ye antient Britains, & still spoke in Wales, and this is ye reason that a vast many French words agree with ye Welsh, i.e. because they are Gaulish words. (AL.i.121)

Ar yr un adeg dechreuodd ei ohebiaeth â'r hanesydd Saesneg Thomas Carte (AL.i.142–6, 154–6, 173–4), ac mewn llythyr hir at Carte yn 1745 cyfeiria at weithiau Siôn Dafydd Rhys, John Davies ac Edward Lhuyd, cyn troi yn ddirmygus at 'Mr. Baxter's glossary' (142–4). 'His etymology of *Pendragon* is ridiculous,' ebe Morris. Gwaeth fyth oedd ei darddiad o 'Arthur'. 'Mr. Baxter with all his learning', meddai, 'had a great weakness and loved to appear singular.' Ar y llaw arall, yr oedd ganddo feddwl uchel o 'Dr Thomas Williams' (Wiliems, 1550?–1622?), a ddisgrifir ganddo mewn llythyr yn 1757 fel 'a very great man' (AL.i.301).

Yn nhyb Morrisiaid Môn, nid oedd neb yn deilwng i wisgo mantell eiriadurol John Davies ond y brawd Lewis ei hun. Mewn llythyr arall at Carte, anogodd ef yr hanesydd i ddefnyddio geiriadur Davies ac *Archaeologia* 'Mr. Lloyd' i esbonio rhai geiriau Cymraeg : 'all ye Rest of our Dictionary-Writers are trash' (AL.i.156). Ac wrth drafod ymdrechion yr hen ŵr Samuel yn 1745, dywed Richard Morris: 'Gwych hefyd pe cymerai rhyw Fryttwn cywrain yn ei ben fynd ynghyd a geirlyfr Dr. Davies. Mae Samuel yn hên, ag nid oes un yng Nghymru ffitiach i'r gorchwyl hwnnw rwyn credu na'r brawd Llywelyn' (ML.i.87). Clywir adlais o hyn yng ngeiriau'i frawd William yn Chwefror 1746 (ML.i.97–8); cytunodd y ddau mai gan Llywelyn oedd y casgliad gorau o eiriau, a'r cymwysterau gorau at y dasg. Dirmygus oedd agwedd Lewis ei hun at 'ignorant dictionaries' ei oes (ML.i.111), a chyfrifai William hyd yn oed Edward Lhuyd yn anaddas i'r gwaith:

> I hope Gambold will not publish that dictionary, I dare say (by ye Grammar he hath published) it is a foolish one. I never saw a man nor 2 or 3 heads together fit for it. Even Mr. Ed. Llwyd was not. (ML.i.114)

Meddwl isel oedd gan y Morrisiaid, felly, o'r holl eiriaduron a ymddangosodd ar ôl y *Dictionarium Duplex* – Thomas Jones, Gambold, Rhydderch, fel ei gilydd. A gwelwyd eisoes mai collfarnu Thomas Richards, Llangrallo, a wnaethant pan glywsant tua 1750 am ei fwriad i gyhoeddi geiriadur newydd, er bod Richard a William Morris wedi estyn cymorth iddo, a'u cyfaill William Wynne ei gydnabyddiaeth grintach (AL.i.213, 247). Eu gwrthwynebiad pennaf iddo, wrth gwrs, oedd mai gŵr o'r de ydoedd (ML.i.170), a chytuno a wnaent bob gafael mai Lewis oedd y dyn mwyaf cymwys i'r gwaith. 'Gresyn na chymerai Lewelyn y gwaith yn llaw,' meddai William wrth Richard, 'fe gai ddigon o gymorth o bob parth, hyssiwch o 'mlaen' (ML.i.180). Gwelai Lewis ei hun mai gweithio ar y cyd oedd y ffordd orau i ffurfio geiriadur: 'The Welsh Dictionary may be a tolerable thing,' meddai am ymdrechion y geiriadurwr yn Llangrallo, 'but far from being perfect for want of a general correspondence' (ML.i.172). Ar y llaw arall, yr oedd ganddo yntau ddigon o gymorth wrth law. Cynigiai William ei 'Botanologium', ac yr oedd gan Richard hefyd gasgliad o eiriau Cymraeg.

Daeth dogfennau pwysig i'w dwylo, yn ogystal, a fyddai o'r help mwyaf yn y dasg. Cyfeirir at gopi o eiriadur Davies a ddaethai i law Richard, ynghyd â nodiadau arno gan John Morgan (ML.i.180, ii.12). Yn 1754, gresynai William na fyddai ganddo nodiadau Wotton i'r geiriadur hwnnw yn ogystal (ML.i.301). Amlygir yn loyw barch y brodyr at yr hen greiriau hyn yng ngeiriau William wrth dderbyn copi o eiriadur Davies gan ei frawd yn Llundain: 'nid oeddwn i yn disgwyl namyn yr hen eirlyfr a welswn gynt yn yr hen gartref; ond dyma chwi wedi anfon imi yn lle hynny llyfrgrawn, ie ac amgenach na llawer llyfrgrawn'. Er mor werthfawr y rhodd, awgryma William gymaint mwy derbyniol fyddai 'hwnnw a fu'sai gan Sion Morgan y Difeinydd [sef John Morgan, Matchin]', a gresynai fod ei frawd wedi dewis cadw hwnnw iddo'i hun (ML.ii.58).

Yn ystod y pumdegau bu'r Morrisiaid yn gohebu â Goronwy Owen, a dengys eu llythyrau fod Goronwy yntau ar yr adeg hon yn rhannu eu diddordeb mewn geiriaduron a geiriadura. Wrth ysgrifennu at William yn 1754, sonia am 'helaethu fy Ngeirlyfr' (114), a daw nid yn unig 'poor plodding Richards' (68), ond Dr Davies ei hun, o dan ei feirniadaeth, am anwybyddu 'abundance of good words', a gosod 'quaere to others that are as plain as [a] pikestaff' (114–15).[5] 'The Dictionaries, Glossaries, &c., that he compil'd from', meddai yn ddirmygus am Richards, 'might have been useful to a judicious man' (69). Dichon ei fod yn ei ddychmygu'i hun fel y gŵr o grebwyll hwnnw, a dyna bwrpas Goronwy wrth fenthyca geiriaduron a chyfrolau eraill o ddiddordeb ieithyddol gan y brodyr Morris. Yn 1757, dychwelodd lyfrau at Richard Morris, yn eu plith 'Pezron's Antiquities' a 'Dr. Davies's Dictionary' (188). Cyfeiria hefyd at 'Llwyd's *Archaeol. Brit.*' (69), ac at eiriadur Siôn Rhydderch. Derbyniasai gopi a arferai berthyn i William Morris, a'i ddisgrifio fel hyn:

> on the white leaves before it is a comparative table of Welsh and French words. In the white leaves after it are additions of some words omitted in the body of the book . . . Then follows the watch word in eight different languages. (73)

I Goronwy Owen a'i ohebwyr yn y pumdegau, heb amheuaeth, cynrychiolai'r holl weithgarwch ieithyddol gyfraniad helaeth at 'retrieving the antient splendor of our Language' ac 'exciting the curiosity of strangers', heb sôn am y Cymry eu hunain – '*Cambria*'s ungratefull, undutifull sons', fel y'u gelwir gan Goronwy wrth iddo ddeisyf dod yn aelod o Gymdeithas y Cymmrodorion yn 1753 (66).

Tua 1745, daeth Lewis Morris i adnabod Evan Evans (Ieuan Fardd) – neu Ieuan Brydydd Hir fel y'i llysenwyd gan y Morrisiaid. Cafodd fynediad i'w cylch o gyfeillion a chydnabod llengar, a rhoddwyd ef ar ben ei ffordd i fywyd o ymroddiad i ysgolheictod Cymraeg.[6] Agwedd bwysig ar hynny yn y cyfnod hwn, fel y mae'n hysbys, oedd diddordeb yn yr iaith, ac mewn geiriadura fel cyfrwng i'w hadfer. Cyn pen ychydig, yr oedd Ieuan wedi ymuno yn rhengoedd y rhai a ymroddai i gasglu geiriau ac astudio geiriaduron. Nodai yn ei lythyrau'r dogfennau diddorol a ddeuai i'w law. Mewn llythyr at Richard Morris yn 1760, dywed:[7]

> I have got a very curious piece by me . . . It is Thomas Williams the Physician's *Preface to his Dictionary* wrote in the British language. It was transcribed by your brother, Mr. Lewis Morris out of the author's own MS. extant in Hengwrt. (*Gwaith*, 165)

Yn Ionawr 1761, yr oedd wedi gweld 'darn o waith Siôn Dafydd Rhys y Gramadegydd, yn ei law ei hun' ac ym mis Mawrth noda 'Llwyd of the Museum's *Archaeologia Britannica* with MS notes' a'i awydd i weld 'Humphrey Lloyd's book with Moses Williams' notes' (*Gwaith*, 170).

Gwelir hefyd yng ngohebiaeth Evan Evans dystiolaeth ei fod yntau yn cael ei annog i baratoi geirlyfr, ynghyd â chasgliad o ddiarhebion, yn ôl patrwm y *Dictionarium Duplex* gynt (PL, 166).[8] Yr oedd yn un o'r tanysgrifwyr i eiriadur Richards, a dangosodd ddiddordeb yn ymdrechion geiriadurol Lewis Morris. Ar ôl marwolaeth hwnnw, ysgrifennodd at Richard yn gresynu 'na byddai modd i drefnu Geiriadur y Dr. Davies a'r *Celtic Remains* o eiddo'ch brawd, a'u rhoi yn y Wasg' (*Gwaith*, 203).

Erbyn y pumdegau cynnar, troesai Lewis ei sylw o drefnu geiriadur yn ystyr draddodiadol y gair, at waith o natur enseiclopedaidd, y *Celtic Remains* y cyfeirir ato yma. Dangosai Ieuan gryn ddiddordeb yn y gwaith yn ystod bywyd Lewis Morris, gan awgrymu y byddai'i gynnwys yn gymorth iddo ef ei hun yn ei astudiaethau hynafiaethol. Ysgrifennodd ym mis Mai 1764: 'you could help me to a great many more materials which lie scattered in your *Celtic Remains*' (*Gwaith*, 162), a gofyn a oedd Lewis Morris yn parhau i ychwanegu at y gwaith gwerthfawr hwnnw. Ym mis Medi hysbysodd Lewis fod 'Mr. Vaughan of Nannau' yn ymuno ag ef i'w annog i ddanfon y *Celtic Remains* i'r wasg tra oedd eto ar dir y byw (*Gwaith*, 189).

Yn llythyr mis Mai dengys Evan Evans rychwant eang ei ddiddordebau Celtaidd. Hysbysa Lewis Morris ei fod ar fin derbyn llyfr Bullet, *Mémoires sur la langue celtique*, oddi ar law ei gyfaill Daines Barrington:

> Mr. Justice Barrington told me there is a French writer, one Mons. Bullet, that has wrote a Celtic Dictionary . . . He has promised to send one to me with many books from the printer. He says that he [Bullet] has made great use of the *Archaeologia* without acknowledging his obligations to the author. I conceive but a poor opinion of it at present, but will let you know when I receive it. It is upon the same plan with your *Celtic Remains*. What a pity it is that work is not published even as it is now. (*Gwaith*, 182–3)

Y mae'n amlwg fod meddwl uchel iawn gan Evan Evans o'r *Celtic Remains*.

Crybwyllwyd y gwaith hwnnw eto yn llythyr Evans at Humphrey Owen, prifathro Coleg Iesu yn Rhydychen, yn 1767, wrth holi am bosibilrwydd cael swydd yno yn y llyfrgell. 'Mr. Lewis Morris', meddai, 'has left many valuable pieces behind him, particularly a very elaborate performance, intituled *Celtic Remains*, which is a Dictionary of the names of Men and Places in Great Britain, Gaul, etc.' (*Gwaith*, 240). Ysgrifennwyd y geiriadur hwn, yn ôl Evans, ar batrwm y gwaith y bwriadai 'Mr. Llwyd of the Musaeum' ei wneud, heb fyw i'w gyflawni. Yr oedd Morris hefyd wedi ychwanegu llawer o eiriau nad oeddynt yng ngeiriadur Davies, a byddai Evan Evans, petai'n cael mynd i Rydychen, yn achub y cyfle i gymhwyso 'these valuable works for the press'.[9]

* * *

Ni chafodd Evans y swydd y dyheuai amdani yn Rhydychen, ac arhosodd llyfr Lewis Morris heb fynd i'r wasg am ganrif arall, nes i Silvan Evans ei gyhoeddi yn 1878.[10] Gorffennwyd y llawysgrif yn 1757, ac wedi marw ei frawd, aeth Richard Morris â hi i Lundain. Ysgrifennodd Lewis hefyd ragymadrodd maith mewn 25 pennod. Yr oedd dwy ran i'r gwaith, fel y gwelir o'r teitl: *Celtic Remains: or the Ancient Celtic Empire described in the English Tongue. Being a Biographical . . . Etymological . . . Collection of Celtic Material . . . In Two Parts. The First Containing the Antient British and Gaulish Names of Men, Places, Actions, etc. in an Alphabetical Order . . . The Second Part containing the Latinized Celtic names of Men, and Places used by Latin Writers . . .*

Gwelir y teitl hir hwn ar yr adysgrif (o'r rhan gyntaf yn unig) a wnaeth Richard, nai Lewis Morris a mab ei frawd Richard, yn yr India yn 1778. Dywedir ar yr wynebddalen mai'r awdur oedd 'Lewis Morris, a Cambro-Briton; and the Labor of 40 years', a noda Richard Morris fod ei gefnder, Lewis Morris arall, wedi copïo'r rhagymadrodd 'in a marble covered book'.[11] Hwn yn wir oedd gwaith mawr Lewis Morris, gwaith oes mewn gwirionedd, fel yr awgrymodd Silvan Evans yn 1872 wrth baratoi i gyhoeddi'r rhan gyntaf ynghyd â'r rhagymadrodd.[12] Cymaint â hynny yn unig a gyhoeddwyd bryd hynny, ac ni ddefnyddiwyd ond adysgrif Richard Morris, ynghyd â nodiadau Gwallter Mechain ac Iolo Morganwg, a ysgrifennwyd arno. Esgeuluswyd yn llwyr y llawysgrif wreiddiol a gedwid erbyn hynny yn y Llyfrgell Brydeinig. Erys yr ail ran o hyd heb ei chyhoeddi.

Rhydd y teitl mawreddog syniad o gynnwys y llyfr, ac ategwyd hyn gan gyfres o chwe englyn o law Lewis Morris, sy'n gosod allan 'The Subject of this Book and the Author's Drift'. Enwau priod yn iaith y Celtiaid gynt yng Ngâl ac ym Mhrydain oedd prif destun myfyrdod Lewis, a bydd dyfynnu'r ddau bennill olaf yn ddigon i roi syniad o ragdybion ei ysgolheictod a'i ragfarnau am yr iaith:[13]

Y Frutaniaith, hon yw'n iaith ni, coeliwch,
    Colofn, mawr ei hynni,
  Gwraidd Groegiaith, gradd ddigrygi,
  A had Lladiniaith yw hi.

Cawn enwau ein Duwiau, a'u dysg hynod,
    Yn ein heniaith hyddysg;
  A mawr na wyddynt i'w mysg
  O ba wraidd y bu'r addysg! (lxxxvi)

Hawdd canfod dylanwad Pezron yn y penillion hyn, a chysgodion hir Pezron ac Edward Lhuyd hefyd sydd yn gorwedd ar dudalennau'r rhagymadrodd helaeth i'r gwaith. Yn wir, y mae'r 25 pennod rhagymadroddol i *Celtic Remains* yn ddogfen hynod o bwysig i'r sawl a chwenycho wybod beth oedd cyflwr astudiaethau ieithyddol yng Nghymru ar ganol y ddeunawfed ganrif. Nid oes yma nemor syniadau ffres, na damcaniaethau newydd – y mae'r geiriadurwyr a Thomas Llewelyn yn fwy diddorol yn hynny o beth. Ond y mae Lewis Morris yn ddigon agored ei feddwl i ystyried mwy nag un esboniad ar ffynonellau a datblygiad yr ieithoedd Celtaidd, ac er ei fod yn barod iawn i dderbyn awdurdodau poblogaidd ei oes, y mae'i fethodau ysgolheigaidd sylfaenol yn hollol gymeradwy i ddarllenydd dwy ganrif a hanner yn ddiweddarach.

Wrth ddechrau'i bennod gyntaf, pwysleisia'r angenrheidrwydd o gael ffurfiau cynnar a chywir ar enwau. Fel arall, meddai, '[it] is but like an apothecary that gives you Ipecacuanha in the room of Jallap' (v). Wrth drafod y gwahaniaeth rhwng Gwyddeleg a Chymraeg, ystyria'r tebygolrwydd bod Iwerddon wedi derbyn mewnfudwyr o Sbaen yn ei hanes cynnar. Byddai hynny'n esbonio'r ffaith bod rhyw elfen arall mewn Gwyddeleg, 'that has no affinity with the Celtic, or very little with any of the modern languages of Europe' (xviii). Damcaniaeth Lhuyd am iaith Cantabria sydd ganddo mewn golwg yma yn ddiau, er nad yw'n cyfeirio ato. Y mae hefyd yn ystyried y posibilrwydd mai Gwyddeleg oedd tafodleferydd gwreiddiol y Celtiaid, a gadwodd ei burdeb cysefin, tra derbyniodd Prydain oresgynwyr eraill, ynghyd â'u hiaith. Yn y diwedd, derbynia'r tebygolrwydd mai iaith Prydain oedd 'the principal branch and chief remains of the ancient Celtic tongue, and that the Irish, the Ersh, and Armoric have issued from the British' (xix).

Yn yr un modd, ystyria fwy nag un ddamcaniaeth i esbonio'r geiriau Groeg sydd yn y Gymraeg. Efallai mai tystiolaeth sydd yma, meddai, am drefedigaeth gynnar o Droia. Ar y llaw arall, o dderbyn athrawiaeth Pezron, geiriau cyntefig Celtaidd ydynt, a fabwysiadwyd gan y Groegiaid pan oresgynnwyd eu gwlad gan y Celtae, dan yr enw Titaniaid, 'who gave the Greeks their religion and learning'. Ac yr oedd yr un peth yn wir am yr iaith Ladin yn ôl yr un awdurdod (xx–xxi). Yn y bumed bennod, ystyria'r cymysgu ieithyddol ym Mabel, a thynged disgynyddion Noah, sef Jaffeth a'i fab Gomer. Meddai:

> Mr Pezron, Abbot of Charmoye in France, has traced these people from Babel to Britain, under the several names of Sacae, Titans, Comerians, Gomerians, Cimbrians, Cimmerians, Galatae, Celtae and Gauls; and several branches that sprung partly out of them, as Parthians, Persians, etc.

Prawf o hyn yw enwau'r bobloedd, eu hieithoedd, enwau dinasoedd, mynyddoedd ac afonydd, a chyfeiria at gyfieithiad David Jones o lyfr Pezron i ategu hyn. Er nad oedd Pezron yn deall ond un gangen o'r ieithoedd Celtaidd, 'the Armoric', darganfu tua 1,200 o eiriau Celtaidd yn yr iaith Ladin, a rhyw 800 mewn Groeg (xxii–xxxii). Fel y gwyddom, yr oedd Morris yn gyfarwydd nid yn unig â llyfr Pezron mewn cyfieithiad, ond hefyd â'i lythyr at Nicaise, a ddaeth i'w law yn Llundain yn 1756 (ML.i.439). Ystyriai'r llythyr hwn yn 'curious thing' mewn perthynas â materion Celtaidd, ac yn ddigon diddorol i'w gyfieithu.[14]

Ceir esboniad ar deitl Lewis Morris wrth iddo ddilyn y Celtiaid, disgynyddion Gomer, ar draws Ewrop. Ei bwrpas oedd 'to trace and mark out these REMAINS which are to be found existing of the names, language, posterity, and country of these peoples'. Amcanai hefyd 'to explain their history, and to clear it from the cavils of the ignorant and the designs of the enemies of the Celtic name' (xxiv). Fe'i gwelai'i hun yn cerdded yn ôl traed Edward Lhuyd wrth ymgyrraedd at y ddelfryd honno yn y *Celtic Remains*. Yr oedd Lhuyd wedi bwriadu i'w ail gyfrol, meddai, fod ar yr un patrwm ag oedd gan y llyfr hwnnw, a bu ganddo well cyfleusterau ar gyfer casglu defnydd na neb arall o'i flaen. Yn anffodus, syrthiodd ei gasgliad i ddwylaw 'that makes no use of them', a dyna'r rheswm pam y daeth Lewis i'r adwy. Credai fod rhwystr arall ar ffordd Lhuyd wrth iddo ysgrifennu, sef safle anrhydeddus Camden ymhlith hynafiaethwyr. Yr oedd mor beryglus, meddai Morris, i wrth-ddweud hwnnw ag yr oedd yn yr oesoedd gynt i wrthwynebu Aristoteles yn yr ysgolion, a bu rhaid i Lhuyd guddio llawer o bethau yn ei ragymadrodd Cymraeg (xxv).

Prif anfantais Camden, yn ôl Lewis Morris, oedd diffyg gwybodaeth o'r iaith Gymraeg, er ei fod wedi cydnabod bod angen y Gymraeg ar gyfer unrhyw astudiaeth o hynafiaethau Prydain: 'a language, says he, pure and unmixed since the *first separation from the ancient Celtae*' (xxx). Fodd bynnag, nid oedd gan Camden ei hun 'but a very little smattering in the British', a dibynnai ar gymorth ysgolheigion eraill. 'A very lame piece of work' yw barn Morris ar *Britannia* Camden, yn arbennig yn ei drafodaeth ar darddiadau geiriau, ac wrth gymharu ieithoedd. Y mae'n defnyddio penodau ar eu hyd i ddangos ei ddirmyg o darddiadau Camden. 'All this is wrong, and sad guess-work', 'the language will not bear it', 'falsely wrote', 'thus it is when we walk in the dark we knock our heads against the wall': dyna rai o'r ymadroddion gwawdlyd sydd gan Morris i ddisgrifio ymdrechion yr ysgolhaig hwnnw i olrhain gwreiddiau geiriau Cymraeg (xxxi–xxxiii). Dengys ei ddirmyg yn arbennig yn y cwestiwn rhethregol: 'If Mr. Camden hath fallen into such traps, what will become of little, piddling etymologists?' (xl).

Yr oedd gan Morris well meddwl o Verstegan: 'we know what Verstegan has done with only some of these helps', sef arysgrifau, traddodiadau ar lafar, ac yn y blaen (xxix).[15] Eithr, nid oedd arno gywilydd ymosod yn ddi-flewyn-ar-dafod ar awdurdodau ieithyddol ei oes, Lhuyd a Pezron, er iddo gydnabod eu rhagoriaethau hwythau hefyd. Bydd llyfr 'the indefatigable Mr. Edward Llwyd' yn sefyll am byth, meddai, 'as a noble attempt of retrieving the Celtic tongue and its antiquities from oblivion' (l). Ar y llaw arall, yr oedd hyd yn oed Lhuyd wedi esgeuluso ffynonellau tystiolaeth am orffennol yr iaith, megis y Trioedd. Testunau gwallus a arweiniodd Lhuyd ar ddisberod

> in his etymological guesses, who, by the strength of a pregnant wit and a great knowledge of languages, hath overrun the bounds of the Celtic tongue as it had been settled by the British bards, and wrested abundance of words to please his own luxurious fancy. (lxi–lxii)

Brysia i gofnodi nad yw'n diystyru gwaith mawr Lhuyd: 'Yet I am far from despising Mr. Llwyd's works: they are great and surprising.' Ar wahân i'w anwybodaeth o waith y beirdd a rheolau barddoniaeth Cymraeg, cafodd yr anlwc o gael ei arwain ar gyfeiliorn gan bobl a rannai'i ffordd o feddwl – Pezron, Baxter ac awdur *Mona Antiqua Restaurata*, Henry Rowlands. Eithr cydnebydd Morris dalentau neilltuol y tri hyn, eu gwybodaeth o ieithoedd a'u 'fine heads for etymologizing'. O'r tri, Pezron yw'r un, ym marn Lewis Morris, sy'n ymddangos y mwyaf gofalus, ond awgryma fod method Pezron yn un twyllodrus, gan ei fod yn cynnig ei ddyfaliadau ar darddiad geiriau, ac yna'n eu cyfiawnhau trwy apelio at awdurdodau o'r byd clasurol: 'and all of a sudden he throws upon you a heap of ancient authorities to back his reasonings'. Effaith hyn yw denu ysgolheigion llai dysgedig i'w ddilyn i niwl dyfaliadau: 'but the others, not aware of this art, have ingeniously enough followed his method of guessing, but want ancient authorities to back them' (lxii).

Yr oedd Lewis Morris yn fwy ffyddiog am effeithiolrwydd ei fethodau'i hun wrth chwilio am darddiadau. Ni chredai ym mherthynas Hebraeg ag ieithoedd Ewrop, nac ym mherthynas yr ieithoedd Celtaidd â hwynt. Credai y byddai un a fynnai fod yn feistr ar 'the Celtic tongue, and capable of finding the etymology of it, and of its curious structure', yn derbyn mwy o fudd o adnabod gwaith yr hen feirdd Cymraeg, nag o astudio awduron estron fel Homer, Fyrsil, Tasso neu Milton (lxiii). Un o'i ganllawiau yn y broses o olrhain geiriau yn ôl at eu gwreiddiau oedd y 'curious structure' hwn, teithi priodol yr iaith Gymraeg, 'the texture and genius of the language' mewn ymadrodd arall o'i eiddo (lxxi). Felly, wrth drafod tarddiadau Camden, y mae'n condemnio'i ymgais i gysylltu 'Gessi' (gair y Galiaid am 'wŷr gwrol') â'r cymhlethair 'gwassdewr'. Nid oes yma, meddai, namyn tebygrwydd seinegol, oherwydd nid yw natur yr iaith yn caniatáu dim ond 'dewrwas', gan golli'r *g* (xxxiii). 'The language would not bear it,' meddai eto am darddu *Divona* o *Duw* a *ffynnon*. Y ffurf gywir fyddai *ffynnon Dduw*. Eithr, nid ymddengys cynigiad Morris yn llai ffansïol, sef *Duw* ac *on*: 'a primitive Celtic word for water' megis yn *afon*, *ffynnon*, *ton*, *eigion*, ac efallai *Llifon* a hyd yn oed *Môn* ei hun, a ddehonglir gan Morris fel 'ym on – in the water' (xxxi).

'My own etymologies I offer to the world not always as certainties, but probabilities', meddai (lxxiv), a dywed mai'i ddull o weithredu yng nghorff ei eiriadur fyddai gosod i lawr gynigiadau Edward Lhuyd, gan nodi'i resymau pan fyddai'n anghytuno ag ef. Y mae'r rhestr ei hun yn cychwyn ag *Abad* ac yn gorffen ag *Ywein*, ac ni ddengys Morris, yn ei ymdrechion i darddu geiriau, fwy (na llai) o ddychymyg di-sail na'r rhelyw o'i gyfoeswyr. Er enghraifft: 'Barbarwr, i.e., bar-bar-wr, a man of or on mountains', 'Caer: This is a most ancient Celtic word from the beginning of times, and signifies an enclosed town, or fort, or stronghold. It is derived from *Cau* to shut or enclose . . .' Yma y mae'n cyfeirio at ieithoedd cenhedloedd hynafol eraill (Sgythiaid, Parthiaid, Sacsoniaid), eithr heb sôn am y Lladin. Ac felly gyda 'castell, . . . Perhaps an ancient Celtic word from *cau* and *astell* – to inclose with boards or piles', ac 'ystrad [cyfuniad o *ys* a *traed*]: an ancient Celtic word'. Er ei fod weithiau yn anwybyddu ei reol ei hun i beidio â mynd ar ôl cyffelybiaethau ag ieithoedd eraill, chwilio am darddiad 'Celt-aidd' a wna Lewis Morris bob gafael, er enghraifft yn achos 'Sieb, Cheapside. Sioppau Sieb. By this it seems this name is British'.

Un o nodweddion amlycaf y *Celtic Remains* yw ei ymosodiadau deifiol ar awgrymiadau pobl eraill. Er enghraifft, dan y pennawd *Bardd*, dywed Morris:

> Mr Baxter's derivation of it from *bâr* is not worth notice. The word *bâr* signifies indignation and wrath, which poets have nothing to do with, except it be against such wretched etymologists.

Baxter yw testun ei ddirmyg pennaf,[16] ond nid yw Edward Lhuyd ei hun yn cael dianc. Felly, wrth drafod y gair *Wysg*, dywed Morris:

> Why should Mr. Llwyd attempt to bring Oxford (which was once Oxen-ford) from Ouskford, without proving that the Britons had a river called *Ousk* unless he had catched the infection from Mr. Baxter? Mr. Llwyd very well knew that Rhydychen was the name in British which signifies the ford of oxen and not ox and this from very ancient times.

Ar y cyfan, derbynia awgrymiadau Pezron, megis o dan y penawdau *Ffrainc* ac *Iau*, a dengys ei fod wedi darllen awdurdodau eraill megis Verstegan a Spelman (dan y penawdau *Ich Dien*, *Edlin* a *Teccwyn Sant*).

Gyda threigl amser, talwyd y pwyth yn ôl i Lewis Morris am ei sylwadau dirmygus ar ei ragflaenwyr yn y maes. Wrth gyhoeddi *Celtic*

Remains yn 1878, cynhwysodd Silvan Evans y nodiadau a ychwanegodd Gwallter Mechain ac Iolo Morganwg i'r testun a aethai trwy'u dwylaw, sef yr adysgrif a wnaeth Richard Morris (yr ieuaf) yn yr India yn y 1770au. Nid oedd ganddynt hwy fawr o feddwl o ddoniau geirdarddol Lewis Morris, fel y dengys sylwadau megis 'Poor devil!' (dan *Pumlumon*), 'Fie, fie, Lewis' (dan *Morlais*), neu 'Lewis yn y coed – all merely conjectural' – yr olaf yn ffrwyth gwybodaeth amgenach Iolo, yn ei nodyn i esboniad anwybodus Lewis Morris o *Daon*, sef afon Ddawan ym Morgannwg.

* * *

Yn ystod ei oes ei hun, fodd bynnag, ystyriwyd Lewis Morris yn awdurdod ar faterion ieithyddol eu natur, a bu amryw o'i gydnabod a'i ohebwyr yn barod iawn i rannu ag ef eu gwybodaeth arbennig am enwau lleoedd yng Nghymru. Yn dystiolaeth i hyn gellir nodi'r gyfres o lythyrau a ysgrifennodd at Dafydd Jones o Drefriw tua 1757, wrth i'r llafur hirfaith ar *Celtic Remains* ddirwyn i ben. Yr oedd Dafydd Jones wedi gofyn iddo ba ateb a roddai i 'bobl a fynnant gael gwybod i ba bwrpas yr ydych yn ceisio enwau Gwythennau afon Gonwy, a Hen Enwau Ffynhonydd, Aberoedd, Mynyddoedd etc.' Cyngor Lewis oedd dangos i'r bobl hynny yr englynion y bwriadai iddynt egluro natur a phwrpas ei lyfr, 'ag hwy a attebant drostoch i a minneu'. Ychwanega ei fod yntau hefyd yn 'casglu Enwau holl afonydd Prydain a Ffraingc a'r Eidal yr un modd', ac yn barod i ymddiried mewn gwybodaeth leol: 'a phwy a wyr Enwau afonydd etc. onid y Cymdogion nesaf?' Eglura hefyd y modd rhesymol yr enwyd afonydd yn yr amser gynt:

> ni roes ein hendeidiau gynt enw ar un afon na Chornant heb ryw achos am dano. onid oddiwrth y *Llechi* y cafodd afon *Lechog* ei Henw? a *charrog* oddiwrth ei gwely carregog: . . . ymbell un ag Enwau dynion arnynt, eraill ag enwau adar ag Anifeiliaid . . . eraill o achos eu buandra, megis *moch*nant, eraill o achos eu harafwch, megis Llyfn nant.[17]

Yn ogystal â dehongli enwau lleoedd, bwriadai Dafydd Jones gyhoeddi gramadeg, ac er i Richard Morris ei rybuddio nad oedd 'yn ddigon dysgedig', gwahanol oedd syniad Ieuan Fardd am ei gymwysterau.[18]

Un arall o gylch cydnabod y Morrisiaid a ymddiddorai yn ei flynyddoedd cynnar mewn gweithgarwch gramadegol yn ogystal â geiriadurol, oedd Goronwy Owen. Darllenwn am natur arbennig ei gynllun ef mewn llythyr at Ieuan oddi wrth Lewis Morris yn 1752:

Mr *Gronow* Owen is and hath been some years a laying a foundation for a Welsh rational Grammar, not upon ye Latin & Greek plan, but upon the plan that the Language will bear. It wd be unreasonable to expect an old Archbishop to dance a Jigg & Rigadoom [*sic*] with boys & girls; It is certain the Greek & Latin are such when compared with the Celtic. (AL.i.224)

Diddorol yw sylwi ar dri pheth yn y brawddegau hyn: mai gramadeg wedi'i gyfansoddi ar seiliau rheswm fyddai eiddo Goronwy; y byddai wedi'i gymhwyso i natur yr iaith Gymraeg ei hun – hynny yw, y 'texture and genius of the language' y soniwyd amdanynt yn y rhagymadrodd i'r *Celtic Remains* – a'r gred bod gwreiddiau'r Gymraeg lawer yn hŷn na'r ieithoedd hynafol hynny, Groeg a Lladin.

Yr oedd agweddau eraill ar ddiddordeb ieithyddol Goronwy Owen. Mewn llythyr at William Vaughan yn 1753, fe'i disgrifir gan Lewis Morris fel 'a great master of languages', ac er mai'r ieithoedd clasurol oedd gan Morris mewn golwg, fe ddichon, yn y fan yma (AL.i.232, 237), eto ceir digon o dystiolaeth bod Goronwy yntau yn hoff o bori mewn meysydd ieithyddol amgenach na hynny. Yn 1755, yr oedd wedi dechrau astudio Gwyddeleg, fel yr ysgrifennodd at Richard Morris: 'yr wyf yn awr yn prysur astudio Gwyddeleg, ac yna yn ei chymharu â'r Gymraeg, ei mam . . .'

Cymysgedd oedd iaith y Gwyddyl ym marn Goronwy: 'nid y'nt ond cymmysg o Ellmyn Brython, yn eu hiaith o'r lleiaf'. Tybiasai ynghynt mai'r Wyddeleg oedd y famiaith, ond erbyn hyn yr oedd wedi newid ei feddwl, a'r Gymraeg a gâi'r fraint honno ganddo (*The Letters of Goronwy Owen,* 165–6). Eisoes yn Rhagfyr 1754, yr oedd wedi dysgu digon o Wyddeleg i farnu bod Hywel ab Owain Gwynedd wedi 'taro i mewn' ambell i air o'r iaith honno yn ei farddoniaeth, ac i adnabod y cysylltiad rhyngddi a'r Gymraeg. 'Another considerable branch of the same stock' oedd yn Iwerddon. Tybiai fod benthyca gair o'r Wyddeleg yn gyfystyr ag adfer 'a British word, that had grown obsolete, into use again'. Yr oedd hyn, yn nhyb Goronwy, yn fwy naturiol na 'borrowing from any exotick language that is not of the same original', megis y Saesneg, neu'r Ffrangeg (*Letters*, 138).

Dengys llythyrau Goronwy Owen ei ddiddordeb mewn geirdarddiad yn gyffredinol, a'i ddyled i Pezron a Lhuyd yn neilltuol. Efallai mai'r testun mwyaf arwyddocaol yn y cyswllt hwn yw'r llythyr a ysgrifennodd at William Morris ym Mehefin 1753. Meddai:

Dyffestin is certainly the same as the Latin *festino*, perhaps deriv'd from it, or rather *festino* from *dyffestin* and that again from *ffest*, which is the more simple word, and therefore to be look'd upon as the original. You know Monsieur Pezron's Rule. (*Letters*, 53)

Fel llawer o'i gyfoeswyr ledled Ewrop, derbyniodd Goronwy yn ddigwestiwn 'reol' Pezron – yr egwyddor mai'r elfennau symlaf mewn iaith sy'n debyg o fod y rhai mwyaf hynafol – fel y mae'n hysbys oddi wrth ei eiriau nesaf:

I wish some able hand would endeavour to improve the etymological knowledge of our language, by reducing the compound words into their simples, and derivatives into their primitives; it would open a wide door to the thorough understanding of our language . . . (*Letters*, 53–4)

Ysgrifennwyd y geiriau hyn ar ddechrau ail hanner y ddeunawfed ganrif a, chyn diwedd y ganrif honno, deuai digon o feddyliau medrus (ac astrus) i'r adwy, yng Nghymru a Lloegr, yn ogystal ag ar y cyfandir, i gymhwyso 'rheol Monsieur Pezron' i'w dadansoddiad personol eu hunain o'u priod ieithoedd.

Dibenion eraill oedd gan Lewis Morris wrth ddarllen Pezron, sef casglu deunydd ar gyfer ei eiriadur enseiclopedaidd, *Celtic Remains*. Tua diwedd 1757, ac yntau'n dynesu at orffen ei lafur ar y gwaith mawr hwnnw ac yn 'ymaflyd codwm a'r peswch beunos', ysgrifennodd at ei frawd William: 'nid yw mhen i ddim yn ddigon gwastad i sgrifennu'r Celtic Remains, ond pwnnio tipyn yn Pezron's Antiquities yrwan ag yn y man tuag at hel matter i'r llall'. Nid oedd gan Lewis, ragor na'i frodyr, fawr o obaith am gyhoeddi'r *Celtic Remains*. Ofnai na fyddai fyth yn mynd i ddwylo'r wasg, ac na fyddai'r llawysgrif yn dda i ddim yn y diwedd ond i lapio o gylch tybaco, ynteu ei 'roi dan basteiod fe allai, neu i sychu . . . penweigion' (ML.ii.51, 179–80). Adleisir ei bryder yng ngeiriau'i frawd Richard: 'Na atto Duw i'r Celtic Remains fyned ynghylch tobacco' (ML.ii.188).

I'w gynorthwyo yn ei waith, prynasai Lewis *Le Grand Dictionnaire historique* (1692) o waith Louis Moréri ym mis Mai 1757, fel y dywed wrth William (ML.i.478):

I have just bought Moreri's Great Dictionary in four volumes folio of men and places, to see what he had done on that head. He is but a laborious collector, and hath neither etymologys nor any thing curious, but abounds with blunders about our British affairs . . . My *Celtic Empire* will be a hundred degrees beyond it. His book is all French which is some inconveniency to me for I have almost forgot the little French I had. His plan is general for all ye world, but mine only the Celtic Empire and of that only those names that are of some tolerable account.[19]

Yn ei lythyr nesaf at yr un brawd (ML.i.479), ceir sylw arall ar ddefnyddioldeb Moréri, ac ymhelaetha Lewis Morris ar ei ddewis ei hun o enw ar gyfer ei eiriadur o enwau dynion a lleoedd: 'Moreri is very useful, though a poor performance. The book is not called the Celtic Empire *alone*, but the *Celtic Empire described* or some thing to that purpose'. Ar amryw achlysuron yn ystod y blynyddoedd 1756 a 1757, cafwyd trafodaeth rhwng Lewis a'i frodyr ar bwnc llosg y teitl. Fe ddichon fod Lewis, wrth ystyried y teitl 'Celtic Empire', yn cofio am yr enw 'British Empire' a ddyfeisiodd ei gydwladwr, John Dee, yn 1577: 'I knew he was a Cambrian,' meddai wrth ymateb i anwybodaeth ei frawd Richard o darddiad Cymreig Dee (ML.ii.265, 273). Sut bynnag, erbyn diwedd Mehefin 1757, yr oedd yr awdur wedi taro ar yr enw *Celtic Remains* (ML.i.491, ii.15), ac yr oedd rhyw obaith y byddai Cymdeithas y Cymmrodorion yn ymgymryd â chyhoeddi'r gwaith (ML.ii.15, 208), er na wireddwyd y gobaith hwnnw.

Croesawai Lewis Morris bob math o wybodaeth a ddeuai i'w ran ac y gellid ei throi yn ddeunydd i'w 'Critical and Historical Dictionary of Proper Names'. Gwerthfawrogai adnabyddiaeth Dafydd Jones Trefriw o enwau ei fro, a darllenai hefyd weithiau awduron o'r cyfandir. Defnyddiai nodiadau Lhuyd ar Camden (ML.ii.7), a gohebai â hynafiaethwyr yn Lloegr, fel Thomas Carte a Samuel Pegge, i drafod ystyr hen enwau. Mewn llythyr at Edward Richard yn 1759, crybwylla enwau rhai o'r llyfrau a ddefnyddiai wrth baratoi'r *Celtic Remains*: 'Flaherty's Ogygia', 'Tyssilio's Brut', 'Usher's Primordia', 'Stillingfleet's Origines Britannicae', ac 'Edward 3ds Extent of Wales' (AL.ii.415, cf. 430). Yn yr un cyfnod, disgwyliai gymorth gan Evan Evans hefyd, fel y tystia ei gwestiwn i Edward Richard, Ystrad Meurig, yn 1760: 'Where are Ieuan's explication [*sic*] of the names of mountains and rivers that you promised me?' (AL.ii.436).

* * *

Tua diwedd y pumdegau, daeth enw ieithydd arall i fritho tudalennau llythyrau'r Morrisiaid, sef Eugene Aram (1704–59), gŵr o Swydd Efrog a anfarwolwyd yn llenyddiaeth ramantaidd Saesneg mewn nofel o waith Bulmer Lytton, ac mewn cerdd gan Thomas Hood. Y mae Aram yn fwy adnabyddus fel llofrudd, neu o leiaf un a gafwyd yn euog o lofruddiaeth ac a grogwyd (yn Awst 1759), nag fel ieithydd ac ysgolhaig. Athro ysgol ydoedd yn ôl ei alwedigaeth, ond aeth ati i ddysgu llawer o ieithoedd, er mwyn cyfansoddi geiriadur a fyddai'n cymharu holl ieithoedd Ewrop. Sylweddolodd fod yr ieithoedd Celtaidd yn perthyn i'r un dosbarth â hwy, ac er iddo fynd ar gyfeiliorn wrth eu cysylltu hefyd â'r Hebraeg, yr oedd ei syniadau am bwysigrwydd y dosbarth Celtaidd yn ei wneud yn wrthrych teilwng o sylw y brodyr Morris.

Aeth sôn am y llofruddiaeth a hanes dirgel a thrist Eugene Aram fel tân gwyllt ar hyd a lled y wlad, ac ar ddiwedd Medi 1759, dyna Richard Morris yn gofyn i'w frawd Lewis:

> Pray have you had any account in your paper of the writings of Eugene Aram, who was lately executed for murder at York? A most surprizing genius! – master of most languages, and like Edward Llwyd and Pezron of the Celtic dialects. I have his whole life with extracts of his works, and am to see his original manuscripts . . . (ML.ii.126)

Ymhen y mis, yr oedd yr hanes wedi cyrraedd Caergybi, a chawn William Morris yn ategu geiriau'i frawd yn Llundain, wrth ysgrifennu at Lewis fel hyn:

> Ni wn a welsoch mewn papur newydd neu fagazine hanes un Eugene Aram a grogwyd y dydd arall yn York . . . Mae i'r brawd [Richard] addawiad cael gweld ei FSS. gwerthfawr. Yr oedd, meddynt, yn deall iaith y Celtiaid with all its dialects and understood all the Oriental and learned languages. (ML.ii.136)

Gwelodd William Morris ba mor werthfawr y byddai papurau Eugene Aram i'w frawd Lewis yn ei waith ar y *Celtic Remains*, ac ychwanega: 'Dyma lle ceid (ond odid) cymorth rhagorol tuag at orphen y *Celtic Remains*, beth meddwch?' (ML.ii.136, cf. 133). Sut bynnag, nid oedd y brawd Richard wedi gweld y llawysgrifau erbyn y flwyddyn newydd 1760, oherwydd ar y pedwerydd o Ionawr meddai Lewis wrtho: 'It is a pity you could not see Eugene Aram's MSS. Who has them?' (ML.ii.151–2).

Erys y dirgelwch ynglŷn â phapurau Eugene Aram. Yn ystod 1760, bu Richard a Lewis yn holi am bamffledyn ar eirdarddiad o waith Aram 'a brintiwyd yn York' (ML.ii.190, cf. 212, 220, 224, 259), ac ymddengys mai ei astudiaethau ieithyddol, yn hytrach na manylion am ei ddiwedd erchyll, a ddenai chwilfrydedd y brodyr. Yn ddiamau, yr hyn a gafodd Richard Morris i'w feddiant yn 1759 oedd llyfryn a gyhoeddwyd yn Knaresborough yn y flwyddyn honno o dan y teitl: *The Trial and Life of Eugene Aram; several of his Letters and Poems; and his Plan and Specimens of an Anglo-Celtic Lexicon* . . . Ymhlith y cynnwys oedd 'An Essay towards a Lexicon, upon an entirely new Plan', a fwriadai ddangos mai'r ieithoedd Celtaidd sydd wrth wraidd ieithoedd eraill Ewrop. Yn ystod ei gyfnod yn y carchar ysgrifennodd Aram lythyr diddorol at ryw 'Mr Wallace' yn gofyn am 'any Welch Dictionary' a llyfrau eraill i ddiddanu 'the tediousness of these hours, and alleviate a few of the many dissatisfactions of this place' (66).[20]

Dengys sylwadau rhagymadroddol Aram i'w 'Essay' mai'r *rhesymau* am y cysylltiadau rhwng ieithoedd a'i gilydd oedd testun ei fyfyrdod. Yr oedd ysgolheigion, meddai, wedi sylwi ar y tebygrwydd rhwng y Saesneg a Groeg a Lladin,

> but, *whence* this relation, this consonancy arose, – *why* it has continued from age to age to us, . . . *how* ancient words have survived conquests, the migrations of people, and the several conditions of nations and colonies, notwithstanding the fluctuating condition of language in its own nature, – they have never observed with diligence, nor explained with accuracy. (72)

Astudiaethau Aram yn yr ieithoedd Celtaidd a fynegodd iddo mai ynddynt hwy yr oedd yr allwedd i ddeall y tebygrwydd hwn, na ellir ei briodoli i arhosiad y Rhufeiniaid yn ein hynys, nac i weithgareddau masnachol y Groegiaid a'r Phoeniciaid:[21]

> No, this resemblance was coeval with the primary inhabitants of this island . . . How nearly related is the Cambrian, how nearly the Irish, in numberless instances, to the Latin, the Greek, and even Hebrew, and both possessed this consimilarity long ago, before Julius Caesar, and the Roman invasion. (73)

Crybwylla 'Dr Davies' ymhlith y 'gentlemen of great penetration and extraordinary erudition' a sylwasai ar 'gytundeb' (*agreement*) y Gymraeg a'r Wyddeleg â Lladin, Groeg a Hebraeg.

O'i ran ei hun, meddai Eugene Aram, yr oedd yntau wedi sylwi hefyd ar 'this almost community of language, observable between the Greek and the Celtic, in some dialect of it or other', a thestun ei draethawd fyddai sut yr oedd hynny wedi digwydd (77). Ôl darllen Pezron a Camden sydd ar syniadau Aram, a chyfeiria hefyd at Cluverius, Bochart a Huet, Verstegan, Lhuyd ac eraill, a hynny i gyd o'i gof, gan nad oedd ganddo ddim llyfrau na phapurau yn y carchar (75, 83, 90, 93). Ymhyfrydai yn newydd-deb ei syniadau, eto dilyn ôl traed yr ysgolheigion hyn y mae i raddau helaeth, a syniadau Pezronaidd iawn eu naws sydd i'w canfod mewn brawddegau tebyg i'r rhain:

> the ancient Celtae, by the numberless vestiges left behind them, in Gaul, Britain, Greece, and all the western parts of Europe, appear to have been, if not the aborigines, at least their successors and masters, in Gaul, Britain

and the west; . . . their language, however obsolete, however mutilated, is at this day discernible in all those places which that victorious people conquered and retained . . . and, indeed, it still unquestionably, forms a most important ingredient in all the languages of Europe . . . (78)

Cynllun ei lyfr, yn ei eiriau rhethregol ei hun, oedd dangos

that the original of both the Latin and the Greek is, in a great measure, Celtic; – that same Celtic, which, polished by Greece, and refined by Rome . . . flowed from the lips of Virgil and thundered from the mouth of Homer. (79)

* * *

Er nad oedd ei ymdrechion at eirdarddiad yn fwy llwyddiannus nag eiddo neb arall o'i gydoeswyr, yr oedd gan Eugene Aram gryn adnabyddiaeth o'r iaith Gymraeg ac ysgolheictod Celtaidd. Yn hyn o beth nid oedd yn annhebyg i awduron Saesneg eraill ar ganol y ganrif, a rannai ei ddiddordeb mewn materion ieithyddol. Yn 1758 cyhoeddwyd *An Introduction to Languages, Literary and Philosophical*, gan Anselm Bayly, offeiriad yn Eglwys Loegr, a fu farw yn 1794.[22] Yr oedd Bayly wedi darllen Pezron a *Mona Antiqua Restaurata*, ac wrth drafod y modd y bydd ieithoedd yn newid, noda'r Gymraeg fel enghraifft o dafodleferydd a newidiodd gymharol ychydig:

Perhaps no European language now in being hath undergone less change than that of the old Britons, called, the Welch; which is plainly owing to their having little or no communication with other Nations, and but few Authors. Pezron affirmeth further, 'that the language of the Titans, which is that of the Gauls, is after a revolution of above 4,000 years preserved even to our time'; a strange thing, that so antient a language should now be spoken by the armoric Britons of France, and by the antient Britons of Wales . . . (57)

Fel Thomas Llewelyn ddegawd yn ddiweddarach, yr oedd Bayly yn ymwybodol o'r ymgais i wahardd beiblau yn eu hiaith i'r Cymry, er mai ystyriaethau hynafiaethol yn hytrach na chrefyddol a'i cymhellai ef:

Men therefore who would destroy this famous language by discouraging the use of Welch bibles, surely must be thought never to have looked beyond their own windows, never to have experienced the least sensation of that pleasure and conviction, which result from enquiries into real Antiquity. (57)

Wrth drafod y seiniau syml sy'n cynrychioli elfennau iaith, noda'r sain honno a nodwedda'r Gymraeg yng ngolwg estronwyr: 'nay the Welch in a very peculiar Manner attempt to form an Aspirate out of one of the liquids, namely L, *Ll*' (13). Cyfeiria at eiriau Strabo ar y Celtiaid, gan sylwi mai'r un yw iaith y Galiaid ag iaith y Cymry, a chredai, fel Eugene Aram, fod honno yn debyg i'r Groeg a'r Hebraeg (28).

Yn llyfr Bayly, ceir adran ar ddatblygiad gwyddorau ysgrifenedig, a daw trigolion Gâl a Phrydain eto o dan ei sylw (51). Ymhlith yr ieithoedd Ewropeaidd, meddai, cyn y cyfnod Cristnogol a wedi hynny, 'the most memorable for Literature seem to have been the Britons and Gauls' (51). Cyfeiria at eiriau Cesar ar yr arwyddion alffabetaidd Groegaidd a ddefnyddiai'r derwyddon yn y ddwy wlad, ac at y gobaith y byddai 'the Revd. Dr. Petingale' yn cynhyrchu llyfr i ddangos 'that the derivation of language and knowledge was originally from the East' (52).[23]

Y mae i syniadau Bayly bwysigrwydd amgenach na'i ddiddordeb yn yr ieithoedd Celtaidd. Wrth esbonio'r geiriau 'literary' a 'philosophical' yn nheitl ei lyfr, dadlenna mai dilyn Francis Bacon yr oedd wrth wahaniaethu yn yr un modd rhwng dau fath ar ramadeg. Fel Bacon ei hun, credai Bayly fod angen astudio'r agwedd 'athronyddol' neu 'gyffredinol' i iaith. 'The usefulness', meddai yn ei ragymadrodd, 'of a rational Grammar, which Lord Bacon setteth down as wanting, must be self-evident to every one.' Ei fwriad ef ei hun yn y drydedd adran o'i waith, sef traethawd ar ddechreuadau iaith, oedd 'to give a rational and universal view of language from its elements through the several combinations and powers in writing and speaking'. Gwelir, felly, fod Anselm Bayly yn perthyn i draddodiad y gramadegwyr 'cyffredinol' neu 'athronyddol' y sylwyd arnynt eisoes wrth drafod gwaith Bassett Jones yn ail hanner yr ail ganrif ar bymtheg.

Man cychwyn trafodaeth Bayly yw elfennau mwyaf syml iaith, sef seiniau unigol llafar, a fynegir ar bapur gan yr arwyddion neu farciau a elwir yn gyffredin yn llythrennau'r wyddor. Awgryma ei eiriau yma fod iaith yn mynegi mewn modd uniongyrchol yr hyn sydd, a datgenir hynny mewn trosiad trawiadol:

> Language is a Kind of Painting, as it were, the Copy of universal Nature; Picturelike it supplieth the Place of Originals, and bringeth them into an ideal Existence to every Spectator: Or in short and plain Expression, Words are the Substitutes of *Things*, their *Actions* and *Relations*. (Part II, 19)

Y mae geiriau, felly, yn mynegi yn uniongyrchol, gan sefyll yn lle y pethau a fynegir ganddynt. Trwy'r synhwyrau yn unig y cyflawnir hyn: 'Language hath but two Inlets to the Mind, that of the Ear and that of the Eye; through which Knowledge may be propagated from one to another . . .' (Part III, 28). Trwy'r glust neu'r llygad yn unig y gellir derbyn gwybodaeth o natur ieithyddol, a hynny trwy gyfrwng tri math ar fynegiant, sef trwy iaith lafar, trwy symbolau darluniadol, a thrwy lythrennau ysgrifenedig (29).

Adlewyrchir yng ngwaith Anselm Bayly ddiddordeb llawer o feddylwyr canol y ganrif mewn arwyddion arwyddocaol y tu allan i ffiniau iaith gonfensiynol lafar neu ysgrifenedig. Y mae ei restr ohonynt, wrth iddo drafod y dosbarth o symbolau darluniadol, yn cynnwys delweddau, arwyddion, ffigurau, cynddelwau (*types*), emblemau, a hyd yn oed symudiadau ac ystumiau. Rhagoriaeth y symbolau hyn, meddai, yw eu bod yn arwyddocáu mewn modd uniongyrchol, neu naturiol:

> Representative Symbols you see are very expressive; they carry in them a natural and universal Signification by exhibiting the Thing or Action itself, and therefore make a stronger Impression upon the Mind than Words or the Characters, by which they are expressed; seeing they bear no Resemblance to Things and Actions. (30)

Enghreifftiau arbennig o'r dosbarth yma o arwyddion yw hieroglyffau'r Eifftwyr gynt, a symbolau darluniadol y Tsieineaid. Y mae'r rhain yn rhagori ar y llythrennau, geiriau a brawddegau sydd yn cyfansoddi ieithoedd ysgrifenedig eraill, am eu bod yn mynegi eu harwyddocâd yn unionsyth, yn adlewyrchu yn hytrach nag arwyddo. Felly gall yr awdur hwn ddyfynnu Bacon ar iaith Tsieina, ei bod yn defnyddio 'certain real not nominal Characters, to express not Letters or Words, but Things and Notions'. Yr uniongyrchedd hwn yw sail y gred a fynegir gan rai awduron mai eiddo'r Tsieineaid yw'r iaith fwyaf cyntefig oll, am fod ganddynt gynifer o arwyddion ag y sydd o bethau, a'r arwyddion hynny 'not alphabetary, but significative Characters' (40).

Yn ogystal â'r drafodaeth hon ar arwyddion ysgrifenedig sydd yn cyfleu eu hystyr yn uniongyrchol a naturiol, ceir ymdriniaeth hefyd yn llyfr Anselm Bayly â'r cwestiwn oesol i ba raddau y mae iaith ei hun yn naturiol, yn yr ystyr o fod yn rhan hanfodol, gyntefig o natur dyn (22). Derbynia, yn y lle cyntaf, fod y ddynoliaeth wedi'i chynysgaeddu â chyneddfau rheswm ac iaith, ond heb y gallu i ddefnyddio'r un ohonynt ar unwaith. Er bod y galluoedd hyn yn gynhenid ynom, nid felly eu cymhwysiad, 'any more than are our Ideas, which are equally from Education, Experience and Study' (24). *Dysgu* siarad fydd y plentyn, a throsglwyddir iaith o genhedlaeth i genhedlaeth gan rieni i'w plant. Ond o ddilyn y gadwyn ymadrodd yn ôl i'r cychwyn cyntaf, rhaid derbyn bod y dyn (neu'r dynion) cyntaf, 'whether one, two or a thousand', wedi derbyn gan ei Greawdwr hyfforddiant sut i ymarfer y ddawn ymadrodd: 'the first Man's Creator must be his Instructor in Language as well as Duty, teaching him how to form articulate Sounds and Words . . .' Cymysgedd o ddysgeidiaeth Feiblaidd ac athroniaeth empeiraidd, felly, yw athrawiaeth Bayly yma, eithr awgryma'i eiriau ei fod yn fodlon derbyn y posibilrwydd bod ymadroddi wedi cychwyn gyda nifer mawr o bobl yn y dechreuad (26).

Testun yr ail draethawd yn Rhan III o lyfr Bayly (53–101) yw y cyfnewidiadau sy'n digwydd mewn iaith, testun a fu hefyd o ddiddordeb i Edward Lhuyd. Yn yr adran hon, ceir trafodaeth arall ar ba mor naturiol yw ymadrodd. Safbwynt yr awdur yw nad trwy hap a damwain y cafodd pethau eu henwau, ond bod rheswm a phwrpas y tu ôl i'r cyfan:

> Men come not rationally at language, and therefore are led to think it not rational . . . and there is as much truth and good sense in thinking and saying, that the introduction of language was arbitrary and by chance, without any design and rationality, *sic volet usus*, as that the contrivance of a watch was. (74)

Felly wrth enwi'r anifeiliaid, yr oedd Adda nid yn unig yn dangos ei awdurdod drostynt, ond yn dewis, mewn modd rhesymol, enwau a oedd yn hollol gymwys; 'such a name as was eminently descriptive' (75). Credai Bayly fod geiriaduron wedi'u ffurfio ar yr un egwyddor, 'that names are imposed from some reason, and that language is ideal' (76), a chyfeiria at *Cratylus* Platon i ategu hyn. Canlyniad yr athrawiaeth hon o dryloywder iaith yw bod geiriau yn eu hanfod yr un mor 'ddarluniadol' â'r 'representative symbols' y bu'r awdur yn eu trafod ynghynt, er nad yw eu harwyddocâd yr un mor eglur.

Daw hyn i'r amlwg eto yn y drafodaeth sy'n dilyn, ar destun y gwreiddiau syml y cyfansoddir pob iaith ohonynt, y *radices* yn ieithwedd Bayly (76–101). Y mae'n helaethu ar y gymhariaeth hon wrth sôn hefyd am 'ganghennau' y mae'n rhaid eu taflu i ffwrdd wrth olrhain iaith yn ôl i'w helfennau cyntefig (79). Wedi llwyddo i wneud hynny, bydd yr ieithydd yn treiddio, nid yn unig at wreiddiau geiriau, ond hefyd at elfennau y pethau a arwyddoceir ganddynt, gan fod 'awdur natur' wedi gosod 'cyffelybiaeth dra rhyfeddol' rhwng geiriau a 'threfn pethau', fel yr adlewyrchir y naill yn gywir yn y llall. Canlyniad hyn yw nad oes ond un ystyr wreiddiol i unrhyw *radix*, ac mai eilradd yw pob arwyddocâd arall, yn deillio o'r un cyntaf trwy ryw broses neu'i gilydd: 'every other sense being secondary, consequential, progressive, accidental as from some custom or use, allusive, figurative, metaphorical, analogous' (76). Credai Bayly fod gan gydweddiad le arbennig ym mhroses datblygiad iaith. 'By analogy,' meddai, 'or in a comparative view a Radix may be applied to twenty things, which bear resemblance in that one Action, quality and use, expressed by such a Radix.' Ac ategodd yr egwyddor hon ag enghreifftiau o ddatblygiad geiriau mewn Lladin a Hebraeg (76–7).

* * *

Diddorol yw sylwi ar rai o'r syniadau hyn yn llythyrau'r Morrisiaid a'u gohebwyr yn ystod degawdau canol y ganrif. Yn ei lythyr at William Morris ym Mehefin 1753, awgryma Goronwy Owen y gellir olrhain pob gair yn yr iaith Gymraeg yn ôl at wreiddyn unsill cysefin, gan ddilyn 'rheol Pezron' mai'r gair symlaf sydd debycaf o fod yr hynaf. Yn ôl yr egwyddor hon, honna mai o'r Gymraeg 'ffest' a 'ffin' y daw'r Lladin *festino* a *finis*. Ac yn yr un cyd-destun dywed am 'diweddu' (*di + gwedd*) ei fod 'but a metaphor for *unyoking a team*' (*Letters*, 54). Nid yw Goronwy, fel y mae Anselm Bayly, yn mynnu mai adlewyrchu natur pethau y mae'r gwreiddeiriau syml hyn, ond cawn gipolwg ar syniad arall Bayly, sef mai trwy gyffelybiaeth y datblygir ystyron geiriau. Sylwyd eisoes ar Thomas Llewelyn a John Walters yn derbyn cydweddiad fel egwyddor yn natblygiad iaith.

Derbyniodd Lewis Morris 'reol M. Pezron' yn gynnar: yn 1747, gwelir ef yn gresynu ei fod wedi colli'i gopi o waith yr awdur hwnnw, ac yn tarddu *tabula* o'r gair Cymraeg *tabl* yn ôl ei egwyddorion. 'Now to words,' meddai wrth Richard:

> Tabl (pl. Tablau) is a good word enough to answer the English *Tables*, and though it is not in our dictionaries, it is natural to suppose that the Roman *Tabula* might be borrowed from it according to Pezron's rules. I have lost that valuable book, I wish you could get me another. (ML.i.109)

Ac wrth drafod geiriau am fesuriadau yn yr un llythyr, dyfynna'r rheol eto: 'The word *acr* we may venture upon (upon Pezron's rule) from which came the Latin Iuger and the bastard Latin *acra* . . .' (109–10). Blewyn glas oedd yr egwyddor honno a ddenodd lawer ieithegydd diniwed i gorsydd peryglus yn ystod y ddeunawfed ganrif.

Parhaodd yr ysfa eirdarddol yn Lewis tan ddiwedd ei oes, a brithir tudalennau ei lythyrau gan ymdrechion i esbonio geiriau trwy fynd yn ôl at ddechreuadau syml iaith. Ym mis Tachwedd 1757, ysgrifennodd at William:

> The wind roars over my head, and speaks Winter, borrowed from the British *wynt oer* and what doth Gauaf speak? *Gau haf*, that is, false summer. Haf; *Cynhauaf*, i.e. before gau haf, and Gwanwyn speaks ŵyn gweiniaid medd rhywun, ond beth os *Gwahanwynt* yw? Gwayanwynt I have seen it wrote in old MSS. These words certainly had a meaning in the Celtic, and the first notions of men were very simple. (ML.ii.49)

Yna ymhelaetha ar ystyron gwreiddiol enwau'r misoedd mewn modd a bair i ddarllenydd ar ddiwedd yr ugeinfed ganrif ofyn a oedd yn hollol o ddifrif. Eto, y mae digon o enghreifftiau tebyg yn y llythyrau i ddangos nad oedd yn cellwair bob amser.

Gwelwyd eisoes beth oedd agwedd Morris at eirdarddiad, yn enwedig eirdarddiad pobl eraill. Wrth ddisgrifio ail ran y *Celtic Remains* i Samuel Pegge, ei ohebydd yn Derbyshire, dywedoddd yn 1760: 'This part is in a great measure Etymological, where Fancy has her swing, tho' kept within bounds as much as Possible' (AL.ii.512). Ac wrth ymosod ar Camden a Baxter yn y llythyr pwysig at Edward Richard yn 1759, meddai:

> As for my part, I am very cautious how I meddle with those things, and can say nothing positive, and abominate a fanciful derivation of an ancient name. If we can give a probable and grave account of a name, and back it by ancient authority or reason, it is all that can be expected, and we should stop there. (AL.ii.397)

Rheswm, yn ôl Lewis Morris, ac nid mympwy a ffansi, a ddylai reoli pob ymdrech at darddu geiriau. Nid oes tystiolaeth yn y llythyrau ei fod yn credu, gyda Bayly ac eraill, fod gwreiddeiriau yn arwyddo hanfod pethau, ond yng 'ngosodedigaethau' Cymdeithas y Cymmrodorion y mae brawddeg sydd yn mynegi hynny. Am yr iaith Gymraeg, dywed: 'it is easily formed into Compounds, which not only serve for Signs of Things, but are likewise expressive of their principal Modes and essential Properties' (*Gosodedigaethau*, 228).

Eto i gyd, yr oedd Lewis Morris yn ymwybodol hefyd o'r elfen o afreswm, o ddamwain a mympwy, sydd yn natblygiad iaith bob amser. 'The art of writing and speaking any language', meddai wrth Evan Evans yn 1760,

> seems to me a bottomless pit. I see no end of it. Custom has so high a hand over it, that it is extream uncertain, and the whims of mankind in setting such arbitrary marks on our ideas hath made a sad jumble of things, and I think the confusion of Babel is acted over and over every day. (AL.ii.482)

'Custom makes words', meddai mewn llythyr arall, ac eto: 'language is arbitrary' (ML.i.112, 113).

Ategir hyn yn y llythyr at Edward Richard a grybwyllwyd uchod, mewn trafodaeth ar y newidiadau a ddioddefodd iaith y Celtiaid o'r cyfnod cynharaf:

> Many an alteration by conquest, by mixt colonies, and by several accidents, hath the Celtic tongue suffered from that day to this, and I know no man living that can tell me the meaning of a mountain in Wales called *yr Eifl*, another called *Pumlumon*, and many such. How then is it possible to explain the names of mountains and rivers in England, France, and Italy &c., though purely Celtic, when disfigured by time, by bungling transcribers, by foreign conquerors of the Teutonic race, and by the great tyrant, Custom? (AL.ii.395)

Yng Nghymru ei hun, yn ôl Morris, bu llai o newid yn yr iaith oddi ar yr amser pell pan roddwyd enwau ar afonydd a mynyddoedd a gydweddai â'u natur a'u lleoliad. Dadleua ymhellach fod mantais arbennig gan Gymro wrth geisio esbonio enwau mewn gwledydd estron, am fod ganddo safon yn ei iaith ei hun:

> The utmost we can do then is to compare such with the ancient and in-bred names of places in Wales, which have remained so time immemorial . . . These are great things, and which no nation besides can pretend to do with that certainty as we can, from the very nature and structure of our language and poetry.

Tystia'r frawddeg olaf hon fod Morris yn coleddu'r syniad fod gan bob iaith ei strwythur a'i naws ei hun, athrawiaeth a ddatblygodd yn ystod ail hanner y ddeunawfed ganrif. Fe'i gwelwyd eisoes yn ei ragymadrodd i *Celtic Remains* (xxxiii, lxxi) yn yr ymadroddion 'nature and texture of the language' a 'texture and genius of the language'. Sylwir arno eto mewn llythyr arall at Edward Richard, yn 1760, lle y trafodir y ffurfdroadau mewn Lladin. 'The genius of the Celtic and Teutonic', meddai Morris, 'requires no such cases, having no variety in the ending of their nouns . . .' (AL.ii.489).

Fel Anselm Bayly, a llawer ieithydd arall yn y cyfnod hwn, yr oedd

Lewis Morris yn ymwybodol nad ieithoedd llafar ac ysgrifenedig yw'r unig systemau o arwyddion y gellir eu defnyddio. 'Letters are marks to convey ideas,' meddai yn 1754, mewn llythyr yn disgrifio gweithgareddau'r 'cnocwyr' yn nhanddaearol leoedd 'Esgair y Mwyn', 'just after the same manner as the motions of fingers, hands, or eyes, etc.' (ML.i.321–2). Trwy ystumiau y byddai teiliwr mud-a-byddar yn ei gymdogaeth yn mynegi'i hunan, a byddai'r mwynwyr hynny a honnai eu bod yn deall 'iaith y cnocwyr' yn dehongli'r seiniau a glywent o dan y ddaear yn yr un modd: 'This is the opinion of all our old miners who pretend to understand the language of the knockers.' Dyma enghreifftiau perffaith o'r hyn a elwir gan Bayly yn 'representative symbols'.

'Dont call me Scaliger,' meddai Lewis Morris wrth Evan Evans yn 1751, 'for I am not worthy to be his Indexwriter' (AL.i.219, cf. ii.488). Er nad oedd yn honni bod yn hyddysg ym materion ieithyddol, darllenai yn helaeth yn y maes, fel y tystiolaetha llawer o'r teitlau yn y rhestrau llyfrau a adawodd ar ei ôl (AL.ii.794–807). Ac yr oedd yr un peth yn wir am Ieuan yntau. Y mae tinc profiad personol i'w glywed yng ngeiriau Morris ato yn 1752: 'I make no doubt but you follow your British studies, as well as other Languages, for I suppose it will hardly ever leave you whether you will or no' (AL.i.224). Yr oedd y ddau yn ysglyfaeth i'r dwymyn hynafiaethol ac ieithyddol a nodweddai lawer o Gymry'u cyfnod.

Yn achos Ieuan Fardd, daw hyn i'r amlwg yn ei lythyrau at yr Esgob Percy ac eraill, yn ogystal ag yn ei weithiau *Some Specimens of the Poetry of the Ancient Welsh Bards* (1764) ac *A Short View of the State of Britain*, a adawyd heb ei orffen yn 1785, ac a gyhoeddwyd yng nghyfrol gyntaf y *Cambrian Quarterly Magazine* yn 1829. Dechreuodd baratoi rhestr o ddiarhebion Cymraeg, ynghyd â rhagymadrodd Lladin, a gyfieithwyd gan Peter Bailey Williams a'i gyhoeddi yn y *Cambro-Briton* yn 1820–1.[24] Enwir Scaliger ymhlith awduron y llu o lyfrau ysgolheigaidd a adawodd Evan Evans ar ei ôl ac, yn y rhestr o gyfrolau a gadwyd ganddo yn ysgol Ystrad Meurig, nodir amryw a fyddai o fudd i ysgolhaig yn pori mewn meysydd ieithyddol. Yn eu plith yr oedd geiriaduron a gramadegau mwy nag un iaith, gan gynnwys Arabeg a Ffrangeg, gweithiau gan Locke a Toland a Voltaire, *Introductio ad Linguas Orientales* gan Brian Walton, gwaith Casaubon, 'Verstegan's *Antiquities*' ac, wrth gwrs, 'Pezron's *Antiquity of Nations*'.[25]

Soniwyd eisoes am gopi'r cyfieithiad Saesneg o lyfr Pezron a roddwyd yn anrheg i Rhys Jones o'r Blaenau gan Evan Evans yn 1758. Yn ogystal â'r gyfrol ei hun, yr oedd Evans wedi cyfarfod â syniadau Pezron yn y crynodeb a wnaeth Edward Lhuyd ohonynt. Yr oedd y ddogfen hon yn ei feddiant yn 1764, a chynigiodd ei danfon at Lewis Morris (*Gwaith*, 187, 189, ac AL.ii.630). Fel y gwyddom, daethai copi o lythyr Pezron at Nicaise yn 1699 i law Morris ei hun ar ddamwain yn 1756 (ML.i.439). Er bod traethodau a llythyrau Ieuan yn cynnwys digon o gynigiadau ar darddu geiriau, ymddengys nad oedd yn defnyddio 'rheol Pezron' wrth ymdrechu i gyrraedd y gwreiddiau. Ar y llaw arall, athrawiaeth Pezron sydd y tu ôl i'w gyfeiriadau, ar fwy nag un achlysur, at deithiau'r Celtiaid a'u hiaith ar draws y cyfandiroedd.

Un o ddiddordebau ei gyfaill, Thomas Percy, oedd barddoniaeth gytseiniol cenhedloedd 'Gothig' gogledd Ewrop, a'r posibilrwydd o berthynas rhwng iaith a barddoniaeth y bobloedd hyn ac eiddo'r Cymry oedd cychwyn yr ohebiaeth rhwng Percy ac Evan Evans. Mewn llythyr ym mis Mai 1764, awgryma Ieuan, yn unol ag athrawiaeth Pezron, mai o'r de-ddwyrain y daeth y Celtiaid a'u cynghanedd

> in very ancient times when the Celtae were the greatest men for learning and arms in the known world. All Asia and Europe having at different periods been the scenes of their great exploits, as you may see in *Pezron's antiquity of nations*. (PL. 66)

Yn yr un lle, cyfeiria at waith Jean Picard, *De Prisca Celtopaedia Libri Quinque* (Paris, 1556), i ategu'i farn am hynodrwydd dysg y Celtiaid yn y cyfnod hwnnw.

Yr hen chwedlau am Brutus a Gomer yw sail ei adroddiad am hanes yr oesau cynnar, er enghraifft, yn y llythyr at y darllenydd sy'n rhagflaenu'r traethawd *A Short View of the State of Britain*. Er bod Ieuan yn nodi 'our own ancient records' yn llyfrgelloedd Hengwrt a Llanforda fel prif ffynonellau'i astudiaeth (*Gwaith*, 255–8), dyfynna'n helaeth o Pezron hefyd (271–5), i ategu'i gred mai o barthau gogleddol Asia y daeth y Gomeriaid i'r gorllewin, ac i esbonio presenoldeb cymaint o eiriau Groeg yn yr ieithoedd Celtaidd.

Eto i gyd, ni phetrusai anghytuno â'r awdurdod hwnnw ynglŷn â'r elfen Roeg a welai yn y Gymraeg, ac Edward Lhuyd yw ei gynsail yma:

> our author thinks the Grecians borrowed their words from the Celtae; but I think it more probable that the Trojan colony brought them here, as the Irish and its dialects are, as far as I can find, without them. The learned Mr. Edward Llwyd, the author of the *Archaeologia Britannica* seems to think that a colony of the Celtae were possessed of the island of Great Britain, before the coming of that other colony of the same stock, viz. Brutus and his Trojans; the names of hills, lakes, rivers, promontories etc. proving it. (278)

Llwydda i gymathu'r traddodiad am Brutus â syniadau Pezron, wrth ystyried y 'Titan princes which Pezron says were Celtae and to have lived in Phrygia' yn gyndeidiau i'r arwr o Gaer Droia. I brofi hynny, dyfynna'r achau yn *Llyfr Gwyn Hergest* a gysylltai Brutus â 'Noe hen', gan enwi Iau a Sadwrn, Cronos, Javan, Jaffeth, yn ôl at 'Addaf, vab Duw' (279).

Dilyn y traddodiad Gomeraidd a wna Lewis Morris yntau wrth drafod dechreuadau'r iaith. Yn ei lythyr at Edward Richard y mae'n gwrthod athrawiaeth Lhuyd mai Gwyddeleg oedd iaith yr ynys hon pan enwyd y mynyddoedd a'r afonydd:

> I conclude such names to be the language of the first planters indeed, but what kind of language that was and who those people were, or whether their language was very like ours, I dare not determine. We may guess it was the language of Gomer as he picked it up at that jumble at Babel, without rule or reason or order. (AL.ii.394–5)

Taliesin oedd awdurdod Evan Evans am gredu mai Gwyddyl (Galiaid neu Geltiaid) oedd trigolion cysefin ynys Prydain, er iddo ystyried bod 'Mr. Llwyd and others' wedi ychwanegu at y dystiolaeth am hyn (*Gwaith*, 307). Nid y Gwyddelod cyfoes oedd 'Gwyddyl' Taliesin, oherwydd cymysgwyd eu hiaith gan elfen arall, sef:

> a very considerable mixture of Cantabrian and Spanish, and [it] differs very materially from the ancient and genuine Celtic and British, which clearly appears from the writings of the old bards, and the ancient British Proverbs. (cf. PL. 90–1)

Yn ei ragymadrodd i'w gasgliad o ddiarhebion yr ysgrifennodd Ieuan y geiriau hyn. Ei fwriad oedd cyhoeddi cyfieithiad diarhebion John Davies i'r Lladin a ddarganfu yn llyfrgell Llanforda (302). Gweddillion 'doethineb yr hen Gymru [*sic*] gynt' oedd yr *adagia* hyn i Davies, ond gwelsom fod Boxhornius wedi'u cysylltu yn fuan â dysg y derwyddon, ac felly y gwnaeth Evan Evans o'r newydd ar ganol y ddeunawfed ganrif. Iddo ef yr oedd yn fwy na thebygol 'that many of these pithy sentences and proverbial sayings, these aphorisms of wisdom and axioms of prudence, were the productions of the venerable Druids' (303). Yr oedd Ieuan, fel ei gyfoeswyr, yn gyfarwydd iawn â'r traddodiadau am y derwyddon, gan gynnwys y gred eu bod yn defnyddio llythrennau Groeg. Yn ei ohebiaeth â'r Esgob Percy, y mae'n ymateb yn frwd yn erbyn yr awgrym mai'r un oedd chwedloniaeth y Gothiaid a'r Celtiaid:

> I think it very absurd that many of the Northern antiquaries mention Celtae and Druids which certainly had no manner of connexion or agreement with any of the Teutonic race till the decline of the Roman empire . . . We the genuine offspring of the Celtae are astonished to see some otherwise very learned men entitle their work Celtic.[26]

* * *

Gwelwyd eisoes fel y cysylltodd Henry Rowlands athrawiaeth gyfrin y derwyddon â *cabala* yr Iddewon, ac y mae Evan Evans yn un o'i lythyrau at Percy yn defnyddio bron yr union ymadrodd i awgrymu perthynas Taliesin â dysg ddirgel y derwyddon: 'he has a great deal of the cabbalistic doctrine of the Druids in his poems, particularly about the transmigration of souls'.[27] Gweld tebygrwydd rhwng y derwyddon a'r sect gyfrinachol honno y Seiri Rhyddion a wnaeth Goronwy Owen, gan ysgrifennu at William Morris yn 1754: 'Fe haeddai'r gelfyddyd glod pe na bai ddim rhinwedd arni, ond medru cadw cyfrinach.' Tarddodd ei ddiddordeb yn y 'ddirgel gelfyddyd hon' o'r gred 'mai cainc ydoedd o gelfyddyd fy hen hynafiaid y Derwyddon gynt, ac nid drwg y dyfelais' (*Letters*, 127).

Credai trigolion Ynys Môn, wrth reswm, fod ganddynt hawl arbennig ar y derwyddon. Dywed William Morris yn 1752: 'Sicr fod hâd rhinweddau a doniau'r Derwyddon ar cynfeirdd yn parhau byth yn ein plith' (ML.i.198). Eithr, cydnabu mai 'matter tywyll anial' oedd esbonio dywediadau Cesar amdanynt (ML.i.129, cf. 127). Ai gwir fel yr honnai Carte, eu bod yn anllythrennog, ynteu rhan o'r agwedd gyfrinachol ar eu dysgeidiaeth oedd y ffaith eu bod yn dysgu ar lafar? Yr oedd gan Lewis hefyd, fel Monwysyn teilwng, ddiddordeb yn y derwyddon, eu holion yn y tir (ML.ii.12, 114), eu hathroniaeth (AL.i.75), eu cerddoriaeth (ML.ii.212, AL.i.75), eu llythrennau (AL.ii.518), a'u traddodiad barddol.[28] Yn wir, fe'i huniaethai'i hun yn llwyr â'r cylch cyfrin hwnnw o hen Gymry. 'There is a Learned druid for thee!' ebychodd un tro; 'there is a man attachd to his own Country Language & stands up for ye Honour of his nation' (AL.i.12).

Ymhlith y llyfrau a adawodd Lewis Morris ar ei ôl yr oedd copi o lyfr William Cooke: *An Enquiry into the Patriarchal and Druidical Religion, Temples etc* . . . a gyhoeddwyd yn Llundain yn 1754.[29] Copi o'r ail argraffiad (1755) oedd gan Morris, ac fe'i darllenodd yn drwyadl, gan ychwanegu llawer o nodiadau ar bob agwedd ar weithgareddau'r derwyddon. Ysgrifennodd ar y tudalen rhwymo: 'Cook's Druids cum L.M.'s observationibus'. Digon drwgdybus yw sylwadau

Morris, yn arbennig ynghylch geirdarddiad Cooke. Un o amcanion yr awdur oedd profi tebygrwydd agos rhwng ieithoedd yr Hebreaid a'r Phoeniciaid, a'r Gymraeg. Meddai Lewis yn wawdlyd: 'these are miserable blunders that self-sufficient authors will fall in, by meddling with Languages they dont understand' (31). Ac unwaith eto, ar Gôr y Cewri: 'These [*sic*] kind of antiquary's are like young dogs that start all manner of game . . . But a Less Colour than this is enough for Mr. Cook to build even a Stonehenge upon' (41).

Yn ei ragymadrodd cyfeiria Cooke at Athanasius Kircher, awdur cabalistaidd o'r ail ganrif ar bymtheg, y cyhoeddwyd ei lyfr *Turris Babel* yn 1679. Enwir Kircher hefyd gan Henry Rowlands, a defnyddia'r awdur hwnnw'r gair *cabala* fwy nag unwaith, er mai yn yr ystyr gyffredinol o draddodiad neu gorff o wybodaeth gyfrin y gwna hynny, gan ei gysylltu â'r derwyddon.[30] Yr ystyr hon oedd i enw'r hen lawysgrif ym meddiant William Maurice, Cefn-y-braich, a aeth yn eiddo i dad Syr William Jones a Lewis Morris wedi hynny: *Mysteria Kabalae Bardicae*.[31] Gwnaeth Morris astudiaeth arbennig o lyfr Henry Rowlands, fel y gwnaeth o *Enquiry* Cooke, gan nodi llawer o sylwadau yn ei gopi, ar ymyl y ddalen ac ar bapurau glân rhwng y tudalennau.[32]

Eithr, o ddechrau'r drydedd ganrif ar ddeg ymlaen, cymhwysid yr enw *cabala* mewn modd arbennig at ddysgeidiaeth ieithyddol. Hanfod y ddisgyblaeth hon oedd dadelfennu geiriau'r ysgrythurau Iddewig, eu trawsnewid a'u hailosod mewn modd hollol fympwyol ac esoterig, a'u hamddifadai o'u hystyron arferol gan eu cynysgaeddu â rhin cyfriniol a swyngyfareddol. Cynrychiolwyd y traddodiad yn yr Almaen, er enghraifft, gan Athanasius Kircher a Johannes Reuchlin, awdur *De Arte Cabalistica* (Haguenau, 1517), ac ym Mhrydain gan Robert Fludd a John Dee. Yn yr ystyr gyfyng hon daeth y *cabala* yn elfen bwysig yn hanes astudiaethau ieithyddol yng Nghymru, fel haenen arwyddocaol yn y chwe chyfrol a gyhoeddodd yr awdur hynod hwnnw, Rowland Jones, rhwng 1764 a 1773.

NODIADAU

1. R. T. Jenkins a Helen Ramage, *A History of the Honourable Society of Cymmrodorion and of the Gwyneddigion and Cymreigyddion Societies (1751–1951)*, *Y Cymmrodor*, v (London, 1951), 277, 45. Ar bwysigrwydd Syr William Jones, gw. Pennod 11 yma.
2. Jenkins a Ramage, *History of the Cymmrodorion*, 241–4.
3. Yn y testun dynodir *The Letters of Lewis, Richard, William and John Morris, of Anglesey (Morrisiaid Môn) 1728–1765*, gol. J. H. Davies, 2 gyfrol

(Aberystwyth, 1907, 1909) gan ML; ac *Additional Letters of the Morrises of Anglesey*, gol. Hugh Owen, *Y Cymmrodor*, xlix, 2 gyfrol (London, 1949) gan AL.

4. John Wallis, *Grammatica Linguae Anglicanae* (Oxoniae, 1653), English Linguistics 1500–1800, No. 142 (Scolar Press, Menston, 1969), A2: 'Ad Lectorem Praefatio'.
5. *The Letters of Goronwy Owen (1723–1769)*, Newly transcribed and Edited by J. H. Davies (Cardiff, 1924). Cyfeiriadau yn y testun.
6. *Dysg a Dawn: Cyfrol Goffa Aneirin Lewis*, gol. W. Alun Mathias ac E. Wyn James (Caerdydd, 1992), 123–4.
7. Cyfeirir yn y testun at lythyrau Evan Evans yn *Gwaith Ieuan Brydydd Hir . . .*, gol. D. Silvan Evans (Caernarfon, 1876).
8. *The Correspondence of Thomas Percy and Evan Evans*, 'The Percy Letters', v (Baton Rouge, Louisiana, 1957); cyfeiriadau at PL yn y testun. Gw. hefyd A. Watkin Jones a G. J. Williams, 'Ieuan Fardd a'r Esgob Percy', *Y Llenor*, 8 (1929), 26–37.
9. Cyfeiriadau eraill at *Celtic Remains* yn *Gwaith Ieuan Brydydd Hir*: 198, 224, 234, 248.
10. *Celtic Remains*, gol. D. Silvan Evans (London, printed for the Cambrian Archaeological Association, 1878). Gw. hefyd D. Silvan Evans, 'The "Celtic Remains", an Unpublished Work by Lewis Morris', *Archaeologia Cambrensis* (1872), 36–47. Am hanes cyhoeddi *Celtic Remains*, gw. 'Llythyrau at Ddafydd Jones o Drefriw wedi'u copïo a'u golygu gan G. J. Williams', *Cylchgrawn Llyfrgell Genedlaethol Cymru*, Atodiad, Cyfres iii, Rhif 2 (1943), 30–2, n. 23.
11. Yn y Llyfrgell Brydeinig y mae llawysgrif y rhan gyntaf yn llaw Lewis Morris (BM. 1490, 1491). LlGC 1701B yw rhif adysgrif y Rhagymadrodd, a LlGC 1735D adysgrif y rhan gyntaf, a wnaeth Richard, nai Lewis Morris, yn 1778. Erys yr ail ran mewn llawysgrif: LlGC 1680A.
12. D. Silvan Evans, 'The "Celtic Remains" . . .', *Archaeologia Cambrensis* (1872), 37.
13. Cyfeirir yn y testun at argraffiad 1878 o *Celtic Remains*.
14. Gw. Pennod 3, n. 2 yma. Lewis Morris, 'Rhapsodia neu gynhulliad Anhrefnadwy', yn y Llyfrgell Brydeinig, Add. MSS. 14934. Gw. Rhisiart Hincks, *I Gadw Mamiaith mor Hen (Cyflwyniad i Ddechreuadau Ysgolheictod Llydaweg)* (Llandysul, 1995), 117, n. 11.
15. Ar Verstegan, gw. Pennod 2.
16. Am farn Lewis Morris ar Baxter, gw. eto *Celtic Remains*, dan 'Pen', ac AL.ii.396.
17. 'Llythyrau at Ddafydd Jones o Drefriw . . .', 3–4.
18. Ibid., 'Rhagymadrodd', ix.
19. Cf. AL.ii.512.
20. Cyfeiriadau yn y testun at *The Trial and Life of Eugene Aram: Several of his Letters and Poems; and his Plan and Specimens of an Anglo-Celtic Lexicon . . .* (Richmond, 1832). Y mae ffacsimili o'r llythyr at Wallace hefyd yn wynebddalen i'r llyfr.
21. Cyfeiria Aram yma at R. Sheringham, *De Anglorum Gentis Origine . . .* (1670).
22. *An Introduction to Languages, Literary and Philosophical; especially to the Latin, Greek and Hebrew: Exhibiting at one View their Grammar, Rationale, Analogy and Idiom. In Three Parts* (London, 1758), English Linguistics 1500–1800, No. 84 (Scolar Press, Menston, 1968). Cyfeiriadau yn y testun at 'Part III, Four Dissertations'.

23. John Pettingal, awdur *A Dissertation upon the Tascia, or Legend on the British Coins of Cunobelin and others* (London, 1763) ac *A Critical and Historical Discourse upon the Method of the Principal Authors who Wrote for and against Christianity from its Beginning* . . . (1739).
24. Cyfeiriadau at *A Short View*, a *Preface to the Welsh Proverbs* yn *Gwaith Ieuan Brydydd Hir*, 255–301 a 302–11; *Cambrian Quarterly Magazine*, 1 (1829), 378–82, 398–404; *Cambro-Briton*, 2 (1820–1), 55–9, 154–8.
25. *Dysg a Dawn*, 190–1. Llsgr. LlGC 2039D sy'n cynnwys y rhestr lyfrau.
26. Gw. hefyd A. Watkin Jones a G. J. Williams, 'Ieuan Fardd a'r Esgob Percy', 34–5; PL, 88, 89–90, 92; LlGC 1986B; *Gwaith*, 263; Saunders Lewis, *A School of Welsh Augustans* (London, 1924), Appendix iv, 159–81.
27. *Mona Antiqua Restaurata*, 270; PL, 36–7.
28. *Celtic Remains*, lxx–lxxi.
29. William Cooke, *An Enquiry into the Patriarchal and Druidical Religion, Temples* etc. (London, 1755). Yn ML.i.374, ceir cyfeiriad at wneud nodiadau ar 'Cooke's Druids'.
30. A. Kircher, *Oedipus Aegyptiacus* (Roma, 1652); *Mona Antiqua Restaurata*, 269–70, 54–5, 332.
31. 'Mysteria Kabalae Bardicae' yn LlGC, Llsgr. Cwrtmawr 14C. Gw. tt. iii a 42.
32. Y mae copi Lewis Morris o *Mona Antiqua Restaurata* ynghyd â nodiadau'r perchennog yn LlGC, Llsgr. Bodewryd 106. Ailgyhoeddwyd y llyfr yn Llundain yn 1766 gan Henry Owen ac yn yr 'Advertisement' (v–vi) cydnabyddir gwaith Lewis Morris, 'whose Work, entitled CELTIC REMAINS, whenever it is published, will exhibit a noble and curious specimen of his great abilities and knowledge of antiquity'. Gw. hefyd *Gwaith Ieuan Brydydd Hir*, 203.

8

'Rowly Jones's Flights'

'Dedication, learning, self-delusion, mischief and error': dyna'r geiriau eithafol a ddefnyddir gan un awdur i ddisgrifio'r cyfnod hwn yn hanes ysgolheictod Cymru.[1] Ni chyfrannodd neb yn fwy hael at y darlun na Rowland Jones, cyfreithiwr yn Llundain, ac un o gydnabod y Morrisiaid a'u cylch. Mab i fferm yn ardal Llanbedrog yn Llŷn oedd Jones.[2] Derbyniodd addysg yn y gyfraith fel aelod o'r Deml Fewnol a cheir aml gyfeiriad ato fel twrnai yn llythyrau'r Morrisiaid yn y 1750au.[3] Priododd etifeddes gyfoethog, priodas a'i galluogodd i adael y gyfraith tua 1762 am borfeydd llai gwelltog astudiaethau ieithyddol. Ffrwyth ei fyfyrdodau yn y maes hwn oedd y gyfres o lyfrau a gyhoeddodd yn y degawd rhwng 1764 a 1773.

Awgryma teitlau trymlwythog cyfrolau Rowland Jones beth oedd perwyl a thema pob un. Adlais o lyfr Pezron sydd yn y cyntaf: *The Origin of Language and Nations, Hieroglyfically, Etymologically, and Topographically defined and fixed, after the Method of an English, Celtic, Greek, and Latin–English Lexicon* (1764). Dilynwyd hwn yn y flwyddyn ganlynol gan atodiad, sef *A Postscript to the Origin of Language and Nations; containing A Further Illustration of Languages.* Adlewyrcha teitl y llyfr nesaf ddiddordeb y cyfnod mewn gwyddorau alffabetaidd a phictograffaidd, ac yn arbennig yn hieroglyffau'r Aifft: *Hieroglyfic: or, a Grammatical Introduction to an Universal Hieroglyfic Language; consisting of English Signs and Voices* (1768). Safbwynt athronyddol yr awdur a awgrymir yn y pedwerydd: *The Philosophy of Words, in Two Dialogues between the Author and Crito* (1769). Yn 1771, dangosodd eto ei ddiddordeb ym mhosibilrwydd iaith a fyddai'n gyffredin i bawb, yn *The Circles of Gomer, or an Essay towards an Investigation and Introduction of the English as an Universal Language*. Er mai Saesneg a gynigir ganddo fel yr iaith ddelfrydol honno, y mae presenoldeb enw Gomer yn y teitl yn awgrymu nad oedd y Gymraeg heb bwysigrwydd yng nghynlluniau ieithyddol Rowland

Jones. *The Io-Triads or the Tenth Muse* (1773) oedd y chweched a'r olaf o'i lyfrau, ac yn hwnnw ceir awgrym (rhyfygus braidd) ei fod yn gwybod bod chwe diwrnod y creu wedi dod i ben yn ei hanes ef, ac nad oedd ganddo ddim ar ôl i'w ddweud.

Fe ddichon hefyd mai ofn oedd arno, ofn tynnu nyth cacwn y beirniaid unwaith eto yn ei ben. Oherwydd eu condemnio a gafodd syniadau Rowland Jones erioed, a phrin bod gair da wedi'i ddweud amdano yn ystod y deucan mlynedd a aeth heibio oddi ar ei farw yn 1774. Dywedodd Stuart Piggott yn ei lyfr ar y derwyddon i Rowland Jones ddatblygu 'a cosy world of lunatic linguistics' (148), ac adleisir hyn gan Glenda Carr wrth iddi drafod ei ddylanwad anffodus ar William Owen Pughe. Cymro oedd Jones, meddai, 'mor wallgof yn ei ddamcaniaethau nes peri i William Owen Pughe ymddangos yn bur ddiniwed'.[4] Ynfydrwydd sydd yn nodweddu ei lyfrau yn ôl Griffith John Williams hefyd, ac y mae 'ynfydrwydd' a 'gwirioni' a'u tebyg yn eiriau a ddefnyddir yn gyson i ddisgrifio'i syniadau.[5] Dywed Glenda Carr fod y gyfres o lyfrau a ddaeth o'i ysgrifbin 'y naill yn wirionach na'r llall', ac yn wir y mae lle i ddyfalu bod meddwl dyrys Jones, erbyn iddo gyrraedd *The Io-Triads* yn 1773, wedi'i ddrysu'n llwyr.

Nid annhebyg oedd barn ei gyfoedion amdano. Os nad oedd yn hollol wallgof, o leiaf yr oedd ei syniadau mor gyforiog o benchwibandod fel na ellir eu cymryd o ddifrif. Geiriau a ddewiswyd i'w disgrifio gan y beirniad answyddogol hwnnw, Lewis Morris, oedd 'Rowly Jones's flights'. Sonia yn yr un llythyr (at Edward Richard) am 'whims and fancies' Rowland Jones a'i ddyfarnu'n llai nag ysgolhaig. Dywed Morris fod ei syniadau hyd yn oed yn fwy penchwiban na 'the mad frolics of the learned Baxter in his Glossary', gan orffen: 'But alas! poor Ro. Jones the Attorney can produce nothing but an empty froth!' (AL.ii.616). Adleisir hyn mewn ymadroddion tebyg amdano mewn llythyr arall: 'entirely visionary', ac 'a strong dash of an infirm head' (AL.ii.648). Wedi gweld y rhestr gymharol o eiriau yn llyfr cyntaf Rowland Jones, holai'r Esgob Percy beth oedd barn Evan Evans ar waith ei gydwladwr:

> Pray, have you seen your countryman, Mr. Jones's *Dictionary of the Celtic Language* (I think that is the Title, for I quote from memory) wherein he derives all languages from the ancient British: Do you think his Etymologies solid? What is your opinion of his Scheme? and of his book?

Atebodd Ieuan mewn geiriau diamwys a digymrodedd: 'I have seen Jones' etymological dictionary, a shame to common sense! O fie! O fie!'[6]

Adwaith cyffelyb oedd yr un a leisiwyd mewn llythyr at Hugh ap Hugh (y Bardd Coch) gan John Thomas o Fangor ym mis Tachwedd 1764.[7] Ymddengys ar y cychwyn mai canmol llyfr cyntaf Rowland Jones y mae ond, erbyn y diwedd, gwelir mai cellwair mae awdur y llythyr:

> Ond y mae gennym ni o Arfon Wr a elwid Rowland Jones o Fachellyn, Esqr., Gwr o Gyfraith o Lincoln's Inn a roddes allan Lyfr y dydd arall ynghylch Hynafiaeth ein Iaith a'n Hanes, ac y sydd goruwch pob ysgrifen Celteg na Phezron na Llwyd, ie na Rowlands ychwaith: y mae nid yn unig y Groeg a'r Lladin ond yr Hebraeg hefyd yn tarddu o Famiaith y Gomeriaid o hil y Dryw Japheth (fal y geilw efe ef) oni welwch hwn ni wyddoch ddim, nid ydym ond ymbalfalu mewn anwybodaeth, hyd oni ddaeth hwn allan i beri i bobl chwerthin. Wele hai! 'Lle y caffo y Cymro y cais.'

Cyhoeddwyd y llythyr hwn yn *Y Traethodydd* yn 1906 gan Myrddin Fardd, ac yn yr un cylchgrawn yn 1908, cafwyd nodiadau bywgraffyddol ar yr awdur gan Glaslyn, o dan y pennawd 'Enwogion Eifionydd: Rowland Jones'. Yma, ceir cipolwg caredicach ar Jones, o leiaf o ran ei gymeriad. Barnai'r awdur fod ei onestrwydd fel cyfreithiwr yn 'unplyg a chadarn', a'i fod yn 'elyn peryglus i bob anghyfiawnder a gorthrwm'. Cydnebydd hefyd ei 'anibyniaeth [*sic*] meddwl' a'i 'fedrusrwydd yn y gyfraith'.[8]

Noda Glaslyn ddau yn unig o weithiau Jones. Nid yw'n cynnig dadansoddiad ohonynt eithr, wrth drafod ei gyfraniad i astudiaethau ieithyddol yn gyffredinol, awgryma ei fod wedi gwastraffu'i hamdden a'i adnoddau wrth geisio profi mai'r Saesneg sydd â'r hawl pennaf i'w hystyried yn 'iaith gyffredinol'. Dyma eiriau Glaslyn am Rowland Jones yn 1908:

> Dywed Gwilym Lleyn mai ei amcan ef oedd ceisio profi fod y Celtaeg yn gorwedd o dan ieithoedd Ewrob. Ond os oedd efe yn amcan gwneud yr iaith Saesonaeg yn 'Universal Language', yr oedd yn camgymeryd, oblegyd trwy ymchwiliad diweddarach am iaith gyffredinol fe drawyd y Saesonaeg heibio fel iaith amhosibl i'r amcan hwnnw; a phe buasai Rowland Jones yn aberthu ei dalentau a chyfran o'i gyfoeth, er dyrchafu yr iaith Gymraeg, a chyfoethogi ei llenyddiaeth, fe fuasai wedi gwneud gwasanaeth pwysig i'w genedl ei hun; ond yr ydym yn ffaelu cael allan iddo wneud dim yn y cyfeiriad hwn. (28)

'Dyrchafu'r iaith Gymraeg' oedd cymhelliad llawer o awduron a gynhyrchodd eiriaduron a thraethodau ar faterion ieithyddol ym mlynyddoedd canol y ddeunawfed ganrif. Aderyn brith oedd Rowland Jones yn eu plith, ond er bod digon o dystiolaeth arwynebol ei fod yn diystyru ei briod iaith fel y cwynai Glaslyn, hybu achos y Gymraeg oedd ei amcan yntau hefyd, mewn gwirionedd. Yr oedd beirniaid eraill, Cymraeg eu hiaith, yn medru canfod y tu ôl i honiadau Jones ar ran hynafiaeth yr iaith Saesneg ei fod (trwy uniaethu'r ddwy iaith) yn pledio achos y Gymraeg, ac felly'n ei gwneud yn bosibl olrhain gwreiddeiriau'r naill yn ôl at y llall.

Daw hyn i'r amlwg mewn erthygl gan 'Hirllyn' ar 'Geiriadur Rowland Jones o'r Weirglodd Fawr' yn *Y Brython* yn 1858.[9] Disgrifia'r 'geiriadur' cymharol hwn (yn llyfr cyntaf Jones) fel un 'rhyfedd iawn', ond un 'a mwy na mwy o ddysg ynddo, ond ei fod, fel dysg Dic Aberdaron, yn ddysg afler a phenchwiban i'r eithaf'. Gall darllenydd ar ddiwedd yr ugeinfed ganrif gytuno yn rhwydd â dedfryd Hirllyn: anodd yw cofio bod yr awdur a drafodir ganddo wedi derbyn hyfforddiant a disgyblaeth yn y gyfraith, mor ddigyswllt a di-drefn yr ymddengys prosesau ei feddwl. Method y 'geiriadur', fel y dywed Hirllyn yn ei erthygl, oedd rhestru geiriau Saesneg, a rhai Groeg, Lladin a 'Chelteg' (h.y. Cymraeg) 'yn gydmariaethol â hwynt, i ddangos mai o'r un ffynonell y deilliodd y cwbl'. Diben yr awdur, yn ôl Hirllyn, oedd profi mai'r iaith Gelteg 'yw mam holl ieithoedd y byd i gyd'. Gwêl ragymadrodd Rowland Jones i'r rhestrau hyn 'yn fath o Draethawd Ieithyddol a Grammadegol ar iaith yn gyffredinol, ac yn neillduol ar iaith y Celtiaid'.

Cydiodd Hirllyn hefyd mewn agwedd nodedig o gynllun Rowland Jones, a welir yn ei weithiau i gyd, sef y ddelfryd o adfer yr iaith gyntefig gyntaf yn iaith gyffredinol a fyddai'n uno pobl o bob lliw a llun yn y dyfodol. I'r pwrpas hwn y mae'n gosod allan yr 'hanes am ddechreuad a gwraidd ieithoedd, ynghyd â chynllun i adferu iaith gyntefig dynolryw, ac i droi cymmysgedd Babel yn drefn ac yn daclusrwydd digymmysg'. Yr iaith hynafol honno oedd y 'Geltiaith neu'r Gymraeg': hi oedd iaith 'hiliogaeth Gomer ap Japheth', yr unig un nas dryswyd yn llwyr ym Mabel, a chymysgedd ohoni hi yw 'pob iaith arall dan haul y ffurfafen'.

Yn Llundain y cyhoeddwyd llyfrau Rowland Jones, ac ni fu beirniaid llenyddol y brifddinas honno yn araf i ymaflyd yn ei gynhyrchion er tynnu llinyn mesur drostynt. Diddorol yw cymharu sylwadau'r *Critical Review* a'r *Monthly Review* ar ei lyfr olaf, *The Io-Triads*, pan ymddangosodd yn 1773. Erbyn hyn, yr oedd Jones wedi treiddio'n ddwfn i syniadau hermetig ac ocwltaidd am berthynas iaith â'r bydysawd, a dywed beirniad y *Critical Review*:

> The author of this essay is fully convinced that he has discovered the first language by fixing ideas to symbols or the Platonic numbers, which have a natural connection with articulate sounds and things. And thence, as symbols and natural knowledge both derive their origin from revelation, he investigates the first principles of knowledge.[10]

Rhydd y beirniad hwn grynodeb cynhwysfawr o amcanion a chyraeddiadau'r awdur yn ei lyfr. Fel yr adolygwyr eraill, yn Gymry a Saeson, y mae'n llawer mwy clir a chryno na Rowland Jones ei hun wrth ddatblygu'i syniadau. Nid yw ychwaith yn ymgroesi rhag yr athrawiaeth hynod sydd yn y llyfr, ond yn hytrach yn annog ei ddarllenydd i'w darllen, gan nodi mai ffynhonnell neo-Blatonaidd sydd iddi, a'i bod yn wrthwynebus i honiadau Locke am natur iaith. Hollol wrthgyferbyniol yw'r feirniadaeth ar yr un gwaith, *The Io-Triads*, yn y *Monthly Review* ym mis Mai 1774.[11] Ysgrifennwyd yr erthygl hon mewn cywair o ddirmyg ac anghrediniaeth lwyr:

> The present essay has been indeed a hard crust for us Critics, and of so refractory a texture, that, so far from digesting it, our whole toothless corps have been ineffectually mumbling over it for near a year past, without having been able to make the least sensible impression on it.

Eironi sy'n nodweddu'r feirniadaeth hon benbwygilydd. Defnyddia'r awdur ymadroddion tebyg i 'these Sybilline leaves' a 'this sublime conundrum' i ddisgrifio ymdrechion Jones, gan ysmalio anwybodaeth o sut orau i ddarllen y tudalennau. Ai o'r dde i'r chwith, yn null y Hebreaid, ynteu mewn ffordd igam-ogam, neu fel y bydd yr aradr yn troi wrth gyrraedd pen y dalar, yn gyntaf o'r chwith i'r dde, ac yna o'r dde i'r chwith? Neu hwyrach mai yn null y Tsieineaid y dylid eu darllen, o ben y tudalen i'r gwaelod.

Dwyn sarhad ar ddulliau Rowland Jones o ymresymu yw pwrpas y beirniad hwn, ond wrth lwyddo i wneud hynny y mae hefyd yn tynnu sylw at brif amcanion yr awdur, sef datguddio yr hyn a elwir yma 'the arcana of the first language', a dangos sut yr oedd Saesneg ('our mother tongue') yn perthyn yn agos i'r iaith gyntefig honno, trwy gyfrwng rhyw lafar arall, 'the Japhetan language'. Gwnaeth hyn trwy ddadansoddi'r iaith Saesneg i'w helfennau symlaf, sillafoedd dwy lythyren, a chysylltu'r rheini â'r gwrthrychau elfennol yn y byd. Y mae'r adolygydd yn tynnu sylw at agwedd arall ar ddamcaniaethau rhyfedd Jones, sef yr hyn a elwir ganddo yn 'fap' neu ddarlun o Adda yn sefyll yng ngardd Eden, a fwriadai i fod yn ddarlun o'r modd y mae arwyddion yr wyddor ysgrifenedig yn adlewyrchu'n llythrennol bethau yn y byd (damcaniaeth y sylwyd arni eisoes wrth drafod William Baxter ym Mhennod 4).[12]

Ni fedr yr adolygwyr hyn weld dim byd tebyg i Adda yn y llun. 'We see indeed a *circle . . .*', meddent, 'with certain strange symbols, and letters turned topsy turvy annexed.' Nid yw darllenydd arwynebol ar ddiwedd yr ugeinfed ganrif yn gallu canfod mwy o synnwyr yn niagramau'r *Io-Triads* nag oedd cyfoedion Rowland Jones ond, o graffu'n agosach, y mae'n bosibl i ni ddirnad y fath o athrawiaethau dirgel a oedd ganddo yn ei feddwl wrth gyfansoddi'i waith olaf hynod hwn, a'i weithiau eraill fel ei gilydd.

Yn ogystal ag adolygwyr cylchgronau Llundain, yr oedd gan Jones ei wrthwynebwyr ymhlith ei gyd-awduron ar faterion iaith. Y pwysicaf o'r rhain oedd L. D. Nelme a John Cleland, a enillodd enwogrwydd mwy iddo'i hun fel awdur y nofel erotig *Fanny Hill.* Yn 1761, cyhoeddodd Cleland lyfr o'r enw *The Way to Things by Words, and To Words by Things; being a Sketch of an Attempt at the Retrieval of the Antient Celtic, or, Primitive Language of Europe. To which is added, A succinct Account of the Sanscort* [sic], *or Learned Language of the Brahmins, Also Two Essays, The One on the Origin of the Musical Waits at Christmas. The Other on the Real Secret of the Free Masons.* Yn yr ail draethawd ceir ymdrech i gysylltu'r Seiri Rhyddion â sect y derwyddon. Dengys y teitl cwmpasog debyced oedd diddordebau Cleland a Rowland Jones. Credai'r ddau fod rhyw gyfatebiaeth rhwng geiriau a'r hyn a arwyddocânt, ac y mae'n amlwg fod Cleland ar yr un trywydd â Jones yn ei ymdrech i ddod o hyd i iaith gysefin Ewrop, sef yr hen Gelteg. Diddorol yw sylwi hefyd yn yr un cyd-destun ar ymwybyddiaeth yr awdur hwn o Sansgrit ('Sanscort'), iaith gysegredig India, ac adlewyrcha'r ddau draethawd terfynol ddiddordebau hynafiaethol ac ocwltaidd Cleland. Gwelwyd eisoes fod John Davies, Mallwyd, wedi nodi 'yr iaith Indiaidd' fel un o famieithoedd y ddynoliaeth, heb fanylu ar ba iaith oedd honno. Yn ystod yr ail ganrif ar bymtheg a'r ddeunawfed, tyfodd yr ymwybyddiaeth o'r Sansgrit ymhlith ysgolheigion Ewrop o dipyn i beth, eithr bu rhaid iddynt aros tan ddegawdau olaf y ddeunawfed ganrif cyn dechrau sylweddoli beth oedd gwir arwyddocâd yr iaith gyfrin honno i gydberthynas yr ieithoedd Ewropeaidd â'i gilydd.[13]

Yn 1772, ymddangosodd llyfr Nelme, o dan y teitl *An Essay towards an Investigation of the Origin and Elements of Language and Letters, that is, Sounds and Symbols: Wherein is Considered their Analogy and Power to Express the Radical Ideas on which the Primitive Language Appears to have been Formed.* Yn yr achos hwn eto, y mae'r enw ei hun yn awgrymu'r tebygrwydd rhwng safbwyntiau'r awdur a Rowland Jones. Y gwahaniaeth mawr rhyngddynt oedd mai'r Sacsoneg, sef hen iaith y Saeson cyn dyfod y Normaniaid, a welai Nelme yn cyfateb agosaf i'r iaith gyntefig a oedd wrth wraidd pob ymadrodd. Yn achos Jones, yr iaith Saesneg cyfoes, ac yn anad dim y gwreiddeiriau Cymraeg a gynhwysai hi yn ei dyb ef, a gynrychiolai'r hyn y chwiliai amdano.

Ar ddiwedd *The Io-Triads*, ysgrifennodd Rowland Jones bennod i'w amddiffyn ei hun rhag ei feirniaid, y *Critical* a'r *Monthly Review*, ynghyd â Nelme ac awduron eraill (43–9). Enw'r bennod yw 'A Confutation of the Nelmean, and other Schemes for suppressing the Io-Triads, and the Author's former publications, with Remarks on other Writers'. Yn llyfr Nelme (a gyhoeddwyd flwyddyn ynghynt) gwelodd Rowland Jones ymdrech i wyrdroi ei gynllun ei hun i ddangos sut yr oedd Saesneg ei ddydd yn cynnwys iaith gyntaf dynolryw. Y mae'n werth sylwi mai'r hyn a oedd ym meddwl Jones o hyd oedd nid yr iaith Saesneg cyfoes fel y cyfryw, eithr yn hytrach y cynsail Brytanaidd a welai yn ei chynnal. Ei bwrpas oedd nid yn unig i ddangos hawliau'r Saesneg i fod yr iaith fwyaf hynafol a chyffredinol, ond hefyd i fawrygu hynafiaeth pethau Prydain: 'blazoning the British antiquities', fel y dywed (44).

Cyhuddwyd Nelme gan Rowland Jones o geisio hawlio'i 'ddarganfyddiadau' ef iddo'i hun. Yr oedd yr awdur hwnnw, meddai, wedi meddwl cyhoeddi geiriadur, ond fe'i hataliwyd pan gyhoeddwyd gweithiau Jones 'on the superior pretensions of the present English, as the best dialect now existing of the Celtic, Phrygian or Japhetan language'. Cafodd Nelme gefnogaeth gan y *Monthly Review*, a chan awdur 'a late Essay on the Way by Words to Things' (Cleland). Honnai Rowland Jones i Nelme dwyllo adolygwyr y *Critical Review* yn ogystal, i gredu bod neb o'i flaen ef wedi ymgymryd â 'the decomposition of languages and words, to their first principles'. Wrth gwrs, hawliai Jones yr anrhydedd hwnnw iddo'i hun. Y gwahaniaeth rhyngddynt, yn ei dyb ef, oedd bod Nelme wedi canfod cynseiliau iaith mewn un dafodiaith gyfyngedig, 'the Saxon or Belgic dialect', heb sylwi ar yr elfennau eraill a ddaeth yn rhan o'r Saesneg ar hyd y canrifoedd (44).

Daw'r Ffrancwr Antoine Court de Gébelin hefyd o dan ei lach am fentro awgrymu mai'r Ffrangeg yw'r iaith gyntefig, gyffredinol honno sy'n gynsail i bob iaith arall. Yn 1772, cyhoeddodd Court de Gébelin ei *Histoire naturelle de la parole, ou origine du langage, de l'écriture et de la grammaire universelle à l'usage des jeunes gens.* Rhwng 1773 a 1782, ymddangosodd naw cyfrol ei waith mawr *Le Monde primitif analysé et comparé avec le monde moderne*, pob un ohonynt yn ymdrin â materion ieithegol.[14] Yn y cyfrolau hyn, y mae llawer arwydd o debygrwydd rhwng diddordebau a thueddfryd ieithyddol Court de Gébelin a Rowland Jones, yn enwedig eu tueddiadau at y cyfrin a'r ocwltaidd. Megis yn ei ymosodiad ar Nelme, achwyniad arbennig Jones yma yw nad oedd y Ffrancwr wedi dadansoddi geiriau yn ôl eu hegwyddorion cyntefig ('the decomposition of words according to their first principles', 47) yn y dull y gwnaeth ef ei hun, ac felly: 'Monsieur Gebelin with all his pompous list of combatants for the French, must at last suffer a defeat.'

Yn yr un modd, ymwrthododd Jones â hawliau'r ieithoedd Celtaidd unigol: 'The Erse, Welsh and Irish languages, have likewise their champions against the general mother tongue; from the like prejudice and partiality to the original dialects of their respective countries' (47). Yr oedd gan Glaslyn, felly, reswm i gwyno bod Rowland Jones yn diystyru iaith ei famau, wrth ystyried Saesneg ei ddydd fel yr agosaf i'r iaith gyffredinol gyntaf. Serch hynny, daeth Gwilym Lleyn a Hirllyn hefyd yn agos at y gwir gan iddynt ddeall mai'r elfen Geltaidd a welai Rowland Jones yn gorwedd y tu ôl i'r Saesneg a gynrychiolai'r cynsail hwnnw mewn gwirionedd. Ategir hyn gan lawer o fanylion yn ystod chwe chyfrol ei waith, ac yn neilltuol gan y cart achau neu dabl ieithoedd ar ddiwedd *The Io-Triads*, sef 'A Table of the western, primitive, or older Japhetan languages and dialects; which with their propagators, were to be enlarged so as to become universal'. Dengys Rowland Jones yr iaith Saesneg, ynghyd â Ffrangeg, Eidaleg, Sbaeneg, Portiwgaleg ac iaith yr Iseldiroedd yn tarddu o 'the Pelasgian or Tuscan, Erse or British, Welsh, Irish . . . Latin etc.', a'r rheini'n disgyn o'r 'Gomeric, Cymbric, Phrygian or Celtic', cyn cyrraedd yn ôl at y dechreuadau ieithyddol cynharaf oll yn 'the Antediluvian or primitive language' (49).

Cyfansoddodd Jones y tabl hwn ar derfyn ei yrfa, cyn i ddiffyg anogaeth a gwrthwynebiad ei feirniaid ei yrru i'r cysgodion. O edrych yn ôl at ragymadrodd ei lyfr cyntaf sy'n dwyn y teitl Pezronaidd, *The Origin of Language and Nations*, y mae'n amlwg mai'r elfen Geltaidd oedd ym mlaen ei feddwl o'r cychwyn. Diffinia'i bwrpas fel ymdrech 'towards restoring and fixing the antient language, origin, and antiquities of the Celtic nations'. Ei obaith yw y bydd ei lyfr yn pentyrru anrhydedd, gogoniant ac urddas ar y 'Cumbri-Galli-Celtes', heblaw bod yn gynhorthwy i'r meddwl dynol, ac yn sbardun i ddysg yn gyffredinol. Rhan o'i gynllun hefyd oedd rhyw weledigaeth ban-Geltaidd, yn ailuniad y bobloedd hynny,

> such of them at least, as have sprung from the same root . . . like the Cumbri-Galli-Celtes who appear to be the fathers, or founders of the first nations of Asia Minor, Greece, Italy, ancient Gaul, Germany, Britain, Ireland, and most other countries of Europe.

Gwreiddiau Cymraeg sydd yn ei feddwl wrth gynnig esboniadau ar yr enwau yn yr 'Historical Lexicon' yn y llyfr hwn. Er enghraifft: 'Metellus, a Roman name, is from ma-teulu, the great family'; 'Teucer is from tu-uxa-ur, a man of the upper house'. Tardda 'Pyrhenian mountains' (y Pyreneau) o 'pyr hên, very ancient', a 'Cassandra' o 'casa-indre, the most odious in the town'! Gellir dyfynnu degau o enghreifftiau chwerthinllyd tebyg, sydd yn amlwg yn dwyn anfri ar ddulliau cyntefig Rowland Jones o darddu geiriau, ond a ddengys ar yr un pryd iddo gredu nad Saesneg, ond yn hytrach ei briod iaith ei hun a oedd wrth wraidd ieithoedd eraill. Daw hyn yn eglurach fyth yn yr atodiad, neu *Postscript* i *The Origin of Language and Nations*, a gyhoeddwyd yn 1765 (eithr heb ddyddiad) i amddiffyn ei syniadau ymhellach. 'Some of our left-handed critics', meddai am y rhai a feirniadodd ei waith cyntaf,

> with their usual duplicity of meaning, and an aukward senseless sneer, condemned it in the lump, without either examining it, or assigning a single reason or argument for their opinion; which is one reason of this second publication. (3)

Cleland oedd un o'r beirniaid hyn, a dywed Rowland Jones amdano: 'the virtuous author of the Memoirs of the Woman of Pleasure may be supposed . . . to be a very Nimrod amongst those left-handed gentry' (4). Prif anghymhwyster y beirniad hwn a'i gymheiriaid i feirniadu'i waith, ym marn Jones, oedd eu hanwybodaeth o 'the Celtic tongue', ynghyd â'r ffaith eu bod yn anghyfarwydd â'i fethod dadansoddol ef.

Er bod Rowland Jones yn ystyried mai'r iaith Saesneg oedd yn dangos y posibiliadau mwyaf arwyddocaol er mwyn adfer yr ymadrodd gwreiddiol ar gyfer y dyfydol, yn rhinwedd ei tharddiadau Celtaidd (fel yr honnai ef) yn unig y gallai wneud hynny. 'The English will perhaps appear', meddai ar ddiwedd ei draethawd,

> to be the most considerable Celtic dialect, and by far preferable to those, which have of late been puffed up, as originals, by those, who, without a competent knowledge of the Celtic, pretend to instruct us in the origin of language. (31)

Ac wrth orffen, dengys ei wir deyrngarwch ieithyddol a natur ei linyn mesur wrth gynnig ei ddadansoddiad o darddiadau iaith. Cynnwys y Saesneg, meddai ar dudalen olaf y *Postscript*, holl wreiddeiriau'r iaith gyffredinol gyntaf. Ynddi y maent yn fwy eglur nag mewn unrhyw iaith arall,

> except the Welsh, which was the author's chief guide in this discovery, namely, such as is vulgarly spoken by the clowns of Carnarvonshire, and not any dialect of gentlemen or the clergy, or any ancient writings . . . nor were the various dialects of the gaffers, gammars, and clowns of Cumberland, Northumberland, Yorkshire . . . and other parts of England, who still retain a considerable part of the old vocables in their primitive state, of little service to him in his pursuit. (32)

I Rowland Jones, felly, ieithoedd llafar, ac yn arbennig dafodiaith gyfarwydd Gwynedd, oedd yn dal yr allwedd i ailddarganfod purdeb yr iaith gysefin fyd-eang. Ceir digon o dystiolaeth bod tafodleferydd ardal ei febyd, y Gymraeg fel y'i siaredid gan 'the clowns of Carnarvonshire', wedi para yn agos iawn at galon yr awdur hwn ar hyd ei oes. Iddo ef, y ffordd orau i ymafael yn yr iaith Geltaidd oedd trwy ymgom a sgwrs, neu ddarllen llyfrau megis 'the bible, whole duty of man or some other Welsh books . . .' Esbonia hefyd fod y geiriau Celtaidd yn y 'lexicon' i gyd i'w clywed o hyd yn iaith lafar Cymru, ffaith y gellir ei gwireddu wrth arholi 'a native of Carnarvonshire or Merionethshire, ignorant of every other language'.[15] Yn ddiau, ffurfiau'i dafodiaith gysefin, yn hytrach na Chymraeg caboledig, ysgrifenedig, a ddaeth i feddwl ac ysgrifbin Jones wrth iddo ffurfio'r rhestrau geiriau sydd yn nodweddu'i lyfrau: dynas, bargan, ffaian, deuse (deisyf), hegar, ebolas, weithia, ia (ie), gleini (goleuni), digwl, capal, cyfall, withen, hogalen, ac yn y blaen.

Rhan o fwriad cyffredinol Rowland Jones oedd adfer yr iaith gyntefig honno fel cynsail i ymadrodd gyffredin a fyddai'n uno pobloedd y byd. Cynnwys teitl mawreddog y *Postscript* gymal sydd yn pwysleisio agwedd ymarferol ei brosiect: 'Containing . . . A Plan for the Restoration of the Primitive One [Language], and a Demonstration of its Utility and Importance, as an Universal Language and a General Key to Knowledge.' Anodd yw meddwl am Rowland Jones fel un yn rhagfynegi damcaniaethau'r dyfodol, ond yma a thraw yn ei draethodau trewir nodyn proffwydol, megis yma, yn ei syniad mai'r Saesneg a dyfai'n iaith gyffredin a fyddai'n hyrwyddo undod pobloedd y ddaear. Fe'i disgrifia'i hun fel 'a little under-labourer in the literary commonwealth, struggling for truth, unanimity, and the public welfare' (3). Gwelodd werth arbennig iaith gyffredinol i gyd-ddealltwriaeth rhwng y cenhedloedd: 'the diversity of languages being also no small impediment to the advancement of learning, commerce, and that happy union and intercourse, which might subsist betwixt mankind . . .' (6). Deallodd y byddai *lingua franca* debyg yn gyfrwng i hyrwyddo'r fath gyd-ddealltwriaeth rhwng pobloedd a'i gilydd. I'r pwrpas hwnnw y credai y dylai'r cenhedloedd Celtaidd dyfu'n nes y naill at y llall wrth anwybyddu'r gwahaniaethau yn eu hymadrodd (16). Y mae hyd yn oed yn awgrymu y gallai fod yn fuddiol cymysgu'r cenhedloedd du a'r rhai gwyn eu croen, er mwyn dyrchafu'r duon yn unol ag ewyllys rhaglun-iaethol Duw (8–9).

Nid yw'r syniadau eirenaidd hyn yn absennol o weithiau diwedd-arach Jones ychwaith. Sonia teitl *The Circles of Gomer* am 'a re-union of Nations and Opinions', ac yn y 'Remarks' ar ddiwedd y gwaith hwnnw cyfeiria at 'our Saviour's advice' am aduno pobloedd ac ieith-oedd. Petai'r hil ddynol yn dychwelyd at un iaith gyffredinol, meddai Jones, byddai dynion yn unfryd yn eu syniadau hefyd, 'and . . . Britons of all denominations would reunite under the most general name of English, or the island men' (43). Yn *The Io-Triads*, cyfeiria at broffwydoliaeth Seffania er mwyn cefnogi'i ddamcaniaeth mai tafod-iaith Geltaidd yw'r Saesneg, disgynnydd yr iaith hynafol, Jaffetaidd honno a ddihangodd rhag y drychineb ym Mabel, ac a fyddai eto yn uno pobloedd y byd mewn gwasanaeth i Dduw:

> It is no less than that most genuine remains of the Japhetan language, which escaped the Babylonian confusion, and that pure language which the Jewish doctors expected, and has been promised us in Zephan. iii. 9, whereby we may all serve God with one consent. (30)

Er gwaethaf y cyfeiriadau Beiblaidd hyn, nid yw Rowland Jones o angenrheidrwydd yn derbyn yr esboniadau traddodiadol ysgrythurol ar darddiad a datblygiad iaith. Wrth gychwyn ar ei yrfa fel ieithegydd â'r *Origin of Language and Nations*, ei orchwyl cyntaf oedd ystyried gwahanol ddamcaniaethau am ddechreuadau ymadrodd dynol (A2v). Ai seiniau aflafar fel sydd yn nodweddu iaith yr Hotentotiaid a fodolai yn nechreuad y byd? Neu a ydyw syniadau 'Mr Lock' ac eraill yn nes at y gwirionedd, sef mai seiniau o ddewisiad digymell (*arbitrary*) dynion, heb unrhyw orfodaeth neu gyfatebiaeth â natur, yw elfennau iaith? Yn ôl yr awdur hwn, tybiai'r Rhufeiniaid gynt mai effaith hap a damwain, cyfleustra neu anghenraid oedd dechreuad a datblygiad iaith.

A chredai llawer o'r Groegiaid 'with the divine Plato' mai ysbrydoliaeth ddwyfol oedd wrth wraidd iaith. Y farn gyffredinol yng ngwledydd cred yn ei amser ef, medd Jones, oedd mai dawn uniongyrchol a roddwyd i Adda gan ei Greawdwr oedd ymadrodd. Eto, esbonia hyn i olygu

> that the gift was nothing more than making Adam sensible of the power with which he had been indued to form articulate sounds, by which he might express his conceptions, but that God left the arbitrary imposition of those sounds to mankind; who have attained the use of speech by a gradual invention of arbitrary sounds. (A2v)

Ymgeidw Jones rhag coleddu un o'r damcaniaethau hyn nes iddo yn gyntaf ddiffinio ffurf ac adeiladwaith iaith drosto'i hun. Ei fan cychwyn yn y dasg hon yw ystyried, nid seiniau llafar, ond 'the nature and significancy of the Celtic characters and letters' (h.y. rhai Cymraeg).

I Rowland Jones, yr oedd perthynas hanfodol rhwng ffurf llythrennau'r wyddor a'u sain, a chysylltiad yr un mor hanfodol rhwng geiriau a'r hyn y maent yn ei arwyddocáu. Dan y pennawd *character* yn yr 'Etymological and Critical Lexicon' sy'n ffurfio rhan o *The Origin of Language and Nations*, dywed: 'it may be proper here to remark, that by a character is meant a real representation of nature, and by a letter a call or sound upon nature'. Credai fod y berthynas rhwng arwydd a sain yn hollol reolaidd yn yr ieithoedd Celtaidd, ac mai ffurf yr arwydd a benderfynai'r sain: 'in the Celtic the figure of the character invariably determines the sound of the letter' (A4). Erbyn cyrraedd y rhan honno o'i ragymadrodd sy'n trafod dechreuadau ymadrodd fel y cyfryw ('Of the Origin of Speech'), ystyria'i fod wedi dangos mai sylfaen rhesymegol, deallusol, rheolaidd sydd i ymadrodd dynion (Bv). Dyna'i reswm dros ymwrthod â'r farn mai seiniau a ddewiswyd yn ddigymell sydd wrth wraidd ein lleferydd: 'I think that language ought not to be considered as mere arbitrary sounds, or any thing less than a part, at least, of that living soul, which God is said to have breathed into man.'

Dyna, yn fras, oedd safbwynt Rowland Jones ar hyd ei yrfa ieithyddol. Eto, yr oedd yn gallu gweld bod lle yn natblygiad iaith i brofiad dynol, erbyn hyn yn annibynnol ar Dduw. Dengys hyn yn ei sylwadau ar y llythyren *ff*:

> one of the letters that springs from the radical consonants, as if God Almighty had indued Adam with the knowledge of the radicals, with a power of inflecting them, so as to increase his language, as his understanding should from experience be inlarged. (A6v)

Y mae'r diffiniadau yn yr 'Etymological and Critical Lexicon' yn dangos hefyd fod Rowland Jones yn ymwybodol o darddiad onomatopëig rhai geiriau. Ceir enghreifftiau yn: 'cough; pesyx . . . tussis . . . from the sound of coughing'; 'snoring; rhwngc, snort, xwyrnu . . . These come from the sound, without any further signification.' Efallai mai'r enghraifft fwyaf gwreiddiol yn y dosbarth hwn yw ei esboniad onomatopëig (yn yr 'Historical Lexicon') ar enw Babel ei hun. Fe'i galwyd felly, meddai, o 'ba-bi-el, beings calling like bas, or sheep'. Ac o dan yr un pennawd gwelir yr awdur yn datblygu ei resymeg unigryw ei hun. Yn ôl ei ddadl, yr iaith Geltaidd a rydd yr esboniad gorau ar darddiad geiriau. Rhaid felly ei bod wedi bodoli 'before the confusion of languages; and if all the world then spoke in one language, this must be it'.

Gan fod Rowland Jones yn cydnabod bod rhai geiriau yn tarddu wrth i ddynion efelychu seiniau yn y byd allanol, ac yn ogystal, bod ymadrodd yn datblygu fel canlyniad i brofiadau dynol, gwelir bod lle i rai elfennau 'naturiaethol' yn ei athrawiaeth ar ddechreuadau a datblygiad iaith. Canfyddir y rhain weithiau yn y mannau mwyaf annisgwyl. Un o'i weithiau rhyfeddaf yw *Hieroglyfic, or A Grammatical Introduction to An Universal Hieroglyfic Language* . . . (1768). Y mae'r awdur ei hun yn cyfaddef ar y cychwyn cyntaf (A2) fod y mater a drafodir yn y llyfr hwn 'perhaps the least understood of any branch of science', er ei fod yn priodoli hyn i 'the present corrupt state of languages', a chamgymeriadau geiriadurwyr wrth ymdrin â hwynt. Method Jones yw dechrau â dyn ei hun 'in the sense of language' (A2v). Y mae'n ei blannu yng ngardd Eden, ac yn cysylltu ei gyneddfau, yr ewyllys ac ymadrodd, â'r ddwy goeden a dyfai yno, pren y bywyd a phren gwybodaeth da a drwg, fel y'u disgrifiwyd yn llyfr Genesis.

Ynghanol yr holl gabolfa hieroglyffaidd-gabalistaidd hyn, ceir esboniad digon gwyddonol a synhwyrol o ddatblygiad iaith: 'speech depends on the original frame of man, and the shape of his organs, and abstract and complex ideas on names, as the means of forming and registering them in the memory' (A3v). Yn yr un man, cydnebydd effaith gwahaniaethau mewn hinsawdd ac arferion ar ddatblygiad iaith. Heb yr amrywiaethau hyn, medd Rowland Jones, byddai ieithoedd yn tueddu (fel y mae'r Saesneg yn ei wneud yn rhinwedd ei helfennau Cymraeg) at yr heniaith gysefin a fuasai yn gyffredin i bawb.

Elfen arall yn ei athrawiaeth sy'n dod i'r golwg yn awr ac yn y man yw'r syniad nad oedd angen geiriau llafar o gwbl yn y dechreuad, gan fod dynion y pryd hwnnw yn medru amgyffred meddyliau ei gilydd trwy sythwelediad. 'Mankind being probably before the fall', meddai wrth ddiffinio'r gair *wood* yn *Hieroglyfic*, 'capable of seeing each others [*sic*] ideas or thoughts' (68). Dyna, yn ôl ei ddamcaniaeth ef, sut yr oedd Efa a'r sarff yn medru ymgomio â'i gilydd yn yr ardd. Syniad arall o'r un fath a grybwyllir ganddo yw mai cerddorol oedd natur iaith yn y dechrau. Gwelir yr awgrym hwn yn *Hieroglyfic* (30), ac y mae'r cyd-destun yn awgrymu eto mai'r Gymraeg a welai Rowland Jones yn ymdebygu fwyaf i'r iaith gysefin wreiddiol:

> indeed if the Welsh modes of inflection derive their origin from the original language, which was musical, and vocables could be reduced to their true primitive state, perhaps it might be the best way, but as that might be too impracticable or too arduous a task, we may as well stick to our old English voices, which deviate so little from the primitive language.

Cawn sylwi eto ar yr awgrym diddorol hwn, mai mewn cerddoriaeth y mae chwilio am ddechreuadau iaith, wrth drafod syniadau'r Arglwydd Monboddo yn yr Alban, a J. G. Herder a Jean-Jacques Rousseau ar y cyfandir.

Erbyn 1771 yr oedd Jones wedi cysylltu'r syniad o darddiadau cerddorol iaith â'r athrawiaethau Pythagoreaidd am gymesuredd rhifyddol sydd yn gynsail i'r ddamcaniaeth am gerddoriaeth y sfferau neu gylchoedd nefol. Yn y 'Sylwadau' sy'n dilyn *The Circles of Gomer* (1771), uniaetha enw Gomer, un o hynafiaid y Cymry, â *Mercury* – nid y duw y tybiai'r byd clasurol ei fod yn llywio cyfathrebu rhwng dynion, ond Hermes Trismegistus, awdur chwedlonol corff o wybodaeth gyfriniol am ddechreuad y bydysawd. Yna esbonia, neu'n hytrach ddatgan, mewn ffordd gymhleth ac annelwig, sut y mae arwyddion yr wyddor Saesneg yn adlewyrchu

> real characters, representations, and expressions of nature by their symbolical figures and forms, and arithmetical proportion of sounds or divisions and multiplications of lines or musical chords agreeable to the Circles of Gomer; for Gomer supposed the world to be a large circle composed of many homogeneous lesser circles . . .

ac yn y blaen yn yr un cywair (31).

* * *

Er bod gwaith Rowland Jones o'r cychwyn wedi dangos arwyddion o'i dueddiadau at syniadaeth gyfriniol a dirgelaidd, yn ei ddau waith olaf, *The Circles of Gomer* a *The Io-Triads*, y gwelwn ef yn ymgolli fwyfwy yn labrinthau dryslyd systemau cyfriniol fel Hermetiaeth, Pythagoreaeth, neo-Blatoniaeth a'r cabala. Eithr yn ei bedwerydd llyfr, *The Philosophy of Words* (1769), fe'i gwelir yn diffinio'i safbwynt athronyddol yn agored, gan ei osod mewn gwrthgyferbyniad â syniadau ieithyddol John Locke. Ar ffurf dwy ddialog yr ysgrifennwyd y traethawd hwn, a dialogau Platon, yn ddiau, oedd modelau'r awdur. Crito (teitl un o weithiau Platon) yw enw'r ail ymgomiwr, a'i waith Socrataidd ef yw gosod allan safbwyntiau gwahanol i rai'r awdur, er mwyn iddo yntau'u hegluro wrth eu hamddiffyn – ffordd hynafol a digon parchus a rhesymol o osod safbwynt athronyddol ger bron y cyhoedd.

Dengys yr ymdriniaeth yn y ddialog gyntaf fod Jones yn hollol gyfarwydd ag athrawiaeth sylfaenol Locke ar sut y mae dyn yn derbyn defnyddiau gwybodaeth, sef trwy'r synhwyrau ac wrth adfyfyrio. Fel hyn y mae Crito yn crynhoi syniadaeth Locke yn y mater hwn:

> for he, in his Essay on the Human Understanding, has asserted, that there are no innate notions or principles stamped on the mind; but that, like an empty cabinet, or white paper void of all characters, it is furnished with all its principles of knowledge, notions or ideas, by external objects, let in by the senses, lodged in the memory with names, then abstracted, and their general names learnt. (3)

Sylwir yn ei grynodeb yma o athrawiaeth Locke yn yr *Essay on Human Understanding* (1690) fod Rowland Jones wedi anwybyddu un o'r ddau ddosbarth o syniadau a enwir gan yr awdur hwnnw fel defnydd crai gwybodaeth: 'ideas of reflection', sef y rhai a ddaw i'r meddwl wrth iddo ystyried ei weithgareddau'i hun. Enghreifftiau o'r rhain yw cofio, sylwi, rhesymu, barnu, credu (*Essay*, II.i a II.vi.2). Y mae'n wir fod Locke ei hun yn ei ddatganiad o ail ffynhonnell syniadau yn rhagdybio bodolaeth y dosbarth cyntaf, sef y rhai a ddaw i ni trwy'r synhwyrau (II.i.4), ond yn ei athrawiaeth yn gyffredinol, y mae'r ddwy ffynhonnell yn gydradd. Yng ngwaith ei ddisgybl pennaf yn Ffrainc, Étienne Bonnot de Condillac (1715–80), cymathwyd y ddwy. Yn nysgeidiaeth Condillac, un gynneddf sylfaenol sydd gan ddyn, sef y gallu i synhwyro, ac o honno y mae pob gweithgaredd meddyliol yn deillio. I Condillac hefyd, i raddau lawer helaethach nag i Locke, yr oedd gan iaith ran hanfodol i'w chwarae yn y broses o wybod fel y cyfryw. Mewn gwirionedd, ei gyfraniad pennaf i athroniaeth y ddeunawfed ganrif oedd pwysleisio'r lle hanfodol sydd i iaith yn y prosesau meddyliol eu hunain.[16] Yn 1756, cyhoeddwyd cyfieithiad Saesneg o waith athronyddol cyntaf Condillac, yr *Essai sur l'origine des connoissances humaines* (1746), gan Thomas Nugent. Y mae teitl Nugent, *An Essay on the Origin of Human Understanding*, yn cyfeirio yn ôl at waith Locke, ac y mae'n bosibl, er nad yw'n ei enwi o gwbl, mai datblygiad y Ffrancwr o ddysgeidiaeth Locke sydd gan Rowland Jones mewn golwg yn ei drafodaeth yn *The Philosophy of Words*.

Nid yw Jones yn ymwrthod â'r athrawiaeth hon yn gyffredinol ac, yn wir, hyd yn oed wrth ymosod ar Locke, y mae'n aml iawn yn defnyddio ieithwedd a chategorïau yr athronydd Saesneg. Ar ddechrau'r atodiad i'w lyfr cyntaf, fe'i disgrifia ei hun, mewn ffigur a etifeddodd, gyda Locke, oddi wrth Francis Bacon, fel 'a little underlabourer in the literary common-wealth'.[17] Defnyddia dermau fel 'abstract ideas', 'adequate ideas', 'mixed modes and relations', heb gydnabod eu ffynhonnell yn athroniaeth Locke.[18] Yn ei ddadansoddiad o natur yr ansoddair yn yr adran 'ramadegol' yn *Hieroglyfic* ceir dehongliad nid annhebyg i athrawiaeth Locke ar 'primary and secondary qualities', h.y. mai ffenomenau ynom ni yw lliwiau, blasau, seiniau a theimladau, sef effeithiau golau, gwres a symudiad ar y corff.[19] Ac y mae esboniad Jones ar anghydfod a diffyg dealltwriaeth rhwng dynion fel effaith camddefnyddio a cham-drin geiriau ('the abuse and misapplication of words') yn adleisio un o hoff rybuddion Locke.[20]

Eto i gyd, y gwir yw bod John Locke a Rowland Jones yn cynrychioli dwy ysgol hollol wahanol o esboniadaeth ar ddechreuadau iaith: yn fras, y ddau safbwynt a fynegir gan Cratylus a Hermogenes yn nialog Platon. Dangosir y gwahaniaeth sylfaenol rhyngddynt yn eglur mewn amryw o weithiau Jones. Ceir adrannau helaeth yn trafod hyn, nid yn unig yn *The Philosophy of Words*, ond eto yn *The Io-Triads*, a byddai dyfynnu un o'r rhain yn help i gydosod y ddau safbwynt gwrthgyferbyniol hyn. Yr oedd 'our able and learned countryman, Mr. Locke', meddai'r awdur yn ei waith olaf, wedi mentro

> to define language to be nothing more than a set of words, which any people have arbitrarily agreed upon to record and communicate their thoughts to each other, without any natural connection betwixt sounds and ideas or things; and thus deriving all their signification from the arbitrary imposition of men, they were doubtful, uncertain and imperfect . . . deeming it therefore to be an abuse of words to suppose that they had any correspondence with the nature of things.[21]

Argyhoeddiad pennaf Rowland Jones, ar y llaw arall, oedd mai swyddogaeth geiriau yw arwyddocáu yn uniongyrchol, ac felly na ddichon iddynt gamadlewyrchu'r byd. Gwrthododd ddamcaniaeth Locke mai syniadau yw gwrthrychau gwybodaeth (athrawiaeth a alwyd ar y pryd 'the new way of ideas'), gan faentumio mai gwybod y byd heb gyfrwng syniadau yr ydym, ac felly mai enwi pethau yn uniongyrchol y mae geiriau. I Rowland Jones yr oedd perthynas hanfodol, resymol rhwng enwau a phethau, a'i bwrpas sylfaenol ef oedd adfer cyflwr cysefin iaith fel yr oedd hi yn y dechreuad, gan wrthbrofi ar y ffordd

> what Mr. Locke, and other great men, for want of examining the natural connection betwixt words and things, have advanced to prove human speech to be nothing more than arbitrary compositions of signs and sounds mutually fixed upon.[22]

Yn y fan hon dengys yr awdur ryw graffter cynhenid, craffter a guddir fel arfer gan benchwibandod ei feddwl, yn dilyn awelon dysgeidiaeth fwy esoterig. Mewn un frawddeg gryno dadlenna'r broblem sylfaenol sy'n wynebu'r sawl a fyn esbonio dechreuadau iaith yn y syniad o gytundeb gwirfoddol o waith dynion: 'But how could any such compact precede those signs and sounds?' Dyma gwestiwn dyrys a anwybyddir gan Locke, ond a godwyd yn ystod y ddeunawfed ganrif gan Rousseau, Condillac, Herder, Monboddo a Thomas Reid, fel y cawn weld yn y bennod nesaf.

Fframwaith athronyddol hollol wahanol i ddysgeidiaeth Locke sydd i syniadau ieithyddol Rowland Jones ym mhob un o'i weithiau. Gellir ei diffinio, fel y dangosodd A. L. Owen yn *The Famous Druids*, fel neo-Blatoniaeth wedi'i thrwytho (a'i llygru) gan elfennau cabalistaidd a Hermetig.[23] Erbyn y bymthegfed ganrif, cymathwyd y traddodiad Platonaidd â ffrwd o syniadau ocwltaidd a dderbyniwyd o'r ysgol Bythagoreaidd, o'r cabala Iddewig ac o'r *Corpus Hermeticum*, cyfanwaith o bymtheg traethawd yn cynnwys syniadaeth o natur gyfriniol a gysylltwyd â'r enw *Hermes Trismegistus*.[24] Cyfunai Hermetiaeth elfennau swyngyfareddol, alcemegol ac astrolegol, a thybiwyd ei bod yn mynd yn ôl i'r cyn-oesoedd yn yr Aifft.[25] Daeth i fri arbennig yn ystod y Dadeni wedi i Marsilio Ficino gyfieithu llawysgrif Roeg o'r *Hermetica* yn Fflorens yn 1460. Yn y ddinas honno, yng ngwaith Ficino a Giovanni Pico della Mirandola, y cychwynnodd ac y datblygodd yr agwedd newydd hon ar Blatoniaeth, ond ymledodd yn fuan ar draws Ewrop gyfan, a gwelir ei dylanwad yn nysgeidiaeth dau Gymro, neu o leiaf rai a chanddynt gysylltiadau Cymreig, John Dee (1527–1608) a Robert Fludd (1574–1637). Bu'r ddau hyn yn eu tro yn ddylanwadau pwysig ar feddylfryd o fath arbennig nas boddwyd yn llwyr gan y don o ddadansoddi rhesymegol, mathemategol, a lifodd dros y cyfandir yn sgil methodau athronyddol newydd Descartes. Ni ddiflannodd ychwaith yn wyneb yr ymagwedd ymarferol, ddiriaethol a nodweddai ddulliau meddwl Francis Bacon a'r empeirwyr Prydeinig.

Nid yw Rowland Jones yn enwi'r un o'r ddau feddyliwr cyfriniol hyn, na'r Eidalwyr y seiliwyd eu syniadau arnynt, ond y mae olion yr athrawiaethau y cysylltir enwau Fludd a Dee yn arbennig â hwynt i'w holrhain yn amlwg ymhlith esboniadau ieithyddol astrus Jones. Yn *The Philosophy of Words*, wrth fanylu ar ei fwriad canmoladwy i gynhyrchu 'an universal philosophical lexicon', disgrifia'r prosiect hwnnw fel: 'a comparative vocabulary of the proper languages, arranged according to the order and nature of things, of genus and species, the cosmogony of Moses, the monad of Pythagoras and Plato, and the circle of Trismegistus . . .' (11). Cymysgedd o elfennau synhwyrol ac ymarferol, ynghyd â rhai hollol ddirgel a chyfriniol fel hyn, oedd athrawiaeth Rowland Jones o'r dechrau i'r diwedd.

Y ddysgeidiaeth a fynegir yn fwyaf trwyadl yng ngwaith Robert Fludd oedd honno a gyflwynwyd i'r byd gan Paracelsus, ac a adnabyddir bellach dan yr enw 'macrocosm-microcosm', sef y syniad mai adlewyrchiad o'r bydysawd yw cyfansoddiad dyn, a bod yr harmonïau a ganfyddir yn y cread hefyd i'w gweld yn yr unigolyn dynol.[26] Gwelir y ddamcaniaeth hon yn eglur fel un o'r elfennau yn syniadaeth Rowland Jones. Er enghraifft yn *The Io-Triads* (11), fe'i gwelir yn cymharu 'the great world and the microcosm, with their symbols', ac yn yr un lle, dywed am yr unigolyn: 'the wonderful phaenomenon, the human microcosm, seems to comprehend all the symbols of figures, forms, and qualities of nature, and also to partake of the celestial'. Y mae 'map' y ffigur dynol y cyfeirir y darllenydd ato yn ceisio dangos y berthynas gyfrin a welai Jones rhwng y gwahanol ddarnau o'r corff a llythrennau'r wyddor (e.e. *JL* am y coesau, *io* am y gwddf a'r pen).

Cyhoeddwyd dwy gyfrol anferth llyfr Fludd, *Utriusque Cosmi . . . Historia* rhwng 1617 a 1619, a seiliwyd hwynt ar y cyfuniad o destunau cabalistaidd a Hermetaidd a welir yng ngwaith Pico della Mirandola. Ynddynt, ceir dyfyniadau helaeth o'r testunau gan 'Mercurius Trismegistus' a gyfieithwyd gan Ficino, a defnyddir dehongliad cabalistaidd o lyfr Genesis i gysoni awdurdod honedig Trismegistus â'r datganiad Beiblaidd am ddechreuad y cosmos. Yn yr arolwg eang hon y mae enw Jehofah o'r pwysigrwydd eithaf, ac ystyrir y cyfan yn nhermau cyfres o gylchoedd, y naill y tu mewn i'r llall, a dyn ei hun yn ganolbwynt iddynt.[27] Testun ail gyfrol Fludd yw'r microcosm, a datblygir y drafodaeth yno yn nhermau rhifyddeg, ymdriniaeth sy'n adlewyrchu diddordeb neilltuol yr oes mewn rhifau a'u harwyddocâd. Yn wir, honnai Pico ei fod wedi darganfod 'dull newydd o athronyddu ar sail rhifau', er ei fod yn cydnabod bod y method yn mynd yn ôl at Pythagoras, y Platonwyr cynnar, a Platon ei hun.[28]

Mathemategydd oedd Robert Fludd, ac astudiaethau mathemategol hefyd oedd rhai o brif ddiddordebau'r *magus* John Dee, a ysgrifennodd ragymadrodd i gyfieithiad Saesneg o Euclid gan Henry Billingsley yn 1570. Er bod gan y meddylwyr hyn ddiddordeb gwyddonol mewn mathemateg fel y cyfryw, ysgrifennent mewn awyrgylch a oedd yn gyforiog o arwyddocâd cyfriniol, ac felly nid oedd dim anghyffredin yn y ffaith fod Dee yn ei ragymadrodd yn apelio at 'the noble *Earle of Mirandula*', a'i honiad mai 'by Numbers, a way is had, to the searching out, and understanding of euery thyng hable to be knowen'.[29]

O ddiddordeb arbennig yng nghyd-destun athrawiaethau Rowland Jones yw'r llyfr a gyhoeddodd John Dee yn 1564 yn Antwerp, dan yr enw *Monas Hieroglyphica*. Datgenir yn yr is-deitl mai amcan y gwaith oedd egluro'r monad 'trwy hieroglyffau, mathemateg, swyngyfaredd, y cabala a chyfrinddehongli'.[30] Nid oes yn y llyfr unrhyw ddamcaniaeth ynglŷn â natur iaith, eithr esboniad, mewn termau cyfriniol, ar sut y datblygodd y bydysawd o'r elfennau mathemategol, y cylch a'r llinell. Esbonnir y cyfan ar ddull 24 o theoremau, gan ddechrau: 'Trwy'r llinell syth a'r cylch yr arddangosir yr esiampl a'r darluniad cyntaf a symlaf o bob peth . . .' Datblygir hyn yn yr ail theorem fel hyn: 'Ni ellir cynhyrchu'r cylch heb y llinell, na'r llinell heb y pwynt . . .' Yn rhinwedd y pwynt a'r monad y mae pob peth, mewn egwyddor, yn dyfod i fodolaeth. Brithir yr esboniadau mathemategol gan gyfeiriadau at y cabala, ac at Hermes Trismegistus a Pythagoras, ac yn y theorem olaf oll (Rhif 24) y mae Dee yn tynnu sylw at arwyddocâd cyfriniol y rhifau 24 a 4, gan gyfeirio at y ffaith mai D (neu *delta*), sef triongl yn arwyddocáu ei enw ef ei hun, yw pedwaredd llythyren yr wyddor.[31]

Yr adran fwyaf diddorol i'r un sy'n ceisio dehongli Rowland Jones yw'r wythfed theorem yn y *Monas Hieroglyphica*, lle yr esbonnir natur y rhif perffaith 10 fel cyfuniad o 1+2+3+4, fformiwla Bythagoreaidd. Trwy'r fformiwla hon esboniodd y mathemategwyr cyfriniol hyn natur a threfn y bydysawd. Dyma'n ddiau ffynhonnell llyfr olaf Jones, sef *The Io-Triads; or the Tenth Muse*, er ei bod yn bosibl canfod llawer o elfennau eraill yn y gwaith hynod hwnnw. Gwelir natur ysbrydoliaeth

Jones mewn darn mydryddol (33), sy'n enwi Io fel y ddegfed o'r Awenau:

> To these nine fair nymphs, we presume to add
> Our io as the tenth, or circle triad.

Cawn gymorth pellach gan yr awdur ei hun wrth iddo ddehongli'r enw *Io-Triads* mewn adran esboniadol o'r gwaith, sy'n dwyn y teitl: 'Explications of various scientific and other subjects, names, and words, which also confirm the foregoing definitions and shew the agreement betwixt letters, particles, words and things' (20).

Yn yr esboniad hwn ar deitl llyfr olaf Jones (29–30), gwelir yr un elfennau Pythagoreaidd a nodwedda *Monas Hieroglyphica* John Dee. Y mae ynddo hefyd gyfeiriadau at lyfr Genesis ac at natur iaith, sydd yn arwain meddwl y darllenydd at y cabala ac at gyfrin-bethau'r *Corpus Hermeticum*, a honnai fod yn ddehongliad o lyfr cyntaf y Beibl. Yr esboniad ar y teitl *Io-Triads* yw

> the fluxion of a point, or burning bush in straight lines every way, expanding an infinite circle in a triad, or three divisions of the point, line, and circle, whose divisions and combinations as exhibited in the quaternion of elements, or Jove, the four-lettered name, comprehend all things, with their names or symbols . . . all nature consists of but few circles . . . which our few round characters fully express. And although all the particles of languages are so few as those drawn on the map, with their transpositions or inversions, and combinations, yet they are much more than sufficient to express all nature . . . .[32]

Neu mewn ffurf farddonllyd, eithr efallai ychydig yn fwy dealladwy:

> Of io-Triads three we freely hint,
> The triads to explore peruse the print;
> Io's sacred and four-lettered name,
> Being itself, or I am that I am;
> Its Genesis, Decrees, sounds, their nurture,
> And imitations by Dame Nature;
> For from a point, omega did proceed
> Flowing in lines direct to things decreed.

Yna, gwelir eto thesis sylfaenol Jones, bod perthynas gyfrin rhwng elfennau iaith a'r hyn a gyfleir ganddynt, a bod yr elfennau hynny'n ddigonol felly i gyfleu popeth sydd yn y byd. Ceir datganiad pellach o hyn, mewn ieithwedd ychydig yn llai esoterig, yn yr un gyfres o 'explications', o dan y pennawd 'Language':

> an assemblage of symbols and articulated sounds whereby we conceive, record, and express our ideas agreeable to the nature of things. And though the synonims of signs and sounds admit of a great diversity of compositions, most languages are still but one in the abstract . . . (30)

Credai Jones nid yn unig fod elfennau syml geiriau llafar yn arwyddion naturiol, ond hefyd fod ffurf a siâp arwyddion ysgrifenedig yn orlawn o ystyron cudd – cysyniad y sylwyd arno eisoes yng ngwaith William Baxter (gw. Pennod 4). I Rowland Jones, yr elfennau mwyaf cyntefig a chynhwysfawr oll yw'r pwynt, y llinell a'r cylch. Crynhoir y rhain, yn ôl ei syniadau ef, yn y sillaf arwyddocaol *io*, enw sydd yn awgrymu nid yn unig y rhifolyn cyfrin 10, ac enw *Jove* (Iau), prif dduw y Rhufeiniaid, ond pedair llythyren sanctaidd *Iawe*, y *Tetragrammaton* ei hun (7–8).

* * *

Y mae'r syniadau cyfriniol hyn i'w cael yng nghyfansoddiadau Rowland Jones o'r cychwyn cyntaf. Yn y bennod ar lythrennau ac arwyddion ar ddechrau *The Origin of Language and Nations* (A3), un o'r pethau a ddywed am y llythyren *o* yw ei bod yn mynegi'r rhif sydd yn amgyffred pob rhif arall, ac yn cynnwys yr amrywiol rannau o'r cread. Llygad-dynnwyd yr awdur hwn ar hyd ei yrfa gan natur ddirgelaidd rhifau a llythrennau'r wyddor yn eu perthynas â'r byd a fynegir drwyddynt. Nid rhyfedd felly iddo ddangos yn ei waith ei fod yn gyfarwydd ag arwyddocâd ieithyddol athrawiaethau'r cabala Iddewig. Yn *The Circles of Gomer*, cyfeiria at the 'Caballa or Phrygian letters', a ddaeth gyda Gomer (neu *Mercury*) a'i feibion i barthau gorllewinol Ewrop (57–8). Ac yn yr un gwaith ceir diffiniad helaethach o'r cabala: 'a mysterious use of letters among the Jews, somewhat resembling the heiroglyphics of Mercurius Trismegistus and the rest of the Caberi'. Cysylltodd y Cabiri (a enwid hefyd gan Pezron ymhlith disgynyddion Jaffeth) â'r Cymry, trwy eu huniaethu â'r Phrygiaid, 'ancestors of the Britons and the descendants of Gomer' (38).[33]

Sylwyd eisoes ar y cyfeiriadau at y cabala gan Henry Rowlands, Evan Evans a Lewis Morris. Gwyddai'r awduron hyn mai enw ar ddysgeidiaeth ddirgel ymysg yr Iddewon oedd y gair hwn. Fe'i cysylltwyd ganddynt mewn modd cyffredinol â'r derwyddon a'r beirdd yng Nghymru'r cyn-oesoedd, ac yn arbennig â'r traddodiad a groniclwyd gan Cesar, mai ar lafar y trosglwyddwyd yr athrawiaethau derwyddol i'w disgyblion er mwyn eu cadw rhag llygaid y werin. Yn yr adran ar y derwyddon yn llyfr James Ware ar Iwerddon, *De Hibernia et Antiquitatibus Eius* (1654), y mae disgrifiad manylach o athrawiaeth ieithyddol gywrain y cabalwyr. Diffinia'u celfyddyd yn nhermau trawsosod llythrennau a gosod rhifolion yn eu lle, a thrawsnewid geiriau wrth chwarae ar eu hystyr, a'u troi wyneb i waered (29–30). A dengys geiriau Rowland Jones, 'a mysterious use of letters among the Jews', fod ganddo yntau hefyd wybodaeth fwy pendant am natur dysgeidiaeth y cabala. Nid osgoi defnyddio llythrennau ysgrifenedig, yn y dull a gysylltir â'r derwyddon, a wnâi'r cabalwyr, eithr eu defnyddio mewn ffordd gyfrin i dynnu ystyron cuddiedig o destun sanctaidd yr ysgrythurau Hebraeg, ac yn arbennig o enwau dirgel Duw ei hun.

Datblygodd y ddisgyblaeth hon ymhlith Iddewon Sbaen yn yr Oesoedd Canol a, phan fwriwyd yr Iddewon o'r wlad honno, ymledodd ar draws Ewrop hyd at ddwyrain yr Almaen. Fe'i seiliwyd ar ddysgeidiaeth y deg *Sephiroth* (enwau Duw), a 22 lythyren yr wyddor Hebraeg. Trwy fyfyrdod ar y llythrennau a ffurf y geiriau yn yr Ysgrythurau (nid eu harwyddocâd cyffredin ac arferol), a'u dehongli mewn dulliau afresymegol a chyfrin, credai'r cabalwr ei fod yn amgyffred y Duwdod ei hun ynghyd â'r cread a alwodd i fodolaeth yn y dechreuad trwy ei Air. Yn y drydedd ganrif ar ddeg, datblygodd Abram Abulafia, un o gabalwyr Sbaen, dechneg gymhleth odiaeth o fyfyrdod trwy gyfuno a chydgyfnewid llythrennau'r wyddor Hebraeg mewn amrywiaeth diddiwedd o ystyron cudd – yr amrywiaeth hwnnw y cyfeiriodd James Ware ato yn *De Hibernia*.[34]

Mewn un datblygiad o fethod y cabala (*Gematria*), cysylltwyd y llythrennau â rhifolion, mewn system fathemategol gymhleth a roddai i bob llythyren werth rifyddol arbennig.[35] Yr oedd yn hawdd cymathu'r math hwn o ddisgyblaeth â'r ddysgeidiaeth Blatonaidd-Bythagoreaidd mai mathemategol yw natur y bydysawd, a gwelir elfennau o'r cabala yng ngweithiau Pico della Mirandola, Cornelius Agrippa, Giordano Bruno, Johannes Reuchlin, Athanasius Kircher a'u disgyblion ym Mhrydain. Perthynai elfennau o swyngyfaredd i'r cabala, a chredai dilynwyr y gelfyddyd gudd y gellid galw ar fodau ysbrydol trwy awdurdod yr iaith Hebraeg. Yn ogystal ag enwau yn cynnwys yr elfen 'el' neu 'iah', yn cynrychioli enw Duw, gellid defnyddio'r system rifyddol i ymorol am gymorth yr angylion.[36]

Nid *magus* mo Rowland Jones: nid oes tystiolaeth fod dewiniaeth neu gonsuriaeth, sef yr agwedd ymarferol ar y cabala, wedi denu'i ddiddordeb. Er iddo grwydro ar hyd llwybrau dirgel i fyd esoterig iawn, cwestiynau ieithyddol a ffurfiai fframwaith ei ymchwil o hyd. Honnai'i fod yn anwybodus o'r iaith Hebraeg, ac ni fynnai brofi'i pherthynas â'r Gymraeg er mwyn hyrwyddo hynafiaeth honno, fel y gwnaeth cynifer o'i gydwladwyr. Nid oes tystiolaeth ychwaith iddo gredu mai'r Hebraeg oedd mamiaith ieithoedd llafar y gorllewin yn gyffredinol. Credai'n hytrach mai ieithoedd Asia (mewn cydweithrediad ag iaith y Celtiaid) a fyddai'n adfer y lleferydd byd-eang cysefin. Dilynodd ef Pezron wrth gredu mai o Asia y cychwynnodd Gomer a'i feibion ar eu taith i gyfeiriad y gorllewin, er bod uniaethu'r gwron hwnnw â Mercury neu Hermes yn ei osod hefyd yn yr Aifft, cartrefle honedig Mercurius Trismegistus a'r ddysgeidiaeth ddirgel a gyplyswyd â'i enw, sef y *Corpus Hermeticum*.[37]

Er gwaethaf ei anwybodaeth honedig, yr oedd Rowland Jones yn ddigon cyfarwydd ag arwyddion yr wyddor Hebraeg i ddatgan mewn un man nad oedd gan yr Iddewon 'hieroglyfic characters or sacred language' fel yr oedd gan yr Eifftiaid. Ymddangosai hefyd braidd yn ddirmygus o'r grefydd Iddewig, gan gredu nad oedd mor hynafol â derwyddaeth yng Nghymru. Eto i gyd, ceir digon o dystiolaeth yn ei waith o'i ddiddordeb yng nghelfyddyd ieithyddol gyfrin yr Hebreaid: er enghraifft, yn ei esboniad yn *The Philosophy of Words* ar y geiriau *Urim* a *Thummim* a wisgid ar ddwyfronneg yr offeiriadaeth. Fe'u cysylltir ganddo ag oraclau'r paganiaid a'r ddawn i broffwydo, ac y mae'n canfod ynddynt 'various significations in their literary, hieroglyfic, and symbolic sense . . .'[38] Y ddisgyblaeth ddirgelaidd honno, a oedd yn defnyddio geiriau a'u helfennau mewn modd y tu hwnt i reswm, oedd yr agwedd ar ddiwylliant yr Hebreaid a aeth â bryd Rowland Jones.

Sylwasom eisoes fod yr awdur hwn yn awgrymu tarddiadau cerddorol i iaith, a'i fod yn cysylltu'r cysyniad hwnnw â'r ddysgeidiaeth Bythagoreaidd am gerddoriaeth y cylchoedd nefol. Diddorol yw sylwi bod rhai o'r cabalwyr hefyd yn arfer disgyblaeth a fyddai'n trawsnewid iaith ysgrifenedig yn fath ar gerddoriaeth, wrth greu awyrgylch o gytgord cyfriniol yn y sawl a'i hymarferai. Y mae'n debyg fod Abram Abulafia ei hun yn cymharu'r ymarfer ieithyddol hwn o gyfuno a chydosod amrywiadau o lythrennau â chreu cerddoriaeth. 'The science of combination', meddai Gershom Scholem am yr agwedd hon ar gelfyddyd y cabalwyr, 'is a music of pure thought, in which the alphabet takes the place of the musical scale.'[39] Nid yw Rowland Jones yn helaethu ar ei awgrym am natur gerddorol yr iaith gyntefig, eithr y mae'n amlwg nad oedd syniadau cabalistaidd yn bell o'i feddwl wrth iddo sôn yn *The Io-Triads* am 'transpositions or inversions, and combinations' y llythrennau elfennol. Yn ei farn ef yr oedd y newidiadau hynny'n ddigonol i fynegi natur yn ei chrynswth (29).

* * *

Y peth pennaf, fe ddichon, sydd yn cysylltu Rowland Jones â dirgelion ieithyddol y cabala, ac yn sicr yr agwedd fwyaf arwyddocaol ar ei ddysgeidiaeth yng nghyd-destun datblygiad syniadau am iaith yng Nghymru, oedd ei athrawiaeth am yr hyn a eilw yn 'particles'. Dyma air yr awdur hwn am yr elfennau mwyaf cyntefig a syml mewn iaith. Y mae'n bwysig cofio hefyd fod y gwreiddeiriau hyn (yn ôl damcaniaeth Rowland Jones) yn mynegi'n uniongyrchol ac yn berffaith y peth a gynrychiolir ganddynt. Felly, wrth gychwyn ar ei lyfr cyntaf, dywed am y llythyren *o* ei bod yn ymddangos yn fannyn, gan ei bod yn darlunio 'a globe, the sun, a wheel &c.', a bod gan ffurf arbennig yr arwydd ar bapur 'some affinity or likeness to the objects themselves' (A2v). Yr iaith Gymraeg, yn ddiau, oedd ym meddwl Jones wrth iddo esbonio gwahanol ystyron y gwreiddeiryn syml hwn:

> when an o stands by itself, it is either an interjection or a preposition, as o from, because the sun is at a distance from us; o a note of admiration, because the sun is admirable, o is also a note of abhorring, which is the same as to say move from or away . . . (A2v–A3)

Ac er bod yr esboniad mor hynod a'i fod fel petai'n cynnwys mwy nag un ystyr, y naill ohonynt yn gwrthddweud y llall, gallwn ddeall hefyd i'r awdur hwn ddefnyddio'r un method â llawer o'i gydoeswyr. Ceisient ddirnad beth oedd adwaith dynion cyntefig i'r byd rhyfeddol o'u cylch, a dehongli dechreuadau geirfa a chystrawen yng ngoleuni hynny. Felly y mae modd i'r sain *o* olygu rhyfeddod ac arswyd yn ôl yr amgylchiadau.

Wrth ychwanegu llythrennau eraill, newidir ystyr y gwreiddeiryn, 'to shew what kind of *o* it stands for', yng ngeiriau Jones. Enghraifft o'r ymledu hwn mewn ystyr yw'r gair Celtaidd (Cymraeg) *ôl*: 'the l', meddai Jones, 'is joined to express it to be the o extended'. Adeiladwaith helaeth a chymhleth yw iaith yn nysgeidiaeth Rowland Jones, a'r egwyddor hon – o ychwanegu llythrennau eraill at y llafariaid cyntaf, ac yna gydio'r sillafau syml at ei gilydd – sydd yn sylfaen iddo. Mewn gwirionedd, yr un egwyddor a welir yn ymgais Rowland Jones i ddangos sut yr adeiledir iaith fyw fesul sillafoedd, â'r un a fuasai'n sail i waith John Wilkins yn 1668, *An Essay Towards a Real Character and a Philosophical Language*. Ymdrechodd Wilkins i adeiladu iaith gyffredinol a fyddai'n ddealladwy i bawb o drigolion y byd, trwy ychwanegu cytseiniau at lafariaid mewn modd trefnus a rhesymegol, fel y byddai pob ychwanegiad yn estyn arwyddocâd y gwreiddyn sylfaenol. Er enghraifft, o roddi'r ystyr *elfen* i'r bonyn *de*, byddai *deb* yn arwyddocáu 'y cyntaf o'r elfennau', sef tân, ac ystyr *deba* fyddai'r rhan gyntaf o'r elfen *tân*, hynny yw, fflam.[40] Fel y gwelsom, i Wilkins ac eraill o feddylwyr ei oes, cyfansoddi iaith artiffisial, fathemategol o'r math hwn, mewn modd a ddibynnai'n llwyr ar reswm, oedd y ffordd i osgoi maglau ieithyddol, a sicrhau cyd-ddealltwriaeth rhwng dynion.

Er mor wahanol oedd fframwaith meddyliol Rowland Jones i eiddo Wilkins, gellir canfod mai'r un ddelfryd oedd ganddo yntau, a'r un egwyddor ddadansoddol a nodweddai'i athrawiaeth drwyddi draw. Y gwahaniaeth rhyngddynt oedd bod Jones yn gweld y posibilrwydd o ddadansoddi tafodleferydd byw, cyfoes, yn y fath fodd fel y gallai weithredu fel iaith gyffredinol fyd-eang. Iddo ef, rhagoriaeth yr iaith Geltaidd (Cymraeg) oedd ei bod hi'n amlwg wedi'i chyfansoddi yn drefnus a chywrain o fanynnau syml, elfennol (A5v). Y ffordd i osgoi cael ein harwain ar gyfeiliorn wrth gamddefnyddio geiriau, yn ôl Rowland Jones, oedd trwy ddadansoddi'n hiaith fel y mae hi, er mwyn dychwelyd i'w gwreiddiau cynhenid, 'banynnau sain', a'u hystyron penodedig:

> the endless mistakes, disputes and wranglings, which happen from the abuse and misapplication of words . . . might perhaps be prevented by this new method of fixing the original sense of speech, and instructing our children with the particles of sound, their natural sense, as defined in this essay, detached from composition.[41]

Dro ar ôl tro, daw Rowland Jones yn ôl at bwysigrwydd dadansoddi iaith i'w helfennau symlaf a'u diffinio: 'If the original sense of *all* letters and particles or parts of human speech, are thus precisely defined, all languages may be restored to the primitive state of an universal language'.[42] Yn y 'Gramadeg' yn ei drydydd gwaith, *Hieroglyfic*, ceir datganiad cynhwysfawr o'i ddysgeidiaeth ar y mater hwn, yn nhermau arwyddion ysgrifenedig yn ogystal â seiniau llafar:

> Letters as *grammata* or characters, either really or emblematically personate and represent things and ideas, and as notes of articulate sounds signify internal conceptions, and express them to others. They consist of various sorts, such as simple characters to denote elements or principles; compounds to express complex ideas and things . . . These are the smallest or elementary parts of language, as atoms are of matter and action of motion; an assemblage therof form particles, as of atoms do those of matter; and a combination of either form more sensible bodies, and so on to the construction of larger forms, masses or sentences; letters having been formed in their shapes and sounds, agreeable to ideas and things and having a natural connection therewith . . . (11, cf. 19–25)

Y ddamcaniaeth gorffilaidd (*corpuscular*) am gyfansoddiad mater sydd y tu ôl i'r datganiad hwn am natur iaith. Gwelai Rowland Jones gyfatebiaeth berffaith rhwng adeiladwaith y bydysawd allanol o atomau unigol a'r modd y cyfansoddir iaith wrth gydosod y seiniau a'r sillafau mwyaf syml. Mewn gwirionedd, craidd a chalon ei system ieithyddol oedd y berthynas hanfodol a welai'n bodoli rhwng y drefn faterol yn y bydysawd a mynegiant y gwrthrychau hynny yn elfennau a chyfansoddeiriau iaith. 'Nature', meddai wrth dynnu at derfyn ei waith olaf, *The Io-Triads*,

> consists of various analogical systems, which are composed of certain regular figures or parts, motions, and extensions, exactly corresponding with and represented by our letters, as the symbols of things, with their different divisions, modifications, and compositions in their particles and names of things as they correspond with nature. (42)

I Rowland Jones, felly, cyfrwng oedd iaith i dreiddio i wir adnabyddiaeth o'r bydysawd, a chan mai atomaidd yw natur y bydysawd hwnnw, dadleuai mai cyfanwaith o elfennau syml yw pob system ieithyddol sy'n ymdrechu i'w fynegi. Nid athrawiaeth newydd yn ei ddydd oedd y syniad mai adeiladwaith o atomau wedi'u pentyrru ar ei gilydd yw iaith. Rhyfeddai John Davies yn 1632 at y cyfoeth o eiriau cyfansawdd yn yr iaith Gymraeg, a'i chynneddf i lunio ychwaneg yn ôl yr un patrymau. Sylwai hefyd, gan roi enghreifftiau, ar

> y nifer mawr o eiriau cyfansawdd sy'n cael eu defnyddio yn gyffredin, er bod y geiriau syml y maent yn deillio ohonynt wedi mynd yn anarferedig, ac felly gyda geiriau syml y mae'r ffurfiau cyfansawdd a luniwyd ohonynt wedi diflannu.[43]

Yn 1705, cawn Edward Lhuyd yn ysgrifennu at Humphrey Foulkes yn gofyn am ragor o 'primitive British words, for we have not room for compounds'.[44] A gwelwyd yr un egwyddor y tu ôl i 'reol M. Pezron', a fabwysiadwyd gan gynifer o ieithyddion yng Nghymru, mai'r elfen symlaf oll yw'r un fwyaf cyntefig, ac mai adeiladwaith cywrain a chyfansawdd o eiriau yw pob iaith.

Ymhen rhyw ugain mlynedd ar ôl marw Rowland Jones, daeth y pwyslais hwn ar ddadansoddi iaith i'w helfennau i'w benllanw yn Lloegr yn llyfr awdurdodol John Horne Tooke, *Epea Pteroenta, or the Diversions of Purley* (1798, 1805), ac yng Nghymru yng ngwaith dylanwadol William Owen Pughe. Dyma'r egwyddor sydd yn sylfaen i eiriadur Pughe (1793–1800) a'i ramadeg (1803), ac a dynnodd yn ei ben wawd a dirmyg John Morris-Jones ymhen canrif arall. Arddangoswyd yr iaith Gymraeg yn y gweithiau hyn, yn ôl yr Athro,

> not as it is, or ever was, but as it might be if any suffix could be attached mechanically to any stem . . . To the author truth meant conformity with his theory; facts, perverse enough to disagree, were glossed over to save their character.[45]

Nid yw'n deg rhoi'r bai i gyd ar Rowland Jones am gyfeiliornadau ieithyddol William Owen Pughe a'i ddilynwyr – yr oedd gan Jones ei hun ddigon o ffaeleddau fel ieithegydd. Mewn gwirionedd nid oes tystiolaeth bod Pughe erioed wedi darllen ei waith. Eithr, yr oedd Hirllyn, yn yr erthygl a ddyfynnwyd eisoes o'r *Brython* yn 1858, yn argyhoeddedig mai 'cyfundrefn Rowland Jones' a fabwysiadodd Pughe 'yn llwyr ac yn gwbl', er ei fod 'yn annïolchusaf yn pasio heibio enw Rowland Jones, druan, heb y gair lleiaf o gydnabod'.

Nid oedd Hirllyn yn barod i ddedfrydu 'ai drwg ai da yw'r drefn o darddu geiriau fel y gwnaeth Dr Puw'.[46] Yn ôl John Morris-Jones, ar y llaw arall, drwg i gyd oedd effaith yr awdur hwnnw ar ddatblygiad yr iaith Gymraeg a syniadaeth am ei natur. Yr hyn sy'n sicr yw mai gyda chyhoeddi chwe chyfrol Rowland Jones yn chwedegau a saithdegau'r ddeunawfed ganrif y dechreuodd ieithyddion Cymru grwydro i ganol niwloedd athrawiaethau cyfriniol ac ocwltaidd. Eto i gyd, nid awdur i'w ddiystyru yw Rowland Jones, er mor ddieithr ei syniadau ac mor idiosyncrataidd ei ffordd o'u mynegi. Dichon y gellir crynhoi'r elfennau cadarnhaol yn ei weledigaeth o darddiad a datblygiad iaith yng ngeiriau'r bardd Gillian Clarke, un o ddisgynyddion ei deulu, yn ei cherdd hir, 'Cofiant':

> . . . he studied words known since his mother's womb,
> saw in old Celtic all primeval language
> broken by the scattering winds of Babel
> from the first stuttered monosyllable.[47]

NODIADAU

1. A. L. Owen, *The Famous Druids* (Oxford, New York, 1962), 195, dyfynnwyd gan Stuart Piggott, *The Druids* (Harmondsworth, 1974), 148. Iolo Morganwg yw gwrthrych trafodaeth Owen yma.
2. Bachellyn, yn ôl *Y Bywgraffiadur Cymreig*. Crugan, yn ôl y bardd Gillian Clarke (disgynnydd i deulu Rowland Jones) mewn cerdd hir o'r enw 'Cofiant' yn ei chyfrol *Letting in the Rumour* (Manchester, 1989). Y mae'r cyfeiriad at Rowland Jones (1716–74) ar dud. 77. Gw. hefyd *DNB* a ML.ii.166, nodyn (gw. n. 6 isod).
3. Ceir cyfeiriadau at waith Rowland Jones fel cyfreithiwr yn ML.ii.141, 151, 152, 166, 172, 380, 394, 513, 514, 525, 531. Gw. hefyd R. T. Jenkins a Helen Ramage, *History*, 103–4.

4. Glenda Carr, *William Owen Pughe* (Caerdydd, 1983), 78.
5. Er enghraifft, G. J. Williams, 'Leland a Bale a'r Traddodiad Derwyddol', *Llên Cymru*, 4 (1956–7), 22.
6. PL, 104–5, 115. Defnyddir y byrfoddau AL, ML, a PL eto yn y bennod hon; gw. nn. 3 ac 8 ym Mhennod 7 am y teitlau llawn.
7. *Y Traethodydd*, 61 (1906), 309.
8. Richard J. Owen (Glaslyn), 'Enwogion Eifionydd: Rowland Jones', *Y Traethodydd*, 63 (1908), 26–9.
9. Hirllyn, 'Geiriadur Rowland Jones o'r Weirglodd Fawr', *Y Brython*, 1858, 35–6. Y mae'n debyg mai 'Nicander', sef Morris Williams (1809–74), oedd 'Hirllyn'. Gw. Glenda Carr, 97, n. 43.
10. *The Critical Review or Annals of Literature*, 35 (1773), 318–19.
11. *The Monthly Review; or Literary Journal*, 50 (1773–4), 388–92.
12. At dud. 11 yn y llyfr y mae'r cyfeiriad. Y 'map' yw'r diagram rhyfedd cyn y rhagymadrodd.
13. Ar yr ymwybyddiaeth o Sansgrit yn Ewrop, gw. Penodau 9 ac 11 yma.
14. Ar Court de Gébelin, gw. Pennod 9.
15. *The Origin of Language and Nations . . .*, B1, B7.
16. Ar Condillac, gw. R. Harris a T. J. Taylor, *Landmarks in Linguistic Thought: The Western Tradition from Socrates to Saussure* (London, New York, 1989), 120–35: 'Condillac on the Origin of Language and Thought'; D. Droixhe, *La Linguistique et l'appel de l'histoire (1600–1800): Rationalisme et révolutions positivistes* (Genève-Paris, 1978), 14, 26–7, 164–7, 169, 217, n. 18, 255–6; Hans Aarsleff, *The Study of Language in England, 1780–1860* (Princeton, 1967), 11, 14, 16–33, 37, n. 43, a *From Locke to Saussure: Essays on the Study of Language and Intellectual History* (London, 1982), 146–209: 'The Tradition of Condillac: The Problem of the Origin of Language in the Eighteenth Century and the Debate in the Berlin Academy before Herder', 210–24: 'Condillac's Speechless Statue'.
17. *Postscript*, 3; cf. *Hieroglyfic*, A2; Locke, *Essay*, 'The Epistle to the Reader'.
18. *Origin*, B2; *Io-Triads*, 6.
19. *Hieroglyfic*, 32; Locke, *Essay*, II.viii.9, 10.
20. *Postscript*, 6; Locke, *Essay*, III.x.
21. *Io-Triads*, 4–5.
22. *Postscript*, 6.
23. Aidan L. Owen, *The Famous Druids: A Survey of Three Centuries of English Literature on the Druids* (Oxford, 1962), 182, 184–6.
24. R. Klibansky, *The Continuity of the Platonic Tradition During the Middle Ages: Outlines of a Corpus Platonicum Medii Aevi* (London, Warburg Institute, 1939), 14.
25. Ar y *Corpus Hermeticum* a'r cabala, derwyddon a hieroglyffau, gw. D. P. Walker, 'The Prisca Theologia in France', *Journal of the Warburg and Courtauld Institutes*, 17 (1956), 204–59. Hefyd, P. O. Kristeller, *Renaissance Thought* (New York, Evanston, London, 1961), 54, 60, 63, a *Renaissance Thought II: Papers on Humanism and the Arts* (New York, etc., 1965), 64, 99. Yn fwy manwl, Frances A. Yates, *Giordano Bruno and the Hermetic Tradition* (London, Chicago, 1964), e.e. 2–9, 20–43, 84–104, 121–6, 223, 257–74, a *The Rosicrucian Enlightenment* (Paladin Books, 1975), 'Introduction'.
26. Ar Fludd, gw. Yates, *Giordano Bruno*, 403–7, 432–55, a *Rosicrucian Enlightenment*, 103–7, 113, 148–9, 267.
27. Yates, *Rosicrucian Enlightenment*, 113.

28. G. Pico della Mirandola, *Oratio de Hominis Dignitate* (1486), par. 31. Ceir cyfieithiadau Saesneg yn *Oration on the Dignity of Man*, cyf. A. Robert Caponigri (Chicago, 1956), ac yn *The Renaissance Philosophy of Man*, goln. E. Cassirer, P. O. Kristeller, J. H. Randall (Chicago, 1948), 213–54. Gw. hefyd Yates, *Giordano Bruno*, 86–7, a n. 3.
29. H. Billingsley, *The Elements of Geometrie of the most auncient Philosopher Euclide of Megara . . . with a uery fruitfull Praeface made by M. I. Dee . . .* (London, 1570), *jv. Dyfynnir hefyd yn Yates, *Giordano Bruno*, 148.
30. *Monas Hieroglyphica Ioannis Dee, Londinensis, ad Maximilianum . . . Romanorum, Bohemiae et Hungariae regem sapientissimum* (Antuerpiae, 1564). Fe'i cyfieithwyd i'r Ffrangeg yn 1925 gan Grillot de Givry: *Jean Dee de Londres: La Monade Hiéroglyphique*, cyfieithiad sy'n honni mai hwnnw yw'r cyntaf i unrhyw iaith frodorol. Ceir hefyd fersiwn Saesneg ynghyd â nodiadau gan J. W. Hamilton-Jones: *The Hieroglyphic Monad by Dr. John Dee* (London, 1947). Gw. Yates, *Giordano Bruno*, 338–9, am ddarlun wynebddalen y *Monas*, a 420, n.1.
31. Am ddiddordebau Platonaidd-gabalistaidd Dee, gw. R. J. Roberts, 'John Dee and the Matter of Britain', *Trafodion Anrhydeddus Gymdeithas y Cymmrodorion* (1991), 129–43 (130), a *John Dee's Library Catalogue*, gol. Julian Roberts ac Andrew G. Watson (London, 1990), 217 (llyfrau yn ymwneud â Hermes Trismegistus), 224 (Pico), 239 (cabala). Hefyd, Frances A. Yates, *The Occult Philosophy in the Elizabethan Age* (London, 1979). Yn *The Circles of Gomer*, 71, cysyllta Rowland Jones y triongl a'r rhif pedwar â delta afon Neil.
32. Cymharer *Io-Triads*, 7–8.
33. Gw. hefyd *The Philosophy of Words*, dan y penawdau *Gomer*, *Hermes* ac, yn arbennig, *Monad* (68–70).
34. Ar y cabala yn gyffredinol, gw. G. G. Scholem, *On the Kabbalah and its Symbolism* (New York, 1969), a *Major Trends in Jewish Mysticism* (New York, 1978). Ceir llyfryddiaeth ddefnyddiol o weithiau mwy diweddar yn Elliot R. Wolfson, *Along the Path: Studies in Kabbalistic Myth, Symbolism and Hermeneutics* (New York, 1995), 247–69: 'Bibliography of Secondary Sources'. Gw. hefyd Christian David Ginsburg, *The Kabbalah: Doctrines, Development, and Literature. An Essay* (London, 1865).
35. Scholem, *Major Trends*, 100, 127, 135.
36. Yates, *Giordano Bruno*, 93; Scholem, *Major Trends*, 144–5.
37. Rowland Jones, *Philosophy of Words*, 60–1, 68–70; *Hieroglyfic*, 12.
38. Rowland Jones, *Philosophy of Words*, 68, 62–3, 78; cf. Scholem, *Major Trends*, 155.
39. Scholem, *Major Trends*, 133–4.
40. Gw. Wilkins, *Essay*, 415, a Jorge Luis Borges, 'El idioma analítico de John Wilkins', *Obras completas* (Buenos Aires, 1974), 706–9.
41. *Postscript*, 6.
42. Ibid., 31.
43. Ceri Davies, *Rhagymadroddion a Chyflwyniadau Lladin 1551–1632* (Caerdydd, 1980), 132, 135.
44. R. T. Gunther (gol.), *Life and Letters of Edward Lhwyd* (Oxford, 1945), 505.
45. J. Morris-Jones, *A Welsh Grammar Historical and Comparative* (Oxford, 1930 [1913]), v–vi.
46. Hirllyn, 'Geiriadur Rowland Jones . . .', 36.
47. Gillian Clarke, *Letting in the Rumour*, 77.

9

'Creadur Rhesymol' a 'Chreadur Cyfeilladwy': Iaith a Chymdeithas

Cyn troi at y datblygiadau mewn syniadaeth ieithyddol a ddigwyddodd yng ngwaith meddylwyr o Gymry wrth i ddiwedd y ddeunawfed ganrif agosáu, buddiol fyddai ystyried beth oedd yr hinsawdd ym myd ieithyddiaeth ar y cyfandir ac yng ngwledydd eraill Prydain yn ystod y degawdau olaf hynny. Sylwyd eisoes nad oedd ieithyddion Cymru yn yr ail ganrif ar bymtheg yn ysgrifennu mewn gwagle deallusol – fod Boxhornius yn gyfarwydd â geiriadur John Davies, a bod gan Leibniz a'i gyfaill Eckhardt wybodaeth eithaf manwl o hwnnw, ac o weithiau 'Jonesius' a 'Lloydius' yn ogystal. Gwelsom hefyd nad oedd datblygiadau yn y maes hwn ar gyfandir Ewrop yn anghyfarwydd i awduron o dras Cymreig yng Nghymru a Llundain drwy gydol y ddeunawfed ganrif. Pezron, wrth gwrs, oedd y dylanwad mwyaf pellgyrhaeddol ar awduron o gyfnod Edward Lhuyd ymlaen, ond cawsom hefyd Lhuyd ei hun yn dangos gwybodaeth o waith y Ffrancwr Ménage a'r Sbaenwr Aldrete, Evan Evans yn cyfeirio at waith Bullet ar y Celtiaid, a Thomas Llewelyn at eiriadur Llydaweg Rostrenen. Darllenodd Lewis Morris Moréri, ac ymosododd Rowland Jones ar Court de Gébelin. Wrth graffu ychydig ar athrawiaethau rhai o'r amlycaf ymhlith ieithyddion Ewrop yn ystod ail hanner y ganrif, cawn ddirnad i ba raddau y parhâi meddylwyr Cymru i berthyn i brif ffrwd syniadaeth am iaith, ac yn arbennig am ddechreuadau iaith, cyn i'r chwyldro mawr ddigwydd mewn astudiaethau ieithyddol yn y ganrif nesaf.

Yn 1768, ysgrifennodd Antoine Court de Gébelin at Johann David Michaelis yn Göttingen i ofyn beth a gyhoeddwyd gan ysgolheigion yr Almaen, o Leibniz ymlaen, i egluro dechreuad iaith ac ysgrifen, a beth oedd eu barn ar gymharu ieithoedd ('pour éclaircir l'origine des langues et de l'écriture, et sur la comparaison des langues, à commencer par le célèbre *Leibnitz*').[1] Cafodd yr ateb mai ychydig o sylw a gawsai'r materion hyn yn yr Almaen. Eithr nid oedd ymateb Michaelis yn hollol ddilys, a cheir digon o dystiolaeth o barhad y problemau traddodiadol hyn ymhlith cynyrchiadau Academi Frenhinol Prwsia, cymdeithas ddethol o ysgolheigion a sefydlwyd ym Merlin yn 1710, ar lun Cymdeithas Frenhinol Llundain. Wedi 1750, bu llawer o drafod yn adran ieithyddol yr Academi ryngwladol hon ar broblemau yn ymwneud â dechreuadau a datblygiad iaith ac ieithoedd. Gan ei bod yn tynnu'i haelodau o fwy nag un o wledydd Ewrop, Ffrangeg oedd cyfrwng pennaf trafodaethau ysgolheigaidd yr Academi ym Merlin, eithr dewisodd rhai o'r academyddion draddodi yn eu priod iaith eu hunain.

Enghraifft o hyn yw'r papur a ddarllenodd Johann Peter Süssmilch i'w gydaelodau ym mis Hydref 1756 i ddangos nad gan ddynion y cafodd iaith ei dechreuad, ond o law y Creawdwr yn unig. Teitl ei ddatganiad oedd *Versuch eines Beweises dass die erste Sprache ihren Ursprung nicht vom Menschen, sondern allein vom Schöpfer erhalten habe* [*Ymgais i Arddangos nad o Ddynion, eithr oddi wrth y Creawdwr yn unig y Cafodd yr Iaith Gyntaf ei Dechreuad*], ac fe'i cyhoeddwyd yn 1766.[2] Thema debyg a ddatblygwyd gan Samuel Formey, ysgrifennydd yr Academi, yn 1762 yn ei *Réunion des principaux moyens employés pour découvrir l'origine du langage, des idées et des connoissances des hommes* [*Casgliad o'r Prif Gyfryngau a Ddefnyddir i Ddarganfod Tarddiad Iaith, Syniadau a Gwybodaeth Dynion*], papur a gyhoeddwyd hefyd yn 1766. Ymwrthododd Formey â'r syniad o 'natur bur', a daeth i'r casgliad mai'r unig iaith gysefin oedd honno a ddysgwyd i ddyn yn y dechreuad gan awdur ei fodolaeth, ei syniadau cynharaf, a'i allu i'w mynegi.[3]

Ymddengys oddi wrth y teitlau hyn mai digon hen-ffasiwn oedd trywydd y traethodau, eithr yn 1759 enillodd Michaelis ei hun y wobr am ei bapur ar y berthynas rhwng tybiadau pobl a'u hiaith, a dyna dorri tir newydd. Nid tarddiadau iaith fel y cyfryw oedd testun myfyrdodau Michaelis, a dengys ei sylwadau symudiad nodedig yn ymagweddau ieithyddol ar ganol y ganrif. Fel y gwelsom eisoes, cyfoeth tafodieithol pobl gyffredin oedd prif destun edmygedd Michaelis yn ei draethawd. Dadleuai yn frwd yn erbyn cyfansoddi iaith gyffredinol artiffisial. Parchai dwf naturiol ieithoedd llafar, a rhan arbennig y werin bobl, menywod a phlant, yn eu datblygiad. I'r awdur hwn, felly, yr oedd ymholi i sut yr oedd geiriau wedi newid eu hystyr yn gyfrwng arbennig yn y broses o ddod i adnabod teithi meddwl cenedl, gan fod pob iaith yn 'bentwr' o ddoethineb ac athrylith y boblogaeth a'i siaradai, a phob unigolyn yn cyfrannu at y pentwr hwnnw.[4]

Gwelwyd yr un fath o syniadaeth yng ngwaith mawr yr Eidalwr Giambattista Vico yn y 1720au ac, yn y llyfr cyntaf a gyhoeddodd y Ffrancwr Condillac yn 1746, datganodd ef fod pob ystyriaeth yn cadarnhau'r dyb fod cymeriad pobl yn cael mynegiant yn eu hiaith.[5] Yn yr Alban yn ystod yr amser yr ysgrifennai Michaelis bu Thomas Reid, athro athroniaeth ym Mhrifysgol Glasgow, yn pledio achos synnwyr cyffredin ynghyd ag iaith lafar y werin mewn modd tebyg i'r Almaenwr.[6] Yr un ystyriaethau a welir y tu cefn i ddiddordeb Theophilus Evans yn yr iaith 'a sieredir ym mysc y Gwerinos', a dewisodd Rowland Jones yn ei dro gymryd y dafodiaith a glywsai ar wefusau brodorion Gwynedd yn sylfaen i'w astudiaethau ieithyddol. Amlygodd Thomas Llewelyn hefyd ddiddordeb arbennig yn nhafodiaith Morgannwg, a gwelir llaweroedd o eiriau tafodieithol, priod-ddulliau a diarhebion traddodiadol ymhlith y rhestrau geiriau a grynhowyd gan gasglwyr geiriau brwd dechrau'r ganrif. Erbyn ei degawdau canol, yr oedd Iolo Morganwg yntau wedi cychwyn ar ei yrfa o gofnodi a thrafod cyfoeth tafodieithol Cymru ym mhob cwr ac ym mhob sir. Un o nodweddion mwyaf adnabyddus y mudiad Rhamantaidd yn ystod y ganrif nesaf yw'r pwyslais a roes ar y mynegiant o ysbryd y werin bobl mewn tafodiaith, llên a chân. Ni fu ysgolheigion ieithyddol Cymru heb eu rhan yn natblygiad yr agwedd honno.

Awgryma ateb Michaelis i gwestiwn Court de Gébelin yn 1768 nad oedd ganddo ef yn bersonol lawer o ddiddordeb yn y broblem o ddechreuadau iaith, a dengys ei draethawd ei fod yn bwriadol osgoi y mater yn ei drafodaeth. Wedi canrifoedd maith o ddyfalu a dadlau, nid oedd athronwyr ac ieithyddion fymryn yn nes at ddatrys y cwestiwn o sut y daeth iaith ac ieithoedd i fod.[7] Eto i gyd, daliai'r broblem i boeni hyd yn oed Michaelis a, cyn diwedd ei draethawd, awgrymodd destun arall ar gyfer gwobr yr Academi, sef 'Sut y gallai iaith ddyfod i fod ymhlith dynion nad oedd ganddynt iaith o'r blaen, ac ym mha fodd y datblyga i gyflwr o berffeithrwydd?' Y mae ffurf y cwestiwn yn awgrymu mai ateb naturiaethol a ddisgwyliai Michaelis, a phwysleisiodd awdurdodau Academi Berlin yr agwedd honno wrth newid y geiriad ar gyfer eu cystadleuaeth yn 1771.

Johann Gottfried Herder oedd yr awdur a gipiodd y wobr yn y flwyddyn honno, am ei ymateb i destun ychydig yn wahanol i gwestiwn Michaelis, sef: 'A bwrw bod dynion yn gyfyngedig i'w cyneddfau naturiol, a fyddent yn medru dyfeisio iaith? A pha gyfryngau a fyddai ganddynt i'r pwrpas hwnnw?'[8] Dengys ffurf y testun, ac ymateb Herder, natur y newid a ddigwyddodd mewn diddordebau ieithyddol yn ystod ail hanner y ganrif – symudiad o genesis iaith i'w datblygiad hi. Eisoes yn 1767, yn ei *Fragmente über die neuere deutsche Literatur* [*Dernynnau ar Destun Llenyddiaeth Ddiweddar yr Almaen*] yr oedd Herder wedi datgan nad oedd iaith mewn gwirionedd yn wrthrych teilwng i'w astudio nes iddi fodoli eisoes, ac iddi gyrraedd ei llawn dwf.[9] Eto, awgryma'r teitl a ddewisodd ar ei draethawd buddugol wrth ei gyhoeddi yn 1772, *Abhandlung über den Ursprung der Sprache* [*Traethawd ar Darddiad Iaith*], pa mor anodd oedd i ysgolheigion ei genhedlaeth ef ymryddhau oddi wrth hualau canrifoedd o synfyfyrio ar y broblem sut y daeth dyn yn greadur llafar yn y lle cyntaf. Awgrymog hefyd yw'r ffaith mai enw tebyg a roes un arall o'r cystadleuwyr ar ei draethawd yntau wrth ei gyhoeddi yn yr un flwyddyn. Johann Nicolaus Tetens oedd hwnnw, ac enw ei lyfr oedd: *Über den Ursprung der Sprachen und der Schrift* [*Am Darddiad Ieithoedd ac Ysgrifen*]. I'r awdur hwn, cynneddf sy'n nodweddu'r hil ddynol yn unig yw iaith, a chan na fedr dyn fod yn ddyn ar wahân i gymdeithas rhai tebyg iddo, ofer yw ystyried ei gyfryngau cyfathrebu mewn unrhyw gyflwr 'naturiol' cyn-gymdeithasol.[10]

Un o ragdybion Herder hefyd oedd mai creadur llafar yw dyn yn ôl ei natur, a hynny yn rhinwedd y ffaith ei fod wedi'i gynysgaeddu â rheswm, neu yn hytrach â synnwyr, sef y gallu i feddwl yn graff a rhesymol (*Besonnenheit*). Yng ngeiriau Henri Perri bron ddwy ganrif ynghynt, y mae dyn yn 'greadur rhesymol' yn rhinwedd ei allu i ddidoli a dosrannu ei wybodaeth a rhoi barn. Ei gynneddf i 'ymddiddan yn areithiawl' a 'diblygu meddyliau'r galon ar eiriau' sy'n gwneud yn hysbys ei fod hefyd yn 'greadur cyfeilladwy'.[11] Yn ystod y ddeunawfed ganrif, daeth y ddwy agwedd hyn ar y natur ddynol yn elfennau hanfodol i drafodaethau ar ddatblygiad iaith.

Defnyddiodd Herder y gair *Besonnenheit* (ac nid *Vernunft*, y gair arferol am reswm) am y gynneddf sydd yn gwahaniaethu dynolryw oddi wrth yr anifeiliaid. Cynneddf ydyw a berthyn yn hanfodol i bob aelod o'r hil ddynol, a thrwyddi hi y mae'n bosibl i bob dyn fod yn llafar, hyd yn oed y mudan na ddysgodd erioed siarad, a'r dyn gwyllt yn unigeddau'r goedwig (30).[12] Trwy ei allu i feddwl ac i ddewis y bydd dyn yn ymarfer ei ryddid, cynneddf arall sy'n eiddo iddo yn anad pob creadur arall. A thrwy ei synhwyrau, yn neilltuol y gallu i glywed, y daw i wneud synnwyr o'r byd y tu allan, ac i'w ddynwared mewn seiniau a dyfodd yn iaith naturiol, gyntefig.

I Herder, mydryddol oedd iaith yn ei dechreuadau, a chredai mai natur gerddorol oedd i'r 'tönende Sprache' a nodweddai ddynion yn y dechreuad (3, 47). Agwedd arall ar hyn oedd ei bwyslais ar yr elfen drosiadol, fetafforaidd, y credai ei bod yn hanfodol i ddatblygiad iaith yn ei chyfnod cyntaf oll.[13] Yn 1771, y flwyddyn yr enillwyd cystadleuaeth Berlin gan draethawd Herder, cyhoeddodd John Walters, Llandochau, *A Dissertation on the Welsh Language.* Gwahanol iawn oedd pwrpas a rhychwant y gweithiau hyn, ond erbyn ymddangosiad geiriadur Walters a'i ragymadrodd pwysig yn 1794 (a drafodwyd ym Mhennod 6), ehangwyd gorwelion ieithyddol y Cymro i ystyried sut y daeth iaith fel y cyfryw i fod, a sut y datblygodd yn y cyfnod cynnar wrth i eiriau droi'n drosiadau.

Ystyriai Herder fod y modd y datblygodd ieithoedd cyntefig trwy gyfrwng metaffor yn ganlyniad i'r cyd-gysylltiad rhwng y synhwyrau. Yn ei ymresymiad ef, gan mai'r clyw yw'r synnwyr mwyaf hanfodol i ddatblygiad iaith, hawdd yw dirnad sut y daeth geiriau i fod er mwyn cyfleu'r seiniau a amgylchynai'r dyn cyntefig yn ei goedwig (40, 46). Ond sut y datblygodd gweddill ein geirfa, y geiriau sy'n cyfleu'r gwrthrychau a ganfyddir trwy'r synhwyrau eraill? Yng nghwestiwn bachog Herder ei hun: 'sut y medrai dyn newid i fod yn sain yr hyn nad oedd yn cynhyrchu sain?' (48). Daeth o hyd i'r ateb yn y syniad o *sensorium* cyffredin, rhwydwaith cymhleth y synhwyrau i gyd, sydd fel petai'n 'llifo i'w gilydd', ac yn cydweithio ym mhob unigolyn (49–50). Dyna sut y daeth yn bosibl i'r dyn cyntefig ddefnyddio un synnwyr i fynegi'r hyn a ganfuwyd trwy un arall. Dyma hefyd ffynhonnell yr elfen drosiadol a nodweddai iaith yn ei dechreuadau, y 'llifo' o'r naill arwyddocâd i'r llall y soniodd John Walters mor gelfydd amdano yn 1794 yn ei gyffelybiaeth o'r lliwiau mewn darn o wydr prismataidd.[14] Yn y ffordd hon y daw geiriau i fagu ail a thrydedd ystyr, ac y bydd yr arwyddocâd gwreiddiol weithiau yn mynd ar goll yn llwyr, a'r trosiad yn unig yn aros. Noda Walters mor bwysig i eiriadurwr gwerth ei halen yw dadansoddi'r gwahanol ystyron hyn a'u cadw ar wahân.

Cysyniad ffrwythlon arall y cysylltir enw Herder yn arbennig ag ef, ac a welir hefyd yn rhagymadroddion Walters, yw'r athrawiaeth bod gan bob iaith ei 'hathrylith' neu anianawd ei hun a ddatblygir o oes i oes fel canlyniad i amgylchiadau amrywiol a chyfnewidiol. Yn y bennod 'Du génie des langues' yn ail lyfr ei *Essai sur l'origine des connoissances humaines* yn 1746 (II.i.15, par. 142) dangosodd Condillac sut y mae hinsawdd a llywodraeth yn effeithio ar gymeriad cenedl, a'r cymeriad hwnnw yn ei dro yn dylanwadu ar ei hiaith. Gwelir yr un syniadaeth yn yr erthygl '[Art] Étymologique' yn chweched gyfrol *Encyclopédie* Diderot a d'Alembert (1756, 111) a ysgrifennwyd gan y Chevalier de Jaucourt. Er mwyn deall sut y ffurfir geiriau mewn unrhyw iaith, meddai'r awdur hwn, rhaid ymchwilio i gymeriad ysbryd cenhedloedd ('le caractère de l'esprit des peuples'), ynghyd â gwneuthuriad corfforol eu haelodau. Ysgrifennwyd yr erthygl 'François, ou Français' yng nghyfrol 1757 yr *Encyclopédie* gan Voltaire, ac yno hefyd cysylltir cymeriad arbennig cenedl â phriod nodweddion ei hiaith. Am y cyntaf, dywed:[15]

> En effet, chaque peuple a son caractère, comme chaque homme, et ce caractère général est formé de toutes les ressemblances que la nature et l'habitude ont mises entre les habitants d'un même pays, au milieu des variétés qui les distinguent. Ainsi le *caractère*, le génie, l'esprit *français*, résultent de tout ce que les différentes provinces de ce royaume ont entre elles de semblable . . .
>
> (Yn wir, y mae gan bob cenedl, fel pob dyn, ei chymeriad, a ffurfir y cymeriad cyffredinol hwn o'r holl elfennau tebyg a osododd natur ac arfer ymhlith trigolion yr un wlad ynghanol yr amrywiaethau sy'n eu gwahaniaethu. Felly canlyniad yw cymeriad, anianawd ac ysbryd pobl Ffrainc i'r hyn sydd gan wahanol daleithiau'r deyrnas hon yn gyffredin . . .)

Am yr iaith Ffrangeg, ysgrifenna Voltaire:

> Le génie de cette langue est la clarté et l'ordre; car chaque langue a son génie et ce génie consiste dans la facilité que donne le langage de s'exprimer plus ou moins heureusement, d'employer ou de rejeter les tours familiers aux autres langues.
>
> (Anianawd yr iaith hon yw eglurder a threfn; oherwydd y mae gan bob iaith ei hanianawd, a'i hanfod yw'r rhwyddineb a rydd i ddyn i'w fynegi'i hun fwy neu lai yn addas, i ddefnyddio neu i wrthod troeon ymadrodd cyfarwydd i ieithoedd eraill.)

Yn 1759 ymddangosodd ail gyfrol llyfr François Bullet, *Mémoires sur la langue celtique*, ac yno hefyd ceir golwg ar y cysyniad hwn. Wrth sôn am fenthyciadau o'r Lladin, dywed Bullet yr adnabyddir anianawd iaith wrth y ffordd y mabwysiedir geiriau estron ganddi: 'on connoît le génie d'un langage dans la manière dont il adopte les termes étrangers'.[16] Yr oedd Taillandier wedi defnyddio'r un ymadrodd yn 1752 yn ei ragymadrodd i *Dictionnaire de la langue bretonne* Le Pelletier, wrth sylwi bod yr awdur wedi adnabod 'le génie de cette langue' (2).

Un o amcanion Adam Smith yn 1761, yn ôl teitl ei lyfr ar iaith, oedd trafod 'anianawd gwahanol ieithoedd cysefin a chyfansawdd'.[17] Yn 1762 cyhoeddodd Joseph Priestley *A Course of Lectures on the Theory of Language and Universal Grammar* yn Warrington. Er nad yw'n defnyddio'r un ymadrodd, dengys myfyrdodau Priestley ar grefft y cyfieithydd ei fod yntau yn ystyried bod pob iaith yn berchen ar ei nodweddion arbennig ei hun (226–36). Eto, yn Ffrainc yn 1761 cyhoeddwyd llyfr o'r enw *L'Esprit des langues* [*Ysbryd Ieithoedd*] gan

Frère de Montizon. Gwerslyfr ar gyfer dysgu'r ieithoedd clasurol oedd hwn, ond datblygwyd ynddo'r syniad bod gan bob iaith ei chymeriad nodweddiadol ei hun.[18]

Wedi 1765, pan ymddangosodd erthygl ddylanwadol Nicolas Beauzée ('Langue') yng nghyfrol 9 *Encyclopédie* Diderot a d'Alembert, lledaenwyd syniadaeth o'r math hwn ymhellach. Yng nghystrawen pob iaith y mae darganfod ei phriod anianawd, yn ôl Beauzée, a dyma'r allwedd i olrhain perthynas ieithoedd â'i gilydd, yn hytrach nag unrhyw debygrwydd yn elfennau eu geirfa (263). 'C'est sur-tout dans la syntaxe', meddai yn gryno, 'que consiste le génie principal et indestructible de tous les idiomes' ('Yn ei gystrawen yn anad dim y gwelir hanfod anianawd arbennig ac annileadwy pob llafar') (259). Credai hefyd fod hinsawdd, cymeriad ac iaith yn dibynnu ar ei gilydd yn natblygiad cenedl (262), ac yn ei *Grammaire générale* yn 1767 ychwanegodd at gynnwys y cysyniad gwerthfawr hwn wrth gyferbynnu anian unigol ieithoedd llafar arbennig ag undod cyffredinol natur: 'À travers ces différences considérables du génie des langues, on reconnaît sensiblement l'expression uniforme de la nature, qui est une, qui est simple, qui est immuable . . .' ('Ar draws y gwahaniaethau sylweddol hyn yn anianawd ieithoedd, canfyddir yn eglur yr un natur yn ei mynegi'i hun, yn unffurf, yn syml, yn ddigyfnewid').[19] Syniadau tebyg a leisiwyd gan Charles de Brosses yn 1765: cyfeiria at 'le génie de la langue grecque' ac at effaith hinsawdd a daearyddiaeth ar ffurfiant corfforol y bobloedd, gan ddatgan yn groyw: 'il est certain que le langage d'un peuple contient . . . les véritables dimensions de son esprit' ('y mae'n sicr bod iaith unrhyw genedl yn cynnwys union faintioli ei hysbryd').[20]

Defnyddiwyd yr ymadrodd 'der Genius der Sprache' gan Herder ei hun yn ei draethawd ar lenyddiaeth yn 1767, ac adlewyrchir yr athrawiaeth hon mewn teitlau eraill a ymddangosodd yn Ffrainc yn ystod y degawdau nesaf, e.e. *Discours sur les progrès de la langue et de la littérature françoise, et sur la nécessité d'en étudier le génie et le caractère* [*Traethawd ar Ddatblygiad Iaith a Llenyddiaeth Ffrainc, ac ar y Rheidrwydd o Astudio'u Hanianawd a'u Cymeriad*] (Paris, 1774) gan yr Abbé Jean-Louis Aubert, a *L'Esprit de la langue française et la cause de l'universalité de cette langue* [*Ysbryd yr Iaith Ffrangeg ac Achos Cyfanfydaeth yr Iaith honno*] gan Jean-Baptiste Viennois (Dijon, 1787).[21] Fe ddichon mai yn Ffrainc ar ganol yr ail ganrif ar bymtheg yr ymddangosodd y syniad o *esprit* neu *génie* iaith, a gellir canfod y cysyniad hefyd yn nadleuon Jan de Laet yn erbyn Grotius yn 1643 yn Amsterdam.[22]

Llyfr dylanwadol a gyfrannodd yn ddiau at dwf y cysyniad oedd *De l'esprit des lois* [*Am Ysbryd Cyfreithiau*], campwaith Charles de Secondat, barwn Montesquieu, a gyhoeddwyd yng Ngenefa yn 1748. Cyfraith ac nid iaith oedd testun myfyrdodau eang a dwys Montesquieu, ond gellid cymhwyso'i fethod cymharol, a'r pwysigrwydd a osododd ar yr amgylchiadau sy'n cyflyru'r gyfraith o wlad i wlad, i astudiaethau eraill. Dichon y clywir adlais o enw ei lyfr yn y teitlau a ddewiswyd gan ei gydwladwyr Frère de Montizon a Viennois, a enwir uchod. Diddorol yw sylwi hefyd fod Henry Rowlands, ymhell cyn cyhoeddi llyfr Montesquieu, wedi tynnu sylw at y modd y mae amgylchiadau amrywiol mewn daearyddiaeth, yr hinsawdd, a hyd yn oed fwyd, yn effeithio ar yr organau corfforol sy'n rheoli'r llais ac ynganiad geiriau.[23] Sonia Montesquieu am 'ysbryd cyffredinol cenedl', ac ymhlith y dylanwadau sy'n cyfrannu at yr ysbryd hwnnw crybwylla grefydd, arferion, moesau, egwyddorion llywodraethau, ac yn enwedig yr hinsawdd.[24]

Er iddo wadu'i fod yn ddisgybl i Montesquieu, gwelir y syniadau hyn yn eglur yng ngweithiau Herder, yn arbennig yn y cyfrolau ar athroniaeth hanes a gynhyrchodd rhwng 1784 a 1791: *Ideen zur Philosophie der Geschichte der Menscheit* [*Syniadau ar gyfer Athroniaeth Hanes y Ddynoliaeth*] (llyfrau 7 ac 8). Athrawiaeth Herder oedd bod anianawd cyffredinol y ddynoliaeth yn cael ei foldio mewn gwahanol ffyrdd dan amgylchiadau arbennig pob cenedl (*Volk*). Credai fod pob *Volk* yn unigryw, fel canlyniad i amrywiaeth yr amgylchiadau naturiol a moesol a geir dros wyneb y ddaear, ac a fu ar hyd cyfnodau hanes. Yn wir, hanes y byd yw hanes amrywiol y *Völker* unigol hynny, a ffurfiwyd ar hyd y canrifoedd gan hinsawdd a chwedloniaeth, cerddoriaeth ac iaith.[25]

Yn y cyfnod hwn, felly, ystyrid ei phriod iaith yn un o'r elfennau a gyfrannai at ffurfio ysbryd neu anianawd cenedl. Ar yr un pryd, tyfodd y syniad fod i bob iaith ei hysbryd priodol ac unigryw ei hun a ddatblygir dan ddylanwad amgylchiadau a nodweddion arbennig y genedl y perthyn iddi. Nid oedd y syniadau hyn yn ddieithr i feddylwyr Cymru, ac fe'u cawn yn defnyddio'r un ymadrodd â'u cymheiriaid ar y cyfandir i fynegi'r cysyniad. Gwelsom fod Henry Rowlands a Rowland Jones yn arbennig yn awgrymu pwysigrwydd daearyddiaeth a hinsawdd ar ddatblygiad ieithoedd unigol. Yn y rhagymadrodd i *Celtic Remains*, soniai Lewis Morris am 'the nature and texture of the language' a 'the texture and genius of the language' a chyfeirio at 'the genius of the Celtic and Teutonic'. Yn gynnar yn y pumdegau, hefyd, wrth gyflwyno'i *Thesaurus* (1753) i dywysog Cymru, crybwyllodd

Thomas Richards y posibilrwydd y byddai gan y tywysog rywbryd 'an inclination to inquire into the GENIUS of the ANCIENT BRITISH' (iv).

Gwelsom enghreifftiau o'r un ymadrodd yng ngwaith Thomas Llewelyn a John Walters, a derbyniodd Iolo Morganwg hefyd y cysyniad, ynghyd â'r ymadrodd Saesneg. Yn un o'i lawysgrifau y mae'n amddiffyn geirdarddiad fel arf yn llaw y dyn o synnwyr cyffredin a chanddo hyd yn oed ychydig o ymdeimlad â 'the Genius of a language', a sonia am 'the very satisfactory evidences that are to be found in the peculiar cast of a language and it's writing, beyond what can ever be rendered in another . . .'[26] I Iolo hefyd yr ydym yn ddyledus am fynegi'r un cwlwm o syniadau mewn Cymraeg (er mor drwsgl ac idiosyncrataidd ei fynegiant). Yn y cyfnod 1785–90 bu'n cyfansoddi *Cyfrinach Beirdd Ynys Prydain*, er nas cyhoeddwyd tan 1829.[27] Megis y gwelodd Voltaire eglurder a threfn yn nodweddu'r iaith Ffrangeg mewn modd arbennig, i Iolo gorweddai teilyngdod y Gymraeg yn 'ansawdd a phwyll ei geiriau a'i hymadroddion'. Ceir sôn yn yr un fan am 'hanfod, ag ansodd a phwyll' yr iaith, am ei hanian a'i hamcan a'i bonedd, a'i 'helaethgyrch gyflawnder cyrhaeddbell' (11–12). Defnyddia'n ogystal y geiriau *priod-oldeb*, *teithi*, *campau*, *anianbwyll*, a *rhagordalediwrwydd* (14–16). 'Teilyngdod a Theithi'r IAITH GYMRAEG, yn amgen Iaith o'r Byd,' meddai ymhellach, 'yw adrodd yn hyfedr, ag yn hyall, ag yn hyddysg, ag yn hynaws, pob peth er a allo'r meddwl, a'r Byd ei ddychmmyg.' Am hyn 'yn ei thrylen athrylith, y mae hi'n rhagori, ag yn blaenori ar bob Iaith arall dann Haul ag wybren', a chasaf beth iddi yw 'pob anian estroniaith' (14–16).

* * *

Bu llawer o drafod gan ieithyddion y ddeunawfed ganrif ar destun lleferydd fel nodwedd hanfodol dyn mewn cymdeithas.[28] Ymhlith y problemau a'u poenai yr oedd y cwestiwn i ba raddau y mae iaith yn naturiol i ddyn fel dyn, a sut y symudodd y ddynoliaeth y tu hwnt i ebychiadau aflafar a dynwared seiniau byd natur i gynhyrchu ieithoedd ag iddynt adeiladwaith cymhleth a chyson. Y mae traethawd Herder yn cychwyn â'r datganiad bod dyn, o'i ystyried yn anifail yn unig, eisoes yn greadur llafar. Mynegir teimladau ei gorff ac emosiynau'i enaid yn uniongyrchol trwy gyfrwng ebychiadau gwyllt, nas cynhyrchwyd o'i wirfodd. Hyd yn oed petai wedi'i adael ar ynys anghyfannedd, yn bell o gymorth ei gyd-ddyn, byddai'r dyn cyntefig, 'yn gymaint â'r gwron Philoctetes', fel y dywed Herder, yn cynhyrchu seiniau digyswllt, griddfannau ac ochain, i fynegi'i deimladau. Serch hynny, fe berthyn i'r rhain hefyd agwedd gymdeithasol, oherwydd y mae gan y bloeddiadau ac ochneidiau anwirfoddol hyn y gallu i gynhyrchu adwaith uniongyrchol o gydymdeimlad, yn union fel y cynhyrchir adlais mewn tant arall gan dant yn atseinio (Herder, *Treatise on the Origin of Language*, 1–2, 12).

Man cychwyn Herder, felly, yw'r lleferydd sylfaenol hwn, sydd yn gyffredin i ddyn ac anifail ac a ddeil yn ei grym hyd yn oed wedi i ddynion ddyfeisio ffyrdd llai greddfol ac uniongyrchol o'u mynegi'u hunain. Mewn cymdeithas ddatblygedig, soffistigedig, 'bydd natur yn ailddatgan ei hawliau' o bryd i'w gilydd, a phobl yn para i fynegi'u teimladau dyfnaf trwy ebychiadau disyfyd, aflafar. Yn ôl Herder, y mae i bob rhywogaeth ei hiaith naturiol ei hun, a dibynna'r gyd-ddealltwr-iaeth rhwng y rhywogaethau ar radd y tebygrwydd rhwng eu cyfan-soddiad corfforol. Felly, mewn cymhariaeth sy'n atgoffa'r darllenydd o wyddor anifeilaidd William Baxter, dywed fod yr Arab yn medru cyfathrebu â'i geffyl yn yr un modd ag y gwnâi Hector â'i farch yn arwrgerdd Homer (3). A bydd dehongliad Rowland Jones o wahanol ystyron cyntefig y sain *o* yn dychwelyd i'r meddwl wrth ddarllen geiriau Herder yma. Yn yr ebychiadau syml hyn, meddai, mynegir yn fynych deimladau gwrthgyferbyniol: er enghraifft, gall 'A!' arwyddocáu llesmair serch a dyfnder anobaith, ac 'O!' orfoledd yn ogystal â gofid. Nid darlunio yw eu pwrpas, eithr mynegi yn uniongyrchol trwy gyf-rwng sain (4–5).

Mater crai iaith yn unig a geir yn y 'tonau' cyntefig hyn. Yn un o'i gyffelybiaethau trawiadol o fyd natur, dywed Herder nad gwreiddiau iaith yn union ydynt, ond y nodd sy'n bywhau'r gwreiddiau hynny (5). Er bod yr iaith naturiol hon yn nodweddu dyn ac anifail, canfyddir gwahaniaeth pendant rhyngddynt, oherwydd y ddynoliaeth yn unig ymhlith holl rywogaethau natur a fedr ddatblygu ymadrodd o fath gwahanol. Adeiladwaith yw hyn o arwyddion llafar y cytunir arno mewn modd gwirfoddol rhwng unigolion a'i gilydd. Er bod plant yn defnyddio seiniau a bloeddiadau digymell cyn iddynt fedru siarad, nid yw'r iaith a ddysgant gan eu rhieni yn tyfu allan o'r rhain. Hanfod a natur hollol wahanol sydd iddi (12).

Problem Herder ac eraill o'i gyfoeswyr oedd pontio'r agendor rhwng y ddau fath hyn o iaith, trwy ddarganfod yn union sut y dat-blygodd iaith gymdeithasol, naill ai allan o'r lleferydd naturiol, neu yn annibynnol arno. Ateb Herder i'r cwestiwn oedd galw sylw i gynneddf arall ym meddiant dyn, nid un newydd a ymddangosodd yn sydyn ynddo, ond y gallu cynhenid sydd ganddo i adfeddwl, i ail-greu argraffiadau'i synhwyrau yn ei gof o'i wirfodd, ac i ddewis canolbwyntio ar y naill yn hytrach na'r llall ohonynt. Er mai datblygu a wna'r gynneddf hon ym mhob unigolyn, megis y tyf y goeden gyfan o'r hedyn, eto hi sy'n cynrychioli dawn hanfodol y ddynoliaeth i ffurfio iaith yng ngwir ystyr y gair (25). Y gallu 'rhydd, gweithredol, cadarnhaol hwn', a nodwedda'r hil ddynol yn unig, sydd wrth wraidd y strwythurau artiffisial a elwir yn ieithoedd. Ganwyd iaith yn y foment honno pan ganolbwyntiodd rhyw unigolyn ar un o'i ddrychfeddyliau yn arbennig, a hynny o'i wirfodd (27).

I'r awdur hwn, cynnyrch yr *ewyllys* mewn modd neilltuol iawn yw'r gallu i ffurfio iaith. Y mae'n dibynnu hefyd ar y ddawn i sefydlogi'r adfeddyliau gwibiog ag arwyddion, nes ei bod yn bosibl eu hatgyfodi o'r newydd mewn ffordd drefnus, reolaidd. Yn y foment honno yn unig y darganfyddir iaith y ddynoliaeth, nid, fel y pwysleisia Herder, yn nhrefn arbennig ei horganau ymadrodd, na mewn ebychiadau i gyfleu nwyd ac emosiwn. Nid yw'n gynnyrch efelychu seiniau'r byd naturiol, nac ychwaith yn ganlyniad i gytundeb rhwng dyn a dyn, fel y credai Rousseau. I awdur yr *Abhandlung*, felly, y mae rhesymu a llefaru yn ddwy agwedd ar yr un gweithgarwch – fel yr awgryma'r gair Groeg 'logos' – y naill yn fewnol, a'r llall wedi'i gyfeirio allan at fyd o fodau tebyg. Paratoad ar gyfer cymdeithas oedd y syniad cyntaf a ddaeth i ddyn, gan fod y gair cymwys i'w fynegi ar yr un pryd yn arwyddo rhywbeth iddo ef, ac yn medru cyfleu yr un peth i arall (38).

Cyfeiria Herder o bryd i'w gilydd at syniadau meddylwyr eraill – at ei gydacademydd Süssmilch, er enghraifft, ac at y Ffrancwyr Condillac, Maupertuis a Rousseau. Dirmygus yw ei adwaith i athrawiaeth Condillac, ond y mae llawer o debygrwydd rhwng damcaniaethau'r athronydd hwnnw, fel y'u datblygwyd rhwng 1746 a 1780, a syniadau Herder ei hun.[29] Wynebent yr un broblem sylfaenol: sut i gysoni'r seiniau aflafar, greddfol sy'n eiddo i ddyn yn ei gyflwr cysefin ag iaith o wneuthuriad gwirfoddol aelodau cymdeithas ddatblygedig, a gyfansoddir o eiriau heb berthynas naturiol â'r hyn a arwyddoceir ganddynt.

Yn ei athrawiaeth gynnar, gwahaniaetha Condillac rhwng dychymyg yr anifail, sydd yn fecanyddol yn cysylltu pethau presennol â drychfeddyliau o bethau yn y gorffennol, a gallu dynion i atgynhyrchu atgofion o'u gwirfodd, fel gweithred o ewyllys. Yn debyg i'r creaduriaid eraill, yr oedd gan ddyn yn ei gyflwr cysefin ryw ffordd naturiol o fynegi'i deimladau cudd trwy ystumiau ac ebychiadau digyswllt. Yr hyn a'i gwahaniaethai oddi wrth yr anifail oedd ei allu i adfeddwl, i alw i fyny atgofion yn bwrpasol, i'w cymharu, ac yn bwysicaf oll, i bennu un o'r arwyddion naturiol yn ei feddiant i'w harwyddocáu yn y dyfodol. Gweithred ymwybodol, ewyllysgar oedd hon, a esgorodd ar yr arfer o ddefnyddio seiniau ac ystumiau yr 'iaith naturiol', neu 'iaith weithredu' ('le langage d'action') i arwyddocáu a rhybuddio yn bwrpasol. Erbyn hyn byddai rheolaeth gan ddynion ar yr arwyddion naturiol, greddfol a fu'n rhan o'u cyfansoddiad anifeilaidd – ebychiadau ac ystumiau – a byddent mewn sefyllfa i ddyfeisio arwyddion eraill i ychwanegu at eu stôr. Fel hyn, o dipyn i beth, yn ôl Condillac, y datblygodd ieithoedd a gyfansoddir o seiniau nad oes ganddynt berthynas uniongyrchol â'r hyn y ceisiant ei arwyddocáu. Manylir ar y syniadau hyn yn y *Grammaire* (1775) a'r *Logique* (1780) a ysgrifennwyd gan Condillac tua diwedd ei oes.[30]

Gwelir felly fod llawer o debygrwydd rhwng athrawiaeth sylfaenol Condillac ar y mater hwn ac eiddo Herder, yn neilltuol yn eu pwyslais ar ran yr ewyllys yn y broses o ffurfio iaith artiffisial. Nid oedd meddylwyr Cymru ar faterion ieithyddol yn y cyfnod hwn yn rhannu diddordeb eu cymheiriaid ar y cyfandir mewn ystyriaethau athronyddol o'r fath. Testun eu myfyrdodau cenedlgarol hwy, yn fwyaf arbennig, oedd eu priod iaith eu hunain a'i pherthynas ag ieithoedd eraill y byd. Ymdrechent o hyd i grynhoi at ei gilydd adfeilion chwilfriw Babel. Eithriadau i'r duedd hon, neu'n hytrach enghreifftiau o awduron a ddangosai'n ogystal ddiddordeb yn nechreuad a datblygiad iaith fel y cyfryw, oedd Henry Rowlands a Rowland Jones.

Chwedl Babel oedd fframwaith sylwadau Rowlands ar ddechrau *Mona Antiqua Restaurata*, eithr dengys yn yr un cyd-destun ei fod yn ymwybodol o ran dewis a phwrpas yn natblygiad ieithoedd. Dyma'i ddehongliad ef o sut y digwyddodd pethau: wedi colli undod gysefin ymadrodd dynol yn 'chwalfa Babel' (33), daeth ieithoedd unigol i fodolaeth trwy ddyfeisgarwch dynion. 'Altogether Arbitrarious and Elective' yw disgrifiad Rowlands o'r geiriau a ddewiswyd ganddynt er mwyn mynegi eu syniadau mewnol. Er bod llefaru yn naturiol i ddyn, peth cyflafareddol a hollol artiffisial yw siarad un iaith yn hytrach nag un arall.[31] Perthyn i'r hen oruchwyliaeth ieithyddol y mae darluniad Rowlands o sut y digwyddodd hyn – trwy glytio at ei gilydd ddarnau briw'r hen dafodleferydd a'u hunai yn y cyfnod cyn y drychineb, sef yr Hebraeg. Eithr, gellir ystyried y dehongliad hwn yn ffordd arall o fynegi sut y datblygodd mynegiant naturiol, cysefin pobl gyntefig (gwên a dagrau, ystumiau ac ebychiadau), a oedd yn gyffredin i bawb, i fod yn ieithoedd amrywiol trwy ddewis ewyllysiol cylchoedd o unigolion.

Yma a thraw yng ngwaith Rowland Jones hefyd pwysleisir rhan dewis ar sail ewyllys rydd ym mhroses datblygiad iaith. Yn ei *Hieroglyfic* (1768), ar ganol dryswch o ddehongliad cabalistaidd, neo-Blatonaidd ar sut y daeth ymadrodd i fod, gellir olrhain esboniad nid annhebyg i syniadaeth Condillac a Herder am effaith adfeddwl a'r ewyllys wrth i ddynion cyntefig ymgyrraedd at gyflwr tafodleferydd. I Rowland Jones, daw canfod ac ewyllys ynghyd yn y broses hon, wrth i'r ewyllys gyflwyno'r argraffiadau a dderbyniwyd trwy'r synhwyrau i'w hadfeddwl a'u hatgofio gan gynneddf arbennig arall yn y meddwl:

> those images are perceived by the will; which has not only a nilling power of permitting those images to remain without any additional light, as the mere images of sensation fit only for the government of animal bodies; but also of willing them or presenting them to the reflecting faculty of the soul for the formation of sentimental ideas, to be registered in the memory . . . (A2v)

Gweithrediad yr ewyllys yn y ffordd hon yw'r peth a wahaniaetha ddyn oddi wrth yr anifail. Nid yw creaduriaid, medd Jones, yn medru cynanu'u syniadau, ac y mae'r rhan honno o gyfansoddiad dyn a berthyn hefyd i'r anifail yr un mor anabl i gyflawni hyn. Y mae'n debygol, felly, mai'r ewyllys sydd yn gyfrifol am ddwyn yr hyn a guddir yn y cof i bresenoldeb pobl eraill, trwy gyfrwng organau'r corff (*Hieroglyfic*, A3, cf. *Io-Triads*, 6). Yn yr atodiad i *The Origin of Language and Nations*, ceir yr un fath o ddeuoliaeth wrth i Jones briodoli i'r derwyddon athrawiaeth am ddwy agwedd ar y natur ddynol. Credent, meddai, fod gan ddyn ddau enaid, y naill, a grëwyd gyda'r anifeiliaid, yn oddefol hollol, 'incapable of compounding or abstracting, but its memory and faculties being the necessary effects of external impressions'. Ysbryd anfarwol yw'r llall a ddisgrifir mewn termau Platonaidd, cyfriniol fel 'a divine vision or an emanation of enideal rays', ac a gynysgaeddwyd gan ei Greawdwr ag ewyllys rydd, deall ac ymadrodd (*Postscript*, 7).

Fel y gwelsom, nid geiriau mympwyol a ddyfeisiwyd gan ddynion, heb berthynas hanfodol â gwrthrychau yn y byd, mo gynnwys iaith, yn ôl syniadau Jones. Ei gred sylfaenol oedd bod geiriau, neu o leiaf wreiddiau geiriau, yn adlewyrchu pethau fel y maent. Eto i gyd, cydnabyddai le arbennig i'r ewyllys yn y gweithgareddau meddyliol sydd yn gorwedd y tu hwnt i ymadrodd dynol. Ar ddechrau'r *Philosophy of Words* (1769), honna unwaith yn rhagor bresenoldeb 'that innate active principle or power of volition or thinking in the mind . . . which then not only sees, feels, and perceives, but also compares, distinguishes, and prefers objects . . .' (4). Er bod Locke yn gwahaniaethu rhwng yr ewyllys a'r deall fel egwyddorion meddyliol, deil Rowland Jones (ynghyd â Condillac a Herder) i ganfod gweithgaredd yr ewyllys yn y prosesau cudd sy'n arwain yn y pen draw at iaith lafar.

* * *

Problem arall a enynnodd lawer o drafodaeth yn ystod blynyddoedd canol y ganrif oedd pa un a ddaeth gyntaf, cymdeithas ynteu iaith. Aeth Jean-Jacques Rousseau i'r afael â'r cwestiwn hwn yn ei *Discours sur l'origine et les fondements de l'inégalité parmi les hommes* [*Traethawd ar Ddechreuadau a Sylfeini Anghyfartaledd ymysg Dynion*] (1755) ac, yn 1771, beirniadodd Herder athrawiaeth 'annelwig' Condillac ar y pwnc.[32] Ond ni fedrai Rousseau ychwaith ddatrys y dilema a godai o'r ffaith bod bodolaeth cymdeithas yn rhagdybio iaith gydnabyddedig, a honno yn ei thro yn rhagdybio cytundeb rhwng aelodau rhyw fath o gymdeithas. Yn *An Inquiry into the Human Mind* (1764), gosodwyd yr union broblem gan yr athronydd Albanaidd Thomas Reid, yn y geiriau: 'there must be compacts or agreements before the use of artificial signs; but there can be no compact or agreement without signs, nor without language'.[33] Prawf oedd hyn i Reid o fodolaeth 'iaith naturiol' fel sail i unrhyw bosibilrwydd o 'iaith artiffisial'.

Peth rhyfedd yw sylwi mai Rowland Jones, o blith holl feddylwyr Cymru ar faterion iaith, a ddangosodd unrhyw ymwybyddiaeth o'r cyfyng-gyngor hwn, a hynny mewn sylw ymyl-y-ddalen, fel petai. Yn y *Postscript* (1765), beiddia anghytuno â'r hyn a ddatganwyd gan 'Mr. Locke, and other great men' (6), wrth faentumio mai cyfansoddiadau cyflafareddol ar sail dyfais a chytundeb dynion yw pob lleferydd: 'to prove human speech to be nothing more than arbitrary compositions of signs and sounds mutually fixed upon'. Tybed a yw ffurf ei sylw ar y ddamcaniaeth hon – 'But how could any such compact precede those signs and sounds?' – yn adlewyrchu darlleniad o waith Thomas Reid, a gyhoeddwyd flwyddyn ynghynt?

Torrodd Reid y ddadl hon wrth ragdybio iaith naturiol gyffredin. Yr oedd y cysyniad hwn, o iaith reddfol, gyntefig a ffurfiwyd o ebychiadau ac ystumiau, yn nodweddu athroniaeth Herder a Condillac yn ogystal, a gwelir esboniad tebyg yn nhudalennau Rousseau ei hun, yn y *Discours* (167) ac yn yr *Essai sur l'origine des langues, où il est parlé de la mélodie et de l'imitation musicale* [*Traethawd ar Ddechreuadau Iaith, lle y Trafodir Melodi ac Efelychiad Cerddorol*], a gyfansoddwyd tua'r un adeg yn ystod y 1750au.[34] Yn y gwaith hwn, nas cyhoeddwyd tan 1781, manyla'r awdur ar ei ddamcaniaeth mai natur gerddorol oedd i leferydd dynol yn y dechreuad. Ceir y ddamcaniaeth hon yn *Essai* Condillac hefyd (II.i.2, 3, 5, 7 ac 8) ac awgryma Rowland Jones yr un posibilrwydd wrth fynd heibio, yn *Circles of Gomer* ('Remarks', 31) ac yn *Hieroglyfic* (30). Diddorol yw sylwi hefyd ar y Llydäwr Le Brigant yn yr un cyfnod yn nodi tebygrwydd i gerddoriaeth fel nodwedd yr iaith berffeithiaf a harddaf, ac yn cysylltu honno, sef ei dafodiaith ef ei hun yn Tréguier, â'r 'iaith gyntefig ailddarganfyddedig'.[35]

Gwelir y ddamcaniaeth hon eto yn nhudalennau gwaith mawr chwechyfrol James Burnet, arglwydd Monboddo, *Of the Origin and Progress of Language*, a gyhoeddwyd yng Nghaeredin rhwng 1773 a 1782.[36] Rhychwant eang iawn sydd i ymdriniaeth Monboddo ar darddiad a datblygiad iaith, ond yr un rhagdybion a oedd ganddo â'i gydoeswyr oll, sef mai'r hyn a wahaniaetha ddyn oddi wrth yr anifail yw'r gallu i ddefnyddio ymadrodd. Dadleua yn y gyfrol gyntaf o'r safbwynt nad yw iaith yn naturiol i ddyn (1), er mai'r ddawn ymadrodd sy'n ei wahaniaethu oddi wrth y creaduriaid eraill. Dim ond yn raddol y daw i'w feddiant, wedi sefydlu cymdeithas a dyfeisio celfyddydau eraill (12). I Monboddo, celfyddyd yw iaith, ac un a ddatblygwyd yn unig wedi i bobl ddechrau ymgynnull gyda'i gilydd wedi hir hanes o fyw ar wahân (240). Ceisia bontio'r agendor rhwng y ddau fath ar iaith (279) wrth dybio ffurfiau gwahanol o gyfathrebu, sef ebychiadau aflafar yn mynegi teimladau, seiniau eraill sy'n dynwared yr hyn a ddaw i'r clustiau o fyd natur, mynegiant yr wyneb ac ystumiau, a darlunio pethau gweladwy mewn paentiadau (305). O'r rhai hyn, meddai, y seiniau yn unig a fedrai arwain at ddyfeisio iaith lafar (312).

Yn y fan hon, ystyria'r posibilrwydd mai rhyw fath ar gerddoriaeth a oedd wrth wraidd tafodleferydd dynol (313–17). Dyfynna ddamcaniaeth cyfaill dall 'who conjectures, that the first language among men was *music*, and that before our ideas were expressed by articulate sounds, they were communicated by tones . . .', syniad a fynegwyd eisoes gan Herder yn 1771. Nid yw Monboddo ei hun yn fodlon ystyried hyn yn iaith, er ei fod yn cydnabod bod tôn ac acen yn nodweddu ieithoedd hynafol megis Lladin, Tsieineeg a thafodleferydd brodorion gogledd America. Cydnebydd hefyd

> as everything of art must be founded on nature, it appears at first sight very probable, that language should be nothing but an improvement or refinement upon the natural cries of the animal (318–19).

Wrth droi at sut y tyfodd ymadrodd datblygedig mewn cymdeithas, ceisia Monboddo ateb amryw gwestiwn ynglŷn â'r ieithoedd cynharaf:

pa eiriau a ddyfeisiwyd gyntaf oll, neu ba enwau ar bethau, a oedd ynddynt wreiddeiriau, ai un iaith gyntefig oedd (395)? Ei ateb i'r cwestiwn cyntaf yw nad geiriau oedd elfennau mwyaf cyntefig iaith, ond bod brawddegau cyfain yn cael eu mynegi yn y seiniau llafar cyntaf:

> those sentences expressed some appetite, desire, or inclination, relating either to the individual, or to the common business which I suppose must have been carrying on by a herd of savages, before language was invented.

Nid enwau mo'r seiniau hyn, er nad sŵn aflafar oeddynt ychwaith: ymhen canrifoedd wedi hyn yn unig y dechreuwyd enwi pethau. Yma, cyfeiria Monboddo at lyfr Adam Smith: *A Dissertation on the Origin of Languages* . . . (393, 397). Damcaniaeth Smith oedd mai seiniau yn dynodi gwrthrychau oedd geiriau cyntaf pobl mewn cymdeithas, a bod holl rannau eraill ymadrodd wedi datblygu o'r enwau cyffredinol hyn (*Dissertation*, 305) – athrawiaeth a welir hefyd yng ngwaith dylanwadol John Horne Tooke ar ddiwedd y ganrif. Eto, cydnabu Smith yn ddiweddarach yn y llyfr mai'n gynnar iawn y dyfeisiwyd berfau hefyd (*Dissertation*, 315), gan eu bod yn angenrheidiol wrth wneud datganiad. Gwahanol iawn yw methodau Monboddo a Smith: dull yr anthropolegydd o drafod ieithoedd mewn cymdeithasau hynafol neu gyntefig sydd gan Monboddo, tra bo'i gydwladwr yn ymdrin yn null y gramadegydd â holl rannau ymadrodd yn eu tro. Eto, yr oedd Smith yntau, yn ogystal â 'M. Rousseau of Geneva', yn ymdrechu i esbonio dechreuadau iaith, a hynny drwy fynd yn ôl at gyfnod pan oedd pobl gyntefig yn dyfeisio'u priod ieithoedd er mwyn cydhysbysu eu hanghenion.

Pan fydd Monboddo yn cyrraedd y cwestiynau am wreiddeiriau a natur yr iaith gyntaf oll, teimla'i ddarllenydd Cymreig ei fod yn troedio tir mwy cyfarwydd. Ychydig o drafodaeth a welir yng ngweithiau awduron o Gymru yn y cyfnod hwn ar sut y daeth ymadrodd fel y cyfryw i fod, na sut y datblygodd iaith strwythuredig, gymdeithasol o seiniau aflafar yr unigolion cyntaf. Ond bu dyfalu am elfennau sylfaenol geiriau, a pherthynas ieithoedd cyfoes â'r iaith fwyaf hynafol a fu, yn destun trafodaeth ysgolheigion Cymraeg eu hiaith o'r ail ganrif ar bymtheg ymlaen. Am wreiddeiriau, dywed Monboddo: 'the radical words in a formed language may be said, in one sense, to be the first words of the language, and accordingly are called *primitives*' (397–8). Y mae'r geiriau hyn (*radical*, *primitives*) a'r cysyniadau a fynegir ganddynt yn hen gyfarwydd i ni erbyn hyn, a chawn weld bod dadansoddi geiriau cyfansawdd a chwilio am eu helfennau gwreiddiol yn dal i nodweddu ail hanner y ddeunawfed ganrif, yng ngweithiau awduron y cyfandir, yn ogystal ag ieithyddion Cymru.

Gohiriodd Monboddo'i ymdriniaeth â geiriau cyfansawdd tan yr ail gyfrol o'i waith a gyhoeddwyd y flwyddyn ganlynol (1774).[37] Testun y penodau olaf yn y gyfrol gyntaf yw perthynas ieithoedd â'i gilydd, a'r posibilrwydd o'u holrhain yn ôl at un famiaith gyffredin. Y mae ganddo restr o gwestiynau ynglŷn â'r iaith dybiedig honno: pa un yw'r iaith hollol gyntefig y tarddwyd pob un arall ohoni? a oedd yna un iaith o'r fath? a ydyw hi'n bod o hyd? os nad yw, pa iaith sydd agosaf ati (399)? Os datguddiwyd hi o'r nefoedd, yna hi oedd yr unig iaith, ac y mae pob iaith arall yn dafodiaith ohoni, ond os ffrwyth dyfeisgarwch dyn yw ymadrodd, fel y credai'r awdur, yna nid oes rheswm i feddwl mai dim ond un iaith oedd yn y dechreuad, a bod pob iaith arall wedi tarddu ohoni.

O safbwynt yr astudiaeth hon, efallai mai'r bennod fwyaf diddorol yng nghyfrol gyntaf Monboddo yw'r unfed ar ddeg: 'Of the Duration of Language'. Ymhlith yr ieithoedd a gollwyd gyda threigl y canrifoedd, noda'r Gelteg, a ddiflannodd trwy oruchafiaeth y Sacsoniaid yn Lloegr, ac a oroesodd 'only in the mountains of Wales, which were not conquered by them'. Weithiau, meddai, ni fydd iaith yn mynd yn llwyr ar goll, ond cymysgir hi ag iaith y gormeswr, fel y digwyddodd yn Ffrainc, lle y cyfunir tair iaith, Lladin, Tiwtoneg a 'what still remained of the antient language of the country, viz. the Celtic' (401). Wedi marw, fel petai, y mae'r heniaith honno yn llefaru eto yn Ffrainc.

Credai Monboddo mai'r Celtiaid oedd trigolion mwyaf hynafol Ewrop a bod eu hiaith wedi'i gwasgaru dros rannau helaeth o'r byd (407). Fel prawf o hyn y mae'n adrodd hanesyn am genhadwr o Ffrainc a grwydrodd i wlad yr Escimo a darganfod bod yr hyn a glywai yno yn debyg iawn i iaith y Basgiaid. 'Now,' meddai Monboddo, 'the language that the Basques speak is undoubtedly a dialect of the Celtic', a dyma dystiolaeth iddo fod iaith y Celtiaid wedi lledu nid yn unig dros Ewrop gyfan, ond i barthau gogleddol America hefyd (408). Yr un method anecdotaidd sydd ganddo wrth gysylltu tafodieithoedd Celtaidd eraill â'r hyn a glywyd gan deithwyr yn y cyfandiroedd ar draws Iwerydd, yn arbennig yr hanesyn am 'one *Herbert*, a Welchman', a ddarganfu ym Mecsico elfennau Cymraeg yn gymysg â rhai brodorol yn enwau lleoedd, adar ac anifeiliaid.[38] 'Before this discovery by the Welch', meddai Monboddo, buasai ymwelwyr o Lychlyn yno, enghraifft arall o'r ffordd ryfeddol y bu pobloedd yn mudo ar draws y byd, ac yn lledaenu'u hieithoedd ar hyd wyneb y ddaear (409–10, nodyn).

At waith mawr Bullet y cyfeirir y sawl sydd am wybod rhagor am 'this very antient language and of the many languages that are said to be derived from it', ac at Bullet y try Monboddo eto wrth drafod y posibilrwydd mai'r un iaith oedd y Gelteg â'r Diwtoneg, neu ei 'rhiant', Gotheg (409–10, 413). Petai hyn yn wir, meddai, byddai'n cadarnhau'r gosodiad mai un iaith a siaredid 'antiently' dros ogledd Ewrop a rhannau gogledd-orllewinol Asia, gan fod tebygrwydd rhwng yr ieithoedd Perseg a Gotheg hefyd (412). Y mae'n annog dull cymharol i sefydlu'r egwyddor hon, sef astudio ochr yn ochr hen ddogfennau Celtaidd ac Almaenaidd. Dengys yr enghraifft a ddewisir gan Monboddo iddo gael ei dwyllo, fel llawer o'i gyfoedion, gan un o ffugiadau enwog yr oes: 'the most antient remains of the Celtic, which I believe the poems of Ossian are' (413). Eto i gyd, rhaid nodi bod ei ragdybion yn adlewyrchu egwyddorion mwyaf sylfaenol yr ieithyddion a'i rhagflaenai, ac efallai yn rhagfynegi rhai o ddamcaniaethau'r dyfodol:

> this would be a very fine field of criticism, by which I think a great discovery might be made, not only in the matter of language, but with respect to the history of mankind: for if it could be proved that the Celtic and Teutonic languages were originally the same, it would go far to prove, that the two races of people were likewise the same originally. (413–14)

Wrth gymharu enwau gwrthrychau cyffredin, rhifolion a pherthnasau teuluol, sy'n cynrychioli'r elfennau mwyaf cyntefig mewn iaith, daw Monboddo i'r casgliad bod yr ieithoedd Perseg, Groeg, Lladin ac Almaeneg wedi tarddu o ryw gyff cyffredin, a'u bod i gyd yn 'dialects of the same parent-language' (421). Yma, y mae'n datgan ei gred mai o'r dwyrain y daethai pob gwyddor a phob celfyddyd, gan gynnwys iaith, a dychmyga lwythau o ddynion yn teithio tua'r gorllewin gan gyrchu 'those arts, and, among others, language, without which they could not subsist in the ruder climate and more barren soil of Europe'. Nid yw'r Gelteg ymhell o'i feddwl, ychwaith, er mai wrth uniaethu'r iaith honno â Gotheg y gall faentumio mai'r un iaith, neu dafodieithoedd ohoni, a leferid dros y rhan fwyaf o Ewrop ac Asia (422). Ei farn (nid annhebyg i'r hyn a gredai John Davies, Mallwyd, yn ôl yn 1632) oedd mai un o ieithoedd y dwyrain (Hebraeg, Phoeniceg, Syrieg, Caldeeg neu Arabeg) oedd 'the parent-language of the rest, or they must be all children of some common parent'.

Nododd Davies 'yr iaith Indiaidd' fel un o'r 'mam-ieithoedd dwyreiniol' hyn, a diddorol yw sylwi bod Monboddo, yn y bennod nesaf, yn cyfeirio at lythyr gan y Tad Pons, cenhadwr o Gymdeithas yr Iesu yn yr India, a gyhoeddwyd yn 1740 mewn casgliad o'r enw *Lettres édifiantes et curieuses* [*Llythyrau Dyrchafol a Hynod*] (cyfrol xxvi). Canmoliaeth sydd yn y llythyr o'r hen iaith *samskrète* neu *samskroutan* a'i strwythur berffaith.[39] Ond, er bod y strwythur honno wedi hudo'r Tad Pons fel y byddai'n swyno Syr William Jones pan ddechreuai astudio iaith gysegredig y Braminiaid ar ddiwedd y ganrif, ni soniodd y cenhadwr ddim am ei thebygrwydd i ieithoedd clasurol Ewrop, ac nid yw Monboddo yn gwneud y cysylltiad hwnnw, ychwaith.

Yn y bennod hon, yr olaf yng nghyfrol gyntaf Monboddo, dyfala'r awdur mai yn yr Aifft y tarddodd ieithoedd Ewrop (472). Y mae'n cydnabod, serch hynny, mai dyfaliad llwyr yw hyn, a beth bynnag yw'r ateb cywir i'r cwestiwn a fu erioed un iaith gyntefig, gyffredinol, ffynhonnell pob ymadrodd dynol, rhaid cydsynio nad yw hi bellach yn bod (477), neu ei bod wedi'i llygru gymaint na ddichon ei hadnabod mwyach. Yn gyffredinol, y mae'n casglu ar derfyn ei gyfrol gyntaf nad oes rheswm i gredu bod pob iaith ar wyneb y ddaear yn tarddu o un lleferydd cyffredin. Eto i gyd, meddai, ar raddfa lai,

> there be good reason to believe, that language has not been the invention of many nations, and that all the languages presently spoken in Europe, Asia, and a part of Africa, are derived from one original language. (490)

* * *

Arwydd o sut y lledaenid syniadau tebyg i hyn dros Ewrop gyfan yw'r cyfieithiad Almaeneg o dair cyfrol gyntaf llyfr Monboddo a ymddangosodd yn Riga yn 1784–5 o dan y teitl: *Des Lord Monboddos Werk von dem Ursprunge und Fortgange der Sprache* [*Gwaith yr Arglwydd Monboddo ar Ddechreuad a Datblygiad Iaith*]. Herder ei hun a awgrymodd y dylid gwneud y cyfieithiad, ac efe oedd awdur y rhagymadrodd.[40] Yn Ffrainc, hefyd, daliai ysgolheigion i drafod gwahanol agweddau ar darddiad a datblygiad iaith, ac o ganol y ganrif ymlaen bu *Encyclopédie* Diderot a d'Alembert yn offeryn nerthol yn y broses o ailgylchu syniadaeth ar faterion ieithyddol. Yn nhudalennau toreithiog y gwyddoniadur hollgynhwysfawr hwn, gwelir llu o erthyglau ar destunau gramadegol ac ieithyddol. *Conjugation*, *interjection*, *onomatopée*, *langue*, *mot*, *étymologie*, *proposition*, *hiéroglyphique* – dyna gyfran fechan iawn o benawdau'r *Encyclopédie* sy'n addo ymdriniaeth ar wahanol agweddau iaith. Yn 1782 a 1786, casglwyd yr erthyglau ieithyddol i ddwy gyfrol yn yr *Encyclopédie méthodique*, ac yn 1789, fe'u cyhoeddwyd eto mewn *Dictionnaire de grammaire et de littérature* gan Jean-François Marmontel a Nicolas Beauzée.[41]

Bu rhan bwysig gan Beauzée yn y broses o ledaenu damcaniaethau ieithyddol yn Ffrainc. Yn 1767 ymddangosodd ei lyfr *Grammaire générale ou exposition raisonnée des éléments nécessaires du langage, pour servir de fondement à l'étude de toutes les langues* [*Gramadeg Cyffredinol, neu Ddatganiad Rhesymegol o Elfennau Anhepgor Iaith, i'r Diben o fod yn Sail i Astudio pob Iaith*]. Eithr, ddwy flynedd ynghynt, dan y pennawd 'Langue' yn nawfed gyfrol yr *Encyclopédie*, yr oedd eisoes wedi dadlennu rhai o'i syniadau ac, ar ôl 1765, Beauzée a fyddai'n gyfrifol am holl erthyglau ieithyddol yr *Encyclopédie*. Awgryma teitl y *Grammaire générale* fod yr awdur hwn yn ysgrifennu yn nhraddodiad Port-Royal, ac mai'r hyn a ddatblygir yn ei lyfr fyddai syniadau am natur ddigyfnewid iaith fel cynnyrch y rheswm hwnnw sydd yn gyffredin i bob dyn. Eto, methodau empeiraidd a ddefnyddir gan Beauzée, ac ar sylwadaeth fanwl o ffenomenau ieithyddol unigol y seilir ei ymdriniaeth o 'system egwyddorion cyffredinol' iaith. Bu'n astudio gramadegau llaweroedd o ieithoedd, gan gynnwys y Gymraeg, a honnai'i fod yn chwilio ynddynt am ffeithiau yn hytrach nag egwyddorion. Er mwyn cyrraedd yr egwyddorion hynny, fodd bynnag, a ystyriai yn sylfaen anhepgor i bob iaith unigol, y gwnaeth Beauzée yr astudiaeth empeiraidd hon.[42]

Gwelwyd eisoes bwysigrwydd yr erthygl 'Langue' i ddatblygiad yr ymwybyddiaeth o faterion Celtaidd yn Ffrainc y ddeunawfed ganrif.[43] Dylid nodi yma y sylw a dynnodd Beauzée at iaith esoterig arall, sef y Sansgrit, a fyddai'n sylfaenol i ddatblygiad ieitheg yn y ganrif nesaf. Mewn erthygl yn yr *Encyclopédie méthodique* y gwnaeth Beauzée hyn – yn 1786, blwyddyn anerchiad tyngedfennol Syr William Jones yn Calcutta (gw. Pennod 10) – wrth ddadlau o blaid y ddelfryd o fabwysiadu iaith gyffredinol artiffisial o'r fath a ystyriwyd gan Leibniz ac a ffurfiwyd gan John Wilkins yn yr ail ganrif ar bymtheg. Credai Beauzée mai iaith wneud o'r fath honno oedd Sansgrit, ac felly nad breuddwyd gwrach mo ddelfryd Leibniz a Wilkins.[44] Dyfynnodd lythyr y Tad Pons a chyfieithiadau gan Nathaniel Brassey Halhed ac Alexander Dow, Prydeinwyr diwylliedig a weithiai yn yr India. Anogodd genhadon i astudio'r iaith ymhellach ac i ledaenu'u gwybodaeth am y pwnc. Byddai'r 'Samscret', meddai, iaith a oedd eto'n fyw, er bod y Braminiaid yn ei gwarchod yn rhy agos, yn cyflawni i'r dim y pwrpas o fod yn gyfrwng cyfathrebu rhwng ysgolheigion y byd. Awdur arall a sylwodd ar yr iaith 'Hanscrit' yn y cyswllt hwn oedd Jacques Le Brigant, awdur *Elémens de la langue des Celtes gomérites, ou breton: Introduction à cette langue et par elle à celles de tous les peuples connus* [*Elfennau Iaith y Celtiaid Gomeraidd, sef y Llydaweg*:

Rhagymadrodd i'r Iaith hon a thrwyddi i Iaith pob Cenedl a Adnabyddir] (Strasbourg, 1779).[45] Gwelsom hefyd fod John Cleland, un o wrthwynebwyr Rowland Jones, yn edmygu 'iaith ysgolheigaidd y Braminiaid' a harddwch rheolaidd ei chyfansoddiad. Yn chwedegau a saithdegau'r ganrif deuai ysgolheigion Ewrop eisoes yn fwyfwy ymwybodol o bwysigrwydd yr iaith honno wrth iddynt chwilio am y ddolen goll a gydiai holl ieithoedd y gorllewin wrth ei gilydd.

Cysyniad hanfodol arall yn y cyfnod hwn, a welwyd yng ngwaith Herder, ac ar ei ôl yn rhagymadrodd John Walters i'w eiriadur (1794), oedd pwysigrwydd cydweddiad yn y broses o ehangu geirfa mewn unrhyw iaith. Mewn atodiad i sylwadau'r gramadegydd César Chesneau Du Marsais ar y pwnc (erthygl 'Analogie') yng nghyfrol gyntaf yr *Encyclopédie méthodique* (1782), ceir datganiad cryf gan Beauzée hefyd mai cydweddiad yw'r egwyddor ffurfiannol yn natblygiad iaith: 'On peut donc dire, dans un sens très-exact et très-variable, que l'*Analogie* descendue exprès du ciel, est venue, dès l'instant de la création des hommes, déterminer la forme du langage' ('Gellir dweud mewn ystyr hollol gywir ac amrywiol, mai *Cydweddiad*, a ddisgynnodd o'r nefoedd i'r pwrpas hwnnw, a ddaeth ar yr union eiliad y crëwyd dynion, i bennu ffurf iaith').[46] Yn ôl pob golwg, cynyddu trwy hap a damwain, mewn ffordd gwbl rydd a dilestair a wnaeth pob stoc o eiriau. Tybiai Beauzée nad felly yr oedd mewn gwirionedd, eithr mai cydweddiad oedd yr egwyddor ieithyddol gudd a waharddai i'r broses hon ddatblygu'n hollol anarchaidd.

Dilyn Condillac a Turgot a wnâi Beauzée yn y ddamcaniaeth hon. Mewn dau o'i weithiau ieithyddol, y *Grammaire,* a baratowyd yn 1775 fel rhan o'i ddarpariaeth addysgol ar gyfer ei ddisgybl, tywysog Parma, a'r *Logique* (1780), datganodd Condillac mor sylfaenol yw egwyddor cydweddiad yn y broses o ddatblygu geirfa iaith.[47] Yn y *Grammaire*, dangosodd sut, yn ôl ei ddyfaliad ef, y tyfodd geiriau amlsillafog, yn mynegi mwy nag un cysyniad, allan o'r seiniau aflafar neu onomatopëig cyntaf oll. Digwyddodd hynny trwy gyfrwng metafforau a gydiai ddata mwy nag un synnwyr wrth ei gilydd. Felly y daeth y geiriau cyntaf yn elfennau yng nghreadigaeth rhai mwy cymhleth. Nid damweiniol mo'r dewisiadau yn y broses hon; yn hytrach, cydweddiad sydd wrthi yn y dirgel, yn arwain dynion wrth iddynt ehangu gorwelion eu gwybodaeth.[48]

Yn y flwyddyn y cyhoeddwyd erthygl bwysig Beauzée yn yr *Encyclopédie* (1765), daeth llyfr o'r wasg ym Mharis a fu yr un mor bellgyrhaeddol ei ddylanwad. Charles de Brosses (1709–77) oedd awdur dwy gyfrol y llyfr hwnnw: *Traité de la formation mécanique des langues*

[*Traethawd ar Ffurfiant Mecanyddol Ieithoedd*].[49] Yr oedd erthygl Turgot ar 'Étymologie' yn yr *Encyclopédie* yn 1756 (cyfrol vi) wedi pwysleisio mai trosiadau yw gwreiddiau iaith a bod rhaid dychwelyd at yr ystyron cyntaf, symlaf oll.[50] Cydiodd de Brosses yn awchus yn y syniad hwn, a oedd erbyn hyn yn ddigon cyfarwydd, a gwneud geirdarddiad yn egwyddor sylfaenol ei waith. Un o amcanion y *Traité* oedd egluro sut y tyfodd pob iaith o wreiddeiriau syml, cyffredin. Method empeiraidd oedd gan yr awdur hwn, megis Beauzée yntau, ac yn ogystal â'r rhestr eiriau a gafodd Bullet ganddo er mwyn paratoi ei waith ar yr ieithoedd Celtaidd, yr oedd de Brosses yn berchen ar eirfâu eraill, gan gynnwys rhai yn yr ieithoedd Basgeg, Gwyddeleg, Gaeleg, Manaweg a Chernyweg.[51]

Syrthiai nid yn unig yr ieithoedd Celtaidd ond pob iaith dan haul y tu mewn i rychwant damcaniaethol de Brosses. Ar ddiwedd y *Traité* awgrymodd mai defnyddiol fyddai paratoi 'esiampl fer o holl ieithoedd y bydysawd' (ii.464), cynllun a fabwysiadwyd gan fwy nag un ysgolhaig yn y gorffennol – Kirchner, Gessner, Leibniz a Chamberlayn yw'r awduron a enwir ganddo. Pwrpas y rhestr fanwl a chynhwysfawr hon fyddai dangos ar amrantiad llygad brif nodweddion 'anianawd pob iaith' ('le génie de chaque langue'), ac arddangos ei pherthynas â phob iaith a thafodiaith arall. Awgrym uchelgeisiol iawn oedd hwn, ond nid oedd dim newydd ynddo, nac yn yr egwyddor y'i sylfaenwyd arni, sef mai'r un yw gwreiddiau pob iaith yn y dechreuad. I de Brosses, arwyddion haniaethol oedd y gwreiddiau hynny yn eu natur hanfodol, ac yn debyg i Beauzée a Le Brigant, tybiai fod arwyddocâd arbennig i'r iaith Sansgrit yn y cyswllt hwn (i.xxi, ii.347–9).

Eithr, nid *lingua franca* artiffisial, wedi'i ffurfio'n bwrpasol at ddefnydd cyd-ddeall ysgolheigion oedd delfryd de Brosses. Yn hytrach, credai fod sylfaen yr iaith gyffredinol eisoes yn bod, a mwy buddiol fyddai datguddio yr hyn a fodolai yn nhrefn natur (i.xxii–xxvii).[52] Dyfynnodd lythyr y Tad Pons, a ddangosai sut y gallai iaith ddatblygu'n naturiol i berffeithrwydd (ii.347–9). Disgrifiodd y cenhadwr iaith hynafol yr India ac un o'r rhai mwyaf hynafol yn y bydysawd fel un a oedd yn cynnwys nifer bychan o wreiddeiriau, a phob un yn meddu ar arwyddocâd unigol. O'r nifer bychan hwn y datblygodd pob gair ac ystyr arall trwy reolau syml a chyson. Mewn gwirionedd, tueddai de Brosses, megis Voltaire a Herder yn ddiweddarach, i synied am yr India fel cartref a tharddle holl ddiwylliant a doethineb y gorllewin (i.xxi, ii.489).

Dyma hen ddamcaniaeth y Sgythiaid yn ymddangos eto, ac yn wir ymrithia'u henw yn nheitl y papur a ddarllenodd de Brosses i Academi

Dijon yn 1773: *Essai de géographie étymologique sur les noms donnés aux peuples scythes anciens et modernes* [*Traethawd yn null Daearyddiaeth Eirdarddol, ar yr Enwau a Roddwyd i'r Cenhedloedd Sgythaidd yn yr Henfyd ac yn y Cyfnod Diweddar*]. Eisoes, yn 1765, yr oedd wedi awgrymu mai'u perthynas â mamiaith hynafol ddiflanedig a fyddai'n esbonio'r tebygrwydd rhwng ieithoedd modern fel Almaeneg a Pherseg. 'Il y a aussi des langues', meddai yn y *Traité de la formation méchanique des langues*,

> qui, sans avoir une descendance directe l'une de l'autre, ont une affinité marquée, qui ne peut venir que d'une origine commune, aujourd'hui inconnue ou totalement perdue: telles sont, à ce qu'on dit, l'allemand et le persan. Toutes deux, si cela est, descendent de l'ancien scythe que nous ne connoissons plus du tout. (ii.493–4)

> (Y mae hefyd ieithoedd sydd – heb ddisgyn yn syth y naill oddi wrth y llall – yn meddu ar gydweddoldeb amlwg, na all darddu ond o un ffynhonnell gyffredin, sydd heddiw'n anadnabyddus neu a ddiflannodd yn llwyr. Enghreifftiau o'r rhain, meddent hwy, yw'r Almaeneg a'r Berseg. Os gwir hynny, disgynnodd y ddwy o'r Sgytheg hynafol a aeth yn angof gennym yn llwyr.)[53]

Wrth fanylu ar y ddamcaniaeth hon, nid yw'r awdur yn anwybyddu'r ieithoedd Celtaidd. Yn wir, rhydd iddynt le arbennig yn ei system, gan iddo ystyried bod rhai o wreiddiau sylfaenol eu geirfa yn adlewyrchu natur ei hun (ii.488–9).[54] Ei fethod er mwyn dadlennu gwreiddeiriau pob iaith yw cael gwared ar yr holl ychwanegiadau a gasglodd wrth iddi ddatblygu. Felly, yn achos y Ffrangeg, wrth daflu allan yr elfennau Groeg a Lladin ac Almaeneg, ceir gafael ar yr iaith wreiddiol, ac 'il est presque certain que le restant serait le pur celtique des anciens Gaulois' ('y mae bron yn sicr mai Celteg bur hen drigolion Gâl a fyddai'r gweddill'). Yn yr un ffordd, gellir dyfod o hyd i'r *cambrique* neu Gymraeg y tu ôl i lafar y Saeson, ac i'r 'Gantabreg' yn Sbaen (i.85).

Yr oedd de Brosses mewn cwmni da wrth ystyried mai cyffiniau'r India bell oedd magwrfa gwareiddiad y gorllewin. Yr oedd Herder wedi'i lygad-dynnu gan syniad o'r fath, ac ystyriai Voltaire yntau mai gwastadedd y Ganges oedd y man-cychwyn hwnnw. Gwelai Voltaire yr 'ancien hanscrit' fel cynsail holl lafaroedd modern yr India, fel yr oedd iaith Homer yn rhagflaenu tafodleferydd cyfoes y Groegiaid. Ond gwrthodai ddyfalu am unrhyw gydberthynas rhwng y Sansgrit ac ieithoedd hynafol Ewrop, ac nid oedd ganddo lawer o amynedd â'r syniad o heniaith fyd-eang, tarddle pob iaith arall. I Voltaire, nid oedd y syniad hwnnw namyn breuddwyd gwrach ddymunol ('une plaisante chimère'). Credai yn hytrach fod ieithoedd yn debyg i borfa neu goed neu hiliau dynol, yn digwydd tyfu a datblygu lle'r oeddynt, yn annibynnol ar ei gilydd. Coleddai'r fath o ddamcaniaeth a wrthodwyd gan John Davies, Mallwyd, a Pezron, sef bod ieithoedd yn debyg i fadarch, yn dyfod i fod yn annibynnol ar ei gilydd. Cydnabyddai'r tebygrwydd rhwng rhai ymadroddion mewn gwahanol ieithoedd, eithr, heb ymwrthod yn llwyr â'r syniad o ieithoedd *matrices*, yr oedd yn well ganddo esbonio'r tebygrwydd trwy egwyddor benthyciad. Rhaid ystyried, meddai, fod gan y 'mamieithoedd' hyn blant sydd yn rhyng-briodi mewn gwledydd cyfagos ac yn creu cyfnewidiadau yn eu hiaith.[55]

Yn ôl syniadau Voltaire, datblygodd iaith yn ddiarwybod i'w siaradwyr, mewn canlyniad i ryw reddf fewnol. Yr oedd yn hollol ddirmygus o'r syniad mai cyfamod neu gytundeb a oedd wrth ei gwraidd. Yn hynny o beth, ymdebygai i Condillac, ac i Turgot (yn yr erthygl 'Étymologie') a de Brosses. Eithr i'r olaf o'r tri hyn, awdur y *Traité de la formation méchanique des langues*, nid yr agweddau 'ysbrydol' ar genesis a thyfiant iaith oedd yn ddiddorol, er ei fod yn cydnabod eu bodolaeth, ond yn hytrach y cyfanwaith corfforol a wnâi gyfathrebu ar lafar yn bosibl o gwbl. 'Ce traité roule', meddai am ei waith, 'sur l'opération matérielle de la voix, non sur l'opération spirituelle de l'ame [*sic*] qui la dirige' ('testun y traethawd hwn yw gweithrediad materol y llais, ac nid gweithrediad ysbrydol yr enaid sy'n ei arwain') (i.24).[56] Dyma'i bwyslais trwy gydol y llyfr, a datblygiad rhesymegol iddo yw'r athrawiaeth am ddylanwad hinsawdd, daearyddiaeth, bwydydd a ffordd o fyw ar sut y mae ieithoedd yn gwahaniaethu y naill oddi wrth y llall, ac ar iaith unigol yn newid dros gyfnod o amser (i.58–60). Gwelsom awgrym o'r ddamcaniaeth hon yng ngwaith Henry Rowlands a Rowland Jones, ond yn gyffredinol ni chynrychiolai ymagwedd at ieitheg a ddenai ysgolheigion Cymraeg y cyfnod.

Gwrthodai de Brosses unrhyw awgrym fod iaith fel y cyfryw yn greadigaeth fympwyol, artiffisial, o ddyfais dyn. Gwreiddir hi yn hytrach mewn natur, a datblygir hi yn ôl rheolau cyson a rhesymol.[57] Wrth iddo sylwi ar ddamcaniaeth de Brosses am darddiad geiriau, syniadaeth a oedd yn nhraddodiad y *Cratylus* a Leibniz, atgoffir y darllenydd Cymraeg o syniadau Rowland Jones.[58] Methodau gwyddonol Edward Lhuyd, ar y llaw arall, a ddaw i'r meddwl pan greffir ar y rhestr o resymau cyson a roddir yn y *Traité* dros ddatblygiad ieithoedd ar hyd y canrifoedd.

Cyfaill a disgybl i awdur y *Traité de la formation méchanique des langues* oedd Antoine Court de Gébelin, y sylwyd ar ddechrau'r bennod hon ar ei gwestiwn i Michaelis ynglŷn â diddordeb ysgolheigion yr Almaen yn nharddiadau iaith. Rhannai gred ei gyfaill yn rhesymoldeb a rheoleidd-dra esblygiad ieithyddol (*Histoire naturelle*, 42–3).[59] Er mai cyfnewidiol yw natur ieithoedd, meddai disgybl de Brosses, y maent yn newid mewn ffordd gyson a rheolaidd a benderfynir gan amgylchiadau naturiol a chorfforol (72–3, 76–7). Wrth sylwi ar y rheolau seinegol cyson hyn, daw geirdarddiad o'r diwedd yn wyddor barchus, gan roddi heibio'r natur fympwyol a'i nodweddai ynghynt.

Daliai gwyddor o'r fath yn freuddwyd gwrach yr adeg honno, er gwaethaf ymdrechion Lhuyd, Turgot a de Brosses i ddadansoddi prosesau datblygiad ieithyddol. Eithr delfryd ydoedd a ddaliai i ddenu ieithyddion Ewrop (a Chymry yn eu plith) hyd at ddiwedd y ddeunawfed ganrif, ac a wireddwyd o'r diwedd yn ystod y bedwaredd ganrif ar bymtheg. Geirdarddiad oedd yr offeryn a fyddai'n datguddio cyfrinachau perthynas ieithoedd â'i gilydd. Credai Court de Gébelin y byddai nifer bychan iawn o eiriau'n ddigonol i ddod o hyd i elfennau sylfaenol pob iaith (28). Chwilio am wreiddeiriau, a dosbarthu geiriau eraill yn ôl eu perthynas â'r rheini – dyna'r egwyddor a ddatganai'r awdur hwn trwy gydol ei lyfr, ac a goleddwyd eto gan William Owen Pughe a'i ddisgynyddion Cymraeg ym maes ysgolheictod ieithyddol.

Gwelir yn nysgeidiaeth Court de Gébelin hefyd arwyddion o barhad yr hen ddamcaniaeth Sgythaidd a'r gred mai olion un heniaith yw amryfal ieithoedd presennol y byd. Nid yw'r ieithoedd hyn, meddai, yn ddim ond tafodieithoedd rhyw lafar cyntefig a'i wreiddiau mewn natur. Nid dyfeisio geiriau a wnaeth yr hil ddynol ond eu darganfod yn y seiniau unsill sy'n 'paentio' pethau yn berffaith ac yn naturiol (36–9). Cymharu'r nifer mwyaf posibl o ieithoedd yw'r unig ffordd, yn ôl Court de Gébelin, i ddod o hyd i sylfeini iaith a tharddiad gwreiddiol pob gair (39). Ni hawliai mai'r iaith Geltaidd a gynrychiolai'r heniaith honno yn ei chrynswth, ond y 'gangen Ewropeaidd' yn unig.[60] Eto i gyd, fel llawer o'i ragflaenwyr yn y maes, ystyriai mai o rywle yn Asia – rhyw Ddeffrobani annelwig yn y dwyrain – y daethai ieithoedd Ewrop ar eu hynt, a'u bod i gyd yn rhannu rhyw undod cyntefig, o lannau'r Hellespont a môr Egea hyd at benrhynion eithaf Iwerddon a Phortiwgal. 'Tafodieithoedd Cymru a Llydaw' a gynrychiolai berffeithiaf iddo ef yr heniaith gyntefig honno, ac fel Henry Rowlands o'i flaen cyfrifai mai oherwydd eu lleoliad anghysbell, ar gyrion eithaf y cyfandir, y llwyddodd y Gymraeg a'r Llydaweg i gadw eu purdeb cysefin.

Nid yw Court de Gébelin (o leiaf yn *Histoire naturelle de la parole*) yn dyfynnu na chyfeirio at awduron eraill. Eto, ar wahân i syniadaeth de Brosses, gellir olrhain dylanwad Herder arno. Cydnabyddai mai pwrpas cymdeithasol sydd i iaith: cynrychiola ran hanfodol o natur dyn, a mynegiant yw o enaid ei gymdeithas. Gwelai wahaniaeth hanfodol rhwng seiniau aflafar ac ebrwydd y creaduriaid a geiriau dynion, sy'n adlewyrchu cyfangorff eu gwybodaeth (2–3). Ynghyd â'r cyneddfau dynol eraill, rhodd oddi wrth Dduw yw ymadrodd (15), ond datblygwyd y gynneddf sylfaenol hon ar sail nifer bychan o wreiddeiriau a dderbyniwyd ar law natur. Ychydig yw'r seiniau a'r 'tonau' sydd gan ddyn i fynegi'i deimladau a'i syniadau, a phennir y rhain gan natur yr organau corfforol a ddatblygir i'r pwrpas hwnnw. Penderfynwyd dechreuadau iaith, felly, nid yn unig gan y gyfundrefn organig a osodwyd ar y corff dynol, ond hefyd gan natur gymdeithasol yr hil a'i hangenrheidiau. Nifer cyfyngedig o seiniau gwreiddiol sydd yn bosibl, eithr y mae dyn yn rhydd i'w cydio wrth ei gilydd fel y myn, a bydd y seiniau cyfansawdd hyn yn gwahaniaethu yn ôl y syniadau a theimladau a fynegir ganddynt.

Yn y dechreuadau cyntaf oll y gwelai Court de Gébelin y rheswm a'r rheol sy'n angenrheidiol i iaith. Oherwydd ei fod yn meddu ar reswm y mae dyn yn greadur llafar. Effaith uniongyrchol y rhesymoldeb cynhenid hwn yw'r ddawn ymadrodd, a dyna, meddai'r awdur, pam na ddylem synnu mai'r un gair (*logos*) a ddefnyddiwyd gan y Groegiaid am 'air' ac am 'reswm tragwyddol'. Ac y mae gan eiriau hwythau eu rheswm cynhenid, sef eu perthynas â'r pethau a gynrychiolir ganddynt. Dyna paham nad oes unrhyw awdurdod ieithyddol gan yr hyn a dderbyniwyd trwy gyflafaredd. Yn wir, nid yw iaith yn ddim ond 'la peinture des idées données par la nature immuable et éternelle qui se peint dans l'esprit, comme elle se peint au physique dans le miroir des eaux' ('paentiad o'r syniadau a roddwyd gan natur ddigyfnewid a thragwyddol, a baentir yn yr ysbryd megis y'i paentir yn y byd materol yn nrych y dyfroedd').[61] Yn yr un modd, amrywiadau ar yr un ymadrodd tragwyddol, anghyfnewidiol a bennir gan natur a rheswm yw ieithoedd afrifed y byd, a thrwy gymharu elfennau geiriol a chystrawennol yr ieithoedd unigol hynny y gellir ymgyrraedd at eirfa a gramadeg yr ymadrodd delfrydol a sylfaenol hwnnw.

Yn ystod cyfnod y Chwyldro Ffrengig, mynegwyd llawer o ddiddordeb mewn iaith ac astudiaethau ieithyddol. Dymuniad i ychwanegu at gyfoeth y Ffrangeg oedd y cymhelliad y tu ôl i gyhoeddi dwy gyfrol Louis-Sébastien Mercier, *Néologie, ou vocabulaire de mots nouveaux, à renouveler, ou pris dans des acceptions nouvelles* [*Bathu Geiriau, neu Restr o Eiriau Newydd, i'w Hadnewyddu, neu ac iddynt Ystyron*

Newydd], yn 1801. Ychydig o syniadau newydd, fodd bynnag, a welir yn rhagymadrodd Mercier i'w restr o eiriau bath. Athrawiaethau cyfarwydd i ni erbyn hyn a adlewyrchir yno – am fodolaeth iaith hynafol gyntefig, sylfaen i bob iaith lafar (xxix), am rym y geirynnau bychain sydd wrth wraidd ein hieithoedd oll ac yn gyffredin iddynt (xviii, xxix), am bwysigrwydd tafodiaith a *patois* i astudiaeth ieithyddol (xxx), a rhan hanfodol onomatopeia a chydweddiad yn natblygiad iaith (xxxi, liii, lv). Wrth gyflwyno'i waith, cydnebydd Mercier ei fod yn dilyn yn ôl troed de Brosses:

> je crois avec le président Desbrosses, qu'il existe une langue primitive, organique, physique et nécessaire, commune à tout le genre humain, qu'aucun peuple au monde ne connaît ni ne pratique dans sa première simplicité, que tous les hommes parlent néanmoins, et qui fait le premier fonds du langage de tous les pays; fonds que l'appareil immmense des accessoires dont il est chargé, laisse à peine apercevoir. (xxvii)

> (Credaf gyda'r *Président* Desbrosses ym modolaeth iaith hynafol, organaidd, gorfforol ac angenrheidiol. Y mae'n gyffredin i bob aelod o'r hil ddynol, ond nid oes yr un genedl yn y byd yn ei hadnabod nac yn ei harfer yn ei symlrwydd gysefin. Eto y mae'r ddynoliaeth gyfan yn ei llefaru, a hi yw sylfaen iaith ym mhob gwlad, sylfaen a brin ganfyddir oherwydd cyfarpar anferth yr atodiadau sy'n pwyso arni.)

Er gwawrio o ganrif newydd a chyfnod newydd yn hanes Ewrop wedi'r digwyddiadau cyffrous yn Ffrainc, ni ddaeth eto chwyldro ym maes astudiaethau ieithyddol, a daliai'r cysyniad a'r ddelfryd o undod yr ieithoedd fel *ignis fatuus* i ddenu dynion.

* * *

Yr oedd gan de Brosses ei ddisgyblion mewn gwledydd eraill. Un ohonynt oedd John Horne Tooke (1736–1812), a gyhoeddodd yn 1786 gyfrol gyntaf ei lyfr dylanwadol ar ffurf dialog, *Epea Pteroenta, or The Diversions of Purley*. Ni chyhoeddwyd yr ail gyfrol tan 1805, ac ni welodd y drydedd (a fuasai'n cwblhau ei drafodaeth ieithyddol) olau dydd o gwbl, gan i'r awdur ei llosgi yn y tân rywbryd cyn iddo farw yn 1812. Coleddai Horne Tooke edmygedd brwd o de Brosses a'i syniadau. Yr oedd yn enwog yn ei ddydd fel radical mewn gwleidyddiaeth, ac adlewyrchir ei dueddiadau radicalaidd yn ei lyfr ar ieithyddiaeth, yn arbennig yn ei ymdriniaeth â thermau moeseg a gwleidyddiaeth.

Dadlennir tueddiadau gwleidyddol Tooke yn nheitl un o benodau *The Diversions of Purley*: 'The Rights of Man'.[62]

Yn yr un modd, mabwysiadodd safbwynt radicalaidd wrth drafod ieithyddiaeth yn gyffredinol. Ei fan cychwyn oedd athroniaeth Locke, gan iddo gredu mai yn yr hyn a dderbynnir trwy'r synhwyrau y mae edrych am ddechreuadau iaith.[63] Eithr yn wahanol i Locke, credai fod gan iaith le hanfodol ym mhrosesau meddwl fel y cyfryw. Y mae angen geiriau, nid yn unig i gyfathrebu â phobl eraill, ond hyd yn oed i drefnu ein meddyliau ein hunain, ac felly y mae gan iaith ran weithredol ym mhrosesau'r meddwl. 'The business of the mind,' meddai Tooke,

> as far as it concerns Language, appears to me to be very simple. It extends no farther than to receive Impressions, that is, to have Sensations or Feelings. What are called its operations are merely operations of Language. A consideration of *Ideas*, or of the *Mind*, or of *Things* (relative to the Parts of Speech) will lead us no further than to *Nouns*; i.e. the signs of those impressions, or names of ideas. (i.51)

Enwau, felly, ym marn Tooke, sy'n cynrychioli mater crai iaith, ac er mwyn deall unrhyw iaith yn iawn, y mae'n angenrheidiol dirwyn pob gair yn ôl at ei darddle yn yr enw a roddwyd ar un o synwyriadau neu adfyfyrion y meddwl (i.51). Y mae hyn yn wir am bob un o'r rhannau ymadrodd (er bod rhyw amhwyster yn ymdriniaeth Tooke ar le y ferf yn y system, a dyna efallai paham y taflwyd i'r fflamau gynnwys y drydedd gyfrol, a fyddai'n trafod y ferf yn llawnach). Geirdarddiad, felly, yn ôl yr awdur hwn, yw prif offeryn y sawl a ddymuna ddeall natur a hanfodion iaith. Ymresymiad *a priori* oedd ei fan cychwyn. 'It was general reasoning *a priori*', meddai, 'that led me to the particular instances; not particular instances to the general reasoning'(i.130–1, a nodyn). Eto, method dadansoddol ac empeiraidd oedd gan Horne Tooke, a chysegrwyd rhan fwyaf yr ymdriniaeth yn *The Diversions of Purley* i drafod dros ddwy fil o eiriau (y rhan fwyaf ohonynt yn Saesneg), ac i chwilio am eu tarddiad mewn enwau.

Olrhain tarddiad geiriau unigol, 'this Etymology, against whose fascination you would have me guard myself', fel y mae'n ei ddisgrifio wrth un o'i gyd-drafodwyr yn y ddialog, oedd yr egwyddor a fyddai'n gosod sylfeini cadarn i astudiaeth newydd o iaith (i.131). Nid oedd gan Tooke ddiddordeb arbennig mewn dilyn datblygiad geiriau yn ôl at ryw iaith gyntefig dybiedig, er ei fod yn y fan yma yn crybwyll y fath leferydd: 'the original language from which the English (and so of all other languages) is derived'. Cyfeiria mewn man arall yn ddirmygus at 'some imaginary primaeval tongue' (i.147). Ymddengys ei fod yn credu mai datblygu a wnaeth ymadrodd dynol o ryw gyflwr naturiol, cyntefig, a nodweddid gan onomatopeia ac ebychiadau, ond nid oedd ganddo ddiddordeb yn y cyflyrau cynieithyddol hyn (i.62–3). Anwybyddai onomatopeia bron yn llwyr, a chredai, fel Herder, fod iaith yn cychwyn lle bo ebychiadau yn dod i ben: 'the dominion of Speech is erected upon the downfall of Interjections'. Nid tyfiant naturiol mo iaith yng ngwir ystyr y gair, ond celfyddyd: 'the artful contrivances of Language'. Eto ni ddiystyrai ieithoedd cyntefig: ystyriai eu bod yn llai llygredig na rhai datblygedig, ac felly yn fwy cywir, er yn llai hyblyg. Tybiai felly y byddai'r iaith gysefin honno y cyfeiriodd ati – tarddle'r Saesneg a phob iaith arall – yn fanwl a chywir ei harwyddocâd, ac y byddai ynddi 'literally *such* and *such* words having *such* and *such* significations' (i.132).

Credai Tooke ymhellach fod gan ieithoedd amrywiol y byd strwythur yn gyffredin – gan ei bod yn bosibl olrhain pob rhan ymadrodd ym mhob un yn ôl at enwau pethau – a ddaethai i ddynion yn y lle cyntaf drwy'r synhwyrau neu'r teimladau mewnol. Ym mhob iaith, geirdarddiad yw'r offeryn sydd gennym i ddarganfod ystyr wreiddiol pob gair. Tybiai na allai neb ddeall unrhyw iaith heb wybod ei hanes. Talfyriad (*abbreviation*) yw'r egwyddor (hollbwysig yn ei ymdriniaeth) sydd yn rheoli datblygiad iaith. Iddo ef, dau bwrpas sydd i ymadrodd: yn gyntaf oll i gyfathrebu, eithr hefyd i wneuthur hynny yn effeithiol a chyn gynted â phosibl: 'the first aim of Language was to *communicate* our thoughts; the second, to do it with *dispatch*' (i.27).

Yr egwyddor hon yw'r allwedd i ddehongli'r geiriau Groeg yn nheitl llyfr Tooke, ynghyd â'r darlun ar yr wynebddalen o'r duw Mercher yn diosg yr adenydd oddi ar ei sandalau. Arwyddocâd y geiriau Groeg yw 'geiriau asgellog', a pherwyl y darlun yw mai pethau gosod yw'r adenydd ar draed y duw sydd ag awdurdod dros gyfathrebu:

> *Abbreviations* are the *wheels* of Language, the *wings* of Mercury . . . Words have been called *winged*; and they well deserve that name, when their abbreviations are compared with the progress which speech could make without these inventions . . . (i.25, 28)

Y mae arwyddocâd arbennig i'r geiriau Groeg yn nheitl Horne Tooke, felly, ac nid yn unig ystyr arferol *verbum volat*. Gellir rhannu geiriau pob iaith, yn ôl ei ddysgeidiaeth ef, i ddau ddosbarth: y rhai sylfaenol, cyntefig hynny, sy'n arwyddo pethau neu deimladau yn uniongyrchol, sef enwau (neu enwau a berfau); a'r rhai sydd yn hytrach yn '*abbreviations* employed for dispatch, and are the signs of other words' (i.27). Emblem o'r ail ddosbarth yw adenydd gosod Mercher, ac er mwyn gwneud astudiaeth drylwyr o iaith, rhaid 'datod y llinynnau o'i draed a diosg ei gap', fel y dangosir yn y darlun ar yr wynebddalen. Geirdarddiad yw'r modd i dreiddio y tu hwnt i'r llu talfyriadau neu 'ddirprwy-eiriau' (*substitutes*) sydd gennym yn ein hiaith, at yr enwau syml y gellir eu canfod o'r diwedd bob amser wrth eu gwraidd (i.48–9).

Nodweddir arddull yr awdur hwn, megis ysgrifeniadau Ferdinand de Saussure, yr ieithydd dylanwadol ar ddiwedd y ganrif nesaf (a Herder a Theophilus Evans o'u blaen) gan drosiadau bywiog, ac un o'r mwyaf nodedig yw ei gymhariaeth o eirdarddiad â'r meicroscôp: 'like a microscope, it is sometimes useful to discover the minuter parts of language which would otherwise escape our sight' (i.531–2). Mewn cyffelybiaeth arall, ceir esboniad ar un o brosesau datblygiad ieithyddol fel hyn:

> *Abbreviation and Corruption are always busiest with the words which are most frequently in use.* Letters, like soldiers, being very apt to desert and drop off in a long march, and especially if their passage happens to lie near the confines of an enemy's country. (i.94)

Ni ddyfeisiodd Horne Tooke reolau manwl i esbonio'r prosesau hanesyddol sy'n llywio'r talfyrru a'r dirywio a ddigwydd i eiriau, fel y gwnaeth Edward Lhuyd, Charles de Brosses a Court de Gébelin. Y prosesau hynny, fodd bynnag, yw sylfaen ei athrawiaeth mai enw yn y pen draw sydd wrth wraidd pob rhan arall ymadrodd, ym mhob iaith.

Neges fawr awdur *The Diversions of Purley* oedd mai yn arwyddocâd y 'particles' y mae dod o hyd i elfennau mwyaf cyntefig iaith: 'wherever the evident meaning and origin of the Particles of any language can be found, *there* is the certain source of the whole' (i.147). Defnyddiodd Horne Tooke y gair 'particles' mewn ystyr wahanol i lawer o'i gyfoedion a'i ragflaenwyr ym maes ieitheg, i ddynodi'r geiriau hynny a ddefnyddir i 'glymu, mewn ffordd o siarad, ein hymadrodd ynghyd' (i.19–20). Dilyn John Locke yr oedd eto yn yr arfer hwn: yn y bennod fer 'Of Particles' yn *An Essay Concerning Human Understanding* (III.vii) awgrymodd yr athronydd sut y mae'r geiriau bach diystyr hyn yn medru cyfleu toreth o arwyddocâd: 'some whereof constantly, and others in certain constructions, have the sense of a whole sentence contained in them' (III.vii.6). Yr oedd de Brosses hefyd wedi sôn am arddodiaid fel mathau ar fyrfoddau ('des formules abrégées'). Iddo ef, 'gwreiddiau cysefin' ('des racines primitives') oedd y geirynnau bach gwerthfawr hyn a gysyllta syniadau wrth ei gilydd mewn ymadrodd, ond ni fentrodd esbonio'u tarddiad.[64] Ar y llaw arall, teimlai Horne Tooke yn hyderus fod ganddo ef yr esboniad syml a chywir. Er nad ydynt yn cyfeirio (yn amlwg, beth bynnag) at bethau a gweithredoedd (enwau a berfau), trwy ddadansoddiad trylwyr ohonynt gellir dirwyn eu hystyr yn ôl ym mhob achos at enwau.

Arddodiaid, cysyllteiriau ac adferfau sy'n cynrychioli'r rhan fwyaf o ddosbarth y 'particles', ac enghraifft nodweddiadol o ddadleuon Horne Tooke yw'r modd y cysyllta'r arddodiad *from* â hen air yn golygu 'dechreuad', a *through* â'r enw *door* (i.334–8, 341–7). Dadleuodd Court de Gébelin mewn ffordd gyffelyb am ddatblygiad y rhannau ymadrodd hynny, a chyrraedd penderfyniadau tebyg i rai Horne Tooke am eu natur.[65] Dadansoddi geiriau er mwyn dod o hyd i'w hystyron gwreiddiol oedd yr offeryn yn llaw yr awduron hyn. Yn hynny o beth, nid oedd fawr wahaniaeth rhyngddynt a Rowland Jones a llawer o'i ragflaenwyr.

Yr oedd Tooke yn gyfarwydd â syniadau Rowland Jones, o leiaf yn ei waith cyntaf. Fe'i cysylltir yn *The Diversions of Purley* â geiriau'i 'gydwladwr' Syr Hugh Evans, cymeriad yng nghomedi Shakespeare, *The Merry Wives of Windsor*, a ddywedodd (yn ôl Tooke): 'Divers philosophers hold that the lips is parcel of the mind'.[66] Wrth ystyried perthynas hanfodol gwybodaeth ac iaith, meddai Tooke:

> Rowland Jones agrees with his countryman, Sir Hugh Evans. In his 'Origin of Language and Nations', Preface, page 17, he says (after others) – 'I think that Language ought not to be considered as mere arbitrary sounds; or any thing less than a part, *at least*, of that living soul which God is said to have breathed into man.' (i.36, nodyn)

Ffordd o osgoi dadansoddi a dehongli yn unig oedd yr apêl at y Duwdod ym marn Tooke: 'it saves the philosopher much trouble, but leaves mankind in great ignorance, and leads to great error'. Dadlennir ymhellach ei ymagwedd at esboniadau diwinyddol ar ddechreuadau iaith mewn cymhariaeth drawiadol:

> God having furnished man with senses and with organs of articulation; as he has also with water, lime and sand; it would seem no more necessary to form the words for man, than to temper the mortar.

Ceir cyfeiriadau eraill at Gymru a'i hiaith yn *The Diversions of Purley* – at ynganiad rhai seiniau Cymraeg yn ôl Wilkins (i.92–3), ac at darddiad Steevens o'r gair Saesneg *imp* (yn un o'i ystyron) o 'impyn': 'Mr. Steevcns needed not to have travelled to Wales, for that he might have found it at home. Our language has absolutely nothing from the Welch' (ii.311).[67]

Yn achos 'impyn' yr oedd Horne Tooke yn llygad ei le, ond yn gyffredinol nid oedd ei feddwl lawer yn fwy goleuedig, na geirdarddiad yn offeryn perffeithiach yn ei law, nag y bu i'r ieithyddion o bob cenedl a roes eu ffydd ynddo ar hyd y canrifoedd.[68] Eto i gyd, cafodd athrawiaethau *The Diversions of Purley* ddylanwad aruthrol ar ieitheg ym Mhrydain ar ddiwedd y ddeunawfed ganrif ac yn negawdau cynnar y bedwaredd ganrif ar bymtheg, nes iddynt gael eu disodli gan ganlyniadau chwyldroadol awgrym Syr William Jones am berthynas ieithoedd Ewrop â heniaith yr India.[69] Yr oedd y ffydd oesol mewn geirdarddiad eto'n fyw ac, o ganlyniad i lyfr Tooke, cafodd y dull dadansoddol mewn trafodaethau ieithyddol estyniad einioes mewn cyfnod a ymhyfrydai yn llwyddiant diweddar gwyddorau natur. Yn y cyswllt hwn y mae cyffelybiaeth yr awdur ei hun o'i fethod â'r meicroscôp yn arwyddocaol. Mynegir apêl yr ymdriniaeth yn *The Diversions of Purley* yn gryno gan William Hazlitt mewn geiriau a ddyfynnir yn fynych:

> Mr. Tooke . . . treated words as the chemists do substances; he separated those which are compounded from those which are not decompoundable. He did not explain the obscure by the more obscure, but the difficult by the plain, the complex by the simple. This alone is proceeding upon the true principles of science: the rest is pedantry and *petitmaitreship*.[70]

NODIADAU

1. H. Aarsleff, *The Study of Language in England, 1780–1860* (Princeton, 1967), 143.
2. D. Droixhe, *La Linguistique et l'appel de l'histoire (1600–1800)* (Genève-Paris, 1978), 178; H. Aarsleff, 'The tradition of Condillac: the problem of the origin of language in the eighteenth century and the debate in the Berlin Academy before Herder', yn *Studies in the History of Linguistics: Traditions and Paradigms*, gol. Dell Hymes (Bloomington, Indiana, 1974), 93–156 (132). Gw. hefyd Bruce Kieffer, 'Herder's Treatment of Süssmilch's Theory of the Origin of Language in the *Abhandlung über den Ursprung der Sprache*: A Re-evaluation', *Germanic Review*, 53 (1978), 96–105.
3. Droixhe, *La Linguistique*, 178; Aarsleff, 'The tradition of Condillac', 135–6.
4. Gw. Pennod 5 yma. Hefyd Aarsleff, *The Study of Language*, 143–4, n. 80; Droixhe, *La Linguistique*, 179, 374–6.
5. Droixhe, *La Linguistique*, 345–8; Aarsleff, *The Study of Language*, 144.

6. Aarsleff, *The Study of Language*, 101, 147.
7. Ibid., 147.
8. Ibid., 148; Droixhe, *La Linguistique*, 180.
9. Droixhe, *La Linguistique*, 180.
10. Ibid., 179–80.
11. Henri Perri, *Egluryn Ffraethineb sef Dosbarth ar Retoreg Un o'r Saith Gelfyddyd* [1595] (Argraffiad cyfatebol, Caerdydd, 1930), 'Llythyr Annerch', a2v.
12. Aarsleff, *The Study of Language*, 149–50. Gw. hefyd Edward Sapir, 'Herder's *Ursprung der Sprache', Modern Philology*, 5 (1907), 109–42; Paul Salmon, 'Herder's Essay on the Origin of Language, and the Place of Man in the Animal Kingdom', *German Life and Letters*, 22 (1968–9), 59–70 (64–5). Gwelir yr *Abhandlung* yn J. G. Herder, *Sämtliche Werke*, gol. Bernhard Suphan, 33 cyfrol (Berlin, 1877–99, 1913), v (1891), 1–147. Cyfeiriaf yn y testun at dudalennau cyfieithiad Saesneg: J. G. Herder, *Treatise on the Origin of Language* (London, 1827).
13. Aarsleff, *The Study of Language*, 150–1.
14. Gw. Pennod 6 yma.
15. Voltaire, *Les Oeuvres complètes de Voltaire*, xxxiii (Oxford, 1987), 95, 102, cf. 103. Gw. hefyd *Oeuvres complètes de Voltaire* ([Kehl], 1785–9), liii. 161–7: 'Génie des langues'.
16. Jean-Baptiste Bullet, *Mémoires sur la langue celtique* . . ., 3 cyfrol (Besançon, 1754–60), ii. *v, cf. **v: 'suivant le génie de cette langue'.
17. Adam Smith, *A Dissertation on the Origin of Languages, or Considerations concerning the First Formation of Languages and the Different Genius of Original and Compounded Languages* (London, 1761). Gw. hefyd Christopher J. Berry, 'Adam Smith's *Considerations* on Language', *Journal of the History of Ideas,* 35 (1974), 130–8; John R. R. Christie, 'Adam Smith's Metaphysics of Language', yn (goln.) Andrew J. Benjamin, Geoffrey N. Cantor, J. R. R. Christie, *The Figural and the Literal: Problems of Language in the History of Science and Philosophy, 1630–1800* (Manchester, 1987), 202–29.
18. Droixhe, *La Linguistique*, 260, a n. 56, t. 273.
19. Nicolas Beauzée, *Grammaire générale ou exposition raisonnée des éléments nécessaires du langage, pour servir de fondement à l'étude de toutes les langues*, 2 gyfrol (Paris, 1767), ii. 471.
20. Charles de Brosses, *Traité de la formation méchanique des langues* . . ., 2 gyfrol (Paris, 1801), i. 411, 58–60, 74.
21. J. G. Herder, 'Ueber die neuere deutsche Literatur', yn *Sämtliche Werke*, i, 148. Gw. Aarsleff, *The Study of Language*, 148; Droixhe, *La Linguistique*, 260, a n. 56.
22. Droixhe, *La Linguistique*, 72, a n. 58. Ar Jan de Laet, gw. hefyd Pennod 2 yma. Ar y cysyniad hwn yn gyffredinol, gw. Christiane Schlaps, 'Das Konzept eines "deutschen Sprachgeistes" in der Geschichte der Sprachtheorie', yn Andreas Gardt (gol.), *Nation und Sprache* (Berlin, New York, 2000), 303–47, a'i thraethawd 'Der "Genius der Sprache". Beleggeschichte und Typlogie des Konzepts' (Traethawd Ph.D., Prifysgol Heidelberg, 1999).
23. Henry Rowlands, *Mona Antiqua Restaurata* . . . (Dublin, 1723; ail argrafffiad, 1766, gol. Henry Owen), 276–7.
24. *De l'esprit des lois*, yn Montesquieu, *Oeuvres complètes*, 2 gyfrol (Bibliothèque de la Pléiade, Paris, 1973), ii. 225–1776, Livre XIX, chap. iv, 568: 'Ce que c'est que l'esprit général'.

25. Herder, *Sämtliche Werke*, iii. Gw. hefyd J. G. Herder, *Reflections on the Philosophy of the History of Mankind*, talfyrrwyd gyda rhagymadrodd gan Frank E. Manuel (Chicago, London, 1968), xvi–xviii.
26. LlGC 13144A, 430, 431.
27. *Cyfrinach Beirdd Ynys Prydain* a argraffwyd dan olygiad y Diweddar Iolo Morganwg (Abertawy, 1829). Cyfeiriadau yn y testun. Gw. hefyd *Geiriadur Prifysgol Cymru* dan *athrylith.*
28. Gw. Lia Formigari, 'Language and Society in the Late Eighteenth Century', *Journal of the History of Ideas*, 35 (1974), 275–92; Droixhe, *La Linguistique*, 327–85: 'Langage et Société'.
29. Gw. R. Harris ac R. J. Taylor, *Landmarks in Linguistic Thought* (London, New York, 1989), 120–35: 'Condillac on the Origin of Language and Thought'.
30. *Essai,* I.ii.4. par. 40–1, 44; I.ii.5, 'De la réflexion'; II.i.1. par 3. Gwelir yr *Essai* a'r *Logique* yn *Oeuvres philosophiques de Condillac*, gol. Georges Le Roy, 3 cyfrol (Paris, 1947), a'r *Grammaire*, pennod 2: 'Considérations générales sur la formation des langues et sur leurs progrès', yn *Varia Linguistica* (textes rassemblés et annotés par Charles Porset) (Bordeaux, 1970), 159-69. Gw. hefyd E. M. Hine, 'Condillac and the Problem of Language', *Studies on Voltaire and the Eighteenth Century*, 106 (1973). 21-62; Nicolas Rousseau, *Connaissance et langage chez Condillac* (Genève, 1986); *Condillac et les problèmes du langage* (textes recueillis par Jean Sgard) (Genève-Paris, 1982).
31. Gw. Pennod 4 yma.
32. *Discours sur . . . l'inégalité*, yn Jean-Jacques Rousseau, *Oeuvres complètes*, (Bibliothèque de la Pléiade, Paris, 1964), iii. 151 a n. 1. Gw. hefyd E. Claparède, 'Rousseau et l'origine du langage', *Annales Jean-Jacques Rousseau*, xxiv (1935), 91–120; G. A. Wells, 'Condillac, Rousseau and Herder on the Origin of Language', *Studies on Voltaire and the Eighteenth Century*, 230 (1985), 233–46; Herder, *Treatise*, 12–15.
33. Aarsleff, *The Study of Language*, 226 a n. 24; Thomas Reid, *An Inquiry into the Human Mind*, yn *The Works of Thomas Reid, D. D.*, gol. Sir William Hamilton, 2 gyfrol (Edinburgh, 1872), i. 118.
34. *Essai sur l'origine des langues . . .*, gol. C. Porset (Bordeaux, 1968), pennod xii, 138–45: 'De la musique'; pennod xiii, 146–53: 'De la mélodie'; pennod xiv, 154–62: 'De l'harmonie'. Ar yr *Essai*, gw. G. Rodis-Lewis, '*L'Art de parler* et l'*Essai sur l'origine des langues*' yn *Revue internationale de philosophie*, 82 (1967), 407–20; M. Duchet a Michel Launay, 'Synchronie et diachronie: l'*Essai sur l'origine des langues* et le second *Discours*', *Revue internationale de philosophie*, 82, tt. 421–42; Jacques Derrida, 'La Linguistique de Rousseau', ibid., tt. 443–62, a *De la Grammatologie* (Paris, 1967), 235–378: 'Genèse et structure de l'*Essai sur l'origine des langues*'; E. J. Hundert, 'The Thread of Language and the Web of Dominion: Mandeville to Rousseau and Back', *Eighteenth Century Studies*, 21 (1987–8), 169–91.
35. Rhisiart Hincks, *I Gadw Mamiaith mor Hen (Cyflwyniad i Ddechreuadau Ysgolheictod Llydaweg)* (Llandysul, 1995), 201.
36. James Burnet, Lord Monboddo, *Of the Origin and Progress of Language*, 6 chyfrol (Edinburgh, 1773–82), English Linguistics, 1500–1800, No.48 (Scolar Press, Menston, 1967). Cyfeiriadau yn y testun. Ar Monboddo, gw. adolygiad yn y *Monthly Review*, 49 (1773–4), 166–73; Arthur O. Lovejoy, 'Monboddo and Rousseau', *Modern Philology*, 30 (1933), 275–96 (hefyd yn *Essays in the History of Ideas* (New York, 1960), 48–61); Aarsleff, *The Study of Language*,

36–41; Stephen K. Land, 'Lord Monboddo and the Theory of Syntax in the Late Eighteenth Century', *Journal of the History of Ideas*, 37 (1976), 423–40; Julia Douthwaite, 'Rewriting the Savage: The Extraordinary Fictions of the "Wild Girl of Champagne"', *Eighteenth Century Studies*, 28 (1994–5), 163–92.

37. Yn arbennig Pennod xv, 182–9.
38. Thomas Herbert, *Some Yeares Travels into Africa and Asia the Great. Especially Describing the Famous Empires of Persia and Industant. As also Divers other Kingdoms in the Orientall Indies and I'les Adjacent* (London, 1638), 355–64: '*Madoc ap Owen Gwynneth* discovered *America* above three hundred yeeres before *Columbus*', 360.
39. Droixhe, *La Linguistique*, 77–8; Aarsleff, *The Study of Language*, 153–4, n. 105.
40. Aarsleff, *The Study of Language*, 41–2.
41. *Encyclopédie méthodique ou par ordre des matières . . .* (Paris-Liège, 1782, 1786); *Dictionnaire de grammaire et de littérature, extrait de l'Encyclopédie méthodique*, 6 chyfrol (Liège, 1789). Gw. Droixhe, *La Linguistique*, 368–9; Sylvain Auroux, *L'Encyclopédie: 'Grammaire' et 'Langue' au XVIIIe siècle* (Paris, 1973).
42. *Grammaire générale . . .*, nouvelle impression en facsimilé de l'édition de 1767 avec une introduction par Barrie E. Bartlett, 2 gyfrol (Stuttgart, 1974), 'Préface', xv.
43. Pennod 5.
44. *Dictionnaire de grammaire et de littérature*, vi, 167–75.
45. Le Brigant, *Élémens succints . . .* (Brest, an 7), 8–10, 57; Droixhe, *La Linguistique*, 368; Hincks, *I Gadw Mamiaith*, 201.
46. Droixhe, *La Linguistique*, 299–300.
47. Harris a Taylor, *Landmarks*, 129–30, 132. Hefyd yn Condillac, *La Langue des calculs* (*Oeuvres philosophiques*, ii. 419); Droixhe, *La Linguistique*, 298–9; Porset (gol.), *Varia Linguistica*, 153, 160–1; Paul de Man, 'The Epistemology of Metaphor', *Critical Inquiry*, 5 (1978), 13–30. Dylid nodi hefyd ddylanwad llyfr César Chesneau Du Marsais, *Des Tropes, ou des différens sens dans lesquels on peut prendre un même mot dans une même langue . . .* (Paris, 1730); Droixhe, *La Linguistique*, 290–2.
48. Harris a Taylor, *Landmarks,* 132; Porset (gol.), *Varia Linguistica*, 161.
49. Ar ddylanwad de Brosses, gw. Aarsleff, *The Study of Language*, 36, n. 44.
50. Ibid., 33–4; Diderot a d'Alembert, *Encyclopédie*, vi.98–9. Ceir syniadau tebyg mewn traethodau eraill gan Turgot, e.e. *Tableau philosophique des progrès successifs de l'esprit humain. . .* (1750), *Remarques critiques sur les Réflexions philosophiques de Maupertuis sur l'origine des langues et la signification des mots* (1750), a *Réflexions sur les langues* (1751) yn *Oeuvres de Turgot*, gol. G. Schelle, 5 cyfrol (Paris, 1913–23), i. Darllenwyd traethawd Pierre-Louis Moreau de Maupertuis: *Dissertation sur les différens moyens dont les hommes se sont servis pour exprimer leurs idées* yn Academi Berlin yn 1754, a chyhoeddwyd ei *Réflexions philosophiques sur l'origine des langues . . .* yn 1758. Gwelir y ddau waith, ynghyd â thraethodau ieithyddol Turgot, rhan o *Grammaire* Condillac a gweithiau gan Du Marsais ac Adam Smith yn Porset (gol.), *Varia Linguistica*, casgliad gwerthfawr a hylaw o destunau ieithyddol y ddeunawfed ganrif.
51. Gw. Pennod 5; Hincks, *I Gadw Mamiaith*, 193. Ar de Brosses, gw. Droixhe, *La Linguistique*, 191–204. Cyfeiriadau yn y testun at de Brosses, *Traité de la*

formation méchanique des langues et des principes physiques de l'étymologie (1765), 2 gyfrol (Paris, 1801).

52. Droixhe, *La Linguistique*, 366–7; Aarsleff, *The Study of Language*, 153–4, n. 105.
53. Droixhe, *La Linguistique*, 202.
54. Ibid., 203.
55. Ibid., 78–9, 195–6, 262, 265–6. *Oeuvres complètes de Voltaire* [Kehl], liii. 152–87. Gw. hefyd ar 'la langue du hanscrit' *Dieu et les hommes* (1769), yn *Oeuvres complètes de Voltaire*, lxix (Oxford, 1994), 291 a n. 2.
56. Droixhe, *La Linguistique*, 262–3.
57. Ibid., 192–3, 200.
58. Cf. Ibid., 193, 197, 200.
59. Gw. ibid., 198, 369–74; A. Court de Gébelin, *Histoire naturelle de la parole, ou Précis de l'origine du langage et de la grammaire universelle, extrait du Monde primitif* (Paris, 1776): crynodeb o gyfrolau ii a iii o *Le Monde primitif analysé et comparé avec le monde moderne*, 9 cyfrol (Paris, 1773–82). Cyfeiriadau yn y testun at *Histoire naturelle.* Ar yr awdur hwn gw. hefyd Ronald Grimsley, 'Court de Gébelin and *Le Monde primitif*' yn *Enlightenment Studies in Honour of Lester G. Crocker* (Oxford, 1979), 133–44; Judith E. Schlanger, 'La langue hébraïque, problème de linguistique spéculative', *Revue internationale de philosophie* (1967), 486–507.
60. Droixhe, *La Linguistique*, 370.
61. Dyfynnir yn Grimsley, 'Court de Gébelin . . .', 148.
62. *Epea Pteroenta, or the Diversions of Purley*, 2 gyfrol (1798, 1805), English Linguistics, 1500–1800, No. 127 (Scolar Press, Menston, 1968). Cyhoeddwyd y gyfrol gyntaf yn 1786. Ail argraffiad a ddefnyddiwyd yn 1968. Cyfeiriadau yn y testun. Ceir trafodaeth ddiddorol yn Olivia Smith, *The Politics of Language, 1791–1819* (Oxford, 1984), 110–53: 'Winged Words: Language and Liberty in John Horne Tooke's *Diversions of Purley*'.
63. Ar Horne Tooke, gw. *The Diversions of Purley*, British Linguistics in the Eighteenth Century (Routledge, Thoemmes Reprints, London, Tokyo, 1993), v–xii: Rhagymadrodd gan Roy Harris; Harris a Taylor, *Landmarks*, 136–50: 'Horne Tooke on Etymological Metaphysics'; Aarsleff, *The Study of Language*, 44–72: '*The Diversions of Purley*'; Droixhe, *La Linguistique*, 257–9.
64. Charles de Brosses, *Traité*, ii. 187–8, par. 198. Dyfynnwyd yn John Horne Tooke, *Diversions*, i. 314–16; Aarsleff, *The Study of Language*, 49 a n. 10.
65. Aarsleff, *The Study of Language*, 59–60 a n. 32. Dyfynnir Court de Gébelin yn *Diversions*, i. 279, 305.
66. Er mai 'the lips is parcel of the mouth' sydd yn nhestun Folio dramâu Shakespeare, 'mind' a geir yn fersiwn Alexander Pope, *The Works of Shakespear in six Volumes, Collected and Corrected . . . by Mr. Pope* (London, 1725), i. 239.
67. Cyfeiriad, efallai, at George Steevens, *Twenty Plays by William Shakespeare* (1766).
68. Am enghreifftiau o darddiadau rhyfedd Tooke, gw. Aarsleff, *The Study of Language*, 63–4.
69. Ibid., 73–114: 'Horne Tooke's Influence and Reputation'.
70. Ibid., 71; William Hazlitt, *The Spirit of the Age* (London, 1825), 103–28: 'The Late Mr. Horne Tooke' (125).

10
Cylch William Owen Pughe

Ni allai William Hazlitt gyhuddo ysgolheigion ieithyddol Cymru ar ddiwedd y ddeunawfed ganrif o ffuantrwydd (*petitmaitreship*) yn yr ystyr a feddai yng nghyd-destun ei ysgrif: dulliau dadansoddol Tooke oedd eu hoff offeryn hwy. Ond fel y mae'n hysbys i'r darllenydd erbyn hyn, y mae gwreiddiau'r methodau hyn yn ymestyn yn ôl y tu hwnt i'r awdur hwnnw, hyd at Pezron ac yn wir lawer ymhellach.[1] Canfyddir cysgod Pezron yn gorwedd yn drwm ar syniadaeth ieithyddol y ganrif, a hynny weithiau mewn mannau annisgwyl iawn. Gwelir ei enw a'i syniadau, er enghraifft, ym maniffesto cymdeithas newydd, radicalaidd y Cymreigyddion yn Rhagfyr 1796.[2] Fel y dengys y geiriau agoriadol, yr oedd chwedl y chwalu ym Mabel o hyd yn *fythos* o rym ac arwyddocâd arbennig i'r Cymry, a'r Abbé Pezron oedd ei phrif gynheiliad:

> Bydded hysbys i'r Cymry oll, mai amcanion ac ewyllys y Gymdeithas hon ydyw ymgyfarfod i gynyddu gwladol a brawdol gyfeillgarwch; ac i arferu a choleddu, yr hen dafod-iaith Gomer-âeg, yr hon, medd yr hynod ddysgawdwr *Abad Pezron*, sydd yn y byd er pan adeiliadwyd Twr Babel.

Teimladau cyffelyb a leisiwyd gan aelodau Cymdeithas y Gwyneddigion hwythau 'wrth dderbyn cyfeillion' trwy ganu cân Dafydd Ddu Eryri:

> Nyni Hiliogaeth GOMER mewn
> hoffder hoywder hynt,
> Sy'n dilyn hen Arferion ein Teidiau
> gwychion gynt . . .[3]

Er na dderbyniwyd ei syniadau'n ddifeirniadaeth o bell ffordd, dylanwad Pezron a welir egluraf ar William Owen Pughe ac Iolo Morganwg fel ieithyddion. Datguddir hyn nid yn unig yn eu gweithiau argraffedig, ond hefyd yn y papurau di-ben-draw a adawsant heb eu cyhoeddi, ac yn y lliaws llythyrau a gyfnewidid ganddynt, a rhwng aelodau cwmni eang o ohebwyr o ddiddordebau cyffelyb. Canfyddir yn y cylch hwn, nid llai nag yn Edward Lhuyd a'i gydweithwyr ar ddechrau'r ganrif, aelodau brwd o'r ffenomen a nodweddai'r Oes Oleuedig ar ei hyd, sef y gwmnïaeth lythyrol ryngwladol o ysgolheigion a elwir yn gyffredin *la République des Lettres*.

Un o gylch gohebwyr Iolo a Pughe yn ystod dau ddegawd olaf y ganrif oedd Walter Davies (Gwallter Mechain, 1761–1849), y golygwyd ei waith gan D. Silvan Evans a'i gyhoeddi yn 1868. Un yn unig o amryfal ddiddordebau Walter Davies oedd syniadaeth am iaith, ac ychydig o sôn sydd yn nhudalennau'i waith argraffedig am ddechreuadau a datblygiad tafodleferydd y Cymry.[4] Dengys ei lythyrau, serch hynny, ei ddiddordeb yn natblygiadau ieithyddol ei ddydd mewn orgraff a gramadeg.[5] Yr oedd Gwallter hefyd yn un o ddarllenwyr brwd Pezron, er iddo gredu mai mympwy yn hytrach na chywirdeb barn a nodweddai'r awdur hwnnw. Ymysg ei bapurau erys tudalennau o nodiadau manwl ar *The Antiquities of Nations* . . ., sef cyfieithiad *Antiquité* Pezron gan David Jones, a gyhoeddwyd yn Llundain yn 1706.[6] Fel y gwelsom, tystia mwy nag un copi o'r cyfieithiad hwnnw i'r arfer o ddarllen Pezron yng Nghymru'r ddeunawfed ganrif. Enw'r hynafiaethydd Theophilus Jones (ŵyr i awdur *Drych y Prif Oesoedd*) a ysgrifennwyd mewn inc ar wynebddalen un ohonynt, ac y mae nodiadau mewn pensil y tu mewn i'r clawr blaen yn awgrymu bod Iolo Morganwg wedi bod yn berchen ar y copi hwn yn y gorffennol. Nid oes, ysywaeth, sylwadau ymyl-y-ddalen ar y gyfrol hon.[7]

Y mae'r gwrthwyneb yn wir am y copi a drosglwyddwyd o law Ieuan Fardd i Rhys Jones o'r Blaenau yn 1758. Brithir y testun hwnnw gan nodiadau ar darddiadau enwau priod gan Pezron. Pur ddirmygus yw rhai ohonynt, er enghraifft 'wfft! wfft! wfft!' yn ymyl awgrym Pezron bod cysylltiad rhwng *brachium* (braich) a'r gair Ffrangeg *brèche* (bwlch): 'for so the Gauls called an Arm, because of its being, as it were, broke in the middle, whereas the thigh is all of a piece . . .' Daw anian ddrwgdybus awdur y nodiadau hefyd i'r golwg yn ei sylw ar honiad Pezron y gallai ddod o hyd i fwy na 600 o eiriau Groeg, 'all Radicals, and most of them Primitives, and not Derivatives', a'u holrhain yn ôl at y Titaniaid. 'Vix credo' yw'r geiriau ar ymyl y ddalen yma.[8] Fodd bynnag, yn ei ragymadrodd i *Gorchestion Beirdd Cymru* (Amwythig, 1773), cyfeiria Rhys Jones at eiriau'r 'dysgedig Abad Pezron' i ategu'r farn gyffredin fod yr iaith Gymraeg 'cyn hyned a'r hynaf' o ieithoedd y byd. Gellir barnu, felly mai Evan Evans oedd awdur y sylwadau gwawdlyd ar ymylon tudalennau'r cyfieithiad o Pezron.

Yn yr un ysbryd beirniadol y darllenai Gwallter Mechain ei gopi yntau o'r llyfr. Tynnai sylw at awdurdodau a ffynonellau eraill i ategu neu wrth-ddweud datganiadau'r Llydäwr. Noda, er enghraifft, fod 'William Morris Llansiliniensis', ryw ddeugain mlynedd ynghynt na Pezron, wedi sylwi ar Josephus yn olrhain y Galatiaid yn ôl at Gomer (LlGC 1641B, ii.383), a'r hynafiaethydd hwnnw o Lansilin yw ei awdurdod mewn llawer man. Gwelir trylwyredd ei ddarllen mewn nodyn fel 'Mark Pezron closely, if he reports any of Acmon's exploits in Thessaly' (ii.391). Brithir y nodiadau gan y llythyren *q* (am *quaere*, e.e. t. 420, lle y mae'n gofyn a ellir tarddu enw'r Cimmerii o *Gomer*) ac, mewn un man (ii.393), hola a yw Pezron yn orffwyll! Er iddo ymddangos mor awyddus â'r Llydäwr ei hun i gysylltu enwau Groeg a Lladin â geiriau o'r ieithoedd Celtaidd, eto y mae'n mynnu cael sylfeini cadarn i unrhyw adeiladwaith damcaniaethol: 'Get all possible information from Ancient Authors respecting this, as the foundation of an historical castle may be built thereon, if well-founded' (ii.418).

Nid darllenydd anfeirniadol, felly, mo Gwallter Mechain. Yr oedd ganddo wybodaeth eang o awdurdodau ieithyddol yr hen fyd, eithr nid oedd yn hollol sicr ohono'i hun ym maes hynafiaethau Cymraeg. Ond yr oedd ganddo help wrth law, fel y dengys ei nodyn i enw Sadwrn yn nhestun Pezron: 'Qu. how early can the names of the days be found in Brit. MSS, viz. Mawrth, Sadwrn, etc. Enquire W.O., I.M., W.J. etc.' (ii.420). William Owen, Iolo Morganwg, a William Jones, Llangadfan, oedd y tri awdurdod y gallai Gwallter Mechain alw arnynt am gyfarwyddyd ar y mater hwn.

Ysgrifennodd Gwallter grynodeb (nid anfeirniadol) o fywyd a gwaith ei gymydog a'i hen athro, William Jones o Langadfan, pan fu farw yn 1795. Ymddangosodd yn 1796 yn ail gyfrol y *Cambrian Register*, cylchgrawn a olygwyd gan William Owen Pughe (237–51). William Owen a safai allan fel *primus inter pares* yn y cylch gwasgaredig hwn o ohebwyr, a'r awdurdod pennaf ar faterion ieithyddol.[9] Yn 1792, cyhoeddodd ef *The Heroic Elegies and Other Pieces of Llywarç Hen*, ac er mai barddonol oedd natur y testun, gwelwyd am y tro cyntaf yn y rhagymadrodd elfennau damcaniaeth yr awdur am yr iaith Gymraeg. Pwysleisiodd burdeb yr iaith honno: 'the language of the Cymry', meddai, 'carries in itself the evidence of being free from inter-mixture'. Nid yw'n cymathu geiriau estron, 'except such as are mere simple sounds' (xxiii). Yn ei nodyn ar ffurfiad geiriau yn y Gymraeg gwelir enghraifft nodweddiadol o eirdarddiad 'Puwaidd', a dynnodd yn ei ben gymaint o ddirmyg gan ei feirniaid yn ddiweddarach:

> All compound words, in the *Welsh*, are regularly formed from those that are monosyllables; and those again *reducible to classes of similar sounds, having a coincidence of import*, one with another; as PEN, a head; CEN, the *top* or *first*; NEN, the *top* or what is *over head*; LLEN, a *veil* or *covering*; LLEEN, a *teacher* or a *man of learning*; RHEEN, a *creator* or *one that gives a beginning*. None of this class are primitives, but compounded of PY, CY, NY, LLY, LLE, and RHE, with EN, a *principle* or *first cause*, whence ENAID, the *soul*, literally the *principle of life*; from EN, and AID, life. (xxiii–xxiv)

Nid yw'r egwyddor ddamcaniaethol hon yn annhebyg i'r un a ddefnyddiai John Wilkins ganrif ynghynt wrth iddo gyfansoddi iaith a fyddai'n gyffredinol a dealladwy i bawb. Pan gyhoeddwyd rhan gyntaf geiriadur Pughe yn 1793, ynghyd â gramadeg a rhagymadrodd helaeth, daeth ei syniadau am eirdarddiad yn gyfarwydd i gylch ehangach o ddarllenwyr yng Nghymru. Dechreusai ar y gwaith o gynllunio geiriadur yn 1785, ac yn 1790 danfonodd ddarnau at Gwallter Mechain ac Iolo Morganwg yn y gobaith o'i wella 'drwy gynghor fy nghydwladwyr cywrain'.[10] Wedi cyhoeddi'r rhan gyntaf ym Mehefin 1793, ysgrifennodd at Gwallter i amddiffyn ei waith ac, yn 1794 ar ôl i'r ail ran ymddangos, dyna lythyr arall yn ei annog i sicrhau rhagor o danysgrifwyr yn ei goleg yn Rhydychen.[11] Heblaw cyflawni'r gwaith hanfodol o sicrhau tanysgrifwyr, derbyniai gyfraniadau gan ohebwyr – e.e. bu William Jones, Llangadfan, yn ei fwydo â rhestrau o eiriau ac ymadroddion ei fro.[12]

Gŵr o aml ddiddordebau oedd William Jones yntau, ac amlygir ei ddiddordeb cyffredinol mewn iaith mewn llythyr at Pughe yn 1792 sy'n dangos cryn annibyniaeth barn ynglŷn â tharddiad cyffredin ieithoedd y byd.[13] Y mae'n amlwg ei fod yn credu yn sefydlogrwydd hanfodol ieithoedd – mai ychydig o newid sylfaenol a fu ynddynt dros ganrifoedd di-rif eu datblygiad. 'Nid all miloedd o genedlaethau ddirywio anian,' meddai, 'ag er mor gyfnewidiol yw ieithau, ni ddilëir yn gwbl . . . haiach un iaith gynhwynol, na bo rhyw ychydig o eiriau yn glynu i arwyddo o ba wreiddyn y mae y genedl yn deilliaw . . .' Diddorol yw sylwi bod William Jones, megis meddylwyr fel Condillac a Herder ar y cyfandir, yn cydnabod 'anian' iaith unigol, a'i fod yn pwysleisio'r gwahaniaeth rhwng ieithoedd, yn hytrach na'r tebygrwydd rhyngddynt. Eto i gyd yr oedd yn barod i ystyried y posibilrwydd o 'gyffelybiaeth' rhwng natur ac iaith y Cymry ac eiddo'r Galatiaid cyfoes, er iddo gyfaddef ei anwybodaeth lwyr o'r genedl honno.

Gwyddai, fodd bynnag, am wahanol ieithoedd brodorion America, gan gynnwys yr 'Esquimaux', a bwriai y gellir eu holrhain efallai i gyff Ewropeaidd. Cydnebydd hefyd fod 'cryn gyffelybrwydd mewn llaweroedd o iaithau (yn enwedig yn Europ) rhwng y geiriau rhif', a dyfala mai 'dyna'r geiriau cyntaf a luniwyd cyn gwasgaru y rhai a'u harferant oddiwrth eu gilydd'. Sut bynnag, ni allai ddychmygu 'un famiaith gyffredin i ieithau'r byd', a chredai mai rhagfarn yn unig a oedd y tu ôl i'r gred mai Hebraeg oedd ffynhonnell pob iaith arall. Wrth ystyried y tebygrwydd rhwng sŵn ac ystyr geiriau mewn gwahanol ieithoedd, yn hytrach na bwrw eu bod wedi tyfu o'r un cyff, awgryma eu bod wedi datblygu ar wahân ar sail onomatopeia, neu o gyd-ddigwyddiad, wrth 'swn y creadur megis Hŵch, Taran, – neu o ddigwyddiad megis Bwyta, genym ni a Boota yn Môr y Deheu'. Yr unig ddadl y mae'n fodlon ei hystyried o blaid yr Hebraeg yw bod enwau'r 'rhagddilywiaid' yn y Beibl yn mynegi natur neu alwedigaeth eu perchenogion: 'megis Adam -- Pridd – Enoch, rhodio gyda Duw etc.' Ond rheswm, nid rhagfarn, oedd y llinyn mesur a hawliai un a lwyr haeddai'r enw 'Voltaire Cymru', yn y mater hwn fel ym mhopeth arall: 'Eithr ni fynnwn i neb feddwl fy môd yn sefydlog yn fy mympwy, ac na roddwn le i reswm.'

'Peth anghred' i William Jones oedd y syniad bod un iaith gynhwynol wedi dirywio dros yr oesoedd 'heb ryw achos anghyffredin', ac ni allai gredu bod ieithoedd 'or un gwreiddyn, os na bu rhyw gyfnewidiad anhysbys i ni yn eu natur mwy nag a allai oerni na gwrês, bywioliaeth nag amser ei weithio mewn myrddiwn o genhedlaethau'. Achosion naturiol yn unig a wêl y tu ôl i ddatblygiadau ieithyddol, ac y mae'i eiriau'n awgrymu'i fod yn ymwrthod â phob 'achos anghyffredin' megis y drychineb chwedlonol ym Mabel.

Cydfenthyca geiriau yw ei esboniad ef ar unrhyw debygrwydd rhwng geirfaoedd gwahanol genhedloedd. Y mae'n dosbarthu pobloedd Ewrop 'yn ddwy brif genedl amrywiol mewn iaith ac anian', sef y 'Teutoniaid' yn y gogledd a'r dwyrain, a'r Gwyddelod, y Brythoniaid a'r 'Gwylliaid' (sef trigolion yr Eidal a Sbaen) yn y parthau deheuol (LlGC 13221E, 368). Yn ofer, ym marn William Jones, y chwilir am berthynas sylfaenol rhwng y ddau ddosbarth hyn, a pho 'ddyfnaf yr ystyrioch eu hieithau drwy chwilio am hen eiriau cynhwynol yr iaithau, mwyaf fyth a fydd yr anghyffelybrwydd rhyngthynt'. Arwydd yw hyn iddo ef 'nad yw y geiriau sydd yn gyffredin ganthynt onid digwyddiad wrth fasnach a chyfathrach, gorchfygiaith ac ymgymysgiadau dros lawer mil o flynyddoedd'.

Cydnebydd fod llawer o eiriau 'or un gwreiddyn' yn nodweddu ieithoedd y Cymry a'r Saeson, ond yn hytrach nag edrych am famiaith gyffredin i esbonio hyn, noda'r William Jones hwn y benthyciadau a fu rhwng y ddwy iaith. Benthyg ieithyddol a wêl hefyd yn iaith 'yr hên

Sacsoniaid a'r Rhufeiniaid', er mai naws fwy Pezronaidd sydd i'w awgrym mai 'gan y Cimbriaid pan yn goresgyn yr Ital' y cymerwyd y geiriau am berthnasau teuluol (LlGC 13221E, 368).

Adweithiodd William Owen Pughe i'r syniadau hyn o eiddo 'Gwilym Cadvan' mewn llythyr at Gwallter Mechain (yn 1792 neu 1793).[14] Gwrthododd Pughe y ddamcaniaeth mai benthyciad oedd y rheswm am y tebygrwydd rhwng rhai geiriau yn y Gymraeg, yr Wyddeleg a'r Lladin. Mabwysiadodd ef ddamcaniaeth a oedd yn llawer mwy ffasiynol ar y pryd:

> the truth evidently is that they are not borrowed, but the words of the three languages are derived from one common origin, and afterwards separately cultivated, or moulded, according to the state of knowledge and genius of the nations speaking them.

Credai mai'r ffordd i ddatrys y broblem hon oedd mynd yn ôl at wreiddiau'r geiriau, a holi pa iaith oedd gyfoethocaf mewn gwreidd-eiriau unsill – egwyddor gwbl Pezronaidd:

> which of the three has preserved most of the words and the character of the parent language is what perhaps might be solved if properly examined, by shewing which has preserved most completely its monosyllabic roots, with the compounds regularly formed upon them.

Un arall a ysgrifennai at William Owen Pughe o Gymru i ofyn am gyfarwyddyd ar faterion ieithyddol a hanesyddol oedd Joseph Allen, athro mathemateg yn nhre Penfro, ac aelod o hen deulu yn y sir honno.[15] Fe'i cyfrifai'i hun yn un o garedigion hynafiaethau Cymru ac, mewn llythyr yn 1790, mynega ddiddordeb mewn prynu geiriadur Pughe pan ddeuai allan.[16] Yr oedd Pughe yn ei dro yn cyfrif 'Mr. Jos. Allen of Pembroke' ymhlith ei gyfeillion, fel y tystia cymal yn ei nodiadau ar gyfer y rhagymadrodd i'r geiriadur.[17] Ym mis Awst 1792 gwelwn Allen yn holi eto am y geiriadur, a mynegi'i ddymuniad i gael gafael ar gopi o Pezron:

> I wish I could get Pezron's Antiquities of the Celts either in the original French or in the English translation, there is a gentleman here in the neighbourhood who has got two of them, and makes no use of either . . . such is the good-for-nothing disposition of our Gentlemen here, many of them know not the value of a Book till we request the loan of it . . .[18]

Dyna achwyniad llawer o ysgolheigion Cymru, yn fawr a mân, yn ystod y ddeunawfed ganrif yn erbyn perchenogion llyfrgelloedd gwych eu gwlad.

Erbyn mis Hydref 1793 yr oedd Allen wedi prynu rhan gyntaf y geiriadur, a ddaethai o'r wasg ym mis Mehefin.[19] Dengys ei lythyr ei fod yn gyfarwydd â hynafiaethwyr Cymru ac Iwerddon ac â hen wyddorau, a dywed y byddai gramadeg arfaethedig Pughe yn gynhorthwy iddo yn ei fwriad yntau i baratoi gramadeg amlieithog. Yr oedd hefyd wedi llwyddo i gael copi o Pezron i'w ddwylo, ei ddarllen a'i gopïo, eithr nid mewn ffordd anfeirniadol: 'I had the loan of a Pezron which I have entirely copied off in a folio book', gan adael ymylon helaeth ar gyfer nodiadau yn ategu neu'n gwrthwynebu syniadau Pezron. Dywed ei fod wrth ddarllen yn ei uniaethu'i hun â'i ohebydd mewn ymchwil am y gwirionedd, gan fwriadu archwilio pob ochr i'r cwestiwn.

Y mae'n amlwg, fodd bynnag, fod syniadaeth Pezron wedi treiddio'n ddwfn i feddylfryd Joseph Allen. Cyfeiria hefyd yn 1793 at Henry Rowlands a'r ddamcaniaeth mai o Asia o dan arweiniad Gomer y daethai'r Cymry i'r gorllewin. Hyd yn oed yn 1792, cyn darllen Pezron, yr oedd yn ei fryd ysgrifennu hanes ei sir, a fyddai'n dilyn hynafiaid y Cymry ar eu hynt ar draws Ewrop:

> I mean to give a concise, but as far as possible, a more satisfactory acc^{t} of the migrations of our Celtic or Gomerian Ancestors from their first settlements in Asia down to their Entrance into Gaul and Britain, and thence as low down as possible . . .[20]

Henry Rowlands a fyddai'i batrwm, y mae'n siwr, yn y weithred hon o *pietas* i'w ardal enedigol.

Awgryma Allen yn yr un lle y byddai'i wybodaeth o rai o ieithoedd y dwyrain yn sicr o fod o gymorth iddo yn ei dasg, ac yr oedd eisoes wedi cymharu'r 'Celtic language and the Druidical Principles and monuments' â'r sefydliadau cyfatebol yn y dwyrain. Iddo ef, yr oedd elfennau Cymraeg i'w canfod yn eglur yng ngwreiddeiriau ieithoedd yn ymylu ar y gwledydd a wladychwyd gan ddisgynyddion Gomer ar eu taith.[21] Y mae'n glynu wrth y ddamcaniaeth hon, er i Pughe ei rybuddio yn ei erbyn: 'You have said that you think I had better not have any thing to do with Gomer or Gomerians in my work.' Dichon ei fod wedi darllen gweithiau Rowland Jones hefyd, oherwydd ei fod yn trafod y gwreiddiau *ou* a *wu* a chymryd eu bod yn gyfystyr ag '*aw* – fluid'. 'This word is certainly one brought from Babel,' meddai, 'since we find it with very little variation, for water in many languages.' Ymhlith y rhai hynny noda '*Aw*, *Awy*, *Gwy*, *'wy* Celtic, *Eau* French', a chynhwysodd yn ei restr Berseg ac ieithoedd y dwyrain a Môr y De, ynghyd ag amrywiol briod ieithoedd brodorion America.

Bu Gwallter Mechain yn holi Pughe ar ddechrau 1793 am ei syniadau newydd ar 'the origin of Nations'.[22] Yr oedd Pughe wedi ymwrthod â Gomer a'r Gomeriaid, er mwyn gorseddu ei arwr chwedlonol ei hun, Hu Gadarn, fel arweinydd y genedl o ryw 'wlad yr haf' annelwig yn y dwyrain pell hyd at oror orllewinol Ewrop. Ceir disgrifiad ohono yn *The Cambrian Biography: or Historical Notices of Celebrated Men among the Ancient Britons*, a gyhoeddodd Pughe yn 1803, eithr cynnyrch dychymyg Iolo Morganwg oedd campau Hu, yn y 'Drydedd Gyfres' o *Trioedd Ynys Prydain* yn y *Myvyrian Archaiology of Wales* (1801).[23] Erbyn mis Mai 1802, yr oedd sôn am Hu Gadarn wedi cyrraedd Sir Benfro, a chawn Joseph Allen mewn llythyr at Pughe yn holi am yr arwr hwnnw, ond ar yr un pryd yn mynegi'i ffydd barhaol yn y ddamcaniaeth am Gomer, gan gyfeirio at yr Hebraeg, 'along with other proofs brought by Pezron and other good writers, of the Descent of the Cymry, Celts and Gauls from Gomer'.[24]

Yr oedd gan Allen, y mae'n amlwg, ddiddordeb arbennig yn symudiad cenhedloedd a'u hieithoedd yn y cyn-oesoedd, ac yn y llythyr hwn y mae'n annog cymharu ysgrythurau cynnar gwledydd y dwyrain â

> what is remaining of the Tartarians, old Scythians, Goths, Celtic & Irish, Cantabrian or Basque, properly ranged under general heads, and compared together with the help of a Dictionary formed upon sound etymological principles previously laid down, the words ranged, as far as possibly attainable, under their first or primitive root, the several senses of which root being numbered in order, i.e. the primitive idea it stood for being first . . .

Yn ddiau, egwyddorion geirdarddol Pughe, a osodwyd allan ganddo yn y rhagymadrodd i *The Heroic Elegies*, oedd y 'sound etymological principles' y sonia Allen amdanynt yma, a methodau de Brosses a'i ddisgyblion oedd y rhai a anogir ganddo.

Cyn diwedd ei lythyr dyna Allen yn dychwelyd at fater y gwreidd-eiriau, gan fynegi'i hyder y byddai geiriadur Pughe, trwy arddangos elfennau cyntefig y Gymraeg, yn hyrwyddo'i gred ei hun bod gwreiddyn pob syniad gwyddonol ac athronyddol i'w olrhain yn ôl at yr iaith honno:

> I hope your Dictionary will sufficiently prove that such primitives as are

> purely Celtic are also to be found in the Welsh, if so, all simple or compound derivatives expressive of scientific ideas, will of course be virtually found in our Dialect.

Byddai dod o hyd i'r fath wreiddeiriau cyntefig hefyd yn arddangos helaethrwydd a phurdeb cynhenid y Gymraeg,

> if we actually have many of such terms still remaining, and also the roots of those others in the same science, which are not now found for want of MSS. We have little reason to doubt of our having had them too; for Dr. John David Rhys informs us in his preface to his Welsh Grammar, that he had composed a system of Metaphysics in the Welsh language without borrowing one word or term from any other language, on purpose to prove the genuine copiousness, energy & accuracy as well as Elegance of his native tongue.

* * *

Yn ei lythyrau at William Owen Pughe, cyfeiria Joseph Allen fwy nag unwaith at y gobaith o gyhoeddi *Celtic Remains* Lewis Morris, ac at eu 'mutual friend' Gwallter Mechain, a oedd ar y pryd yn ymdrechu i baratoi'r gwaith hwnnw ar gyfer y wasg.[25] Fel y gwelsom, bu farw Lewis Morris yn 1765 heb gyhoeddi'r hyn a ystyriai'n waith mawr ei fywyd, y geiriadur hanesyddol o enwau priod. Ofnai Lewis a'i frodyr y byddai'r llawysgrif yn y diwedd yn mynd i'w lapio o gylch tybaco, neu ddioddef tynged waeth.[26] Er mwyn osgoi dyfodol erchyll o'r fath, copïwyd y rhan gyntaf o'r gwaith yn 1778 yn yr India gan nai yr awdur, mab Richard Morris. Gobeithiai'r copïwr gael cymorth a bendith neb llai na Syr William Jones yn help i'w gyhoeddi. Eithr, ofer fu'i ymdrechion ac ni ddaeth y *Celtic Remains* i olwg y cyhoedd am ganrif arall, pan gyhoeddodd D. Silvan Evans y rhan gyntaf yn 1878.[27]

Eto, bu gobaith y gwelai olau dydd yn nawdegau'r ddeunawfed ganrif, a hynny trwy weithgaredd Gwallter Mechain. Ymhlith y 'cyhoeddiadau newydd' a nodir ar ddiwedd *Heroic Elegies* William Owen Pughe yn 1792, rhestrir 'By Subscription, some Time in 1793, *The Celtic Remains*, originally collected by the late Lewis Morris, augmented and enlarged by Walter Davies, of All Souls College, Oxford'. Ar 2 Medi 1793, ymddangosodd *Proposals* Gwallter Mechain ar gyfer cyhoeddi'r gwaith. Bwriadwyd cyhoeddi dwy gyfrol, un ohonynt yn cynrychioli 'Etymological Dictionary' Lewis Morris, a'r ail yn atodiad o waith Gwallter ei hun: 'Volume ii containing such Celtic Names of Men, Places &c, as do not occur in Mr. Morris's MSS . . .' Y mae o leiaf bum copi o'r *Proposals* i'w gweld ymhlith y papurau a adawodd Iolo Morganwg ar ei ôl, wedi'u gorchuddio gan nodiadau Iolo ar faterion eraill.[28] Y mae'n amlwg fod yr adysgrif a wnaethpwyd o lawysgrif Morris yn yr India hefyd wedi cyrraedd dwylo Iolo, gan fod ei nodiadau dirmygus i'w gweld ar y llawysgrif honno, ac yn y testun a argraffwyd yn 1878.

Yn gynnar yn 1792, prynodd Owain Myfyr lawysgrif y *Celtic Remains*, a gofyn i Gwallter Mechain, myfyriwr ar y pryd yn Rhydychen, ei golygu a'i pharatoi ar gyfer y wasg. Yr oedd Iolo a William Owen hefyd yn rhan o'r cynllun hwn o'r dechrau, fel y dengys llythyr o law y Myfyr ym mis Gorffennaf 1792: 'Dydd Sul ddiweddaf y buant yma Gwilym Owain [Pughe] a Iolo Morganwg, a'r *Celtic Remai*ns oedd Corph y Gainc ac e addawodd Iolo ysgrifenny at Fexain yn helaeth ar ôl xwilio ac ysbio ynddo . . .'[29] Yn ôl llythyr arall ym mis Tachwedd, 'cymhellwyd ynghymdeithas y Gwyneddigion gymeryd deugain Llyfr or *Celtic* [*Remains*]'. Nid oedd y trefniant hwn ynghylch cyhoeddi gwaith Lewis Morris wrth fodd calon pawb, fel yr awgryma Gwallter yn ei lythyr at William Owen Pughe ym mis Mai 1793:

> They think in Anglesea that you and I have played some hocus-pocus juggling for the Celtic Remains. It vexes me that ever I had any thing to say to it, but such is my fate, and I will proceed in spite of narrow-minded Fools.[30]

Cyngor Pughe oedd y dylai Gwallter ailgynllunio'r testun yn llwyr, gan na fwriadwyd cyhoeddi ei gynnwys yn y cyflwr y gadawyd ef ynddo, ac efallai fod y cyngor hwn wedi ychwanegu at yr oedi yn y gwaith golygu. Erbyn 1805, beth bynnag, yr oedd hyd yn oed Owain Myfyr wedi anobeithio am weld y llyfr yn cyrraedd y cyhoedd.[31] Yn y cyfamser, bu Walter Davies wrthi'n casglu tanysgrifiadau ac yn buddsoddi'r arian yn y gobaith o gyhoeddi. Cychwynnodd hefyd ar y gwaith o olygu'r llawysgrif a ddaethai yn ôl o'r India. Ofer fu'r cyfan y pryd hynny, ond y mae ychwanegiadau Gwallter i destun Lewis Morris yn cadarnhau'r darlun sydd gennym o ysgolheictod ieithyddol Cymru ar ddiwedd y ddeunawfed ganrif.

Y tebygrwydd yw ei fod yn cyd-ddarllen cyfrol Pezron a llawysgrif Morris, fel y dengys rhai o'i nodiadau ar *The Antiquities of Nations*. 'This tallies', meddai am rieni Sadwrn, 'with L. Morris's account in Celt. Rem. and perhaps he borrowed it from this part of Pezron.' Yn nes ymlaen ceir enghraifft arall o amheuaeth Gwallter o wreiddioldeb cynnwys llawysgrif Morris: 'See how verbatim has L.M. copied these

Curetes from Pezron, and whether has he any notions of his own'. Yr oedd wedi gweld y rhagymadrodd i waith Lewis Morris hefyd, a chyfeiria at hyn mewn nodyn arall: 'But Lewis Morris derives Tartarus from the Celtic *carchar*, carcer, vide the Introd^{n} to his Celtic Rem^{s}'.[32]

Mewn llythyr at Iolo Morganwg ('Dear Williams') a ysgrifennwyd o Goleg All Souls ym Mawrth 1793, cawn fanylion pellach am farn Walter Davies ar Lewis Morris, o'i gymharu ag Edward Lhuyd:

> The sphere that Lluyd shined most in, was that of Natural Philosophy, particularly Mineralogy and Botanology. He far surpassed L.M. in solid learning, tho' the latter excelled him in something smart and witty. I believe the true genius of L.M. was naturally mathematical, and if he had but a Cambridge education, he would have been our Cambrian *Euclid*. His thoughts on the Heathen Gods in the Latin part of his Celtic Remains is altogether pedantic, and borrowed from *Pezron*.[33]

Yr oedd wedi adnabod yr un awdurdod fel ffynhonnell geirdarddiad Henry Rowlands yntau: 'Rowlands in his Mona Antiqua also plays upon Pezron's strings of Titanic Etymology'.

Ymddengys fod cyngor Iolo am olygu testun Lewis Morris yn wahanol i farn Pughe. 'Your advice of printing his text uninterpolated is judicious', meddai Gwallter wrtho. Gwyddai fod 'pobl Môn' yn disgwyl gweld y testun heb ei newid o gwbl: 'the Anglesea people will have it all printed verbatim, sense and nonsense altogether. They think that every thing that dropped from the pen of L.M. would be acceptable!' Nid oedd Gwallter Mechain mor anfeirniadol: 'his introduction is tedious, labouring much about the same thing . . . There are some gross mistakes . . .' Yr oedd yn ymwybodol o'r maglau ieithyddol sydd ynghlwm wrth y fath o ymdriniaeth a geir yng ngwaith Lewis Morris: 'if this could be carried on with propriety, without exposing our countrymen to public ridicule it would do very well . . .' Cymharu gwahanol ddamcaniaethau yw'r ffordd at y gwirionedd, yn ei farn ef: byddai cymhariaeth o'r fath yn arwain at ddarganfod 'where leans reason and consequently truth'. Erbyn hyn yr oedd Davies yn dechrau teimlo cryn annifyrrwch ynglŷn â'r gorchwyl o'i flaen. Eto, yr oedd ganddo ryw syniad ymhle i edrych am oleuni, oherwydd dywed wrth Iolo tua diwedd y llythyr: 'when you come to Oxford . . . I will find you a College bed, and we will rummage Ed. Lhuyd's papers . . .' Y mae'n gorffen ar nodyn anobeithiol braidd: 'Do not publish your opinion of L.M. (his Celt. Rems.) lest it cause an aversion to subscribers, Gwneud y goreu o'r gwaithaf'.

* * *

Canol Mai, ysgrifennodd Gwallter eto at 'Iorwerth Gwilym' i'w groesawu i Rydychen. Prif destun ei lythyr y tro hwn oedd Coelbren y Beirdd.[34] Yr oedd cylch William Owen Pughe yn gyfarwydd oddi ar ddechrau'r nawdegau â'r wyddor hon o lythrennau cerfiedig ar bren – ffrwyth arall dyfeisgarwch meddyliol Iolo Morganwg a honnai mai'r wyddor a ddefnyddid gan y derwyddon yn y cyn-oesoedd ydoedd, ac un o'r cyfrinachau a gadwyd gan feirdd Gorsedd Morgannwg. Lluniodd Iolo'r wyddor a alwodd yn Goelbren y Beirdd tua 1791, a'i fodel yn ddiamau oedd y 'Staffordshire Clogg', hen almanac o'r sir honno a ddisgrifiodd Robert Plot (ceidwad Amgueddfa Ashmole yn Rhydychen pan ddechreuodd Edward Lhuyd weithio yno) yn ei *Natural History of Staffordshire* yn 1686.

Yn un o'i lawysgrifau ceir darlun o galendr pren Robert Plot gan Iolo, ynghyd â disgrifiad manwl ohono: 'it is a piece of wood squared into 4 plane sides, with a ring on the upper end of it, to hang on a nail . . . On each of the four sides are three months (Alban) the number of days being represented by the notches.'[35] Cysylltwyd yr hen galendr hwn yn nychymyg ffrwythlon Iolo ag arfer y beirdd Cymraeg (fel yr honnai) o naddu'u cerddi (yn llythrennol) ar ddarnau o bren: 'the Welsh bards from time immemorial have amongst them a remarkable method of writing, inscribing, or engraving on slender billets of wood . . .' (LlGC 13087E, 15). Yr oedd awdur y Coelbren, yn rhinwedd ei alwedigaeth fel saer maen, yn gyfarwydd â'r cyfyngiadau sydd ymhlyg wrth y gwaith o naddu llythrennau, ac y mae'n sicr fod yr wybodaeth honno wedi cyfrannu at ffurf unionsyth ac onglog arwyddion Coelbren y Beirdd.

Awgryma Iolo yma fod y Coelbren yn tarddu o'r un dechreuadau â'r gwyddorau Groeg a Lladin, 'for they are all of the same family'. Y ffaith eu bod wedi'u naddu ar ddarn o bren yw'r achos am eu ffurf onglog. Er na ddefnyddir yr wyddor hon bellach, y mae i'w gweld, meddai, ar lawer hen arysgrif, wedi'i chymysgu â'r llythrennau a elwir ar gam yn Sacsonaidd. Llythrennau Brytanaidd yw'r rhain mewn gwirionedd, yn ôl Iolo, 'and are to be seen on old monuments of a date prior to the knowledge of letters among the Saxons' (LlGC 13087E, 17). Adleisir hyn gan William Owen Pughe mewn llythyr at Gwallter Mechain yn Awst 1792: 'Iorwerth thinks he has seen old monuments which all together contain the alphabet complete, tho' any one of them may have but a few letters mixt with the Roman.'[36]

'Peithynen' oedd enw Iolo ar y ffrâm o bren a gynhwysai'r Coelbren, ac y mae ganddo ddisgrifiad manwl o wahanol rannau y ddyfais gyfan: 'the slender Billets of Wood on which the letters are cut, we call

Ebill, *plur. Ebillion*; the frame in which they are fixed is called *Pill*; and the whole together Peithynen'. Yng ngeiriadur Pughe, ceir diffiniad tebyg:

> . . . the elucidator, or frame of writing, the book of the ancient bards, which consisted of a number of four-sided or three-sided sticks written upon, which were put together in a frame, so that each stick might be turned round for the facility of reading.[37]

Wrth sylwi ar y disgrifiadau hyn, fe ddichon y bydd darllenwyr Jonathan Swift yn cofio am Academi Lagado, yr ymwelodd Gulliver â hi yn ystod ei ail daith i wledydd Laputa a Balnibarni.[38] Pwrpas Swift yn y rhan hon o'r llyfr yw dychanu'r bobl hynny sy'n afradu'u bywyd mewn gweithgareddau di-fudd. Yn y penodau cyntaf, mathemategwyr a seryddwyr a ddaw dan ei lach, ac yna wrth i Gulliver gyrraedd Lagado ac ymweld â'r Academi yno, cynllunwyr prosiectau hollol anymarferol sy'n tynnu'i sylw. Y mwyaf adnabyddus o'r rhai hyn, yn ddiau, yw'r cynllun i greu pelydrau haul allan o gwcwmerau. Ymhlith y dysgedigion a gysegrai eu hoes i hyrwyddo astudiaethau dyfaliadol a di-fudd, gwelodd Gulliver lond ystafell o bobl yn ymroi i greu llyfrau ar hap a damwain allan o ddefnyddiau ieithyddol hollol fympwyol.

Testun astudiaeth yr athro a'i ddisgyblion yn yr ystafell hon oedd ffrâm fawr ugain troedfedd sgwâr, a'i harwynebedd wedi'i chyfansoddi o giwbiau bychain o bren.[39] Ar wyneb pob un o'r ciwbiau ysgrifennwyd gair yn yr iaith frodorol. Yr oedd pob gair yn yr iaith i'w weld yno, ymhob un o'i ffurfdroadau, ond blithdraphlith, heb fod mewn unrhyw drefn. Wrth i'r disgyblion roi tro i'r breichiau haearn a lywiai'r darnau pren, byddai'r geiriau i gyd yn newid, ac, o'u darllen ar draws, yn ffurfio cymalau a brawddegau gwahanol, mewn ffordd gwbl fympwyol a diystyr.

Nid dyna ddiwedd y gwatwar ar arferion ieithyddion yn y rhan hon o *Gulliver's Travels*. Yn yr ysgol ieithoedd, gwaith y tri athro oedd gwella'u priod iaith eu hunain. Gwnaent hynny mewn dwy ffordd: yn gyntaf trwy 'fyrhau mynegiant' wrth dorri geiriau cyfansawdd yn elfennau unsill, gan ddileu pob berf a rhangymeriad, 'gan fod popeth dichonadwy mewn gwirionedd yn enw'. Yr ail gynllun oedd cael gwared ar eiriau yn gyfan gwbl. Gan nad yw geiriau yn ddim ond enwau ar bethau, byddai'n fwy cyfleus, a llai o draul ar organau'r llais, yn ôl y ddadl gellweirus hon, petai dynion yn cario yn eu pocedi neu ar eu cefnau y pethau hynny a ffurfiai wrthrychau eu sgwrs. Mantais arall i'r ddyfais ieithyddol hon, meddai Swift, yw y byddai'n ffurfio iaith gyffredinol a fyddai'n ddealladwy i bobl ymhob gwlad ddiwylliedig. Gair a gwrthrych, fel petai, bellach wedi mynd yn un.

Yr oedd Iolo yn gyfarwydd â gweithiau Swift, ac y mae'n cyfeirio ato mewn llawysgrif a ysgrifennodd yn 1816, sy'n trafod Coelbren y Beirdd, neu 'the Bards Alphabet and its variations'.[40] Yno y mae'r esboniad ar y peithynen hyd yn oed yn fwy tebyg i ddisgrifiad Swift o'r ffrâm eiriau yn Lagado. Cysylltir yr enw *ebillion* am y darnau pren yn y peithynen â'r gair Saesneg *billets*, 'which may be Englished "turnabouts" from the circumstance of their turning round like an augur or gimblet' (LlGC 13093E, 158).

Dychanu damcaniaethau ieithyddol ei ddydd oedd pwrpas awdur *Gulliver's Travels* yn y penodau hyn. Gwelsom fod yr hoffter o ddadansoddi geiriau i elfennau unsill yn mynd yn ôl at ddechrau'r ganrif, ac yr oedd gramadegwyr Ffrainc ar ddiwedd y ganrif o'r blaen wedi gwneud yn fawr o egwyddor 'abréger le discours' (byrhau ymadrodd). Ond Horne Tooke yn 1786 a wnaeth yr egwyddor honno yn sylfaen ei athrawiaeth ieithyddol, ac efe hefyd a fanylodd ar y ddamcaniaeth mai enwau yw'r holl rannau ymadrodd o'u holrhain yn ôl at eu gwraidd. Anodd credu nad oedd Tooke yn gwybod am eiriau dychanol Swift, a dichon ei fod ef ac Iolo wedi cymryd y damhegion difyr yn nhudalennau *Gulliver* a'u troi at eu pwrpasau difrifol eu hunain.

Nid oedd enw Horne Tooke yn anghyfarwydd i gylch William Owen Pughe ac Iolo Morganwg ychwaith. Iolo oedd awdur y gân 'Trial by Jury' a ganwyd yn nhafarn y Crown and Anchor yn Llundain ar 4 Chwefror 1795 i ddathlu'r achlysur o gael Tooke, ynghyd â Thomas Hardy a John Thelwall, yn ddieuog o'r cyhuddiad o deyrn-fradwriaeth.[41] Eto, er mor fawr ei barch i'w gyd-radical yn y byd gwleidyddol, ni fynnai Iolo dderbyn ei farn yn ddigwestiwn ar faterion iaith. Mewn llythyr at Pughe ar ddiwedd 1801, dywed:

> I would . . . no more pin my Grammatical or Philological faith on the sleeve of even *Horne Tooke* than I would my Theological faith on the sleeve of his *Popeship of Rome* or that of his *Archbishopship* of *Canterbury*.[42]

Pa eiriau a allai fod yn fwy nodweddiadol o ysbryd annibynnol, eiconoclastig Iolo Morganwg?

Llythyr diddorol iawn yw'r un a ysgrifennwyd gan William Owen Pughe at Iolo ar 11 Tachwedd 1801.[43] Wedi gofyn iddo ddod â chym-aint â phosibl o rifynnau o eiriadur Walters i Lundain pan ddeuai, cyfeiria Pughe at ei eiriadur a'i ramadeg ei hun: 'I am nearly at the end of my great job.' Yn nes ymlaen y mae'n gwneud datganiad hynod, sef ei fod wedi darganfod tebygrwydd rhwng 'Edeyrn Davawd Aur' a John Horne Tooke. I Edern y priodolodd Iolo ramadeg o'r Oesoedd Canol a ysgrifennwyd gan Einion Offeiriad neu Ddafydd Ddu o Hiraddug. Dywed Pughe y byddai wedi hoffi gwneud y gramadeg hwnnw'n sylfaen i'w eiddo ei hun, ac yna daw y geiriau yn cymharu syniadau gramadegol 'Edeyrn' â rhai Horne Tooke:

> you know that there is one thing very remarkable in him; falling in with Horne Took and other philos^{c} Grammarians – i.e. only 2 parts of speech – noun & verb. In such a case, the particles, adverbs, prepos^{s}, conjunct^{s}, etc. must be all classed as nouns or verbs; then it would be necessary to shew how by the ellipsis of expression they perform in speech the various functions denoted by the various parts of speech in the language of common grammar.

Yn yr un llythyr ceir trafodaeth bellach ar Goelbren y Beirdd. Ystyriai Pughe fod yr 'orgraff Gymreig' a seilir ar yr wyddor honno bron yn berffaith, hynny yw bod ei llythrennau'n cynrychioli'n fanwl holl seiniau'r iaith lafar. Gwelai'r angen, serch hynny, am ychydig o arwyddion ychwanegol er mwyn cyfleu pob newid morffolegol. 'There sh^{d} be one particularly', meddai, 'for the quiescence of G' (mewn treiglad meddal). Dyna'r fath o ymyrraeth â phurdeb cysefin ei wyddor a oedd yn loes calon i Iolo Morganwg, ac a achosodd iddo ysgrifennu fel hyn yn 1821 at Evan Williams, y llyfrwerthwr yn y Strand:

> I intend giving a plate of the genuine *Coelbren y Beirdd*, and in so doing I shall have a most unwelcome task to go through, for I shall be under the necessity of exposing Mr. W. O. Pughe's unavowed additions to it, or his adulterations of it . . .[44]

Mabwysiadwyd yr wyddor onglog hon o'r cychwyn gan Pughe, ac fe'i defnyddiodd i addurno'i waith yn y nawdegau cynnar. Wedi derbyn ei gopi o ran gyntaf y geiriadur yn 1793, gofynnodd Joseph Allen i'r awdur esbonio 'the line of old characters in your Title Page' ('Y Gwir yn erbyn y byd') gan holi am darddiad a hynafiaeth 'this old Alphabet', a welai yn hynod o debyg i hen wyddor Wyddeleg a dorrwyd ar bren, ynghyd â gwyddorau eraill, sef 'the Runic, Phenician, and Etruscan'.[45] Mynegai gohebwyr eraill ddiddordeb yn y Coelbren hefyd. Mor gynnar â mis Tachwedd 1790, derbyniodd Pughe lythyr gan Edward Davies yn datgan ei gyffro wrth edrych ymlaen at weld yr wyddor hynafol honno, na chlywsai amdani ond gan Pughe – 'I anticipate a most delicious treat in the copy of the *Real*[?] *ancient British alphabet*', a addawsai ei ohebydd iddo.[46] Yn y cyfnod hwn, yr oedd Davies ei hun wrthi yn paratoi ei lyfr *The Mythology and Rites of the British Druids* (London, 1809), a fyddai'n cynnwys esboniad helaeth a chymhleth ar ddatblygiad ysgrifen ac orgraff o'r cyfnod cynnar, ac yn manylu ar ddamcaniaeth ryfeddach hyd yn oed na Choelbren y Beirdd.

Derbyniwyd y Coelbren, cynnyrch dychymyg Iolo, gan ysgolheigion Lloegr yn ogystal. Dangosir mesur y twyll gan eiriau mewn llythyr oddi wrth William Slade at Edmund Fry ym mis Awst 1799.[47] Perchennog ffatri ffontiau ar gyfer yr argraffwasg oedd Fry, a chanddo ddiddordeb ysgolheigaidd mewn alffabetau. Yn yr un flwyddyn â'r llythyr hwn, cyhoeddodd ef lyfr yn cynnwys dros ddau gant o wyddorau o bedwar ban byd, a thorrodd lawer o'r arwyddion ei hun ar gyfer eu hargraffu. Enw'r llyfr oedd *Pantographia, Containing Accurate Copies of all the Known Alphabets of the World, Together with an English Explanation of the Peculiar Force and Power of each Letter, to which are Added Specimens of all Authenticated Oral Languages, Forming a Comprehensive Digest of Phonology*. Pa mor 'authenticated' yn union oedd y Coelbren, y mae'n amlwg y byddai o ddiddordeb arbennig i awdur y llyfr hwn.

Awgrymai teitl llyfr Fry fod yr awdur yn credu yn arwyddocâd arbennig pob llythyren. Testun edmygedd iddo felly fyddai'r modd y mynegodd y Coelbren forffoleg geiriau trwy ychwanegu coesau neu freichiau i'r llythyren gysefin. 'It is obvious', meddai'i ohebydd William Slade, 'these are a more correct set of Characters than those we now use. All the Derivatives resemble their Radicals with some additional stroke' (LlGC 13222C, 642). Credai Slade hefyd fod ffurf unionsyth y llythrennau yn cydweddu â'u henaint:

> these letters are peculiarly adapted, to the rude Age in which they were invented, before the invention of Paper, or Parchment, or any Barks of Trees; they are all strait or angular Lines, and consequently easier to be cut on wood than curvilineal ones. (643)

Awgryma nodyn enigmataidd ar ddiwedd y llythyr beth oedd ffynhonnell yr wyddor hon a drosglwyddai'i ohebydd i law Edmund Fry ar gyfer ei lyfr:

> I have sent you an Ancient British Alphabet of Characters, with Explanations etc. They are sent from a very intelligent Clergyman in Wales, to a friend of mine, in July 1792, from him I received them.[48]

I eraill o gylch Iolo a William Owen Pughe testun amheuaeth neu hyd yn oed anghrediniaeth oedd y Coelbren. Os Gwallter Mechain oedd y 'very intelligent Clergyman' yn llythyr Slade, yr oedd wedi dechrau amau dilysrwydd yr wyddor erbyn dechrau'r flwyddyn ganlynol, fel y tystia'r llythyr y cyfeirir ato uchod, a ysgrifennodd at Iolo ym mis Mai 1793. 'In Anglesea', meddai yno,

> they suppose Coelbren y Beirdd to be wholly invented by you . . . Men in general are hard of conviction, Error and Ignorance will not admit of innovation. Darkness flies the light . . . But really I am not hard of belief, nor yet over credulous . . .[49]

Llwyddodd yn y diwedd i droi'i amheuon yn ganmoliaeth i'w ohebydd:

> Coelbren y Beirdd, if genuine, gives you applause and credit for the preservation; and if spurious, (as generally imagined,) it is not derogatory to your genius, for upon my word (which is a great thing) whoever invented it, he was no fool.

Yr hyn a ddenodd edmygedd Gwallter yn arbennig oedd y modd y cyfleir holl seiniau'r iaith Gymraeg yn fanwl gan wyddor honedig y beirdd. 'The stream that carries me away most', meddai, 'is, its peculiarity of construction to express the sounds of our language. I can't but admire it for that.' Eto, arwydd oedd hyn i Gwallter mai cynnyrch dychymyg Iolo oedd y Coelbren, gan nad oedd gwyddorau o'r hen fyd yn dangos perffeithrwydd o'r fath: 'And I think it is too compleat to be of an ancient Date. No ancient alphabets have such exquisite symmetry in their Formation. Therefore take the glory of the Invention to yourself.' Ar yr un pryd, nid yw Gwallter yn gwbl sicr o'i farn, a gofyn am air i'w argyhoeddi yn llythyr nesaf Iolo: 'but yet I stand in equilibrio, there is something to be said both pro. and con. Put your finger to the Ballance and turn the Scale in your next Letter . . .'

Yr un gymysgedd o frwdfrydedd a sgeptigiaeth a fynegwyd ganddo mewn llythyr at Owen Jones (Owain Myfyr) ar gyfer Iolo a William Owen bron flwyddyn ynghynt (Awst 1792).[50] Eisoes yr oedd yn holi am ddilysrwydd y Coelbren, ac yr un pryd yn edmygu cywreinrwydd mynegiant yr wyddor honno:

> in my observation on Coelbren y Beirdd Alphabet, I can't but admire the connective similarity that the Derivatives bear to their respective Primitives, as some stroke is only added to the radical letter to form its Derivative.

Y mae gweddill y llythyr yn lleisio amheuaeth Gwallter ynglŷn â hynafiaeth y ddwy wyddor a hyrwyddai Iolo a Pughe, sef Coelbren y Beirdd a'r amrywiaeth arno yng 'Nghoelbren y Mynaich'. Ymgais oedd yr ail i gymhwyso llinellau sythion y cyntaf i lythrennau crwn yr wyddor Ladin, neu 'the Roman Alphabet as near as it can be cut on wood' yng ngeiriau William Owen Pughe.[51] Dywed Gwallter Mechain am y ddau Goelbren yn y llythyr hwn:

> Perhaps Iorwerth will see me too importunate if I go further, but yet I will presume, to inquire about the antiquity and genuiness of this Alphabet; is it held by tradition to be the primitive alphabet of the Britons, or was it invented by Bards of later ages? . . . Permit me, dear Iorwerth to proceed and enquire something about *Coelbren y Moneich*, have you seen these characters? or have you only heard of them traditionally?

Gyda threigl amser, taflwyd mwy a mwy o amheuaeth ar Goelbrenni Iolo. Yn 1828, ysgrifennodd Peter Bailey Williams at Gwallter Mechain yn gofyn: 'What is your candid opinion of *Cyfrinach y Beirdd*?' Drwgdybio bodolaeth y fath lythrennau a wnaeth ef, gan ychwanegu: 'I think they were selected from the Characters or Letters of different Nations from the Pantographia, or some such publication.'[52] Nid *Pantographia* Edmund Fry oedd ffynhonnell Iolo, fel y gwelwyd eisoes, ond yn hytrach fel arall: dyfeisiwyd y Coelbren rai blynyddoedd cyn i'r llyfr hwnnw ymddangos, a thwyllwyd yr awdur yn gyfan gwbl ganddo.

Enghreifftiau oedd llyfr Fry a dychmygion Iolo fel ei gilydd o ddiddordeb arbennig ieithyddion a hynafiaethwyr y ddeunawfed ganrif mewn arysgrifau, gwyddorau ac orgraff. Gwelsom y diddordeb hwn yn llythyrau Leibniz a'i ohebwyr cyn diwedd yr ail ganrif ar bymtheg. Dyfeisiodd Edward Lhuyd orgraff newydd i gyfleu perthynas seiniau yn yr ieithoedd Celtaidd, a bu'n dyfalu ai llythyren Sacsonaidd neu Geltaidd oedd mewn rhai hen arysgrifau. Ceisiodd William Baxter esbonio mewn ffordd ryfedd sut y gallai llythrennau'r wyddor fynegi ystyr yn ôl eu ffurf a'u siâp, ac aeth Rowland Jones ar ôl yr un trywydd. Ymddiddorai'r Morrisiaid yn y llythrennau hynafol a dorrwyd ar fedd 'Pabo Post Prydain' yn eu cynefin ym Môn (e.e. AL.i.158 a ii.517). Bu amryw aelod o gylch William Owen Pughe yn cymharu'r wyddor Gymraeg â gwyddorau eraill, yn arbennig yr Etrwscaidd, ac yn rhyfeddu at y tebygrwydd a welsent rhyngddynt.

Yn Lloegr ac ar y cyfandir yr oedd hen alffabetau'n denu bryd ysgolheigion. Un o'r rheini oedd Anselm Bayly, ac un arall oedd awdur

Some Enquiries concerning the First Inhabitants, Language, Religion, Learning and Letters of Europe, a gyhoeddwyd yn 1758. Francis Wise, llyfrgellydd Radcliffe yn Rhydychen oedd hwnnw. Credai Wise y gellid esbonio'r Etrwsceg trwy gyfrwng iaith y Celtiaid, 'our ancient language, which, not without shame be it spoken, is now as much despised by Englishmen, as it is esteemed by the learned in foreign parts' (121). Ei syniad oedd bod pob gwyddor yn disgyn o'r un alffabet gyntefig, gyffredin, a chredai mai hieroglyffaidd oedd natur yr hen Gelteg (124–5). Ymddiddorai llawer yn yr hen ysgrifennu ar ffurf darluniau neu bictogramau, a ddarganfuwyd yn yr Aifft, Tsieina a Mecsico.[53] Mawr fu dylanwad llyfr William Warburton, esgob Caerloyw, *The Divine Legation of Moses*, a gyhoeddwyd rhwng 1738 a 1741, yn arbennig y pedwerydd llyfr, a gyfieithwyd i'r Ffrangeg yn 1744 gyda'r teitl *Essai sur les hiéroglyphes des Egyptiens, où l'on voit l'origine et le progrès du langage et de l'écriture . . .* [*Traethawd ar Hieroglyffau'r Eifftiaid, lle y Gwelir Dechreuad a Datblygiad Iaith ac Ysgrifen . . .*].

Yn sgil y cyfieithiad hwn, magwyd llawer o ddiddordeb yn Ffrainc yn hieroglyffau'r Aifft ac yn y berthynas rhwng arwyddion pictograffaidd, llythrennau alffabetaidd, a'r syniadau a fynegir ganddynt. Cyhoeddwyd amryw lyfrau yn y wlad honno yn ystod degawdau canol y ganrif, a'u teitlau yn arddangos yr atyniad hwn i iaith ysgrifenedig a gwyddorau, ynghyd ag olion yr hen gred yn y posibilrwydd o iaith gyffredinol, fyd-eang. Teitl arwyddocaol sydd i lyfr Charles-Alexandre de Moy, a gyhoeddwyd yn 1787: *Le Parfait Alphabet, ou alphabet analytique et raisonné des sons articulés, au moyen duquel on peut peindre la parole humaine* [*Y Wyddor Berffaith, neu Wyddor Ddadansoddol a Rhesymedig Seiniau Llafar, trwy yr hon y Gellir Darlunio Ymadrodd Dyn*].[54] Tua chanol y ganrif, ysgrifennodd Turgot *Essay d'un alphabet universel* [*Cynnig ar Wyddor Fyd-eang*], ac y mae llawer o erthyglau *Encyclopédie* Diderot a d'Alembert o'r 1750au ymlaen yn adlewyrchu'r un diddordeb. Wedi diwedd y ganrif, daeth ieithoedd y dwyrain o fewn cylch gwybodau ysgolheigion y gorllewin mewn modd arbennig a newydd, a gwelir y rhychwant newydd hwn mewn llyfrau a chanddynt deitlau tebyg i *L'Alfabet européen appliqué aux langues asiatiques, ouvrage élémentaire, utile à tout voyageur en Asie* [*Yr Wyddor Ewropeaidd, a gymhwysir i'r Ieithoedd Asiataidd, Llyfr Elfennol a Defnyddiol i bob Teithiwr yn Asia*] (1819) gan Constantin de Volney.[55]

Yr oedd gan William Owen Pughe ddiddordeb arbennig mewn gwyddorau ac orgraff, ac yr oedd ei ymdrechion i ddiwygio orgraff y Gymraeg yn hysbys i ysgolheigion ei ddydd. Ar wahân i'w weithiau argraffedig, y geiriadur, *Cadwedigaeth yr Iaith Gymraeg* ac yn y blaen, dengys llawer o'r nodiadau a adawodd ar ei ôl beth oedd ei syniadau ar y materion hyn. Diddorol yw ei sylwadau ar ieithyddion eraill a ymdrechodd i newid yr orgraff, yn eu plith ei eiriau angharedig am Edward Lhuyd:

> But, the most faulty alphabet, by far, that was ever used in the Welsh, is the one formed by E. Llwyd . . . he has so altered the accustomed orthography that his plan would throw the language quite into confusion, and destroy the etymology of it.[56]

Cystwywyd Pughe ei hun yn hallt ymhen canrif am yr union fai hwn, ond nid dyna'r unig feirniadaeth sydd ganddo ar ei ragflaenydd yn y maes. Mynegodd Lhuyd ei ddymuniad i ddwyn yr iaith ysgrifenedig yn agosach at yr ynganiad safonol, meddai Pughe. Eithr yn ei farn ef nid oedd yr ynganiad yn unlle 'so vitiated as he makes it to be, except it may be Cardiganshire, which was Mr. L's native place; and even there it could only be found amongst the most ignorant, and the most slovenly in speaking'.

Pwrpas Pughe, fel y'i mynegwyd mewn llythyr at 'Dear Iorwerth' rywbryd tua dechrau'r 1790au, oedd 'to introduce a purity of orthography deduced from etymological reasoning'.[57] Y mae'n eglur oddi wrth y frawddeg hon, ynghyd â'r feirniadaeth uchod a wnaeth ar ddulliau orgraffyddol Lhuyd, fod orgraff a geirdarddiad yn mynd law yn llaw ym meddwl Pughe. Ei bwyslais ar 'resymu geirdarddol' oedd wrth wraidd ei ymgais i ddiwygio'r orgraff, a'r achos pennaf am y llurgunio a fu ar ddulliau ysgrifenedig yr iaith yn ystod y bedwaredd ganrif ar bymtheg. Dyna'r rheswm hefyd paham y rhoes groeso mor dwymgalon ar y cychwyn i Goelbren y Beirdd, system o orgraff, yn ôl ei syniadau ef, a adlewyrchai yn eglur sut yr adeiledir geiriau yn rhesymegol wrth gysylltu sill wrth sill.

Ceir enghraifft o ddull Pughe o ymresymu ynghylch tarddiad geiriau yn y drafodaeth ar y gair 'Annwn' mewn llythyr at Iolo ym mis Ionawr 1802.[58] 'What is Annwn etymologically considered?' oedd cwestiwn Pughe: 'is it *Annwn*, *anwn*, or *annwvyn*?' Yr olaf o'r tri oedd y dull a fabwysiadodd Dafydd ap Gwilym, fel canlyniad i ystyriaethau cynganeddol, ond hefyd, yn ôl Pughe, o ddiffyg ymresymu ar ystyr y gair: 'without reasoning upon the abstract meaning of the word'. Dim ond wrth benderfynu beth yw tarddiad gwahanol rannau unrhyw air y gellir gwybod sut i'w ysgrifennu. Rhaid felly ystyried pob un o rannau'r gair ar wahân. Os ysgrifennir *anwn*, ystyr y ddwy sill (an + gwn) yw 'a state *divested of knowledge*'. Ar y llaw arall, os *annwn* yw'r sillafiad cywir, y rhaniad iawn yw *an* + *nwn*. 'What then is *nwn*, abstractedly?' yw'r cwestiwn nesaf, ac er mwyn dod o hyd i'r ateb rhaid mynd at elfennau eraill sy'n dal perthynas ag ef ('its relatives'). Yn ffodus, y mae un o'r rheini'n gyfarwydd inni, sef *nen*: '*Nen* will tell us then that *nwn* is what is *over*, *extreme*, or *ultimate*; will it not?' Wedi dadlau fel hyn yn ôl ei resymeg ei hun, ystyria yn nesaf y rhagddodiad *an*: 'as to the prefix *an*, I leave you to determine, whether it is privative, or is an *element*, a principle'.

Dyna'r egwyddor y sefydlodd Pughe ei eiriadur arni. Dywed yn y gramadeg rhagflaenorol:

> The component parts of DERIVATIVE WORDS, OR SYLLABLES, are themselves ELEMENTARY WORDS in the Welsh language; and therefore the division of all words longer than monosyllables, is determined in every case by analyzing their combination. So also the SOUNDS out of which ELEMENTARY WORDS consist, are represented by corresponding SIMPLE CHARACTERS; and it is thus that the letters, which denote the various articulations unalterably, are to be considered the true standard of pronunciation, and the criterion of correct speaking.[59]

Credai Pughe, fel llawer o'i ragflaenwyr, fod yr iaith Gymraeg yn arbennig o gyfoethog yn y gwreiddeiriau unsill hyn. Ond ymddengys mai mater o fympwy hollol oedd yr ystyr a briodolai iddynt. Enghraifft o hyn yw diffiniad y geiriadur o *ab*: 'a root denoting aptness, and celerity, or quickness of motion; it is used as a prefix in composition. The monkey, from its agility, is called AB and EPA.' Gwelir yr un egwyddor yn rheoli'r diffiniad o *diawl*, a gyfansoddir, meddai Pughe, o'r elfennau *di* + *awl*, ac a ddiffinnir 'that is deprived of primeval light', o'r gwreiddyn *awl*, sef 'Illumination, or strictly, primeval light considered independent of reflection'.

Dulliau Rowland Jones oedd gan Pughe wrth ddadansoddi geiriau a phennu arwyddocâd mympwyol i'w helfennau. Nid yw'r ystyron a rydd y ddau awdur i'r sillafoedd, felly, o angenrheidrwydd yr un. Eto daw diffiniadau Pughe weithiau yn agos iawn at rai Jones. Ceir enghraifft yma yn y diffiniad o'r elfen *aw*. Er i Pughe ddiffinio honno yn nhermau golau yn achos *diawl*, dywed hefyd ei bod yn dynodi rhywbeth yn llifo: 'Fluid; also a flowing: From this expressive root are derived all words that imply fluidity, or the motion, or action of fluids . . .' Gallai ystyr yr elfennau newid, felly, yn ôl mympwy'r funud. Mewn llythyr a ysgrifennodd Pughe at John Jones (Tegid) yn

1820, yr elfen o lifo a gysylltir eto ag *aw*, ac ychwanega 'and its type is *water* – in Welsh, Teutonic, Persian and Arabic'.[60] Mewn man arall priodolir ystyr wahanol i'r llafariad *w*, ar ddiwedd geiriau o leiaf. Yn y safle hwnnw, meddai Pughe, 'it . . . makes the ideas indicated by the primitive to be in a state that has passed through or gone beyond'. Y mae ganddo ddigon o esiamplau i gefnogi'r egwyddor hon: *gwedd* = '*order, connexion*', felly *gweddw* = 'a *widow*, or that has passed through a *wedded* state or connexion'; *medd* = *possession*, felly *meddw* = 'drunk, that is, passed possession, or beside himself'. Ac felly yn y blaen gydag *ulw* a *hwnnw*, gan orffen gyda Duw ei hun: '*Du* is black; therefore *Duw* is a state or being beyond, or in contrast to *du* or *blackness*. Then think of the Scripture expression "Father of Light".'[61] Y mae yma ddadlau digon rhesymegol, eithr ymresymu o ragosodiadau hollol simsan, sef yr ystyron a rydd Pughe ei hun i'r elfennau hyn, cynnyrch dadansoddi'r iaith i ryw wreiddeiriau rhagdybiedig mympwyol.

Testunau arwyddocaol iawn yng nghyd-destun syniadaeth ieithyddol William Owen Pughe yw'r llythyrau hyn at Tegid. Yn y cyntaf cysylltir y Gymraeg, ynghyd ag ieithoedd hynafol eraill megis Hebraeg ac Arabeg, â rhyw dafodleferydd gwreiddiol, perffeithiach nag un iaith arall. 'I consider', meddai Pughe mewn ateb i ymholiad gan ei ohebydd am natur tafodleferydd gwreiddiol dyn,

> that there was an original language, which has ceased to exist for thousands of years; but all subsequent language[s], are formed from its ruins; and the older they are, like the Hebrew, Arabic, Welsh, etc. the more entire are the masses of ruins, so to speak, of which they are formed.[62]

Ffurfiwyd yr iaith gysefin honno, medd Pughe, 'of all the possible simple articulations of the human voice, which could not be above 280 [250?] in number, and were such as a, e, i, o, ab, ac, oc, ad, al, am, ca, ci, da, do, etc. etc.' Arwyddion o syniadau hollol syml oedd elfennau gwreiddiol cyffelyb, ac wrth gyfuno dwy neu ragor o'r elfennau unsill hyn daw mwy nag un syniad syml ynghyd. Enghraifft o hyn yw'r gair Cymraeg *tân*: 'joining *ta* and *an* means a principle of expansion, and it is the name for fire, as the most obvious type of that principle'.

Dyma'r egwyddorion ieithyddol y byddai Syr John Morris-Jones yn ymosod mor chwyrn arnynt yn y 1890au, pan soniodd am ysfa Pughe 'i wyrdroi popeth i gyfateb i egwyddor y ba, be, bw'.[63] Ond bu i Pughe ei wrthwynebwyr ymhell cyn hynny. Dylanwad Iolo arno a gafodd y bai gan Peter Williams, Llanrug yn 1828: 'Iolo imposed very much on poor W.O.P.', eithr 'the murderer of our language' oedd disgrifiad mileinig Iolo ei hun ohono wedi iddynt gweryla.[64] Ysgrifennwyd englynion gan Dafydd Ddu Eryri a William Williams, Llandygái, yn sôn am 'anfeidrol ynfydrwydd' y geiriadur, a'i 'egwyddor wageddus a bawlyd'.[65] 'Plentynaidd' oedd y disgrifiad o'r egwyddor eirdarddol honno gan Moelddyn yn ei erthygl ar eiriadurwyr Cymru yn *Y Brython* yn 1858, er iddo ddangos bod gan eiriadur Pughe 'ragoriaethau lawer'. Nid yw yr awdur hwn, meddai,

> yn werth dim gyda golwg ar *dadogaeth geiriau* . . . Y mae yn *creu* geiriau, er mwyn cael gwraidd, fel y tybiai, i eiriau eraill; – gwraidd na welwyd erioed mo honynt cyn iddynt ymddangos yn y Geiriadur hwn . . . y mae efe yn rhoi i filoedd o eiriau ystyron nad ydynt mewn un modd yn perthyn iddynt; a hyn, nid o anwybodaeth, ond o herwydd ei gyfundrefn ddychymmygol o darddu geiriau. Tadogaeth geiriau oedd yn penderfynu eu hystyr ganddo, ac nid oedd arfer gwlad o bwys yn ei olwg. A chan fod y gwreiddeiriau yn fynych yn ddyledus am eu bodolaeth i'w ddychymmyg ffrwythlawn ef yn unig, rhaid fod yr ystyron a roddid i'r geiriau tarddedig o'r fath eiriau yn sefyll yn fynych iawn ar sail ddim amgen na thywod.[66]

Tŷ a godwyd ar dywod a welodd Hirllyn hefyd wrth gysylltu geirdarddiad William Owen Pughe ag adeiladwaith cyfrin Rowland Jones 'allan o fân wreiddionos o un a dwy lythyren'.[67] Ffugenw D. Silvan Evans oedd Moelddyn ac, wrth baratoi ei eiriadur ei hun yn 1879, cymharodd fethodau dau o'i ragflaenwyr yn y maes, sef Pughe a William Salesbury:

> Salesbury was the Owen Pughe of the 16th century, or what seems to be the same thing, Pughe was the Salesbury of the nineteenth. The roots of a word were ever before their eyes, and those roots often imaginary.[68]

Cytunai ei ohebydd, Robert Roberts (y Sgolor Mawr), wrth ddanfon defnydd ar gyfer geiriadur Evans ym mis Mai 1879, gan gondemnio 'blunders' William Owen, a barnu mai 'an uncritical compilation, altogether' oedd ei eiriadur.[69] Y diffyg ysbryd beirniadol a nodweddai'u hoes, yn ôl Roberts, oedd y rheswm am ffaeleddau Pughe ac Iolo Morganwg, a chymhara Pughe y geiriadurwr yn anffafriol â John Davies, Mallwyd:

> The etymology is at present very defective. Pughe's system is entirely erroneous, of course. Here Dr. Davies seems far before him. Welsh etymology is a difficult subject, but some knowledge of the cognate languages would help. Pughe does not show any knowledge of Cornish, Breton, or Irish: if he had known anything of them, he would not have blundered so much.

Wrth reswm, yr oedd gan Silvan Evans a'i ohebwyr y fantais eu bod yn byw ar ôl 1853, pan ymddangosodd *Grammatica Celtica* Johann Kaspar Zeuss (1806–56), a osododd sylfaen newydd i ysgolheictod Celtaidd ac i astudiaethau ieitheg gymharol yn gyffredinol. Ond yr oedd y trawsnewid mewn syniadaeth am ddechreuadau iaith a pherthynas ieithoedd â'i gilydd eisoes wedi cychwyn yn ystod y cyfnod y bu William Owen Pughe a'i ohebwyr yn myfyrio ar hynafiaeth y Gymraeg, ac yn syrthio i faglau'r ysgolheictod ffug a gynhyrchwyd gan freuddwydion Iolo.

* * *

Gellir dadlau mai blwyddyn y trobwynt oedd 1783, pan ymadawodd Syr William Jones â glannau Ynys Prydain a hwylio i'r India i swydd barnwr yn nhalaith Bengal. Gweinyddu cyfraith Prydain i drigolion brodorol ei threfedigaeth bell a fyddai swyddogaeth William Jones ond, wrth gyrraedd, sylweddolodd mai anhepgor fyddai gwybodaeth o ieithoedd y brodorion hynny a'u traddodiadau cyfreithiol er mwyn traethu barn gytbwys a gweinyddu cyfiawnder i boblogaeth gymysg yr India.[70]

Ar wahân i fod yn ŵr y gyfraith, yr oedd William Jones yn ieithydd o fri, yn hyddysg mewn llawer o ieithoedd gan gynnwys ieithoedd y dwyrain, yn eu plith Berseg ac Arabeg. Buan wedi ymsefydlu yn Calcutta, aeth ati i ddysgu Sansgrit, iaith hynafol, gysegredig yr India. Darllenodd yr hen ramadegau, ac fe'i trawyd gan debygrwydd yr iaith o ran ei strwythur i ieithoedd clasurol Ewrop, Groeg a Lladin. Sefydlodd gymdeithas o ysgolheigion ar batrwm y Gymdeithas Frenhinol yn Llundain a'r Academi Ffrengig ym Mharis, i drafod materion o ddiddordeb i ddeallusion Ewrop mewn alltudiaeth yn Asia. William Jones ei hun oedd llywydd cyntaf yr *Asiatick Society*, ac efe a draddodai'r darlithoedd a ddathlai ben blwydd y Gymdeithas yn ystod ei blynyddoedd cyntaf. Yn 1786, traddododd y drydedd o'r rhain, 'On the Hindus'. Yn ystod y ddarlith honno, gwnaeth y datganiad enwog a gysylltir uwchlaw popeth arall â'i enw:

> The *Sanscrit* language, whatever be its antiquity, is of a wonderful structure; more perfect than the *Greek*, more copious than the *Latin*, and more exquisitely refined than either, yet bearing to both of them a stronger affinity, both in the roots of verbs and in the forms of grammar, than could possibly be formed by accident; so strong indeed, that no philologer could examine them all three, without believing them to have sprung from some common source, which, perhaps, no longer exists; there is a similar reason,

though not quite so forcible, for supposing both the *Gothick* and the *Celtick*, though blended with a very diferent idiom, had the same origin with the *Sanscrit*, and the old *Persian* might be added to the same family.[71]

Yn nhrydedd gyfrol ail argraffiad diwygiedig *Y Gwyddoniadur Cymreig* (1889–1906) yn 1891, ysgrifennwyd erthygl newydd ar y testun 'Cymraeg (Yr Iaith)' gan Syr John Morris-Jones (48–79). Ni chollodd yr Athro'r cyfle hwn i ymosod ar 'Buwaeg' a'r 'syniadau a dardd iaith o lythyrenau, a llythyrenau o arwydd y Drindod' – cyfeiriad sarhaus at gredoau cyfriniol Iolo Morganwg (*Gwyddoniadur*, iii.72).[72] Gwrthgyferbynnu syniadaeth Pughe a'i ddisgyblion ag athrawiaethau Edward Lhuyd ar y naill law, ac ar y llaw arall â darganfyddiad mawr Syr William Jones, a wna Morris-Jones yn yr erthygl hon. Ystyriai Lhuyd yn un o ragflaenwyr yr ysgol o ieithegwyr cymharol a ddatblygodd yn ystod y bedwaredd ganrif ar bymtheg (yn sgil yr ymwybyddiaeth newydd o berthynas Sansgrit ag ieithoedd Ewrop). Yr oedd hefyd 'wedi deall natur iaith', mai twf naturiol ydyw. Gresynai'r Athro mai 'ar greigleoedd ac ymhlith drain y syrthiodd yr had a heuasai'. Bai mawr y rhai a ddaeth i'r maes ieithyddol ar ôl Lhuyd, meddai, oedd dilyn yn hytrach athrawiaethau Pezron, 'y gŵr a brofodd fod holl ieithoedd Ewrop yn tarddu o'r ieithoedd Celtaidd, trwy gymmeryd yn ganiataol fod ffurfiau unsill diweddar, fel *rhod*, yn hŷn na ffurfiau cynnar deusill fel *rota*' (77). Camgymeriad ar ran Morris-Jones oedd credu bod Lhuyd wedi 'gwrthbrofi' hyn: mewn gwirionedd nid oedd syniadau Lhuyd ar y pwnc yn annhebyg iawn i rai Pezron. Sut bynnag yr oedd yn llygad ei le wrth honni mai 'dilynwyr i M. Pezron' yn hytrach nag i Lhuyd oedd y rhan fwyaf o ieithegwyr y ddeunawfed ganrif, er cymaint o wrogaeth a dalent i enw awdur yr *Archaeologia*.

Cyfeiliorni felly a wnâi ysgolheigion Cymru trwy gydol yr Oes Oleuedig, yng ngolwg Syr John Morris-Jones. Eithr, credai fod eu cam wedi ei achub cyn diwedd y ganrif gan 'Gymro arall, Syr William Jones wrth ei enw' a oedd wrthi yn cymharu'r iaith Sansgrit â'r ieithoedd clasurol, 'tra yr oedd Dr. Pughe yn dechrau "dattod a chamosod main" yr iaith Gymraeg'. Camp William Jones oedd 'clirio'r tir er sylfaenu ieitheg gymharol', ym marn Syr John, a dyfynna'i ddatganiad enwog i'r *Asiatick Society* yn 1786 a'i ddisgrifio fel 'cipolwg ar y gwir oedd i ddwyn cymaint o ffrwyth' (78).

Cyrhaeddodd geiriau Syr William Jones yn ôl i Gymru yn gynnar yn nawdegau'r ganrif, wedi i gyfrolau cyntaf trafodion y gymdeithas yn Calcutta ymddangos yn Llundain. Gyda hyn, cynyddodd diddordeb ysgolheigion Ewrop ym mhriod ieithoedd a diwylliannau'r dwyrain, ac yn y berthynas rhwng yr ieithoedd hynny a rhai y gorllewin. Dechreuwyd hefyd osod astudiaethau ieithyddol ar sylfeini gwyddonol trwy gydgymharu strwythurau ieithoedd yn ogystal â'u geirfa, a gwawriodd oes newydd yn hanes ieitheg. Pa groeso, tybed, a gafodd geiriau eu cyd-Gymro, Syr William Jones, gan feddylwyr Cymru yn ystod degawd olaf y ddeunawfed ganrif?

NODIADAU

1. Ar y cefndir hanesyddol gw. ymhellach Richard M. Crowe, 'Diddordebau Ieithyddol Iolo Morganwg' (Traethawd Ph.D. Prifysgol Cymru, 1988), i. 210–52.
2. LlGC 13221E, 166.
3. LlGC 13225C, 113.
4. Gw. *Gwaith y Parch. Walter Davies, A. C. (Gwallter Mechain)*, dan olygiad y Parchg D. Silvan Evans, B.D., 3 cyfrol (Caerfyrddin a Llundain, 1868), ii. 531– 41: adolygiad ar William Owen Pughe, 'Hanes Dechreuad Cenedl y Cymry', a iii. 178–89: 'An Essay on the Influence of Climate upon National Manners and Character', er nad ydynt yn trafod iaith.
5. Glenda Carr, *William Owen Pughe*, 88–9.
6. LlGC 1641B. i. 44, ii. 383–433.
7. Gw. Pennod 3, nn. 1 a 2.
8. LlGC 18956B, 246, 261.
9. Gw. Glenda L. Parry Williams, 'Bywyd William Owen Pughe a rhai Agweddau ar ei Waith' (Traethawd MA Prifysgol Cymru, 1962), rhan II.A: 'William Owen Pughe a'r Iaith'.
10. Carr, *William Owen Pughe*, 71, 73; LlGC 21282E, 312.
11. LlGC 1807E, ii. 1123 (Chwefror 1794). Gw. Carr, *William Owen Pughe*, 73–5, ar dderbyniad y geiriadur.
12. Geraint H. Jenkins, '"A Rank Republican [and] a Leveller": William Jones, Llangadfan', *Cylchgrawn Hanes Cymru*, 17 (Mehefin, 1995), 365–86 (371 a n. 34).
13. LlGC 13221E, 367–9.
14. LlGC 1807E, ii. 1207.
15. Ar y teulu, gw. Elisabeth Inglis-Jones, 'A Pembrokeshire County Family in the Eighteenth Century', *Cylchgrawn Llyfrgell Genedlaethol Cymru*, 17 (1971–2), 136–60, 217–37, 321–42.
16. LlGC 13222C, 231.
17. LlGC 13235B, 223.
18. LlGC 13224B, 83,
19. LlGC 13222C, 377.
20. LlGC 13224B, 83.
21. LlGC 13222C, 377–8.
22. LlGC 13221E, 273.
23. Carr, *William Owen Pughe*, 180–1, 185–6, 191.
24. LlGC 13222C, 649.
25. Ibid., 378.

26. Gw. Pennod 7. *The Letters of Lewis, Richard, William and John Morris, of Anglesey (Morrisiaid Môn) 1728–1765*, gol. J. H. Davies, 2 gyfrol (Aberystwyth, 1907, 1909), ii. 509.
27. Gw. Pennod 7, a nn. 11 a 12. Ar ran (negyddol) William Jones, gw. Caryl Davies, 'Syr William Jones: Hanner Cymro', *Y Traethodydd*, 150 (1995), 156–70 (160–1).
28. LlGC 13089E, 263, 265, 267, 269, 271. Ar hanes cyhoeddi *Celtic Remains,* gw. hefyd G. J. Williams, 'Llythyrau at Ddafydd Jones o Drefriw', *Cylchgrawn Llyfrgell Genedlaethol Cymru*, Atodiad, Cyfres iii, Rhif 2 (1943), 30–2 (n. 23).
29. 'Original Documents', *Cylchgrawn Llyfrgell Genedlaethol Cymru*, 2 (1941–2), 63–4. Gw. hefyd LlGC 1806E, 682, a Geraint Phillips, 'Math o wallgofrwydd: Iolo Morganwg, opiwm a Thomas Chatterton', *Cylchgrawn Llyfrgell Genedlaethol Cymru*, 29 (1996), 391–407 (400, n. 55).
30. LlGC 13221E, 273.
31. LlGC 1806E, 31 Hydref 1805.
32. LlGC 1641B, ii. 391, 425, 401.
33. LlGC 21280E, 71. Yn LlGC 1641B, ii. 163, 237–99, ceir rhagor o nodiadau beirniadol Walter Davies ar Lewis Morris. Dengys nodyn ar d. 174 ei wybodaeth helaeth o ieithyddion Ffrainc, Bullet a Le Pelletier. Dywed am *Dictionnaire François–Celtique ou François–Breton* Dom Louis Le Pelletier (La Haye, 1756): 'I have this book by Pelletier, which was left in England by Lewis XVIII of France – when he left this Country to sit on the throne of the Bourbons. It fell into the hands of Mr. D. Jones of Towyn Meirionydd Clerk of the House of Commons, and by him presented to me.'
34. LlGC 21280E, 72.
35. LlGC 13087E, 13–18. Ceir disgrifiad pellach o'r *peithynen* ar dudalennau 21–4, 25–9. Gw. hefyd G. J. Williams, *Iolo Morganwg* (Caerdydd, 1956), 265, n. 21; Carr, *William Owen Pughe,* 89–90; Crowe, 'Diddordebau Ieithyddol Iolo Morganwg', i. 9, 19, 110–56, a darluniau ar dd. 314–24; Ceri W. Lewis, *Iolo Morganwg* (Caernarfon, 1995), 182–3.
36. Carr, *William Owen Pughe*, 90; LlGC 21282E, 314.
37. LlGC 13087E, 13–18; Carr, *William Owen Pughe*, 91.
38. Cyhoeddwyd *Gulliver's Travels* yn 1726. Gw. *Gulliver's Travels*, Complete, Authoritative Text with Biographical and Historical Contexts . . ., gol. Christopher Fox (Boston, New York, 1995), Part iii, chapter 5, 170–7.
39. Y mae darlun o'r ffrâm yn ibid., 174.
40. LlGC 13093E, 155–74. Cyfeiriad at Swift ar dudalen 186. Gw. hefyd Crowe, 'Diddordebau Ieithyddol Iolo Morganwg', i. 139.
41. LlGC 13221E, 1.
42. LlGC 13221E, 115.
43. LlGC 21282E, 350.
44. LlGC 21286E, 986; Carr, *William Owen Pughe*, 91.
45. LlGC 13222C, 377.
46. Ibid., Addition I.
47. Ibid., 641–4.
48. Gw. hefyd Crowe, 'Diddordebau Ieithyddol Iolo Morganwg', i. 111, 304–5.
49. LlGC 21280E, 72.
50. Ibid., 69.
51. LlGC 1807E, Awst 1792.
52. LlGC 1885C, 44 (copi).

53. Ceir enghraifft gynnar o'r diddrodeb hwn yng ngwaith Daniel Defoe, *An Essay upon Literature: or, An Enquiry into the Antiquity and Original of Letters . . .* (London, 1726). Gw. hefyd Thomas Astle, *The Origin and Progress of Writing, as well Hieroglyphic as Elementary . . .* (London, 1784).
54. Gw. D. Droixhe, *La Linguistique et l'appel de l'histoire* (Genève-Paris, 1978), 270–1, 279, 360.
55. Ibid., 280, a n. 22.
56. LlGC 13225C, 11–18 (13).
57. LlGC 21282E, 312.
58. Ibid., 351.
59. William Owen [Pughe], *A Dictionary of the Welsh Language, explained in English*, 2 gyfrol (London, 1803), i. 26.
60. LlGC 1884B, 10.
61. Ibid., 30–1 (copi).
62. Ibid., 10.
63. John Morris-Jones, 'Edward Llwyd', *Y Traethodydd*, 48 (1893), 465–75 (474).
64. LlGC 1885C, 45; 13093E, 160.
65. Carr, *William Owen Pughe*, 76.
66. Moelddyn, 'Geirlyfraeth Gymreig', *Y Brython*, 1 (1858), 20.
67. Hirllyn, 'Geiriadur Rowland Jones o'r Weirglodd Fawr', *Y Brython*, 1 (1858), 36. Gw. hefyd feirniadaeth Nicander yn 1860: 'Mae system y Doctor yn gyfeiliornus o'i gwaelod isaf', yn Myrddin Fardd, *Adgof uwch Anghof* (Pen-y-groes, 1883), 240; Carr, *William Owen Pughe*, 80–1.
68. LlGC 20301B, 1.
69. LlGC 4493B.
70. Ar yrfa Syr William Jones, gw. Garland Cannon, *The Life and Mind of Oriental Jones: Sir William Jones, the Father of Modern Linguistics* (Cambridge, 1990); *Objects of Enquiry: the Life, Contributions, and Influences of Sir William Jones (1746–1794)*, goln. Garland Cannon a Kevin R. Brine (New York, London, 1995); Michael J. Franklin, *Sir William Jones: Selected Poetical and Prose Works* (Cardiff, 1995), 'Introduction'.
71. *The Works of Sir William Jones*, gol. Lord Teignmouth, 13 cyfrol (London, 1807), iii. 34. Hefyd yn Franklin, *Sir William Jones: Selected . . . Works*, 355–67.
72. Gw. Ceri W. Lewis, *Iolo Morganwg*, 181–2, a Crowe, 'Diddordebau Ieithyddol Iolo Morganwg', i. 125 a n. 38, ar Iolo a'r cabala.

11

'Rhyw Ffynhonnell Gyffredin, y Darfu, fe Ddichon, Amdani'

Er i Syr John Morris-Jones ei hawlio yn llwyr i Gymru, ni honnai William Jones ei hun ei fod yn fwy na hanner-Cymro.[1] Brodor o Fôn oedd ei dad, aelod o'r Gymdeithas Frenhinol yn Llundain a mathemategydd o fri. Bu farw pan oedd ei ail fab, a fedyddiwyd fel yntau yn William, yn dair oed. Eto, er na chafodd gyfle i adnabod ei dad, ac iddo gael ei amddifadu o'i ddylanwad yn ystod ei blentyndod, ni chollodd William Jones ei barch tuag ato, a gweithred o wrogaeth ac edmygedd neilltuol ar ran y mab oedd ei gynllun yn 1773 i gasglu ac ailgyhoeddi gweithiau mathemategol ei dad.[2] Nid hyfforddiant mewn mathemateg a gafodd William Jones yr ail, fodd bynnag, ac oherwydd ei brysurdeb mewn meysydd ysgolheigaidd eraill, ni lwyddodd yn yr amcan hwn.

Gadawodd William Jones yr hynaf (?1675–1749) ei gartref yn Llanbabo, Sir Fôn, pan oedd o hyd yn laslanc. Daeth yn un o Gymry Llundain ac yn gyfaill i rai o wyddonwyr mawr ei oes; eto, ni chollodd ei Gymreictod. Yr oedd Lewis Morris yn arddel perthynas deuluol ag ef, a bu Richard yn gobeithio y byddai'n sicrhau aelodaeth o'r Gymdeithas Frenhinol i'w frawd Lewis, fel y gwnaethai eisoes yn achos Moses Williams. Yn 1742, pan fu farw Moses Williams, William Jones a brynodd ei gasgliad o lyfrau a llawysgrifau Cymraeg gan ei weddw. Ar ôl ei farwolaeth yntau, yn 1749, aeth y casgliad amhrisiadwy hwn i feddiant ei noddwr, Thomas Parker, iarll Macclesfield. Wedi hynny, bu Cymry Llundain, ac yn arbennig Richard Morris, yn ceisio yn ofer am gyfnod hir gael golwg arnynt.

Cyndyn iawn fu noddwyr aristocrataidd William Jones i ganiatáu hynny, er mawr siomiant a dirmyg y Morrisiaid. 'Llyfrau Cymraeg yn nwylo plant Alis', meddai William Morris wrth ei frawd Richard yn 1749, 'sydd debyg i fodrwy aur yn nhrwyn hwch. Ffarwel gyda nhw!'[3] Dengys llawer o'r llawysgrifau gwerthfawr hyn, rhai ohonynt ag ôl llaw Edward Lhuyd arnynt, sy'n ffurfio heddiw ran o gasgliad Llansteffan yn y Llyfrgell Genedlaethol, fod William Jones yn llwyr ymwybodol o'u gwerth hanesyddol, a'i fod ei hun yn brynwr llawysgrifau. Gresyn o beth, felly, na chafodd y gŵr hwn, a fu farw yn 1749, gyfle i drosglwyddo'i werthfawrogiad o hynafiaethau'i wlad i'r mab a dyfodd i fod yn ieithydd o fri rhyngwladol, ac a newidiodd natur astudiaethau ieithyddol am ganrif o leiaf.

Beth bynnag am hynny, ymhen amser daeth y mab hwnnw o hyd i ymwybyddiaeth Gymreig drosto'i hun. Yn ystod gyrfa ddisglair yn Rhydychen, meistrolodd yr ieithoedd dwyreiniol (Arabeg, Perseg, Twrceg, Hebraeg) yn ogystal â Groeg a Lladin, ond wedi gadael y brifysgol rhoes heibio'r disgyblaethau hyn i gychwyn ar yrfa yn y gyfraith. Treuliodd wyth mlynedd ar gylchdaith yn siroedd de-orllewin Cymru, yn mynychu'r Sesiwn yn nhrefi Aberteifi, Caerfyrddin a Hwlffordd. Yn ystod yr amser hwn datblygodd ei gydymdeimlad â'r werin bobl y bu'n eu hamddiffyn yn y llysoedd barn, ac erbyn ei ymadawiad â glannau'r ynys hon ar ei ffordd i'r India yn 1783, yr oedd yn gallu ei uniaethu'i hun yn llwyr â 'the yeomanry and peasantry of Wales', a chyfeirio atynt fel 'my countrymen'. 'I am a plain Briton, as my father was,' meddai William Jones ar achlysur arall, 'and must speak out.'[4] Y mae'n amlwg fod pob cysylltiad â Chymru a'i phobl yn ei atgoffa o'i dras Gymreig ac yn peri iddo ymhyfrydu yn yr hanner ohono a oedd yn Gymro.

Yr oedd Syr William Jones yn enwog yn ei ddydd fel un a feddai ar wybodaeth o lawer o ieithoedd. Nid oedd ganddo, yn ôl ei ddatganiad ei hun, ddiddordeb mewn iaith ac ieithoedd fel y cyfryw, onid fel cyfryngau er mwyn sicrhau gwybodaeth ehangach. Eto, fe erys yn ei waith, hyd yn oed cyn y datganiad pwysig yn 1786, ddigon o dystiolaeth ei fod yn ymddiddori yn nhras a pherthynas ieithoedd y byd, gan gynnwys yr ieithoedd Celtaidd a'r Gymraeg yn eu plith. Gwybodaeth ddigon arwynebol o ynganiad a tharddiadau enwau lleoedd a ddengys y llythyrau diddan a ysgrifennodd o dde a gogledd Cymru yn 1775. Eto i gyd y mae ei esboniad ar yr elfennau *llan* ac *aber* – 'an *inclosure*' a 'the place where a brook empties itself into a river, or a river into a sea' – yn dangos bod ganddo ryw wybodaeth led-ysgolheigaidd o eirdarddiad Cymraeg.[5] Y mae'n werth nodi bod llyfr William Baxter, *Reliquiae Baxterianae* (1726), ymhlith y llyfrau o lyfrgell Syr William Jones a werthwyd yn Llundain yn 1831, a bod enw ei dad ymhlith y tanysgrifwyr i lyfr arall Baxter, *Glossarium Antiquitatum Britannicarum*, pan gyhoeddwyd hwnnw yn 1719.[6]

Awgryma cyfeiriadau at hen gyfraith Cymru, 'the book of CYNAWG' a 'HOWEL *the Good*', yn ei draethawd 'On the Law of Bailments' (1781) ei fod yn gyfarwydd â *Cyfreithjeu Hywel Dda ac eraill, seu Leges Wallicae . . .*' (1730), gwaith William Wotton o dan gyfarwyddyd Moses Williams.[7] Wedi cyrraedd Calcutta, nid aeth ynganiad y Gymraeg yn angof ganddo, ac yn ei draethawd ar drawslythrennu, 'On the Orthography of Asiatick Words in Roman Letters' (1786), noda'r ffaith mai caled bob amser yn Gymraeg, megis yn yr ieithoedd Lladin a Groeg, yw'r sain a gynrychiolir gan y llythyren *c*: 'the *Welsh* apply this letter uniformly to the same sound, as in *cae* and *cefn*'. Yn yr un traethawd, ceir cyfarwyddyd ymarferol ar sut i ynganu *ll*: cynhyrchir y sain 'when the breath is obstructed by the pressure of the tongue, and forced between the teeth on each side of it'. Felly y ffurfir toddlythyren ('a liquid') sydd yng ngeiriau Jones 'peculiar to the *British* dialect of the *Celtick*'.[8]

Yr oedd William Jones, felly, yn gyfarwydd â'r syniad bod y Gymraeg yn perthyn i ddosbarth yr ieithoedd Celtaidd. Yn debyg i'r rhan fwyaf o ieithyddion ei ddydd, testun chwilfrydedd iddo oedd perthynas ieithoedd â'i gilydd, a'r dyfaliad mai o ryw iaith gyffredin hynafol y tarddodd y cyfan o ieithoedd Ewrop. Yn 1778, derbyniodd lythyr gan ei gyfaill, y tywysog o wlad Pwyl, Adam Czartoryski, yn gofyn am ei esboniad ar y ffaith bod cynifer o eiriau Ewropeaidd yn yr iaith Berseg. Atebodd Jones mai'r rheswm tebygol, yn ôl yr hanesydd Procopius, oedd y gyfathrach mewn masnach a rhyfel rhwng trigolion Persia a'r Sgythiaid, sef yr enw a roddwyd i genhedloedd gogledd Ewrop ac Asia gan drigolion yr hen fyd.[9]

Er bod Jones ei hun yn ymgadw rhag mentro esboniad pendant ar fater mor ddyrys a thywyll, arwyddocaol i'r eithaf yw ei frawddeg nesaf yng ngoleuni'r awgrym ffrwythlon a wnaeth saith mlynedd yn ddiweddarach yn ei drydedd araith fel llywydd y gymdeithas ysgolheigaidd a sefydlodd ym Mengal. 'Many learned investigators of antiquity', meddai wrth Czartoryski yn 1779, 'are fully persuaded, that a very old and almost primaeval language was in use among these northern nations, from which not only the Celtic dialects, but even the Greek and Latin, are derived.' Y mae'r tebygrwydd rhwng geiriau Perseg, Groeg ac Almaeneg yn ddigon i'w gwneud yn llai na chwerthinllyd i dybio eu bod i gyd yn tarddu o'r un gwreiddyn ('that they sprang from the same root'). Erbyn 1786, yr oedd wedi ystyried y posibilrwydd bod yr iaith wreiddiol honno eisoes wedi diflannu ('which perhaps no longer exists').

Y mae'n werth sylwi mai'r dosbarth o ieithoedd Celtaidd, yn ogystal â Pherseg, Gotheg, Groeg a Lladin, a ddaeth eto i feddwl William Jones yn 1786 wrth iddo led-ddarganfod y berthynas rhwng ieithoedd

Ewrop ac iaith glasurol India. Erbyn y flwyddyn honno yr oedd ei astudiaeth o'r Sansgrit wedi ychwanegu dimensiwn arall at ei ddealltwriaeth o'r gydberthynas rhwng yr ieithoedd hyn, a daeth y cysyniad o *deulu* o ieithoedd i'w feddwl wrth iddo geisio mynegi'r berthynas honno. Nid yn unig y gallant fod wedi tarddu o ryw ffynhonnell gyffredin ('sprung from some common source'), neu fod iddynt yr un dechreuad ('the same origin'), ond y mae'n bosibl eu bod i gyd yn perthyn i'r un teulu ('the same family').

Cydnabyddir Syr William Jones weithiau, nid yn unig yn sylfaenydd astudiaethau ieithegol cymharol, ond hefyd fel yr un a gymhwysodd y model newydd hwn o berthynas deuluol i esbonio'r tebygrwydd a ganfyddir rhwng ieithoedd a'i gilydd. Yn y llythyrau a ysgrifennodd yn 1785 a 1786, defnyddia'r gair *sister* yn fynych i ddynodi'r berthynas rhwng Sansgrit a Groeg. Awgrymir, hefyd, iddo dderbyn dylanwad methodau y llysieuydd Linnaeus wrth ddosbarthu planhigion.[10] Yr oedd Jones yn gyfarwydd â gwaith Linnaeus, ac fe'i defnyddiai yn ei astudiaeth o blanhigion yr India.

Eto i gyd, nid oedd dim newydd yn y syniad bod ieithoedd yn perthyn i'w gilydd yn rhinwedd eu perthynas â rhyw iaith hŷn, fel y perthynai'r ieithoedd Romawns i Ladin. Ac fel y gwelsom, y mae'r defnydd o'r gair *matrices* i ddynodi rhai o briod ieithoedd Ewrop yn mynd yn ôl i ddosbarthiad J. J. Scaliger yn 1610, ac yn awgrymu'r union drosiad a fabwysiedir gan Jones yn ei anerchiadau.

Y mae'r patrwm o 'goeden deuluoedd' yn absennol o ddatganiadau Jones ar berthynas ieithegol, er bod rhai o'i gydoeswyr yn defnyddio'r trosiad. Ceir enghraifft nodedig o hyn mewn llyfr gan John Williams (1727–98), a ysgrifennodd hefyd draethawd ar y Tywysog Madog yn America (1791). Cyhoeddwyd y llyfr ar iaith yn 1783, yr union flwyddyn yr hwyliodd William Jones i'r India, a'i deitl oedd: *Thoughts on the Origin, and on the Most Rational and Natural Way of Teaching the Languages* [sef yr ieithoedd clasurol], *with Some Observations on the Necessity of One Universal Language for all Works of Science* – teitl sydd yn awgrymu llawer o athrawiaethau ieithyddol y ddeunawfed ganrif.[11] Dyma John Williams yn cymharu iaith i dderwen yn dal ei changhennau ar led:

> I beg leave to consider language as a wide-spreading oak, having very many branches, and these branches bearing many others. If I were desirous of examining any of these branches, in order to see their composition, and texture, I should not lay hold of any one branch to get up to the top of the tree. Common sense would direct me first to examine the trunk . . . In just

the same manner, I apprehend, we should apply ourselves to the study of languages, especially of those which are now dead. (10–13)

Yr oedd John Williams yn nodweddiadol o'i oes yn ei ymdrech i olrhain ieithoedd modern yn ôl i un cyff ieithyddol, nad aeth yn llwyr ar goll ym Mabel. Dyna'r syniadaeth hynafol hefyd, y mae'n sicr, a lechai y tu ôl i awgrym Syr William Jones fod yr ieithoedd a ystyriai – Sansgrit, Lladin, Groeg, Celteg, Gotheg, Perseg – yn ddisgynyddion i un iaith gyffredin, y darfu, fe ddichon, amdani. Tueddai Williams i gredu mai'r Hebraeg oedd yr iaith gyntefig honno, er iddo nodi ymdrechion cyfoes i ddyrchafu'r Gelteg. Crybwylla yn arbennig awdur *The Way to Things by Words, and to Words by Things* (1761) – John Cleland, un o gystadleuwyr Rowland Jones. 'He would establish the Celtic as one Original,' meddai am Cleland, 'partly, on account of its monosyllabic simplicity . . .' (10, nodyn). Edrychai Williams ei hun i'r dwyrain am darddle ieithoedd Ewrop, gan ddrwgdybio damcaniaeth Cleland. Nid oedd yn gyfarwydd ag ieithoedd gogledd y cyfandir, ond gwyddai fod llawer o eiriau Celtaidd yn ei briod iaith ei hun ('my native tongue, the Welsh'). Dengys ei fod yn gwybod am waith ieithyddol Pezron, Henry Rowlands a John Davies, Mallwyd, *Thesaurus* Thomas Richards a *Specimens* Evan Evans, ynghyd â llyfrau eraill yn ymdrin â materion ieithyddol. Yr oedd gan Williams ddiddordeb mewn alffabetau (59), a gwyddai am gyfieithiadau Syr William Jones o'r Arabeg (36).

Pan gyrhaeddodd William Jones Calcutta yn 1783, yr oedd eisoes yn gynefin â mwy nag un o ieithoedd y dwyrain heblaw Arabeg. Ei benderfyniad i ychwanegu atynt wrth fwrw iddi ar unwaith i astudio iaith hynafol a chyfrin yr India a roes yn nwylo ieithyddion y ganrif nesaf yr allwedd i ymdriniaeth hollol newydd o'r hen, hen broblem o berthynas ieithoedd â'i gilydd. Methodau gwyddonol ieitheg gymharol a fyddai'n rheoli pob trafodaeth ysgolheigaidd ar berthynas ieithoedd trwy gydol y bedwaredd ganrif ar bymtheg, ac ni ddaeth chwyldro arall ar astudiaethau ieithyddol nes cyhoeddi *Cours de linguistique générale* Ferdinand de Saussure yn 1916.[12]

Yr hyn a drawodd William Jones yn fwyaf arbennig wrth iddo ddarllen yr hen ramadegau Sansgrit oedd y tebygrwydd rhwng strwythur yr iaith honno ac adeiledd yr ieithoedd hynafol eraill yr oedd yn gyfarwydd â hwynt. Nid geirfa yn gymaint â ffurfiau gramadegol yr ieithoedd hynny a barodd iddo led-sylweddoli'r berthynas rhyngddynt. Rhyfeddai at gywreinrwydd cystrawennol yr iaith Sansgrit, fel yr awgryma fwy nag unwaith yn ei anerchiad yn 1786. Y mae'i ddisgrifiad ohoni yn enwog: 'The *Sanscrit* language . . . is of a wonderful structure, more perfect than the *Greek*, more copious than the *Latin*, and more exquisitely refined than either . . .' Yr un ieithwedd sydd yn nodweddu geiriau eraill ganddo: 'the *Sanscrit*, in which books of religion and science were composed, and which appears to have been formed by an exquisite grammatical *arrangement*, as the name itself implies, from some unpolished idiom . . .' Ystyr yr enw yw 'wedi'i berffeithio, cywrain, caboledig'.

Strwythur iaith, yn hytrach na'i geirfa oedd canolbwynt astudiaethau ieithyddol y ganrif nesaf ac, yn hyn o beth hefyd, cydnabyddir Syr William Jones yn arloeswr yn y maes. Nid oedd y pwyslais hwn yn hollol newydd, fel y daeth i'r amlwg eisoes yn yr astudiaeth bresennol. Eithr, amhosibl yw gwadu mai cymharu ieithoedd o safbwynt eu geirfa yn hytrach na'u strwythur oedd method dewisol pob cenhedlaeth o ieithyddion cyn diwedd y ddeunawfed ganrif. Yr oedd William Jones, ar y llaw arall, yn ddrwgdybus iawn o foddion geirdarddol. 'Etymology', fel y dywed ar gychwyn ei anerchiad yn 1786,

> has, no doubt, some use in historical researches; but it is a medium of proof so very fallacious, that, where it elucidates one fact, it obscures a thousand, and more frequently borders on the ridiculous, than leads to any solid conclusion: it rarely carries with it any *internal* power of conviction from a resemblance of sounds or similarity of letters; yet often, where it is wholly unassisted by those advantages, it may be indisputably proved by *extrinsick* evidence.[13]

Yn ei nawfed anerchiad ar ben blwydd yr *Asiatick Society*, 'On the Origin and Families of Nations', gwnaeth Jones ymosodiad arall ar fethodau anwyddonol geirdarddiad a ddibynnai ar debygrwydd seiniau a llythrennau. 'I beg leave, as a philologer,' meddai yno mewn paragraff llawn eironi dirmygus,

> to enter my protest against conjectural etymology in historical researches, and principally against the licentiousness of etymologists in transposing and inserting letters, in substituting at pleasure any consonant for any other of the same order, and in totally disregarding the vowels: for such permutations few radical words could be more convenient than CUS or CUSH, since, dentals being exchanged for dentals, and palatials for palatials, it instantly becomes *coot*, *goose*, and, by transposition, *duck*, all water-birds, and *evidently* symbolical; it next is the *goat* worshipped in *Egypt*, and by a metathesis, the *dog* adored as an emblem of SIRIUS, or, more obviously, a *cat*, not the domestick animal, but a sort of ship, and, the *Catos*, or great sea-fish, of the *Dorians*.[14]

Anodd peidio ag adnabod yng ngwrthrychau'r ymosodiad hwn fethodau anwyddonol, cabalistaidd, megis rhai Henry Rowlands neu Rowland Jones – methodau yn seiliedig ar drawsnewid llythrennau a sillafau, ac ar gysylltu ystyron mewn modd cwbl afresymegol.

Gresynai Syr William Jones, ar gychwyn ei drafodaeth ar iaith yr Hindwiaid yn 1786, nad oedd y Groegiaid a gyd-deithiai ag Alecsander i'r India wedi gadael adroddiad o fath yn y byd ar yr ieithoedd cysefin y daethant ar eu traws yno.[15] Wedi'r cyfnod clasurol, ac yn arbennig ar ôl i Vasco da Gama agor y ffordd dros y môr i'r India yn 1498, cyrhaeddodd adroddiadau ffeithiol am y wlad chwedlonol honno yn ôl i wledydd Ewrop. Trwy gyfrwng cenhadon, marsiandwyr a theithwyr, daeth trigolion y gorllewin yn raddol ymwybodol o ieithoedd a diwylliannau pellennig ac estron y dwyrain, ac yn eu plith iaith gysegredig Braminiaid India, sef y Sansgrit. Er bod gwybodaeth o'r ieithoedd cysefin o ddiddordeb arbennig i'r cenhadon Protestannaidd ac i aelodau Cymdeithas yr Iesu fel ei gilydd, anodd oedd iddynt ddod i adnabod Sansgrit oherwydd natur esoterig y testunau. Mewn llythyr a ysgrifennwyd o Goa at ei frawd ym Mharis yn 1583, disgrifiodd yr Iesuwr Saesneg Thomas Stephens amrywiol ieithoedd yr ardal, gan nodi tebygrwydd rhyngddynt, o ran eu cyfansoddiad, a Groeg a Lladin.[16]

Nid yw Stephens yn nodi Sansgrit wrth ei henw ond, yn 1586, bu Filippo Sassetti, marchnatwr o'r Eidal, yn sôn am 'una lingua, che dimandano sanscruta', iaith hynafol yr oedd angen cryn lafur ac amser i'w dysgu, fel y dysgwn ni Roeg a Lladin.[17] Dywed ymhellach fod ganddi hi a'r iaith frodorol gyfoes lawer yn gyffredin, a bod rhai o'r geiriau yn debyg i rai'r Eidaleg, yn arbennig y rhifolion 6, 7, 8, 9, a'r geiriau am Dduw, sarff, ac yn y blaen. Sylwer nad oedd cyfeiriadau Sassetti at Roeg a Lladin mewn perthynas â Sansgrit yn debyg o gwbl i'r hyn y sylwodd Sir William Jones arno ymhen dwy ganrif ac ni chyhoeddwyd y llythyr sy'n cynnwys sylwadau Sassetti ar yr iaith tan 1885. Eithr, bu cenhadon Cymdeithas yr Iesu yn ystod yr ail ganrif ar bymtheg yn ddiwyd yn ysgrifennu gramadegau Sansgrit.

O ddechrau'r ddeunawfed ganrif ymlaen daeth llawer o wybodaeth am yr iaith honno i wledydd Ewrop, a thalwyd cryn sylw i'r tebygrwydd rhwng y rhifolion a'r rhai cyfatebol mewn Lladin. Perthynai'r rhifolion i ddosbarth yr 'eirfa sylfaenol', yn cynnwys enwau teuluol a rhannau'r corff, a ystyrid mor bwysig gan ieithyddion y ddwy ganrif flaenorol yn eu hymdrechion di-ben-draw i gymharu eitemau geirfaol mewn gwahanol ieithoedd.[18] Gwelir y cysyniad hwn am y tro cyntaf, efallai, yn 1642, yng ngwaith Hugo Grotius ar ieithoedd brodorol gogledd America, ac yn y drafodaeth frwd rhyngddo a Jan de Laet a ddilynodd hynny.[19] Trawyd y cenhadon Ewropeaidd yn yr India yn y ddeunawfed ganrif yn arbennig gan y tebygrwydd rhwng yr enwau Sansgrit ar rifolion a phethau cyffredin, a'r geiriau cyfatebol mewn Perseg, Groeg a Lladin.

Ffurfir cyfangorff gwerthfawr o dystiolaeth gan y llythyrau a ddanfonwyd o'r India gan y cenhadon hyn. Un o'r rhai mwyaf dylanwadol oedd llythyr y Tad Pons y sylwyd arno eisoes. Aelod o Gymdeithas yr Iesu yn Pondicherry a Bengal oedd Pons, ac awdur llyfr Lladin ar ramadeg Sansgrit a ddefnyddiodd Friedrich Schlegel ym Mharis yn 1803. Cafodd llythyr Pons, a gyhoeddwyd gan ei gyfaill yn 1740, sylw arbennig gan awduron yn Ffrainc, y Swistir, Lloegr a'r Alban.[20] Canmolir 'la langue *samskrète* ou *samscroutan*' ganddo am ei chydseiniad, ei helaethrwydd a'i hynni ac, yn sgil llythyr y cenhadwr, awgrymodd Beauzée, fel y gwelsom, gymhwyster yr iaith honno i fod yn *lingua franca* i ysgolheigion dros y byd i gyd. Tybiai Beauzée, gan ddilyn yr Albanwr, Alexander Dow (*The History of Hindostan, translated from the Persian*, 1768), mai iaith artiffisial, esoterig, oedd y Sansgrit, a gyfansoddodd y Braminiaid er mwyn cuddio eu cyfrinachau crefyddol ac athronyddol rhag y werin.[21]

Yn debyg i Pons, rhyfeddai Dow at helaethrwydd hynod yr iaith, ond hefyd at resymolder a rheoleidd-dra ei systemau morffolegol, a awgrymai iddo ef nad oedd hi wedi datblygu trwy hap a damwain fel ieithoedd eraill, ond wedi ei dyfeisio'n bwrpasol gan y Braminiaid. 'All other languages, it is true,' meddai,

> were casually invented by mankind, to express their ideas and wants; but the astonishing formation of the Shanscrita seems to be beyond the power of chance. In regularity of etymology and grammatical order, it far exceeds the Arabic. It, in short, bears evident marks, that it has been fixed upon rational principles, by a body of learned men, who studied regularity, harmony, and a wonderful simplicity and energy of expression.

Eisoes yn 1761 gwelwyd yr un awgrym yn llyfr John Cleland *The Way to Things by Words*, y sylwodd Rowland Jones a John Williams arno yn eu tro. Cyn cyrraedd yr atodiad ar 'iaith ysgolheictod y Braminiaid', argymhellir sefydlu geirfa o wreiddeiriau Celtaidd ar batrwm 'the analytic and synthetic plan of the Bramins' *Sanscort*; authenticating every word, by a competent number of examples drawn from various languages' (88). Y mae'r iaith gelfydd honno, meddai Cleland, yn dangos sut y mae ieithoedd naturiol yn datblygu, wrth gynhyrchu geiriau cyfansawdd allan o rai syml. Ar y llaw arall, wrth arddangos gormod o gydbwysedd a rheoleidd-dra celfydd, y mae'n colli 'all the wildness of nature' a nodwedda ieithoedd eraill. Manylu ar hyn a wna'r awdur yn yr atodiad, wrth geisio dangos sut y llwyddodd awduron y gramadegau Sansgrit, trwy ddadansoddi iaith gyfoethocaf y byd, ei chrynhoi i ychydig o brif elfennau, 'which may be looked upon as the *caput mortuum* of this language' (92).[22] Wrth ychwanegu rhagddodiaid neu ôl-ddodiaid at y gwreiddiau hyn y penderfynir swyddogaeth y gwahanol rannau ymadrodd.

Yr oedd Voltaire yn nes, efallai, at lygad ei le na'r awduron hyn, wrth ddatgan yn 1776 mai'r Sansgrit oedd tarddle llafarieithoedd cyfoes yr India, a'r posibilrwydd mai ar wastadedd y Ganges y ganwyd diwylliannau'r gorllewin.[23] Nid Voltaire oedd yr unig feddyliwr i gael ei ddenu gan y tebygrwydd rhwng athroniaeth a chrefydd hynafol yr India, a chwedloniaeth y gorllewin. Llygad-dynnwyd amryw yng Nghymru gan y syniad hwn, fel y cawn weld, ac y mae'n elfen bwysig yn nhrafodaethau Syr William Jones yn ei anerchiadau i'r Gymdeithas ym Mengal. 'It will be sufficient in this dissertation', meddai yn 1786,

> to assume, what might be proved beyond controversy, that we now live among the adorers of those very deities, who were worshipped under different names in old *Greece* and *Italy*, and among the professors of those philosophical tenets, which the *Ionick* and *Attick* writers illustrated with all the beauties of their mellifluous language.[24]

Credai fod 'damcaniaethau aruchel' Pythagoras a Platon yn arbennig yn deillio o'r un ffynhonnell ag athrawiaethau doethion yr India.

Yn ei ddarlith ar dduwiau Groeg, yr Eidal ac India yn mis Mawrth 1785, gwnaeth William Jones ymdrech arbrofol i arddangos cyffelybiaethau rhwng systemau chwedlonol y dwyrain a'r gorllewin. Ymagwedd chwyldroadol at athrawiaethau cwbl estron diwylliannau'r dwyrain a welir yn yr anerchiad hwn, a'i awgrym nid yn unig bod y mytholegau Indiaidd yn debyg i rai y gorllewin, ond hefyd eu bod yn gyfwerth. Ei bwrpas sylfaenol, serch hynny, oedd cyfosod systemau mytholegol y dwyrain a'r gorllewin er mwyn dangos y tebygrwydd rhyngddynt ac awgrymu bod y diwylliannau a'u datblygodd yn gysylltiedig â'i gilydd. Ei eiriau arwyddocaol yma yw:

> when features of resemblance, too strong to have been accidental, are observable in different systems of polytheism, without fancy or prejudice to colour them and improve the likeness, we can scarce help believing, that some connection has immemorially subsisted between the several nations, who have adopted them.[25]

Ym mis Chwefror 1792, traddododd Syr William Jones ei nawfed anerchiad fel llywydd y Gymdeithas yn Calcutta. Yn ystod y blynyddoedd blaenorol yr oedd wedi trafod o un i un y pum cenedl a gynrychiolai wareiddiad Asia (yr Hindwiaid, yr Arabiaid, y Tartariaid, y Persiaid a'r Tsieineaid), o safbwynt eu hiaith a'u llenyddiaeth, eu crefydd a'u hathroniaeth, eu pensaernïaeth a'u cerfluniau, eu gwyddorau a'u celfyddydau. Eisoes, yn anerchiad 1786, gwnaethai'n eglur beth oedd ei fwriad yn y pen draw, sef arddangos y berthynas neu'r gwahaniaeth rhwng y pum cenedl hyn, a datrys y broblem fawr: 'whether they had *any* common origin, and whether that origin was *the same*, which we generally ascribe to them'.[26] Erbyn 1792, yr oedd wedi cyflawni'r ymchwil paratoadol, a theitl ei araith oedd 'On the Origin and Families of Nations'. Ei fwriad yn awr oedd olrhain y 'tri theulu mawr' y tarddai'r pum cenedl Asiaidd ohonynt. Er mai amcan anthropolegol cyffredinol a oedd ganddo, cynhelir llawer o'i drafodaeth gan gynseiliau ieithyddol, sy'n ategu mewn modd cadarnhaol ond gofalus ei awgrym yn y trydydd anerchiad o ffynhonnell gyffredin i ieithoedd Ewrop ac Asia.[27]

Dychmygodd aelodau cynnar yr hil ddynol yn symud o'r ardal lle'u sefydlwyd yn nwyrain Iran, ac wrth iddynt luosogi, yn mudo mewn teuluoedd neu lwythau. O dipyn i beth, byddent yn anghofio'r iaith hynafol a oedd yn gyffredin iddynt ac yn ffurfio tafodieithoedd newydd i gyfleu'u syniadau newydd. Symudodd cangen *Ya'fet* dros barthau gogleddol Ewrop ac Asia, gan ffurfio tafodieithoedd newydd i'w hiaith wrth i'r llwythau ymwahanu. Credai Jones ei bod yn bosibl profi yn ddiamheuol fod y Persiaid a'r Indiaid, ynghyd â'r Rhufeiniaid, y Groegiaid, y Gothiaid a'r hen Eifftwyr, sef yr Ethiopiaid, yn siarad yr un iaith, ac yn arddel yr un ffydd. Cydnabyddai fod llai o dystiolaeth i ddangos bod y ddaear gyfan wedi'i phoblogi gan hiliogaeth amrywiol yr Indiaid, y Persiaid a'r Arabiaid neu ryw gymysgedd ohonynt. Eto, y mae lle i gredu bod William Jones yn lled-goleddu'r syniad bod cenhedloedd y byd yn gyfan yn tarddu ar un adeg o'r un cyff, ac yn siarad yr un iaith. Ceir tystiolaeth am hyn ar ddiwedd y trydydd anerchiad, lle y dywed fod gan yr Hindwiaid 'an immemorial affinity with the old *Persians*, *Ethiopians*, and *Egyptians*, the *Phenicians*, *Greeks*, and *Tuscans*, the *Scythians* or *Goths*, and *Celts*, the *Chinese*, *Japanese*, and *Peruvians*'. Ei gasgliad yw bod y cenhedloedd hyn i gyd yn deillio o un wlad ganolog, a phwrpas ei anerchiadau yn y dyfodol fyddai ymchwilio i'r mater hwn.[28]

Testun rhyfeddod i'r darllenydd, hwyrach, yw gweld enw'r Periwfiaid ar ddiwedd y rhestr hon, ond cyfeiriodd William Jones fwy nag unwaith at gyffelybiaeth rhwng gwareiddiadau America a gwledydd y dwyrain. Yn 1786, wrth drafod ffurf ysgrifenedig ieithoedd India, gwahaniaethodd rhwng gwyddorau yn cynnwys symbolau o arwyddocâd seinegol, a rhai yn cynnwys arwyddion o syniadau, megis pictograffau ieithoedd Tsieina a Japan, a hefyd, efallai, yr Aifft a Mecsico yn y dyddiau gynt. Gwelodd hefyd gysylltiad rhwng 'Ramasitoa', enw gŵyl fawr ymhlith yr Inca, ac enw Rama, duw pennaf yr Hindŵ, a chasglu oddi wrth hynny bod y genedl honno wedi treiddio i barthau De America, a'u chwedloniaeth grefyddol yn eu sgil.[29] Yn 1794, dychmygodd dylwyth Ham a sefydlwyd yn Iran ei hun, yn ymledu dros Affrica, India, Sgandinafia a hyd yn oed Mecsico a Pheriw. Gwelir yn y gwledydd hynny, meddai Jones, olion 'rude literature and Mythology analogous to that of *Egypt* and *India*'.[30]

Ym meddylfryd Syr William Jones, felly, un elfen yn unig yn ei ymchwil i darddiadau diwylliannol cenhedloedd y dwyrain oedd ei ddyfaliadau ynglŷn ag iaith hynafol ddiflanedig, a ffurfiai ffynhonnell ieithoedd Ewrop ac India. Eto i gyd, yr oedd yr awgrym hwnnw, ynghyd â 'darganfod' y Sansgrit, yn hollol sylfaenol i ddatblygiad astudiaethau ieithyddol y dyfodol. Nid ei ddarganfyddiad ef yn unig ydoedd: fel y gwelwyd eisoes, yr oedd marchnatwyr a chenhadon ers dwy ganrif wedi sôn am yr iaith ddirgel a chysegredig honno, gan ddangos peth dealltwriaeth o'i pherthynas ag ieithoedd Ewrop. Yn eu plith, y mae'n rhaid enwi yn neilltuol y Tad Coeurdoux. Cafodd yr aelod hwn o Gymdeithas yr Iesu yr enw o fod yn hynod anffortunus, gan na chyhoeddwyd ei sylwadau tan 1808, er iddynt gael eu darllen lawer ynghynt i'r Académie des Inscriptions et Belles-Lettres ym Mharis yn 1785.[31] Ateb oedd y *Mémoire* hwn gan Coeurdoux i gais yn 1767 am wybodaeth gyffredinol am hanes a llenyddiaeth yr iaith Sansgrit. Cynhwysai'r rhestrau a wnaeth mewn ateb i'r cais eiriau a oedd yn debyg iawn i rai Groeg a Lladin, rhifolion ac enwau am wrthrychau sylfaenol bywyd. Ond yr oedd wedi sylwi hefyd ar debygrwydd yn y lluosogion mewn berfau ac enwau yn Sansgrit a Groeg, a systemau cyfatebol ym moddau mynegol ac eiddunol y ferf.

I esbonio'r cyferbyniadau hyn, cynigiodd Coeurdoux chwech o achosion posibl, pump ohonynt yn cynrychioli benthyciad neu gymysgu ieithoedd, o ganlyniad i fasnach, goresgyniad milwrol neu gyfathrach grefyddol a llenyddol. Y chweched achos posibl, meddai'r cenhadwr, oedd bod yr ieithoedd hyn yn weddillion yr iaith gyntefig gyntaf, a gadwyd gan y cenhedloedd gwahanol wrth fudo i'r gogledd a'r de wedi'r drychineb ieithyddol ym Mabel. Symudodd Jaffeth a'i feibion i'r gorllewin, gan sefydlu llafarieithoedd Ewrop, ac yn ôl damcaniaeth

Coeurdoux, ffurfiai'r 'samskroutan' aelod arall o'r un dosbarth. Haeddai felly, yn ei farn ef, gael ei chyfrif yn un o'r ieithoedd cysefin newydd (h.y. yr ieithoedd a ddaeth i fodolaeth wedi Babel). Cyfrifai fod y geiriau a oedd yn gyffredin i'r ieithoedd hyn yn dystiolaeth o undod hanfodol tafodleferydd dynolryw ym more oes y byd. Mynegodd yr awdur hwn ei weledigaeth mewn priod-ddull traddodiadol, Beiblaidd, ond dichon ei fod yn datgan yn y modd hwnnw yr un gwirionedd ag oedd ym meddwl Syr William Jones, wrth iddo awgrymu mai o ryw 'common source, which, perhaps, no longer exists', y tarddodd iaith hynafol yr India, yn ogystal ag ieithoedd y byd gorllewinol. Nid oedd *mythos* wedi llwyr ildio'r dydd i *logos* mewn ymdrechion i ddehongli'r berthynas gyfrin rhwng yr ieithoedd.

Ymhlith rhagflaenwyr William Jones yn Bengal rhaid nodi hefyd gyfaill iddo o'i gyfnod yn Rhydychen, Nathaniel Brassey Halhed, a gyhoeddodd ddau lyfr yn ystod yr amser y bu'n gweithio yn yr India rhwng 1772 a 1778: *A Code of Gentoo Laws* (1776), ac *A Grammar of the Bengal Language* (1778).[32] Gosododd Halhed bwyslais arbennig ar henaint yr iaith Sansgrit, yn ogystal â'i helaethrwydd, ei natur gyhyrog a rheoleidd-dra ei geirdarddiad. Sylwodd hefyd ar gyffelybiaethau rhwng geiriau Sansgrit a rhai mewn Perseg, Arabeg, Groeg a Lladin. Mewn llythyr a ysgrifennodd ar ei ffordd yn ôl i Brydain yn 1779, tuedda Halhed i awgrymu bod yr iaith Sansgrit yn hŷn nag ieithoedd clasurol Ewrop, heb fynd mor bell ychwaith a hawlio mai hi oedd eu ffynhonnell hwy:

> I do not attempt to ascertain as a fact, that either Greek or Latin are derived from this language; but I give a few reasons whereon such a conjecture might be founded: and I am sure it has a better claim to the honour of a parent, than Phoenician or Hebrew.[33]

Sylwer ar y ffigur teuluol yn natganiad Halhed, ffigur a ddaeth i'r amlwg wedi hynny yng ngwaith Syr William Jones.

Yr oedd Halhed a Jones yn gyfarwydd â llyfr mawr yr Arglwydd Monboddo, *Of the Origin and Progress of Language* (1773–92). Bu'r awdur hwnnw yn adnabyddus i Jones oddi ar 1780 o leiaf, a dengys eu gohebiaeth fer rhwng 1788 a 1791 eu bod yn rhannu diddordeb dwys mewn materion ieithyddol, a chryn gytundeb arnynt.[34] Ym mis Medi 1788, danfonodd Jones gopi o'i drydydd anerchiad mewn ateb i rai cwestiynau ynglŷn ag India a godwyd mewn llythyr gan Monboddo. Fe'i cyfeiriodd hefyd at gyfrol gyntaf trafodion y Gymdeithas, yr arfaethwyd ei danfon i Ewrop y flwyddyn ganlynol. Ym Mehefin y flwyddyn honno, diolchodd ei ohebydd am lythyr Jones a'r traethawd amgaeedig.[35] 'In this discourse,' meddai,

> you propose to open a wonderful field of enquiry; and if you can discover that central country from which all those nations, which you have named, have derived their affinity in language, manners and arts, which you observe, it will be a most wonderful discovery in the history of man.

I Monboddo, iaith oedd y mwyaf pwysig o'r tri hyn i'r sawl a fyddai'n ymchwilio i'r berthynas rhwng cenhedloedd a'i gilydd. Credai hefyd fod ieithoedd yn lledaenu ymhell, a chan fod pob celfyddyd a gwyddor, a hyd yn oed yr hil ddynol ei hun, wedi dyfod o'r dwyrain, ei bod yn bosibl olrhain eu hanes trwy astudiaeth o ieithoedd ar hyd wyneb y ddaear. 'This migration', meddai mewn brawddeg arwyddocaol,

> is to be traced chiefly by language; and I believe that the same language you mention – the Sanscrit – is the original of many other languages. I made a kind of study of it last spring when I was in London . . . I entirely agree with you that it is a more perfect language than the Greek, and in three great arts of language, viz. derivation, composition, and flection, it excells, I am persuaded, all the languages that ever existed. (268–9)

Fel Halhed, trawyd Monboddo yn arbennig gan reoleidd-dra'r iaith Sansgrit. Ynddi, cedwir rheol cydweddiad yn gyflawn: 'it has no heteroclites'. Dyfynna sylwadau Pons hefyd:

> I am persuaded it is true, what a Jesuit says of it – Du Pont I think is his name – that if a man have learned the roots of this language, which are not many in number, and has learned the rules of its derivations, compositions and flections, he may make a language himself which will be very well understood by those who have learned Sanscrit. (268)

Ond y peth mwyaf hynod, yng ngolwg Monboddo, oedd cydnawsedd yr iaith honno â Groeg a Lladin, cydnawsedd mor fawr 'that either the Greek is a dialect of the Sanscrit, or they are both dialects of the same parent language'. Dywed ymhellach fod 'Du Pont' wedi casglu tua deg a thrigain o eiriau cyffelyb yn y ddwy iaith, a barnai Monboddo fod llawer o'r rhain yn eiriau 'that must have been original in all languages', sef enwau perthnasau a phethau cyffredin, rhifolion ac yn y blaen. Cwestiwn mawr Monboddo i William Jones a'i Gymdeithas oedd ymhle oedd y man cyfarfod rhwng y ddau wareiddiad mawr hyn, mor bell oddi wrth ei gilydd yn ddaearyddol, eithr mor agos yn eu hiaith a'u diwylliant. Ei ddamcaniaeth ef oedd mai gwlad yr Aifft oedd y ddolen a gydiai yr India a Groeg at ei gilydd yn yr hen oesoedd (269–70).

Mewn llythyr arall (20 Mehefin 1791), sylwodd Monboddo eto ar y tebygrwydd rhwng rhai o'i ddaliadau ef a syniadau Jones. Yr oedd gan y ddau ddiddordeb arbennig mewn olrhain dechreuadau'r cenhedloedd, a dywed Monboddo yma: 'You say you incline to believe that not only the Egyptians, but the Indians came from Chaldaea. If you can make out this it will be a great discovery.'[36] Dangosai awydd neilltuol i gysylltu crefyddau a diwylliant yr India â'r Aifft, ac er nad oedd Jones yn credu gyda Monboddo fod yr iaith Sansgrit wedi cyrraedd y wlad honno, yr oedd yn ddigon bodlon i ddatgan cysylltiad rhwng crefyddau'r ddwy wlad a'u cofadeiliau.[37]

Wrth graffu ar chwe chyfrol ganlynol gwaith mawr Monboddo fel y'u cyhoeddwyd rhwng 1773 a 1792, gellir dilyn y symudiad yn ei syniadau am darddiadau a datblygiad iaith.[38] Gellir hefyd, fe ddichon, olrhain y croesffrwythloni rhwng ei athrawiaeth gynnar ef a syniadaeth William Jones yn yr India. Eisoes yn y gyfrol gyntaf, dyfalai Monboddo mai'r Aifft oedd tarddle iaith a diwylliant Ewrop (i.444, 446). Gwyddai hefyd am y cysylltiad rhwng y Groegiaid a'r India, ac apeliodd at adroddiad 'Du Pons' yn y *Lettres édifiantes* ar iaith, athroniaeth a gwyddorau'r Braminiaid (i.467, nodyn, cf. ii.570) i ategu ei benderfyniad mai'r Aifft oedd 'the parent-country, at least with respect to Europe and the western parts of Asia, of language, as well as the other arts' (i.472). Y cwestiwn a'i hwynebai yn awr oedd ai tafodieithoedd o'r un 'parent-language' hon yw holl lafarieithoedd amrywiol y byd. Cyfeiria at eiriadur Celtaidd Bullet, a'i syniad yntau am iaith gyffredinol fyd-eang (cf. iv.178, nodyn). Beth bynnag a gredwn am fodolaeth un iaith gyffelyb yn y gorffennol, ym marn Monboddo y mae'n rhaid cydnabod ei bod yn awr 'either totally lost in a great part of the earth, or so depraved and corrupted as no longer to be known' (i.477). Er nad yw'n mentro honni perthynas rhwng holl ieithoedd y byd, y mae'n terfynu'r gyfrol â'r farn mai un iaith gysefin oedd ffynhonnell 'all the languages presently spoken in Europe, Asia, and a great part of Africa' (i.490).

Erbyn 1787, dyddiad cyhoeddi pedwaredd gyfrol Monboddo, daethai llawer mwy o wybodaeth am iaith a diwylliant India i afael ysgolheigion Ewrop. Yn y gyfrol hon, Halhed yw awdurdod yr awdur am ei ddatganiadau ar y Sansgrit, iaith arbennig o gywrain a thebyg iawn i'r Groeg, yn arbennig o ran ffurfdroadau'r ferf (iv.25, 173). I Monboddo, tystiolaeth yw hyn i'w gred fod y ddwy iaith hynny wedi tarddu o'r un 'parent-country of all arts and sciences', sef yr Aifft (iv.56–7).

Pan gyhoeddwyd ei gyfrol olaf yn 1792, yr oedd y 'Shanscrit' wedi dyfod yn rhan o ymwybyddiaeth gyffredinol Monboddo o briod ieithoedd y dwyrain a'u perthynas ag ieithoedd Ewrop, er bod ei argyhoeddiad o bwysigrwydd yr Aifft yn y broses o'u lledaenu yn para i'w arwain ar gyfeiliorn (vi.108). Yma, y mae'n fwy pendant anghywir am natur y berthynas agos rhwng yr ieithoedd Sansgrit a Groeg, wrth sôn am 'such a language as the Shanscrit, which is now discovered to have been the ancient language of Egypt, and of which Greek is a dialect' (vi.143). Nid oes cyfeiriad at Syr William Jones yng nghyfrol olaf Monboddo, er i'r ddau ohebu ar faterion ieithyddol yn y blynyddoedd cyn ei chyhoeddi. Charles Wilkins, yn ôl yr hyn a ddywed yma ac a awgryma yn ei lythyr at Jones, oedd ffynhonnell llawer o wybodaeth Monboddo am y Braminiaid a'u hiaith gysegredig (vi.149–50, nodyn). Un arall o gyfeillion a gohebwyr Jones oedd Wilkins, cydoeswr iddo yn yr India, ysgolhaig Sansgrit a gyfieithodd y *Baghavad-Gita*.

Er cymaint ei ddyled i Wilkins, fodd bynnag, dengys ei lythyrau y cyffro a gafodd Monboddo wrth ddarllen am syniadau William Jones am berthynas y Sansgrit ag ieithoedd Ewrop. Anodd yw peidio â chredu yn ogystal nad oedd syniadaeth Jones ei hun wedi datblygu dan ddylanwad llyfrau megis *The Origin and Progress of Language*, a gysylltodd iaith hynafol yr India â'r athrawiaeth oesol am famiaith gysefin i holl ieithoedd llafar y gorllewin.

Cyhoeddwyd cyfrol gyntaf *Asiatick Researches*, sef trafodion y Gymdeithas yn Calcutta, yn y ddinas honno yn 1788, dan olygyddiaeth Syr William Jones. Y flwyddyn nesaf yr oedd saith can copi wedi cyrraedd Llundain.[39] Ymddangosodd adolygiadau yn y *Monthly Review*, y *Critical Review* a'r *Gentleman's Magazine*, yn ogystal â'r *Calcutta Gazette* ac, yn ystod blynyddoedd olaf y ddeunawfed ganrif a rhai cynnar y bedwaredd ganrif ar bymtheg, daeth llawer cyfres o'r *Researches* o'r wasg yn Llundain, yn argraffiadau dilys a lleidr-argraffiadau.[40] Arwydd yw hyn o sut y llygad-dynnwyd meddwl y cyfnod gan y cyfoeth newydd o ddarganfyddiadau am iaith, llenyddiaeth a sefydliadau'r dwyrain, y chwaraeodd William Jones ran mor nodedig yn eu lledaenu.

* * *

Nid oedd cyd-Gymry Syr William yn araf i gydio yn ei syniadau a'u cymhwyso i'w gweledigaeth eu hunain o gydberthynas ieithoedd â'i gilydd a lle yr iaith Gymraeg yn y darlun byd-eang. Sicrhaodd Iolo

Morganwg liaws o danysgrifwyr enwog i'w lyfr *Poems, Lyric and Pastoral*, wrth iddo ddod trwy'r wasg yn 1794. Gwelir yn y rhestr enwau 'Humanity's Wilberforce', 'Mr. Thomas Paine', 'John Horne Tooke, Esq.', 'Mrs. Piozzi', 'Rev. Dr. Price, late of Hackney', ac eraill o fri. Yn eu plith rhestrir hefyd enw 'Sir William Jones, Bt.'. Yng ngwanwyn y flwyddyn honno bu farw Jones, ac y mae'n debyg mai ei ymdeimlad o'r Cymreictod a rannai â gŵr Lady Jones a barodd i Iolo ysgrifennu (yn haerllug, braidd) ati hi i ofyn am arian y tanysgrifiad. Fe'i hysbysodd hefyd (er mwyn ennill ei hewyllys da, y mae'n debyg) fod yn ail gyfrol ei lyfr gyfieithiadau o hen farddoniaeth Gymraeg a fyddai'n cynnwys pethau tebyg iawn i'r hyn a welir mewn llenyddiaeth Sansgrit.[41]

Darllenodd Iolo yr adolygiad ar gyfrol gyntaf yr *Asiatick Researches* yn y *Monthly Review* yn 1790. Sylwodd yn arbennig ar y datganiad enwog am berthynas y Sansgrit ag ieithoedd Ewrop, a chopïodd ef i un o'i lyfrau lloffion.[42] Meithrinwyd diddordeb Iolo mewn gwyddorau ac arwyddion alffabetaidd hefyd gan y paragraff canlynol yn anerchiad Jones, yn arbennig gan ei sylw ar y 'square *Chaldaick* letters', a'r posibilrwydd eu bod yn tarddu o'r un gynffurf â'r llythrennau Indiaidd ac Arabaidd. Gwelodd Iolo y rheini, fe ddichon, yn debyg i arwyddion onglog Coelbren y Beirdd. Dyfynna yn ei lyfr-nodiadau eiriau Jones am y tebygolrwydd bod ffynhonnell gyffredin i holl arwyddion sain, gan nad oeddynt yn y lle cyntaf yn ddim ond amlinelliadau amrwd o wahanol organau tafodleferydd. Awgryma'r adolygydd y byddai cyfan-gorff rhyng-genedlaethol o arwyddion 'naturiol' yn bosibl ar gyfer y ddynoliaeth, 'by delineating the several organs of speech in the act of articulation, and selecting from each a distinct and elegant outline' (LlGC 13129A, 396).

Coleddai Iolo hefyd syniadau am berffeithrwydd mynegiant yr iaith Gymraeg, ar lafar ac yn ysgrifenedig – ped ysgrifennid hi yn llythrennau Coelbren y Beirdd, o leiaf. Fe'i trawyd yn arbennig, felly, gan sylwadau'r adolygydd yma, sef y dylid mynegi syniadau syml gan eiriau syml, a rhai cymhleth gan eiriau cymhleth, ac y byddai system berffaith o lythrennau yn cynnwys un arwydd penodol ar gyfer pob sain – un o hoff athrawiaethau Iolo. Hen Berseg a Zend yw'r enghreifftiau a nodir o systemau a ymylai ar fod yn berffaith, a chredai'r adolygydd fod hyn yn wir hefyd am Devanagari, yr ysgrifen y cyfeiriwyd ati gan Syr William Jones yn ei anerchiad. Nid enwir y Gymraeg yn y cyswllt hwn, ond awgrymir yn yr adolygiad ddiffygion gwarthus y Saesneg yn hyn o beth – awgrym a fyddai wrth fodd calon Iolo (LlGC 13129A, 397).

Tynnu cyffelybiaeth rhwng y Sansgrit a'r Gymraeg y mae Iolo, y mae'n sicr, wrth nodi bod y gair *nava* yn arwyddocáu *naw* a *newydd*, a phan ddywed fod blwyddyn y Tibetiaid yn cychwyn ar droad y rhod yn y gwanwyn, ei gysylltu a wna â chalendr yr hen Gymry. Gwelir arwyddion eraill ymhlith ei nodiadau a'i loffion o'i duedd i edrych am debygrwydd rhwng y ddwy iaith. Mewn un llawysgrif, ceir rhestr fer dan y pennawd: 'Welsh like Shanscreet', sydd yn cynnwys 'Pan-jab' ('Five Rivers') a 'Ruhth' ('a large wheel carriage'), ac mewn man arall dangosodd Iolo ddiddordeb yn y rhifolion Sansgrit, eithr heb nodi eu tebygrwydd i'r rhai Cymraeg.[43] Yn LlGC 13112B (294), noda fod William Jones yn credu bod saith allan o ddeg enw yn yr iaith Berseg yn perthyn hefyd i'r Sansgrit.

Nid William Jones, ychwaith, oedd yr unig un i dynnu sylw Iolo at y trysorau a oedd ynghudd yn yr iaith Sansgrit.[44] Yn llawysgrif LlGC 13089E (468–70) copïodd wynebddalen, hysbyseb a rhan o'r llythyr rhagarweiniol i gyfieithiad Charles Wilkins o'r Baghavad-Gita (London, 1785). Copïodd hefyd ran o adolygiad yn y *Monthly Magazine* (12 Gorffennaf 1816) o olygiad newydd gan Jean Denis de Lanjuinais o *Histoire naturelle de la parole* Court de Gébelin.[45] Y rhan a gopïodd Iolo yw'r datganiad bod gramadegau Sansgrit yn cynnwys adran ar ffurfio geiriau, na welir mewn gramadegau eraill, a bod hynny'n cynnwys nid yn unig ddadansoddi geiriau a chwilio'u tarddiadau, ond hefyd sut i gydosod elfennau er mwyn ffurfio geiriau newydd.

Dengys llawysgrifau Iolo y graddau y denwyd ef gan bosibiliadau adeiladu geiriau wrth gydio sillafoedd ynghyd. Yn llawysgrif LlGC 13098B (260), ceir adran ar greu geiriau Cymraeg, a rhestr o eiriau amlsill posibl, gan gynnwys erchyllbethau fel 'Anghyfechtywynedig-aetholion' a 'Gogyfechtywynedigaetholion'. Cyfeddyf Iolo, bid sicr, mai anghyffredin yw geiriau o fwy na phedair sill yn yr iaith, er gwaethaf 'the almost unlimited powers of inflection that the Welsh possesses'. 'The language', meddai Iolo yma, gan ddefnyddio ymadrodd a welsom eisoes yn nhudalennau ei athro John Walters,

> neither delights in monosyllables nor in *sesquipedalia verba*, but if any one should fancy words of a very cumbrous magnitude, he might with care form them in the language, and of such a nature as to have souls equal to their gigantic bodies.

Ac yna, gan gyfeirio'n ddirmygus at ei gyn-gyfaill, William Owen Pughe: 'In the hands of genius this might easily, and even gracefully be done; but in attempts of this Nature the Southcotian genius would run raving mad.'[46]

Gŵyr pawb am y geiriau amlsill a ddaeth o ysgrifbin yr athrylith hwnnw.[47] Yr un rhesymau oedd gan Iolo a Pughe i gredu y gellir creu geiriau fel hyn, sef yr argyhoeddiad mai silloedd syml yw'r sylfaen i holl adeiladwaith iaith, ac y gellir ychwanegu atynt fel y dewisir, wrth gydio bonyn wrth ragddodiad ac ôl-ddodiad yn ddi-ben-draw. Credent yn helaethrwydd arbennig yr iaith Gymraeg yn ogystal, ei bod yn ystordy mwy na chyffredin o fonion unsill, a'r rheini'n cyfleu eu hystyr yn berffaith. Yr oedd ganddynt ddigon o ragflaenwyr yn y gred hon, fel y gwelwyd eisoes.[48] Copïodd Iolo i un o'i lyfrau lloffion ddarn a ysgrifennodd Pughe mewn atodiad i lyfr William Coxe, *An Historical Tour in Monmouthshire* (1808), sydd yn esbonio eu safbwynt yn gryno:

> Lewis Morris ventured to assert, that the Welsh is more copious than any other four Languages united . . . I shall here merely point out the primary source of such a compass of speech. Compound words may be formed from the radical sounds, without any other limit than such as may arise from the absurdity or contrareity of ideas, forbidding their connection . . .[49]

Dywed Iolo mewn man arall: 'there is not a word in Welsh but what is obviously deduced from a root still retained'.[50] Ac eto: 'all the prepositives and postpositives of the Welsh are found as simple nouns in our ancient MSS, and that abundantly frequent' – brawddeg sydd yn atgoffa'r darllenydd am ddamcaniaeth Horne Tooke y gellir olrhain holl 'particles' iaith yn y pen draw yn ôl at enwau hollol syml.[51] Yn llawysgrif LlGC 13089E (364), ysgrifennodd Iolo restr o gyfansoddeiriau lle y cedwir y gwreiddeiriau, er iddynt gael eu colli fel geiriau unsill: e.e. 'Berth in anferth, Mad in anfad, Gwawl in golau'.[52]

Gellir dychmygu, felly, y boddhad anghyffredin a gafodd Iolo Morganwg a William Owen Pughe wrth iddynt ddarganfod bod un o ieithoedd hynaf y byd yn debyg i'r Gymraeg mewn llawer o'i nodweddion.[53] 'The Sanscrit Alphabet', meddai Pughe mewn llythyr at Iolo ym Mehefin 1800,

> agrees with Coelbren y Beirdd exactly in arrangement, number of vowels, consonants and classes &c. The language agrees also surprisingly, in its structure, idiom and words. – It is very much disguised on being written in the English Ortho^y^ both by Sr W. Jones & by Wilkins.[54]

Yr awgrym yw y byddai'r ffurf wreiddiol yn dangos yn eglurach debygrwydd orgraff onglog y Sansgrit i Goelbren y Beirdd. Awgryma

Pughe ymhellach y byddai gwybodaeth o'r Gymraeg yn taflu goleuni ar ddatblygiad rhai geiriau tebyg yn y Sansgrit. Adlewyrchir yr elfen o ryfeddod yn y gosodiad uchod ('surprisingly') yn y frawddeg flaenorol, sydd yn awgrymu cysylltiad syfrdanol rhwng hynafiaethau Cymraeg (boed ffug neu wirioneddol) a'r wybodaeth am wareiddiadau'r dwyrain a ddeuai i'r amlwg trwy gyfrwng yr *Asiatick Researches*:

> Before any thing is touched upon with respect to Asiatic researches, your History of the Bards must be first published; and afterwards, by degrees, surprising things may be brought to light.

Yn 1798 yr oedd Pughe wedi derbyn llythyr gan Iolo yn llawn cyffro wedi darllen cyfieithiad William Jones o gyfreithiau'r Hindwiaid, *Institutes of Hindu Law: or the Ordinances of Menu, according to the Gloss of Calluca* (Calcutta, 1794).[55] Credai Iolo fod y derwyddon yn honni y cyfansoddid y byd o bum elfen, a phan glywodd fod llyfr Jones wedi datgelu bod gan y Braminiaid yr un gred, danfonodd ar unwaith am y llyfr.

> I was *astonished* to find in this work Religious and Philosophical doctrines so similar to those of the ancient Bards of Britain, and so strikingly so, had not your Llywarch Hên and my Poems been published three years before the appearance in the English language of this work of Sir William Jones, the world would have sworn that he had borrowed from it what we have published.

Sylwodd Iolo ar bethau eraill yn y 'six shilling volume' hwn. Fe'i hysgrifennwyd

> in an Aphoristical manner and a great part of it *Triadical*, and is supposed by Sir William Jones to be one of the oldest compositions existing . . . this ancient wisdom is now in several parts of the world emerging into light, out of the Sanscrit language, out of the Welsh Triads etc . . . the Chinese and even Peruvian languages have contributed considerably towards the restoration of this *Ancient of Days whose Garments are as white as snow* . . .

Y mae'n werth sylwi hefyd fod Iolo, yn y nodiadau ar gyfer ei waith mawr arfaethedig, yn nodi ymhlith y 'Works on ancient mythology, to be consulted, illustrative of some things in the History of the Bards', gyfieithiad William Jones o 'Menu', ymhlith amryw o weithiau eraill a ddaethai yn ddiweddar o'r India. Ac er nad yw'n nodi hynny, gallasai hawlio mai methodau Jones a ddefnyddiai wrth honni mai llwythau gwasgaredig o'r un bobl oedd y 'Bramins, Persees, Phoenicians, Jews, Cimbri etc . . . from their singular Theology, Temples, same knowledge etc . . .'[56]

Y mae'n amlwg fod Iolo wedi'i gynhyrfu'n llwyr gan y darganfyddiadau hyn, ac ysgrifennodd eto ym Mehefin 1800 i rannu gwybodaeth am ddarnau o'r *Asiatick Researches* a ddarllenodd yn y *Critical Review*.[57] Y tebygrwydd rhwng barddoniaeth y Braminiaid a barddas Cymraeg oedd testun ei ryfeddod y tro hwn: 'I find the *Unodl*, Gair *Cyrch*, *Cadwynodl*, *Triban cyrch* etc. exactly the same as in our language.' A phe na bai hyn yn ddigon, ychwanega:

> I am told that there are twenty two Languages in Asia that profess the Religion of the Bramins, after what I have discovered in the Mythology, I should not greatly wonder if one of these languages should not turn out to be a dialect of the *Cymraeg*.

Ym mis Rhagfyr 1801, mynegodd Iolo ddymuniad i ddod i wybod yr iaith Sansgrit yn well.[58] 'What you have obtained in the Shanscreet language is extremely curious,' meddai wrth Pughe, 'I wish I had time and opportunities to study that Language . . .'[59]

Gallwn ddychmygu mai olrhain cyffelybiaethau â'r Gymraeg ac â hen ddiwylliant Cymru a fyddai pwrpas pennaf astudiaeth o'r fath. Er i ni ryfeddu at grediniaeth y ddau gyfaill a'u hawydd i weld cyffelybiaeth lle nad oes dim, buddiol, serch hynny, fyddai cofio nad oedd Syr William Jones ei hun yn anfodlon canfod tebygrwydd rhwng gwareiddiadau mor bell oddi wrth ei gilydd â rhai yr Aifft a Pheriw. Ac onid oedd William Owen Pughe a Iolo Morganwg ar y trywydd iawn wedi'r cyfan wrth ddatgan bod perthynas rhwng eu priod iaith a'r Sansgrit – perthynas a fyddai'n destun astudiaeth drwyadl a ffrwythlon i ysgolheigion yr ieithoedd Celtaidd yn y ganrif nesaf?

* * *

Bu eraill o gylch William Owen yn darllen *Asiatick Researches* ac yn eu copïo neu wneud nodiadau arnynt. Ymhlith papurau Gwallter Mechain gwelir rhyw ugain o dudalennau a'r pennawd: 'From the Asiatick Researches by Sir Wm Jones', ac y mae cyfeiriadau atynt hefyd yn ei nodiadau ar Pezron.[60] Cyfeirir yn ddireidus at natur ddrwgdybus Gwallter mewn llythyr oddi wrth Pughe yn Ionawr 1801:

> *As you are one of the unbelievers, Iorwerth* and *me* will have room to exult over you soon – For the Asiatic Society is now printing an Ancient Sanscrit

> MS. containing an account of *Britain, its geography manners, religion,* Bardic circles &c. *before the roman period* – there's for you my boy.[61]

Dengys nodiadau Gwallter, serch hynny, ei ddiddordeb arbennig yn yr wybodaeth newydd a ddeuai o'r dwyrain. Dehongli enwau priod Indiaidd yng ngoleuni ystyron Cymraeg oedd un o'i hoff weithgareddau yn ei nodiadau ar *Asiatick Researches*, ac y mae rhai ohonynt yn ddigon chwerthinllyd. Gwelai yntau hefyd debygrwydd rhwng yr arwyddion Sansgrit a Choelbren y Beirdd (LlGC 1641B, ii.361). O ddiddordeb arbennig iddo oedd papur Jones ar dduwiau Groeg, India a'r Eidal, a'i syniadau am natur y cysylltiad rhyngddynt. 'Mr W.J.', meddai,

> supposes a connection to have subsisted between the old idolatrous Nations of Egypt, India, Greece and Italy, long before they migrated to their different settlements, and consequently before the lifetime of Moses.

Ac ychwanega ei ddyfaliad ei hun, gan gyfeirio at athrawiaeth Pezron: 'this may be, and the Roman deities be of Celtic origin at the same time as Pezron places the Titan war in [the] lifetime of Abraham' (373). A meddai Gwallter:

> We are advised by Plato himself to search for the roots of Greek words in some barbarous, that is foreign, soil, but since I look upon etymological conjectures as a weak basis for historical enquiries, I hardly dare suggest that Zeu, Siv, and Jov are the same syllable differently pronounced. (370)

Byddai Rowland Jones, yn ddiamau, wedi ychwanegu *Io* at y rhestr, ac yn ei nodiadau ar lyfr Pezron, y mae Gwallter hefyd yn cysylltu'r enwau hyn â'r enw Cymraeg *Iou* (395). Wrth drafod enw Apolo ('ap houl'), dywed iddo ddysgu gan 'Col. Vallancey' mai ystyr *crishna* mewn Gwyddeleg yw 'yr haul' (372). Un o ohebwyr Syr William Jones oedd Charles Vallancey, awdur *A Vindication of the Ancient History of Ireland* (Dublin, 1786). Is-deitl y llyfr hwn oedd *Proved from the Sanskrit Books*, ac ymddengys fod Vallancey, yn debyg i Iolo a Pughe ym Mhrydain, wedi estyn croeso brwd i'r wybodaeth a ddeuai allan o'r India, er mwyn ategu'i syniadau am hynafiaeth ei heniaith, a'i pherthynas ag ieithoedd cynnar y byd.

Amwys oedd ymateb Jones ei hun i honiadau Vallancey. Ar yr un llaw, mewn llythyr at ei ddisgybl Althorp ar 10 Medi 1787, ysgrifennodd eiriau braidd yn ddirmygus amdano (ac yr un pryd ei alw yn gyfaill): 'Have you met with a book lately published with the title of *A Vindication of the Ancient History of Ireland*? It was written by a friend of mine, Colonel Vallancey; but a word in your ear – it is very stupid'.[62] Pwrpas Vallancey oedd cysylltu'r Gwyddelod a'u hiaith â phobloedd y dwyrain – Persiaid, Caldeaid, neu Phoeniciaid. Dyfarniad Jones oedd: 'I conceive all this to be visionary; & am certain, that his derivations from the Persian, Arabic, & Sanscrit languages, are erroneous.'

Ar y llaw arall, y diwrnod canlynol, 11 Medi, danfonodd Jones ei gyfarchion at Vallancey mewn llythyr at Joseph Cooper Walker, hynafiaethydd Gwyddelig arall. Dywedodd iddo ddarllen llyfr dysgedig eu cyfaill ddwywaith â phleser mawr a dangosodd ddiddordeb mewn cymharu cyfieithiadau o hen hanesion a barddoniaeth Gwyddeleg â phethau mewn Sansgrit, 'with which the ancient language of Ireland had certainly an affinity'.[63] Ymhen dwy flynedd yr oedd yn sôn eto yn garedig wrth Walker am Vallancey, gan fynegi'i werthfawrogiad o lafur y ddau: 'the literature of Ireland is extremely interesting, and I heartily rejoice that such men as Col. Vallancey and yourself are labourers, for the sake of the publick, in so valuable a mine' (842). Yn ddiau, yr oedd gan yr ieithoedd Celtaidd le arbennig, i feddwl Jones, ym mwynglodd ieithyddol yr oesoedd.

Credai Vallancey mai o'r India y daeth trigolion mwyaf hynafol Prydain ac Iwerddon. Datblygodd ei thema mewn traethawd *On the Oriental Emigration of the Ancient Inhabitants of Britain and Ireland* (1797–8), ac ni phetrusodd ddefnyddio enw Jones i gefnogi'i syniadau: 'On communication of these names of our Druidical mythology, Sir W. Jones encouraged my pursuit, and was convinced, as I am, that the first Eastern Colonists that settled in Ireland, were the Indian Scythae . . .'[64] Iddo ef, ac i Syr William Jones yntau, yr oedd yr hen ddamcaniaeth am y Sgythiaid o hyd yn fyw, a cheir llawer o gyfeiriadau atynt yn ei weithiau. O Persia y daethai trigolion cynnar Iwerddon yn ôl syniadau Vallancey – rhan o'i dystiolaeth oedd y tebygrwydd rhwng yr enwau *Iran* ac *Erin*. Yn ei *Prospectus of a Dictionary of the Language of the Aire Coti, or, Ancient Irish, compared with the Language of the Cuti or Ancient Persians* (Dublin, 1802), cyfeiria'n aml at awgrymiadau William Jones am symudiadau'r bobloedd yn y cynoesoedd, gan ystumio braidd yr hyn a ddywedodd Jones, er mwyn ategu'i athrawiaethau annhebygol ei hun.

Eto yr oedd gronyn o wirionedd ym mreuddwydion Vallancey, ac nid oedd ei fethodau na'i gasgliadau yn hollol anghyson ag eiddo William Jones. Er gwaethaf cywair dirmygus ei lythyr at Althorp yn 1787, yr oedd gan Jones barch at Vallancey a'i syniadau, ac fe'i crybwyllir wrth ei enw yn y pumed o'r *Anniversary Discourses*, ac eto yn y traethawd ar dduwiau gwlad Groeg, yr Eidal ac India.[65] Dylem ninnau hefyd groesawu datganiadau'r Gwyddel hwn, pa mor gyfeiliornus bynnag y bônt, gan iddynt dynnu sylw Syr William Jones unwaith o'r newydd at y dosbarth Celtaidd o ieithoedd a'u priod nodweddion. Yn y pumed anerchiad yn 1789, trafodir tafodieithoedd y Tartariaid, ac er iddo ddatgan ei anwybodaeth o'r ieithoedd brodorol hynny, mentra Jones awgrymu bod y gwahaniaeth rhyngddynt yn llai na'r un sydd rhwng y Gymraeg a'r Wyddeleg. Mewn brawddeg awgrymog arall dyfala ei bod yn bosibl olrhain yr ieithoedd Tartaraidd i ffynhonnell wahanol eto i darddle ieithoedd Arabia ac India.

Yr oedd enw a syniadau Vallancey yn adnabyddus i eraill o gylch Gwallter Mechain. Yn 1792, ychydig o'i waith a welsai Joseph Allen, eithr erbyn 1802 daethai'n gyfarwydd â rhai o syniadau'r Gwyddel, ac yr oedd yn medru'u crybwyll wrth William Owen Pughe wrth drafod hen wyddorau.[66] Cyfeiria hefyd at resymau Vallancey dros 'esteeming Iberno-Celtic above Welsh', sef bod yn yr Wyddeleg fwy o eiriau yn cyfateb i ieithoedd y dwyrain nag y ceir yn y Gymraeg, a bod ei hadeiledd a'i chystrawen yn nes atynt nag eiddo'r Gymraeg.

Yr Hebraeg oedd ffefryn Allen o blith y cystadleuwyr am ffynhonnell ddwyreiniol i ieithoedd y gorllewin, ond mynegai ddiddordeb yn yr wybodaeth bellach a ddeuai o'r dwyrain pell yn ystod degawd olaf y ganrif. Holai William Owen Pughe yn 1793 am gopi o ail gyfrol *Asiatick Researches* i'w hychwanegu at y gyfrol gyntaf a oedd eisoes yn ei feddiant.[67] Yn 1802, dangosodd ei fod yn gyfarwydd â'r syniadau newydd am darddiadau iaith, wrth iddo grybwyll pwysigrwydd dwy iaith ddwyreiniol arall, sef yr Armeneg a'r hen iaith Indiaidd o'r enw Sansgrit. Gwelai angen am ramadeg a geiriadur da yn y ddwy iaith hyn, a byddai cyfansoddi'r rhain, meddai, yn bosibl 'by the united labours of the oriental Professors of Oxford, Cambridge, and the Asiatick Society at Calcutta'.[68]

Byddai'r hanner-Cymro hwnnw, Syr William Jones, wedi llawenhau, y mae'n sicr, petai'n gwybod bod trafodion y Gymdeithas a sefydlasai yn Calcutta wedi treiddio i Sir Benfro ym mhen draw Ewrop gorllewinol, ardal gyfarwydd iddo yn ystod ei flynyddoedd ar y gylchdaith. Balchder hefyd fyddai'i ymateb wrth weld aelodau'r Gymdeithas, ei gydweithwyr a'i gyfeillion yn yr India bell, yn cael eu cydgysylltu ag athrawon Rhydychen a Chaergrawnt. Gwelodd Iolo Morganwg y Gymdeithas Asiataidd honno fel patrwm ar gyfer sefydlu 'coleg' i astudio ieithoedd hynafol Ewrop (a'r Gymraeg, yn ddiau, yn bennaf yn eu plith).[69] Arwydd yw geiriau Iolo o'r anrhydedd newydd a enillasai diwylliannau'r dwyrain o ganlyniad i weithgareddau Syr

William Jones yn ystod y cwta ddeng mlynedd a dreuliodd yn Bengal. Yr oedd Iolo, serch hynny, yn ddigon o sgeptig i gredu mai breuddwyd gwrach oedd y ddelfryd o sefydliad cyffelyb.

Mewn gwirionedd, y mae nifer yr academïau a chanolfannau a sefydlwyd o wlad i wlad i hyrwyddo astudiaethau ieithyddol wedi cynyddu'n ddirfawr oddi ar amser Iolo Morganwg. Eto i gyd, y mae tinc proffwydol i'w eiriau, er mor negyddol ydynt, ac y mae'n werth eu dyfynnu yn eu crynswth, gan iddynt grynhoi sefyllfa foesol sydd yr un mor wir wrth i ni wynebu'r trydydd mileniwm ag yr oedd ar ddiwedd y ddeunawfed ganrif o oed Crist:

> Sir William Jones has very recently shown us what lights may be derived from the study of ancient languages, the general History of the World and mankind cleared up by them, new Evidences of the Truth of divine Revelation obtained of gigantic strength. A College has lately been Instituted at Calcutta for the acquisition and study of the ancient Indian & other Asiatic languages; when will such an establishment appear in Europe for the study of the ancient Languages of Europe? Never! for money, and money only, is the great object of acquisition. Plutus the God of Riches is adored by one half of the Christian World. (Blasphemously so called) and *Mars* the God of War by the other, these two divide our Antichristian world between them, such is the heathenism into which we are fallen; its infallibly attendant Ruin hard at our heels.

NODIADAU

1. *The Letters of Sir William Jones*, gol. Garland Cannon, 2 gyfrol (Oxford, 1970), i. 81: 'I see you do not forget that I am half a Welchman.' Ar ei gysylltiadau Cymreig, gw. Michael J. Franklin, *Sir William Jones*, yn y gyfres Writers of Wales (Cardiff, 1995); Caryl Davies, '"Romantic Jones": the Picturesque and Politics on the South Wales Circuit, 1775–1781', *Cylchgrawn Llyfrgell Genedlaethol Cymru*, 28 (1994), 254–78; 'Syr William Jones: Hanner-Cymro', *Y Traethodydd*, 150 (1995), 156–70; 'Sir William Jones's "The Principles of Government" (1782) in its Relation to Wales', *Enlightenment and Dissent*, 14 (1995), 25–51.
2. *The Letters of Sir William Jones*, i. 136, 138.
3. *The Letters of Lewis, Richard, William and John Morris, of Anglesey (Morrisiaid Môn) 1728–1765*, gol. J. H. Davies, 2 gyfrol (Aberystwyth, 1907, 1909), i. 146.
4. *The Letters of Sir William Jones*, i. 354, 346; Garland Cannon, *The Life and Mind of Oriental Jones: Sir William Jones, the Father of Modern Linguistics* (Cambridge, 1990), 'Appendix: Five New Letters by Jones', 362.
5. *The Letters of Sir William Jones*, i. 188, 191.

6. R. H. Evans, *Catalogue of the Library of the Late Sir William Jones . . .* (London, 1831).
7. *The Works of Sir William Jones*, 13 cyfrol (London, 1807), viii. 443 a nodyn.
8. *The Works*, iii. 266, 280.
9. *The Letters of Sir William Jones*, i. 285.
10. Cannon, *Life and Mind*, 245.
11. English Linguistics 1500–1800, No. 151 (Scolar Press, Menston, 1969). Cyfeiriadau yn y testun.
12. Ar Saussure gw. hefyd R. Harris a T. J. Taylor, *Landmarks in Linguistic Thought* (London, New York, 1989): 'Saussure on Language and Thought', 176–90; R. Harris, *F. de Saussure, Course in General Linguistics* (London, 1983) a *Reading Saussure* (London, 1987); Jonathan Culler, *Saussure* (London, 1976).
13. *The Works*, iii. 25; Michael J. Franklin (gol.), *Sir William Jones: Selected Poetical and Prose Works* (Cardiff, 1995), 356.
14. *The Works*, iii. 199–200; Hans Aarsleff, *The Study of Language in England, 1780–1860* (Princeton, 1967), 130.
15. *The Works*, iii. 33; *Selected Poetical and Prose Works*, 360.
16. Jean-Claude Muller, 'Early Stages of Language Comparison from Sassetti to William Jones (1786)', *Kratylus*, 31 (1986), 14–15.
17. Ibid., 15.
18. Ibid., 17–19.
19. Ar Jan de Laet, gw. D. Droixhe, *La Linguistique et l'appel de l'histoire* (Genève-Paris, 1978), 72–3, a Phennod 2 yma.
20. Droixhe, *La Linguistique*, 77–80.
21. Gw. *The British Discovery of Hinduism in the Eighteenth Century*, gol. P. J. Marshall (Cambridge, 1970), 113.
22. Ceir cyfeiriad at yr ymadrodd hwn yn Rowland Jones, *A Postscript to the Origin of Language and Nations* (London, [1765]), t. 4.
23. Droixhe, *La Linguistique*, 78–9.
24. *The Works*, iii. 36; *Selected Poetical and Prose Works*, 362.
25. *The Works*, iii. 319; *Selected Poetical and Prose Works*, 348.
26. *The Works*, iii. 28; *Selected Poetical and Prose Works*, 357.
27. *The Works*, iii. 185–204.
28. Ibid., iii. 43–4.
29. Ibid., iii. 36, 39; *Selected Poetical and Prose Works*, 362, 364.
30. *The Works*, iii. 202–3.
31. Droixhe, *La Linguistique*, 79; Muller, 'Early Stages . . .', 24–5.
32. Gwelir y rhagymadrodd i *A Code of Gentoo Laws* yn P. J. Marshall (gol.), *The British Discovery of Hinduism . . .*, 140–83.
33. Dyfynnir yn Muller, 'Early Stages . . .', 29–31.
34. *The Letters of Sir William Jones*, i. 359, ii. 818 a nodyn. Gwelir ateb Monboddo ym Mehefin 1789 yn William Knight, *Lord Monboddo and Some of his Contemporaries* (London, 1900), 267–71. Cyfeiriadau yn y testun. Y mae llythyr arall (20 June 1791) ymhlith llawysgrifau Monboddo yng Nghaeredin (gw. *The Letters of Sir William Jones*, ii. 934: Appendix, 'Alphabetical List of One Hundred Letters to Sir William Jones').
35. Knight, *Lord Monboddo . . .*, 267–71.
36. Dyfynnir yn *The Letters of Sir William Jones*, ii. 818, nodyn.
37. 'On the Gods of Greece, Italy, and India', *The Works,* iii. 319–97; *Selected Poetical and Prose Works*, 348–54.

38. James Burnet[t] (Lord Monboddo), *Of the Origin and Progress of Language*, 6 chyfrol (Edinburgh, 1774–92), English Linguistics 1500–1800, No. 48 (Menston, 1967). Cyfeiriadau yn y testun.
39. Cannon, *Life and Mind*, 297.
40. *Selected Poetical and Prose Works*, xiii.
41. Gw. LlGC 21286E, 1026; Richard M. Crowe, 'Diddordebau Ieithyddol Iolo Morganwg' (Traethawd Ph.D. Prifysgol Cymru, 1988), i. 94.
42. LlGC 13129A, 395–7; *The Monthly Review*, new series, i, part 1 (1790), 317–29. Yng nghyfrol xiv (1794), 502–4, ceir adolygiad ar 'On the Origin and Families of Nations'; Crowe, 'Diddordebau Ieithyddol Iolo Morganwg', i. 94.
43. LlGC 13130A, 305; Crowe, 'Diddordebau Ieithyddol Iolo Morganwg', i. 95.
44. Gw. LlGC 13112B, 293–4.
45. LlGC 13151A, 130; Crowe, 'Diddordebau Ieithyddol Iolo Morganwg', i. 95–6.
46. Am ddylanwad y 'broffwydes' Joanna Southcott ar William Owen Pughe, gw. Glenda Carr, *William Owen Pughe* (Caerdydd, 1983), 124–55: 'Y Wraig a Wisgid â'r Haul'.
47. Ibid., 94.
48. Gw. hefyd Crowe, 'Diddordebau Ieithyddol Iolo Morganwg', i. 26–52.
49. LlGC 13121B, 407, cf. 409.
50. LlGC 13144A, 426.
51. LlGC 13089E, 378.
52. Ar gyfansoddeiriau, gweler hefyd LlGC 13038B, 194, a thrafodaeth Crowe, 'Diddordebau Ieithyddol Iolo Morganwg', i. 191–216.
53. Rhestr o gyfeiriadau yn Davies, 'Syr William Jones: Hanner Cymro', 170, n. 18; Crowe, 'Diddordebau Ieithyddol Iolo Morganwg', i. 16–17, 94–6.
54. LlGC 21282E, 340.
55. LlGC 13221E, 55–7.
56. LlGC 13123B, 241, 239.
57. LlGC 13221E, 69.
58. Ibid., 115.
59. Cf. LlGC 13222C, 141.
60. LlGC 1641B, ii. 359–75; ii. 423, 425. Cyfeirir hefyd at Halhed yn ii. 351, 365.
61. LlGC 1807E, ii. 1195.
62. *The Letters of Sir William Jones*, ii. 768.
63. Ibid., ii. 770–1.
64. Dyfynnir yn Cannon, *Life and Mind*, 278, a n. 6, t. 380.
65. *The Works*, iii. 74, 378.
66. LlGC 13222C, 83, 377, 649. Y mae cyfeiriad ato hefyd yn LlGC 13223C, 909 (G. Ellis at William Owen Pughe).
67. LlGC 13222C, 378.
68. Ibid., 649.
69. LlGC 13121B, 481–2. Diolchaf i Geraint H. Jenkins am y cyfeiriad hwn. Gw. hefyd *Y Gymraeg yn ei Disgleirdeb*, gol. Geraint H. Jenkins (Caerdydd, 1997), 375.

'Cymaint o Ffrwyth': Ôl-nodyn

Yn ystod y llyfr hwn, defnyddiwyd y gair 'chwyldro' fwy nag unwaith i ddynodi'r hyn a ddigwyddodd i astudiaethau ieithyddol yn Ewrop wedi i wybodaeth am ddatganiad arwyddocaol Syr William Jones gyrraedd y gorllewin. Ond pa mor gymwys oedd defnyddio'r gair hwnnw? Ai teg, er enghraifft, fyddai cymhwyso'r athrawiaeth a fanylir yn llyfr dylanwadol Thomas Kuhn, *The Structure of Scientific Revolutions* (1962), at syniadau am natur a datblygiad iaith?[1] Dadleua Kuhn fod gwyddoniaeth yn cynyddu trwy gyfres o sbonciau tua'r dyfodol, pan fydd cymuned o wyddonwyr yn ymwrthod â'r rhwydwaith o batrymau neu fodelau cyffredin (*paradigms*) a fu'n llywodraethu'u meddyliau am gyfnod, a derbyn rhai hollol newydd. Pan wrthodir un ddamcaniaeth gynhwysfawr er mwyn derbyn un hollol anghydweddol iddi, digwydd chwyldro ym myd gwyddoniaeth.[2] Ceir esiamplau amlwg o hyn yng ngweithiau Copernicus, Newton, Lavoisier ac Einstein. Gyda phob gweledigaeth newydd gyffelyb, trawsffurfir dychymyg y gymuned wyddonol o oes i oes – *et augebitur scientia.*[3]

Eto i gyd, yn ôl Kuhn, anfynych y digwydd trawsffurfiad o'r fath trwy ymdrechion un dyn, ac ni ddaw i fodolaeth fyth dros nos. Gellir cymhwyso syniadau *The Structure of Scientific Revolutions* i'r hyn a ddywed Holgar Pedersen yn ei grynodeb o ddatblygiadau ieithyddol y bedwaredd ganrif ar bymtheg, *The Discovery of Language: Linguistic Science in the Nineteenth Century* (1924). Cyfnod o baratoi'r tir oedd y ganrif cyn hynny yn ôl Pedersen, amser a nodweddid gan lafur anferth crynhoi defnyddiau a gosod trefn arnynt, wrth i ieithyddion ddechrau sylweddoli beth oedd natur perthynas ieithoedd â'i gilydd. Gweithgaredd drafferthus ond anhepgor oedd hyn er mwyn i löyn byw yr ieitheg newydd ymrwygo o'i chwiler yn ei holl ysblander.[4]

Wrth fwrw golwg yn ôl dros wahanol ddamcaniaethau am yr iaith Gymraeg yn ei erthyglau yn y *Gwyddoniadur* (1891), disgrifiad John Morris-Jones o gyfraniad Syr William Jones ar ddiwedd y ddeunawfed ganrif oedd 'cipolwg ar y gwir oedd i ddwyn cymmaint o ffrwyth' (iii.78).[5] Gwaith William Jones 'yn cymharu'r Sanscrit ag ieithoedd Ewrop' a arweiniodd at 'ddarganfyddiad y tylwyth Ariaidd o ieithoedd' a'r ymwybyddiaeth bod bron pob iaith Ewropeaidd ynghyd ag ieithoedd Persia ac India 'yn perthyn i'w gilydd, ac yn tarddu o un famiaith gyntefig' (iii.99). Ac ni ellir gwadu mai datguddio'r iaith Sansgrit i'r gorllewin gan ysgolhaig o faintioli William Jones, gyda'r awgrym fod yr iaith honno yn perthyn yn agos i ieithoedd Ewrop, a roes gychwyn i'r astudiaeth 'wyddonol' a ddaeth i nodweddu'r gymuned Ewropeaidd o ysgolheigion ieithyddol yn y ganrif nesaf.

Gwelsom, fodd bynnag, nad oedd bodolaeth yr iaith honno a rhai o'i nodweddion yn anghyfarwydd i drigolion gwledydd y gorllewin ers canrif o leiaf cyn dyddiau William Jones a'i gydweithwyr yn yr India. Bu'r ddamcaniaeth am 'famiaith gyntefig', tarddle pob iaith arall, hefyd yn rhan o gynhysgaeth feddyliol y cyfnodau blaenorol, ac yn gysyniad a lywiai feddylfryd Jones ei hun. Yn yr un modd, parhaodd *mythos* Tŵr Babel yn rymus o arwyddocaol trwy gydol y bedwaredd ganrif ar bymtheg. 'Darganfod' y Sansgrit yn ei hynafiaeth, ei rheoleidd-dra a'i thebygrwydd mewn geirfa a chystrawen i ieithoedd mwy cyfarwydd a gynigiodd sylfeini gwahanol i adeiladwaith ieithyddol newydd, sef gramadeg cymharol. Daeth y ddelfryd o ddod o hyd i'r famiaith goll, yr ymadrodd cyffredin a fodolai cyn chwalu'r Tŵr, yn nes at gyrraedd aelodau'r gymuned ysgolheigaidd yn Ewrop.

O ddegawd cyntaf y ganrif ymlaen, codwyd gwyddor ieitheg gymharol ar seiliau ymwybyddiaeth o'r Sansgrit. Yn wir, credai rhai mai hi oedd y famiaith gyntefig. Un felly oedd yr Almaenwr Friedrich Schlegel. Astudio Sansgrit ym Mharis wedi 1803 gyda'r Albanwr Alexander Hamilton a ysbrydolodd lyfr Schlegel *Über die Sprache und Weisheit der Indier* [*Ar Iaith a Doethineb yr Indiaid*], a gyhoeddwyd yn 1808. Ym Mharis hefyd y dysgodd Franz Bopp yr iaith, ac a baratôdd y gwaith a roes sylfaen i'r astudiaeth gymharol newydd: *Über das Conjugationssystem der Sanskritsprache in Vergleichung mit jenem der griechischen, lateinischen, persischen und germanischen Sprache . . .* [*Ar System Ffurfdroadau'r Iaith Sansgrit mewn Cymhariaeth ag eiddo'r Groeg, y Lladin, y Berseg a'r Ellmyneg*] (Frankfurt-am-Main, 1816).

Erbyn y 1830au, cymerodd yr ieithoedd Celtaidd eu lle yn yr astudiaethau newydd. Yn Rhydychen yn 1831, cyhoeddodd J. C. Prichard ei lyfr *The Eastern Origin of the Celtic Nations Proved by a Comparison of their Dialects with the Sanskrit, Greek, Latin, and Teutonic Languages*, ac ym Mharis yn 1837, ymddangosodd *De l'Affinité des langues celtiques avec le sanscrit* [*Ar Gydweddoldeb yr Ieithoedd Celtaidd a'r Sansgrit*] gan Adolphe Pictet. Yna, symudodd astudiaethau ieithyddol i ddwylo ysgolheigion yr Almaen gyda chyhoeddiad *Über die celtischen Sprachen vom Gesichtspunkte der vergleichenden Sprachforschung* [*Yr Ieithoedd Celtaidd o Safbwynt Ieitheg Gymharol*] Franz Bopp yn 1838. Eisoes, yn 1819, cyhoeddwyd cyfrol gyntaf gwaith pwysig Jakob Grimm, y *Deutsche Grammatik*, ac ymddangosodd y gweddill rhwng 1822 a 1837. Cyfraniad mawr Grimm oedd nodi cysondeb y newidiadau seinegol yn natblygiad yr ieithoedd a thafodieithoedd Almaeneg. *Grammatica Celtica* Johann Kaspar Zeuss (Leipzig, 1853) oedd man-cychwyn astudiaethau ysgolheigaidd ar yr ieithoedd Celtaidd yng ngoleuni gwyddor newydd ieitheg gymharol.[6]

Yn ei erthygl ar y Gymraeg yn y *Gwyddoniadur* sylwodd John Morris-Jones ar chwyldro arall a ddigwyddasai ym myd ieitheg yn ystod y bedwaredd ganrif ar bymtheg. 'Dadblygiad' oedd yr enw a roes ar yr egwyddor a ddaeth i reoli pob trafodaeth ar y gwyddorau naturiol tua chanol y ganrif, ac a effeithiodd ar syniadaeth ieithyddol yn ogystal: 'y mae dadblygiad, drychfeddwl mawr y ganrif hon, wedi cymmeryd lle peiriannaeth y ganrif ddiweddaf mewn ieitheg fel mewn pob gwybodaeth arall'.[7] I Morris-Jones, 'Dr. Pughe' oedd archoffeiriad yr hen ffordd o feddwl am iaith ac am yr iaith Gymraeg yn neilltuol fel 'peiriant o adeiladwaith y Derwyddon' (iii.79). Crynhoir y syniadau newydd yn y frawddeg hon:

> Y mae ieithoedd, fel pob peth arall mewn natur, yn tyfu ac yn cyfnewid yn ol deddfau; a thrwy gael hyd i'r deddfau hyny y profwyd perthynas yr ieithoedd hyn, ac yr olrheiniwyd yr hen fam-iaith Ariaidd. (iii.52)

Yma y daw athrawiaethau chwyldroadol Darwin a methodau newydd gramadeg cymharol at ei gilydd, a hynodrwydd Edward Lhuyd, yn ôl yr Athro, oedd iddo weithredu 'yn null ieithegwyr gwyddonol yr oes hon', trwy gymharu elfennau ieithoedd yn fanwl a sylweddoli mai datblygiad trefnus a chyson yw hanfod iaith. Dywed amdano:

> Yr oedd wedi deall natur iaith – mai tŵf a dadblygiad oedd iddi, ac y gallesid olrhain mamiaith hen trwy gymmharu â'u gilydd ei hieithoedd tardd. Dyfynodd dystiolaeth iaith yn y dull y'i dyfynir heddyw, i adrodd hanes hynafol y cenhedloedd . . . (iii.74)

Un yn llefain yn niffeithwch ei oes oedd Lhuyd, ac yr oedd yn well gan ei gyfoeswyr a'r rhai a ddaeth ar eu hôl ddilyn rheol 'M. Pezron' am hynafiaeth geiriau unsill. Y camsyniad hwn a arweiniodd at 'ffôl bethau' William Owen Pughe a'i gymheiriaid a gredai y gellir 'adeiladu iaith fel adeiladu peiriant' wrth gydio at ei gilydd sillafau syml megis *ab*, *ac*, *ba*, *ca* i ffurfio geiriau cyfansawdd (iii.77).[8] Camgymeriad mawr y ddeunawfed ganrif oedd hyn yng ngolwg John Morris-Jones, er mai un yn unig o egwyddorion ffurfiannol y cyfnod hwnnw ydoedd, a gwelsom yn ystod y llyfr hwn ddigon o enghreifftiau o fodelau eraill i gyfleu tarddiad a datblygiad iaith. Brysiodd Syr John, beth bynnag, i ymwrthod yn llwyr â throsiad yr adeiladwaith, y mae Tŵr Babel ei hun yn enghraifft mor hynod ohono. Ffigurau o fyd natur a ddewisir ganddo i fynegi syniadau newydd ei oes am iaith a pherthynas ieithoedd â'i gilydd. Tyfu yn araf ac anymwybodol megis coeden y mae pob llafar, a gellir dosrannu ieithoedd, fel pobloedd, i deuloedd a thylwythau. Yn yr un ffordd, cymherir diffyg diddordeb yr oes yn nechreuadau iaith â distawrwydd y gwyddorau naturiol am ddechreuad bywyd:

> Am ddechreuad iaith, y mae ieitheg gymmharol etto'n ddistaw; megys y mae gwyddoniaeth natur yn ddistaw am ddechreuad bywyd. Yn wir, gwrthoda Cymdeithas Ieithegol Paris bob traethawd a gynnigir iddynt ynghylch tarddiad iaith . . . (iii.79)

Ofer felly, yn ôl yr awdur, yw unrhyw ymdrech i brofi perthynas ieithoedd yn y cyfnod cynnar. Ond ni all ymwrthod â'r gobaith oesol am ailosod y meini, er mai yn nhermau datblygiad anianol y mynegir y dyhead:

> Fe allai, er hyny, yr olrheinir hwynt rywbryd i un gyniaith syml – iaith y ddynoliaeth yn ei mabandod; iaith ddi-ffurf, ddi-aelod – i'w chyffelybu i'r bywyd symlaf, isaf yn y byd materol. (iii.79)

Clywir adlais o'r un hiraeth yng ngeiriau Pedersen wrth iddo sôn yn 1924 am deulu byd-eang o ieithoedd 'Nostrataidd', y gellir, fe ddichon, eu cysylltu â'r dosbarth Indo-Ewropeaidd. Dyfala am bosibilrwydd casglu digon o ddefnydd i'w hastudio'n drefnus. Fel arall, meddai, ni allwn ond *tybio* bod holl ieithoedd y byd yn perthyn i'w gilydd, athrawiaeth nad oes gennym obaith am ei phrofi neu ddechrau'i phrofi.[9]

Wedi cyfnod hir o ddiffyg diddordeb ym mhroblemau *glottogenesis*, atgyfodwyd yn ddiweddar yr hen awydd i gyd-gysylltu ieithoedd y byd mewn perthynas ag iaith hynafol gyffredin.[10] Adlewyrchir hyn yn llyfr Colin Renfrew, athro archaeoleg yng Nghaergrawnt: *Archaeology and Language: The Puzzle of Indo-European Origins* (1987). Daeth i'r amlwg eto mewn rhaglen yn y gyfres *Horizon* a ddarlledwyd ym mis Ebrill

1992.[11] Yn honno, clywyd llawer o sôn am yr ieithoedd 'Nostrataidd', ac am ymdrechion diweddar i chwilio am ddolennau-cyswllt rhwng y teuloedd ieithyddol cydnabyddedig, a fyddai'n eu rhwymo wrth un famiaith fyd-eang. Yn fwy diweddar, cyhoeddwyd *The Seeds of Speech: Language Origin and Evolution* (Cambridge, 1996) gan Jean Aitchison, athro yn Rhydychen, ar sail darlithiau a ddarlledwyd ganddi yng nghyfres y BBC, y *Reith Lectures*.[12] Efallai mai amser o ymbaratoi yw y cyfnod presennol cyn y cam mawr nesaf at ailgymathu'r rhwbel ym Mabel, megis yr oedd y ddeunawfed ganrif yn amser o gasglu a threfnu ar gyfer darganfyddiadau'r bedwaredd ganrif ar bymtheg. Byddai'n dasg a ofynnai am sgiliau ysgolheigion o wahanol ddisgyblaethau yn cyd-weithio â'i gilydd – haneswyr, archaeolegwyr ac anthropolegwyr yn ogystal ag ieithyddion.

Sonia'r cabala (yn ôl George Steiner, ar ddiwedd *After Babel*) am ddydd o waredigaeth pan sugnir amryfal lafarieithoedd y ddynoliaeth yn ôl i uniongyrchedd tryloyw, cyntefig yr iaith golledig, a oedd yn gyffredin i Adda a'i Greawdwr yn yr ardd.[13] Bryd hynny – yn y weledigaeth gyfriniol hon – ni fydd angen cyfieithu mwyach, gan y bydd cyd-ddealltwriaeth rhwng y cenhedloedd yn berffaith. I feibion a merched dynion, diwrnod o ymryddhau fydd hwnnw o bwysau'r dynged a roddwyd arnynt ym Mabel. Neges gyson Steiner yn ei lyfr, fodd bynnag, yw mai ysgogiad at wahaniaeth ac amrywiaeth sydd wrth wraidd iaith ei hun, a bod pob llafariaith yn cynnig ei darlleniad unigryw o destun bywyd. Y mae'r gallu i symud o'r naill iaith i'r llall, felly, yn agwedd ar ogwydd cynhenid ysbryd dyn tuag at ryddid, a byddai atal y duedd naturiol at amrywiaeth ieithyddol yn mygu'r natur ddynol ei hun. Ni ddylai hiraeth am amgyffred undod iaith yn y gorffennol neu'r dyfodol ein rhwystro rhag ymhyfrydu yn elfennau amryliw, symudliw patrymau ieithyddol y presennol.

NODIADAU

1. Gw. W. Keith Percival, 'The Applicability of Kuhn's Paradigm to the History of Linguistics', *Language*, 52 (1976), 285–94; Paul Diderichsen, 'The Foundation of Comparative Linguistics: Revolution or Continuation?' yn Dell Hymes, *Studies in the History of Linguistics: Traditions and Paradigms* (Bloomington, Indiana, 1974), 272–306.
2. Kuhn, *The Structure of Scientific Revolutions* (Chicago, London, 1962), 43.
3. Ibid., 6–8.

4. Holgar Pedersen, *The Discovery of Language*: *Linguistic Science in the Nineteenth Century* (Copenhagen, 1924), cyf. John Webster Spargo (Bloomington, Indiana, 1962), Introduction, 11–12.
5. *Y Gwyddoniadur Cymreig (Encyclopaedia Cambrensis),* ail argraffiad, 10 cyfrol (Dinbych, 1889–96), iii (1891), 48–79: 'Cymraeg (Yr Iaith)'; 88–95: 'Cymru'; 95–103: 'Y Cymry'. Cyfeiriadau at y tudalennau yn y testun.
6. Ar y datblygiadau hyn, gw. Pedersen, *The Discovery of Language*, 19–63; Hans Aarsleff, *The Study of Language in England, 1780–1860* (Princeton, 1967), Pennod iv: 'Sir William Jones and the New Philology' (115–61), Pennod v: 'The new Philology in England to 1842' (162–210); Edward Said, *Orientalism* (Harmondsworth, 1978), 98, 135–7. Gw. hefyd F. Shaw, 'The Background to *Grammatica Celtica*', *Celtica*, 3 (Zeuss Memorial Volume, 1956), 1–16.
7. Ar ddylanwad Darwin ar ieitheg canol y ganrif, gw. John Lyons, 'Origins of Language' yn *Origins: The Darwin College Lectures*, gol. A. C. Fabian (Cambridge, 1988), 141–66; R. Harris a T. J. Taylor, *Landmarks in Linguistic Thought: The Western Tradition from Socrates to Saussure* (London, New York, 1989), 165–75: 'Müller on Linguistic Evolution'. Adlewyrchir dadleuon y cyfnod ar esblygiad mewn perthynas ag ieithyddiaeth yn yr erthygl 'Cymraeg, yr Iaith; ei Tharddiad, a'i Pherthnasau' yn argraffiad cyntaf *Y Gwyddoniadur*, iii (1861), 48–78.
8. Cymharer erthyglau John Morris-Jones yn *Y Geninen* 8 (1890): 'Gomer ap Iapheth', 1–7, a 'Cymraeg Rhydychen', 214–23.
9. Pedersen, *The Discovery of Language*, 338–9.
10. Ar ddiwedd y diddordeb yn nechreuadau iaith, gw. James H. Stam, *Inquiries into the Origin of Language: the Fate of a Question* (New York, 1976), ac adolygiad arno gan Gordon C. Hewes yn *Historiographia Linguistica*, 5–6 (1978–9), 174–89.
11. *Before Babel*: Transcript of the programme transmitted 6 April 1992 (BBC, 1992).
12. Tarddiadau gwahanol sydd gan Jean Aitchison dan sylw, ond ar dudalen 15 noda'r diddordeb newydd yn y pwnc yn gyffredinol. Gweler hefyd adolygiad ar y llyfr gan Randolph Quirk, *The Times*, 19 May 1996, sydd yn nodi gweithgaredd y ddeunawfed ganrif.
13. *After Babel: Aspects of Language and Translation* (London, New York, Toronto, 1975), 473–4.

Llyfryddiaeth

I. LLAWYSGRIFAU

i. *LLYFRGELL BODLEY*:

Ashmole 1815 [Llythyrau Humphrey Foulkes at Edward Lhuyd]

ii. *Y LLYFRGELL BRYDEINIG*:

BM 1490, 1491 [rhan gyntaf *Celtic Remains*]

BM Add. MSS 14934 ['Rhapsodia neu gynhulliad Anrhefnadwy' Lewis Morris]

iii. *LLYFRGELL GENEDLAETHOL CYMRU*:

Bodewryd 106 [Copi Lewis Morris o *Mona Antiqua Restaurata,* ynghyd â'i nodiadau]

Cwrtmawr 14C ['Mysteria Kabalae Bardicae' Lewis Morris]

Llansteffan 20A [Llythyr gan John Morgan]
33D [Llythyrau William Baxter ac Edward Lhuyd]
55B, 84B, 85B, 86B, 96B, 102D, 139–43D [Geirfaon Moses Williams a'i ohebwyr]
189–91B [Geiriadur a Gramadeg William Gambold]

LlGC Llsgrau Ych. 17B [Llythyrau John Morgan]
Llsgrau Ych. 309E [Llythyrau at Edward Lhuyd]

LlGC 1680A [Ail ran *Celtic Remains* Lewis Morris]
1701B [Adysgrif Rhagymadrodd *Celtic Remains*]
1735D [Adysgrif rhan gyntaf *Celtic Remains*]
13089E ['Proposals for printing *Celtic Remains*', ymhlith papurau Iolo Morganwg]
1986B [Nodiadau Evan Evans]
2039D [Llythyrau at Evan Evans]
18956B [Copi Evan Evans a Rhys Jones o Pezron]
1641B [Papurau Gwallter Mechain]
1806E [Llythyr gan Owain Myfyr]
1807E [Llythyr gan William Owen Pughe at Gwallter Mechain]
13087E, 13089E–13144A, 13150A, 13158A [Papurau Iolo Morganwg]

1884B [Llythyrau William Owen Pughe at Tegid]
13221E–13263C [Papurau William Owen Pughe]
21280E–21286E [Llythyrau Iolo Morganwg]
4493B, 20301B [Papurau D. Silvan Evans]

II. TRAETHODAU

Crowe, Richard M., 'Diddordebau Ieithyddol Iolo Morganwg' (Traethawd Ph.D., Prifysgol Cymru, Aberystwyth, 1988).

Jones, W. Garel, 'The Life and Works of Henry Rowlands' (Traethawd MA, Prifysgol Cymru, Bangor, 1936).

Roberts, Rhiannon Francis, 'Bywyd a Gwaith Dr John Davies, Mallwyd' (Traethawd MA, Prifysgol Cymru, Bangor, 1950).

Schlaps, Christiane, 'Der "Genius ger Sprache". Beleggeschichte und Typologie des Konzepts' (Traethawd Ph.D., Prifysgol Heidelberg, 1999).

Williams [Carr], Glenda L. Parry, 'Bywyd William Owen Pughe a Rhai Agweddau ar ei Waith' (Traethawd MA, Prifysgol Cymru, Bangor, 1962).

III. LLYFRAU AC ERTHYGLAU

Aarsleff, Hans, *The Study of Language in England, 1780–1860* (Princeton, 1967).

——, 'The Eighteenth Century, including Leibniz', yn *Current Trends in Linguistics*, 13 (1975), 383–479.

——, *From Locke to Saussure: Essays on the Study of Language and Intellectual History* (London, 1982).

Agrippa, Henricus Cornelius, *De Occulta Philosophia Libri Tres* (Coloniae, 1533).

Aitchison, Jean, *The Seeds of Speech: Language Origin and Evolution* (Cambridge, 1996).

Alazraki, Jaime, 'Borges and the Kabbalah', *TriQuarterly*, 25 (1972), 240–67.

Alsted, Johann Heinrich, *Encyclopaedia, Septem Tomis Distincta* (Herbornae Nassoviorum, 1630).

Aram, Eugene, *The Trial and Life of Eugene Aram: Several of his Letters and Poems, and his Plan and Specimens of an Anglo-Celtic Lexicon* . . . (Richmond, Yorks., 1832).

Arnauld, Antoine, *La Logique, ou l'art de penser* (Paris, 1662).

—— a Claude Lancelot, *Grammaire générale et raisonnée* . . . (Paris, 1660).

Asher, R. E. (prif olygydd), *The Encyclopaedia of Language and Linguistics*, 10 cyfrol (Oxford, New York, etc., 1994).

Astle, Thomas, *The Origin and Progress of Writing, as well Hieroglyphic as Elementary* . . . (London, 1784).

Aubrey, John, *Aubrey's Natural History of Wiltshire: A Reprint* . . . (Newton Abbot, 1969).

Auroux, Sylvain, *L'Encyclopédie: 'Grammaire' et 'Langue' au XVIIIe siècle* (Paris, 1973).

Bacon, Francis, *Collected Works of Francis Bacon*, goln. James Spedding, Robert L. Ellis a Douglas D. Heath, 14 cyfrol (1857–74, adargraffiad, London, 1996).

Baker, K. M., 'Scientism, Elitism and Liberalism: the case of Condorcet', *Studies on Voltaire and the Eighteenth Century*, 55 (1967), 129–65.

Baxter, William, 'A Letter . . . to Dr. Hans Sloane, containing an Account of a Book intituled *Archaeologia Britannica* . . . by Edward Lhuyd', yn *Philosophical Transactions of the Royal Society*, 25 (July–September, 1707), No. 311, 2438–44.

——, *Proposals for Printing Mr. Baxter's Glossary* (London, 1718).

——, *Glossarium Antiquitatum Britannicarum, sive Syllabus Etymologicus Antiquitatum Veteris Britanniae atque Hiberniae Temporibus Romanorum* . . . (Londini, 1719).

——, *Reliquiae Baxterianae sive Willielmi Baxteri Opera Posthuma* (Londini, 1726).

Bayly, Anselm, *An Introduction to Languages, Literary and Philosophical; especially to the English, Latin, Greek and Hebrew: Exhibiting at one View their Grammar, Rationale, Analogy and Idiom. In Three Parts* (London, 1758), English Linguistics 1500–1800, No. 84 (Menston, 1968).

Beattie, James, 'On the Theory of Language', yn *Dissertations Moral and Critical* (London, 1783).

Beauzée, Nicolas, erthygl 'Langue', yn *Encyclopédie*, ix (1765) [gw. dan Diderot a d'Alembert].

——, *Grammaire générale ou exposition raisonnée des éléments nécessaires du langage, pour servir de fondement à l'étude de toutes les langues* (Paris, 1767), Nouvelle impression en facsimilé de l'édition de 1767 avec une introduction par Barrie E. Bartlett, 2 gyfrol (Stuttgart, 1974).

—— a J.-F. Marmontel, *Dictionnaire de grammaire et de littérature, extrait de l'Encyclopédie méthodique* (Liège, 1789).

Benjamin, A. E., G. N. Cantor, a J. R. R. Christie (goln.), *The Figural and the Literal: Problems of Language in the History of Science and Philosophy, 1630–1800* (Manchester, 1987).

Benjamin, Walter, 'On Language as Such and on the Language of Man' a 'The Task of the Translator', yn *Selected Writings: Volume 1, 1913–1926*, goln. Marcus Bullock a Michael W. Jennings (Cambridge, Mass., London, 1996), 62–74, 253–63.

Berlin, Isaiah, *Vico and Herder: Two Studies in the History of Ideas* (London, 1976).

Bernard, Edward, *Etymologicon Britannicum. Vocabulorum Anglicorum et Britannicorum Origines Russicae, Slavonicae, Persicae et Armenicae* (Oxoniae, 1689).

Berry, Christopher, 'Adam Smith's *Considerations on Language*', *Journal of the History of Ideas*, 35 (1974), 135–8.

Billingsley, Henry, *The Elements of Geometrie of the most Auncient Philosopher Euclide of Megara . . . with a uery Fruitfull Praeface made by M. I. Dee . . .* (London, 1570).

Blanchard, J. M., 'Grammaire(s) d'ancien régime', *Studies on Voltaire and the 18th Century*, 106 (1973), 7–20.

Bochart, Samuel, *Geographia Sacra* (1646), yn *Opera Omnia* . . . (Lugduni Batavorum, 1692).

Bonfante, Giuliano, 'Some Renaissance Texts on the Celtic Languages and their Kinship', *Études celtiques*, 7 (1956), 414–27.

——, 'A Contribution to the History of Celtology', *Celtica*, 3 (1956), 17–34.

Borges, Jorge Luis, 'La Biblioteca de Babel', 'El idioma analítico de John Wilkins' ac 'El Golem', yn *Obras completas* (Buenos Aires, 1974), 465–71, 706–9 a 885–7.

Borst, Arno, *Der Turmbau von Babel: Geschichte der Meinungen über Ursprung und Vielfalt der Sprachen und Völker*, 6 chyfrol (Stuttgart, 1957–63).

Boxhornius, Marcus Zuerius, *Originum Gallicarum Liber, in quo Veteris et Nobilissimae Gallorum Gentis Origines, Antiquitates, Mores, Lingua et Alia Eruuntur et Illustrantur, cui Accedit Antiquae Linguae Britannicae Lexicon Britannico-Latinum* (Amstelodami, 1654).

Brerewood, Edward, *Enquiries Touching the Diversity of Languages and Religions Through the Cheife Parts of the World* (London, 1614).

Bright, William (prif olygydd), *International Encyclopaedia of Linguistics*, 4 cyfrol (Oxford, New York, 1992).

de Brosses, Charles, *Traité de la formation méchanique des langues et des principes physiques de l'étymologie*, 2 gyfrol (Paris, 1765).

Buchanan, George, *The History of Scotland. Written in Latin . . . rendered into English* (London, 1690).

Bullet, Jean-Baptiste, *Mémoires sur la langue celtique* . . ., 3 cyfrol (Besançon, 1754–60).

Burdett-Jones, Mary, 'Dau Eiriadur Henry Salesbury', *Cylchgrawn Llyfrgell Genedlaethol Cymru*, 26 (1990), 241–50.

Burnet, Gilbert, *Bishop Burnet's History of his Own Time* (London, 1724).

Burnet[t], James (Lord Monboddo), *Of the Origin and Progress of Language*, 6 chyfrol (Edinburgh, 1774–92), English Linguistics 1500–1800, No. 48 (Menston, 1967).

Cambrian Register, 'A Sketch of the History of the Britons under Five Epochs', 1 (1795), 1–48.

——, 'Strictures on the History of Anglesey, or *Mona Antiqua Restaurata*, by Rowlands', 1 (1795), 381–4.

Camden, William, *Britannia, siue Florentissimorum Regnorum, Angliae, Scotiae, Hibernicae* . . . (Londini, 1607).

——, *Camden's Britannia 1695: A Facsimile of the 1695 Edition Published by Edmund Gibson* (Newton Abbot, 1971).

Campbell, George L., *Compendium of the World's Languages*, 2 gyfrol (London, New York, 1991).

Cannon, Garland, *The Life and Mind of Oriental Jones: Sir William Jones, the Father of Modern Linguistics* (Cambridge, 1990).

—— a Kevin Brine (goln.), *Objects of Enquiry: the Life, Contributions, and Influences of Sir William Jones (1746–1794)* (New York, London, 1995).

Carr, Glenda, *William Owen Pughe* (Caerdydd, 1983).

Cassirer, Ernst, *Language and Myth*, cyf. S. K. Langer (New York, 1946).

Chomsky, Noam, *Cartesian Linguistics: A Chapter in the History of Rationalist Thought* (New York, London, 1966).

Claparède, Édouard, 'Rousseau et l'origine du langage', *Annales Jean-Jacques Rousseau*, 24 (1935), 95–120.

Clarke, Gillian, *Letting in the Rumour* (Manchester, 1989).

Cleland, John, *The Way to Things by Words, and to Words by Things; being a Sketch of an Attempt at the Retrieval of the Antient Celtic, or, Primitive Language of Europe. To which is added, a Succinct Account of the Sanscort or Learned Language of the Brahmins. Also Two Essays, the One on the Origin of the Musical Waits at Christmas. The Other on the Real Secret of the Free Masons* (London, 1761).

——, *Specimens of an Etimological Vocabulary, or, Essay, by Means of the Analitic Method, to Retrieve the Antient Celtic. By the Author of a Pamphlet entitled The Way to Things by Words, and to Words by Things* (1768).

Cohen, Jonathan, 'On the Project of a Universal Language', *Mind*, 63 (1954), 49–63.

Condillac, Étienne Bonnot de, *Oeuvres philosophiques*, gol. Georges Le Roy, 3 cyfrol (Paris, 1947–51).

——, *An Essay on the Origin of Human Understanding* (London, 1756) [Cyfieithiad o *Essai sur l'origine des connoissances humaines* (1746) gan Thomas Nugent].

Condorcet, M. J. A. N. de Caritat, Marquis de, *Esquisse d'un tableau historique des progrès de l'esprit humain* (Paris, 1794).

Cooke, William, *An Enquiry into the Patriarchal and Druidical Religion, Temples etc.* (London, 1755).

Court de Gébelin, Antoine, *Histoire naturelle de la parole, ou Origine du langage, de l'écriture et de la grammaire universelle, à l'usage des jeunes gens* (Paris, 1772).

——, *Le Monde primitif analysé et comparé avec le monde moderne*, 9 cyfrol (Paris, 1773–82).

Daniel, Glyn, 'Who are the Welsh?', *Proceedings of the British Academy*, 40 (1954), 145–67.

David, Madeleine, *Le Débat sur les écritures et l'hiéroglyphe aux XVIIe et XVIIIe siècles* (Paris, 1965).

Davies, Caryl, 'Syr William Jones: Hanner-Cymro', *Y Traethodydd*, 150 (1995), 156–70.

Davies, Ceri, *Rhagymadroddion a Chyflwyniadau Lladin 1551–1632* (Caerdydd, 1980).

——, 'Dyneiddwyr Cymru ac Ewrop', yn *Cof Cenedl: Ysgrifau ar Hanes Cymru*, gol. Geraint H. Jenkins, 7 (Llandysul, 1992), 31–61.

Davies, Edward, *Celtic Researches on the Origin, Traditions and Language of the Ancient Britons* (London, 1804).

——, *The Mythology and Rites of the British Druids* (London, 1809).

Davies, Gareth Alban, 'The English *Lazarillo de Tormes* [1586] and its Translator: David Rowland of Anglesey or Richard Rowland Verstegan?', *Trafodion Anrhydeddus Gymdeithas y Cymmrodorion* (1991), 99–128; (1992), 45–78.

Davies, John [Mallwyd], *Antiquae Linguae Britannicae . . . Rudimenta* (Londini, 1621), English Linguistics 1500–1800, No. 70 (Menston, 1968).

——, *Antiquae Linguae Britannicae . . . et Linguae Latinae, Dictionarium*

Duplex (Londini, 1632), English Linguistics 1500–1800, No. 99 (Menston, 1968).

Davies, John, *Bywyd a Gwaith Moses Williams 1685–1742* (Caerdydd, 1937).

Davies, Walter [Gwallter Mechain], *Gwaith y Parch. Walter Davies . . . Dan Olygiad D. Silvan Evans*, 3 cyfrol (Caerfyrddin, Llundain, 1868).

Dee, John, *The Hieroglyphic Monad by Dr John Dee* [cyfieithiad o *Monas Hieroglyphica* . . . (Antuerpiae, 1564) gan J. W. Hamilton-Jones] (London, 1947).

Defoe, Daniel, *An Essay upon Literature: or, An Enquiry into the Antiquity and Original of Letters* . . . (London, 1726).

Derrida, Jacques, *De la grammatologie* (Paris, 1967).

——, 'La linguistique de Rousseau', *Revue internationale de philosophie*, 82 (1967), 443–62.

——, 'Des Tours de Babel' [cyfieithiad Joseph F. Graham], yn Rainer Schulte a John Biguenet, *Theories of Translation: An Anthology of Essays from Dryden to Derrida* (Chicago, London, 1992), 218–27.

d'Ewes, Simonds, *The Autobiography and Correspondence of Sir Simonds d'Ewes, Bart., during the Reigns of James I and Charles I*, gol. James Orchard Halliwell, 2 gyfrol (London, 1845).

Diderot, Denis a Jean le Rond d'Alembert, *Encyclopédie, ou dictionnaire raisonné des sciences, des arts et des métiers* . . ., 17 cyfrol (Paris, 1751– 65).

Douthwaite, Julia, 'Rewriting the Savage: The Extraordinary Fictions of the "Wild Girl of Champagne"', *Eighteenth Century Studies*, 28 (1994–5), 163–92.

Droixhe, Daniel, *La Linguistique et l'appel de l'histoire (1600–1800): Rationalisme et révolutions positivistes* (Genève-Paris, 1978).

——, *De l'origine du langage aux langues du monde: Études sur les XVIIe et XVIIIe siècles* (Tübingen, 1987).

Duchet, M. ac M. Launay, 'Synchronie et diachronie: l'*Essai sur l'origine des langues* et le second *Discours*', *Revue internationale de philosophie*, 82 (1967), 421–42.

—— ac M. Jalley (goln.), *Langue et langages de Leibniz à l'Encyclopédie* (Paris, 1977).

Duclos, Charles Pinot, *Oeuvres complètes*, 10 cyfrol (Paris, 1806).

Edwards, Charles, 'Diwygiwr y Print-wasc at y darlleydd', yn *Hyfforddiadau Christianogol*, cyfieithiad o *Christian Directions* (London, 1664) Thomas Gouge, gan 'Richard Jones o Ddinbech' (Llundain, 1675).

——, *Hebraismorum Cambro-Britannicorum Specimen* (London, 1675).

——, *Y Ffydd Ddi-ffuant sef Hanes y Ffydd Gristanogol a'i Rhinwedd* [Argraffiad cyfatebol o'r trydydd argraffiad, 1677] (Caerdydd, 1936).

Elert, Claes Christian, 'Andreas Kempe (1622–1689) and the Languages Spoken in Paradise', *Historiographia Linguistica*, 5 (1978), 221–6.

Encyclopédie méthodique ou par ordre des matières . . ., 3 cyfrol (Paris-Liège, 1782, 1786).

Evans, D. Ellis, 'Theophilus Evans ar Hanes Cynnar Prydain', *Y Traethodydd*, 128 (1976), 92–113.

——, 'The Labyrinth of Continental Celtic', Sir John Rhŷs Memorial Lecture, British Academy, 1977.

——, 'Ar Drywydd y Celtiaid', yn *Cof Cenedl: Ysgrifau ar Hanes Cymru*, gol. Geraint H. Jenkins, 7 (Llandysul, 1992), 1–30.

Evans, D. Silvan, 'Geirlyfraeth Gymreig' a 'Geirlyfraeth Seisonig' yn *Y Brython*, 1 (1858), 19–20, 148 (ail argraffiad) [dan y ffugenw 'Moelddyn'].

——, *An English and Welsh Dictionary* (Denbigh, 1852–8).

——, 'The *Celtic Remains*, an Unpublished Work by Lewis Morris', *Archaeologia Cambrensis* (1872), 36–47.

Evans, Evan, *Gwaith Ieuan Brydydd Hir, y Parchedig Evan Evans*, gol. D. Silvan Evans (Caernarfon, 1876).

——, *The Correspondence of Thomas Percy and Evan Evans*, gol. Aneirin Lewis (Baton Rouge, 1957).

Evans, Theophilus, *Drych y Prif Oesoedd: y Rhan Gyntaf* [1740], gol. David Thomas (Caerdydd, 1953).

——, *Drych y Prif Oesoedd* [yn ôl yr argraffiad cyntaf (Amwythig, 1716)], gol. Garfield H. Hughes (Caerdydd, 1961).

Evans, William, *A New English–Welsh Dictionary* . . . (Carmarthen, 1771).

Fludd, Robert, *Utriusque Cosmi Maioris scilicet et Minoris Metaphysica atque Technica Historia* . . ., 2 gyfrol (Oppenhemii, 1617, 1619).

Formey, Samuel, *Réunion des principaux moyens employés pour découvrir l'origine du langage, des idées et des connoissances des hommes*, yn *Histoire de l'Académie Royale des Sciences et Belles-Lettres de Berlin* (1759).

Formigari, Lia, 'Language and Society in the Late Eighteenth Century', *Journal of the History of Ideas*, 35 (1974), 275–92.

Foucault, Michel, *Les Mots et les choses: une archéologie des sciences humaines* (Paris, 1966).

Franklin, Michael J., *Sir William Jones*, yn y gyfres Writers of Wales (Cardiff, 1995).

Fry, Edmund, *Pantographia; Containing Accurate Copies of all the Known Alphabets in the World* . . . (London, 1799).

Funke, Otto, 'On the Sources of John Wilkins' Philosophic Language', *English Studies*, 40 (1959), 208–14.

Furetière, Antoine, *Dictionnaire universel* . . . (La Haye, Rotterdam, 1690).

Gambold, William, *A Welsh Grammar* . . . (Carmarthen, 1727).

Ginsburg, Christian David, *The Kabbalah: Doctrines, Development and Literature. An Essay* (London, 1865).

Godwin, Joscelyn, *Athanasius Kircher: A Renaissance Man and the Quest for Lost Knowledge* (London, 1979).

——, *Robert Fludd: Hermetic Philosopher and Surveyor of Two Worlds* (London, 1979).

Grandval, le Conseiller de, 'Discours historique sur l'origine de la langue françoise', *Mercure de France* (juin–juillet, 1757).

Graves, Robert, *The White Goddess* (London, 1961).

Green, Miranda, *Symbol and Image in Celtic Religious Art* (London, New York, 1989).

Griffiths, G. Millwyn, 'John Lewis of Llynwene's Defence of Geoffrey of Monmouth's *Historia*', *Cylchgrawn Llyfrgell Genedlaethol Cymru*, 7 (1951–2), 228–33.

Grimsley, Ronald, 'Court de Gébelin and *Le Monde primitif*', yn *Enlightenment Studies in Honour of Lester G. Crocker* (Oxford, 1979), 133–44.

Gusdorf, Georges, *Les Sciences humaines et la conscience occidentale*, 7 cyfrol (Paris, 1966–76), yn arbennig 'Linguistique et philologie' yn y seithfed gyfrol: *L'Avènement des sciences humaines au siècle des Lumières*, 197–372.

Harris, Roy a Talbot J. Taylor, *Landmarks in Linguistic Thought: The Western Tradition from Socrates to Saussure* (London, New York, 1989).

Hart, A. Tindal, *William Lloyd, Bishop, Politician, Author and Prophet, 1627–1717* (London, 1952).

Hartwell-Jones, G., 'The Correspondence of Dr John Davies of Mallwyd with Sir Simonds d'Ewes', *Y Cymmrodor*, 17 (1903), 164–85.

Hazlitt, William, *The Spirit of the Age* (London, 1825).

Herder, Johann Gottfried, *Treatise on the Origin of Language* (London, 1827) [cyfieithiad *Abhandlung über den Ursprung der Sprache* (1770)].

——, *Sämtliche Werke*, gol. Bernhard Suphan, 33 cyfrol (Berlin, 1877–1913).

——, *Reflections on the Philosophy of the History of Mankind*, gol. Frank E. Manuel (Chicago, London, 1968) [cyfieithiad *Ideen zur Philosophie der Geschichte der Menschheit* (1784–91)].

Hewes, Gordon, *Language Origins: A Bibliography*, 2 gyfrol (The Hague, Paris, 1975).

Hickes, George, *Institutiones Grammaticae Anglo-saxonicae et Moeso-gothicae* (Oxoniae, 1689).

——, *Linguarum Vett. Septentrionalium Thesaurus* . . ., 2 gyfrol (Oxoniae, 1705).

Hincks, Rhisiart, *I Gadw Mamiaith mor Hen (Cyflwyniad i Ddechreuadau Ysgolheictod Llydaweg)* (Llandysul, 1995).

Hine, Ellen M., 'Condillac and the Problem of Language', *Studies on Voltaire and the Eighteenth Century*, 106 (1973), 21–62.

Historiographia Linguistica (International Journal for the Study of Linguistics), 5–6 (1978–9).

Holloway, Benjamin, *The Primaevity and Preeminence of the Sacred Hebrew, above all other Languages, Vindicated* . . . (Oxford, 1754).

Horizon, *Before Babel*: Transcript of the programme transmitted 6 April 1992 (BBC London, 1992).

Howell, James, *Instructions and Directions for Forren Travell* (London, 1650).

Hughes, Garfield H., *Iaco ab Dewi, 1648–1722* (Caerdydd, 1953).

Hughes, Medwin, 'Mythau Hanes: *Drych y Prif Oesoedd*', *Y Traethodydd*, 147 (1992), 89–95.

Hughes, Stephen, *Trysor i'r Cymru* (Llundain, 1677).

Hundert, E. J., 'The Thread of Language and the Web of Dominion: Mandeville to Rousseau and Back', *Eighteenth Century Studies*, 21 (1987–8), 169–91.

Hymes, Dell (gol.), *Studies in the History of Linguistics: Traditions and Paradigms* (Bloomington, Indiana, 1974).

Inglis-Jones, Elisabeth, 'A Pembrokeshire County Family in the Eighteenth Century', *Cylchgrawn Llyfrgell Genedlaethol Cymru*, 17 (1971–2), 136–60, 217–37, 321–42.

Isocrates, *Antidosis*, yn Loeb Classical Library, Isocrates ii (London, 1929).

Jarman, A. O. H., 'Lewis Morris a Brut Tysilio', *Llên Cymru*, 2 (1952), 161–83.

Jaucourt, Louis, Chevalier de, '(Art) Étymologique', yn *Encyclopédie*, vi (1756) [gw. dan Diderot a d'Alembert].

Jenkins, Geraint H., *Thomas Jones yr Almanaciwr, 1648–1713* (Caerdydd, 1980).

——, *Hanes Cymru yn y Cyfnod Modern Cynnar 1530–1760* (Caerdydd, 1983).

——, *Theophilus Evans (1693–1767): Y Dyn, ei Deulu, a'i Oes* (Llandysul, 1993).

——, '"A Rank Republican [and] a Leveller": William Jones, Llangadfan', *Cylchgrawn Hanes Cymru*, 17 (1995), 365–86.

——, 'Adfywiad yr Iaith a'r Diwylliant Cymraeg 1660–1800', yn *Y Gymraeg yn ei Disgleirdeb: Yr Iaith Gymraeg cyn y Chwyldro Diwydiannol*, gol. Geraint H. Jenkins (Caerdydd, 1997), 365–400.

Jenkins, R. T. a Helen Ramage, *A History of the Honourable Society of Cymmrodorion and of the Gwyneddigion and Cymreigyddion Societies (1751–1951)* [Y *Cymmrodor*, l] (London, 1951).

Johnson, Samuel, *A Dictionary of the English Language* [5th edition], 2 gyfrol (London, 1773).

Joly, André, 'La linguistique cartésienne: une erreur mémorable', yn A. Joly a J. Stéfanini, *La Grammaire générale des modistes aux idéologues* (Villeneuve d'Ascq, 1977), 165–99.

Jones, A. Watkins a Griffith John Williams, 'Ieuan Fardd a'r Esgob Percy', *Y Llenor*, 8 (1929), 26–31.

Jones, Bassett, *Herm'aelogium; or, an Essay at the Rationality of the Art of Speaking. As a Supplement to Lillie's Grammer, Philosophically, Mythologically, and Emblematically Offered by B. J.* (London, 1659).

Jones, E. D., 'Thomas Lloyd y Geiriadurwr', *Cylchgrawn Llyfrgell Genedlaethol Cymru*, 9 (1955–6), 180–7.

Jones, Griffith, *Welch Piety; . . . Being an Account of the Rise, Method, and Progress of the Circulating Welch Charity Schools: with the Nature and Antiquity of the British Language* . . . (London, 1740).

Jones, Gwerfyl Pierce, 'Lle'r Gymraeg yng Ngweithiau Llenyddol 1660–1710', yn *Ysgrifau Beirniadol*, gol. J. E. Caerwyn Williams, 9 (1976), 163–90.

Jones, John [Myrddin Fardd], *Adgof uwch Anghof* (Pen-y-groes, 1883).

Jones, Morgan D., 'Geiriadur Cymraeg Daniel Silvan Evans: Hanes ei Baratoi a'i Gyhoeddi', *Journal of the Welsh Bibliographical Society*, 8 (1954–7), 24–38.

Jones, Rowland, *The Origin of Language and Nations* . . . (London, 1764).

——, *A Postscript to the Origin of Language and Nations* . . . (London [1765]).

——, *Hieroglyfic, or, a Grammatical Introduction to an Universal Hieroglyfic Language* . . . (London, 1768).

——, *The Philosophy of Words, in Two Dialogues* . . . (London, 1769).

——, *The Circles of Gomer, or, an Essay towards an Investigation and Introduction of the English, as an* UNIVERSAL LANGUAGE . . . (London, 1771).

——, *The Io-Triads; or, the Tenth Muse* . . . (London, 1773).

Jones, Rhys, *Gorchestion Beirdd Cymru* (Amwythig, 1773).

Jones, Thomas, *Newydd oddiwrth y Seêr; neu Almanac am y Flwyddyn 1684 . . . Ag ynddo a Tystiolaethwyd, mai'r Gymraeg iw'r Jaith hynaf, ar Jaith oedd gyntaf yn y Byd* (Llundain, 1684).

——, *Y Gymraeg yn ei Disgleirdeb, neu Helaeth Eir-lyfr Cymraeg a Saesnaeg* . . . (Llundain, 1688).

Jones, William, *The Works of Sir William Jones*, 13 cyfrol (London, 1807).

——, *The Letters of Sir William Jones*, gol. Garland Cannon, 2 gyfrol (Oxford, 1970).

——, *Sir William Jones: Selected Poetical and Prose Works*, gol. Michael J. Franklin (Cardiff, 1995).

Josephus, Flavius, *Gweithiau Flavius Josephus . . . Cyfieithiad Newydd i'r Gymraeg* [gan W. Whiston] (Caernarfon, 1860).

Kendrick, Thomas D., *The Druids: A Study in Keltic Prehistory* (London, 1927).

——, *British Antiquity* (London, 1950).

Kenyon, John, 'William Baxter and Edward Lhuyd's *Archaeologia Britannica*', *Bwletin y Bwrdd Gwybodau Celtaidd*, 34 (1987), 118–20.

Kieffer, Bruce, 'Herder's Treatment of Süssmilch's Theory of the Origin of Language in the *Abhandlung über den Ursprung der Sprache*: a Re-evaluation', *Germanic Review*, 53 (1978), 96–105.

Kircher, Athanasius, *Turris Babel, sive Archontologia qua . . . Confusio Linguarum, et inde Gentium Transmigrationis Explicantur* (Amstelodami, 1679).

Klibansky, Raymond, *The Continuity of the Platonic Tradition during the Middle Ages: Outlines of a Corpus Platonicum Medii Aevi* (London, 1939).

Knight, William, *Lord Monboddo and Some of his Contemporaries* (London, 1900).

Kristeller, Paul Oskar, *Renaissance Thought: the Classical, Scholastic and Humanist Strains* (London, 1961).

——, *Renaissance Thought II: Papers on Humanism and the Arts* (New York, London, 1965).

Kuhn, Thomas S., *The Structure of Scientific Revolutions* (Chicago, London, 1962).

La Bruyère, Jean de, *Caractères* (Paris, 1790).

de Laet, Jan, *Notae ad Dissertationem Hugonis Grotii De Origine Gentium Americanarum* . . . (Amstelodami, 1643).

Lamb, Sydney a E. Douglas Mitchell (goln.), *Sprung from some Common Source: Investigations into the Prehistory of Language* (Stanford, 1991).

Land, Stephen K., *From Signs to Propositions: the Concept of Form in Eighteenth-Century Semantic Theory* (London, 1974).

——, 'Lord Monboddo and the Theory of Syntax in the late Eighteenth Century', *Journal of the History of Ideas*, 37 (1976), 423–40.

Le Brigant, Jacques, *Élémens de la langue des Celtes Gomérites ou Bretons: Introduction à cette langue et par elle à celles de tous les peuples connus* (Strasbourg, 1779; ail argraffiad, Brest, an 7).

Lefèvre, Roger, 'Condillac, maître du langage', *Revue internationale de philosophie*, 82 (1967), 393–406.

Lehmann, Winfred P. (gol.), *A Reader in Nineteenth-Century Historical Indo-European Linguistics* (Bloomington, London, 1967).

Leibniz, Gottfried Wilhelm, *Collectanea Etymologica, Illustrationi Linguarum, Veteris Celticae, Germanicae, Gallicae, Aliarumque Inservienta, cum praefatione J. G. Eccardi*, 2 gyfrol (Hanoverae, 1717).

——, *Nouveaux Essais sur l'entendement humain*, gol. André Robinet, Heinrich Schepers (*Sämtliche Schriften und Briefen*, Akademie Verlag, Berlin, cyfrol VI, vi, 1962).

——, *Leibniz and Ludolf on Things Linguistic: Excerpts from their Correspondence (1688–1703)*, gol. John T. Waterman, University of California Publications in Linguistics, 88 (Berkeley, London, 1977).

Le Pelletier, Louis, *Dictionnaire de la langue bretonne, où l'on voit son antiquité* . . . (Paris, 1752).

Lewis, Aneirin, 'Llythyrau Evan Evans (Ieuan Fardd) at Ddafydd Jones o Drefriw', *Llên Cymru*, 1 (1951), 239–58.

——, 'Geiriadur Saesneg–Cymraeg John Walters (1770–1794)', *Llên Cymru*, 3 (1955), 188–9.

——, *Dysg a Dawn: Cyfrol Goffa Aneirin Lewis*, goln. W. Alun Mathias ac E. Wyn James (Caerdydd, 1992).

Lewis, Ceri W., *Iolo Morganwg* (Caernarfon, 1995).

Lewis, John, *The History of Great Britain . . . Now First Published from his Original Manuscript* . . . (London, 1729).

Lewis, Saunders, *A School of Welsh Augustans* (Wrexham, London, 1924).

——, 'John Morgan', *Y Llenor*, 1 (1922), 11–17.

——, '*Drych y Prif Oesoedd*', *Efrydiau Catholig*, 6 (1954), 37–47.

Lhuyd, Edward, *Archaeologia Britannica, Giving some Account Additional to what has been hitherto Publish'd, of the Languages, Histories and Customs of the Original Inhabitants of Great Britain; From Collections and Observations in Travels through Wales, Cornwal, Bas-Bretagne, Ireland and Scotland.* Vol. I. *Glossography* (Oxford, 1707). Adargraffiadau ffacsimili yn English Linguistics 1500–1800, No. 136 (Menston, 1969), ac Irish University Press (Dublin etc., 1971).

——, *Parochialia: Being a Summary of Answers to a Geographical Dictionary, etc., of Wales. Issued by E. Lhwyd* (Cambrian Archaeological Association, London, 1909–11).

——, *Life and Letters of Edward Lhwyd*, gol. R. T. Gunther, yn Early Science at Oxford, 14 (Oxford, 1945).

Lhuyd, Humphrey, *Humfredi Llwyd, Armigeri, Britannicae Descriptionis Commentariolum: necnon De Mona Insula et Britannica Arce . . . Disceptatio Epistolaris . . . Accurante Mose Gulielmio* (Londini, 1731).

Lilla, Mark, *G. B. Vico: The Making of an Anti-Modern* (Cambridge, Mass., London, 1993).

Lister, Martin, *A Journey to Paris in the Year 1698* (3rd edn., London, 1699), gol. Phineas Stearns (Chicago, London, 1967).

Lloyd, William, *A Sermon Preached at the Funeral of the Right Reverend Father in God, John Late Lord Bishop of Chester At the Guildhall Chappel London, On Thursday the 12 of December 1672* (London, 1675).

Locke, John, *An Essay Concerning Human Understanding* (1690), gol. Peter H. Nidditch (Oxford, 1975).

Lord, Peter, *Gwenllian: Essays on Visual Culture* (Llandysul, 1994).

Lovejoy, A. O., 'The Supposed Primitivism of Rousseau's *Discourse on Inequality*', a 'Monboddo and Rousseau', yn *Essays in the History of Ideas* (New York, 1960), 14–37 a 48–61.

Lyons, John, 'Origins of Language', yn *Origins: the Darwin College Lectures*, gol. A. C. Fabian (Cambridge, 1988), 141–66.

Llewelyn, Thomas, *An Historical and Critical Account of the British or Welsh Versions and Editions of the Bible* . . . (London, 1768).

——, *Historical and Critical Remarks on the British Tongue and its Connection with Other Languages* (London, 1769).

Malcolme, David, *An Essay on the Antiquities of Great Britain and Ireland* (Edinburgh, 1738).

Mallory, J. P., *In Search of the Indo-Europeans: Language, Archaeology and Myth* (London, 1989).

de Man, Paul, 'The Epistemology of Metaphor', *Critical Inquiry*, 5 (1978), 13–30.

Mann, Stuart E., *An Indo-European Comparative Dictionary* (Hamburg, 1984–7).

Marshall, P. J. (gol.), *The British Discovery of Hinduism in the Eighteenth Century* (Cambridge, 1970).

Mengham, Rod, *The Descent of Language: Writing in Praise of Babel* (London, 1993).

Mercier, Sébastien, *Néologie, ou vocabulaire de mots nouveaux, à renouveler, ou pris dans des acceptions nouvelles* (Paris, 1801).

Michaelis, Johann David, *Beanwortung der Frage von dem Einfluss der Meinungen eines Volcks in seine Sprache, und der Sprache in die Meinungen* (Berlin, 1760).

——, *A Dissertation on the Influence of Opinions on Language and of Language on Opinions* . . . (London, 1769), gol. James Stam (New York, 1973).

Montesquieu, Charles de Secondat, Baron de, *De l'esprit des lois* (1748), yn *Oeuvres complètes*, 2 gyfrol (Paris, 1973).

Morgan, Derec Llwyd, *Charles Edwards* (Caernarfon, 1994).

Morgan, John, *Myfyrdodau Bucheddol ar y Pedwar Peth Diweddaf* (Llundain, 1714).

Morgan, Prys, 'The Abbé Pezron and the Celts', *Trafodion Anrhydeddus Gymdeithas y Cymmrodorion* (1965), 286–95.

——, 'Konrad Gesner a'r Gymraeg', *Bwletin y Bwrdd Gwybodau Celtaidd*, 22 (1966–8), 124–7.

——, 'Boxhorn, Leibniz and the Welsh', *Studia Celtica*, 8–9 (1973–4), 220–8.

——, *The Eighteenth Century Renaissance* (Llandybïe, 1981).

Morgan, T. J., 'Geiriadurwyr y Ddeunawfed Ganrif', *Llên Cymru*, 9 (1966), 3–18.

Morris, Lewis, *Celtic Remains*, gol. D. Silvan Evans (London, 1878).

Morris, Lewis, Richard, William a John, *The Letters of Lewis, Richard, William and John Morris, of Anglesey (Morrisiaid Môn) 1728–1765*, gol. J. H. Davies, 2 gyfrol (Aberystwyth, 1907).

——, *Additional Letters of the Morrises of Anglesey (1735–1786)*, gol. Hugh Owen, 2 gyfrol [*Y Cymmrodor*, xlix] (London, 1947, 1949).

Morris-Jones, John, 'Gomer ap Iapheth' a 'Cymraeg Rhydychen', *Y Geninen*, 8 (1890), 1–7, 214–23.

——, 'Cymraeg (Yr Iaith)', 'Cymru', ac 'Y Cymry' yn *Y Gwyddoniadur Cymreig (Encyclopaedia Cambrensis)*, ail argraffiad (Dinbych, 1889–96), iii (1891), 48–79, 88–95, 95–103.

——, 'Edward Llwyd', *Y Traethodydd*, 48 (1893), 465–75.

——, *A Welsh Grammar* (Oxford, 1913).

Muller, Jean-Claude, 'Early Stages of Language Comparison from Sassetti to William Jones (1786)', *Kratylos*, 31 (1986), 1–31.

Nelme, L. D., *An Essay Towards an Investigation of the Origin and Elements of Language and Letters, that is, Sounds and Symbols* . . . (London, 1772).

Norton, Robert E., *Herder's Aesthetics and the European Enlightenment* (Ithaca, London, 1991).

Nouvelle Biographie générale, 'Paul Pezron', yng nghyfrol. xxxix (Paris, 1862).

Ovenell, R. F., *The Ashmolean Museum 1683–1894* (Oxford, 1986).

Owen, Aidan L., *The Famous Druids: A Survey of Three Centuries of English Literature on the Druids* (Oxford, 1962).

Owen, Charles, *Some Account of the Life and Writings of the Late Pious and Learned James Owen* . . . (London, 1719).

Owen, Goronwy, *The Letters of Goronwy Owen (1723–1769)*, gol. J. H. Davies (Cardiff, 1924).

Owen, Richard J. [Glaslyn], 'Enwogion Eifionydd: Rowland Jones', *Y Traethodydd*, 63 (1908), 26–9.

Owen [Pughe], William, *The Heroic Elegies and other Pieces of Llywarç Hen* . . . (London, 1792).

——, *A Dictionary of the Welsh Language, explained in English* (London, 1793, 1803).

——, *Cadwedigaeth yr Iaith Gymraeg, yn III Rhan, mewn Dull Cryno, Hylith a Hygof* (Y Bala, Llundain, 1808).

——, *An Outline of the Characteristics of the Welsh, and its Utility in Connection with other Ancient Languages, for Developing the Primitive Speech of Mankind, Written by Idrison in 1803* (Denbigh, 1832).

Papini, Mario, *Arbor Humanae Linguae: l'etimologico di G. B. Vico como chiave ermeneutica della storia del mondo* (Bologna, 1944).

Parsons, James, *Remains of Japhet, being Historical Enquiries into the Affinity and Origin of European Languages* (London, 1767), English Linguistics 1500–1800, No. 64 (Menston, 1968).

Paxman, David B., 'The Genius of English: Eighteenth-Century Language Study and English Poetry', *Philological Quarterly*, 70 (1991), 27–46.

Payne, Ffransis G., 'John Lewis, Llynwene', *Y Llenor*, 14 (1935), 165–81.

Pedersen, Holgar, *The Discovery of Language; Linguistic Science in the Nineteenth Century* [Copenhagen, 1924], cyf. J. W. Spargo (Bloomington, 1962).

Pelloutier, Simon, *Histoire des Celtes, et particulièrement des Gaulois et des Germains, depuis les tems fabuleux* . . ., 2 gyfrol (La Haye, 1740).

Percival, Arthur, 'William Baxter', *Trafodion Anrhydeddus Gymdeithas y Cymmrodorion* (1957), 58–86.

Percival, W. Keith, 'The Applicability of Kuhn's Paradigm to the History of Linguistics', *Language*, 52 (1976), 285–94.

Perri, Henri, *Egluryn Ffraethineb sef Dosbarth ar Retoreg Un o'r Saith Gelfyddyd* [1595], Argraffiad cyfatebol (Caerdydd, 1930).

Pezron, Paul-Yves, *Antiquité de la nation et de la langue des Celtes, autrement appellez Gaulois* . . . (Paris, 1703).

——, *The Antiquities of Nations; more Particularly of the Celtae or Gauls, taken to be Originally the same People as our Ancient Britons . . . Englished by Mr. Jones* (London, 1706).

Pico della Mirandola, Giovanni, *Opera Omnia*, 2 gyfrol (Basiliae, 1572).

——, *Oration on the Dignity of Man*, cyf. A. Robert Caponigri (Chicago, 1956).

Pictet, Adolphe, *De l'affinité des langues celtiques avec le sanscrit* (Paris, 1837).

Piggott, Stuart, *The Druids* (Harmondsworth, 1974).

Platon, *Cratylus*, yn Loeb Classical Library, Plato, vi, 1–191 (London, New York, 1926).

Porset, Charles (gol.), *Varia Linguistica: textes rassemblés et annotés* (Bordeaux, 1970).

Powell, Anthony, *John Aubrey and his Friends* (London, 1948).

Prichard, J. C., *The Eastern Origin of the Celtic Nations Proved by a Comparison of their Dialects with the Sanskrit, Greek, Latin, and Teutonic Languages* (Oxford, 1831).

Priestley, Joseph, *A Course of Lectures on the Theory of Language and Universal Grammar* (Warrington, 1762), English Linguistics 1500–1800, No. 235 (Menston, 1970).

Pufendorff, M. Esias, *A Dissertation upon the Druids* [1650?], cyf. Edmund Goldsmid (Edinburgh, 1886).

Ravier, Émile, *Bibliographie des Oeuvres de Leibniz* (Hildesheim, 1966).

Reid, Thomas, *An Inquiry into the Human Mind* (1764), yn *The Works of Thomas Reid D.D.*, gol. Sir William Hamilton (Edinburgh, 1872).

Renfrew, Colin, *Archaeology and Language: The Puzzle of Indo-European Origins* (London, 1987).

Richards, Thomas, *Antiquae Linguae Britannicae Thesaurus* (Bristol, 1753).

——, *A Brief Introduction to the Ancient British, or Welsh Language: being a . . . Grammar* . . . (Bristol, 1753).

Robert, Gruffydd, *Gramadeg Cymraeg* [yn ôl yr argraffiad y dechreuwyd ei gyhoeddi ym Milan yn 1567], gol. G. J. Williams (Caerdydd, 1939).

Roberts, Brynley F., 'Llythyrau John Lloyd at Edward Lhuyd', *Cylchgrawn Llyfrgell Genedlaethol Cymru*, 17 (1971–2), 88–114, 183–206.

——, 'Edward Lhuyd y Cymro', *Cylchgrawn Llyfrgell Genedlaethol Cymru*, 24 (1985), 63–83.

——, 'Edward Lhuyd and Celtic Linguistics', yn *Proceedings of the Seventh International Congress of Celtic Studies*, goln. D. Ellis Evans, J. G. Griffith ac E. M. Jope (Oxford, 1986).

——, 'Edward Lhuyd a Darganfod Hen Gymraeg', yn *Hispano-Gallo-Brittonica: Essays in Honour of Professor D. Ellis Evans* . . ., goln. J. F. Eska, R. G. Gruffydd, N. Jacobs (Cardiff, 1995), 151–65.

Roberts, R. Julian, 'John Dee and the Matter of Britain', *Trafodion Anrhydeddus Gymdeithas y Cymmrodorion* (1991), 129–43.

—— ac Andrew G. Watson (goln.), *John Dee's Library Catalogue* (London, 1990).
Robins, R. H., 'The Evolution of Historical Linguistics', *Journal of the Royal Asiatic Society* (1986), 5–20.
Roderick, John [Siôn Rhydderch], *The English and Welch Dictionary* . . . (Y Mwythig, 1725).
——, *Grammadeg Cymraeg* (Y Mwythig, 1728).
Rodis-Lewis, Geneviève, '*L'Art de parler* et *l'Essai sur l'origine des langues*', *Revue internationale de philosophie*, 82 (1967), 407–20.
Rousseau, Jean-Jacques, *Discours sur l'origine et les fondements de l'inégalité parmi les hommes* (1755), yn *Oeuvres complètes*, 4 cyfrol (Paris, 1964), iii.
——, 'La prononciation', yn *Oeuvres complètes*, ii, 1248–52.
——, *Essai sur l'origine des langues*, gol. C. Porset (Bordeaux, 1968).
Rowlands, Henry, *Mona Antiqua Restaurata: An Archaeological Discourse on the Antiquities, Natural and Historical of the Isle of Anglesey* . . . (Dublin, 1723) [ail argraffiad, 1766, gol. Henry Owen].
Rowse, A. L., 'Welsh Orientalist: Sir William Jones, the Foremost Persian and Sanskrit Scholar of his Day', *History Today*, 21 (1971), 57–64.
Rhys, Siôn Dafydd, *Cambrobrytannicae Cymraecaeve Linguae Institutiones et Rudimenta* . . . (Londini, 1592).
Said, Edward, *Orientalism* (New York, Harmondsworth, 1978).
Salesbury, Henry, *Grammatica Britannica* . . . (Londini, 1593).
Salmon, Paul, 'Herder's Essay on the Origin of Language, and the Place of Man in the Animal Kingdom', *German Life and Letters*, 22 (1968–9), 59–70.
Salmon, Vivian, *The Study of Language in Seventeenth-Century England* (Amsterdam, 1979).
Scaliger, Joseph Justus, *Opuscula Varia antehac non Edita* (Parisiis, 1610).
Schedius, Elias, *E. Schedii de Diis Germanis sive Veteri Germanorum, Gallorum, Britannorum, Vandalorum Religione, Syngrammata Quatuor* (Amstelodami, 1648).
Schlanger, Judith E., 'La Langue hébraïque, problème de linguistique spéculative', *Revue internationale de philosophie*, 82 (1967), 486–507.
Schlaps, Christiane, 'Das Konzept eines "deutschen Sprachgeistes" in der Geschichte der Sprachtheorie', yn Andreas Gardt (gol.), *Nation und Sprache. Die Diskussion ihres Verhältnisses in Geschichte und Gegenwart* (Berlin, New York, 2000), 303–47.
Schlegel, C. W. Friedrich, *Ueber die Sprache und Weisheit der Indier* . . . (Heidelberg, 1808).
Scholem, Gershom G., *On the Kabbalah and its Symbolism* (New York, 1969).
——, *Major Trends in Jewish Mysticism* (New York, 1978).
Schreyer, Rüdiger, 'Condillac, Mandeville and the Origin of Language', *Historiographia Linguistica*, 5 (1978), 15–43.
Shaw, Francis, 'The Background to *Grammatica Celtica*', *Celtica*, 3 (1956), 1–16.
Smith, Adam, *A Dissertation on the Origin of Languages, or Considerations concerning the First Formation of Languages and the Different Genius of Original and Compounded Languages* (London, 1761).
Smith, Olivia, *The Politics of Language, 1791–1819* (Oxford, 1984).

Stam, James H., *Inquiries into the Origin of Language: the Fate of a Question* (New York, etc., 1976).

Steiner, George, *After Babel: Aspects of Language and Translation* (London, New York, Toronto, 1975).

Süssmilch, Johann Peter, *Versuch eines Beweises, dass die erste Sprache ihren Ursprung nicht vom Menschen, sondern allein vom Schöpfer erhalten habe* (Berlin, 1766).

Swift, Jonathan, *Gulliver's Travels* [1726], Complete Authoritative Text with Biographical and Historical Contexts . . ., gol. Christopher Fox (Boston, New York), 1995.

Swiggers, Pierre, 'Maupertuis sur l'origine du langage', *Studies on Voltaire and the Eighteenth Century*, 215 (1982), 163–9.

——, *Grammaire et théorie du langage au dixhuitième siècle: 'mot', 'temps', 'mode' dans l'Encyclopédie méthodique* (Lille, 1986).

Thomas, David, 'Cysylltiadau Hanesyddol a Llenyddol Theophilus Evans', *Y Llenor*, 18 (1939), 46–56.

Toland, John, *A Specimen of the Critical History of the Celtic Religion and Learning. Containing an Account of the Druids, or the Judges and Priests . . . of the Antient Gauls, Britons, Irish and Scots* . . . yn *The Miscellaneous Works of Mr. John Toland*, gol. J. Desmaizeaux, 2 gyfrol (London, 1747).

Tooke, John Horne, *Epea Pteroenta, or the Diversions of Purley*, 2 gyfrol (London, 1798, 1805), English Linguistics 1500–1800, No. 127 (Menston, 1968); ac adargraffiad (London, 1993), gyda rhagymadrodd gan Roy Harris.

Turgot, Anne-Robert-Jacques, erthygl 'Étymologie', yn *Encyclopédie*, 6 (1756) [gw. dan Diderot a d'Alembert].

——, 'Tableau philosophique des progrès successifs de l'esprit humain . . .' (1750); 'Remarques critiques sur les Réflexions philosophiques de Maupertuis sur l'origine des langues at la signification des mots' (1750); a 'Réflexions sur les langues' (1751), yn *Oeuvres de Turgot*, gol. Gustave Schelle, 5 cyfrol (Paris, 1913–23), cyfrol i.

Vallancey, Charles, *An Essay on the Antiquity of the Irish Language. Being a Collation of the Irish with the Punic Language* . . . (Dublin, 1772).

——, *A Grammar of the Iberno-Celtic, or Irish Language* [1773], *Second edition with additions. To which is Prefixed An Essay on the Celtic Language* . . . (Dublin, 1782).

——, *Collectanea de Rebus Hibernicis* (Dublin, 1786–1804).

——, *Prospectus of a Dictionary of the Language of the Aire Coti, or Ancient Irish* . . . (Dublin, 1802).

Verstegan, Richard [Rowland], *A Restitution of Decayed Intelligence in Antiquities, Concerning the most Noble and Renowned English Nation* . . . (Antwerp, 1605).

Vickers, Brian (gol.), *Occult and Scientific Mentalities in the Renaissance* (Cambridge, 1984).

Vico, Giovanni Battista, *Principi di una scienza nuova d'intorno alla commune natura delle nazioni* (Napoli, 1725).

Voltaire [François Arouet], erthyglau 'Abraham', 'Babel', 'De la Chine', yn *Dictionnaire philosophique* (1764), *Oeuvres complètes de Voltaire*, 35, 36 (Oxford, 1994).

——, erthygl 'François ou français' yn *Encyclopédie*, 7 (1757) [gw. dan Diderot a d'Alembert].

——, erthyglau 'Abc ou alphabet', 'Langue française' a 'Langues' yn *Questions sur l'Encyclopédie par des amateurs* (1770–1), yn *Oeuvres complètes de Voltaire* (De l'Imprimerie de la Société Typographique [Kehl], 1785–9), cyfrolau 47–55.

Vulcanius, Bonaventura [de Smet], *De Literis et Lingua Getarum, sive Gothorum* . . . (Lugduni Batavorum, 1597).

Walker, D. P., 'The "Prisca Theologia" in France', *Journal of the Warburg and Courtauld Institutes*, 17 (1956), 204–59.

Wallis, John, *Grammatica Linguae Anglicanae* (Oxoniae, 1653), English Linguistics 1500–1800, No. 142 (Menston, 1969).

Wallis, R. T., *Neo-Platonism* (London, 1972).

Walters, John, *A Dissertation on the Welsh Language* . . . (Cowbridge, 1771).

——, *An English–Welsh Dictionary, wherein, not only the Words, but also, the Idioms and Phraseology of the English Language, are carefully Translated into Welsh, by Proper and Equivalent Words and Phrases* . . . (London, 1794).

Ware, James, *De Hibernia et Antiquitatibus Eius, Disquisitiones* (Londini, 1654).

Waterman, John T., gw. dan Leibniz, Gottfried Wilhelm.

Wellberry, David E., *Lessing's Laocoon: Semiotics and Aesthetics in the Age of Reason* (Cambridge, 1984).

Wells, G. A., 'Condillac, Rousseau and Herder on the Origin of Language', *Studies on Voltaire and the Eighteenth Century*, 230 (1985), 233–46.

——, *The Origin of Language: Aspects of the Discussion from Condillac to Wundt* (La Salle, 1987).

White, Richard [o Basingstoke], *Historiarum Britanniae Insulae, ab Origine Mundi, ad Annum Christi Octingentesimum, Libri Novem Priores* . . . (Douai, 1597).

Wilkins John, *An Essay towards a Real Character and a Philosophical Language* (London, 1668), English Linguistics 1500–1800, No. 119 (Menston, 1968).

Williams, Edward [Iolo Morganwg], *Poems, Lyric and Pastoral* (London, 1794).

——, *Cyfrinach Beirdd Ynys Prydain a argraffwyd dan olygiad y diweddar Iolo Morganwg* (Abertawy, 1829).

Williams, Griffith John, 'Daniel Ddu o Geredigion a'i Gyfnod', *Y Llenor*, 5 (1926), 48–59.

——, 'Bywyd Cymreig Llundain yng Nghyfnod Owain Myfyr', *Y Llenor*, 18 (1939), 73–82, 218–32.

——, 'Llythyrau at Ddafydd Jones o Drefriw', *Cylchgrawn Llyfrgell Genedlaethol Cymru* (Atodiad 1943, Cyfres III, Rhif 2).

——, *Iolo Morganwg* (Caerdydd, 1956).

——, 'Leland a Bale a'r Traddodiad Derwyddol', *Llên Cymru*, 4 (1956–7), 15–25.

——, 'Edward Lhuyd', *Llên Cymru*, 6 (1961), 122–37.

——, *Edward Lhuyd ac Iolo Morganwg* (Caerdydd, 1964).

——, 'Hanes Cyhoeddi'r *Myvyrian Archaiology*', *Journal of the Welsh Bibliographical Society*, 10 (1966), 2–12.

——, *Agweddau ar Hanes Dysg Gymraeg: Detholiad o Ddarlithiau Griffith John Williams*, gol. Aneirin Lewis (Caerdydd, 1969, 1985).

Williams, Gwyn A., *Welsh Wizard and British Empire: Dr John Dee and a Welsh Identity* (Cardiff, 1980).

Williams, John, *Thoughts on the Origin, and on the most Rational and Natural Method of Teaching the Languages: with some Observations on the Necessity of One Universal Language for all Works of Science* (London, 1783), English Linguistics 1500–1800, No. 151 (Menston, 1969).

Williams, J. E. Caerwyn, 'Edward Lhuyd fel Ieithegydd', *Llên Cymru*, 3 (1954–5), 122.

Williams, Morris [Nicander], 'Geiriadur Rowland Jones o'r Weirglodd Fawr', *Y Brython*, 1 (1858), 35–6 [dan y ffugenw 'Hirllyn'].

Williams, Moses, *Cofrestr o'r Holl Lyfrau Printjedig gan Mwyaf a Gyfansoddwyd yn y Jaith Gymraeg, neu a Gyfieithwyd iddi hyd y Flwyddyn 1717* (Llundain, 1717).

——, *Proposals for Printing by Subscription, a New Edition of Dr. Davies's Grammar and Dictionary with Additions* (London, 1713–14).

——, *Proposals for Printing Mr. Baxter's Glossary* (1 November 1718).

——, *Proposals for printing by Subscription A Collection of Writings in the Welsh Tongue, to the Beginning of the Sixteenth Century* (1 July 1719).

Wise, Francis, *Some Enquiries Concerning the First Inhabitants, Language, Religion, Learning and Letters of Europe* (Oxford, 1758).

Wolfson, Elliot F., *Along the Path: Studies in Kabbalistic Myth, Symbolism and Hermeneutics* (New York, 1995).

Wotton, William, *Linguarum Vett. Septentrionalium Thesauri Grammatico-Critici, et Archaeologici, Auctore Georgio Hickesio, Conspectus Brevis per Gul. Wottonum, S. T. B.* (Londini, 1708).

——, *Dissertatio de Confusione Linguarum Extructoribus Turris Baylonicae a Deo Inflicta* – mewn atodiad i John Chamberlayne, *Oratio Dominica in Diversas Omnium Fere Gentium Linguas Versa* (Amstelodami, 1715).

——, *A Sermon Preached in Welsh Before the British Society in the Church of St-Mary-le-Bow, London, upon St David's Day, 1722* (London, 1723).

——, *Cyfreithjeu Hywel Dda ac Eraill, seu Leges Wallicae . . . Gulielmus Wottonus, S. T. P. adjuvante Mose Gulielmio . . . Qui et Appendicem Adjecit* (Londini, 1730).

——, *A Discourse Concerning the Confusion of Languages at Babel* (London, 1730).

Yates, Frances, *Giordano Bruno and the Hermetic Tradition* (London, 1964).

——, *The Rosicrucian Enlightenment* (London, 1972).

Zeuss, Johann Kaspar, *Grammatica Celtica* (Leipzig, 1853).

Mynegai